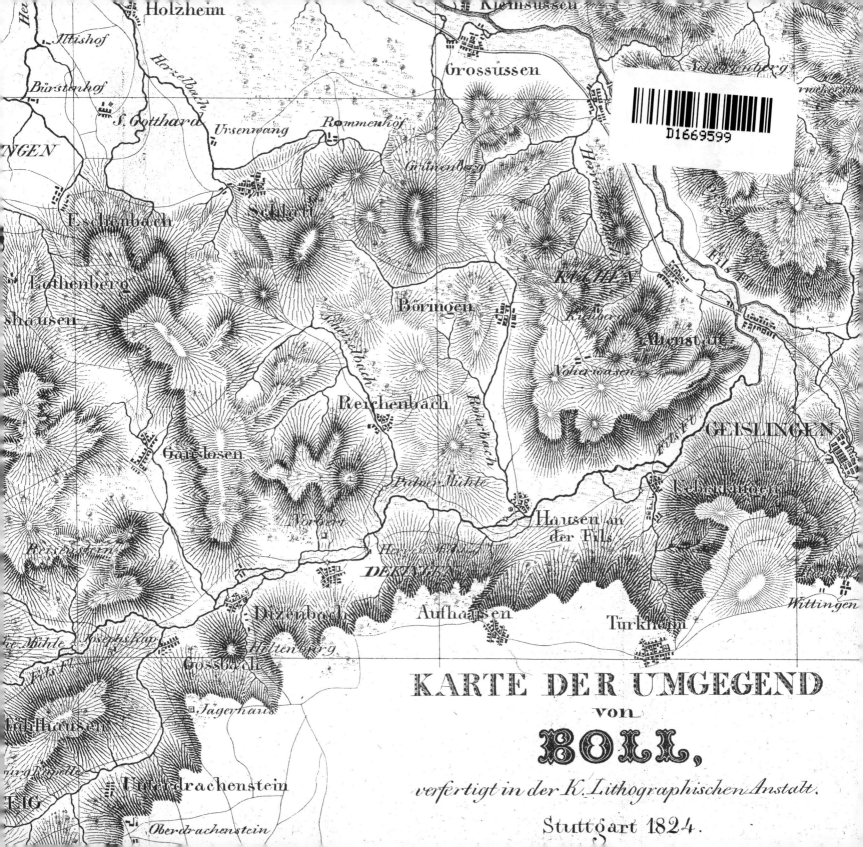

KARTE DER UMGEGEND
von
BOLL,
verfertigt in der K. Lithographischen Anstalt.

Stuttgart 1824.

D1669599

16. Jan. 2015

Bad Boll

1595–1995

Vom herzoglichen Wunderbad
zum Kurort

Herausgegeben von der Gemeinde Boll
Redigiert von Klaus Pavel, Eckhard Christof,
Sigrid Philipps, Sabine Rumpel und
Walter Ziegler

Anton H. Konrad Verlag

Umschlagbild
Das bis 1824 völlig erneuerte Bad Boll: Das Tempelchen oder »Belvedere«, gezeichnet von
Karl Heinrich von Zieten, lithographiert von Eberhard Emminger (Ausschnitt). Schefold 785

Vorsatz
»Karte der Umgegend von Boll, verfertigt in der Königlichen Lithographischen Anstalt.
Stuttgart 1824« als Beilage für das Buch: »Die Schwefelquelle zu Boll im Königreich
Würtemberg«, Stuttgart und Tübingen, bei J. G. Cotta, 1824

Schmutztitel   Abb. 1
Das Kurhaus in Bad Boll. Panoramaaufnahme des »Ehrenhofes« 1995

Frontispiz   Abb. 2
Einstiger Eingang zu den Badstuben in Bad Boll, Sandsteinbogen, 1595 datiert

Die Deutsche Bibliothek – CIP-Einheitsaufnahme

Boll:
Bad Boll : 1595 – 1995; vom herzoglichen Wunderbad zum
Kurort / hrsg. von der Gemeinde Boll. Redigiert von Klaus
Pavel… – Weissenhorn : Konrad, 1995
    ISBN 3-87437-371-1
NE: Pavel, Klaus [Red.]; HST

© 1995   Anton H. Konrad Verlag 89264 Weißenhorn
Herstellung   typofilm ulm rudi rampf gmbh, Satz
               Memminger Zeitung Verlagsdruckerei GmbH Memmingen, Druck
               Großbuchbinderei Monheim GmbH Monheim
ISBN   3-87437-371-1

Inhalt

Zu diesem Buch

Einige besondere Anlässe kann unsere Gemeinde im Jahre 1995 feiern. Im Mittelpunkt sehen wir das 400jährige Badjubiläum. Sehr viele und auch schöne Veranstaltungen haben der wichtigen Bad Boller Geschichte in diesem Jahr gedacht. Dieses Bad Boller Buch soll umfassend die Bad Boller Geschichte dokumentieren. Es ist zugleich eine gehaltvolle Ergänzung zu einem ersten Buch, das im November 1988 ebenfalls im Anton H. Konrad Verlag erschienen ist. Die Geschichte des Gesamtortes wird in jenem ersten Buch beschrieben. Der vorliegende Band »Bad Boll 1595–1995« dokumentiert die bemerkenswerte Entwicklung, die der Kur-, Ferien- und Tagungsort Bad Boll während 400 Jahren erfahren durfte.

Das Bad Boller Kurhaus erlebte grandiose Zeiten, aber auch schwierige Epochen waren zu bewältigen. Vom einst herzoglichen, dann königlichen Bad, durch die segensreiche Zeit der Familie Blumhardt bis hin zur heutigen modernen Kur- und Rehabilitationsklinik spannt sich der eindrucksvolle Bogen der Ereignisse in und um das Kurhaus.

In die 400jährige Bad-Tradition fügen sich längst auch andere Institutionen und Partner ein. So begann die weltweit bekannte Evangelische Akademie ihre Arbeit im Jahre 1945 im Kurhaus. Heute ist die Bad Boller Akademie ein bedeutendes Haus der Württembergischen Landeskirche. Die verbindende Brücke ist das sehr passende Symbol für das inhaltliche Verständnis der Akademie.

Alle weiteren Einrichtungen im Umfeld des Kurgebietes und die kommunale Tourismusarbeit bilden die zeitgerechte Einheit für die attraktive Präsentation von »Gesundheit und Kultur«, das Markenzeichen für Bad Boll. Der verantwortliche Blick in die Zukunft kann nur gewagt werden, wenn in Dankbarkeit und mit Achtung die Vergangenheit gewürdigt wird.

Diese weitere heimatgeschichtliche Veröffentlichung soll Vergangenheit und Zukunft aufnehmen. Dieses Buch soll aber auch für die Bürgerschaft von Boll sowie für die vielen Freunde unserer Gemeinde aus nah und fern ein kompetenter Spiegel der Heimatgeschichte sein. Für die Verbundenheit mit Bad Boll soll dieses Buch einen wichtigen Beitrag leisten.

Vielfach habe ich für die Herausgabe dieses Buches im Namen der Bürgerschaft unserer Gemeinde zu danken, vor allem dem Autorenteam um Eckhard Christof, Dr. Helmut Bintz, Manfred Fischer, Dr. Dieter Ising, Sabine Rumpel, Dr. Dankfried Steuernagel und Dr. Rupert Wild.

Zu danken habe ich natürlich auch all den Autorinnen und Autoren für enorm viel Arbeit, die großenteils ehrenamtlich für die Gemeinde geleistet wurde. Sehr herzlich zu danken habe ich Herrn Kreisarchivar Walter Ziegler, der von Anfang an dieses Buch mit seinem Engagement und seinem Fachwissen begleitet hat. Zu danken habe ich natürlich auch dem Verleger Anton H. Konrad, der mit diesem Buch schon die dritte Boller Buchveröffentlichung verlegerisch betreut und mitverantwortet. In herzlicher Weise dankbar verbunden fühle ich mich allen Bildgebern und vielen Mitbürgerinnen und Mitbürgern, die durch Informationen und Hinweise zum guten Gelingen des Buches beigetragen haben.

Diesem zweiten Band der Boller Geschichte, diesem Buch zur Bad Boller Badgeschichte, wünsche ich sehr viele interessierte Leserinnen und Leser und damit eine weite Verbreitung in Boll und darüber hinaus. Mit der Veröffentlichung dieses Buches aus Anlaß des 400jährigen Bad-Jubiläums verbinden wir den Wunsch für eine gute und friedvolle Zukunft und eine weiterhin gute Entwicklung im Sinne der Bürgerschaft von Boll für Bad Boll und die sie tragenden Einrichtungen.

Boll, im Oktober 1995   KLAUS PAVEL Bürgermeister

Autoren- und Redaktionsteam

Christoph Bausch	1926, Pfarrer und geschäftsführender Direktor i. R. der Evangelischen Akademie Bad Boll
Dr. Helmut Bintz	1929, Pfarrer und Direktor i. R. der Europäisch-Festländischen Brüderunität in Bad Boll
Eckhard Christof	1945, Lehrer und ehrenamtlicher Gemeindearchivar in Boll
Manfred Fischer	1933, Pfarrer und geschäftsführender Direktor der Evangelischen Akademie Bad Boll
Dr. Dieter Ising	1947, Theologe und wissenschaftlicher Mitarbeiter im Landeskirchlichen Archiv Stuttgart
Martinus Kuhlo	1957, Pfarrvikar und Studienassistent an der Evangelischen Akademie Bad Boll
Klaus Pavel	1953, Bürgermeister in Boll
Sigrid M. Philipps, M. A.	1951, freie Kulturwissenschaftlerin in der Forschungsgruppe Kulturgeschichte und Sachgut (FOKUS) in Dußlingen
Dr. Dankfried Steuernagel	1930, Leitender Arzt und Chefarzt i. R. des Kurhauses Bad Boll
Sabine Rumpel, M. A.	1958, freie Kulturwissenschaftlerin in der Forschungsgruppe Kulturgeschichte und Sachgut (FOKUS) in Dußlingen
Dr. Rupert Wild	1939, Diplom-Geologe und Oberkonservator am Staatlichen Museum für Naturkunde Stuttgart
Walter Ziegler	1947, Kreisarchivar beim Landkreis Göppingen

Abkürzungen

AEvA Boll	Archiv der Evangelischen Akademie Bad Boll	LKA Stgt.	Landeskirchliches Archiv Stuttgart
BA Boll	Bibliothek und Archiv der Direktion der Brüder-Unität (Unitätsdirektion) Bad Boll	PfA Boll	Evangelisches Pfarrarchiv Bad Boll
		StAGP	Stadtarchiv Göppingen
BG Boll	Archiv der örtlichen Brüdergemeinde Bad Boll	StAL	Staatsarchiv Ludwigsburg
BlA	Blumhardt-Archiv an der WLB Stuttgart	StAU	Stadtarchiv Ulm
GA Boll	Archiv der Gemeinde Bad Boll	UA	Unitätsarchiv Herrnhut, Bestand der Deutschen Unitätsdirektion (DUD)
HStAS	Hauptstaatsarchiv Stuttgart		
KrAGP	Kreisarchiv Göppingen	WLB	Württembergische Landesbibliothek

Quellenmythen und Naturvorstellungen

Sabine Rumpel, Eckhard Christof

Wasser ist neben Luft, Erde und Feuer eines der vier Grundelemente. Es ist lebensnotwendig und wird oft gleichbedeutend mit Leben angesehen. Dank der Fruchtbarkeit des Landes entwickelten sich entlang von Flußläufen viele der menschlichen Kulturen. Wasser kann jedoch auch zerstören, und Überschwemmungen vernichten Leben. Wasser und Quellen galten als Sitz der Götter, der Wassergeister und vor allem der jungfräulichen Fabelwesen. Während Flußgottheiten meist als Männer oder Greise gesehen wurden, waren die Quellen belebt von Nymphen, Nixen und Undinen, die den Menschen zwar wohlgesinnt sein, sie aber auch ins Verderben stürzen konnten. Wasser wurde mystisch-religiös verehrt, viele Quellen und Seen galten als Fruchtbarkeitsbringer und wurden mit Opfergaben bedacht. Priesterlich geweihtes Wasser konnte auch als Kampfmittel gegen Dämonen und böse Geister eingesetzt werden, indem man es gegen den Feind schleuderte. Seit der Antike ist die Anwendung von Wasser für hygienische, vorbeugende und abhärtende Maßnahmen überliefert, und ab dem 16. Jahrhundert begann sich das Wissen um die Heilwirkung von Wasser in frühen wissenschaftlichen Erkenntnissen durchzusetzen.[1]

Wie in Überlieferungen aus anderen Orten wird auch in Boll die Entdeckung der Quelle den Tieren zugeschrieben. Während angeblich das Pferd Karls des Großen die Quellen von Aachen gefunden haben soll, spürte die Wässer von Teplitz in Böhmen ein Rudel Schweine auf, und das Schlangenbad im Taunus soll von einer Kuh entdeckt worden sein.[2] Das Bild ist immer dasselbe: Die Tiere entdecken und benutzen das gute Wasser, und nach ihrem Vorbild wenden es dann die Menschen an.

Auch während der Quellenuntersuchung in Boll wurde dieses kluge Verhalten der Tiere beobachtet. Der Leibarzt von Herzog Friedrich I. von Württemberg, Dr. Johann Bauhin, der mit der Untersuchung der Quelle beauftragt war, schildert, wie während der ersten Brunnenausschöpfung ein Hirsch zum Brunnen gekommen sei, ... *vielleicht das er des heilsamen Wassers zu trincken begert... Gleichsfals hab ich auch ferner gemerckt und gespüret/ das die Rinder und Weideviech hauffenweiß und gleichsam als ob sie mit gewalt getrieben würden/ diesem Wunderbrunnen zugelauffen/ welches nicht ohne sondere grosse ursach von dem unvernünfftigen Viech muß geschehen sein/ wie ein jeder leichtlich erachten kan.*

Den Mythos, der um die Qualität des Wassers wissenden Tiere, kannte Bauhin aus anderen Überlieferungen, nach denen Rinder, die Schäden an den Nieren haben, *ein besonder Wasser trinken.* Die Tiere also spüren, daß ihnen das Wasser gut tut oder auch Linderung im Krankheitsfall bringen kann. Die Menschen müßten diese Fähigkeit der Tiere wahrnehmen und ihrem Vorbild folgen.[3]

Rumpel

Die Boller Quelle vor ihrer »Entdeckung« als Heilort

Dr. Bauhin beschrieb in seiner ausführlichen Beschreibung der Boller Quelle, dem *New Badbuch* die Vorgeschichte dieser Quelle, die er im Jahr 1596 erkundet hatte. Seine »Gewährsleute« waren alte Leute aus Boll, die sich noch erinnern konnten:

So ist das Wasser an einem fast ebnen ort/ dazu nicht fast hoch/ das man eine sondere Tieffe darauß hette abnemen können/ auß den Ritzen und Canälen eines harten Felsen/ heuffig herfür gequollen. Sagten auch ferner/ das oben auff dem Wasser etwas weißlichs geschwummen/ wie Milchraum/ das man es mit der

Hand hinweck streichen müssen/ wann man das Wasser gebrauchen wollen: Habe auch von fernen einen schwefelichen Geruch von sich geben. Ist erstlich nur mit einem Zaun umbfangen gewesen/ aber von wegen des Viehs/ unnd des Gewilds vielfaltiges unnd gar zu grosses uberlauffen/ die sich heuffig dahin gezogen/ unnd mit grosser muhe kaum von dannen mögen getrieben werden/ hat es die Einwohner zu Boll vor dreissig Jaren das rathsamste sein gedaucht/ den Brunnen mit einem Gewelblein zu uberziehen unnd zubedecken/ was aber an Wasser uberflüssig verhanden war/ das lieff in ettliche darzu gemachte Wasserkasten heraus/ und kam dem Vieh zum besten. Mit ferner anzeygung/ das ihrer viel auß demselben Brunnen getruncken/ unnd sich gar wol darauff befunden/ habe aber einen geschmack gehabt/ wie gesottene Eyer/ In massen es ihnen auch also wider auffgestossen. Es gedencke ihnen auch noch wol/ das vor fünffzig Jahren ettliche Leutte bey dem Brunnen Hüttlein auffgerichtet/ unnd in denselben mit dem wasser/ so sie aus dem Brunnen geschepffet unnd zuvor gewermet/ sich gebadet/ auch zu ihrer Gesundheit fruchtbarlich getruncken.[4]

Wenn die Boller »vor fünfzig Jahren« Hütten bei der neuen Quelle gebaut hatten, dann ist die Entdeckung der Quelle für Heil- und Badezwecke in die Zeit um das Jahr 1540 zu datieren. Das Brunnengewölbe wurde etwa zwanzig Jahre später errichtet. Die Quelle bzw. den Brunnen nannten die Leute *Sittere oder Zittere*. Bauhin meinte dazu, der Name käme vielleicht von der Heilwirkung des Wassers gegen das Gliederzittern oder auch einfach von den nassen Wiesen jener Gegend, die beim Gehen *gleichsam zittern*. Das harte Gestein, das Bauhin erwähnt und aus welchem das Schwefelwasser *hervorquoll*, war die unterste Schicht des schwarzen Jura. Das Wasser war lauwarm und fror im Winter nicht ein, wie die Leute ihm erzählten. Und sogar wenn es regnete blieb es immer *lauter und hell*.[5]   *Christof*

Naturvorstellungen im 16. und 17. Jahrhundert

In der Weltauffassung des Mittelalters war der Mensch mit der Natur zu einer organischen Einheit verbunden. Seine Ziele im Verhältnis zur Natur waren in erster Linie vom eigenen Bedarf bestimmt. Damit vereinigte er sich zwar nicht mehr vollständig mit der Natur, er stellte sich ihr aber auch noch nicht gegenüber. Der mittelalterliche Mensch fand sich selbst in der Natur und nahm im Kosmos dieselben Eigenschaften wahr, die auch er selbst besaß. Starre Grenzen, die das Individuum von der Welt trennten, gab es nicht. Die Natur war ein Gotteswerk.[6]

Mit dem Humanismus, der als eine neue, sich von den vorherrschenden Vorstellungen abkehrende Geisteshaltung ab dem 14. Jahrhundert aufkam, hielt ein neues Menschenbild Einzug. Unter Berufung auf das Vorbild der klassischen Antike wurde das Ziel edler, allseitig ausgebildeter Menschlichkeit verfolgt. Von Italien aus erreichte dann die neue Vorstellung des allseits gebildeten, zur Welt gewandten, selbstbewußten Individuums der Renaissance langsam Deutschland. Auch hier wurde auf antikes Gedankengut zurückgegriffen.

Seit Ende des 15. Jahrhunderts hatten neue Erfahrungen und Kenntnisse durch die überseeischen Entdeckungen und Gründungen von Kolonien dazu geführt, daß die metaphysischen Systeme zur Erklärung der Welt an Einfluß einbüßten. Im Jahr 1543 hatte Nikolaus Kopernikus (1473–1543) das Himmelssystem mit der Sonne im Zentrum neu beschrieben. Damit löste er das bis dahin gültige geozentrische Epizykelsystem des Ptolemäus ab, in welchem die Erde als Kugel und als Mittelpunkt des Planetensystems angesehen worden war. Im selben Jahr konnte Andreas Vesalius (1514–1564) die bahnbrechende erste vollständige Anatomie des menschlichen Körpers vorlegen. Und dies, obwohl das Sezieren von Leichen seit Mitte des 14. Jahrhunderts als sündhaft verboten war und erst im Jahr 1560 wieder gestattet wurde. Damit warf er den herrschenden Autoriätsglauben über Bord und leitete eine neue Epoche der Menschenkunde ein.

Alle diese Erscheinungen stellten einen Angriff auf das festgefügte christliche Menschenbild des Mittelalters und die Dogmen der Glaubenslehre dar. Die Folgen waren Unruhen und Umbrüche in vielen Bereichen, in

ANDREAE VESALII.

3 *Andreas Vesalius (1514–1564), Arzt und Anatom. Bezeichnet »An.Aet. XXVIII MDXLII« (1542 im Alter von 28 Jahren). Begründer der modernen wissenschaftlichen Anatomie. Holzschnitt aus: Vesalius, Andreas: De Humani corporis fabrica libri septem. Basel 1555, Einleitung*

der Politik, in der Religion und vor allem in Wissenschaft und Kultur. Augenfällig abzulesen ist dies an der Reformation, die in Deutschland um 1517 begann und sich mittels der Erfindung des Buchdrucks rasch verbreitete, am Aufstand der Bauern von 1525 und auch an der Herausbildung der Grundlagen der modernen Naturwissenschaften. Viele Ideen der Renaissance wurden im 17. Jahrhundert verarbeitet. Mit dem aufkommenden Rationalismus blühten die Wissenschaften auf. Der westliche Mensch sah sich zunehmend selbst als Zentrum der Welt.[7]

Durch eine solche Sichtweise des Menschen von sich selbst entwickelte sich eine andere Einstellung zur Natur. Sie wurde zum Objekt des technischen Einwirkens des Menschen. Doch blieb diese mentale Einstellung über Jahrhunderte hinweg hauptsächlich auf die Kultur der führenden Schichten beschränkt. Bis zu den gewaltigen Veränderungen der Industrialisierung hat sich am Naturverständnis der ländlichen Bevölkerung wenig verändert. Sie lebte weiterhin in Verhältnissen, die durch die Landwirtschaft geprägt wurden, und hatte Arbeitsrhythmen, die von der Natur vorgegeben waren. Christliche und magisch-animistische Vorstellungen, die Erde, Wasser und Luft als von eigenständigen und einflußreichen Wesenheiten belebt ansahen, waren ineinander verwoben. Durch Gebete konnten Gottes Segen und sein Schutz vor Geistern und Dämonen erfleht werden. Gleichzeitig wurden die unsichtbaren Kräfte selbst durch Opfergaben besänftigt oder durch Schutzzauber vom eigenen Leib und Gut ferngehalten.

Amulette, Umritte und Feldprozessionen zeugen von dieser Praxis. Wichtig war der Unterschied zwischen dem Innen, das Sicherheit verhieß, dem kultivierten und bebauten Raum des Hauses, des Hofes und des Gartens, des Dorfes oder der Stadt, und dem Außen, der Wildnis des Waldes und der unbesiedelten, von Geistern bewohnten Gebiete.

Die Kultur der Eliten des 17. Jahrhunderts beherrschte hingegen das Bild der »gefallenen Natur«. Die Natur, die ursprüngliche Objektivierung des göttlichen Willens, erschien als schwach, reparaturbedürftig und vom ständigen Zerfall bedroht. Der Naturzustand trug Züge von Grausamkeit, Mangel, Entbehrung und Gefahr. Vor diesem

Hintergrund nahm man auch die reale Natur als mangelhaften, als gefährlichen Ort wahr, welcher der Herrschaft und Gestaltung des Menschen zu unterstellen war. Dieser schwang sich zum Herrn und Besitzer der Natur auf, eine Vorstellung, die unter anderem auf René Descartes (1596–1650) zurückging. Die Beherrschung der Natur wurde als Ziel an sich, die Herrschaft als Selbstzweck gedacht.

Einer so definierten Natur, die ohne Willen und Zielgerichtetheit war, konnte auch keine Gewalt angetan werden. Als reine Äußerlichkeit aufgefaßt, wurde die Natur ausbeutbar, quälbar, experimentell erforschbar, sie konnte vermessen und mathematisch bestimmt werden. Der Barockgarten demonstrierte, daß es möglich war, der widerspenstigen Natur eine von Menschen produzierte Ordnung aufzudrücken: Sie wurde der reinsten Form der menschlichen Vernunft, der Geometrie, unterworfen. Der strengen, mathematischen Regeln gehorchenden Ordnung eingegrenzter Räume folgte im 18. Jahrhundert ein anderes Leitbild in der Gartenkultur. Es stützte sich zwar ebenso auf die Überlegenheit des Menschen über die Natur, räumte jedoch der »Natürlichkeit« den Vorrang vor der Regelhaftigkeit ein. Der englische Landschaftsgarten, mit weiten Flächen, wohl komponierter Natürlichkeit und planvoll angelegten Sichtachsen löste den strengen Barockgarten ab.[8]

Nur allmählich setzten sich die neuen, von naturwissenschaftlichen Lehrmeinungen geprägten, Denkrichtungen durch. Überlieferte mystische Erklärungsmuster bestanden neben der Tendenz zu Versachlichung und Verwissenschaftlichung der Welt noch fort: Von den Mineralwassern war im 16. Jahrhundert bekannt, daß sie wie Kräuter, Wurzeln und Edelsteine elementare Kraft und Wirkung auf diejenigen ausüben konnten, die richtig mit ihnen umzugehen wußten. Von Bädern wußte man, daß sie nicht jedes Jahr dieselbe Wirkung hatten, da kosmische Einflüsse und Einwirkungen, die von den Gesteinen ausgingen, die Wasserqualität beeinflussen konnten. In einem Jahr, dem zwei Jahre davor *Finsternisse* vorausgegangen waren, badete man möglichst nicht. Erst im dritten Jahr offenbarten diese nämlich ihre *boßheit und schaden*. Zudem wurde vor dem Baden in den Jahren gewarnt, in denen südliche und westliche Winde wehten oder unstete Witterung im Frühjahr und Herbst geherrscht hatte. Auch Schaltjahre waren den Badenden nicht bekömmlich. In diesen Jahren galt die Welt generell als schwächer: mehr Fehlgeburten seien dann der Fall, die Tiere wären weniger trächtig, und die Bäume trügen weniger Obst, das zudem schneller faulen würde. Als die

Ist ein Schiferstein / durch welchen hin vnd wider Strimen geben / von aschenfarben Leimen / der einen Anfaß hat / das er will zum Stein werden / vnnd sicht einem Corallen Baum gleich / der sich hin vnd wider weit außbreitet.

Die Menschliche Gestallten gehören nicht hinein.

4   *Schieferstein mit menschlichen Gestalten. Bauhin betont in der Beschreibung: »Die Menschliche Gestallten gehören nicht hinein«. Holzschnitt, aus: Bauhin, Johann: New Bad Buch, 4. Buch, Stuttgart 1602, S. 5*

Auch der Name des Boller Bades, das »Wunderbad«, zeugt von dem Glauben der Menschen an Dinge, die zum Nichterklärlichen gehörten. Der Name, so der herzogliche Leibarzt Dr. Bauhin, war von Herzog Friedrich I. vorgeschlagen worden:

So hat unser gnediger Fürst und Herr/ als ein Erfinder und Anrichter des Brunnen/ von wegen der mancherley Wunderbahren und ungewohnlichen Verenderung der Sachen/ so unter der Erde wachsen/ und im außgraben gefunden worden/ gewolt/ das man dem Wasser darvon den Namen geben/ unnd es den Wunder=Brunnen heissen solte/ weil ihm derselbige von aller Billigkeit unnd rechst wegen gebürete. [10]

Die Versteinerungen und Fossilien, die bei den Grabungs- und Bauarbeiten für das Bad immer wieder zum Vorschein kamen, erschienen als ein Wunder der Erde.

Sie erinnerten Johannes Bauhin, der diese Schilderung im »New Badbuch«, seiner vierbändigen Beschreibung des Boller Bades, gab, an *Geißhörner* oder an *Weiberspindeln*. Er entdeckte Knollen, Kugeln, Würfel und viereckige *täffelein*, die man für kunstvoll poliert und wie vom Steinschneider geschliffen halten konnte. *In vielen sicht man Hüte/Helm/ Andlitz, unnd andere Glieder des Menschlichen Leibs/ sampt allerhand vielen unnd mancherley wunderbarlichen unnd seltzamen/ auch zum theil vor unerhörten Sachen...*

Letztlich resümierte er:

In Summa/ es wird uns alhie/ so eine grosse/ vielfaltige/ unnd wunderbahre verenderung/ der Figuren/ in den Steinen/ für die Augen gestellet/ das man sie nicht wol alle beschreiben kan/ noch in diesem Buch mögen begriffen werden. Und stehet hie zwar einem jeden frey/ sonderlich aber einem Naturkündiger (Naturkundigen, d. Verf.)/ das er der Natur/ oder vielmehr des höchsten Schöpffers wunderbahre Werck/ mit grosser verwunderung anschawe/ unnd wol betrachte/ das derselbig so vieler Natürlicher Dinge Bildnüssen/ unnd so mancherley Figuren/ nicht allein für Augen stellen/ Sondern auch unter der Erden verbergen wollen. [11]

Die Frage, wie diese versteinerten Tiere nach Boll gekommen waren, da sie zum Teil im »Caspischen Meer« noch lebten, konnte noch Mitte des 18. Jahrhunderts nicht exakt beantwortet werden. Johann Albrecht Gesner,

beste Badezeit galt der Mai, was auf die günstige Konstellation der Sonne und der Sterne zurückgeführt wurde.

Noch immer wurde das Vorhandensein von Quellen als ein Zeichen außergewöhnlicher göttlicher Gnade betrachtet. Die Natur als Schöpfung Gottes mit vielen Wundern und Erscheinungen anzusehen, die über den Verstand des Menschen hinausgingen, war in einem Anleitungsbuch für Badkuren Mitte des 16. Jahrhunderts noch selbstverständlich. [9]

5 *Dr. Johann Bauhin / Herzoglich Württembergischer Leibarzt und Naturforscher. 1541–1613 »Aeta. LX Ann. 1601« (im Jahre 1601 im Alter von 60 Jahren). Kupferstich*

württembergischer Leibarzt, konnte sich nur vorstellen, daß ... *solches bey der durch die allgemeine Sündfluth entstandene Veränderung des Erdbodens, hierher gebracht worden, oder daß vielleicht, vormahlen See und Wasser gewesen, was dermahlen trocken; und gegenwärtig mit Wasser bedecket, was vormahlem Land gewesen.*[12]

Mit der Vorstellung eines früheren Meeres auf Boller Gebiet kam er den modernen Erkenntnissen der Entstehung von Fossilien schon sehr nahe.

Den Versteinerungen wurden heilende Kräfte zugeschrieben, und noch im 18. Jahrhundert waren sie als Heilmittel in den Apotheken zu erstehen. Vielleicht hatte auch Apotheker Lutz aus Kirchheim derartige Hilfen im Angebot, als er im neugegründeten Boller Bad eine Apotheke eröffnete.[13]

Nach dem bis zur Wende zum 17. Jahrhundert vorherrschenden Weltbild wurden alle »Berggewächse«, das waren sowohl Mineralwasser als auch Erze, im Inneren von Gebirgen aus »minerae« geboren. Es gab keine starren oder toten Dinge, alles war im Entstehen oder in Bewegung. Dieses Weltbild, das sich auch in den Erkenntnissen der theoretischen Physik des 20. Jahrhunderts wiederfindet, wurde durch ein verdinglichtes, von der Chemie geprägtes, abgelöst. Nun sah man die Erde nicht mehr als Mutter Erde an, sondern als Gegenstand, wie nun auch der menschliche Körper als Gegenstand betrachtet wurde.[14] Damit waren jetzt manche Erscheinungen erklärbar, die Jahrhunderte zuvor noch als Zeichen Gottes angesehen worden wären: Um die Mitte des 17. Jahrhunderts brannte um das Boller Bad herum die Erde. Dieser Erdbrand war durch Arbeiter verursacht worden, deren Feuer den ölhaltigen Posidonienschiefer entflammt hatte. Er flackerte angeblich über Jahre hinweg immer wieder auf. Schließlich wurde das Feuer erstickt, indem man einen tiefen Graben um die Felder grub, der bis auf die Tiefe des Schiefers ging. Das Öl träufelte dort herab, und die Bauern füllten es in ihre Krüge.[15]

Rumpel

1 Krizek: Kulturgeschichte, S. 5–7; Hahn: Wunderbares Wasser, S. 9–10; Stahlmann, Ines: Krankheit, Antike. In: Dinzelbacher: Europäische Mentalitätsgeschichte, S. 187–193.

2 Bauhin: New Badbuch I, S. 5–6.

3 Bauhin: New Badbuch I, S. 9, 12.

4 Hahn: Wunderbares Wasser, S. 7–8.

5 Bauhin: New Badbuch I, S. 13.

6 Gurjewitsch, Aaron J.: Das Weltbild des mittelalterlichen Menschen. München 1982, S. 54–61.

7 Boelcke: Handbuch Baden-Württemberg, S. 99; Winzer, Fritz: Kulturgeschichte Europas. Braunschweig o. J., S. 357, 395, 400–405; Stein, Werner: Der grosse Kulturfahrplan. Frankfurt a. M., Olten, Wien 1984, S. 745.

8 Sieferle, Rolf P.: Natur/Umwelt, Neuzeit. In: Dinzelbacher: Europäische Mentalitätsgeschichte, S. 580–584; Braun: Paracelsus, S. 10–12, 40–46.

9 Pictorius: Badenfahrtbüchlein, S. 32–33, 35.

10 Bauhin: New Badbuch IV, S. 1.

11 Bauhin: New Badbuch I, S. 7–8.

12 Gesner: Historisch=Physicalische Beschreibung, S. 9.

13 HStAS A249 Bü 789 Boller Wunderbad 1599–1618; Heyde: Das Württembergisch Wunderbad, S. 95.

14 Bitz: Die Bäder, S. 184; Bitz: Badewesen, S. 64–67.

15 Heyde: Das Württembergisch Wunderbad, S. 74–75.

Die Bedeutung der Fossilfundstätte Boll für die Paläontologie

Rupert Wild

In seinem Beitrag »Die Naturlandschaft von Boll – Geologie« im Heimatbuch »Boll – Dorf und Bad an der Schwäbischen Alb« hat E. Talmon-Gros die erdgeschichtliche Entwicklung und insbesondere den Posidonienschiefer des Schwarzen oder Unteren Jura von Boll umfassend und hervorragend dargestellt. Es wird deshalb in der vorliegenden Schrift zum 400jährigen Jubiläum von Bad Boll auf diesem geologisch-paläontologischen Aufsatz von Talmon-Gros aufgebaut, um die Bedeutung Bolls und seiner Umgebung für die Paläontologie wissenschaftsgeschichtlich aufzuzeigen.

Die Fossilien des Boller »Wunderbrunnens«

Die Erforschung der Fossilfundstätte Boll geht bis auf das Ende des 16. Jahrhunderts zurück. Sie nimmt ihren Anfang mit Johann Bauhin (1541–1612), Leibarzt des an der Naturgeschichte hochinteressierten Herzogs Friedrich I. von Württemberg (1557–1608), und seiner 1598 in lateinischer und 1602 in deutscher Sprache erschienenen Beschreibung des Boller »Wunderbrunnens«. Dies war die erste naturkundliche Abhandlung über ein Gebiet in Württemberg, vielleicht sogar in Deutschland. In diesem Werk werden auch erstmals Fossilien oder Versteinerungen abgebildet und beschrieben.

Im vierten Buch des vierteiligen Werkes: *Ein New Badbuch und historische Beschreibung von der wunderbaren Krafft und würckung des Wunder Brunnen und Heilsamen Bads zu Boll nicht weit vom Sawerbrunnen zu Göppingen im Herzogthumb Würtemberg* berichtet sein Autor Dr. Johannes Bauhin *von den Steinen unnd Metallischen Sachen/ welche durch der Natur wunderbahres Kunststück in und unter der Erden geformiert worden … so zum theil im Brunnen drinnen/ da man dem Ursprung desselben nachgraben/ antroffen/ zum Theil in der nähe herumb gefunden/ und ans Liecht bracht worden/ deren vormals viel nie gesehen/ Jetzt aber nach ihrer Figur und Gestalt künstlich abgerissen/ für die Augen gestellet werden.*[2] Es waren dies zum einen Geoden, Erz- oder Mineral-Konkretionen, also Gesteinsbildungen oder Mineralausfüllungen von Gesteinshohlräumen, die an tierische oder pflanzliche Gebilde oder Teile derselben oder auch an jene des menschlichen Körpers erinnerten. Man würde sie heute als »Naturspiele« bezeichnen, da sie nicht organischen Ursprungs sind. Unter diesen *Steinen und metallischen Sachen* befindet sich zum anderen aber auch fossiles Holz, das wegen seiner schwarzen Farbe und seines Glanzes von Bauhin als *Agstein* oder *Erd Bech* bezeichnet wird. Es ist heute unter dem Namen Gagat bekannt. Bauhin berichtet, daß in Göppingen und Boll aus diesem Material … *Bilder/ Paternoster*[3] (= Perlen für die Gebetsschnur des Vaterunsers, d. Verf.) und andere Dinge geschnitzt wurden. Auch zu Trauerschmuck wurde Gagat aus den Schiefergruben von Zell, Boll, Ohmden und Kirchheim verarbeitet. Die Schieferbrüche wurden hauptsächlich zur Gewinnung von Dachschiefer betrieben. So waren nach Bauhin im Jahre 1596 die 160 Häuser von Boll mit Schiefergestein aus dem Posidonienschiefer gedeckt.

Unter den in so großer Vielfalt im Boller »Wunderbrunnen« vorkommenden »Figurensteinen« … *werden mancherley/ Figuren gesehen/ deren etliche den Schlangen/ andere den Schnecken/ Meerschnecken/ und Muscheln gleich sein/ Darzu alle miteinander so artlich und eigentlich/ als wann sie von einem Kunstreichen Bildschnitzer oder Mahler weren abgerissen unnd entworffen…*[4] Bauhin beschreibt diese Fossilien als *Scherhörner* (= von *scher* = dem Boden entstammend,[5] also Ammoniten, d. Verf.), *Schneckenschalen, Schneckensteine, Schneckenheuß-*

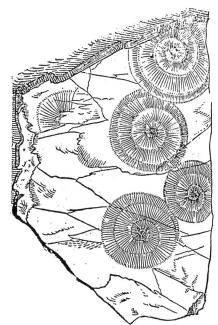

21.

Ein Steinern Scherhorn/ so in der mitte Stacheln hat/ sein in der Figur nicht auffgedruckt.

Ein Scherhorn/ mit einem Harnisch gekämbt/ vnnd mit glentzenden stücklein vom Fewrstein.

Ein geharnischt Scherhorn/ hat in der mitten ein Loch.

Ein stuck von einem weißlichten Stein/ in eines Geißhorns gestallt/ so man bey dem Eichelberg gefunden/ darvon im ersten Buch meldung geschehen.

Ein Scherhorn/ so zimlich groß/ vnd an etlichen orthen geharnischt ist.

Ein Scherhorn/ da in der mitten herumb kleine Schläufflein sein.

Ein vielfaltig geharnischt oder vberzogen Scherhorn/ so in einem Schiferstein dunckel herfür leuchtet.

Ein

Ein

Grosse

---

lein oder *Muschelstein* (= sowohl Muschelschalen als auch Schneckengehäuse und doppelklappige Brachiopoden, d. Verf.), *Albschoß* oder *Belemnites* (= Belemniten, d. Verf.), *Sternsteine, Siegsteine, Pittschler* oder *Judensteine* (= Stielglieder von Seelilien, d. Verf.) und bildet sie in Holzschnitten ab. Friedrich August Quenstedt (1809 bis 1889), Professor für Mineralogie und Geognosie (= alte Bezeichnung für die Geologie, d. Verf.) und Naturgeschichte, der Altmeister der Erforschung des Schwäbischen Juras und seiner Fossilien, stellt fest, daß die meisten von Bauhins Fossilabbildungen mit größter Sicherheit sogar artlich bestimmbar sind. So gehören die zum Beispiel auf den Seiten 6–8, 9 und 11 oben im vierten Buch von Bauhin in Schieferplatten liegenden und mit Kurztexten beschriebenen *Scherhörner* zur im oberen Posidonienschiefer[6] häufigen Ammoniten-Gattung *Dactylioceras*, wahrscheinlich zur Art *Dactylioceras commune* (Abb. 2). Das auf der Seite 16 unten abgebildete *Scherhorn* ist als *Amaltheus* zu bestimmen und die

auf den Seiten 17, 20 und 21 dargestellten Ammoniten gehören zu *Pleuroceras*. Sie stammen aus dem Amaltheenton, einer Schichtfolge des Schwarzen Jura, die den Posidonienschiefer unterlagert. Diese Funde belegen, daß beim Abteufen des »Wunderbrunnens«, also bei der Brunnengrabung, unter die Basis des Posidonienschiefers bis tief in den Amaltheenton gegraben wurde. Der *Schiferstein mit gelben glantzenden Strimen*[7] ist das

6 *Ammoniten. Oben: Windungsbruchstück eines »Scherhorns« aus dem Weißen Jura von Aichelberg bei Boll. – Unten: Ammonit der Gattung* Amaltheus *aus dem Amaltheenton von Boll. Holzschnitt aus Bauhin 1602, 4. Buch, S. 16*

7 *Ammoniten (»Scherhörner«) der Gattung* Pleuroceras, *die beiden unteren wahrscheinlich der Art* Pleuroceras gibbosus, *aus dem oberen Amaltheenton von Boll. Holzschnitt, aus Bauhin 1602, 4. Buch, S. 21*

8 *Ammoniten (»Scherhörner«) der Gattung* Dactylioceras *in einer Schieferplatte des Posidonienschiefers. Holzschnitt, aus Bauhin 1602, 4. Buch, S. 8*

Bruchstück eines großen Ammoniten der Gattung *Lytoceras*, wahrscheinlich von *Lytoceras cornucopia*. Die auf Seite 11 unten abgebildeten *kleinen Schneckenheußlein* stellen das den Posidonienschiefer kennzeichnende Fossil dar, das als Leitfossil bezeichnet wird.[8] Es ist die Muschel *Bositra buchi*, früher *Posidonia bronni* genannt, nach der der Posidonienschiefer benannt ist. Die auf den Seiten 26 und 27 dargestellten Muscheln und *Muschelsteine* sind zu *Pseudomytiloides* zu stellen, die im gesamten Posidonienschiefer häufig ist. Das von Bauhin auf der Seite 5 abgebildete Schieferton-Plättchen mit den verzweigten, korallenähnlichen Gebilden zeigt das nach Boll benannte Fossil *Chondrites bollensis*. Es sind die Grabgänge unbekannter Organismen, wahrscheinlich von Meereswürmern. Schließlich sind die auf den Seiten 33–35 dargestellten *Belemnites* oder *Albschoß* (oft auch »Alp Schoß« geschrieben, d. Verf.), die auch heute noch so benannten, für den Schwarzen Jura typischen Belemniten. Jene auf S. 33 abgebildeten Belemniten gehören zu *Passaloteuthis* oder *Acrocoelites* und stammen aus dem tiefsten Posidonienschiefer oder dem unterlagernden Amaltheeton. Sie geben wiederum einen Hinweis auf die Brunnentiefe. Nicht von der *Wunderbrunnen*-Grabung

S. 21
Abb. 16

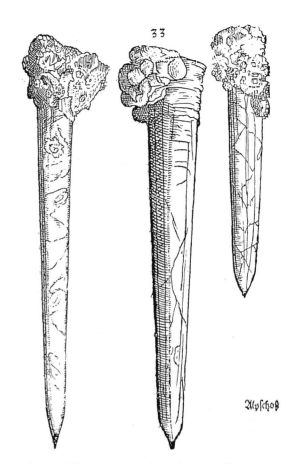

Ein Schiferstein/ voller kleiner Schneckenheußlein.

stammt das auf der Seite 16 oben dargestellte *stuck von einem weißlichten Stein in Form eines Geißhorns, der wie ein Schneck geformiert.*[9] Nach Bauhins Beschreibung und Abbildung handelt es sich um ein Windungsbruchstück eines Weißjura-Ammoniten aus der Gruppe der Perisphinctiden. Das Fossil wurde von Bauhin selbst am Weg vom Dorf Aichelberg zur ehemaligen Burg im dort anstehenden unteren Weißjura-Kalken gefunden. Es ist einer der historisch ältesten Funde eines Ammoniten aus dem Weißen Jura (Abb. 6 oben).

9 Muscheln (»Schneckenheußlein«) von Bositra buchi *in einer Schiefertonplatte des Posidonienschiefers. Holzschnitt, aus Bauhin 1602, 4. Buch, S. 11*

10 *Belemniten (»Alb Schoß« oder »Belemnites«) der Gattung* Passaloteuthis *oder* Acrocoelites *aus dem tiefsten Posidonienschiefer oder obersten Amaltheeton von Boll. Holzschnitt, aus Bauhin 1602, 4. Buch, S. 33*

Bauhins Buch ist die älteste, berühmteste und bedeutendste Schrift über die Paläontologie Schwabens.[10] Mit F. A. Quenstedts Worten hat Bauhin ... *den ersten festen Grund in der Geschichte der Petrefactenkunde* (= Versteinerungskunde, die Paläontologie, d. Verf.) *Schwabens gelegt.*[11] *Das Werk Bauhins ragt nicht bloss in Anbetracht des wissenschaftlichen Standpunktes jener Zeit, sondern an und für sich als ein Muster gediegener Naturforschung hervor*, urteilt T. Plieninger (1795–1879), Gymnasiallehrer für Naturgeschichte in Stuttgart und Mitbegründer des Vereins für vaterländische Naturkunde in Württemberg (= die heutige Gesellschaft für Naturkunde in Württemberg, d. Verf.) bei dessen erster Zusammenkunft im Jahr 1844.[12] Bauhins Buch gilt auch als ein grundlegendes paläontologisches Werk für Deutschland, auch wenn die organische Natur der Fossilien noch nicht erkannt wurde. Auch gab es damals die Paläontologie als Wissenschaft noch nicht. Sie entstand erst mit Beginn des 19. Jahrhunderts. Obwohl schon in der Antike Versteinerungen richtig als Reste ehemaliger Lebewesen gedeutet und in nachchristlicher Zeit mit dem Sintflutbericht im Alten Testament in Beziehung gebracht wurden, hielt sich im Mittelalter bis zum 18. Jahrhundert die Vorstellung von der »Erdzeugung« der Fossilien. Sie geht auf Aristoteles (384–322 v. Chr.) und seine Lehre von der Urzeugung zurück.[13] Deshalb spricht Bauhin die aus dem Boller »Wunderbrunnen« ergrabenen Fossilien als »Figurensteine« an oder deutet sie als Naturgebilde. Erst bei einem späteren Fossilienfund aus der Gegend von Boll wurde sein organischer Ursprung erkannt.

Das Hiemersche »Medusenhaupt«

Boll und seine Umgebung – Bauhin erwähnt in seinem *New Badbuch* auch die Orte Zell, Ohmden und Kirchheim als Fossilfundorte – als Fundgebiet aufsehenerregender Versteinerungen erfuhr zu Beginn des 18. Jahrhunderts einen großen Aufschwung. 1724 erschien von Eberhard Friedrich Hiemer (1682–1727), Stuttgarter Hofprediger, Doktor der Theologie und begeisterter Naturforscher, die Schrift: *Caput Medusae utpote novum diluvii univer-*

salis monumentum. Dedectum in agro Würtembergico et brevi dissertatiuncula epistolari expositum, in deutscher Übersetzung: *Das Medusenhaupt, ein neues im württembergischen Boden entdecktes Zeugnis der universalen Flut, mit einem kurzen brieflichen Disput*, Stuttgart 1727.[14] In diesem Werk stellt Hiemer eine Schieferplatte mit einer Seelilienkolonie von Ohmden bei Boll vor. Seelilien sind trotz ihres Namens Tiere, die mit den Seeigeln, Seesternen und Schlangensternen verwandt sind und zur Tierklasse der Stachelhäuter gehören. Das Fossil stammte sehr wahrscheinlich aus dem »Fleins«, einer kalkhaltigen, harten Schiefertonschicht des unteren Posidonienschiefers.[15] Hiemer deutete die Seelilienkolonie als *Medusenhaupt, Caput medusae*, einen im indischen Ozean vorkommenden, vielarmigen Schlangenstern, der damals durch die Erforschung Ostasiens bekannt geworden war. Dieser sei durch die Sintflut vom Weißen Meer in die Boller Gegend ver-

11 Seelilie Seirocrinus subangularis, *als »See-Medusen-Haupt« mit Stiel beschrieben, aus dem Posidonienschiefer von Boll. Kupferstich, aus: Andreae 1776, Taf. 6; verkleinert wiedergegeben*

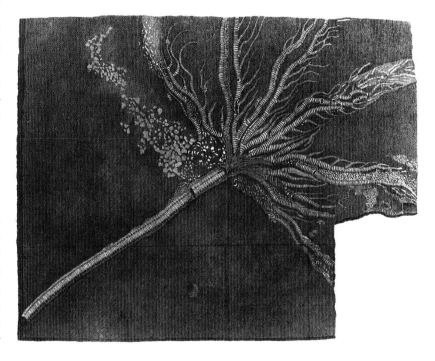

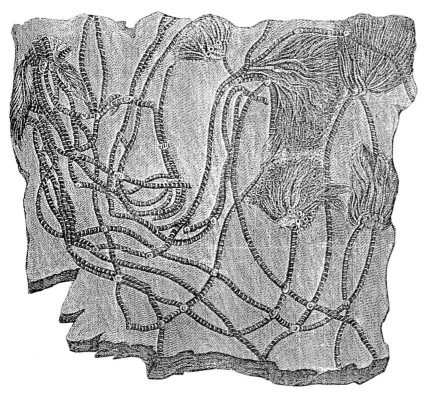

in Zürich, beschriebenen *Meersternen* oder *Stellae marinae*. Diese zu den Seesternen gehörenden Tiere beschreibt Gesner 1563 in der deutschen Übersetzung seiner »Historia animalium«, Band 4, im *Fisch-Buch*.[18] Es ist deshalb anzunehmen, daß Gesner die fossilen »Meersterne« nicht mehr nur als »Figurensteine« oder Naturgebilde, sondern als fossile Pendants der von ihm beschriebenen heutigen Seesterne erkannt hat.

Wenn auch Hiemers Deutung der Seelilienkolonie als das zu den Schlangensternen gehörende *Medusenhaupt* nicht richtig war, so erkannte er doch erstmals ein Fossil aus Württemberg als versteinerten Überrest eines Organismus. Er charakterisiert es ... *als voll petrafactum* und ordnete es ... *dem Bereich der Lebewesen zu, wohin es zurecht gehört*.[19] Damit waren in Deutschland erstmals Fossilien als Reste von Lebewesen erkannt worden: Die organische Deutung von Fossilien löste deren Deutung als »Naturspiele« ab. In England, vor allem jedoch in Italien, waren der geniale Leonardo da Vinci (1452–1519) schon um das Jahr 1500 und später Niels Stenson (1638 bis 1686), universeller Naturforscher und Mitbegründer der wissenschaftlichen Geologie, um 1667 zu der Erkenntnis der organischen Natur der Fossilien gelangt. Neben Hiemer deutete aber auch der Tübinger Apotheker und spätere Memminger Arzt Balthasar Ehrhart (1700 bis 1756) Belemniten als Reste ehemaliger Lebewesen. In seiner, ebenfalls in lateinischer Sprache, der Wissenschaftssprache der damaligen Zeit, abgefaßten, *Dissertatio de Belemnitis suevicis* (1724) beschreibt Ehrhart auch zahlreiche Belemnitenfunde von Boll.[20] Und noch eine neue Erkenntnis war mit Hiemers *Medusenhaupt* verbunden. In einem Antwortbrief an Hiemer, den organischen Ursprung des *Medusenhaupts* betreffend, gibt der berühmte Züricher Stadtarzt und Naturforscher Johann Jacob Scheuchzer (1672–1735) zu bedenken, ob das Fossil nicht aus der Zeit vor der Sintflut stammen könne. Er vermerkt, daß vor der Sintflut große Teile der Schweiz, Württembergs und ein Teil Deutschlands von Meer bedeckt waren. Dessen Bewohner seien als Fossilien in bestimmten Gesteinen überliefert.[21].

Das Hiemersche *Medusenhaupt*, auch als *Caput Medusae hiemeri* im Schrifttum bezeichnet, ist heute leider verschollen.[22, 23] 1729 erwarb es der Reiseschriftsteller

schwemmt worden.[16] Wenngleich das »Medusenhaupt« nicht aus Boll stammt, so rechnet Hiemer Ohmden zur Umgebung von Boll, das durch sein Bad und Bauhins *New Badbuch* wohlbekannt war. Er charakterisiert die Boller Gegend als ... *die ergiebigste und unter allen hervorstechendste Gegend ... im Umkreis von etwa einer Meile um Bad Boll (balnum Bollense) ... und zwar sowohl hinsichtlich figurierter Steine verschiedenster Art als auch der großen Menge an Schiefer*.[17] Einzelne, fünfeckige Glieder dieser als »Siegstein oder Sternstein« bezeichneten, den Stiel der Seelilien aufbauenden Elemente machte bereits Bauhin vom Boller »Wunderbrunnen« bekannt. Er verglich sie mit den von Conrad Gesner (1516–1565), Arzt, Naturforscher und Universalgelehrter

12 Das Hiemersche »Medusenhaupt«, eine Kolonie der Seelilie *Seirocrinus subangularis, aus dem Posidonienschiefer von Ohmden bei Boll. Kupferstich, aus Scheuchzer, Physica sacra 1731–1735, Taf. 58 Fig. 98; verkleinert wiedergegeben*

und Frühgeschichtsforscher Johann Georg Keyssler (1693–1743) zusammen mit anderen Fossilien und Merkwürdigkeiten der Natur von Hiemer. Keyssler verkaufte später dieses berühmte Fossil; danach verliert sich seine Spur. Mit der Kuriositäten- und Naturaliensammlung von Keyssler gingen jedoch zwei Seelilien-Reste aus Boll, die er von Hiemer erworben hatte, über die Grafen von Bernstorff nach Gartow im Fürstentum Lüneburg. Sie befinden sich seit 1950 im Museum für das Fürstentum Lüneburg.[24] Es sind die einzigen überlieferten Fossilien aus Hiemers Fossilienkabinett und die der Fundzeit nach ältesten, noch vorhandenen Seelilien-Reste aus Boll.

Nach Hiemers Bekanntmachung des *Medusenhaupts* wurden bei Boll weitere Seelilien entdeckt. Vielleicht achtete man nun eher auf diese Fossilien. Jedenfalls berichtet Quenstedt, daß um die Mitte des 18. Jahrhunderts bei Boll weitere Seelilien gefunden wurden und dadurch … *aller Augen* (der damaligen naturgeschichtlich interessierten Welt, d. Verf.) *auf Boll gerichtet blieben.*[25] 1767 kam eine Boller Seelilie nach Paris, 1771 ging ein Exemplar an das kurfürstlich-bayerische Naturalienkabinett Mannheim. Es wurde 1775 von dem Leiter dieses Kabinetts, Cosimo Allessandro Collini (1727–1806), bekannt gemacht.[26,27] Ein weiteres Exemplar dieser damals noch sehr seltenen Seelilien-Funde, oft auch *Medusen-Palme* genannt, soll sich im Cabinett der königlichen Akademie der Wissenschaften in München befunden haben. Die schönste Boller Seelilie erwähnt im Jahre 1763 der Hannoveraner Apotheker Johann Gerhard Reinhard Andreae (1724–1793) in der Sammlung Amman in Schaffhausen. Sie kam aus dem Naturalienkabinett des Apothekers Gmelin (siehe S. 17) in Tübingen nach Schaffhausen und soll so prächtig erhalten gewesen sein, … *daß sie eine der vornehmsten Stellen in dem Cabinette eines grossen Fürsten würdig wäre.*[28, 29] Andreae vermerkt auch, daß diese Fossilien nicht zum *Medusenhaupt* im zoologischen Sinne gehören können, da sie einen, aus fünfeckigen Gliedern bestehenden Stiel aufweisen. Diese als *Siegsteine, Sternsteine* oder *Judensteine (Lapis Judaicus)* bezeichneten Stielglieder hatte schon Bauhin beschrieben und abgebildet (siehe S. 8). Die richtige Zuordnung der als *Medusenhaupt* beschriebenen Fossilien zu den Seelilien gelang dann 1760 Chri-

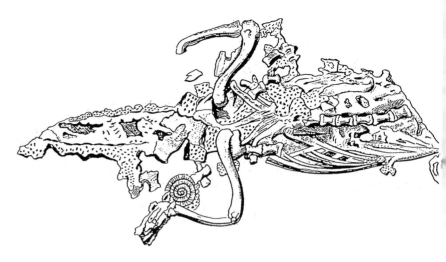

stian-Friedrich Schulze (1730–1775),[30] Arzt und Paläobotaniker in Dresden und etwa gleichzeitig dem französischen Arzt, Botaniker und Kustos des königlichen Naturalienkabinetts in Paris, Jean-Etienne Guettard (1715–1786).[31] Durch Funde zu Beginn des 19. Jahrhunderts wurden die Seelilien des Posidonienschiefers von Boll so bekannt, daß sie mit dem nach Boll benannten Artnamen »bollensis« als *Pentacrinus bollensis*[32] belegt wurden. Da jedoch der ältere Artname *subangularis* verfügbar war, konnte sich »bollensis« für die Boller Seelilien nicht durchsetzen. Heute heißen diese Posidonienschiefer-Seelilien *Seirocrinus subangularis.*

Das *Crocodile de Boll*

Um 1720, zur Zeit der Entdeckung des Hiemerschen *Medusenhaupts* und der Beschreibung der schwäbischen Belemniten als Fossilien, waren aus der Boller Gegend auch die ersten fossilen Wirbeltiere bekannt geworden. In seiner Schrift *Göttliche Erkanntnuß/ Welche auß wunderbaren figurierten Steinen/ So in der Gegend deß Boller Bades und Zeller=Stabs in der Erden/ in dem Wasser/ auch in dem Schifer und in andern Steinen*

13 »*Crocodile de Boll*«, *Skelettrest des Meereskrokodils* Steneosaurus bollensis, *aus dem Posidonienschiefer von Boll. Kupferstich, aus Cuvier 1825, Taf. 6; verkleinert wiedergegeben*

14
Ichthyosaurier Stenopterygius longipes, *aus dem Posidonienschiefer von Boll.
Fund aus dem Jahr 1852.
Skelettlänge 3,65 m*

15
Ichthyosaurier der Gattung
Stenopterygius, *aus dem
Posidonienschiefer von Boll.
Fund aus dem Jahr 1749.
Exemplar mit Embryo in
Kopflage während des
Geburtsvorgangs. Länge der
Platte 1,4 m*

16 *Grabgänge unbekannter Organismen, als* Chondrites bollensis *bezeichnet.*
Posidonienschiefer von Kirchheim unter Teck, vergrößert

17 *Strahlenflosserfisch* Pachycormus bollensis *aus dem Posidonienschiefer von Zell unter Aichelberg. Länge 1,77 m*
18 *Haarfisch* Ptycholepis bollensis *aus dem Posidonienschiefer von Holzmaden. Länge 29 cm*

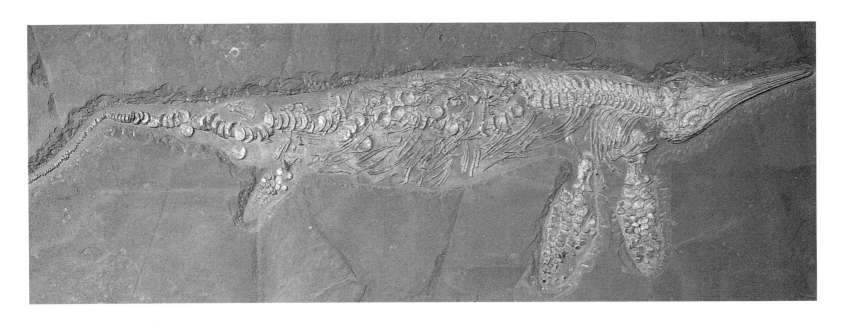

gefunden werden ... berichtet Johann Martin Rebstock (1648–1729), Pfarrer in Zell und Aichelberg, von einem in Gestein eingebetteten *Todten-Gerüppe* mit *Rippen, Ruckenrath und Würbeln*.[33] Dieses Skelett gelangte nach Tübingen und kam vermutlich in die damals weithin bekannte Sammlung des Tübinger Apothekers und Professors für Chemie an der Universität, Johann Georg Gmelin (1674–1728). Dieser Skelettrest eines Sauriers könnte das später bekannt gemachte *Crocodile de Boll* sein. J. G. Keyssler (siehe S. 11–12) erwähnt in seinem zweibändigen Reiseführer von 1740/41 ... *petrificierte und in Stein verwachsene Sceleta von Boll. Eine Probe davon besitzt der gelehrte Anatomicus und Dr. Med. Mauchart*[34] *in Tübingen, und noch ein größeres Stück zeigt man in der Naturaliengallerie zu Dresden*.[35] Es ist vielleicht das Stück, des Pfarrer Rebstock erwähnt.[36] Dieses Skelett ist der historisch älteste, heute noch vorhandene fossile Wirbeltier-Rest aus dem Posidonienschiefer von Boll. Es ist der mittlere Rumpfabschnitt mit Becken, Hintergliedmaßen und vorderer Schwanzpartie eines Meereskrokodils. Es wurde vom Kurfürst von Sachsen, Friedrich August (1670–1733) aus der Sammlung von Gmelin in Tübingen erworben. 1730 beschreibt es Keyssler *als Sceleton ... von einem Thiere, das die Grösse eines Kalbes gehabt*.[37] Im Jahr 1849 wurde es beim Brand des Dresdner Zwingers im Gefolge der ersten deutschen Revolution beschädigt. Nach dem bedeutenden Münchner Naturgelehrten, Anatom und Physiologen, Samuel Thomas Soemmering (1755–1830), der sich 1792 mit diesem Fossil befaßt hat,[38] soll sich das fehlende Vorderstück des Skelettes in Leipzig befunden haben.[39] Es war damals einer der bedeutendsten Fossilienfunde überhaupt, denn es wurde im 18. und 19. Jahrhundert von vielen Naturforschern, Geologen und Paläontologen studiert. Allerdings schwankte seine Deutung zwischen Krokodil und Waran. Es ist das Fossil, dem Boll in der Zeit nach Bauhin und

Hiemer bis heute seine Bekanntheit als Fossilfundstätte und seine Berühmtheit in der Paläontologie verdankt. Dieser Krokodil-Rest wurde 1825 von einem der bedeutendsten Naturforscher des 18./19. Jahrhunderts, Georges Cuvier (1769–1832) als *Crocodile de Boll* beschrieben und abgebildet.[40] Siebzehn Jahre zuvor hatte allerdings Cuvier dieses Skelett noch für den Rest eines Waran-Skeletts gehalten.[41] Cuvier war Professor für Zoologie in Paris. In seiner Jugend besuchte er die Hohe Karlsschule in Stuttgart. Er hatte auch später in Paris noch engen Kontakt nach Württemberg und zum königlichen Naturalienkabinett (dem heutigen Staatlichen Museum für Naturkunde Stuttgart, d. Verf.). Cuvier ist der Begründer der vergleichenden Anatomie. Er schuf mit seinem Korrelationsgesetz – es besagt, daß Teile oder Strukturen eines Organismus zu diesem und untereinander in einer engen Beziehung stehen – die Grundlagen der wissenschaftlichen Paläontologie. Cuvier erkannte die Fossilien ebenfalls als Reste ausgestorbener Organismen. Doch seien die Lebewesen durch periodisch wiederkehrende, katastrophale Ereignisse umgekommen, also nicht nur einmal infolge der biblisch überlieferten Sintflut. An die Stelle der Sintflut-Theorie trat nun mit Ende des 18. Jahrhunderts Cuviers Katastrophen-Theorie. Ab Mitte des 19. Jahrhunderts wurde dann durch den französischen Naturforscher Jean Baptiste Lamarck (1744–1792) und durch Charles Darwins (1809–1882) Selektionstheorie die bis heute gültige Evolutionstheorie begründet. Seinen wissenschaftlichen Namen *Crocodilus Bollensis*[42] erhielt das *Crocodile de Boll* in Dresden durch Georg Friedrich Jäger (1785–1866), Arzt und Betreuer des königlichen Naturalienkabinetts in Stuttgart.[43] In seinem Werk über die fossilen Reptilien von Württemberg erwähnt Jäger auch einige, in natürlichem Zusammenhang sich befindende Wirbel eines fossilen Krokodils aus dem Posidonienschiefer von Heiningen bei Göppingen. Sie stammen aus der Sammlung von Oberamtsarzt Dr. Ernst Gustav Friedrich Hartmann (1767–1851) von Göppingen. Diese Wirbel beschreibt Jäger als *Geosaurus Bollensis*.[44] Sie gehören ebenfalls zu *Crocodilus Bollensis*, dem heute *Steneosaurus bollensis* genannten Meereskrokodil. Da der Name *Crocodylus* (in korrekter Schreibweise für *Crocodilus*, d. Verf.) nur für einige heutige

19 Ichthyosaurier Stenopterygius *aus dem Posidonienschiefer von Boll-Sehningen. Länge des Skeletts 2,35 m*

20 *Skelett des Meereskrokodils* Steneosaurus bollensis *aus dem Posidonienschiefer von Holzmaden. Länge des Skeletts im gestreckten Zustand 1,90 m*

Abb. 20

Krokodile gilt, die sich deutlich von den Krokodilen des Posidonienschiefers unterscheiden, wurde das *Crocodile de Boll* zur Gattung *Steneosaurus* gestellt und als *Steneosaurus bollensis* bezeichnet, was der heute gültige Name ist.[45]

Frühe Ichthyosaurier-Funde von Boll

Die paläontologischen Funde des 18. Jahrhunderts machten Boll in der damaligen wissenschaftlichen Welt berühmt. Doch gelangten fast alle Boller Fossilien außerhalb Württembergs. Dies veranlaßte Herzog Karl Eugen (1737–1793), im Jahr 1749 einen Aufruf zur Sammlung von naturgeschichtlichen Funden in Württemberg zu erlassen. Sie sollten für Lehr- und Schauzwecke ans Königliche Gymnasium, das heutige Eberhard-Ludwigs-Gymnasium[46] abgeliefert werden. Im gleichen Jahr übergab der Göppinger Stadtarzt Christian Albert Mohr (1709–1789)[47] zusammen mit einer Sammlung fossiler Muscheln zwei Skelettreste, einzelne Knochen und Skeletteile von Ichthyosauriern oder Fischsauriern – so benannt wegen der fischähnlichen Gestalt dieser Meeresreptilien – aus dem Gebiet von Boll und Ohmden dem Gynmasium.[48] Den Ichthyosaurier-Platten soll Mohr eine Beschreibung und eine Abbildung beigefügt haben, die aber beide nie veröffentlicht wurden.[49] Dies bedauert William Buckland (1784–1856), Professor für Mineralogie und Geologie in Oxford, der die ersten, überhaupt gefundenen Ichthyosaurier aus England bekannt machte: *... So sehr haben wir bedauert, daß dieselbe* (Abhandlung über die beiden Boller Ichthyosaurier von Mohr, d. Verf.) *nicht schon früher über das bereits 77 Jahre in Deutschland, und namentlich in Stuttgart bekannte fossile Thier erschienen ist. Beschrieben war das Thier aber schon lange und namentlich im J. 1749 von Hn. Mohr, diese Beschreibung ist aber leider nie gedruckt worden.*[50] Nach den Angaben von G. F. Jäger (vgl. S. 17) hatte Mohr in der Beschreibung die beiden Ichthyosaurier-Skelette wegen der Gestalt der Wirbel den Rochen zugeordnet. Er deutete die Fossilien als in der Sintflut umgekommen. Diese beiden Skelette sind die historisch ältesten Belege von Ichthyosauriern der Welt. Sie zählen zu den frühesten Saurierfunden in Europa. Sie sind heute noch im Staatlichen Museum für Naturkunde in Stuttgart erhalten; ein Exemplar ist im Museum am Löwentor ausgestellt. In Jägers Publikation von 1824 werden diese Ichthyosaurier als Fischskelette, wahrscheinlich aus der Gruppe der Rochen stammend, angesehen.[51] Nach ihrer Wiederentdeckung durch Jäger im Jahr 1822 im königlichen Gymnasium und ihrer späteren Zuordnung zu den Ichthyosauriern[52] – diese waren seit 1814 durch Buckland bekannt geworden – gelangten die Boller Funde in das Naturalienkabinett nach Stuttgart.

Bei einem der beiden Boller Ichthyosaurier wies Jäger im Jahr 1842 im Bereich der Leibeshöhle dieses Exemplars einen Embryo nach ... *dessen Lage es nicht unwahrscheinlich macht, daß der Ichthyosaurus zu den lebendig gebährenden Reptilien gehört haben möchte.*[53] Nachdem 1849 ein Ichthyosaurier mit Embryonen-Resten in England gefunden wurde,[54] wird Jäger seine 1842 geäußerte Vermutung zur Gewißheit: *Es dürfte das kleinere Exemplar in der Körperhöhle des größeren eingeschlossen und nach der Richtung des Körpers des kleineren Thieres nicht unwahrscheinlich seyn, daß dasselbe als reifer Fötus anzusehen sey, und der Ichthyosaurus somit unter die lebendig gebärenden Reptilien gehöre, und das Thier vielleicht in dem Geburtsacte selbst zu Grunde gegangen sey.*[55]

Abb. 15

Abb. 15

Damit war erstmals, anhand dieses Boller Fundes von 1749, nachgewiesen, daß die Ichthyosaurier lebende Junge zur Welt brachten. Dies war eine Folge der so weitgehenden Anpassung der Ichthyosaurier an das Leben im Meer, daß sie zur Eiablage nicht mehr an Land gehen konnten. Die Eier wurden im Mutterleib zurückbehalten, bis die Entwicklung des Embryos zum gebärreifen Jungtier abgeschlossen war. Bei diesem Boller Ichthyosaurier ist zudem noch die außerordentlich seltene Kopflage des Embryos erhalten: Mit der Schnauzenspitze ragt der Schädel aus der Beckenöffnung des Muttertieres. Wie etwa 98 % aller seitdem gemachten Funde von Ichthyosauriern mit Embryonen aus dem Gebiet von Boll-Holzmaden zeigen, erfolgte die Geburt junger Ichthyosaurier mit dem Schwanz zuerst, wie dies auch bei unseren heutigen Walen und Delphinen der Fall ist. Während der Geburt konnte so das austretende Ichthyosaurier-Jungtier im Mutterleib noch so lange Sauerstoff atmen, bis

der Geburtsvorgang abgeschlossen war und es dann zum Luftholen selbständig an die Wasseroberfläche schwimmen konnte.

Nach der Veröffentlichung der beiden Boller Ichthyosaurier durch Cuvier und Jäger hatte die Fossilfundstätte Boll Weltruf erlangt. In den Schiefergruben östlich des alten Verbindungswegs von Boll nach Zell[56] wurden zahlreiche Funde gemacht. So berichtet Jäger, daß *Überreste verschiedener Ichthyosaurier in den Liasschiefer Schwabens, insbesondere in der Nähe der Städte Göppingen, Reutlingen, Metzingen, Kirchheim, namentlich bei Boll, Ohmden, Holzmaden usw. ... aufgefunden wurden.*[57] Mit den neu gefundenen Ichthyosauriern mehrten sich auch die Kenntnisse über diese Meeresreptilien der Vorzeit. Es wurden neue Arten beschrieben oder mit jenen des englischen Lias verglichen, um das Alter der Boller und der englischen Funde festzustellen. Weitere Ichthyosaurier mit Embryonen kamen hinzu. Auch fossile Mageninhalte und Exkremente, Koprolithen genannt, wurden bekannt. *Man findet nämlich nicht nur in der Nähe der Gerippe ungeheure Mengen des Mistes* (gemeint sind die im Mageninhalt der Ichthyosaurier enthaltenen, unver-

daulichen Reste, d. Verf.), *sondern auch noch Stücken davon im Innern des Bauches. Diese sogenannte, Miststeine, Koprolithen, ... enthalten noch Schuppen von Fischen, Knochen von Fischen und anderen Echsen* (es sind die Reste von Embryonen im Leib von Muttertieren gemeint; einige Forscher nehmen an, die Ichthyosaurier hätten ihre eigenen Jungen gefressen, d. Verf.).[58] 1856 beschrieb G. F. Jäger einen neuen Ichthyosaurier aus Boll, der sich durch einen extrem verlängerten, an den »Stoßzahn« des Narwals erinnernden Oberkiefer und einen stark verkürzten Unterkiefer auszeichnet.[59] Die Bedeutung dieses als Rostrum bezeichneten Oberkiefers und die Lebensweise von *Eurhinosaurus longirostris*, wie dieser Ichthyosaurier heute genannt wird, sind noch unbekannt. Mit der wissenschaftlichen Bearbeitung der Ichthyosaurier-Arten, vor allem durch den Heidelberger Zoologen und Paläontologen Heinrich Georg Bronn (1800–1862)[60] erfuhr die Wirbeltierpaläontologie in Deutschland einen großen Aufschwung. Dieser setzte sich fort mit der Entdeckung von Weichteil-, Körperumriß- oder »Hautresten« bei Ichthyosauriern durch Eberhard Fraas (1862–1915), Konservator in der geologisch-paläontologischen Abteilung des Naturalienkabinetts in Stuttgart.[61]

Es waren nun aber nicht mehr Funde aus Boll, sondern solche auf den Markungen Holzmaden und Ohmden, die

21 *Ichthyosaurier* Stenopterygius quadriscissus *mit sogenannter »Haut«-Erhaltung aus dem Posidonienschiefer von Holzmaden. »Haut«-Ichthyosaurier aus dem Jahre 1891. Skelettlänge 1,1 m*

grundlegend neue Erkenntnisse über Ichthyosaurier lieferten. Etwa um 1870 ging der Schieferabbau um Boll zurück, wahrscheinlich auch infolge der Aufgabe der »Liasschiefer-Öl«-Gewinnung. Es blieben nur noch wenige Schiefergruben in der Gegend von Zell, Ohmden und Holzmaden. Diese wurden mehr und mehr zur Gewinnung von Fossilien betrieben (siehe S. 21). Bernhard Hauff (1866–1950), Sohn eines Schieferbruchunternehmers, widmete sich, ungefähr von 1883 an, der Präparation von Fossilien aus dem väterlichen Schieferbruch, der anfänglich zur »Steinöl«-Erzeugung angelegt war. Das Auffinden von Fossilien, so berichtet Jäger, ... *war in neuerer Zeit zu einer lucrativen Beschäftigung geworden*[62].

Durch Einführung neuer Präparationsmethoden, wie Feinstichel und Mikroskop, gelang es Hauff erstmals, auch Weichteile von Ichthyosauriern durch mechanische Präparation freizulegen. Nach der Entdeckung der schwarzen Weichteilumrisse der Paddel von Ichthyosauriern im Jahre 1888, konnte B. Hauff auch erstmals den Körperumriß, die sogenannte »Haut« der Ichthyosaurier durch Präparation nachweisen.[63] Nun erst war klar, daß die Ichthyosaurier eine fischähnliche Gestalt hatten und eine, den Körper beim Schwimmen steuernde, nur aus Weichteilen bestehende Rückenflosse ausgebildet hatten. Die merkwürdig im hinteren Schwanzdrittel nach unten abgeknickte Wirbelsäule umgab eine fischähnliche, häutige, annähernd symmetrische Schwanzflosse. Sie bewirkte den Vortrieb des Tieres im Wasser durch seitlich schlagende Bewegungen. Die zu Paddeln umgestalteten Vorder- und Hintergliedmaßen dienten der Stabilisierung und Steuerung des stromlinienförmigen Körpers. Durch Hauffs herausragende Fossilpräparation wurden die Ichthyosaurier zu einer der am besten bekannten und populärsten Tiergruppe überhaupt. Präparatorisches Können und die einzigartige Erhaltung der Ichthyosaurier mit Weichteilen im Posidonienschiefer machten die Boll-Holzmadener Fossilfundstätte weltberühmt.

Abb. 21

Verwendung des Schiefers und Fossilienhandel

Im Gebiet von Boll wurde von Ende des 18. Jahrhunderts an der Posidonienschiefer nicht mehr als Dachschiefer abgebaut, sondern zur Gewinnung von Ofenunterlegplatten, Bodenplatten für Hausflure, Keller, Viehställe[64] und Fensterbänke. Hierzu baute man vor allem den verwertbaren Fleins, eine harte, kalkhaltige Schiefertonschicht ab.[65] Die den Schiefertonen zwischengelagerten Kalkbänke wurden zum *Beschlagen der Chaséen*,[66] als Fundamentsteine zum Hausbau oder zur Branntkalkerzeugung verwendet. Ab Mitte des 19. Jahrhunderts entstanden im Bereich des Albvorlandes zwischen Eislingen, Boll und Reutlingen Schiefergruben, in denen vor allem unter Quenstedts Leitung und mit staatlicher Unterstützung versucht wurde, den Posidonienschiefer zur Gewinnung von *Steinöl* zu verschwelen. Doch kam dieser Abbau sehr kurz nach der ersten erfolgreichen Erdölbohrung in Texas im Jahr 1859 zum Erliegen. Das importierte amerikanische Erdöl war viel billiger und qualitativ besser als das für Beleuchtungszwecke verwendete, stark rußende *Liasschiefer-Öl*.

So mußte mancher Schieferbruch seinen Betrieb einstellen oder versuchen, aus dem Schieferabbau andere Einnahmequellen zu erschließen. Diese Möglichkeit boten die inzwischen weltberühmt gewordenen Fossilien. Wegen ihrer vollständigen Erhaltung wurden Seelilien, Ichthyosaurier, Meereskrokodile und Fische begehrte Objekte vieler Naturalienkabinette und geologisch-paläontologischer Institutssammlungen, aber auch der Boller Badegäste.[67] Es wäre interessant, anhand der Besucherlisten des Boller Bades festzustellen, welche Naturforscher und Geologen zur Kur in Boll weilten und durch den Erwerb von Fossilien zu Bolls Berühmtheit in der Paläontologie beitrugen. Die Fossilien wurden entweder direkt in den Schiefergruben für Sammlungen aufgekauft oder von Fossilienhändlern erworben, die zumeist auch die Stücke präparierten[68] und dann in alle Welt verkauften. Diesen Fossilverkauf beklagt schon im Jahr 1838 der Metzinger Arzt Friedrich A. Schmidt (1799–1863), indem ... *ganz excellente Frauen á tout prix aufkaufen lassen, um die Schätze des Vaterlandes außer Landes in Damensammlungen zu versenden.*[69] Über den Fossilverkauf

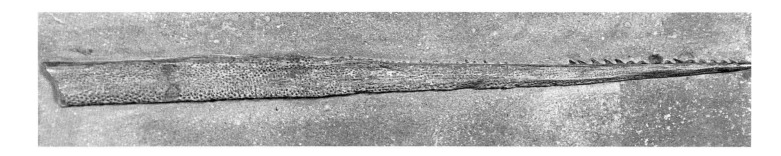

schreibt Quenstedt 1855: *Johannes Koberger in Metzingen hat auf diese Weise* (durch den Verkauf von Fossilien, d. Verf.) *mehr zur Verbreitung der Saurier und Fische beigetragen als irgend einer in Württemberg. Viele Centner gehen davon alljährlich ins Ausland: die Museen von München, Frankfurt, Berlin, Halle, Bonn etc. sind ... damit geschmückt.*[70] In den Sammlungen der Universität Halle sollen um 1850 mehr Saurierfunde aus Boll vorhanden gewesen sein, als in irgendeiner anderen Sammlung. Und selbst in Stuttgart oder Tübingen befände sich zum Beispiel kein derart vollständiges Krokodil wie in München, stellt Quenstedt fest.[71]

Über den »Saurierhandel« im Gebiet von Boll berichtet Oscar Fraas (1824–1897), Konservator am Naturalienkabinett in Stuttgart: *Da liegen sie in ihren vieltausendjährigen Steinsärgen, von Schiefer dicht umhüllt, nur die rohen Umrisse erkennt man gleich den in Leinwand gewickelten Mumien. Man sieht den Kopf durchblicken, die Wirbelsäule, die Lage der Extremitäten, die ganze Länge des Thiers und raschen Blickes erkennt an dieser Form schon der Arbeiter ob's ein Thier ist mit Flossen oder mit »Pratzen«. Ist doch ein »Pratzenthier« um's dreifache mehr werth, als eines mit Flossen.* Tiere mit Flossen sind die Ichthyosaurier, während die *Pratzenthiere* die viel selteneren Meereskrokodile sind. Und O. Fraas fährt fort: *Kein Pferdshandel wird je mit solchem Eifer geschlossen, mit solchem Aufgebot aller Beredtsamkeit und Entfaltung aller Künste und Kniffe, als der Saurierhandel, und keiner erfordert neben genauer Kenntniß der Stücke so viele Schlauheit, um*

22 *Rückenflossenstachel der Seekatze* Metopacanthus bollensis *aus dem Posidonienschiefer von Holzmaden. Länge 33 cm*

nicht, da ohnehin die Katze im Sack gekauft wird, zu Schaden zu kommen.[72]

Anfang des 19. Jahrhunderts gingen Boller Ichthyosaurier auch an das Musée national d'Histoire naturelle Paris, an das naturhistorische Museum Wien, an die naturwissenschaftlichen Sammlungen Winterthur durch die Gebrüder Meyrath,[73] an das Paläontologische Museum der Universität Oslo oder das British Museum of Natural History London, aber auch nach Dresden, Leipzig, Konstanz, Heidelberg, Tübingen und Stuttgart. Jäger berichtet, daß er ... *mehrere der Gattung Ichthyosaurus zugehörige ausgezeichnete Exemplare ... in dem Museum zu Mannheim ... gesehen habe, ... deren Fundort mir jedoch unbekannt blieb.*[74] Abb. 14

Die Stücke wurden meistbietend weltweit gehandelt und meist mit dem Fundort Boll versehen, auch wenn sie nicht aus einer der Schiefergruben zwischen Boll und Zell kamen. Was seit etwa 1870 der Name Holzmaden als Fossilfundstätte für die Paläontologie bedeutet, diesen Ruhm hatte Boll bis gegen Ende des 19. Jahrhunderts inne. Doch ohne die Fossilien von Boll wäre Holzmaden in der Paläontologie nie bekannt geworden.

Boller Fossilien

Viele Fossilien aus dem Posidonienschiefer der Umgebung von Boll tragen den Artnamen »bollensis«. Sie wurden vor allem von Quentstedt in Tübingen wissenschaftlich bearbeitet. *Chondrites bollensis*, schon von Bauhin abgebildet und kurz beschrieben (siehe S. 9) bezeichnet die Grabgänge unbekannter Organismen, wahrscheinlich von Würmern. Die Muschel *Solemya bollensis* Abb. 16

kennzeichnet den vor allem bei Boll mehrere Meter mächtigen oberen Posidonienschiefer. Unter *Teudopsis bollensis* versteht man den Schulp eines fossilen Tintenfisches, der im weiteren mit den heutigen Kraken verwandt ist. Der erstmals mit dem Namen *Ammonites bollensis* von Quenstedt beschriebene, heute *Peronoceras fibulatum* genannte Ammonit gab dem oberen Posidonienschiefer von Boll den diese Schichten kennzeichnenden Namen, »bollensis«-Lager. Gleich vier Fische aus ganz verschiedenen Gruppen tragen den Artnamen *bollensis*. So ist *Bdellodus bollensis* ein Vertreter von wahrscheinlich am Meeresgrund lebenden Haien, die sich von hartschaligen Beutetieren, wie Muscheln, Krebsen und vielleicht Ammoniten ernährt haben. *Bdellodus bollensis* ist bislang nur durch ein Pflasterzahngebiß und einen Einzelzahn nachgewiesen, die im geologisch-paläontologischen Institut der Universität Tübingen und im Staatlichen Museum für Naturkunde Stuttgart aufbewahrt sind. Der mit den Haien verwandte *Metopacanthus bollensis* ist ein Angehöriger der Seekatzen oder Chimären. Von ihm gibt es bisher nur einen einzelnen

Abb. 22 Rückenflossenstachel, der im Museum am Löwentor in Stuttgart ausgestellt ist. Zu den Strahlenflosserfischen, den Vorläufern der heutigen Knochenfische, zählt der

Abb. 18 »Haarfisch« *Ptycholepis bollensis*, so benannt, wegen der feinen, an gekämmte Haare erinnernden Längsstreifung seiner Schuppen. Ein Angehöriger der gleichen Fischgruppe war der räuberisch lebende, bis zu 2 Meter

Abb. 17 lange *Pachycormus bollensis*. Er wird heute als *Saurostomus esocinus* bezeichnet. Von den höheren Wirbeltieren aus dem Posidonienschiefer trägt nur das von Jäger

Abb. 20 *Steneosaurus bollensis* benannte Krokodil den von Boll abgeleiteten Artnamen. Mit dem Artnamen *bollensis* verbindet sich somit in der Paläontologie nicht nur die Charakterisierung einer bestimmten fossilen Tierart aus dem Posidonienschiefer, sondern auch die Erinnerung an eine – Holzmaden eingeschlossen –, auch heute noch produktive weltberühmte Fossilfundstätte.

Ausblick

Mit dem ausgehenden 19. Jahrhundert verlagerte sich die Fossilienfundstätte des Posidonienschiefers von Boll nach Holzmaden. Es kam seitdem manch neuer Fund von bislang aus Boll unbekannten Organismen hinzu, wie zum Beispiel Zweige von Nadelbäumen und Blätter von Gingko-Gewächsen, die von Land her in das damalige Jurameer bei Boll-Holzmaden eingeschwemmt wurden. In jüngster Zeit fanden sich vollständig erhaltene Belemniten-Tiere, eine freischwimmende Seelilie und neue Vertreter von Tintenfischen. Von den Wirbeltieren waren die Flugsaurier bereits um die Mitte des 19. Jahrhunderts durch Quenstedt aus Metzingen bekannt geworden. Die Holzmadener Funde erweiterten die Kenntnis über diese fliegenden Reptilien. Um die Jahrhundertwende wurden im Gebiet von Holzmaden die ersten Plesiosaurier-Skelette gefunden. Sie zählen zu den seltensten Wirbeltierfossilien im Posidonienschiefer. Aus Boll liegt kein einziger Fund vor. Ende der 70er Jahre dieses Jahrhunderts entdeckte eine Privatsammlerin die erste Brückenechse in einem Schieferbruch bei Schlierbach, ein weltweit extrem seltenes Fossil, das mit der heutigen Brückenechse *Sphenodon* von Neuseeland nahe verwandt ist. Und erstmals konnten im Posidonienschiefer von Holzmaden auch Elemente der Landfauna festgestellt werden: Ein Dinosaurierrest und im vergangenen Jahr ein Insektenflügel. Vielleicht wurden ähnliche Entdeckungen auch in Boll während der 400jährigen Geschichte seiner Fossilfunde gemacht, aber nicht erkannt: Die Paläontologie war erst auf dem Weg, eine Wissenschaft zu werden.

Wegen der einzigartigen Fossilfunde und ihrer hervorragenden Erhaltung wurde im Jahr 1938 das Gebiet von Boll-Holzmaden zum »Versteinerungsschutzgebiet Holzmaden« erklärt, basierend auf dem Reichsnaturschutzgesetz von 1937. Das im Jahr 1972 erlassene Baden-Württembergische Denkmalschutzgesetz löste die alte Gesetzgebung ab und bot erstmals die Möglichkeit, Fossilien als Kulturdenkmale zu schützen, hierfür Grabungsschutzgebiete auszuweisen und als Kulturdenkmale qualifizierte Fossilien in Landeseigentum zu überführen. So entstand 1979 das Grabungsschutzgebiet »Versteinerungen Holzmaden«. Es schließt auch den einzigen, noch in Betrieb befindlichen Schieferbruch auf der Markung Boll ein: Die Fango-Schiefergrube von Boll-Sehningen, die seit 1994 Eigentum der Gemeinde Boll ist. Einzigartige, als Kulturdenkmale qualifizierte Fossilien gehen seitdem in die Sammlungen des Staatlichen Museums für Naturkunde Stuttgart über. Das Museum stellt die Fossilfunde nach der Präparation der Öffentlichkeit für Schau- und Lehrzwecke zur Verfügung und erfüllt so den staatlichen Bildungsauftrag. Gleichzeitig wird dieses Fossilmaterial aber auch für die Forschung bereitgestellt. Das Naturkundemuseum sorgt ferner dafür, daß übernommene Funde bei berechtigtem Bedarf angemessen an andere staatliche Sammlungen und nichtstaatliche Museen und Ausstellungen leihweise abgegeben werden.

Auf diese Weise gelangte ein Ichthyosaurier aus Boll wieder an seinen Fundort zurück: Er ist in der Versteinerungssammlung Hohl der Gemeinde Boll ausgestellt. Ein weiterer Boller Ichthyosaurier aus der Fango-Schiefergrube ging in das Eigentum der Gemeinde Boll über und ist im Bürgersaal ausgestellt.

Abb. 19

Dank

Ich danke meinem Kollegen am Staatlichen Museum für Naturkunde Stuttgart, Herrn Dr. Manfred Warth, aufrichtig für seine Hilfe bei der Beschaffung paläontologischer Literatur über die Fossilfundstätte Boll. Ohne diese Literaturkenntnisse wären manche, für Boll und seine Fossilfunde wissenschaftshistorisch interessanten Details unbekannt geblieben.

[1] Bildnis Dr. Johannes Bauhin: Abb. 5, siehe oben Seite 5, aus: Regelmann, C.: Naturkunde und Topographie in Württemberg vor 300 Jahren. Jh. Ver. vaterländ. Naturk. Württemberg, 58. Stuttgart 1902, S. 69.

[2] Bauhin, J.: New Badbuch IV, Titelseite.

[3] Bauhin, J.: New Badbuch I, S. 11.

[4] Bauhin, J.: New Badbuch I, S. 6.

[5] Hölder, H.: Geologie und Paläontologie in Texten und ihrer Geschichte. Freiburg 1960, S. 360.

[6] Vgl. Urlichs, M. & al., Posidonien-Schiefer, S. 6, Abb. 4.

[7] Bauhin, J.: New Badbuch IV, S. 10.

[8] Vgl. Ziegler, B.: Der schwäbische Lindwurm, S. 93, Abb. 104.

[9] Bauhin, J.: New Badbuch I, S. 28.

[10] Quenstedt, F. A.: Petrefactensammler Schwabens. Tübingen 1855, S. 3.

[11] Ebenda, S. 5.

[12] Plieninger, T.: Ueber den gegenwärtigen Standpunkt der vaterländischen Naturkunde Württembergs. Jh. Ver. vaterländ. Naturkunde Württemberg, 1. Stuttgart 1845, S. 26.

[13] Hölder: Geologie und Paläontologie, S. 359.

[14] Hölder, H.: E. F. Hiemers Traktat über das »Medusenhaupt« Schwabens (*Seirocrinus subangularis*) aus dem Jahr 1724. Stuttgart 1994, S. 6ff. (Stuttgarter Beitr. Naturkunde, Ser. B, Nr. 213).

[15] Urlichs, M. & al., Posidonien-Schiefer, S. 6, Abb. 4.

[16] Hölder: »Medusenhaupt«, S. 2.

[17] Ebenda, S. 12.

[18] Gesner, C.: Historia animalium, 1551–1558, vol. 4, Vollkommenes Fisch-Buch. Zürich 1563. (Nachdr. d. revid. u. emend. Ausgabe von 1670, Hannover 1981).

[19] Zitiert nach Hölder: »Medusenhaupt«, S. 19.

[20] Wittmann, O.: Balthasar Ehrhart (1700–1756) aus Memmingen (Schwaben) und seine Dissertatio de belemnitis suevicis (1727). Erlangen 1979. (Erlanger geol. Abh., H. 107).

[21] Hölder: »Medusenhaupt«, S. 16.

[22] Ziegler: Der schwäbische Lindwurm, S. 94f. u. S. 151.

[23] v. Pezold, U.: Johann Georg Keyssler (1693–1743). Bamberg 1994, S. 81. (Geschichte am Obermain, 18).

[24] Körner, G.: Das Raritätenkabinett im Museum für das Fürstentum Lüneburg. Lüneburg 1965, S. 18.

[25] Quenstedt, F. A.: Schwabens Medusenhaupt. Eine Monographie der subangularen Pentacriniten. Tübingen 1868, S. 11.

[26] Collini, C. A.: Déscriptions de quelque Encrinites du Cabinet d'histoire naturelle de S.A.S. Mgr. l'Electeur Palatin. Mannheim 1775, S. 78. (Acta Acad. Theod.-Palat., 3).

[27] Mayer, G.: Geologisch-Mineralogisches in Briefen von Cosimo Allessandro Collini an die Markgräfin Carolina Louisa von Baden 1765–1776. Heidelberg 1982, S. 256. (Aufschluss, 33).

[28] Andreae, J. G. R.: Briefe aus der Schweiz nach Hannover geschrieben in dem Jare 1763. Zürich 1776, S. 40f.

[29] Der Verbleib aller dieser Stücke ist unbekannt.

[30] Schulze, C. F.: Betrachtung der versteinerten Seesterne und ihrer Theile. Warschau 1760, S. 28.

[31] Guettard, J.-E.: Sur les Encrinites et les pierres étoilées, dans les quelles on traitera aussi des Entroque, Trochites etc. Paris 1761, S. 177ff. (Mém. Acad. roy. Sci. Paris, 1755).

[32] Quenstedt: Schwabens Medusenhaupt, S. 11.

[33] Quenstedt: Petrefacten-Sammler …, S. 16.

[34] Burchard David Mauchard (1696–1751), Professor der Chirurgie und Anatomie in Tübingen. Biographische Daten aus Ziegler: Schwäbischer Lindwurm …, S. 151.

[35] Zitiert nach Quenstedt: Petrefacten-Sammler …, S. 16.

[36] Ebenda, S. 16.

[37] Fischer, W.: Mineralogie in Sachsen von Agricola bis Werner. Dresden 1939, S. 268.

[38] Soemmering, S. T.: Fossiles Monitor-(?)Gerippe, von Boll, für ein Krokodil gehalten in dem Dresdner Naturalien-Cabinet 1755. In: Ueber Crocodilus priscus oder über ein in Baiern versteint gefunde-

nes schmalkieferiges Krokodil, Gavial der Vorwelt. München 1814, S. 23f. (Abh. math. phys. Cl. königl. Akad. Wiss.).

[39] Wenzel, M.: Samuel Thomas Soemmering. Schriften zur Paläontologie. In: Mann, G. & Kümmel, W. F.: Samuel Thomas Soemmering, Werke, Band 14. Stuttgart 1990, S. 374, Anm. 202.

[40] Cuvier, G.: Recherches sur les ossemens fossiles, vol. 5, p. 2. Paris 1825, S. 125f., Taf. 6.

[41] Cuvier, G.: Sur les ossemens fossiles de crocodiles et particulièrement sur ceux des environs du Havre et de Honfleur, avec le remarques sur les squelettes des sauriens de la Thuringe. Paris 1808, S. 83. (Ann. Mus. nation. d'Hist. natur., 12).

[42] Jäger, G. F.: Über die fossile Reptilien welche in Würtemberg aufgefunden worden sind. Stuttgart 1828, S. 6, Taf. 3, Fig. 1–3.

[43] Ebenda, S. 7.

[44] Sie sind heute nicht mehr im Staatlichen Museum für Naturkunde in Stuttgart vorhanden.

[45] Die binäre Namengebung für Organismen geht auf den berühmten schwedischen Naturforscher Carl von Linné (1707–1778) zurück. Sie setzt sich aus einem latinisierten Doppelnamen zusammen: Ersterer ist der Gattungsname, beim *Crocodile de Boll* heißt er *Crocodilus*, letzterer ist der Artname *Bollensis*, heute *bollensis* geschrieben.

[46] Nach Ziegler, B.: Frühe Fossilfunde. In Urlichs, M. & al., Der Posidonien-Schiefer, S. 22.

[47] Gegen eine Entschädigung von 50 Gulden sollte Mohr von 1749 an Fossilfunde aus dem Raum Boll dem Gymnasium übergeben. Vgl. Adam, K.: Ichthyosaurier aus dem schwäbischen Jura. Ein Beitrag zur Erforschungsgeschichte. In: Das Naturkundemuseum braucht unsere Hilfe. Stuttgart 1971, S. 12. (Katalog z. Ausst. Girokasse).

[48] Jäger, G. F.: De ichthyosauri sive proteosauri fossilis speciminibus in agro Bollensis in Würtembergia. Stuttgart 1824, S. 2 (übersetzt: Über Ichthyosaurier oder Proteosaurier, fossile Exemplare, die im Gebiet um Boll in Württemberg gefunden wurden, d. Verf.).

[49] In seiner erneuten Beschreibung dieser Ichthyosaurier von 1828 widerruft Jäger allerdings diese seine Angaben von 1824; Jäger: Fossile Reptilien …, S. 3.

[50] Buckland, W.: Bey Cotta: De ichthyosauri seu proteosauri fossilis speciminibus in agro Bollensis in Würtembergia reperti commentatur, Georg Frid. Jäger, 1824, 14 S., u. 2 Steindrucktafeln in Fol. Göttingen 1828, S. 166f. (Göttinger gelehrte Anz., 17).

[51] Jäger: Ichthyosauri …, S. 7. Diese Deutung geht auf die ersten englischen Ichthyosaurier-Funde zurück, die als mit den Fischen verwandt angesehen wurden. Nach den englischen Wissenschaftlern sollten die Ichthyosaurier auch Ähnlichkeiten mit den Lurchtieren aufweisen, worauf der Name Proteosaurier hinweist, den Jäger dann 1824 übernahm (Ziegler: Der schwäbische Lindwurm, S. 99). Noch 1828 nimmt Jäger an, daß die Ichthyosaurier mit den Schwanzlurchen verwandt wären (Jäger: Fossile Reptilien …, 1828, S. 14).

[52] Jäger: Fossile Reptilien …, S. 7ff. Es war jedoch Georges Cuvier (Cuvier: Recherches ossemens …, S. 452f) der die Ichthyosaurier-Natur der von Jäger als Fischskelette beschriebenen Boller Ichthyo-saurier erkannte. Erst durch Cuvier wurden diese beiden Funde weltberühmt.

[53] Zitiert nach Adam: Ichthyosaurier …, S. 14.

[54] Pearce, C.: Notice of what appears to be the embryo of an *Ichthyosaurus* in the pelvic cavity of *Ichthyosaurus* (*communis?*). London 1849, S. 44. (Ann. Mag. natur. Hist., 17).

[55] Jäger, G. F.: Ueber die Fortpflanzungsweise des *Ichthyosaurus*. München 1852, S. 34. (Gelehrte Anzeigen (Bull. königl. Akad. Wiss.), 1851, No. 4).

[56] Schmidt, F. A.: Die wichtigsten Fundorte der Petrefacten Würtembergs, nebst ihren ersten Kennzeichen. Für junge Sammler und Dilettanten. Stuttgart 1838, S. 75.

[57] Jäger, G. F.: Über eine neue Species von Ichthyosauren (*Ichthyosaurus longirostris* Owen und Jäger), nebst Bemerkungen über die übrigen in der Liasformation Würtembergs aufgefundenen Reptilien. Halle 1856, S. 7ff. (Verh. kais. leopold.-carol. Akad. Naturforscher, 25, T. 2).

[58] Lenz, H. O.: Gemeinnützige Naturgeschichte. Gotha 1846, S. 228.

[59] Jäger: Über eine neue Species …, S. 12ff.

[60] Bronn, H. G.: Über Ichthyosauren in den Lias-Schiefern von Boll in Württemberg. Stuttgart 1844, S. 383ff. (N. Jb., Min. Geognosie, Geol. Petrefaktenkunde, 1844).

[61] Fraas, E.: Ueber die Finne von *Ichthyosaurus*. Jh. Ver. vaterländ. Naturkunde Württemberg, 44. Stuttgart 1888, S. 285ff.

[62] Jäger: Über eine neue Species …, S. 7.

[63] Fraas, E.: Ueber einen neuen Fund von *Ichthyosaurus* in Württemberg. Stuttgart 1892, S. 87ff. (N. Jb. Min. Geol. Palaeont., 1892 (2)).

[64] Fraas, O.: Vor der Sündfluth! Stuttgart 1866, S. 234.

[65] Schmidt, F. A.: Petrefactenbuch oder allgemeine und besondere Versteinerungskunde mit Berücksichtigung der Lagerungsverhältnisse, besonders in Deutschland. Stuttgart 1855, S. 75f. In diesem Buch wird auch erstmals die Stratigraphie des Posidonienschiefers von Boll dargestellt, d. h. die Abfolge der einzelnen Schichten mit ihren, von den Schieferbrechern gegebenen, noch heute gültigen Namen; vgl. Urlichs, M. & al., Der Posidonien-Schiefer, S. 6, Abb. 4.

[66] Jäger: Fossile Reptilien …, S. 4.

[67] Schmidt: Die wichtigsten Fundorte der Petrefacten …, S. 75.

[68] Mayer, G.: Charles-Eugène (1819–1887) und Jules-Emile Meyrat (1823–1891), zwei bedeutende Schweizer Fossiliensammler und Präparatoren. Aufschluss, 36. Heidelberg 1985, S. 203: C. Meyrat berichtet von der achtmonatigen Präparationsarbeit an einem Meereskrokodil, das er dann dem Großherzog von Baden für dessen Naturalienkabinett in Karlsruhe zum Kauf anbietet. Es ist übrigens dort noch im heutigen Staatlichen Museum für Naturkunde Karlsruhe vorhanden.

[69] Zitiert nach Ziegler: Der schwäbische Lindwurm, S. 100.

[70] Quenstedt: Petrefactensammler …, S. 29.

[71] Ebenda, S. 29.

[72] Fraas: Sündfluth …, S. 243f.

[73] Mayer: Charles-Eugène …, S. 202.

[74] Jäger: Über eine neue Species …, S. 5.

Wasser und Salz: Die Schätze der Erde erkennen und nutzen

Sabine Rumpel, Eckhard Christof

Die Suche nach Salz und die Erschließung der Boller Quelle

Am Anfang der Geschichte des Boller Bades stand die Suche nach Salz und anderen Bodenschätzen. Als Herrscher in der Zeit des beginnenden Absolutismus, durchdrungen von der Idee der fürstlichen Allgewalt und beeinflußt von der von Frankreich her kommenden merkantilistischen Ökonomik war Herzog Friedrich I. von Württemberg zur Sicherung und Mehrung seiner Macht darauf aus, im Land neue Einkommensquellen zu erschließen. Er suchte die Wirtschaftskraft und den Einfluß des Herzogtums zu stärken, was ihn jedoch in ständigen Konflikt brachte mit der »Landschaft«, den Abgeordneten der Städte und Ämter. Im Zuge dieser Politik interessierte er sich stark für die Bodenschätze des Landes, vor allem für Edelmetalle und Salzquellen.[1]

An Bodenschätzen war das Herzogtum Württemberg nicht eben reich, und der Salzbedarf des Landes war viel höher als die inländische Förderung. Die Produktion der Saline in Sulz am Neckar war völlig unzureichend. Bereits während seiner Herrschaft in der württembergischen Grafschaft Mömpelgard (Montbéliard) hatte Herzog Friedrich I. dort nach Salzquellen suchen lassen. Im ganzen württembergischen Land wurden seit seinem Regierungsantritt im Jahr 1593 kostspielige Grabungen nach Salzvorkommen gemacht, darunter in der Nähe von Murrhardt, bei Westheim, in der Nähe von Erdmannshausen und eben auch in Boll.[2]

Neben dem vermuteten Vorkommen von Salz war die Boller Quelle auch wegen ihres mineralischen Gehalts und ihrer Fossilien interessant. Die Neugier des Herzogs wurde vor allem aber dadurch geweckt, daß der damalige »Bergmeister« Schnizer behauptete, das in Boll vorkommende Gestein sei silberhaltig. Dr. Johannes Bauhin, der Leibarzt des Herzogs, der die Quelle allerdings erst im Jahr 1596 ausgiebig und vor Ort untersuchte, vermutete zumindest das Vorhandensein von Metallen.[3]

Um seinen Wünschen nach dem Besitz von Edelmetallen und anderen Bodenschätzen näher zu kommen, ließ der Herzog auch oberhalb des Dorfes Boll *auff Göppingen zu* Bergknappen nach Metall graben. Sie waren bis Ende August 1596 bis zu einer Tiefe von 33 Klaftern (etwa 50 m) gekommen, fanden jedoch nur *Schiferstein, Fewrstein und Schneckensteine.*[4]   *Rumpel*

Über die Suche nach dem Salz in der Boller Quelle berichtete Bauhin:

Als im Jahr nach der Geburt Christi/ Tausent/ Fünff hundert/ Neuntzig unnd Vier/ unserm Gnedigen Fürsten unnd Herrn fürbracht worden/ Wie in I. F. G. [Ihro Fürstliche Gnaden] *Land unnd Hertzogthumb Würtemberg/ ein heilsamer WasserBrun verhanden were/ nahe bey dem Flecken Boll/ zwischen Göppingen … und Kirchheim gelegen/ den man vor alters Sittere genant: Haben I. F. G. alß bald nach verstendigen und erfahrnen Künstlern und Meistern getrachtet/ welche umb das Brunnen graben unnd Wasserquellen herfür zu suchen/ sich verstünden/ Darzu heilsame Wasser von unheilsamen/ unnd gesaltzne von ungesaltzenen zu unterscheiden/ und von einander abzusondern wüsten/ und dieselben auß allen orthen zu sich fordern lassen.*

Der Herzog, Ihre Fürstliche Gnaden, war demnach bemüht, die Heilquelle nicht zu gefährden und gleichzeitig die »Salzquelle« zu finden. Darum versuchte er, die besten Fachleute für dieses Vorhaben zu gewinnen. Als die Grabung die Schwefelquelle erreicht hatte, wurde der Grundstein für das Badgebäude gelegt. Die Suche nach Salz aber wurde fortgesetzt.[5]

Am 30. Oktober 1594 hatte Herzog Friedrich I. an den

Göppinger Keller Christoph Reyhing geschrieben, daß er *bey Boll ein Saltzbronnen funden und daselbsten bawen zu lassen bedacht* sei. Der Keller war der Beamte der Rentkammer, der Steuern und Einnahmen einzog und der auch für die herzoglichen Gebäude zuständig war. Reyhing solle über dem abzuteufenden Brunnen eine *Hüttin* errichten lassen, *darunter sie truckhen schaffen khünden*. Die Maurer- und Zimmergesellen sollten täglich drei Batzen, ihre Meister fünf Batzen Lohn erhalten. Am ersten November des gleichen Jahres wurde der Zimmermann Caspar Hörmann von Welzheim als Werkmeister für den Brunnenbau angestellt. Später berichtete Reyhing dem Herzog, daß sich Hörmann zwar beim Salzbrunnenbau geschickt erweise, doch zu oft abwesend sei. Am 13. April 1595 wurde er daraufhin entlassen.

Am 19. Mai 1595 schrieb Reyhing dem Herzog, daß der Salzbrunnenbau nun bereits 2580 Gulden gekostet habe. Leider hätten sich bislang weder das Wasser noch das Gestein geändert. Durch den starken Wasserzufluß der Quelle kam man während einer Woche nur etwa einen Schuh (28,5 cm) tief, obwohl vierzig Personen am Brunnen arbeiteten. Seine Einschätzung des Wassers lautete: *Und meniglich aber dafürhalten, das dieses Wasser zum Saltz nicht, sonder zuo einem Bade fürträglich…* Der Herzog wünschte dennoch ausdrücklich, daß weiterhin *mit allem Vleiß* gearbeitet werden sollte. Schon zwei Tage später, am 24. Juni 1595 schrieb er, der Keller solle ihm *ferners berichten, ob nicht das Saltzwasser im zeithero sich etwas geendert unnd an demselben ein mehrer Schärpffe von Saltz oder sonsten gespüret worden*. Friedrich wünschte sich dringend einen Erfolg.

Zur gleichen Zeit wurde der Werkmeister Schöllkopf entlassen, weil er, so wurde behauptet, die Arbeiter zu wenig beaufsichtigt hätte, so daß diese nachlässig geworden seien. Auf seine Beschwerde hin wurde er vom Herzog jedoch wieder eingestellt, da er immer *aufrecht* und *redlich* gewesen sei und bereit war, weiterhin für 60 Gulden pro Ruthe (94,8 cbm = mehrere Wochen Arbeit, d. Verf.) zu graben, während sein Nachfolger vom Keller in Göppingen bereits 100 Gulden zugesagt bekommen hatte.

Christoph Reyhing glaubte inzwischen nicht mehr an einen Erfolg. Er antwortete dem Herzog am 26. Juni

1595, man schmecke im Wasser nicht *die Schärpffe von Saltz*, er sei aber gewiß, daß das Wasser durch Trinken und Baden Gelbsucht, Wassersucht und andere Leiden heile. Am 4. Juli 1595 antwortete der Herzog, der Keller solle *ain Vaß voll Saltzwasser* schicken. Außerdem sollte ein fahrender Schüler, der beim Salzgraben in Murrhardt gerade als Ratgeber und *Brunnenschmecker* gedient hatte, seine Meinung zur Boller Quelle abgeben. Als »Brunnenschmecker« konnte er Quellen durch magische Mittel, z.B. durch eine Wünschelrute, erkunden. Der fahrende Schüler riet zum Weitergraben. Gleichzeitig befahl der Herzog einen »Menschenversuch«: Hannß Schüz, Bürger und Weingärtner zu Stuttgart solle *seines Leibschadens halb solch Saltzwasser geprauchen und darinnen baden*. Am nächsten Tag ging ein weiterer Brief an den Keller, er solle so viel Wasser aus Boll schicken, wie es nur möglich wäre. Die Ungeduld des Herzogs beweist ein weiterer Brief desselben Inhalts nur zwei Tage danach.

Daß die Probleme, ebenso die Kosten, kaum in den Griff zu bekommen waren, zeigt der Bericht vom 4. Oktober 1595. Die beiden »Fachleute« Johannes Möller und Hanns Rienhartt waren nach Boll gereist, um das Brunnengraben zu beurteilen. Offenbar bemängelten sie die Arbeitsweise der örtlichen Brunnengräber, die sehr hohe Kosten verursachen würde. Sie rieten dem Herzog, für seine anderen *newe Saltzbronnen* neun oder zwölf Bergknappen aus Mömpelgard kommen zu lassen. Wegen des nahenden Winters, meinten sie außerdem, könne der Brunnen in Boll wohl nicht mehr aufgemauert werden. Es wäre nur noch möglich, die Steine zu brechen und von den Göppinger Untertanen im Frondienst anfahren zu lassen. Die Fertigstellung des Schwefelbrunnens geschah demnach erst Mitte des Jahres 1596, nach knapp zwei Jahren Bauzeit.[6]

Christof

Der Brunnenbau

Bei Bauhin können wir nachlesen, wie der Brunnenbau im einzelnen vor sich ging. Vom 23. August bis zum 25. Oktober 1596 hielt er sich in Boll auf.[8] Und im Jahre 1822 machte sich der für Boll zuständige Badearzt Dr.

Hartmann aus Göppingen die Mühe, nach Bauhins Bericht eine Zeichnung der Brunnengrabung anzufertigen.[9] Bis in eine Tiefe von 217 Schuh (61,84 m) wurde der Brunnenschacht hinabgetrieben, ohne daß man auf eine »Salzquelle« stieß. Im oberen Teil hatte man bereits die beiden Zuflüsse der Schwefelquelle erreicht, welche der Anlaß für die Suche nach Salz gewesen war. Sie floß, so Bauhin, aus dem Schiefergestein heraus. Weiter unten stießen die Bergleute auf eine schwach salzig schmeckende Quelle, vermutlich ein Mineralwasser. Am Boden des Schachtes wurde sogar noch 32 Schuh (9,12 m) weit waagrecht gegraben. Bodenschätze wurden aber nicht gefunden.

Es haben aber die Männer und Steinmetzen den Schepffbrunnen mit Steinen fein besetzt und wol verwahret/ und die kleine Quell sampt einer dieffen hölen in die Hundert und fünf und dreissig Schuch tieff unter sich gelaßen/ darnach uberzwerch auß starcken eichen Dilen einen Boden gelegt/ und viel Leymen daruber gestrichen/ unnd also weißlich verhütet/ daß die beide obere Wasserquellen/ welche über dem erstgemelten gelegten Boden/ noch 6. Schuch hoch sein/ nicht können in die unter Gruben/ rinnen (Bauhin: New Badbuch I, S. 19f).

Der Brunnenschacht wurde gesichert und 135 Schuh (38,48 m) über dem Grund ein Boden eingezogen. Dieser bestand aus in zwei Schichten über Kreuz eingebauten eichenen Balken. Darüber kam zur Abdichtung eine Schicht Lehm. Bis zur Erdoberfläche blieben noch 76 Schuh (21,66 m) übrig. Der Boden war somit 6 Schuh (1,71 m) stark.

Auf diesen Boden mauerten die Handwerker den bis heute erhaltenen Brunnenschacht aus Ebersbacher Sandstein. Dieses Material aus dem nahen Filstal hat immerhin 400 Jahre überdauert. Die Wandstärke (80 cm) kann Bauhin nicht angeben, jedoch den Innendurchmesser (9 Schuh = 2,57 m). Heute messen wir 2,65 m lichte Weite. Der Grund für die Abweichung ist unbekannt. Die Brunnenmauer wurde um 12 Schuh (3,42 m) über den Erdboden erhöht, vermutlich zur Hochwassersicherheit. Die gesamte Brunnentiefe betrug somit 88 Schuh (25,08 m). Der Wasserspiegel erreichte eine Höhe von 40½ Schuh (12,40 m), das sind etwa 10 m unter dem heutigen Beton-

fußboden. Bei einer Brunnenuntersuchung am 14. Januar 1992 betrug der Wasserstand ebenfalls 12,40 m.[10] In den Jahren 1688 und 1822 stand das Wasser vor dem Brunnenausschöpfen etwa 69 Schuh (19,66 m) hoch.[11]

Um die 12 Schuh hohe Brunnenmauer errichtete man nach Bauhins Bericht *eine Schneckenstieg,* eine Art Wendeltreppe. Von hier aus sah man den Eimer, der das Wasser aus der Tiefe holte.[12] Das Paternoster-Schöpfwerk hat Heinrich Schickhardt erst nach Bauhins Besuch in Boll gebaut.

6 Schuh (1,71 m) über dem eingezogenen Boden fließen die beiden Schwefelquellen aus dem Gestein. Die eine, größere Quelle kommt von Süden aus Richtung Gruibingen, die andere, kleinere Quelle von Osten aus Richtung Boll.[13]

Während seines Aufenthaltes ließ Bauhin den Schwefelbrunnen ausschöpfen, um das Wasser vom Bauschmutz zu reinigen und die Quellen untersuchen zu können. Zweieinhalb Tage lang wurde ohne Unterbrechung gearbeitet. Dann lag der Wasserspiegel statt 40½ Schuh (12,40 m) nur 9 Schuh (2,56 m) über dem Boden. Bauhin probierte das Wasser und ließ es »chemisch« untersuchen. Nach 17 Tagen, während eifrig weitergeschöpft wurde, war das Wasser erst um einen weiteren Schuh (28,5 cm) gesunken. Erst am nächsten Morgen war »der Ursprung« erreicht, das heißt, der Wasserspiegel lag bei den beiden Quellen, 6 Schuh (1,71 m) über dem Grund. Während Bauhins viertelstündigem Aufenthalt im Brunnen mußte kräftig weitergeschöpft werden, so stark war der Wasserzufluß.[14]

Christof

Wasser: Erste Untersuchungen, Ansichten über Wirkungen, Lehrmeinungen

Das Interesse an der Feststellung der Zusammensetzung, Charakterisierung und Klassifizierung von Mineralwassern bestand schon früh. Die zunächst einzige, auch heute noch angewandte Möglichkeit der Analyse war die natürliche Sinneswahrnehmung. Man beurteilte die Wärme oder Kälte des Wassers und dessen Geruch. Laurentius Phries, der als einer der ersten Ärzte im Jahr

1538 nicht mehr in gelehrtem Latein, sondern in Deutsch seine Vorstellungen zum Baden verbreitete, nannte fünf Untersuchungsmittel, um mineralisches Wasser bestimmen zu können: zunächst der Geschmack, durch den die eindeutigsten Ergebnisse gewonnen werden konnten; dann die Farbe, von der man jedoch wußte, daß sie täuschen konnte, da sie sich unter unterschiedlichen Gegebenheiten veränderte; weiter das Gewicht, das allerdings nur erkennen ließ, daß sich etwas im Wasser befand. Georg Pictorius, der diese Methoden im Jahr 1560 ebenfalls beschrieb, tauchte zur Gewichtsbestimmung zwei Tücher mit gleichem Gewicht in zwei Gefäße mit verschiedenen Wassern und ließ sie trocknen. War eines schwerer als das andere, ging er davon aus, daß Blei, Gold oder Eisen darin enthalten waren. Als viertes Untersuchungsmittel war die Destillation bekannt, die von Phries als ein *künstlich beschehen mitt vil betrachtungen* angesehen wurde. Gabrielle Falloppio, H. Cardonus und J. v. Clausenburg hatten die Destillationsmethode entwickelt und stellten als erste Analysen aus dem Verdampfungsrückstand an. Dann gelang es dem Basler Alchimisten Leonhard Thurneysser zum Thurn mittels eines Aräometers die Dichte des Wassers zu bestimmen. Als fünfte Untersuchungsmethode galt die Befragung erfahrener und glaubhafter Leute. Nach Pictorius war es zusätzlich möglich, die Quelle aufzusuchen, um dort nach kleinen Stückchen Schwefel, Alaun, Kupfer oder Salpeter zu suchen, die Rückschlüsse auf die Eigenschaft des Wassers zuließen.[15]

Die Untersuchung des Boller Wassers

Um dem Auftrag des Herzogs nach einer genauen Untersuchung und Analyse des Boller Wassers gerecht zu werden, wandte auch Bauhin die bekannten Untersuchungsmethoden an. Er befragte jedoch nicht nur die Menschen, die die Quelle zuvor schon benutzt hatten und vertraute auf seine Sinneswahrnehmungen, sondern er stellte auch eigene Versuche an. Dazu entnahm er Wasserproben und destillierte sie durch ein dickes Tuch, was ihm jedoch nicht viel weiter half; er ließ das Wasser an der Sonne stehen und beobachtete, daß sich darauf etwas Blaues

und in einem anderen Versuch etwas Weißes bildete, das nach Salz schmeckte. Zur weiteren Untersuchung des Boller Wassers wurde am 4. Oktober 1596 die Quelle von Bauhin selbst in Augenschein genommen. Mit Hilfe großer Eimer war der Brunnen geleert worden, dann ließ man Bauhin in den Schacht hinunter. Er stand in einem solchen Eimer und hatte sich als Vorsichtsmaßnahme gegen einen etwaigen Absturz bei einem Schwindelanfall mit einem Gürtel unter den Armen an das Seil gebunden. Unten blieb er eine Viertelstunde und trank zunächst von beiden Quellen drei Becher, um dann jeweils eine Flasche Wasser mit nach oben zu bringen. Am 7. Oktober wurde einiges Quellwasser zum Apotheker Lutz nach Kirchheim gebracht, der es gemeinsam mit Bauhin destillierte und siedete, worauf sich ein Salz bildete, das weiß und leicht, aber nicht »scharf« war. Am Kesselboden hatte sich ein *Rauher, Dicker, und harter Stein* gebildet, der wieder in Pulverform gebracht, Kranken in ihre Wunden gestreut wurde. Die Versuche am Menschen ergaben, daß diese *sich gar wol darnach* fühlten.

Am 20. Oktober fing Bauhin in zwei silbernen Bechern und einer Zinnschüssel Quellwasser auf und beobachtete es auf Ablagerungen und Veränderungen hin. Dazu ließ er es zunächst drei Tage stehen. In einem Becher, der aus weniger gutem Silber war, war das Wasser grün und gelb geworden, oben schwamm etwas ähnliches wie Öl. Im echten Silberbecher dagegen waren kaum Veränderungen zu bemerken, nur an der Oberfläche hatte sich etwas Weißliches gebildet. In der Schüssel aus Zinn schwamm ebenfalls etwas Weißes oben und am Boden lagen kleine Sandkörnchen.

Um zu testen, wie schädlich oder verträglich ein Wasser war, war es, wie auch heute noch, schon zu Bauhins Zeiten durchaus üblich, Versuche mit Tieren anzustellen. Sie wurden in das Wasser eingesetzt und beobachtet. Ob sie am Leben blieben oder nicht war ein Zeichen der geheimnisvollen Wirkungen und der Kraft des Wassers. Frösche und Grundeln schienen sich im Boller Wasser

23 Johannes Albert Gesner (17. 9. 1694–10. 6.1760). Herzoglicher Leibarzt, beschrieb im Jahr 1754 das Boller Bad. Schabkunstblatt, aus Bruckner, Jacob: Pinacotheca scriptorum nostra aetate litteris illustrum. Augsburg 1741–1755

IOHANNES ALBER= TVS GESNERVS,
*Medicinæ Doctor. Serenissimi Wirtenbergiæ Ducis Consili-
arius, Archiater et Collegii Metallici Assessor. Academiarum
Regiar. Berolinensis et Stockholmiensis Sodalis,
natus A. S. MDCXCIV. die 17. Septembr.*

Grot pinxit.   Dec. X.   I. Iac. Haid sculps. et exc. A.V.

wohlzufühlen, während sie in Sauerbrunnen wie dem in Göppingen oder im Cannstatter Brunnen bald eingingen. Neben Bauhin untersuchte auch der Hofchemiker Panthaleon Keller das Boller Wasser und fand darin unter anderem Salz, Alaun, d. i. Kalium-Aluminium-Sulfat, Vitriol, d. i. kristallwasserhaltiges Kupfersulfat, Agtstein und Bergwachs in Schwefel *resolirt*, Schiefer und verschiedene *metallische Sachen*.[16]

Bauhin zitiert in seiner Untersuchung und Beschreibung des Boller Bades im *New Badbuch*, wie es in der damaligen Badbücherliteratur üblich war, viele der zu seiner Zeit bekannten Autoren, die sich mit der Untersuchung der Zusammensetzung von Wassern und deren Wirkung befaßt hatten. Häufig nennt er Jacobus Theodorus aus Bergzabern, genannt Tabernaemontanus, der in seinem *New Wasserschatz* von 1581 erkannt hatte, daß Wasser, welches durch metallisches oder mineralisches Erdreich läuft, »etwas« von diesem annehmen würde.

Johann Albrecht Gesner, der die Quelle als Leibarzt des Herzogs im Jahr 1754 untersuchte und beschrieb, hielt allerdings die Zuschreibungen Bauhins für übertrieben, da bestimmte, von ihm im Boller Wasser benannte Stoffe erst in der weiteren Umgebung vorkommen würden. So weise dieser Silber und Kupfer nach, doch seien ehemalige Silber- und Kupferminen erst in der Nähe von Reichenbach, und Bolus, d. i. Tonerdesilikat, käme frühestens auf der Teck vor. Zu Vitriol und Alaun, beide von Bauhin nachgewiesen, bemerkte er, daß diese noch in ihrer *minera* stecken würden und erst *durch die Lufft … gezeitiget werden* müßten. Das Boller Wasser glich, so Gesner, dem üblichen Brunnenwasser, wurde es allerdings gewogen, war es deutlich schwerer. Trotzdem enthielten *40. Unzen Wasser … nur 25. Gran weisse, etwas weniges nach Salz schmeckende Erde*. Den Geruch des Wassers empfand er als widerwärtig schwefelig, es schmecke nach hart gesottenen Eiern. Allerdings würde sich der Geruch durch das Kochen und etwas Stehenlassen verlieren. Eine Probe mit »Silber=Solution« bewies, daß das Wasser tatsächlich Schwefel enthielt. Als weiteren Bestandteil konstatierte er kalkartige Erde.[17]

Nach Untersuchungen im 19. Jahrhundert wurde im Boller Wasser folgendes gefunden: Bergwachs, Schiefer, schwarzer Agtstein, Schwefel, Alaun, Salz, Vitriol, Bolus und Albschoß, d. h. Belemniten. Das Boller Wasser wurde zu den einfachen alkalischen Wassern gezählt, die alkalisches Salz oder alkalische Erde als wichtigsten Bestandteil enthielten.[18] Chemische Wasseranalysen, die heutige Ansprüche annähernd zufriedenstellen, gab es erst seit der zweiten Hälfte des 19. Jahrhunderts. Im August 1823 wurde die Quelle in Boll von Professor Christian Gmelin analysiert. Er untersuchte die Bestandteile des Wassers durch chemische Versuche und quantitative Analysen. Außerdem zerlegte er die Rückstände, die nach der Verdampfung des Wassers übrigblieben. Dabei entdeckte er u. a. Kohlen-, Salz- und Schwefelsäure, kohlensaures Kali, kohlensaures Natrium, schwefelsaures Natrium und schwefelsaure Bittererde.[19] In der Oberamtsbeschreibung aus dem Jahr 1844 wurde die Quelle zu den *erdig salinischen Schwefelwassern* gezählt, die sowohl zum Trinken wie zum Baden genutzt werden konnten.[20] Heute wird die Quelle als eine »schwefelhaltige Natrium-Calcium-Magnesium-Hydrogencarbonat-Quelle« bezeichnet.

Mineralwasser und Thermen

Bereits seit Aristoteles (384–322 v. Chr.) wußte man zwar, daß die Zusammensetzung des Wassers vom Muttergestein abhängt, das es durchfließt. Auf welchen chemischen Prozessen dies jedoch beruhte, konnte noch nicht erklärt werden, denn die Theorie des Wasserkreislaufes war noch nicht bekannt: Danach dringt Oberflächenwasser durch Spalten in die Erde ein, wird dort durch das Auslaugen von Gestein mineralisiert und zum Teil auch erwärmt, um dann wieder an die Oberfläche zu steigen. Die Theorie des Wasserkreislaufes wurde erst im 18. Jahrhundert entwickelt. Zur eigentlichen Mineralisation wurden bereits im 16. Jahrhundert die ersten, heute primitiv anmutenden Analysen gemacht. Georgius Agricola schrieb im Jahr 1546 nicht nur seine vielbeachtete Gesteinskunde *De ortu et causis subterraneorum*, sondern er entwickelte auch die Mineralquellenanalyse weiter. Die damaligen Möglichkeiten zur Analyse von Wässern stellte er in seinem Buch *De natura eorum quae effluunt ex terra* von 1553 dar. Einhundert Jahre später

veröffentlichte Athanasius Kircher in *Mundus subterraneus* seine Theorien über die Mineralisation des Wassers. Nach Phries *schmaken* (die Wasser, d. Verf.) *nach den metallen, oder andern adern des erdtreichs, durch welche sie fliessen. Deshalb etliche mit saltz, ettliche salpeter, schwebel, alun, bley, kupffer, und gold vermischt seind...* Über die Eigenschaften der mineralischen Quellen und über ihre inhaltliche Zusammensetzung gab es zunächst noch keine genauen Erkenntnisse.

Schon seit dem 15. Jahrhundert, als die Badeliteratur in Deutschland ihren Anfang nahm, konnten allerdings die verschiedenen Wasser voneinander unterschieden werden. Man kannte Thermen, Schwefelwasser, kochsalzhaltige Quellen, Solequellen, Bittersalzquellen und stahl- und eisenhaltige Wasser. Wasser, dessen Kohlensäuregehalt Prickeln auf der Zunge auslöste, wurde im Verlauf des 16. Jahrhunderts als »Sauerbrunn« bezeichnet.[21]

Was in den Quellen nun eigentlich die Heilwirkung auslöste, interessierte schon sehr früh. Um es zu erkunden wurden die Inhaltsstoffe analysiert. Aus den festgestellten Inhaltsstoffen schloß man dann indirekt auf die Wirkung des Wassers. Gesner vermutete, daß das Boller Wasser vom Erdpech, dem *schwarzen Agtstein, etwas gutes* annehmen könnte und daß auch *der Gagat oder schwarze Bernstein dem Wasser einige Krafft mittheile.* Der Gagat sei im Schiefer verteilt und könne es *mit seinen Kräfften impraegniren.* Der Schiefer selbst könne dagegen nichts mehr an das Wasser abgeben.[22]

Von den frühen Analytikern wurden Listen aufgestellt, in denen jedem Metall und Mineral die entsprechenden Schäden und Krankheiten zugeteilt wurden. Aus den Analysen begannen die Ärzte Rückschlüsse auf therapeutische Effekte von Mineralwassern zu ziehen und sie entsprechend ihrer Wirkungsweise zu kategorisieren.

24   Das Zirkulationsmodell des Wassers nach Athanasius Kircher S. J. aus dem Jahr 1644. Im Ozean sind Strudel, die den (schwarz eingezeichneten) unterirdischen Kanälen das Wasser zuführen. Nachdem es sich erhitzt hat, kondensiert es im Gebirge. In großen unterirdischen Becken sammelt sich dieses Wasser, um dann als Quelle wieder zutage zu treten. Über die Flüsse strömt das Wasser dem Meer zu, und der Kreislauf beginnt von neuem. Kupferstich, aus Kircher Athanasius: Mundus subterraneus in XII. libros digestos. Amsterdam 1644, S. 233

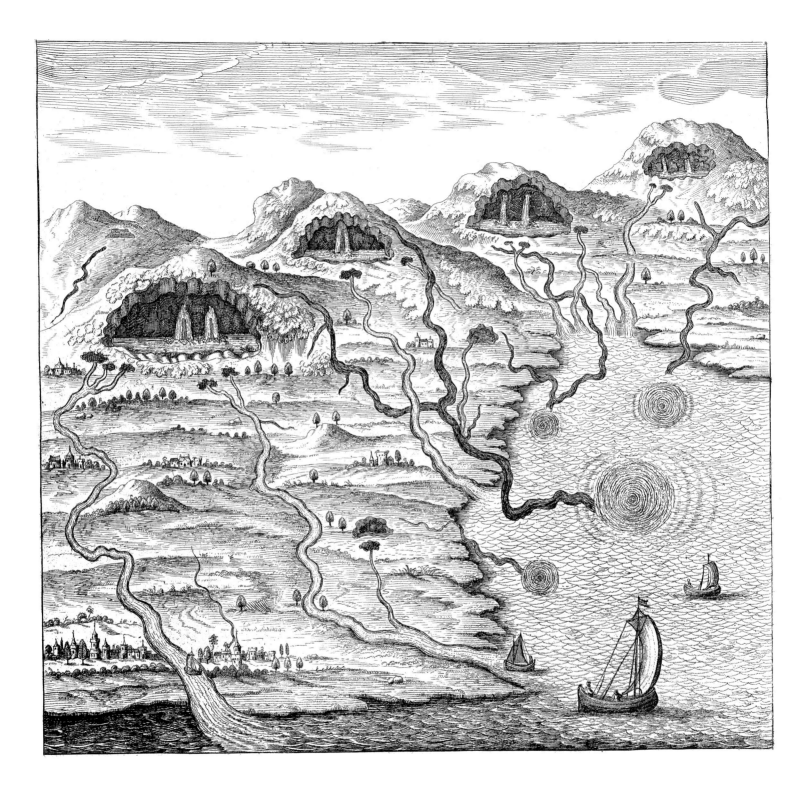

Mit dem ersten Katalog und Register von Mineralwassern in Deutschland, das 1766 von J. F. Zückert herausgegeben wurde, war der Schritt zur balneologischen Wissenschaft vollzogen. Zückert unterschied darin Bitterwasser und sulfathaltige Quellen mit Magnesium oder Natrium, denen eine abführende Wirkung zugeschrieben wurde. Jodwässer, die meist noch Kochsalz und Brom enthalten, konnten gegen den Kropf eingesetzt werden. Säuerlinge waren mit Kohlendioxid angereichert und zeichneten sich durch Bläschen aus, und radioaktive Wasser wurden als schmerzlindernd erkannt.[23] Manche Ärzte machten sich mehr Gedanken um die Wirkungen als um die Ursachen dieser Wirkungen. Der Göppinger Physikus Maskosky schrieb in seinem Buch *Das Göppingische Bethesda* im Jahr 1688, daß letztlich die heilwirkende Kraft wichtiger sei als die Ursache. Er war der Meinung, daß alle Gesundwasser dem menschlichen Sinn unbegreiflich wären. Für ihn kristallisierten sich drei Hauptgruppen von Krankheiten heraus, die in verschiedenen Bädern geheilt werden konnten. Das waren zum einen »alte« Erkrankungen, wie z. B. Kriegsschäden, zum anderen verschiedenste Hautkrankheiten und schließlich gichtische Erkrankungen.[24]

Die balneologischen Arbeiten waren bis Ende des 16. Jahrhunderts noch ganz von der Auseinandersetzung mit den heißen Quellen, den Thermen, geprägt. Über die Entstehung von Thermen gab es unterschiedliche Theorien, die zunächst alle davon ausgingen, daß es keinen heißen Erdkern gäbe, sondern daß Reaktionen von verschiedenen Elementen für die Erhitzung des Wassers sorgen würden. Agricola vermutete, daß über Erdporen das unterirdische Wasser von der Sonne erwärmt werde, um dann als heiße Quelle ans Tageslicht zu gelangen. Bauhin unterstellte, daß Agtstein oder Erdpech das Boller Wasser durch seine Fähigkeit *Fewr* (zu) *unterhalten*, lauwarm halten würde. Andere Lehrmeinungen zur Entstehung von Thermen gingen vom »Erdpechfeuer«, von der unterirdischen Löschung von Kalk oder von einer exothermen Reaktion von Eisen mit Schwefel aus. Es wurde auch vermutet, daß an vielen Stellen im Erdinneren Feuer eingeschlossen wären, die das Wasser erwärmen würden. Oder man glaubte, daß Winde sich in Höhlen im Erdinneren, in denen Schwefel vorhanden war, erhöben und am Schwefel entzündeten. Das eingeschlossene Wasser, das an einem solchen Verbrennungsort vorbeifloß, könne sich dadurch erhitzen. Paracelsus schrieb die Wärmeentwicklung dem Durchlaufen des Wassers durch Kalkstein zu, Sauerbrunnen würden dagegen durch Vitriol, Kupfer und Eisen laufen.

Da die griechischen Naturphilosophen dem Schwefel eine Hauptrolle bei der Bildung heißer Quellen zugeschrieben hatten, war man stets bestrebt, die Anwesenheit von Schwefel nachzuweisen. Der Geislinger Physikus Dr. Frauendiener schlug zum Nachweis des Zusammenhangs zwischen Schwefel und Wärme folgendes Experiment vor: Man solle zerstoßenen Schwefel mit Eisenspänen zu gleichen Teilen mischen und mit Wasser zu einem Brei anrühren. Nach etwa zwölf Stunden hätte sich dann eine solche Hitze entwickelt, daß das Glas zerspringen würde.[25]

Angst vor Verschmutzung der Quellen

Besonders ergiebig sprudelnde Quellen wurden auch als besonders gut für die Krankheitsbekämpfung angesehen. Die Furcht vor Beschmutzung einer Mineralquelle durch Verunreinigung oder Verdünnung durch darüberfließende »Wildgewässer« war groß. Schon vor der Fassung des Bades in Boll hatte die ortsansässige Bevölkerung die Quelle mit einem Schutzzaun umgeben, der das Vieh abhalten sollte. Später bekam die Quelle dann eine Abdeckung, woraus geschlossen werden kann, daß es um mehr als nur um das Abhalten des Viehs ging. Aus etlichen Orten mit Quellen ist bekannt, daß stets sehr darauf geachtet wurde, daß nicht mit dreckigen Eimern geschöpft wurde oder daß die Leute nicht hineinstiegen, um zu schöpfen oder ihre Füße zu waschen. Auch bemühte man sich in Boll zu verhindern, daß Regenwasser die Qualität des Brunnenwassers verminderte. Im Jahr 1688 waren etliche Badgäste abgereist, weil sich das Badewasser nach Regengüssen verändert hatte und dadurch »geschwächt« schien. Letztlich führte dies dazu, daß der Brunnen ausgeschöpft wurde, um allen Unrat zu beseitigen und ihm »seine Kraft« wiederzugeben. Außerdem wurde um den Brunnen herum eine Rinne zum Abfangen und zum Abfluß des Oberflächenwassers gepflastert.[26]

Bei einer Analyse der Wasserqualität im Jahr 1802 stellte man fest, daß sich das Wasser im Laufe des Tages veränderte. Morgens war es hell und klar, abends jedoch war es trübe, denn schwarzer Schlamm mischte sich unter. Da man dem Schlamm aber keine Verschlechterung der Wasserqualität nachweisen konnte, wurde nur darauf gedrungen, nicht so häufig zu schöpfen. Erst zum Ende der Saison sollte dann der Badbrunnen »aufgerührt« und einige Tage hintereinander der aufsteigende Schlamm abgeschöpft werden.[27] Der untersuchende »Leibmedikus« v. Jäger wies später in einer Werbeschrift für das Bad auch besonders darauf hin, daß die unterschiedliche Färbung des Wassers und die unterschiedliche Stärke des Schwefelgeruches nicht von einer *innern Veränderung der Zusammensetzung* des Wassers abhängen würden, sondern vom Einfluß des Luftdrucks und anderen atmosphärischen Eigenschaften. Außerdem würden die unteren Wasserschichten mehr Schwefel enthalten als die oberen, da diese ihrer *Schwefelluft* noch nicht *beraubt* seien.[28]   *Rumpel*

Brunnenausschöpfungen

Die Boller Schwefelquelle fließt in 22 m Tiefe unter dem heutigen Erdboden durch Spalten im Schwarzjuragestein (Lias ε) in den Brunnenschacht. Das Wasser bringt außer Mineralstoffen etwa 1 g/l Feststoffe mit. Ein Teil davon setzt sich im Laufe der Zeit als Bodenschlamm ab. Nach Carlé[29] ist die Mindestergiebigkeit der Quelle 0,75 l/s. Das sind mindestens 64,8 m³ Schwefelwasser täglich, etwa der mittlere Brunneninhalt. Und so viel Wasser wird im Durchschnitt auch entnommen. Wird weniger Wasser gebraucht, dann kann der Pegel trotzdem nicht viel höher steigen, da der Wasserdruck der Quelle nicht ausreicht. Nur wenn sich die Ergiebigkeit erhöht, dann steigt auch der Pegel etwas an. Wir wissen nicht, welcher Teil der Feststoffe sich vom Wasser trennen und am Boden absetzen kann. Ist dies aber nur 1 % der Gesamtmenge, dann trägt die Quelle jährlich mindestens 200 kg Schlamm in den Brunnen hinein. Theoretisch wäre er dann spätestens nach 47 Jahren bis zum Quellaustritt

gefüllt mit Schlamm. Nach 15 Jahren wäre die Schlammschicht mehr als 50 cm hoch, was einer Menge von 3 m³ entspräche. Die Eimer des Schöpfwerkes würden also in absehbarer Zeit Schlamm aufwühlen, und das Prinzip der Wasserreinheit wäre nicht mehr gewahrt. Die Notwendigkeit, den Brunnen in gewissen Abständen leerzuschöpfen und zu reinigen, bestand darum von Anfang an. Dabei handelte es sich aber immer um ein schwieriges Unternehmen. Im unteren Teil konnte kaum so viel geschöpft werden, wie in den Brunnen hineinfloß. Um so mehr müssen wir die Leistung der Männer bewundern, die den Brunnenschacht zunächst bis in eine Tiefe von fast 62 m hinabgetrieben hatten.

Daß das Brunnenwasser beim Bau des Brunnens verschmutzt wurde, ist klar. Darum ließ Bauhin 1596 das Wasser in 20 Tagen bis zum Quellzutritt ausschöpfen. Bereits am dritten Tag war der größte Teil des Wassers ausgeschöpft, obwohl sicher noch kein Schöpfwerk vorhanden war. Die Wassersäule über der Quelle – und damit der Gegendruck – war nun so niedrig, daß sich die Ergiebigkeit der Quellschüttung beträchtlich erhöhte. Wegen der primitiven Schöpfmethode dauerte es darum mehr als zwei Wochen, dieses zusätzliche Wasser zu fördern und den Quellhorizont zu erreichen.[30] Ein ähnlicher Pumpversuch wurde 1968[31] angestellt. Als die Pumpen abgestellt wurden, stieg der abgesenkte Spiegel in 12 Stunden um 6 m. Das entspricht einer maximalen Ergiebigkeit der Quelle von 3,8 l/s. So wird es auch im Jahre 1596 gewesen sein. Bis der Brunnen dann wieder ganz voll war, dauerte es erheblich länger. Vor dem Ausschöpfen hatte es 16 Tage gebraucht, bis das Wasser den letzten Meter von 40 auf 43½ Schuh gestiegen war. Daran können wir ablesen, daß die steigende Wassersäule die Quellschüttung enorm verringerte.[32]

Vom nächsten Brunnenausschöpfen berichtet Heinrich Schickhardt in einer Randnotiz aus dem Jahre 1612: *Am Badbrunn haben 16 Mann 33 Tag und so vil Nacht streng geschepfft.*[33] 16 Jahre nach der Bauhinschen Brunnenschöpfung war es wieder notwendig, den Brunnen zu reinigen. Die oben angeführte Theorie scheint damit bestätigt zu sein. Diesmal brauchten die Männer noch zwei Wochen länger als im Jahr 1596. Das lag vermutlich daran, daß sie nun zusätzlich auch noch den Schlamm entfernen mußten.

Wenn man heute die Brunnenstube über dem Schwefelbrunnen betritt, dann fällt eine in Stein gemeißelte Inschrift auf, die so lautet »Vnter Herzog Fridrich Carls Administration – ward dises Wonderbads Qvell welche im Jahr 1596 erbavet worden in den Tagen bis avf den XXVI. Herbstmonat des 1688 Jahrs ausgeschöpft vnd ernevert.« Die Akte zu diesem Vorgang ist noch vorhanden. Sie trägt das Datum vom 26. September 1688.[34]

Der Keller in Göppingen berichtet, seit der *Description* (Beschreibung, der Verf.,) des Johannes Bauhin sei der Brunnen noch niemals *erschöpft oder gesäubert* worden. Daß dies nicht ganz stimmt, wissen wir. Doch seit 1612 waren immerhin bereits 76 Jahre vergangen. Weil das Wasser unsauber geworden war und der Geschmack sich verändert hatte, fürchtete man seine Heilwirkung zu gefährden. Das Schöpfwerk wurde ausgebaut und an seiner Stelle auf dem Wellbaum eine große »Scheibe« befestigt, die mit dem Tretrad angetrieben wurde. Der Durchmesser betrug 7½ Schuh (2,14 m) und die Breite 3½ Schuh (1,0 m). Über diese »Scheibe« legte man ein kräftiges Zugseil mit zwei Eimern, welche je 11 Imi (202 l) Wasser aufnehmen konnten. Die Eimer des Schöpfwerkes hatten dagegen nur je 38 Liter Inhalt. Am 10. September wurde mit dem Ausschöpfen begonnen. 25 Personen waren Tag und Nacht im Einsatz. Am 26. September war die Arbeit beendet.

Zuerst war es unmöglich gewesen, »das Fundament« des Brunnens zu erreichen, da sich beim Schöpfen herausgestellt hatte, daß sich 31½ Schuh (8,98 m) über der Quelle ein Loch befand. Aus einer *Steinfuog* war das Wasser wie aus einer starken Quelle herausgeflossen. Man kam dann zu dem Schluß, daß hinter der Quadermauer *eine Cavität*, ein Hohlraum, vorhanden sein müsse, in dem sich Hofwasser ansamle. Dieser Umstand mag den hohen Wasserstand von 69 Schuh (19,66 m) verursacht haben. Erst als der Hohlraum leergelaufen war, konnte der Wasserspiegel wieder sinken. Unten bei den beiden Quellen angekommen, wurde festgestellt, so der Bericht des Kellers, daß Bauhins Angaben richtig gewesen seien. Die eine Quelle komme *von Mittag*, die andere *von Morgen*. Die Zimmerleute Hans Jerg Wagner und Samuel

Mayer von Boll berichteten außerdem: ... *Dan wir die rechte Bronnenader gefunden, sie ist anderthalb Zoll in der Weitten, sie dringt gar starrkh herbey. Wir haben ohn Gefahr 3 Schuoch under die starrkhe Ader geschepffett.* Außer Schlamm mußte man auch *großen Ohnrath* beseitigen, einen großen und einen kleinen eisernen Schlegel, sieben Kupfereimer mit einem Gewicht von je 10,5 kg, sowie einiges Alteisen und andere Dinge.

Die Taglöhner waren 14 bis 17 Tage lang Tag und Nacht im Einsatz. Dafür erhielten sie 40 Kreuzer täglich. Ihre Namen sind erhalten. Aus Boll waren beteiligt: Nicklaß Mayer, Zeyr Schelkopff, Hanß Ernst, Hanß Jerg Krafft, Jerg Mayer, Jerg Mendli, Hanß Haimb, Andreas Weh, Jerg Geltz, Jerg Allmendinger, Wilhelm Neh, Michel Traub, Christian Schelkopff, Hanß Schelkopff und Hanß Geltz. Aus Heiningen: Jerg Mayer, Hanß Rieder, Baltaß Hesch, Jerg Abenzeller, Andreas Kißeckh und Hanß Hummel. Die beiden leitenden Zimmerleute aus Boll sind oben genannt. Von Atemproblemen im Brunnen, die die schwefligen Gase hätten verursachen können, wird nichts berichtet.

Am 1. Januar des nächsten Jahres war der Brunnen wieder voll. Der Zimmermann Samuel Mayer beschreibt in seinem Abschlußbericht[35] einige Details, die vom Bericht des Kellers abweichen. Er berichtet von mehreren *Gewölben* außerhalb des Brunnenschachtes. Den Hohlraum, der 31½ Schuh (8,98 m) über den Quellen lag, bestätigt er. 20 Schuh (5,70 m) über den Quellen sei ein zweites *Gewölbe* angetroffen worden, das 17 Schuh (4,84 m) tief in die Erde reiche, dessen weitere Ausmaße aber nicht bekannt seien. Er hielt es für ein Sammelbecken für den Fall, daß Wassermangel herrsche. Es hätte 56 Stunden gedauert, bis es leergeschöpft gewesen sei. Außerdem meinte Mayer, beide Quellen hätten ein *Gewölbe*, etwa 15 Schuh (2,27 m) tief hinein. Die Quellöffnungen im Mauerwerk seien 5 Zoll (12 cm) mal 6 Zoll (14 cm) groß. Als das Schöpfen am 26. September 1688 eingestellt wurde, stieg das Wasser anfangs sehr schnell, ab dem letzten »Gewölbe« jedoch nur noch ganz langsam an. Daß sich hinter der gemauerten Brunnenwand Hohlräume befinden, in denen sich Wasser ansammeln kann, ist anzunehmen. Auf diese Weise ist es möglich, daß auch »Fremdwasser« in den Brunnen eindringt. Das dürfte im Jahr 1688 der Fall gewesen sein. Daß sich ein Brunnen erst schnell, danach aber immer langsamer füllt, das hat hydrostatische Gründe. Eine Wassersäule kann in einem großen Brunnenschacht nicht beliebig hoch steigen. Das konnte Samuel Mayer nicht wissen. Darum können wir die Existenz absichtlich gebauter »Sammelbecken« sicher verneinen.

Von geplanten Brunnenausschöpfungen ist in den Jahren 1793 und 1805 die Rede.[36] Sie wurden aber nicht durchgeführt. Im Jahre 1822 war es endlich so weit. Vorhergegangene Verkaufspläne waren fallengelassen worden, und nun wollte man dem *Kleinod* Boller Schwefelquelle, wie Oberamtsarzt Dr. Hartmann von Göppingen sich ausdrückte, wieder mehr Aufmerksamkeit schenken. Am 29. November 1821 hatte Dr. Hartmann beantragt, daß der Brunnen gereinigt werden solle.[37] Ausgeführt wurde die Arbeit im Juni 1822. Die Badesaison fiel damit wohl aus. Dr. Hartmann berichtete dem König, die schwere und gefährliche Arbeit sei nur durch die klugen Anweisungen des Maschinenbaumeisters Grundler gelungen. 21 Tage, vom 2.–23. Mai, wurde gepumpt, dann war der Brunnen leer. Man benützte keine Eimer, sondern ein mechanisches Pumpwerk. Auf der Skizze, die Dr. Hartmann nach dem Bauhinschen Bericht anfertigte, ist es zu sehen (siehe Kapitel »Der Brunnenbau«). Mit dem Auspumpen waren anfangs 12, am Ende sogar 24 Männer Tag und Nacht beschäftigt. Da in zwei Schichten gearbeitet wurde, waren 24 bzw. 48 Männer im Einsatz. Der Wasserstand war im Jahr 1822 mit 68 Schuh und 9 Zoll (19,60 m) fast gleich hoch wie im Jahr 1688. Dr. Hartmann meinte, damals sei der Brunnen letztmals gereinigt worden. Ein großes Hindernis für die Arbeiten waren neben der ungeheuren Menge schwarzen Schlamms die giftigen Gase, die den Brunnen ausfüllten. Aus diesem Grund hatte Maschinenbaumeister Grundler eine Luftpumpe installiert, die die Brunnengase absaugen mußte. Zwei Männer waren vier Tage und Nächte lang beschäftigt die Luftpumpe zu betätigen, während die Männer unten den Schlamm in Kübel füllten. Auch einen solchen Kübel sehen wir auf der Zeichnung Dr. Hartmanns abgebildet. Die anderen Männer mußten ständig Wasser pumpen.

Und wieder steckten viele Fremdkörper im Schlamm. Neun kupferne Eimer, viele Kettenglieder *von der bis-herigen Schöpfmaschine* und anderes Eisenwerk. Weiter fanden sich 21 Münzen aus Messing. Ein Teil trug die Jahreszahl »1722«. Zuletzt wurde die Brunnenwand gereinigt, damit sich das Wasser wieder *mit dem besten Appetit trinken läßt*. Durch das neu eingerichtete Pumpwerk war es nun möglich geworden, den Brunnen zu verschließen, um zu verhindern, daß wieder Fremdkörper hineingeworfen wurden. Außerdem wurde dadurch die *Schwefelleberluft dichter an das Wasser gebunden*. Dr. Hartmann versuchte damit, das Verdunsten des natürlichen Schwefelwasserstoffs aus dem Brunnen zu vermindern. Die Reste der eingezogenen Balkendecke sieht man noch heute im Brunnen.[38]

In der heutigen Brunnenstube ist noch eine weitere Inschrift angebracht. »DEM LEIDENDEN HERGESTELLT UNTER FRIDERICH II MDCCC.« Herzog Friedrich II., ab 1806 der erste württembergische König, wollte sich wohl neben Herzog Friedrich I., dem Erbauer des Boller Bades verewigen. Eine Brunnenausschöpfung kann mit der Inschrift nicht gemeint sein. Letztmals leergepumpt wurde der Brunnen in den Jahren 1968 und 1991.

Das Unglück bei Brunnenarbeiten

Am 24. Juli 1894 war die Pumpenleitung des Schwefelbrunnens schadhaft und mußte ausgebessert werden. Gerhard Heyde zitiert dazu einen Bericht des zu seiner Zeit noch lebenden Alt-Schultheißen Pflüger: *Der Schlossermeister Johannes Aichroth und der Flaschnermeister Ägidius Diederich arbeiteten auf dem Boden des Schachtes, der in der Tiefe von 6 Metern angebracht war, mit einem Lötofen. Während der Vesperpause schraubten sie die Feuerung zurück, und dadurch entwickelten sich giftige Gase, die aus dem geschlossenen Raum nicht entweichen konnten. Da die beiden Männer nach der Wiederaufnahme ihrer Arbeit die Wirkung der Gase zunächst nicht empfanden, verloren sie allmählich das Bewußtsein. Als man oben von ihnen nichts mehr hörte, stieg der Obergärtner Hans Ehrath durch den »Schlupf« in den Schacht, um nachzusehen, was sich ereignet hätte. Auch er kam nicht mehr zurück. Alle drei hatten durch die Gase den Tod gefunden. Nach und nach waren noch 13 weitere Männer zur Rettung in* den Schacht gestiegen und betäubt wieder herausgebracht worden, sie konnten durch ärztliche Hilfe gerettet werden. Der Hof, wo die Männer auf dem Rasen herumlagen, glich einem Schlachtfeld.[39]

Im April des folgenden Jahres berichtet der Badverwalter Heinrich Brodersen in einer Notiz über Verbesserungen an der Sicherheit im Brunnenschacht. Durch eine Tür aus Eichenholz konnte man nun gefahrlos auf den Boden steigen, der 2,80 m darunter lag. Der »Schlupf« in der Quadermauer war vergrößert worden, um ein weiteres Unglück zu vermeiden. Auf die 20–23 cm starken Eichenbalken des Bodens (vom Jahr 1822) wurden neue eichene Dielen gelegt. Die alten Balken waren so hart, daß man keinen Nagel einschlagen konnte, schreibt Brodersen.[40] Heute ist der Türdurchgang offen. Im Jahr 1967/68 wurde hier die Brunnenstube eingerichtet, um den Schwefelbrunnen öffentlich zugänglich zu machen. Dazu mußte auf der Höhe der Türschwelle ein neuer Boden einbetoniert werden. Der Eichenboden unten im Schacht wurde entfernt, um dem neuen Pumpwerk Platz zu machen. Die Einlaufsiebe der beiden Elektropumpen reichen fast bis zu den beiden Quellen hinab. Die beiden Inschrifttafeln, welche zuvor außen angebracht waren, wurden nun in der neu geschaffenen Brunnenstube in die Mauer eingelassen.

Christof

1 Boelcke: Handbuch, S. 120–121; Weller: Württembergische Geschichte, S. 93, 170–173.
2 Carlé: Salinenversuche, S. 158–167; Mehring: Badenfahrt, S. 19–20.
3 Gesner: Historisch=Physicalische Beschreibung, S. 4; Bauhin: New Badbuch I, S. 6.
4 Bauhin: New Badbuch I, S. 40.
5 Bauhin: New Badbuch I, S. 3, 6.
6 HStAS A346 Bü 32 Befehle Herzog Friedrichs betr. der Salzgruben und des Salzbrunnens zu Boll 1595; Carlé: Salinenversuche, S. 160–161.
7 entfällt
8 Bauhin: New Badbuch I, S. 25.
9 HStAS E221 Bü 2248.
10 Unterwasser-Fernsehuntersuchung der Firma Aquaplus, 96317 Kronach.
11 HStAS A346 Bü 36/9 (1688); HStAS E 221 Bü 2248 (1822).
12 Bauhin: New Badbuch I, S. 19/20.
13 Bauhin: New Badbuch I, S. 15.
14 Bauhin: New Badbuch I, S. 11–14.
15 Phries: Ein hochnutzlicher tractat, Kap. 2; Pictorius: Badenfahrtbüchlein, S. 27–28.
16 Bauhin: New Badbuch I, S. 9–18.
17 Gesner: Historisch=Physicalische Beschreibung, S. 12–13, 23.
18 Mehring: Badenfahrt, S. 5; Dangelmaier: Ueber die Gesundbrunnen, S. 10.
19 Die Schwefelquelle, S. 77–102.
20 Beschreibung des Oberamts Göppingen, S. 10.
21 Krizek: Kulturgeschichte, S. 118–120; Hahn: Wunderbares Wasser, S. 83; Phries: Ein hochnutzlicher tractat, Kap. 1; Mehring: Badenfahrt, S. 1–3.
22 Gesner: Historisch=Physicalische Beschreibung, S. 14.
23 Krizek: Kulturgeschichte, S. 120–122.
24 Mehring: Badenfahrt, S. 8, 10.
25 Krizek: Kulturgeschichte, S. 118–120; Bitz: Die Bäder, S. 41, 184; Bauhin: New Badbuch I, S. 9; Pictorius: Badenfahrtbüchlein, S. 29–32; Mehring: Badenfahrt, S. 6–7.
26 HStAS A249 Bü 791 Bericht über das Boller Wasser 1. 3. 1688; Mehring: Badenfahrt, S. 13–14, 23.
27 HStAS A248 Bü 1720 Untersuchung von Dr. Jäger 2. 4. 1802, Anschreiben der Regierung an die Kellerei 14. 4. 1802.
28 Die Schwefelquelle, S. 68.
29 Carlé: Geologie und Hydrogeologie, S. 135–137.
30 Bauhin: New Badbuch I, S. 12–14.
31 Carlé: Geologie und Hydrogeologie, S. 137.
32 Bauhin: New Badbuch I, S. 20.
33 HStAS N220 A53.
34 HStAS A346 Bü 36/9 und A249 Bü 791.
35 HStAS A249 Bü 794.
36 HStAS A249 Bü 1720.
37 HStAS E221 Bü 2245.
38 HStAS E221 Bü 2248.
39 Heyde: Württembergisch Wunderbad, S. 124f; Lavater: Bad Boll, S. 87f.
40 Familienarchiv Brodersen, Bad Boll.

Gesellschaft und Herrschaft im ausgehenden 16. und im 17. Jahrhundert

Sabine Rumpel, Eckhard Christof

Gesellschaftsbilder und Badekultur

Die Gründung des Bades in Boll fällt in die Zeit des aufkommenden Absolutismus. Der Landesherr hatte die Erschließung der Quelle und die Aufnahme des Badebetriebs veranlaßt. Das Bad wurde, dem Zeitverständnis entsprechend, rational in die Landschaft geplant.[1] Es lag allerdings nicht in der »wilden« und damit als gefährlich eingestuften Natur, sondern auf bereits kultiviertem Land, umgeben von Feldern und Wiesen.

Die Sicht der Welt als Objekt und die Vorstellung von ihrer Regelmäßigkeit führte dazu, auch die Gesellschaft vergleichbaren Ordnungen und Regeln zu unterwerfen. Das Bad, seine Anlage, sein Garten und die Kurgäste – alle hatten sich an Ordnungen zu halten. Bereits im späten Mittelalter hatte ein tiefgreifender Wandel die Gesellschaft erfaßt und die Ständegesellschaft hervorgebracht, die sich mit der Zeit differenzierte und veränderte, bis sie gegen Ende des 18. Jahrhunderts von der bürgerlichen Gesellschaft abgelöst wurde. Seit dem 16. Jahrhundert gewannen Standesunterschiede, die an Ämtern, Berufen und Tätigkeiten orientiert und durch die Geburt in einen bestimmten Stand hinein vorgegeben waren, zunehmend an Bedeutung. Besitz und Vermögen, Tätigkeit und Lebensführung, politische Einflußnahme und Familienzugehörigkeit, öffentliches Verhalten, sozialer Rang und die Selbsteinschätzung bestimmten die Zugehörigkeit zu einem Stand. Die Gliederung in Bauern, Bürger und Adel galt als gottgewollte Ordnung aller Stände. In Wirklichkeit bildete die Ständegesellschaft eine nicht umkehrbare soziale Hierarchie, an deren Spitze der Adel stand. Je stärker sich der Einfluß der Hofhaltung und die Lebensführung des absolutistischen Frankreichs bemerkbar machten, desto tiefer wurden die Gräben zwischen den Ständen. In Süddeutschland war dies allerdings erst im 18. Jahrhundert stärker zu spüren. Auch im von 1534 bis 1806 rein evangelischen Württemberg, wo es keinen ausgeprägten Adelsstand gab, beherrschte die ständische Ordnung das Leben. Der führende Stand war hier die »Ehrbarkeit«. Die Honoratioren bildeten allerdings keinen völlig geschlossenen Stand. Alle, die irgendwelche Vorrechte genossen, gehörten dazu. So waren z. B. die Angehörigen des Stadt- oder Dorfgerichts, der Schultheiß, der Pfarrer und der Amts- oder Stadtschreiber, der nichtakademische Verwalter, vertreten. Rein theoretisch konnte jeder Begabte in diesen Stand aufsteigen.

Durch die Erweiterung des Staatszweckes wurde die Rangordnung nach dem Dreißigjährigen Krieg immer deutlicher in der Gesetzgebung festgeschrieben. Mit Ordnungen zur guten »Policey« bekam die Obrigkeit, schon zuvor für die Wahrung von Recht und Frieden verantwortlich, die zusätzliche Aufgabe, für das zeitliche und ewige Wohl ihrer Untertanen zu sorgen. Die »Policey« hatte sich am »gemeinen Besten« zu orientieren. Die Verwaltung nahm enorm zu und das Feld ihrer Aufgaben und Befugnisse reichte von der Kirchenzucht bis zur Regelung von Produktion und Konsumtion. Zusammen mit der weitverbreiteten »Hausväterliteratur«, in der Ratschläge für die innere Gestaltung des »ganzen Hauses« gegeben wurden, stimmte die Administration die Gesellschaft auf den alles umfassenden Willen zur Ordnung ein. Landes- und Polizeiordnungen, die es in Württemberg schon seit 1495 gab, regelten alle Einzelheiten menschlichen Lebens und setzten den Verhaltensmöglichkeiten der Menschen Grenzen. Sie griffen immer tiefer in das alltägliche Leben ein: Sie regelten unter anderem Preise und Löhne, die Ordnung der Armen, die erlaubte Anzahl von Gästen bei Hochzeiten, das Vererben, das Bauen und den Feuerschutz, aber auch die genaue Abgrenzung der Stände durch Bekleidungsvorschriften.[2]

Neben der gesellschaftlichen Ordnung spielte im 17. Jahrhundert die Religion eine prägende Rolle. Nachdem Herzog Ulrich 1534 wieder in den Besitz von Württemberg gekommen war, war dieses Land das größte protestantische Staatswesen im Süden Deutschlands. Obwohl seit dem Augsburger Religionsfrieden von 1555 das lutherische Bekenntnis als gleichberechtigt neben dem katholischen anerkannt wurde, bestimmten religiöse Dispute weiterhin das Leben und waren schließlich auch einer der Gründe für den Dreißigjährigen Krieg. Dieser Krieg, der von 1618 bis 1648 dauerte, und die Pestepidemien zwischen 1634 und 1639 hatten einen drastischen Bevölkerungsrückgang und die fast völlige Zerstörung des Landes zur Folge. Dies waren vermutlich die Ursachen, warum die Nachfolger Herzog Friedrichs I., Johann Friedrich (1608–1628) und Eberhard III. (1628–1674), kaum Interesse an dem Bad in Boll hatten. Auch die folgenden Jahrzehnte litt Württemberg immer wieder unter Kriegshandlungen, Durchzügen und Aushebungen. Der Barock wurde zum prägenden Stil der Epoche, er repräsentierte das Lebensgefühl der Gegenreformation und des Absolutismus. Auffallender Luxus und Verschwendung am Hof Eberhard Ludwigs (1693–1733) standen zunehmende Unterbeschäftigung und Massenarmut durch Bevölkerungsdruck und Verknappung des Nahrungsangebots gegenüber. Doch zu dieser Zeit war das Interesse des Hofes am Boller Bad schon fast völlig erlahmt.[3]

Stets hatten gesellschaftliche Umstrukturierungen auch Einfluß auf die Badekultur. Während das Bad zunächst in der Regel noch allen Ständen offen stand, entwickelten sich mit der Blüte des Badewesens im späten 17. und 18. Jahrhundert Bäder für unterschiedliche Besucher. In Bädern, in denen der Adel, das Bürgertum, die Beamtenschaft, die Geistlichkeit, das Kleinbürgertum und die Bauernschaft der Umgebung verkehrten, änderte sich mit dem Aufkommen der bürgerlichen Kultur und dem damit verbundenen Mentalitätswandel auch die Badekultur. Maßnahmen, die Personen der höheren Stände das Baden unter sich gewähren sollten, wurden verstärkt ergriffen. Das Baden wurde nun nicht mehr als Tätigkeit verstanden, die für die Öffentlichkeit bestimmt war, daher badeten die Gäste nicht mehr gemeinsam in einem Raum. Anlagen wurden nun so unterteilt, daß die Badezuber der Edelfrauen und besseren Herren mit einem Verschlag umgeben waren. In Boll war die Absonderung der höheren Stände allerdings schon seit der Gründung dadurch gegeben, daß viele der Herrschaften es vorzogen, ihr Bad in ihren Privatgemächern einzunehmen. Dies war allerdings nur mit herzoglicher Genehmigung und ärztlicher Erlaubnis möglich, da es zusätzlichen Aufwand kostete und durch das Verschütten des Wassers beim Hin- und Hertragen und beim Baden die Bausubstanz gefährdet wurde. Die höheren Stände spielten die Vorreiterrolle, letztlich hatte sich dann in allen Bädern in der zweiten Hälfte des 18. Jahrhunderts das Baden von einer öffentlichen zu einer privaten, intimen Angelegenheit gewandelt.[4]

Auf der »Boller Landtafel«, einem von Hofmaler Philipp Gretter im Jahr 1602 herausgegebenen Holzschnitt, ist zu erkennen, daß das Boller Bad, das schon vor seiner »Entdeckung« durch den württembergischen Herzog Anziehungspunkt für Kranke aus der Umgebung gewesen war, von diesen meist ärmeren Leuten auch weiterhin wie zuvor genutzt wurde. Außerhalb des von einem Graben, von Bäumen und einer Hecke umgebenen Badgeländes stehen in der Nähe des Brunnenhauses Hütten aus Stangen und Brettern, mit Tüchern abgedeckt, in denen Badende in ihren mit Brettern abgedeckten Zubern sitzen. Ein Badender im Zuber steht sogar im freien Gelände. Die Bretterverschläge dienen auch als Umkleidekabinen, und auf der Wäscheleine trocknen Kleidungsstücke. Das Badewasser wird in einem Kessel angeheizt, der über einem Holzfeuer hängt. Den Wassertransport und das Anheizen übernehmen offenbar Frauen. Die Bauern und ärmeren Kranken hatten in Boll, so belegt auch die Badordnung aus dem Jahr 1599, von Anfang an ihre eigene Badestätte: sie mußten *an einem besondern darzu verordneten Ort* baden. Zu Beginn des 17. Jahrhunderts war aus den Zelten und Hütten ein kleines Badhaus geworden, das *Armenleuth Badheußlin*.[5]   *Rumpel*

25 *Das ursprüngliche Armenbad oder Gnadenbad in der Nähe des Brunnen- und Schöpfhauses, aber außerhalb der Badanlage gelegen. »Boller Landtafel« von Philipp Gretter, 1602, Detail*

Herzog Friedrich I. von Württemberg (1557–1608) – ein Herrscher der neuen Zeit

Herzog Friedrich wurde am 19. August 1557 im Schloß Mömpelgard, dem heutigen Montbéliard, geboren. Er starb am 29. Januar 1608 im Alten Schloß in Stuttgart, *schnell am Schlagfluß*.[6] Seine Existenz verdankt er, so berichten alle Chronisten, seinem um 42 Jahre älteren Vetter Herzog Christoph (1515–1568). Dieser hatte einen Sohn namens Eberhard (1545–1568), schon als Kind ein rechter »Tunichtgut« und in allem das Gegenteil seines Vaters.[7] Voller Sorge dachte Herzog Christoph daran, daß Eberhard als Nachfolger untauglich sein könnte. Und falls das Haus Württemberg ohne männlichen Erben bliebe, würde das Land an Habsburg fallen. Dies hatte Christophs Vater, Herzog Ulrich (1487–1550), bereits 1534 im Vertrag von Kaaden unterschrieben, um damals sein Land zurückzubekommen. Im Jahre 1554 wurde der zweite Sohn Ludwig (1554–1593) geboren. Um die Unsicherheit seiner Nachfolge zu beenden, »veranlaßte« Herzog Christoph im Jahre 1555 seinen unverheirateten 57jährigen Onkel Graf Georg von Württemberg-Mömpelgard (1498–1558), die junge Barbara von Hessen (1536–1597) zu heiraten. Mit dieser Ehe sollte der Erhalt der Familie von Württemberg zusätzlich gesichert werden. Gleichzeitig band Herzog Christoph damit die Grafschaft Mömpelgard wieder stärker an das Stammland Württemberg.

Aus der Ehe des Grafen Georg und seiner jungen Frau gingen drei Kinder hervor, zwei Söhne und eine Tochter. Georgs erster Sohn Ulrich (1556–1557) starb bereits mit acht Monaten. Das zweite Kind war Friedrich. Die Tochter Eva Christine (1558–1575) wurde drei Monate nach dem Tode des Vaters geboren. Graf Georg von Mömpelgard starb ohne Testament. Die Verwaltung des Landes bis zu Friedrichs Regierungsantritt übernahm Herzog Christoph. Beim Tod des Vaters war Friedrich erst knapp zwei Jahre alt. In den ersten Jahren lebte der kleine Graf bei seiner Mutter. Aber bereits im Jahr 1563 begann Herzog Christoph sich um seine Erziehung zu kümmern. Als sich die Mutter 1568 wiederverheiratete, holte er den jungen Friedrich an den Stuttgarter Hof. Hier sollte dieser zusammen mit seinem Sohn Ludwig erzogen werden. Wenige Monate zuvor war der ältere Sohn Eberhard im Christophsbad in Göppingen *an einem hitzigen Fieber* gestorben.[8] Doch am 28. Dezember des gleichen Jahres starb auch der Herzog. Für den 14jährigen Ludwig und den 11jährigen Friedrich wurden Vormünder bestellt. Und um den jungen Thronanwärter nicht nachteilig zu beeinflussen, schickte man Friedrich zur Erziehung nach Tübingen, ins später »Collegium illustre« genannte ehemalige Franziskanerkloster. Seine rechthaberische und streitsüchtige Art hatte der Witwe Herzog Christophs nicht gefallen. Bis zum Juli des Jahres 1574 bekam er dort Unterricht in Latein und Französisch und hörte juristische und philosophische Vorlesungen. Nun erst durfte er nach Stuttgart zurückkehren. Reisen nach Mömpelgard und an fremde Höfe, wie es sein Wunsch war, wurden ihm jedoch untersagt. Erstmals durfte er im Jahr 1577 in seine Heimat reisen. Ein Jahr später wurde Herzog Ludwig volljährig und konnte die Nachfolge seines Vaters antreten. Nach dem Testament Herzog Christophs wurde Ludwig damit auch Vormund über Friedrich bis zu dessen Vermählung oder dem Regierungsantritt in Mömpelgard. Friedrich mußte also eine Braut suchen. Diese

»Gelegenheit« verband er mit verschiedenen Reisen durch ganz Deutschland. Der eigenwillige junge Mann hatte auch mehrere Anwärterinnen im Auge, bis er sich überraschend in Sibylle, die Tochter des Fürsten Joachim Ernst von Anhalt, verliebte. Am 22. Mai 1581 fand in Stuttgart die Hochzeit statt. Einer Übernahme der Regierung in Mömpelgard stand nun nichts mehr im Wege, zumal Friedrich auch das 24. Lebensjahr erreicht hatte. Am 27. Juni 1581 übergab Herzog Ludwig ihm in einem feierlichen Akt »die vollkommene Administration der mömpelgardischen Gaue und Herrschaften«.[9]

Der junge Herrscher blieb politisch und wirtschaftlich weiterhin von der Hilfe seines Vetters Ludwig abhängig, denn die Grafschaft Mömpelgard, südwestlich von Basel gelegen, war zu sehr dem Einflußbereich der französischen Krone ausgesetzt. Und sie wurde immer mehr zum Zufluchtsort von Hugenotten, die ihres Glaubens wegen Frankreich verließen. Dies nahm der Herzog von Lothringen im Jahr 1586 zum Anlaß, das Land zu verheeren und teilweise zu besetzen. Nur mit württembergischer Hilfe gelang es Friedrich, den Feind zu vertreiben und das Land besser zu befestigen. Zum Ausbau seiner Grafschaft bediente sich Friedrich mehrerer württembergischer Baumeister wie Beer, Steglin und Schickhardt. Besonders bemühte er sich, die Wirtschaft des Landes zu verbessern, indem er eine Eisenhütte, Papiermühlen, sowie die Saline von Saulnot errichten ließ. Sein Interesse für die Naturwissenschaft wurde von seinem Leibarzt Jean Bauhin nach Kräften gefördert. Aber er erlag auch den Versuchungen der Alchimie und ihrer Quacksalber.

Regelmäßig war Friedrich am Stuttgarter Hof, um sich zu beraten. Auch die Nachfolge Ludwigs spielte dabei eine Rolle, denn dessen beide Ehen waren kinderlos geblieben. Trotz aller Gegensätze sollen sich die beiden Herrscher gut verstanden haben. Am 8. August 1593 starb Herzog Ludwig überraschend an einem Schlaganfall.[10] Als Herzog Friedrich I. von Württemberg über-

26 *Friedrich I. (1557–1608) Herzog von Württemberg und Teck, Gründer des Boller Bades. Aquatintaradierung, aus: Pfaff, Karl: Biographie der Regenten von Württemberg von Herzog Eberhard im Bart bis zum König Friedrich, Stuttgart 1821*

Friedrich der Erste

Herzog von Würtemberg und Teck x

gebohren den 19 August 1557 ✻ gestorben den 29 Januar 1608.
regierte von 1593 bis 1608.

Stuttgart im Verlag der G. Ebnerschen Kunsthandlung.

nahm Friedrich die Regierungsgeschäfte. Bald sollte sich zeigen, daß der neue Herzog gewillt war, nach der aus Frankreich kommenden Idee der Staatsräson, des fürstlichen Absolutismus, zu regieren.[11]

Friedrichs wichtigster Plan war es nun, Württemberg aus der »Afterlehenschaft« Österreichs zu befreien, also den Kaadener Vertrag aufzuheben. Nach mühseligen Verhandlungen wurde am 24. Januar 1599 der Prager Vertrag unterschrieben. Gegen die enorme Summe von 400000 Gulden sollte Württemberg wieder unmittelbares Reichslehen werden.[12] Diese Summe zu beschaffen, kostete Friedrich große Mühe. Aber nicht nur dafür brauchte der Herrscher Geld. Sein Bestreben, Württemberg durch Gebietskäufe laufend zu vergrößern, verschlang Unsummen. Dadurch sah er sich immer wieder genötigt, auch gegen den Willen der Landtagsausschüsse und anderer Gremien vorzugehen, um neue Steuern eintreiben zu können. Da Friedrich trotz seiner absolutistischen Herrschaft unter chronischem Geldmangel litt, ließ ihn sein Hang zur Alchimie nicht mehr los. Er verlor nicht die Hoffnung, daß es eines Tages gelingen könnte, Gold herzustellen. Darin war er ein Kind seiner Zeit, immer auf der Suche, die »Geheimnisse« der Natur zu ergründen.

So ließ er nacheinander zwölf Alchimisten, Goldmacher und andere »Scheidekünstler« an seinen Hof kommen. Im Lusthaus im herrschaftlichen Tiergarten in Stuttgart wurde ein Labor eingerichtet, das dem jeweiligen »Hofalchimisten« zur Verfügung gestellt wurde. Allerdings entdeckte keiner der angestellten Alchimisten den Stein der Weisen oder schuf Gold. Das Ende der meisten Karrieren war entweder Entzug durch Flucht oder Aufknöpfen am Galgen.[12a]

Ein anderes großes Ziel Herzog Friedrichs war es, seine Heimat, die Grafschaft Mömpelgard, mit Württemberg zu verbinden. Um die Paßstraße nach Straßburg über den Kniebis zu sichern, ließ er Freudenstadt erbauen. Die Pläne dazu fertigte Heinrich Schickhardt an. Im März 1599 wurde mit den Arbeiten begonnen. Manche Anregung für die neue Anlage holten sich der Herzog und sein Baumeister auf ihren beiden Reisen zu den antiken Städten Italiens. In Christophstal, unterhalb der neuen Stadt im Schwarzwald, ließ der Herzog nach Silber und Eisenerz schürfen. An mehreren Orten, so auch in Boll, ließ er nach Salz suchen. Seine Bemühungen um die Förderung des Badewesens haben ihre Ursache vielleicht in einer schweren Erkrankung in seiner Kindheit, von der er sich nur langsam erholt hatte. Als Erwachsener festigte er seine Gesundheit durch regelmäßige Badekuren in St. Peterstal und im Boller »Wunderbad«.

Inmitten der Arbeit für seine ehrgeizigen Pläne ereilte ihn am 29. Januar 1608 der Tod. Er wurde in der Stiftskirche in Stuttgart in der »neuen Fürstlichen Gruft« beigesetzt. Diese Gruft hatte vermutlich Heinrich Schickhardt in nur 17 Tagen erbauen lassen.[13]

Die Urteile über Herzog Friedrich I. von Württemberg gehen weit auseinander, je nach dem Verhältnis zu ihm und dem zeitlichen Abstand. Gerhard Raff hat etwa einhundert Aussagen über ihn zusammengetragen.[14] Ein Urteil über ihn steht uns heutigen Menschen nicht mehr zu. Darum lassen wir zwei Zeitgenossen und zwei Chronisten über ihn aussagen:

Hertzog Friderich, der theire Held, ist auff den 29. Januar 1608 im Herren sehlig entschlafen. Bey disem Herren hab ich groß Miehe und Arbeit gehabt, auch vil schwehre und gefahrliche Raisen volbracht, also das ich in 15 Jaren nit iber den halben Thail bey meiner Haushaltung sein künden. Es haben aber Ir F. Gn. mit gnedigem Zusprechen und ansehlichen Verehrungen mich wider lustig und mier alle meine Gescheffte darmit leicht gemacht. (Heinrich Schickhardt, 1608)[15]

Der Alte herzog von wiertenberg solle vor wenig tagen gar gechlingen gestorben, unnd in zwo stundt frisch, gesundt und thott gewesen sein, er ist ain selzamer und gottloser Herr gewesen; darumben waüß unser Herr

schon, wan er Komen solle. (Erzherzog Ferdinand von Oesterreich, 1608)[16]

Friedrich, der viel Talent und Energie, aber einen harten, despotischen Sinn besaß, verfolgte seine ganze Regierungszeit hindurch, berathen von seinem Kanzler Enzlin, nur einen Plan, nämlich den, die ständischen Rechte und Freyheiten, und besonders den Tübingischen Vertrag, zu unterdrücken, und sich unumschränkt zu machen. Aber seine treulosen Entwürfe, – denn er hatte jene Rechte feyerlich bestätigt – gelangen ihm nicht, und Enzlin ward, nach seinem Tode, auf Hohenurach enthauptet. Seine Lieblingsbeschäftigung war die Alchymie. Er trieb sie im Grossen, und sie belohnte ihn, wie alle Thoren, die sich von jeher mit ihr abgegeben haben, und deren es im wirtembergischen Land noch viele gibt, mit Wind und dem gerechten Spott der Vernünftigen. (Johann Gottfried Pahl, 1799)[17]

Friederich hatte, wie unsere Abbildung uns zeigt und wie auch Zeitgenoßen berichten, ein freundliches, liebliches Gesicht, eine frische Gesichtsfarbe, viel Würde in seiner Haltung und eine schöne, heldenmäßige Gestalt. Seine Gemahlin, Sibylla von Anhalt, war eine körperlich und geistig ausgezeichnete Fürstinn, die ihm in siebenundzwanzigjähriger Ehe fünfzehn Kinder, unter ihnen neun Söhne, gebar. Seine Herrscher=Talente hatten ihn auf einen größeren Thron bestimmt, für ihn war Wirtemberg zu klein und dieses, auch ihn drückende, Gefühl raubte dem Lande größtentheils die Früchte seiner Klugheit und Thätigkeit, ihm aber den unbefleckten Ruhm eines großen, trefflichen Fürsten. (Karl Pfaff, 1821)[18]

Christof

[1] Bitz: Badewesen, S. 81.
[2] Dülmen: Kultur, S. 176–194; Bitz: Badewesen, S. 81; Dehlinger: Württembergs Staatswesen, S. 82; Dipper, Christoph: Deutsche Geschichte 1648–1789. Frankfurt a. M. 1991, S. 231–233; Weller: Württembergische Geschichte, S. 192.
[3] Weller: Württembergische Geschichte, S. 171–181, 192–195; Boelcke: Handbuch, S. 125.
[4] Dülmen: Kultur, S. 176–194; Bitz: Die Bäder, S. 184.
[5] Beck: Menschen und Tiere, S. 105; HStAS A249 Bü 789 Badordnung 1599; StAGP Boll Wunderbad Inventarium 1629/1633.
[6] Raff: Hie gut Wirtemberg allewege, II, S. 4f.
[7] Raff: a.a.O., I, S. 551.
[8] Raff: a.a.O., I, S. 549.
[9] Uhland: 900 Jahre Haus Württemberg, S. 176.
[10] Raff: a.a.O., I, S. 574.
[11] Uhland: a.a.O., S. 178.
[12] Uhland: a.a.O., S. 178.
[12a] Württembergische Jahrbücher. Jg. 1829. Herzog Friedrich und seine Hof=Alchymisten, S. 216–233 (1. Heft), S. 292–310 (2. Heft).
[13] Uhland: a.a.O., S. 174–182; Raff: a.a.O., II, S. 5 und Anm. 23.
[14] Raff: a.a.O., II, S. 7–31.
[15] Raff: a.a.O., II, S. 8.
[16] Raff: a.a.O., II, S. 7.
[17] Raff: a.a.O., II, S. 16.
[18] Pfaff: Württembergs geliebte Herren, S. 43.

»Ein statlich Bad« – Die Badanlage der Erbauungszeit

Eckhard Christof, Sabine Rumpel

Heinrich Schickhardt, der Baumeister des Bades

Das Lebensbild des Baumeisters

Heinrich Schickhardt wurde am 5. Februar 1558 in Herrenberg geboren. Sein Großvater Heinrich (1464–1540), Schreiner und Schnitzer aus Siegen in Westfalen, hat das Chorgestühl in Herrenberg geschnitzt. Sein Vater Lukas (1511–1585) war ebenso Schreiner und Schnitzer. Schickhardt hatte zwei Brüder und eine Schwester. Der Sohn seines Bruders Lukas war der berühmte Wissenschaftler Wilhelm Schickhardt (1592–1635), Erfinder einer mechanischen Rechenmaschine. Heinrich blieb der Tradition seiner Vorfahren treu und machte wie sie eine Schreinerlehre. Nach dem Abschluß der Meisterprüfung im Jahre 1578 trat er sofort in die Dienste des herzoglich-württembergischen Baumeisters Georg Beer in Stuttgart. Unter anderem arbeitete er in dieser Zeit am berühmten Neuen Lusthaus in Stuttgart sowie beim Wiederaufbau der abgebrannten Stadt Schiltach. Zwischen 1579 und 1593 ist Schickhardt mehrmals als »Bildschnitzer von Herrenberg« erwähnt. Das bedeutet wohl, daß er das Talent seiner Vorväter geerbt hatte und auch nutzte.

Im Jahre 1584 war seine Stellung offensichtlich so gefestigt, daß er Barbara Grüninger, die Tochter des reichen Bürgermeisters und Landschaftsabgeordneten Hans Grüninger, heiraten konnte. Aus dieser Ehe gingen viele Kinder hervor. Die meisten starben schon sehr früh. Die Eltern haben alle ihre Kinder überlebt. Von 1586 bis 1593 war Heinrich Schickhardt Mitglied des Herrenberger Gerichts, also Stadtrat. In dieser Zeit hat er z. B. das Esslinger Rathaus erweitert. Es ist eines der wenigen original erhaltenen Schickhardt-Gebäude. Auch besuchte er mehrmals die Residenzstadt Mömpelgard, das heutige Montbéliard, wo die Vetter seines Herzogs regierten.

Im Jahre 1593 änderte sich sein Leben entscheidend. Der neue Herzog Friedrich I. berief ihn in seine Residenz nach Mömpelgard. Anfang des Jahres 1596, während er sich, wie jedes Winterhalbjahr in Stuttgart aufhielt, plante er den Neubau des Boller Bades. 1598 endete vorläufig seine Zeit in Mömpelgard. Schickhardt begleitete Herzog Friedrich auf dessen erster Italienreise, die vier Monate dauerte. Eine zweite Italienreise, auf der er den Herzog 1½ Jahre später begleitete, wurde sogar sechs Monate ausgedehnt. Von beiden Reisen brachte Schickhardt viele wichtige Eindrücke und Anregungen für seine Tätigkeit mit.

Solange er lebte, hat er sein Wissen erweitert und zum Wohle seines Landes und seines Fürsten angewandt. Überblickt man sein Lebenswerk, dann erscheint uns dieser Mann als unendlich fleißiger und auf allen Gebieten tätiger Baumeister und Ingenieur. Er baute neue Städte wie Freudenstadt und Mömpelgard, viele Kirchen, wie 1618 in Göppingen, Schulen und Schlösser. Er plante für Festungen, wie Hohenasperg und Hohentwiel, baute Mühlen, Münzstätten, Bergwerke und Brücken, wie 1600 die erhaltene Ulrichsbrücke in Köngen oder 1626 eine inzwischen abgegangene Filsbrücke in Göppingen. Schickhardt befaßte sich mit der Schiffbarmachung des Neckars und anderer Flüsse. Er baute viele Keltern im Land. Ebenso arbeitete er an mehreren Bädern, und er schuf fürstliche »Lustgärten« wie in Boll oder Leonberg. Weiter errichtete er Brunnen und Wasserleitungen, sowie viele Bürger- und Pfarrhäuser sowie *Höfe*. Besonders hervorgetan hat sich Schickhardt auch im Vermessungswesen. Von dieser Tätigkeit ist noch die »Landtafel von Mömpelgard« aus dem Jahre 1616 erhalten, vergleichbar mit der »Boller Landtafel« von 1602, deren Herstellung er möglicherweise anregte. Vielleicht wurde er selbst von

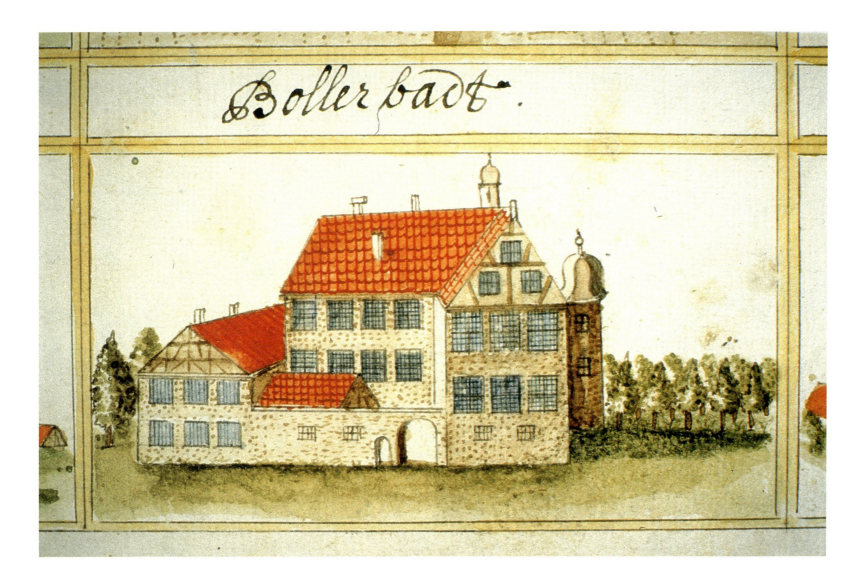

Boller badt.

der »Boller Landtafel« beflügelt, das ganze damalige Württemberg zu vermessen und darzustellen.

Für seine Tätigkeiten in Württemberg und gelegentlich auch außerhalb wurde Heinrich Schickhardt reich belohnt. Er wurde so einer der wohlhabensten Männer Württembergs. In seinem Inventar führte er seine Besitztümer auf und alle Ehrengaben, die er im Laufe seines Lebens erhalten hatte. Kurz vor seinem 75. Geburtstag starb er auf tragische Weise. Im Dezember 1634 hatte Schickhardt sich, vermutlich mit einer Enkelin, in seinem

Haus eingeschlossen, um vor den kaiserlichen Soldaten sicher zu sein. Württemberg war protestantisch geworden, während der Kaiser weiterhin auf der katholischen Seite stand. Einer dieser kaiserlichen Soldaten soll ein Beil durchs Fenster geworfen und Schickhardt damit verletzt und ihn schließlich mit dem Degen durchbohrt

27 »Boller Badt« (Badhaus) im Jahr 1683 nach Andreas Kieser. Stuttgart, Hauptstaatsarchiv H 105 Nr. 68. Vergl. Boll – Dorf und Bad (Band 1, 1988), S. 323

haben, als er sich schützend vor das Mädchen stellte. Ob dies in seinem Haus in Herrenberg oder in Stuttgart geschah, ist nicht sicher überliefert. Im Stuttgarter Totenbuch findet sich aber folgender Eintrag: *Am 14. Januar 1635 starb in Stuttgart Heinrich Schickhardt (Von Soldaten gestochen).*[1]

Informationen aus dem Schickhardt-Nachlaß

Wie wir erläutert haben, war Heinrich Schickhardt ein sehr fleißiger und gewissenhafter Mann. Er hinterließ Aufzeichnungen über alle seine Tätigkeiten in Württemberg und anderswo. Im Hauptstaatsarchiv Stuttgart werden seine originalen Entwurfsskizzen fast aller Projekte, an denen er jemals gearbeitet hat, seine handschriftlichen Notizen, Briefe, Berechnungen, Kostenvoranschläge, sowie die dazugehörigen schriftlichen Anordnungen Herzog Friedrichs aufbewahrt. Seine umfangreiche Bibliothek ging verloren. Von ihr wissen wir aus einem Inventar, das er vier Jahre vor seinem Tod anfertigte. Das Inventar Heinrich Schickhardts wird als kostbare Original-Handschrift in der Landesbibliothek in Stuttgart aufbewahrt. Es beschreibt alle seine Güter, seine Bibliothek und die Bautätigkeiten, die er während seines ganzen Lebens ausgeführt hatte.

Über seine Arbeit im Boller Bad hat Schickhardt von 1596 bis 1633 Aufzeichnungen gemacht. Dazu fertigte er viele technische Skizzen und Pläne an, die uns heute helfen, seinen Bau im *Wunderbad zu Boll* zu rekonstruieren. Schickhardts Informationen zum Bauwesen ergänzt ein weiterer genialer Mann, den Herzog Friedrich für sich gewinnen konnte: Johannes Bauhin mit seinem berühmten Badbuch. Und nicht zuletzt können die verschiedenen historischen Abbildungen helfen, das Bild des Boller Bades von 1595/96 abzurunden. Nicht zu vergessen sei, daß man auch am heutigen Gebäude noch viele Spuren des Vorgängerbaus aufzeigen kann.[2]

Heinrich Schickhardt bekommt einen Auftrag

Das Kapitel 14 des Schickhardtschen Inventars: *Hailsame Beder gebaut* – beginnt mit dem Wunderbad bei Boll:

Hertzog Friderich, der hochverstendig Fürst, der sich weder Fleiß noch Costen bedauern lassen, das Land zu erweitern und was demselbigen wol angestanden zu erbauwen. Nachdem Ir F. G. send berichtet worden, das im Göpenger Ampt beii dem Dorff Boll in freiiem Feld es einen Brunnen hab, desse[n] Wasser anderm Brunenwasser nit gleich, haben Ir F. G. gleich gelehrte und verstendige Leit beschriben und solch Wasser probieren lassen, darin sie Alaun, Saltz, Schwefel und Salbeter gefunden. Es haben auch vil krankhe Leit mit ohnhailsamen besen Schaden solch Wasser gebrauch[t], die gesond darvon worden, weil auch die Medici gerhaten, disem Brunnen ein Ehr anzuthuon. Also hat hochgedacht Hertzog Friderich a. 1596 ein Raiß zu gedachtem Brunnen fürgenomen und mich H. Sch. haisen mitziehen, da Ir F. G. in freiiem Feld nahe beii gedachtem Brunnen ein Platz, darauf ein statlich Bad sol erbaut werden, erwehlt haben, mir auch in Gnaden befohllen, ein Abriß [Entwurf, d. Verf.] zu einem grosen schenen Bauw zu machen, darinn nicht nur ein groser Sahl, in dem zu baden, sonder sehr vil Stuben und Kamer für hoch und nider Stands Personen sampt einer Herberg und notwendige Stallungen, desgleichen ein grosen Lustgarten, auch schenen Rorbrunen im Hof und Garten zu erbauwen, welchem mit getrewem Fleiß gehorsamlich nachgesezt, auch in wenig Jaren zu Ir F. G. Ver[g]nigen außgebaut worden.[3]

Das genaue Datum der beschriebenen Reise nach Boll kennen wir nicht. Es muß wohl noch im Januar oder Februar 1596 gewesen sein. Denn bereits am 11. April erteilte der Herzog den Maurern den detaillierten Auftrag für ihre Arbeit. Am nächsten Tag wurde der Auftrag für die Zimmerleute ausgefertigt. Zuvor mußte Schickhardt den Bau schon geplant haben, und vermutlich stand er ziemlich unter Zeit- und Kostendruck. Er sollte zwar ein großes Gebäude errichten, dieses durfte aber den Standard eines reichen Bürgerhauses nicht wesentlich übersteigen. Vergleicht man das Boller Bad mit anderen Gebäuden, die er gebaut hat, dann ist sein Stil, seine »Handschrift« unverkennbar.

Offenbar wurden viele Einzelheiten zur Bauausführung erst während der Bauzeit festgelegt. Jede einzelne Entscheidung mußte vom Herzog persönlich genehmigt werden. Jeder einzelne Handwerker wurde von ihm persönlich beauftragt. Der zuständige Finanzverwalter, der die Handwerker dann bezahlte, war der Keller in Göppingen.

Der Schickhardtbau von 1596

Den oben genannten Quellen kann man leider nicht einfach die Gestalt des Gebäudes entnehmen, wie es 1596 von Heinrich Schickhardt errichtet wurde. Die Unterlagen zeigen nur Grundrisse und Querschnitte. Und die Abbildungen auf der Boller Landtafel von 1602, sowie auf dem Merian-Stich von 1643[4] geben das Gebäude nur sehr unvollkommen wieder. Aussagekräftiger erscheint ein zweiter Stich von 1644/50. Die Anordnung der Fenster und Türen und einige andere Details entsprechen ziemlich exakt den überlieferten Grundrissen des Baumeisters. Darum erschien es auch möglich, eine Rekonstruktion des Fachwerkgebälks auf den Schauseiten des Gebäudes zu wagen.

Auf dem Kupferstich von 1650, erstmals erschienen bei Walch: Boller Bad 1644/50, ist die Anlage des Boller Bades sehr anschaulich aus der Vogelperspektive zu sehen. Das lange Hauptgebäude, das eigentliche Bad, erstreckt sich von Nord nach Süd. Im rechten Winkel

nach Osten hin ist die wesentlich kleinere Badherberge, oft auch Wirtshaus genannt, angebaut. Dadurch ergibt sich eine L-Form, heute zu einem »U« vergrößert. Wenn wir heute vor dem Hauptportal des Kurhauses stehen, dann ist der Flügel rechts das alte Badgebäude von 1596 und der kleinere Flügel rechts der Mitte die ehemalige Badherberge. Gegenüber dem Hauptgebäude gruppieren sich einige Nebengebäude, so eine Scheune, ein Pferdestall, das Gärtnerhaus, die Badwirtsbehausung und andere. Alle Nebengebäude außer der Scheune entstanden aber erst nach dem Bau des Hauptgebäudes. Nach vorne, ursprünglich auch zur Seite, ist der Innenhof mit einer Mauer abgeschlossen. Ein kleines Tor für die Fußgänger und ein Hoftor für die Wagen sind in diese Mauer eingelassen. Im Westen, etwas abseits der Anlage, stehen zwei kleine Türme. Der eine birgt den Schwefelbrunnen und der andere das Laufrad zum Antrieb des Schöpfwerks. In der Nähe, direkt an die Südwestecke des Badgebäudes angebaut, steht das kleine Kesselhaus zum Erwärmen des Schwefelwassers. Auf dem Bild ist es zur besseren Sicht an die Nordwestecke gerückt, ebenso wie die zwei Türme und die Badehütte für die Armen. Eigentlich dürften sie alle auf der Abbildung nicht zu sehen sein. Gegen-

28 »Boller Badt«. Kupferstich aus: Matthäus Merian, Topographia Sueviae, Frankfurt 1643

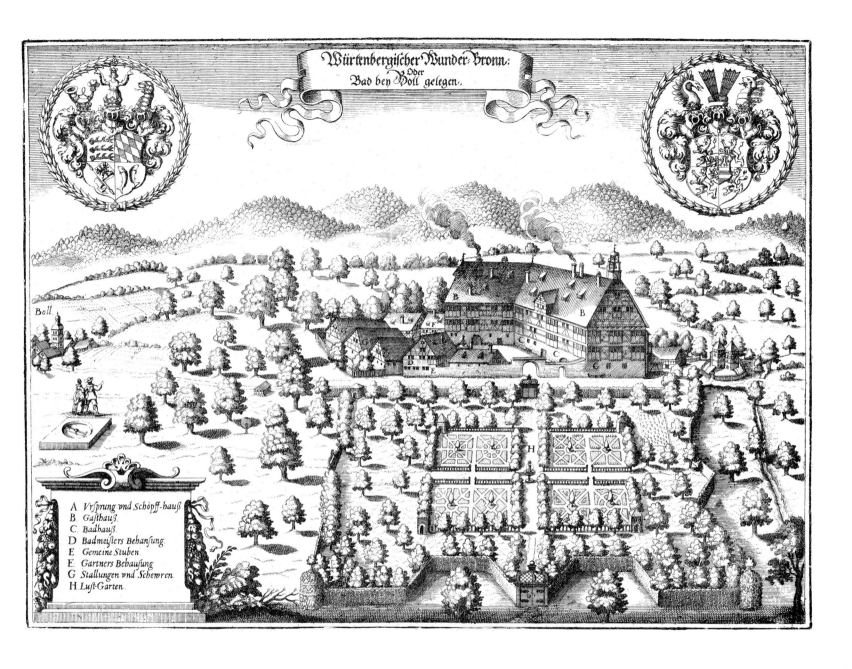

A Vrsprung vnd Schöpff-hauß.
B Gasthauß.
C Badhauß.
D Badmeisters Behansung.
E Gemeine Stuben.
F Gartners Bebausung.
G Stallungen vnd Schewren.
H Lust-Garten.

29   »Würtenbergischer Wunder-Bronn[en]: oder Bad bey Boll gelegen«. Kupferstich
von »JCW« mit Erklärungen A – H, aus: Dr. Hieronymus Walch, »Medicinae Doctorem der
Stadt Göppingen und des Boller Bads Physicum«, »Ausführliche Beschreibung des Boller
Bads«, Heilbronn 1644 und 1650

über der Anlage, nach Norden zu, liegt der herzogliche »Lustgarten«.

Die Fundamente und der Keller

Als erste Baumaßnahme mußten die Boller Fronpflichtigen die Baugrube für den Keller der Badherberge, sowie die Gräben für die Fundamente ausheben. Allein der Keller erforderte eine Baugrube von 500 bis 700 m³ im Braunjura-Gestein. Wie viele Menschen dabei beschäftigt waren und wie lange es dauerte, ist nicht überliefert. Am 11. März 1596 erteilte der Herzog dann den Befehl, die Grundmauern, darauf den Keller und das gemauerte Erdgeschoß der Badherberge sowie des Bades zu errichten. Diese Arbeit wurde drei Maurern aufgetragen: Michel Wolff von Göppingen, Bernhardt Motzer von Ebersbach und Anstett Schehlkopf von Boll. Um das Badgebäude gegen die Böschung nach Südwesten abzustützen, war eine »Schildmauer« von 6 Schuh (1,71 m) Höhe notwendig. Der gewachsene Boden beim Brunnen lag nach Bauhin 76 Schuh (21,66 m) über dem Brunnenboden, somit 4 m (!) unter der heutigen Erdgeschoßhöhe. Der Fußboden im Brunnen, auf dem man heute stehen kann, wurde 1895 hergestellt, wohl nach einem schweren Unglück im Jahr zuvor. Er zeigt uns fast genau das ursprüngliche Geländeniveau an. Bei der späteren Errichtung des »Morgenland«-Gebäudes ist dann das ganze Gelände aufgefüllt worden. Es gehört gar nicht so viel Phantasie dazu, sich vorzustellen, daß der Begriff »Burgfrieden«, der an anderer Stelle erläutert wird, von hier aus durchaus wörtlich genommen werden konnte. Das Badgebäude steht immerhin etwa 7,50 m über den Parkplätzen am Teufelsklingenbach, aber nur 100 m entfernt. Auf den Grundmauern konnte nun das Weinkellergewölbe errichtet werden. Es war insgesamt 15 Schuh (4,27 m) hoch. Der Weinkeller füllte die gesamte Breite und etwa ¾ der Länge unter dem Wirtshaus. Daneben entstanden der kleine Speisekeller und die gemauerte Treppe mit ihren 23 Stufen. Gleichzeitig mußten vier gewölbte »Luftlöcher« eingebaut werden. Die beiden Kellergewölbe gibt es noch immer. Sie sind völlig intakt und beherbergen heute die Heizung. Die lichte Höhe des Weinkellers von ursprünglich 2,80 m wurde 1962 beim

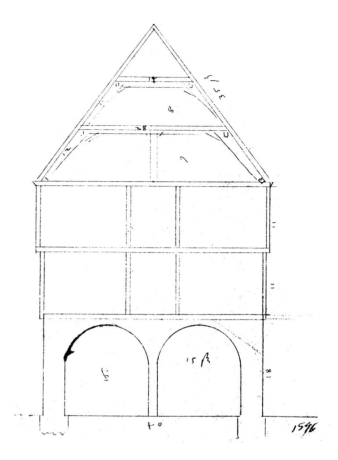

Heizungsbau um 1,20 m vertieft. Die Kellertreppe wurde beim Neubau im vorigen Jahrhundert abgetragen und auf die Rückseite des Gebäudes verlegt. Zum Heizungsumbau wurde dann an dieser Stelle eine Öffnung in die Kellerwand gebrochen.[5] Auffallend ist, daß das Kellergewölbe so ungewöhnlich mächtig ausgefallen ist. An seiner schwächsten Stelle in der Mitte ist es heute 1,90 m stark. Der Auftrag der Maurer lautete, das Weinkellergewölbe 2 Schuh (57 cm) und das kleine Speisekellergewölbe nur 1 Schuh (28,5 cm) dick zu mauern. Der entstandene Hohlraum darüber mußte dann mit Bruchsteinen und Mörtel aufgefüllt werden. An seiner schwächsten Stelle in der Mitte sollte das Gewölbe des Weinkellers etwa

30   Entwurf für das Wunderbad. Querschnitt durch das Badhaus. Zeichnung von Heinrich Schickhardt, 1596. Hauptstaatsarchiv Stuttgart N 220 A 52

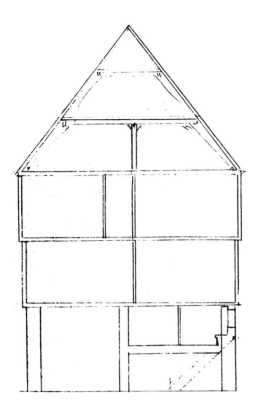

Erkerfenster ausgeführt wurden, sollten aus sorgfältig behauenem Werkstein hergestellt werden.

Zum Auftrag der Maurer gehörte es, die Fachwerkgerippe auszumauern, das Verputzen war die Aufgabe der Gipser. Weitere Aufträge der Maurer waren die Brandmauer zwischen Bad und Herberge in den beiden Fachwerkgeschossen aufzumauern, Plumps-Klos (»haimlich Gemach«) aus Stein herzustellen, elf Heizöfen, die vom Flur aus zu befeuern waren, zu mauern, Ofen und Wasserstein für die Küche zu machen, Wände und Böden bei den Öfen ringsum mit Schieferplatten zu schützen, das Dach mit 40000 »Doppelblatt-Ziegeln« zu decken, alle Gänge, Flure, »heimliche Gemächer« (Toiletten), die Küche, alle 25 Stuben und Kammern, sowie den Badesaal mit Schieferplatten zu belegen, im Badesaal dazu vier Wasserrinnen zu setzen, die beiden Flure (»Ern«) und den Gang im Wirtshaus mit Steinplatten zu belegen, die Hofmauer zu errichten und das Hoftor samt »Weichsteinen« und Hofeingang zu mauern. Die »Weichsteine« schützten das Tor vor den Rädern der einfahrenden Kutschen und Fuhrwerke.

Für ihre Arbeiten an den Gewölben und den beiden Erdgeschossen hatte der Herzog den drei Maurern 655 Gulden, dazu 20 Scheffel Dinkel und Holz zum Kochen während der Bauzeit zugesagt. Die endgültigen Kosten betrugen 709 Gulden 25 Kreuzer. Die Gründe für die Erhöhung sind nicht bekannt. Die Ausführung der Arbeiten können wir an den Schickhardtschen Grundrissen ablesen.[6]

Das gemauerte Erdgeschoß

Auf dem Grundriß erkennt man sehr deutlich die Trennung von Badhaus und Herberge. Die Herberge stößt stumpf an das Badhaus an. Man betritt sie durch eine Tür in der Mitte. Zunächst kommt man in einen großen Vorflur. Rechts ist der Treppenaufgang ins Obergeschoß, links führen 15 Stufen (2,78 m) bis auf den »Trippel«, den Treppenabsatz ins sogenannte Schwitzbad mit »Vorgemach«, auf halber Höhe. Gegenüber ist der Durchgang in den Badesaal. Geradeaus betritt man den Pferdestall. Er erstreckt sich in der ganzen Länge des Hauses und ist nur links durch das Schwitzbad etwas verkleinert. Dieser

76 cm stark werden. Damit waren die Erdgeschoßhöhen des Badhauses und der Badherberge gleich. Die Fußbodenerhöhung im Erdgeschoß um mehr als einen Meter geschah sicher beim Umbau im vorigen Jahrhundert. Der Geländeanstieg nach Osten mußte ausgeglichen werden.

»Gehawen Stainwerckh im Würtzhaus und im langen Bauw«

Ein herzoglicher Befehl beschreibt die Ausmaße der Türen, Fenster und Treppen im steinernen Erdgeschoß. Alle Türen und Fenster, alle Hausecken, sowie die Fenster der beiden Fachwerkgeschosse, welche nicht als hölzerne

31 Entwurf für das Wunderbad. Querschnitt durch die Herberge. Zeichnung von Heinrich Schickhardt, 1596. Hauptstaatsarchiv Stuttgart N 220 A 52

Pferdestall wurde bald in ein neu errichtetes Gebäude verlegt und an seiner Stelle die Gaststube eingerichtet. Von außen geht man durch eine breite Tür in den Keller. 23 Stufen (moderne 18,5 cm hoch) führen hinab in den kleinen Vorraum. Geradeaus ist der kleine Speisekeller und rechts der große Weinkeller.

Den langgestreckten Badesaal kann man durch drei Türen betreten: Von innen über die Herberge, vom Innenhof durch eine Tür in der Mitte und vom Kesselhaus in der rechten oberen Ecke. Dieses angebaute Häuschen ist im Grundriß nicht eingezeichnet. Seine Außentür wurde 1936 beim Neuverputzen des Hauses wiederentdeckt. Pfarrer Heyde berichtet davon, und sie ist noch heute zu sehen. In die Türnische wurde damals ein kleiner Brunnen eingebaut und auf den Türbogen die Jahreszahl »1595« aufgemalt. Die Brunnenwand trug den Spruch: *So schön und einfach ist mein Leben: Geben, immer nur Geben.* 1982 wurde der Brunnen entfernt. Heute ist nur noch der Türbogen mit der Jahreszahl zu sehen. Die Nische wurde zugemauert. Diese Außentür ins Kesselhaus wird nirgends

erwähnt, nur die beiden Fenster. Nötig war sie dennoch. In ihrer Breite entspricht sie ungefähr der Haustür in der Herberge. Die heutige Beschriftung »Eingang zu den Badstuben« ist historisch falsch. Heute würde hier stehen: »Eingang nur für Mitarbeiter«.

Der Badesaal selbst sieht aus wie eine zweischiffige Dürnitz, also wie ein Saal in einer Ritterburg. Er ist von einem Kreuzgewölbe überdeckt, das auf fünf starken Säulen ruht. Somit ergeben sich zwölf »Abteilungen«, in denen die Badezuber stehen. Der Fußboden des Boller Badesaales ist mit Schieferplatten belegt und der Länge nach von vier behauenen Steinrinnen durchzogen, die jeweils 1 Schuh breit sind. Das Abwasser wurde sicher einfach nach draußen in den Teufelsklingenbach abgeleitet.

Den Auftrag für das Gewölbe mit den fünf Säulen sollte zunächst der Maurermeister Jacob Geckheller aus Schorndorf für 140 Gulden ausführen. Ob ein Kreuz- oder ein Tonnengewölbe gemauert werden sollte, war am 30. März 1597 noch nicht klar. Außerdem sollten zur

Maße im Erdgeschoß	Länge:		Breite:		Höhe:	
Badhaus	120	Schuh (34,20 m)	40	Schuh (11,40 m)	18	Schuh (5,13 m)
Badesaal	113	Schuh (32,20 m)	33	Schuh (9,40 m)	16	Schuh (4,56 m)
Säulen	Durchmesser:		2	Schuh (0,57 m)	11	Schuh (3,14 m)
Herberge	48	Schuh (13,68 m)	38	Schuh (10,83 m)	18	Schuh (5,13 m)
Weinkeller	34	Schuh (9,69 m)	31	Schuh (8,84 m)	10	Schuh (2,85 m)
Speisekeller	15	Schuh (4,28 m)	12	Schuh (3,42 m)	10	Schuh (2,85 m)
Schwitzbad	9	Schuh (2,57 m)	9	Schuh (2,57 m)	8¼	Schuh (2,35 m)
Vorgemach	7½	Schuh (2,14 m)	9	Schuh (2,57 m)	8¼	Schuh (2,35 m)
Haustür	–		4	Schuh (1,14 m)	8	Schuh (2,28 m)
Kellertür	–		9	Schuh (2,57 m)	8	Schuh (2,28 m)
Hofmauer, vorn	47	Schuh (13,40 m)	1½	Schuh (0,43 m)	11	Schuh (3,14 m)
Hoftor	–		11	Schuh (3,14 m)	12	Schuh (3,42 m)
Hoftür	–		4	Schuh (1,14 m)	9	Schuh (2,57 m)

Bis 1806: 1 Schuh (Fuß) = 12 Zoll = 28,5 cm.   Danach: 1 Schuh (Fuß) = 10 Zoll = 28,65 cm

Belüftung des Gebälks über dem Gewölbe 6 (später 10) Luftlöcher eingebaut werden. Ein Abrechnungszettel Schickhardts berichtet aber von den Meistern Andreas Hatzenberger von Kirchheim und Bernhardt Freii von M. Ihre Arbeit machte schließlich 200 Gulden aus, statt veranschlagter 230. Es ist zu vermuten, daß die Ausführung eines Kreuzgewölbes für 140 Gulden nicht herzustellen war und Jacob Geckheller darum den Auftrag zurückgab. Außerdem muß es wegen der Auftragsvergabe eine Auseinandersetzung Schickhardts mit Christoff Reyhing, dem herzoglichen Keller in Göppingen, gegeben haben, welcher für die Finanzen zuständig war. Wahrscheinlich traute er dem handwerklichen Können von Katzenberger

32 *Entwurf für das Wunderbad. Grundriß des Erdgeschosses. Zeichnung von Heinrich Schickhardt 1596. Hauptstaatsarchiv Stuttgart N 220 A 52*

33 *Entwurf für das Wunderbad. Skizze für die Säule mit »Postament und Kapitell« im Badgewölbe. Zeichnung von Heinrich Schickhardt, 1596. Hauptstaatsarchiv Stuttgart N 220 A 52*

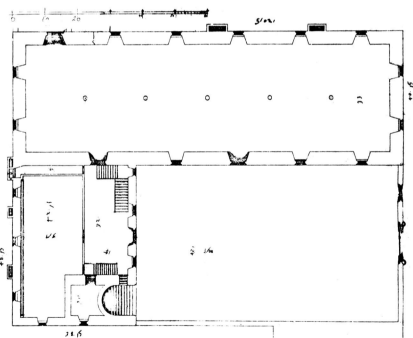

und Freii mehr als dem Kollegen aus Schorndorf, obwohl sie wesentlich mehr als die gebotenen 185 Gulden verlangten. Schickhardt ermahnte die beiden Maurer noch, sie sollten den Kessel fertigmauern, damit endlich das Dach (wohl des Kesselhauses) fertiggestellt werden könne.

An den widersprüchlichen Angaben in den Akten und dem späten Datum (März 1597) kann man ersehen, daß die Herstellung eines so großen Badgewölbes, wie es der Herzog wünschte, nicht so einfach zu verwirklichen war.

Eine Skizze für die Säule im Badgewölbe hat sich erhal-

ten. Sie zeigt eine sich nach oben verjüngende Säule mit einem *Posament und Capitel*, wie Schickhardt das ausdrückt. Ihre Gesamthöhe beträgt 11 Schuh. Ein zweites Papier zeigt das Fragment einer Skizze der Kanzel, die an einer Säule im Badesaal errichtet war. Von hier predigte der Boller Pfarrer jeden zweiten Sonntag den Badegästen.

34/35   Der 1936 entdeckte Türbogen von 1595 mit dem damals (1936) errichteten Brunnen und derselbe Türbogen, 1982 vermauert

Das erste Stockwerk

Über dem gemauerten Erdgeschoß wurden zwei Fachwerkgeschosse errichtet. Am 12. März 1596 hatten die Zimmerleute Hannß Strühle und Hanß Württemberger aus Göppingen den Auftrag erhalten.

Über die Treppe, vom Hauseingang hinauf, gelangt man in den »Ern« des ersten Stockwerks. Bei seinen Angaben unterscheidet Schickhardt zwischen »Ern« und »Gang«. Ersteres bezeichnet den Eingangsbereich, letzteres einen langen Flur. Die Verwendung der Bezeichnung »Ern« in allen Stockwerken deutet auf Schickhardts städtische Herkunft. Von diesem Ern geradeaus liegt die Küche mit einer Speisekammer daneben. In der Küche steht ein großer gemauerter Ofen. Zum Feuerschutz ist die Wand hier besonders stabil gemauert. Nach links geht es in die beheizte Wirtsstube mit der dahinterliegenden, nicht heizbaren Wirtsstubenkammer. Der Ofen wird von der Küche aus befeuert. Von der Wirtsstube aus erreicht man auch die neben der Speisekammer liegende, ebenso nicht heizbare »Magd-Kammer«. Mit über 27 m² ist sie sehr groß, also wohl für mehrere Personen gedacht. In das »Cloac«, das einzige Klo auf diesem Stockwerk der Herberge, konnte man nur über den Hausflur gelangen.

Vom Ern nach rechts geht es durch die Brandmauer hindurch in die Wohnräume des Badhauses. Wieder kommen wir in einen großen Ern. Links liegt die »große Stube«, später auch »Pfennigstube« genannt, der Speiseraum der Gäste. Sie enthält einen Ofen, für den die Maurer, wie für die anderen Öfen auch, ein vom Flur zugängliches »Für Kimit«, einen »Feuer-Kamin«, gemauert hatten. Diese Art zu feuern ist auf den Plänen gut zu sehen. Die große Stube wird von großen Erkerfenstern, ganz aus Holz gebaut, belichtet. Solch ein großes Fenster besitzt auch der Ern.

Wenden wir uns nach rechts, vorbei an der Treppe ins zweite Obergeschoß, so sehen wir einen langen »Gang« mit je drei Türen links und rechts. Hier liegen die Zimmer der Badgäste. Jedes dieser Zimmer, Appartements wäre treffender, bestehend aus einer beheizbaren Stube und einer nicht beheizbaren Schlafkammer, hat einen eigenen Namen aus der Tierwelt. Das entsprechende Symbol ist über der Tür angebracht. Bei den »Appartements« sind die Riegelwände der Wohnstube verputzt und weiß getüncht. Die Wohnstube besitzt einen Kachelofen, der vom Gang her befeuert werden kann, und sie wird durch ein großes Erkerfenster belichtet. Die dazugehörige, nicht beheizbare Schlafkammer ist zur besseren Isolierung mit Holz vertäfelt.

Das erste Zimmer auf der rechten Seite ist der »Hase«, die Wohnstube des ersten »Gemachs«. Beim »Hasen« hat es wegen seiner Ecklage nur zu einem kleinen Erker-

Maße im ersten Stockwerk	Länge:		Breite:		Höhe:	
Badhaus	121½ Schuh	(34,60 m)	41½ Schuh	(11,80 m)	11 Schuh	(3,14 m)
Vorsprung	9 Zoll	(21,40 cm)				
Herberge	48 Schuh	(13,68 m)	39½ Schuh	(11,25 m)	11 Schuh	(3,14 m)
Vorsprung	9 Zoll	(21,40 cm)				
Große Stube	37 Schuh	(10,55 m)	20 Schuh	(5,70 m)	11 Schuh	(3,14 m)
»Affen«-Stube	15¾ Schuh	(4,49 m)	14 Schuh	(4,00 m)	11 Schuh	(3,14 m)
Kammer dazu	15¾ Schuh	(4,49 m)	15 Schuh	(4,27 m)	11 Schuh	(3,14 m)

Bis 1806: 1 Schuh (Fuß) = 12 Zoll = 28,5 cm.   Danach: 1 Schuh (Fuß) = 10 Zoll = 28,65 cm
Vorsprung: Der obere Stock ragt über den unteren hinaus.
Am ganzen Haus waren alle Vorsprünge gleich groß: ¾ Schuh oder 9 Zoll = 21,4 cm.
Maße der Herberge: bis zur Brandmauer

fenster gereicht. Durch die Wohnstube hindurch geht es in die Schlafkammer. Sie hat wie alle anderen Schlafkammern ein einfaches Fenster, eingelassen in eine aus Stein gehauene Fensteröffnung. Die nächste Tür gehört zur »Meerkatze«, und am Ende des Ganges liegt der »Wolf«. Gegenüber liegt der »Affe«, es ist eines der beiden Gemächer, die in ihren Schlafkammern ein eigenes »heimlich Gemach« oder »Cloac« besitzen. Das zweite »Appartement« den Gang zurück ist »das Panthertier«. Dann kommt das einzige »Cloac« auf diesem Stockwerk. Es dient fünf Stuben mit ihren Schlafkammern als »heimliches Gemach«, wenn man annimmt, daß die Besucherinnen und Besucher der »großen Stube« das »Cloac« neben der Küche benutzen. Das vorderste Gemach, direkt vom Ern aus zugänglich, ist »die Gemse«.

Das zweite Stockwerk

Auf dem Grundriß des zweiten Obergeschosses ist eine durchgehende Brandmauer zu sehen. Zwischen der Herberge und dem Badhaus gibt es hier keinen Durchgang. Das hat einen einleuchtenden Grund: Im zweiten Stock der Herberge befinden sich die Privaträume des Herzogs und seiner Begleitung. Gleich links der Treppe sehen wir *I. Fl. Gn. Gemach zum Hirsch*, wie Schickhardt sich ausdrückt. Das württembergische Wappentier bezeichnet natürlich das Zimmer des Herzogs. Dieses ist beheizbar und holzgetäfelt. Durch zwei große Erkerfenster kann der Herzog in den Innenhof hinabschauen. Daneben liegt eine normale Kammer, wohl für einen höheren Bediensteten des Herzogs. Zur Toilette müssen sich die Bewohner dieses Stockwerks in das »Cloac« gleich am Anfang des Ganges begeben. Rechts daneben liegt das »Reh«, links das »Pferd«, am Ende noch eine Kammer ohne Namen. Bei der Benennung der Zimmer der Gebäude gebraucht Schickhardt nur den Begriff »Kammer«. Später wird exakt unterschieden zwischen Wohn-»Stube« und Schlaf-»Kammer«. Unter dem Gemach des Herzogs lag die Wirtsstube. Es ist wohl klar, daß der Herzog dies als störend empfand, wenn er im »Boller Wunderbad« weilte. Seinen vornehmen Gästen, die in seinen Gemächern weilten, konnte er dies ebenso wenig zumuten. Darum währte es auch nicht lange, bis die Wirtsstube in den ehe-

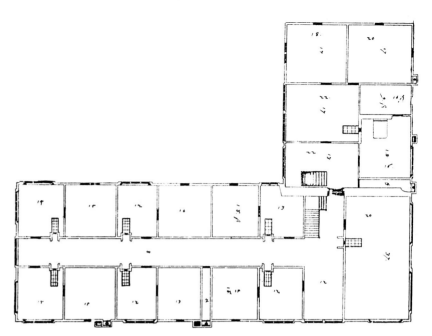

36/37   *Entwurf für das Wunderbad. Grundriß des ersten und zweiten Stocks. Zeichnung von Heinrich Schickhardt, 1596. Hauptstaatsarchiv Stuttgart N 220 A 52*

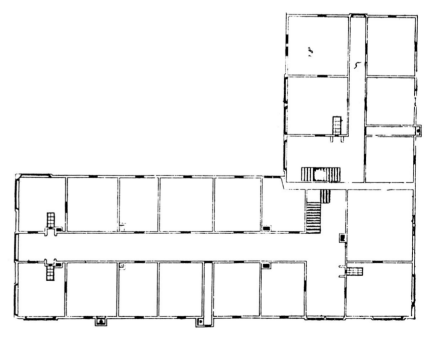

54

maligen Pferdestall verlegt und ein neuer Pferdestall außerhalb des Gebäudes errichtet wurde.

Über die Treppe des ersten Badgeschosses gelangen wir in den Ern des zweiten. Gleich links, über der großen Stube gelegen, die schöne »Löwen«-Stube mit einer riesigen Schlafkammer dabei. Die Wohnstube umfaßt immerhin 25 m² und die Schlafkammer sogar 35 m² Fläche. Hier konnte vermutlich eine ganze Familie unterkommen. Die Wohnstube mit ihren Erkerfenstern nach Süden und Westen war sicher eines der schönsten Zimmer im Haus. Aber sie hatte auch einen Nachteil: Unter ihrem Westfenster rauchte der Kamin des Kesselhauses.

Die restlichen Zimmer auf diesem Stockwerk haben nicht alle den gleichen Standard wie diejenigen im ersten Stock. Gehen wir wieder den Gang entlang, dann liegt rechts, gleich bei der Treppe, »der Esel«. Er hat keine Kammer dabei. Nun folgen drei Räume ohne Namen. Am Ende des Ganges die »Leoparden«-Stube, als Eckzimmer wie unten mit Schlafkammer. Gegenüber liegt »das Kamel«, wie unten mit »Cloac« in der Schlafkammer. Die zweite Tür geht in die »obere Küche«. Nach dem gemeinsamen »Cloac« kommt der einfache »Steinbock« und zuletzt, wieder vom Ern aus zu betreten, »der Bär«. Für viele Gäste war die Ausstattung im zweiten Stock zu einfach. Darum wurden sehr bald Änderungen durchgeführt. Bereits 1629 wird hier eine wesentlich andere Einteilung genannt.

Das Dachgeschoß

Über das Dachgeschoß gibt es leider keine detaillierten Beschreibungen. Wir wissen nur, daß es 30 Schuh (8,55 m) hoch war. Den Abrechnungen sind aber einige Angaben zu entnehmen:
Die Zimmerleute Hannß Strehle und Hanß Württemberger aus Göppingen sollten ein »Dachwerk mit zwei liegenden Dachstühlen« errichten. Dies weist auf die recht »moderne« Dachkonstruktion hin. Die Firstständerbauweise, bei der die tragenden Ständer durch alle Stockwerke vom Boden bis zum First hindurchgingen, war im städtischen Bauwesen nicht mehr üblich. Das Dach des Badhauses erhielt ein »Zwerchhaus, ein Stock hoch«, also eine große Dachgaube. Dazu gehörte »ein Zug mit einem Trämel-Baum«, ein Lotter (Rolle und Seil) mit Balken. Das gesamte Dachgeschoß wurde durch 14 kleine Dachfenster »mit vorschießenden Dächern« belichtet. In den Jahren 1629 und 1633 ist die Rede von 12 Dachkammern, was wir auf dem zweiten, großen Kupferstich nachvollziehen können. Die äußeren Balken aller Fachwerkteile, auch in den beiden Geschossen, waren aus Eichenholz »angeschifftet« (zusammengefügt). Für ihre Arbeiten erhielten die Zimmerleute 646 Gulden, sowie 20 Scheffel Dinkel. Das Abfallholz durften sie teilweise behalten.
Diese Arbeit, am 12. März 1596 vergeben, war sicher nicht immer ganz einfach. Am 30. März 1597, also ein

Maße im zweiten Stockwerk	Länge:		Breite:		Höhe:	
Badhaus	123 Schuh	(35,06 m)	43 Schuh	(12,26 m)	11 Schuh	(3,14 m)
Herberge	48½ Schuh	(13,82 m)	40¾ Schuh	(11,61 m)	11 Schuh	(3,14 m)
Hirschgemach	17½ Schuh	(4,99 m)	19 Schuh	(5,42 m)	11 Schuh	(3,14 m)
Kammer dazu	17¾ Schuh	(5,06 m)	19 Schuh	(5,42 m)	11 Schuh	(3,14 m)
Löwen	16 Schuh	(4,56 m)	20⅓ Schuh	(5,79 m)	11 Schuh	(3,14 m)
Kammer dazu	21½ Schuh	(6,13 m)	20⅓ Schuh	(5,79 m)	11 Schuh	(3,14 m)
Gesamthöhe	70 Schuh	(19,95 m)				

Bis 1806: 1 Schuh (Fuß) = 12 Zoll = 28,5 cm.   Danach: 1 Schuh (Fuß) = 10 Zoll = 28,65 cm

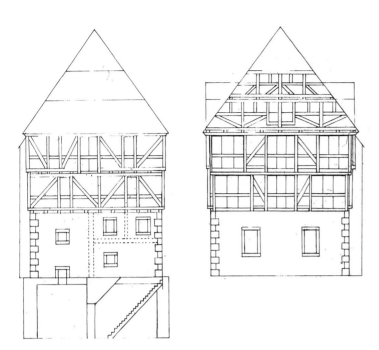

ganzes Jahr später, war mit dem Bau des Badgewölbes immer noch nicht begonnen. Die Zimmerleute mußten in die Höhe bauen, obwohl der Holzboden des ersten Stockwerks nur provisorisch fertiggestellt war.

»Theucher-Arbeit«

Heinrich Schickhardt hat eine sehr gründliche Aufstellung der Gipser- und Malerarbeiten im Wunderbad hinterlassen. In einer Art Rundgang durch das Haus stellte der Baumeister das »Aufmaß« zusammen. Alle Wände, die verputzt und getüncht werden sollten, wurden vermessen. In einem Zimmer gab er z.B. die Gesamtlänge aller Wände und die Höhe an. Daraus berechnete er die Fläche, die dem »Theucher« bezahlt werden mußte. Selten zog Schickhardt Türen und Fenster ab, und somit wurde der Handwerker auch für schwierigere Arbeiten bezahlt, die sich bei einem Bau immer ergeben. Mit Hilfe der Angaben im »Aufmaß« ist es möglich, die Räume, die auf den Grundrissen zu sehen sind, genau zu bestimmen. Alle Stuben sind bereits mit ihren Namen benannt. Die Schlafkammern, die Wirtsstube und die Gemächer

des Herzogs wurden nicht verputzt. Sie wurden von den Zimmerleuten mit Holz verkleidet.

Die »Theucher«-Arbeiten wurden am 2. April 1597 vergeben, mehr als ein Jahr nach dem »Verding« der Maurer und Zimmerleute. Den Auftrag erhielten Hanns Jaus und Martin Schefer, beide »Ypser« und Bürger zu Stuttgart. Für 1 Quadratruthe (20,8 m²) verputzen und anstreichen waren 36 Kreuzer angesetzt. Die Maurer hatten im Vergleich dazu für das Ausmauern der Riegelwände 48 Kreuzer je Quadratruthe erhalten. Die Gesamtfläche von 261 Quadratruthen (5428,8 m²) Gipserarbeiten kostete also 156 Gulden und 36 Kreuzer.

Die Farbgebung

Verputz- und Malerarbeiten lagen in einer Hand. Dem oben genannten Auftrag an die Gipser ist die vollständige Farbgebung des Badgebäudes zu entnehmen:

38/39 Ansicht des Schickhardtbaus von 1596. Von links nach rechts: Ostgiebel der Badherberge, Nordgiebel des Badhauses, Nordansicht der Herberge mit Querschnitt des Badhauses. Rekonstruktionen des Verfassers

Die ausgemauerten Felder der beiden oberen Stockwerke des Badhauses und der Herberge, sowie ihre Giebel waren außen verputzt und weiß getüncht. Die Felder waren schwarz eingefaßt und die Eichenbalken mit gelber Holzfarbe gestrichen. Das gemauerte Erdgeschoß wurde ebenso verputzt, weiß getüncht und »versteinbandet«, d. h. es wurde mit Farbstrichen ein Mauerwerk imitiert. Nur die Außenkanten waren mit behauenen Steinen ausgeführt. Die gemauerten Türleibungen waren mit »Schlackenrotwerkh«, vermutlich Ziegelfarbe, »anzufassen«. Die fünf Haustüren wurden innen und außen grün gestrichen. Die gleichen Farben wurden auch innen, im Haus, verwendet. Und auch der gewölbte Badesaal wurde getüncht. Dabei mußte darauf geachtet werden, *die Eck an den Greten wie sichs gehirt scharpff zu behalten*. Für 1 Quadratschuh dieser Malerarbeiten waren vom Herzog 1 Batzen (4 Kreuzer) zugesagt worden.

Am Haus gab es 115 »Schaltladen«, damit sind wohl Fensterläden zum Schieben (schwäbisch: »schalten«) gemeint, vermutlich waren sie vorwiegend an den hölzernen Erkerfenstern angebracht. Diese »Schaltladen« waren außen mit grüner und innen mit roter Ölfarbe angestrichen. Ihre Rahmen und Leisten waren grau. Lohn: je 8 Kreuzer. Die einfachen Fenster hatten »fliegende Laden«, also Fensterläden zum Aufklappen. Davon gab es 85 Stück, dazu noch 13 Dachfensterläden. Auch sie wurden außen grün und innen rot angestrichen. Lohn: je 6 Kreuzer. Für 17 Fenster wurden große »fliegende Laden« gebraucht, dafür bekamen die Meister je 8 Kreuzer. Alle Fensterrahmen und Fensterleisten wurden »eschenfarben«, also grau angestrichen.

Die Turmuhr und die Glocke

In einem herzoglichen Schreiben vom 10. Oktober 1597 an den Finanzverwalter in Göppingen war bereits die Rede von der Notwendigkeit einer Uhr und zwei Glocken. Aber erst am Neujahrstag 1598 wurde die Ausführung befohlen. Der Uhrmachermeister Martin Rapp aus Stuttgart erhielt den Befehl, ein Uhrwerk herzustellen, das die ganzen und alle Viertelstunden anzeigen und 3 Schuh (85 cm) breit und hoch und 1½ Schuh (43 cm) tief sein sollte. Die drei größten Räder sollten einen Durchmesser

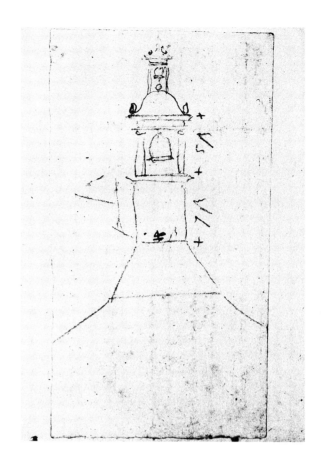

von 15 Zoll (36 cm) bekommen. Dieses Uhrwerk war in ein hölzernes Türmchen einzubauen, samt einer Glocke von etwa einem Zentner Gewicht (48 kg). Die Glocke sollte mit einem Drahtseil zu läuten sein. Über der großen Glocke sollte noch eine »Cimbel« eingebaut werden, etwa 30 Pfund (14 kg) schwer und mit einem Schlaghammer versehen.

Schickhardts Skizze gibt eine ungefähre Vorstellung des Glockenturms: Der Uhrenkasten ist doppelt so hoch wie die Uhr und zur Hälfte in das Dach versenkt. Dadurch wird die Wartung des Uhrwerks erleichtert. Das Zifferblatt zeigt nach Norden. Über dem Uhrenkasten stehen vier Säulen, dazwischen hängt die große Glocke. Das

40 Entwurf für das Wunderbad. Glockentürmchen. Zeichnung von Heinrich Schickhardt, 1596. Hauptstaatsarchiv Stuttgart N 220 A 52

Glockentürmchen wird von einem gewölbten kleinen Dach überdeckt. Darauf steht ein ähnliches, aber kleineres Türmchen mit dem Glöckchen. Als Lohn für Material und Arbeit sollte der Meister 70 Gulden erhalten. Die Uhrtafel, die Glocken, die großen Gewichtssteine und der Transport wurden von der Kellerei bezahlt. *Christof*

Herberge und Wirtshaus

Damit die Gäste in Badnähe übernachten konnten, war die Einrichtung einer Herberge im Boller Bad notwendig. Im Vergleich zu den üblichen Übernachtungen in Dorfwirtshäusern war die Verweildauer der Kurgäste in der Badherberge um einiges länger. Während es heute in den modernen Kurunterkünften Aufenthalts-, Spiel-, Lese- oder Fernsehräume gibt, die von den Gästen gemeinsam genutzt werden können, gab es in der Badherberge nur die Wirtsräume und die Flure als mögliche Orte des gesellschaftlichen Zusammentreffens. In diesen Räumen wurde die Unterhaltung gepflegt.

Die Räume zum Übernachten und Wohnen für die Gäste unterschieden sich je nach deren Stand. Die höheren Stände konnten sich »Gemächer« mit Stuben und Schlafkammern leisten, in denen häufig mehrere Personen zusammenlebten, die durchaus nicht miteinander verwandt sein mußten. Vornehme Gäste waren stets von ihren Bediensteten umgeben, doch reisten sie auch gern gemeinsam mit Freunden. Die weniger Wohlhabenden dagegen wohnten in Kammern unter dem Dach, von denen sechs jeweils für zwei Personen und zwölf nur für eine Person ausgestattet waren. Hier nächtigten zum Teil auch die mitreisenden Bediensteten. Die »Gnadenbädler«, arme Kranke, die auf Kosten des Herzogs baden durften, mußten zusammengedrängt mit anderen, ihnen fremden Personen in zwei kleinen Kammern neben und über dem Schwitzbad und in einer Kammer ihres Badhauses übernachten.[7]

Die Wirtsstube war zwar im eigentlichen Sinne die Stube des Wirts, sie diente jedoch gleichzeitig als Wirtsstube im heutigen Sinn, also als Schank- und Eßraum und damit als öffentlicher Bereich. Für den Aufenthalt und zum Schlafen hatten der Wirt und seine Familie zunächst nur eine Kammer, für die im Jahre 1602 auch noch

zwanzig Gulden Miete zu bezahlen waren. Eine weitere Kammer war für seine Bediensteten vorhanden. Im Jahre 1629 hatte man die große Stube namens »Elefant« zur »Tafelstube« umfunktioniert, vermutlich reichte die kleine Wirtsstube zur Beköstigung nicht mehr aus. Im »Elefanten« standen acht Tische aus Tanne, sechzehn »gelennte« Schrannen und zwölf »gelennte« Stühle, das waren Bänke und Stühle mit Lehnen. Elf Stabellen, dreibeinige Stühle mit einer Lehne auf der Seite, ein Schenktischchen und eine einfache Tafel mit gekreuzten Füßen vervollständigten die Einrichtung. Zum Händewaschen gab es ein »Gießfäßlein«, ein Behälter, aus welchem Wasser in ein Gießbecken gelassen wurde. Die Tafel, auf der die Badeordnung angeschlagen war, hing hier zur Information und zur ständigen Ermahnung an Recht und Ordnung. Außerdem stand in der Wirtsstube eine eiserne Büchse, in die solche Geldstrafen entrichtet werden mußten, die für Vergehen gegen die Badordnung fällig wurden. Zwei Hirschgeweihe dienten als Wandschmuck. In einem Kästchen in seiner »Wirtsbehaußung«, das einst auch im »Elefanten« gehangen hatte, hatte der Wirt die Gläser untergebracht.[8]

Erst im 17. und schließlich im 18. Jahrhundert kam es in den Bädern zur völligen Trennung von öffentlicher und privater Sphäre. Die Gästezimmer wurden differenzierter ausgestattet, der Wohnbereich des Wirts wurde von der Öffentlichkeit abgetrennt, und als gemeinsame öffentliche Räume mit jeweils aber eigenen Funktionen entstanden nun Trinkhallen, Laubengänge und gesonderte Speiseräume.

Himmelbett und Hirschgeweih – die Einrichtung der Gästezimmer

Anläßlich des Pachtwechsels von Badewirt und Bademeister Jakob Plöbst zu Johann Vischer im Jahr 1633 wurde ein bereits 1629 angelegtes Inventar des Bades überprüft und ergänzt. Aus diesem lassen sich Angaben zur räumlichen Ausstattung der Gästezimmer machen: In den Gängen standen große Truhen, in denen Bettzeug aufbewahrt wurde. Die besseren »Gemächer« bestanden aus einer beheizbaren Stube, eine Art Wohnzimmer, und einer dazugehörigen Schlafkammer. Das Gemach »Ochsen«

hatte als einziges zwei zugehörige Kammern. Alle Stuben und Kammern waren ziemlich einheitlich ausgestattet. In der Stube standen ein Tisch und eine, seltener zwei »gelennte« Schrannen, also Holzbänke mit Lehnen. Im Gemach »Wolff« gab es außerdem zwei Stühle. Sie waren eine Rarität, denn Brettstühle kamen in Deutschland erst im 16. Jahrhundert auf und waren zunächst nur beim Adel und dann beim Bürgertum verbreitet. An der Wand hingen in fast allen Stuben ein Hirschgeweih und ein neu beschlagenes Wandkästchen. Ein Gießfaß aus Kupfer diente zur vorgeschriebenen Körperreinigung. In manchen Stuben gab es auch einen Fußschemel.

In den dazugehörigen Kammern standen in der Regel zwei Bettladen, die unterschiedlich aussehen konnten: zum Teil hatten sie einen »ganzen Himmel«, teilweise einen »halben Himmel«, oder es waren nur »gemeine« Bettladen. Bei einem »ganzen« Himmelbett war über die gesamte Länge der Liegestatt eine Abdeckung aus Brettern auf Säulen befestigt, die auf der Unterseite bemalt sein konnte. Der »halbe Himmel« bedeckte nur den Kopfteil des Bettes. Häufig konnte man sich durch einen Schiebevorhang, der am »Himmel« befestigt war, vom übrigen Raum abschließen. Zu den Bettladen gehörten zwei Strohsäcke als Unterlage, zwei strohgefüllte »Pfulben«, das waren große, über die ganze Bettbreite reichende Kissen, und zwei »federküttin« Unterbetten mit zwei weißen »Ziechen«, so nannte man die Bettüberzüge. Zwei »federküttin Pfulben«, zwei weiße »Ziechen«, vier Federkissen, also kleinere Kissen, die zum Teil aus Barchent waren, und zwei Decken aus Barchent vervollständigten das Bettzeug. In einigen der besseren Gemächer befand sich ein »Gemachstuhl«, der Nachtstuhl, und wieder hing ein Hirschgeweih an der Wand. In manchen Kammern gab es »Stöll- und Tragbritter«, also Bretter, mit denen man die Betten verbreitern konnte, um zusätzliche Liegestätten zu schaffen. Die Kammern unter dem Dach, die keiner Stube zugeordnet waren und von ärmeren Leuten oder Bediensteten bewohnt wurden, hatten fast dieselbe Ausstattung, nur daß sich hier ausschließlich Bettladen ohne »Himmel« befanden und die Stoffe für die Bettdecken und Kissenbezüge aus gröberen Stoffen wie Wifling oder Zwilch gemacht waren.

In zwei Kammern im Hauptgebäude und in einer Kammer im Badhaus der »Gnadenbädler« waren die Armen untergebracht. Dort standen Bettladen und Bettkarren, das waren Betten auf Rollen, die unter die anderen Betten geschoben werden konnten. Für jeden Gast gab es einen Strohsack und einige strohgefüllte große Kissen, »Pfulben«. Sowohl Strohsäcke als auch Pfulben wurden schon im ersten Inventar von 1629 als »gar schlecht« bezeichnet. In einer dieser Kammern gab es ebenfalls einen Nachtstuhl. Aus dem Jahr 1767 ist überliefert, daß für Gnadenbädler Bettkarren zur Verfügung standen, die zweischläfrig waren, also für zwei Personen dienten, und eichene Stollen hatten. Sie waren 6½ Schuh (1,86 m) lang und 5 Schuh (1,43 m) breit und kosteten bei der Anschaffung drei Gulden.[9]

Das Gemach des Fürsten, der »Hirsch«, hatte dieselbe Grundausstattung wie die anderen Gemächer, war darüber hinaus aber mit einigen zusätzlichen Gegenständen ausgestattet. So gab es in der Stube zwei Tische, einen länglichen und einen viereckigen und auf einem lag eine »türkisch« grüne Tischdecke. Außerdem zierten Leuchter und Lichter den Raum, und das obligatorische Hirschgeweih hing an der Wand. Der Fürst hatte selbstverständlich ein Bett mit ganzem »Himmel« und einen »Abdecktisch« daneben. Eine zweite ganz neue Bettlade stand ebenfalls in der Kammer, selbst der Herzog dürfte demnach nicht alleine geschlafen haben. Sein Bettzeug war reichlich und seine Bettwäsche aus Barchent oder Kölsch, einer Barchentart mit blauen Streifen.[10]

Aus dem Jahre 1636 ist überliefert, daß von den herrschaftlichen Möbeln nichts mehr vorhanden war, und selbst die Gnadenbädler auf Betten liegen mußten, die dem Wirt gehörten. Dieser stellte die Betten gegen Mietgebühr. In einem Inventar aus dem Jahr 1649 sind 32 schlechte Betten, 17 Pfulben und 19 Kissen vermerkt, die beim folgenden Pachtwechsel als nicht übergeben galten, da sie in einem derart üblen Zustand waren, daß die Gäste es vorzogen, auf Stroh zu liegen. Mit der Zeit scheint es sich durchgesetzt zu haben, daß die wohlhabenden Gäste ihre Betten selbst mitbrachten. Sie reisten sowieso häufig im eigenen Gefährt an, in dem sie zum Teil auch Wein oder Lebensmittel mitführten und so auch ihr Bettzeug mit auf die Reise nehmen konnten.[11]

Rumpel

Die Außenanlagen

Die Hofmauer

Der Winkelbau des Boller Wunderbades bildete zusammen mit der Hofmauer ein Rechteck, 120 Schuh (34,20 m) lang und 48 Schuh (13,68 m) breit. An der Schmalseite nach Norden konnte man die Anlage über ein großes Hoftor oder eine kleine Tür betreten.

Die Scheune und das Gärtnerhaus

An der nordöstlichen Ecke des Badgeländes stand, nach außen angebaut, die Scheune. Sie war 40 Schuh (11,40 m) lang, 30 Schuh (8,55 m) breit und samt dem Giebel 33½ Schuh (9,55 m) hoch. Zum Innenhof war ein »Zwerchhaus«, eine große Dachgaube, angebaut. Auch hier gab es einen »Zug mit einem Trämelbaum«, wie am Hauptgebäude. Im Jahre 1792 existierte dieses Gebäude nicht mehr. An seiner Stelle stand nun die Küche; sie war wesentlich schmäler und quergestellt, um den Hofraum zu vergrößern. Das Wohnhaus des Badmeisters lag östlich dahinter, also noch weiter außerhalb der ursprünglichen Anlage.

Das Gärtnerhaus erwähnt Bauhin in seinem Badbuch. Bei Schickhardt lassen sich aber keine Hinweise darauf finden. Als Bauhin sich 1596 in Boll aufhielt, hatte er dieses Haus sicher vorgeschlagen. Ende 1596 oder Anfang 1597 gab der Herzog den Auftrag, für die zwei Gärtner *eine eigene Behausung* zu bauen. Der Keller in Göppingen solle aber *im Flecken Boll ein Haus, bis das new beim Bad ußgebawen ist*, mieten. Im Lagerbuch von 1699 ist es aufgeführt. Auf späteren Grundrissen sind außer dem Badmeisterhaus aber immer nur Stallungen eingetragen.[12]

Der Röhrbrunnen

Schickhardt ließ beim Neubau auch einen »Röhrbrunnen« errichten. Dieser diente dazu, das Haus mit Trinkwasser zu versorgen. Schickhardt schrieb, die Ebersbacher Steine, die zum Bau des ersten Brunnenkastens verwendet wurden, seien von Anfang an unbrauchbar gewesen. Sie seien vom Frost zerstört worden. Neue Steine sollten in En-

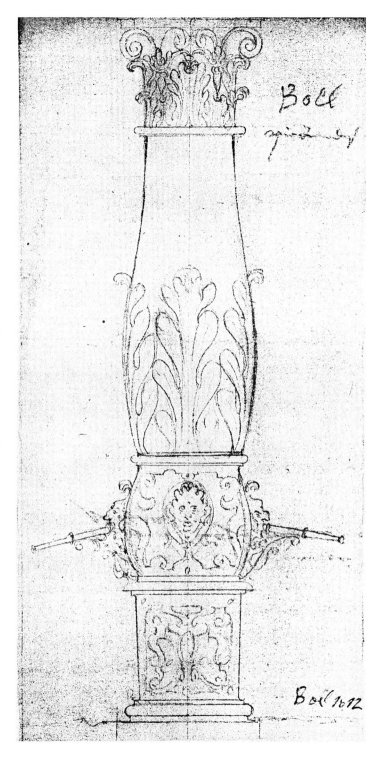

60

singen bei Vaihingen/Enz gebrochen werden. Meister Melchior *Geckheler* von Schorndorf wurde mit dieser Arbeit betraut. Den Entwurf für eine neue Brunnensäule hatte Schickhardt angefertigt. Aus finanziellen Gründen konnte diese Arbeit aber erst drei Jahre später ausgeführt werden. Der Brunnenkasten wurde dann sogar noch etwas größer als im ersten Entwurf ausgeführt: Aus einem 15 mal 15 Schuh (4,28 m) großen Quadrat konstruierte Schickhardt einen achteckigen Brunnen. Daraus ergab sich eine Kantenlänge von je 8 x 6 Schuh (1,71 m). Der Kasten war 5 Schuh (1,43 m) hoch, aber nicht aus den oben genannten harten Ensinger Mühlsteinen gehauen, sondern vermutlich wegen der hohen Transportkosten aus Plattenhardter Mühlsteinen hergestellt. An der Oberkante waren die Steine 10 Zoll (23,8 cm) stark, der Boden aus dem gleichen Material war 7 Zoll (16,6 cm) dick. Die Kosten einschließlich einer neuen Brunnensäule beliefen sich auf 199 Gulden und 6 Kreuzer. Die alte Säule mit dem Bildnis (Wappen?) des Herrschers war wegen der Frostschäden in den Brunnen gefallen und zerbrochen.

41/42/43
Entwurf für das Wunderbad. Brunnensäule, Brunnenrohr, Kasten für den Röhrbrunnen. Zeichnungen von Heinrich Schickhardt. Hauptstaatsarchiv Stuttgart N 220, A 52 und T 160

Das Wasser des Brunnens floß durch vier eiserne Rohre, daher die Bezeichnung »Röhrbrunnen«, in den Brunnenkasten und von dort in den »Lustgarten«. Wie Bauhin schreibt, diente er den Bewohnern sogar als Badegelegenheit. Er berichtet: *Und ist er mit einer solchen Weite umbfangen/ das viel Personen daselbs zugleich mit guter Gelegenheit außbaden können.* Der Standplatz des Brunnens wurde mindestens einmal verändert. Noch um 1633 zeichnete der Stadtbaumeister Joseph Furttenbach aus Ulm, der zu Gast im Bad war, den Brunnen im Bereich vor der Kellertür ein. Das entspricht auch der Darstellung auf dem Kupferstich von 1650. Im Jahre 1821 stand er mehrere Meter weiter nordöstlich, außerhalb der alten Anlage, etwa an demselben Standplatz wie heute.

Bereits 1612 führte Schickhardt an, die hölzernen Teicheln (Wasserrohre, d. Verf.) der Brunnenleitung seien zu ersetzen, was etwa 200 Gulden kosten würde. Von einer neuen Wasserleitung ist aber auch 1615 keine Rede. Das Problem der Wasserversorgung im Wunderbad zu Boll stellte sich von Anfang an. In einem späteren Kapitel soll ausführlicher auf diese Schwierigkeiten eingegangen werden.[13]

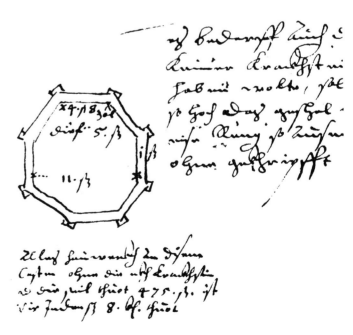

Die Badehütte für die Armen

Im oben erwähnten Brief vom 10. Oktober 1597 schrieb der Herzog an den Keller von Göppingen: *So laßen wir uns fürs ander gefallen, das die jezige Hütte für die Armme, weil sie zu eng, hinweggebrochen, und ein größere an deren statt gebawet werde.*

Das alte Armenbad war vermutlich eines der Häuschen, die die Boller nach der Entdeckung der Quelle gebaut haben sollen. Schickhardt berichtet uns weder von einem alten noch von einem neuen Armenbad. Um 1633 aber bildete es der Ulmer Stadtbaumeister Joseph Furttenbach genau ab. Auch er sprach, wie der Herzog, von der »Badhütten der Armen«. Er stellte sie an die südliche Schmalseite des Badesaales, ganz in die Nähe des Kesselhauses. Ob das ihr genauer Standplatz war, ist unsicher. Zu vermuten ist eher ein Platz ganz am Rand der Anlage nach Süden zu, denn auch 1792 ist dieses Gebäude nicht abgebildet. Die Boller Landtafel von 1602 zeigt zwei Hütten außerhalb der Anlage. Vermutlich riß man diese bald ab und ersetzte sie durch ein größeres Gebäude.[14]

Christof

Die Gesamtanlage mit dem herzoglichen Lustgarten

Der Lustgarten, den Herzog Friedrich I. anlegen ließ, wurde vermutlich von Dr. Bauhin und Schickhardt gemeinsam entworfen. Während das Bad mitten in die freie Natur hinein gebaut wurde, realisierte man im Garten die neue Auffassung von Natur. Sie war nun nicht mehr die wilde, unbezähmbare Natur, sondern die geordnete, barocke Natur, die bestimmten Regeln unterworfen werden konnte. In seinem Badbuch beschreibt Bauhin im ersten Band auf zwei Seiten ausführlich die Anlage des sogenannten Lustgartens:

Und damit solches alles schleunig unnd fleissig ins Werck gerichtet würde/ haben I. F. G. den 15. Octobris dero Bawmeistern Jörg Stegeln zu mir gesandt unnd gnedig befehlen lassen/ das wir mit zuthun des Gärtners zu Göppingen Johann Lutzen/ unnd Johann Jacob Alb von Stutgardt/ einen herrlichen schönen unnd lustigen Garten außstecken und pflantzen solten: zu welcher verrichtung man uns zweyhundert und drey und sechtzig

Personen zugegeben. Darauff haben wir das Werck den 4. Octobris im Namen Gottes angefangen/ und solche anordtnung gethon/ das rings umb das Hauß her ein Platz hundert unnd dreyzehen Schuch breit zum Vohrhoff frey gelassen würde. Darnach einen Graben eylff Schuch breit/ unnd sechs Schuch tieff außgraben lassen/ so umb den gantzen Vorhoff gehet/ unnd den Brunnen des Wunder-Badts auch zugleich mit einschleust. In den vier Ecken/ erstrecken sich vier runde Plätz (in einer jeden ein besonderer) etwas weiter hinauß/ auff sechs und zwentzig Schuch breit/ die mit dem vorgemelten Graben auch von aussen umher eingefasset sein. Darnach sein noch vier Eckichte Plätz darzwischen/ so sich in die lenge erstrecken/ darzu zimlich groß/ und mit demselben Graben/ wie die vorigen/ auch umbfangen. Ist also der Garte so weit und breit in seinen umbkreiß/ alß weit das gantze Hauß unnd der Vorhoff gehet/ nemblich in die 347. Schuch. In den zweyen eussern Ecken des Gartens/ sein zween gleiche unnd runde Plätz/ aber in der mitte darzwischen/ seind sie dreyeckich unnd auch mit einem Graben umbgeben. Der Vorhoff hat drey eingänge oder Thüren/ deren eine in den Garten gehet. In dem einem Theil des Grabens würd ein Bach geleitet/ doch also/ das er auff die Seite nicht komme/ da der WunderBrunn ist/ von welchen ich ihn mit fleiß/ so viel immer möglich abwerdts leiten lassen. Die andere Gräben so umb den Garten sein/ empfahen ihre Wasser anders woher/ so von aussen darein fliessen. Ehe dann der vorgemelte Bach in die Gräben kompt/ sein zween Fischteich oder Weyher/ einer rund/ der ander aber langlicht/ unnd ins Gevierte/ die ich zurüsten lassen/ das man Fische darein setzen und behalten künne. In dem Vorhoff und Garten stehen nacheinander in der ordnung allerley lustige unnd fruchtbare Bäwme/ als Epfel und Birnbewme/ so darein gepflantzt und geimpffet/ auch albereit zimlich groß sein/ die man von Göppingen dahin bracht/ stehet ein jeder von dem Graben eylffthalb Schuch weit/ unter sich selbs aber ist je einer vom andern ein und dreissig schuch abgesondert. Darnach hats im Garten noch eine andere ordnung/ also/ das einer innerhalb und umb den Garten her im Schatten spatzieren könne. Ebenmessig werden auch wol auff den runden als dreyeckichten Plätzen allerley art von

Bewmen gepflanzt/ gesehen. Wie auch nicht weniger ausserhalb den Gräben in drey ordnungen nacheinander allerley gattung Bewme gesetzt stehen/ welche zum theil albereit geimpffet/ etliche noch zu impffen/ andere von ihnen selbs gewachsen sein.

In seiner Beschreibung verläßt Bauhin nun den Garten und beschreibt die weiteren Außenanlagen:
Ferner hats einen Schießrein/ auff beyden Seiten/ der auch mit allerhand lustigen Bewmen umbgeben ist. Aber auff der ebenen Wise an der Strassen/ da man von dem Wunderbrunnen dem Flecken Boll zu gehet/ habe ich gleicher weise zwo Riegen Bewme pflantzen lassen. Und seind derselben/ die ich zu setzen angeordnet und befohlen/ fünffhundert und fünfftzig an der zahl.

Abschließend schreibt Bauhin:
Damit aber diese herliche Garten Gewächs und Gezierde auß farlessigkeit und versaumnus nicht in einen Abgang kämen/ ist ein besonder Gärtner darzu bestellet und angenommen/ ihme auch ein besonder Hauß auffgericht unnd erbawet worden/ Der auff den Garten unnd darin wachsende Gewächs und Bewm gut acht habe/ und ihrer mit gebührendem fleiß außwarte/ auff daß sie denen zu Nutzen kommen und gedeyen mögen/ welche die Heilsame Bad zu ihrer Gesundtheit gebrauchen. In Summa/ unnd das ichs kurtz mache/ so lassen I. F. G. sich nichts dawren/ und sparen keinen Costen/ noch Mühe/ damit diser Wunderbrunn auffs statlichst herauß geputzt/ und mit allerhand lustigen sachen gezieret werde/ so zu der Krancken Gesundheit/ die zu diesem Bade kommen/ dienlich sein mag. Der Allmechtige gütig Gott wölle zu solchem Fürstlichen und löblichem Werck/ und fürhaben/ seine Gnad und Segen miltiglich verleyhen.[15]

Auf der Boller Landtafel von 1602 ist die Bauhinsche Anlage sehr gut zu erkennen. Vermutlich ist sie jedoch nicht realistisch, sondern idealtypisch dargestellt: Wie in einer Festung sind die Gebäude und der Garten von angedeuteten Mauern und einem Wassergraben umgeben. Er ist 3,14 m breit und 1,71 m tief. Wie das Bad, so bildet auch der Garten eine quadratische Fläche von 347 mal 347 Schuh (98,9 m). Es sieht so aus, als seien die Badgebäude mitten in das Quadrat gestellt. Bauhins Angabe, rings um das Haus würden 113 Schuh (32,20 m) freigelassen, bestätigt dies. Nur die Schwefelquelle liegt am Rand, jedoch noch innerhalb des Grabens. So einfach wie heute konnte man damals den Vorhof der Anlage nicht durchqueren. Ankommende mußten, wie bei einer Burg, zuerst einmal halb um die Anlage herum, bis sie den Eingang erreichten. Die dritte Tür des Vorhofes führte nach Norden in den Garten. Deutlich zu sehen ist die Schauachse, welche vom Garten durch das Tor zur Herberge führt. Auch in der Gartenanlage von 1824 blieb diese Schauachse erhalten.

Wie der Garten nun allerdings genau ausgesehen hat, kann nur indirekt erschlossen werden. So findet sich in Bauhins *New Badbuch* im vierten Buch ein Pflanzenverzeichnis mit Angaben darüber, welche Pflanzen in der Boller Umgebung vorkamen. Darunter sind auch etliche aufgezählt, die im Garten beim »Wunderbrunnen« angepflanzt werden sollten oder bereits im folgenden Jahr dort gewachsen sind. Bauhin führt sie in dieser Reihenfolge auf: »Gefült Schwelcken« (Schneeball), Buchsbaum, »Hagdorn« (Weißdorn und andere), rote und weiße Rosen, Kürbis, Melone, »Cucumern« (Gurken), »welsche« Bohnen, weiße, kleine Bohnen, große Bohnen, Lupinen, weiße und rote Erbsen, »Türkisch Korn« (Mohn?), Goldwurz, weiße Berglilie, »Gilgen« (Lilien), Königskrone, Zwiebeln, Blumenkohl, »Federkohl«, »Wirsich«, verschiedene Rettiche, Meerrettich, Silberblume, »Violen« (Veilchen), Gartenkresse, »Cretische« Kresse, »Indianischer Pfeffer« (Kartoffel),[15] Mangold in mehreren Farben, »Herbstrosen« (Stockrosen), Kopfsalat, Endivie, »Sonnenwirbel« (Sonnenblumen?), Ringelblume, »Indianische Negele oder Sammetblumen« (Tagetes), Gänseblümchen, Kamille, »Mutterkraut«, »Cypressenkraut« (Wolfsmilch), Kornblume, Artischocke, »Cardobenedict« (Distelart), »Bisem-Distel« (ähnlich dem Bisamkraut), Salbei, Pfefferminze, Melisse, »Poley« (Heidekraut), »Cretische Wohlgemut«, Majoran, Lavendel, Rosmarin, Basilikum, »Gemein Isop« (Muschelblümchen), »Sterckkraut oder Leibfarben« (Ginsterart?), Wallwurz (Beinwell), Steinbrech, verschiedene »Nägelin« (Nelken), Koriander, Fenchel, Dill, »Garten-Pasteney« (Echter Pastinak), »Zam Angelick« (Engelwurz), »Durchwachs« (Raps?),

»Bürgel oder Grensel Bürtzel« (blüht im August), »Peonten oder Gichtwurzel«, »Petum oder Groß Nicotiana« (Tabak),[16] gefüllter weißer Hahnenfuß.[17] Bauhin suchte vor allem Zierpflanzen für den »Lustgarten« und Heilkräuter für den »Küchengarten«. Die Kartoffel- und die Tabakspflanzen waren damals noch als Zierpflanzen gedacht, immerhin fast zweihundert Jahre vor der allgemeinen Verbreitung in unserem Land.[18]

Zum Teil zumindest scheinen diese Pflanzvorgaben realisiert worden zu sein. Später werden außerdem Johannisäpfel, Rosen, Stachel- und Johannisbeeren, Äpfel-, Birn- und Kirschbäume erwähnt. Um den Garten herum hatte Gärtner Alb einen »Hag« (eine Hecke, d. Verf.) angelegt, der den Garten vor dem Wild und den Hühnern des Wirts schützen sollte, der aber offenbar nicht sehr wirksam war. In einem Brief bat er darum, einen Lattenzaun aufstellen zu dürfen, um den Hag daran festbinden und hochziehen zu können, damit weitere Schäden verhindert werden konnten.

Offensichtlich zog sich die Anlage des Gartens dahin. Aus dem Jahr 1599 ist ein weiterer Brief von Gärtner Alb überliefert, der berichtet, daß der Graben beim »Wunderbad« gemacht und die Gärten angelegt wurden. Außerdem sei ein Gärtnerhaus geplant. Im Jahr 1601 hatte der Herzog zwei Gärtner in seinen Diensten.[19] Aus dem Jahr 1687 berichten die Quellen, daß der Hauptschmuck, eine Sonnenuhr und der Namenszug des Herzogs aus Buchsbaum, herausgehauen sei. Ebenso war die Hecke, die um die Badanlage angepflanzt worden war, zerstört.[20] Im »Lustgarten« standen im Jahr 1699 ein »Gartenhäuslin« und ein »Bachhäuslin« (Backhäuschen). Insgesamt waren 107 Bäume vorhanden: neun Apfelbäume, drei Birnbäume, 49 junge Apfelbäume, die noch keine Früchte trugen, sowie 46 Zwetschgenbäume. Von diesen und den alten Apfelbäumen waren aber offenbar einige am Eingehen. Die Lage des Lustgartens wird folgendermaßen angegeben: *ist dieser Garth zwischen dem Weeg, der an der Badherberg vorbey und da hindurchgehet, zu der ainen seithen, und sonsten zu den übrigen orthen an dem nachgeschriebenen Kuchingärthlen, und deß gemeinen Flecken Boll angräntzender Allmeindt gelegen.* Im Küchengarten standen vier Birnen- und drei Apfelbäume, die aber *zum theil abgehen wollen,* außerdem

zwei wildgewachsene zweijährige Birnbäume. Ein weiterer Garten wurde vom Gärtner »genossen«, also genutzt, und war mit sechs Birnen- und zwei Apfelbäumen bepflanzt. Außerdem stand darin ein »Zuckerbirenbaum«. Um die Badherberge herum war noch ein Garten angelegt, in dem 15 alte und drei junge Apfelbäume, fünf Birnenbäume, die noch nicht trugen, und fünf Zwetschgenbäume wuchsen.

Zu dieser Zeit gab es auch eine »Wette«, einen kleinen Teich, der außerhalb des Bades in Richtung der Gemeinde Boll lag, aber noch zum Badbezirk gehörte. Er diente als Pferdetränke.[21]

Von der bauhinschen Anlage war im Jahre 1704 mit Sicherheit nichts mehr vorhanden. Es wird berichtet, daß die Anlage in einem schlimmen Zustand sei. Die vormals vorhandenen Johannisäpfel, Rosen, Stachel- und Johannisbeeren seien völlig abgegangen. Ebenso wären die Zäune verfault. An ihrer Stelle sollten nun die Seitenwege mit Liguster oder »schwartz Beinholz« (Hundsbeere) eingerahmt werden, der Hauptweg hingegen mit doppelten Hagenbuchenreihen. Die große Hecke um die Anlage war ebenfalls nur noch unvollständig erhalten. An den Wegen in den »Vierteln« sollten *zur Lust* hier und da Rosen, Johannis- und Stachelbeeren als Bäumchen gezogen werden. Zur *Ergötzung* der Badegäste wurde außerdem ein *rechter Spatziergang* außerhalb des Gartens geplant. Dazu sollte eine *gedoppelte Allee* von jungen Linden und Alberbäumen am Wege *gegen den Flecken* angelegt werden. Die Bäume wurden in einem Abstand von 12 Schuh (3,42 m) oder 15 Schuh (4,28 m) gesetzt. Die benötigten Pflanzen hatte der Forstmeister von Kirchheim zur Verfügung zu stellen. Um das Gelände trockenzulegen, wurde von der Badherberge bis zum Ende der geplanten Allee ein Wassergraben gezogen. In diesem Befehl ist mit Sicherheit die Neuanlage der noch heute bestehenden Allee vom Bad zum Blumhardtweg zu sehen. Die Allee begann am Übergang zwischen Badanlage und Garten. Das Badgelände konnte so ohne Umwege erreicht werden. Diese Abweichung vom bauhinschen Konzept legt den Schluß nahe, daß die Anlage nach 100 Jahren nicht mehr dem Zeitgeschmack entsprach.[22]

Im Jahre 1715 erhielt der Badwirt Johann Jacob Seitz, der

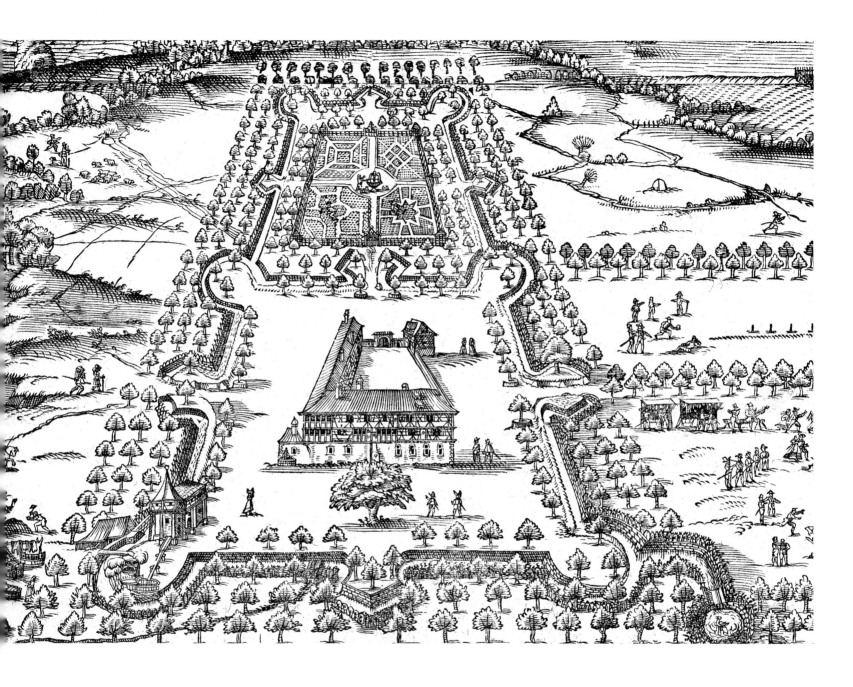

44   *Bad Boll: die Badanlage mit dem herzoglichen Lustgarten 1602.*
Am linken unteren Bildrand wohl das ursprüngliche Armenbad.
»Boller Landtafel« des Philipp Gretter, Holzschnitt, 1602. Detail

den Garten zu versorgen und auch die Nutznießung hatte, in seinem Bestandsbrief den Auftrag, jährlich die »Häger« sowohl um den Küchen-, als auch um den Grasgarten zu schneiden. Auch die Zäune, Bäume und anderen Pflanzungen sowie die »vor ettlich Jahren« mit Hagenbuchen gepflanzte Allee im Lustgarten hatte er zu erhalten. Außerdem hatte er für die auf dem Gemeindewasen neu gepflanzte Allee zu sorgen und sie vor Menschen und Tieren zu schützen. Er mußte die Pfosten und Latten in Ordnung halten bzw. bei Zerstörung auf eigene Kosten ersetzen. Die Bäume hatte er auszuschneiden. Ersatz für abgegangene Bäume oder neue eichene Pfähle konnte er vom Keller in Göppingen erhalten.[23]

Doch scheint der Garten trotz dieser Auflagen immer stärker vernachläßigt worden zu sein, wie in einer Notiz bei Gesner aus dem Jahr 1754 angedeutet wird. Er bemerkt, daß sowohl Haus als auch Garten nicht mehr im besten Zustand wären, die Gäste aber schließlich nicht kommen würden, *um sich gütlich zu thun, und sich zu divertieren,* sondern vor allem um des Badens und ihrer Gesundheit willen in Boll weilen würden.[24] Im Jahre 1822 ist nur noch von einem kleinen »Wurzgarten« gegenüber dem Hof die Sprache. Der schöne Lustgarten war anscheinend nicht mehr zu erkennen bzw. völlig verwildert.[25]
Christof/Rumpel

Die drei Kalköfen im Hühnerlau

Zum Bau der Badgebäude wurde eine große Menge Kalk gebraucht. In damaliger Zeit mußte dieser Kalk nach Möglichkeit am Ort hergestellt werden. Baumeister Heinrich Schickhardt verwendete hierzu eine Methode, die er in Mömpelgard kennengelernt hatte:

Zuerst grub man in die Erde ein Loch, 16 Schuh (4,56 m) weit und 6 Schuh (1,71 m) tief. Außen herum wurde ein riesiger Weidenkorb geflochten und im Abstand von 2½ Schuh (71 cm) ein zweiter, noch größerer. Der Zwischenraum mußte sorgfältig mit Erde ausgefüllt und gestampft werden. In der Grube baute man als Feuerraum ein Gewölbe aus Kalksteinen auf. Dieser zweckentfremdete *Schanzkorb,* wie Schickhardt sagte, wurde bis auf eine Höhe von etwa 13 Schuh (3,70 m) aufgeführt

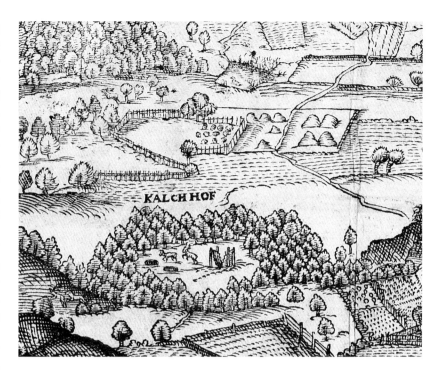

KALCH HOF

und gleichzeitig mit Kalksteinen gefüllt. Nach oben schichtete man den Kalk kegelförmig auf. Dieser Kalkofen zum einmaligen Gebrauch war nun insgesamt etwa 23 Schuh (6,55 m) hoch. Durch eine Feueröffnung, etwa 3 Schuh (85 cm) hoch und weit, füllte man das Brennmaterial nach. Wegen der starken Hitzeentwicklung mußte das Brennholz mit Hilfe einer langen, fahrbaren Vorrichtung eingeschoben werden. Waren die Kalksteine fast bis oben durchgebrannt, wurde der Ofen mit Sand und Erde abgedeckt. Nach drei Tagen und drei Nächten war der Kalk gebrannt. Nach dem Abkühlen konnte der Ofen abgebaut und der Kalk entnommen werden. Die Arbeit mit dem ungelöschten Kalk war sehr gefährlich, die Arbeiter konnten sich leicht verätzen. Der Abbau und der Transport zur Baustelle mußten daher mit größter Sorgfalt geschehen.

An der Baustelle mußte der frisch gebrannte Kalk mit Wasser gelöscht werden, damit man ihn verarbeiten konnte. Das geschah dadurch, daß man die festen Brand-

45   Schickhardtscher Kalkofen auf der »Boller Landtafel« des Philipp Gretter von 1602

kalkstücke vorsichtig in einen Bottich mit Wasser gleiten ließ und den entstehenden Brei umrührte. Mit Sand und weiterem Wasser angesetzt, entstand Kalkmörtel. Kalkmilch zum »Kalken« der Wände stellte man durch Lösen des gebrannten Kalkes in Wasser her.

Schickhardt schreibt nichts über die Verwendung von Holzkohle. Ob er nur mit Holz die erforderliche Temperatur von 900–1200 °C erreichte, ist unsicher. Vermutlich entstand viel Ausschuß durch zu geringe Temperaturen. Was geschieht nun beim Kalkbrennen und Löschen? Aus Calciumcarbonat (Kalkstein) entstehen durch die Hitze Calciumoxid (gebrannter Kalk) und Kohlenstoffdioxid. Das Calciumoxid reagiert heftig mit Wasser. Durch die Wärmeentwicklung der Reaktion entsteht Wasserdampf, der die Brocken zu Calciumhydroxid (gelöschter Kalk, Ätzkalk) zerfallen läßt.

Ein Kalkofen nach dem Mömpelgarder Modell hatte einen Rauminhalt von etwa 70 m³. Mindestens drei Viertel des Volumens mußten mit Kalksteinen gefüllt werden, etwa 52 m³ oder 140 t. Der Rest entfiel auf den Hohlraum für den Brennstoff. Aus 140 t Kalkgestein konnten, vorsichtig geschätzt, 50 t Kalk gewonnen werden. Bei drei Öfen, die sicherlich nacheinander und nach Bedarf errichtet wurden, ergäbe das die stattliche Menge von 150 t Kalk, die zum Bau des Boller Bades hergestellt werden mußten. Nach den Angaben eines Baufachmannes erscheint diese Menge realistisch und sogar sparsam. Ein modernes Mörtelsilo faßt 10–15 t Kalk.

Das Material für das Kalkbrennen ließ Schickhardt auf dem Aichelberg abbauen. Zum einen gab es dort noch die Reste der Burgruine aus Kalksteinen, zum anderen konnte am Aichelberg selbst Kalkstein gebrochen werden. Das benötigte Holz zum Kalkbrennen lieferte der Wald zwischen Aichelberg und Eckwälden. Es lag also nahe, die drei Kalköfen, von denen Bauhin berichtet, auch dort aufzubauen. Es bot sich ein damals noch freier Wiesenplatz an, der am nördlichen Waldrand lag, das »Hühnerlau«. Der Transport des gebrannten Kalkes zur Baustelle war dann nicht mehr schwierig.

Leider ist es nicht möglich, den genauen Standort dieser Kalköfen anzugeben. Das freie Gelände war 1777 bereits aufgeforstet. Die wenigen eventuell erhaltenen Spuren wurden damit vollends verwischt. Wir können aber vermuten, daß der Standort an einem Verbindungsweg im Wald zu suchen wäre. Wegen der gefährlichen Fracht konnten die Transportfahrzeuge keine unsicheren Pfade benutzen. Die Abbildung auf der Boller Landtafel von 1602 bestätigt diese Aussage. Auf einer großen Waldlichtung tummeln sich zwei Hirsche. Neben ihnen sieht man die Überreste eines Kalkofens mit senkrechten Hölzern und waagrechten Weidenruten. Für den laufenden Bedarf wurde ja immer nur ein Ofen errichtet. Außerdem sind mehrere verkohlte Haufen zu sehen, vielleicht die Reste von Holzkohlemeilern. Daneben ist der Name »Kalchhof« angegeben. Der Maler Philipp Gretter hat die Kalköfen also gesehen, und es könnte so gewesen sein, daß er dem Holzschneider in Nürnberg den Namen »Kalchof« wie Kalkofen angegeben hat. Dieser konnte damit aber wahrscheinlich nichts anfangen und machte aus dem Ofen einen abgegangenen Hof. Daß 1560 in jener Gegend tatsächlich ein abgegangener Hof »im

46 *Heinrich Schickhardts Skizze eines Kalkofens nach dem Vorbild von Mömpelgard. Hauptstaatsarchiv Stuttgart N 220 T 43*

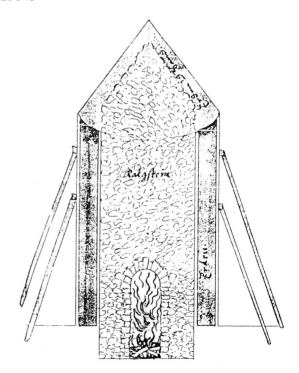

Hönerlauch« verbürgt ist, konnten Gretter oder gar der Nürnberger Holzschneider nicht wissen.[26]

Schickhardts letzte Arbeiten in Boll

Die erste Bauphase zur Errichtung des »Wunderbades« bei Boll begann im Frühjahr 1596 und endete vermutlich im Sommer 1598. Immerhin dauerte es gute zwei Jahre, bis das Badgebäude, die Badherberge und die Scheune fertig waren. Im Jahre 1612 begann dann die lange Reihe der Reparaturen und Verbesserungen. Etwa 1000 Dachziegel mußten ersetzt werden, Fußböden waren beschädigt, der Keller war feucht, darum mußte eine weitere Öffnung gebrochen werden. Wegen fehlender Toiletten im Dachgeschoß wurden die an der Westseite gelegenen Klo-Schächte nach oben verlängert. Damals sollte auch der Brunnen im Hof erneuert werden. Alles zusammen sollte 130 Gulden kosten. Die 65 Gulden für den Hofbrunnen wurden gestrichen; erst 1615 wurde diese Arbeit ausgeführt. In seinem Bericht von 1612 erwähnte Schickhardt die Wirtsstube und die Küche, welche zum Hof und zur Gasse gerichtet waren. Daraus können wir schließen, daß entweder die Scheune zur Badwirts-Behausung umgebaut worden war, oder man hatte dahinter sogar bereits ein neues Gebäude errichtet, wie auf einem Plan von 1792 zu sehen ist.

1621 lieferte Schickhardt einen weiteren ausführlichen Kontrollbericht ab. Die Brunnenkette mußte neu gemacht und dabei verlängert werden. Gleichzeitig war es nötig, verfaultes Gebälk im Brunnenhaus auszutauschen. Im Badesaal war inzwischen eine Säule schadhaft und das Gewölbe rissig. Schickhardt schrieb die Schäden dem Wasserdampf zu. Im Kesselhaus wies das Dach Schäden auf, und der Hofbrunnen war schon wieder sanierungsbedürftig. Viele Fensterläden waren beschädigt. Die zwei »Lusthäusle« im Garten, wohl zwei Pavillons, waren vom Regen angegriffen und der Zaun um den Küchengarten verfault. Die Kosten für diese Schäden beliefen sich auf immerhin 146 Gulden, fast so viel wie die gesamten Gipserarbeiten beim Neubau gekostet hatten.

Im Jahr 1626 wurde auf den »neuen« Pferdestall ein Stockwerk aufgesetzt, um Raum für eine Stube und zwei Kammern zu gewinnen. Diese Maßnahme kostete 393 Gulden und 42 Kreuzer. Wann der Pferdestall errichtet wurde, ist nicht bekannt. Aus der Badherberge hatte man ihn auslagern müssen, um Platz für eine Wirtsstube zu schaffen.

Im Frühjahr 1633 beklagte sich der Badmeister über die vielen Schäden am Bau. Schickhardt hat sie wohl auch besichtigt, wegen der schweren Zeiten, mitten im Dreißigjährigen Krieg, konnte aber nicht renoviert werden. Mit dem Tod Schickhardts am 14. Januar 1634 enden fürs erste unsere Informationen.   *Christof*

1 Pfeilsticker: Newes Württ. Dienerbuch; Heyd: Handschriften, S. 1–6, S. 325–417; Schahl: Heinrich Schickhardt, S. 15–21; Rommel: Heinrich Schickhardt, S. 5–10; Kluckert: Heinrich Schickhardt, S. 9–17.
2 HStAS: N220 A52/53, N220 T-Reihe und A346 Bü 32–41; Bauhin: Ein New Badbuch.
3 WLB Hschr. F 562 Cod. hist., Fol. 192; Heyd: Handschriften, S. 377. Zur Transskription: nur die Groß- und Kleinschreibung wurden heutiger Regel angepaßt.
4 In: Merian: Schwaben 1643, S. 84. Original im GA Boll.
5 Bauakten GA Boll.
6 HStAS N220 A52.
7 Mehring: Badenfahrt, S. 99; Bitz: Die Bäder, S. 186–187; StAGP Boll Wunderbad Inventarium 1629/1633.
8 StAGP Boll Wunderbad Inventarium 1629/1633; HStAS A249 Bü 789 Memorabilia Des Wunderbads halben bey Boll 1602.
9 StAGP Boll Wunderbad Inventarium 1629/1633; Mehring: Badenfahrt, S. 109.
10 StAGP Boll Wunderbad Inventarium 1629/1633.
11 StAGP Inventarium 1649; Mehring: Badenfahrt, S. 111–112, 156.
12 HStAS N220 A52.
13 HStAS N220 A53, N220 T160.
14 HStAS N220 A52/53; StAU H Furttenbach Nr. 6.
15 Bauhin: New Badbuch IV, S. 21 ff und 183.
16 Bauhin: New Badbuch IV, S. 229.
17 Bauhin: New Badbuch IV, S. 148–238.
18 Bauer, Jooß, Schleuning (Hrsg.): Unser Land Baden-Württemberg. Stuttgart 1986, S. 189–190.
19 HStAS A249 Bü 789.
20 Bitz: Badewesen, S. 101–103.
21 HStAS H101 Bd. 491, Lagerbucherneuerung 1699.
22 Bauhin: Ein New Badbuch I, S. 21–23; HStAS A346 Bü 36/11.
23 HStAS A346 Bü 37, Bestandsbrief 1715–1722.
24 Gesner: Historisch=physicalische Beschreibung, S. 16.
25 Dangelmaier: Ueber die Gesundbrunnen, S. 8.
26 HStAS N220 T43, H101 Bd. 799; Bauhin: Ein New Badbuch I, S. 29.

Die Technik im Boller Bad

Eckhard Christof

Das Brunnenhaus

Am Schwefelbrunnen selbst mußte über 400 Jahre hinweg praktisch nichts verändert werden. Bauhin berichtete 1596 von einem »Schneckenstaeg«. Diese Wendeltreppe diente dazu, die 12 Schuh (3,42 m) hohe Brunnenmauer zu überwinden. Auf der Boller Landtafel von 1602, ist bereits ein achteckiges Häuschen über dem Brunnen mit einem Spitzdach abgebildet. Bauhin erwähnt diese Landtafel bereits in seiner lateinischen Erstausgabe von 1598,[1] darum ist zu vermuten, daß der Hofmaler Philipp Gretter diesen Auftrag bald nach Bauhins Aufenthalt in Boll ausführen mußte. Das Häuschen wird von Balken gestützt, die um den Brunnen herum angeordnet sind. Dadurch ruht beim Wasserschöpfen keine Last auf der Brunnenmauer. Direkt angebaut ist ein etwa gleich großes und gleich hohes Häuschen für die Wendeltreppe und das Tretrad. Dieses besitzt aber nur ein einfaches, ziemlich flaches Dach. Damit der Wellbaum des Tretrades in genügendem Abstand über dem Brunnenkopf angeordnet werden konnte, mußte das aufgesetzte Stockwerk mindestens 12 Schuh (3,42 m) hoch sein. Damit hatte das Brunnenhaus ohne Dach eine Höhe von 24 Schuh (6,84 m). Auf diese Weise konnte auch der Höhenunterschied zum Kesselhaus ausgeglichen werden. Diesen technischen Notwendigkeiten entspricht die Darstellung auf der Landtafel aber nicht. Das aufgesetzte Stockwerk ist hier viel zu niedrig gezeichnet. Das Schickhardtsche Schöpfwerk wurde also wahrscheinlich erst nach der Anfertigung der Zeichnung eingebaut. Andere nicht korrekte Details der Darstellung bestätigen, daß der Zeichner Philipp Gretter noch nicht alles fertig gesehen haben

kann. Auf dem großen Kupferstich von 1644/50 sind hingegen zwei gleiche Türme in den richtigen Proportionen abgebildet. Der eine beinhaltet den Brunnen, der andere das Tretrad. Die unpraktische Anordnung über Eck und die Darstellung am falschen Platz sind vom Künstler wegen der besseren Anschaulichkeit vorgenommen worden.

Das Schöpfwerk mit dem Tretrad

Bei den Unterlagen des Baumeisters Heinrich Schickhardt finden wir die Beschreibung über das Schöpfwerk.

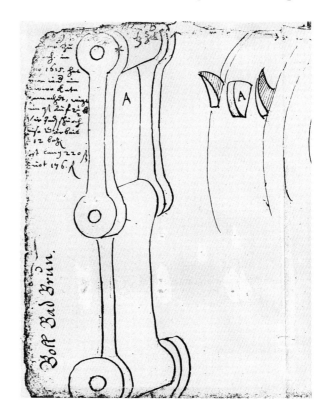

47 *Brunnenkette und Wellrad des Schöpfwerkes. Zeichnung von Heinrich Schickhardt. Hauptstaatsarchiv Stuttgart N 220 T 10*

Leider läßt sich das ursprüngliche Datum des Einbaus nicht mehr feststellen. Sicher ist, daß Schickhardt bereits in den Jahren 1615 und 1633 das Schöpfwerk reparieren mußte. Alle Änderungen notierte er auf der ersten Skizze, so daß die Daten darauf etwas irreführend sind. Durch den Vergleich mit den Angaben des Ulmer Baumeisters Furttenbach lassen sie sich jedoch entwirren.

Das Schwefelwasser wurde mit einem Paternoster-Schöpfwerk aus dem Brunnen gefördert. Zwei flache, aus Eisen geschmiedete Ketten waren in regelmäßigen Abständen mit Eisenstangen verbunden. An jeder zweiten der zunächst acht und später neun Stangen hing ein kupferner Eimer. Die beiden Ketten waren über ein hölzernes Zahnrad mit elf Zähnen gelegt. Zwei Männer liefen in einem Tretrad und drehten damit einen Wellbaum, der wiederum das Zahnrad und damit die Kette bewegte. Die Kettenlänge war zunächst so berechnet, daß wenigstens der unterste Eimer ins Wasser tauchen und sich füllen konnte. Wegen des wechselnden Wasserstandes mußten die beiden Ketten mehrfach verlängert werden. Gut erhaltene Kettenglieder wurden zugerichtet und wiederverwendet. War oben ein Eimer angekommen, hielten die beiden Badknechte das Tretrad an, und das Wasser wurde in eine Rinne geschüttet. Von hier lief es über ein im Boden verlegtes »Teichel«-Rohr hinüber in das Kesselhaus. Da die Wasserrinne im Brunnenhaus etwas höher lag als das Auffangbecken im Kesselhaus, kam das Wasser ohne weiteren Kraftaufwand an.

Im Jahre 1596 stand das Wasser laut Bauhin 43½ Schuh[2] (12,40 m) hoch (12,60 m unter dem damaligen Brunnenkopf). Damit entsprach der Pegel dem heutigen Stand.[3] Der Eimer mußte mindestens 1,20 m über dem Brunnenkopf ausgeleert werden. Bis zum Wasserspiegel waren es also 13,80 m. Sank der Wasserspiegel um mehr als einen halben Meter, konnte mit der Kette von 1596 kein Wasser mehr gefördert werden. Bei Messungen im Jahre 1928[4] stand das Wasser zwar höher, der Pegel schwankte zwischen 13,0 m und 15,50 m, aber zur Zeit Schickhardts sank es offenbar immer wieder erheblich. Darum wurde die Kette wenigstens zweimal verlängert. Die dritte Kette reichte nach der obigen Tabelle 2,30 m weiter hinunter als die erste. Sie funktionierte damit noch sicher bis zu einer Wassertiefe von etwa 9,50 m. Nach Carlé ist der Wasserpegel im Brunnen unabhängig von den Niederschlägen, aber er wechselt je nach Jahreszeit und Wasserentnahme sehr stark. Nach 1972 wurde ein Minimalwasserstand von 8,67 m über der Brunnensohle festgestellt.[5] Selbst die Kette von 1633 wäre nun zu kurz gewesen. In der Geschichte des »Wunderbades« hat es also immer wieder Probleme nicht nur mit der Trinkwasserversorgung gegeben, sondern auch bei der Versorgung mit Schwefelwasser.

Größenangaben für Schöpfwerk und Tretrad

Brunnenkette	Länge	Breite	Dicke	Reichweite	Stangenabstand	Eimerabstand
1596 (?)	110 Schuh (31,35 m)	3 Zoll (71 mm)	ca. ½ Zoll (12 mm)	14,65 m	3½ Schuh (1,0 m)	7 Schuh (2,0 m)
1615	115 Schuh (32,78 m)	3 Zoll (71 mm)	ca. ½ Zoll (12 mm)	15,37 m	5¼ Schuh (1,5 m)	10½ Schuh (3,0 m)
1633	126 Schuh (35,91 m)	3 Zoll (71 mm)	ca. ½ Zoll (12 mm)	16,94 m	5¼ Schuh (1,5 m)	10½ Schuh (3,0 m)

Abstand der beiden Ketten voneinander: 3½ Schuh (1,0 m)
Durchmesser des Zahnrades: 2 Schuh 3½ Zoll (65,3 cm)
Anzahl der Zähne: 11
Gewicht der beiden Ketten: 2½ Pfund pro Schuh = 294,650 kg (1633)

	Durchmesser	Breite	Kräfteverhältnis	Höhe	Volumen
Tretrad	14 Schuh (4,0 m)	4⅔ Schuh (1,30 m)	: 11		
Wellbaum	15 Zoll (35,6 cm)		: 1		
Zahnrad	27½ Zoll (65,3 cm)	8 Zoll (19,0 cm)			
Kette auf Zahnrad	30 Zoll (71,2 cm)		: 2		
Eimer	15 Zoll (35,6 cm)			16 Zoll (38,0 cm)	37,8 l

Gewicht von 9 Eimern (1633) samt Inhalt: ca. 450 kg.

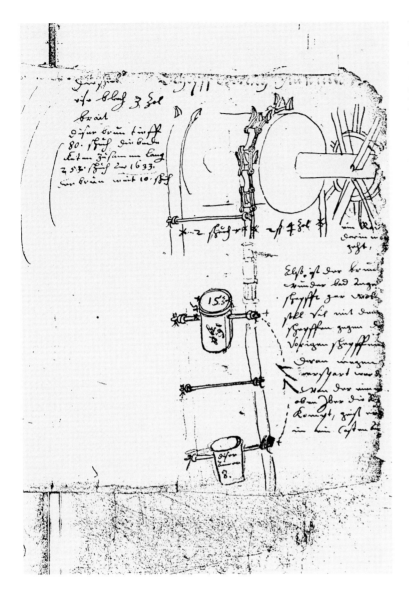

beim Hochziehen der gefüllten Eimer eine Kraft aufwenden mußten, die 136 kg Gewicht entsprach, für jeden 68 kg, also etwa das Gewicht eines Mannes. Kein Wunder, daß Furttenbach vorschlug, das Tretrad um ein Drittel zu vergrößern und auch etwas breiter zu machen, wohl für einen dritten Mann. Damit wäre eine Übersetzung von 7,5 : 1 erreicht worden. Außerdem sollten die Eimer um ein Drittel kleiner und dafür die Anzahl verdoppelt werden. Das Schöpfwerk würde dann »viel behender« gehen.

So genial das Schickhardtsche Schöpfwerk für seine Zeit auch war, so hatte es doch einen entscheidenden Fehler, den Furttenbach gerne beseitigt gesehen hätte. Die Eimer waren alle nur auf der halben Kettenlänge verteilt. So mußte es zwangsläufig regelmäßig vorkommen, daß alle Eimer gleichzeitig voll waren und die Ketten auch voll belasteten. Wurde hingegen der letzte Eimer geleert, dann kam der erste gerade unten an. Eine gleichmäßige Wasserlieferung war somit nicht möglich, vom Badebetrieb vielleicht auch nicht erwünscht. Der Betrieb des Schöpfwerkes erforderte mindestens drei starke Männer. Zwei hatten das Tretrad in Gang zu setzen und wieder anzuhalten, der dritte mußte den schweren Eimer hochheben und ausleeren. Diese Eimer waren aus dickem Kupfer geschmiedet und mit drei eisernen Ringen zur Stabilisierung versehen. Mit Wasser gefüllt wogen sie etwa 50 kg. Vermutlich wurde auch noch eine vierte Person als »Bremser« benötigt, um die zwei Männer im Tretrad nicht zu sehr zu gefährden.[6]

Schickhardt mußte mit dem neuen Schöpfwerk sicher erst Erfahrungen sammeln. Von anderen Orten wissen wir, daß er auf den verschiedensten Gebieten versuchte, Einrichtungen zur Förderung von Wasser zu konstruieren.[7] Auf der Kapfenburg am Nordrand des Härtsfeldes verwendete er für den dortigen Brunnen eine Kette wie in Boll. Wegen der großen Tiefe von 500 Schuh (142,50 m) und weil nur eine Kette verwendet wurde, schreibt Schickhardt in seiner Notiz: ... *hat gleich wol guot gethan, ist aber die Gevar, wan ein Glaich* [Glied] *bricht, das die im Rad in groser Gefar des Lebens sind.*[8]

Wenn alle neun Eimer voll waren, dann betrug das Gesamtgewicht des Schöpfwerks ca. 750 kg. Durch die Größenverhältnisse des Tretrades, des Wellbaumes und des Zahnrades ergibt sich eine Übersetzung der Anlage von 5,5 : 1. Das bedeutet, daß die beiden Badknechte

48 *Boller Badbrunnen: Heinrich Schickhardts Entwurf für ein »Schöpfwerkk ym Wunderbad«. Hauptstaatsarchiv Stuttgart N 220 T 10*

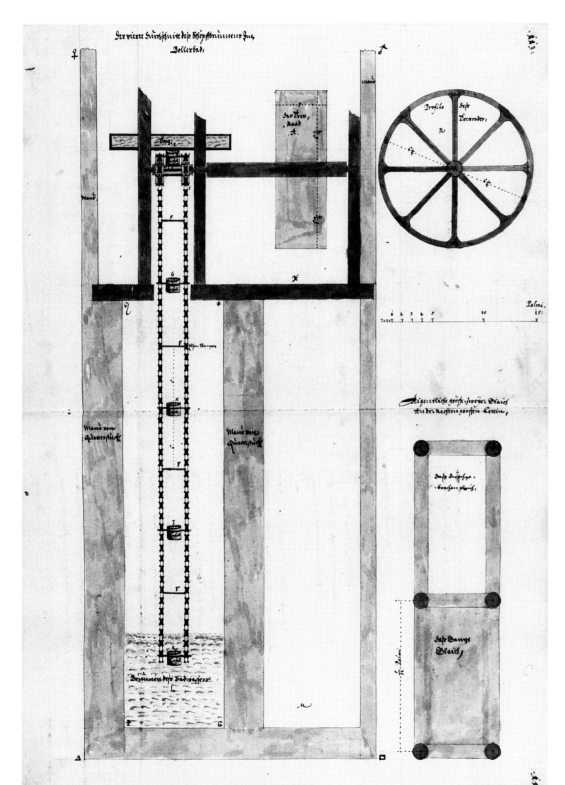

49

*Ansicht des Boller Schöpfwerkes
nach Joseph Furttenbach, um
1632. Stadtarchiv Ulm H Furttenbach Nr. 6*

Das Kesselhaus

Die Temperatur des Schwefelwassers im Brunnen schwankt zwischen 12° und 13° C.[9] Für eine so geringe Tiefe ist das warm, zum Baden ist es aber zu kalt. Das Wasser mußte also erwärmt werden. Dazu diente das heute noch sichtbare Kesselhaus. Es ist der fast quadratische Anbau im Westen mit der zugemauerten Eingangstür, welche die Jahreszahl »1595« trägt. Dieser Anbau war ursprünglich nur eingeschossig, um die Aussicht in der »großen Stube« im ersten Stock nicht zu stören, vom Rauch der Heizkessel einmal abgesehen. Schickhardt beschreibt seine Maße so: *außen zu drei Seiten 75, hoch 20 Schuh, am Bad außen lang bis* [zur] *Seiten 91 Schuh.* Wie wir wissen, war das Badgebäude 120 Schuh lang. Ziehen wir die angegebenen 91 Schuh ab, bleiben 29 Schuh (8,27 m) für die Länge des Kesselhauses. Als Breite ergeben sich dann (75−29) : 2 = 23 Schuh (6,56 m). Mit den heutigen Maßen stimmt dies fast überein. Der Anbau ist heute 8,80 m lang und 6,30 m breit. Es ist anzunehmen, daß Schickhardts Angaben hier nicht sehr genau sind. Auf einem Plan von 1789 stimmen die Maße mit 30 Schuh (8,55 m) Länge und 22 Schuh (6,27 m) Breite besser mit den heutigen überein.[10] Die Höhe des Gebäudes ist ebenfalls falsch angegeben. An anderer Stelle spricht Schickhardt von 16 Schuh, »samt Grund«. Dies würde eine Höhe von etwa 12 Schuh (3,42 m) bedeuten, vorausgesetzt, die Fundamente wurden genauso tief wie beim Badhaus gebaut. Und damit blieb das Kesselhaus 6 Schuh (1,71 m) unter dem ersten Stockwerk. Das aufgesetzte Satteldach, längs des Badhauses ausgerichtet, war 10 Schuh (2,85 m) hoch, und störte somit den Blick aus dem ersten Obergeschoß nicht.[11]

Die Tür mit der Jahreszahl »1595« war, wie heute noch zu sehen ist, ganz links angebracht. Sie diente als Zugang in die Badestube. Innen befand sich eine zweite Tür. Neben dieser »Schleuse« waren die beiden Kessel untergebracht. Zwei Ofentüren neben der Eingangstür dienten zum Beheizen der beiden Kessel von außen.[12]

Beim Umbau des Kesselhauses im Jahre 1824 wurde die Tür zugemauert, der Eingang um die Ecke verlegt, und die beiden verkleinerten Kessel konnten jetzt von einem kleinen Vorraum aus beheizt werden.[13]

Die Heiztechnik

Durch den Bericht von Furttenbach wissen wir, daß Schickhardt zwei Heizkessel zum Erwärmen des Schwefelwassers bauen ließ. Ihr genaues Aussehen kennen wir aber nicht. Schickhardt hat mehrere Entwürfe hinterlassen, die aber nicht ausdrücklich für Boll gemacht wurden. Wegen der engen Platzverhältnisse im Kesselhaus sind zwei etwa quadratisch gemauerte Öfen mit runden Kupferkesseln am wahrscheinlichsten. Vom Ofenmauern im Kesselhaus spricht Schickhardt in seinen Anweisungen an die Maurer, die weiter oben erläutert wurden. Eine Abbildung zeigt einen Entwurf zum Holzsparen aus dem Jahre 1633.[14] So könnten auch die Boller Kessel ausgesehen haben. Sie wurden von außen mit Holz beheizt. Das heiße Wasser wurde dann durch das Aufdrehen eines Wasserhahns, den Schickhardt selbst konstruiert hatte, in einen Eimer gefüllt. Über eine »Stiege« brachte der Badknecht das erhitzte Wasser in den Badesaal.

Auch im Bereich der Heiztechnik mußte Schickhardt viele Probleme durch Experimente lösen. Aus dem Jahre 1634 ist eine Abhandlung überliefert mit dem Titel: *In Hailsamen Bädern das Wasser mit Dorfferden, Steinkohlen oder wenig Holtz zu wermen.* Bereits 1627 hatte der Herzog angeordnet, überall im Land Brennholz zu sparen. Schickhardt hatte vom Schopflocher Torfmoor gehört. Er ließ vier Männer an einem Tag über eintausend Torfstücke abstechen und nahm einen Teil davon mit, und hat ... *die wol ertruckhnen lassen und mit allem Fleiß probiert.* Am Ende seines Experiments ließ er eine Wagenladung nach Boll führen, damit der Badmeister den Torf dort verfeuern ließe, wohl wissend, daß die Öfen nur für Brennholz gebaut waren. Die Badegäste waren über den üblen Geruch so empört, daß, *wan man mit solcher Dorfferden das Wasser wermen woll, so begehr ihrer keiner mehr da zu baden, und ehr würt wol auch nit mehr da bleiben.* Schickhardt äußerte sich zwar sehr enttäuscht, aber für Boll war dieses Experiment erledigt.[15]

Daß er auch schon vorher wirtschaftlich dachte, beweist die Tatsache, daß er zwei Kessel plante. Das Erhitzen des Wassers konnte so leichter dem Bedarf angepaßt werden. Und wenn ein Ofen ausfiel, lieferte wenigstens der andere

73

heißes Wasser. Der eine Kessel hatte nach Furttenbach einen Durchmesser von etwa 2,0 m, der andere maß etwa 1,56 m. Der gemauerte Ofen mit den beiden Kesseln war ungefähr 4,80 m lang und 2,80 m breit. Die genaue Höhe ist nicht mehr zu ermitteln. Sie dürfte aber etwa der Breite von 2,80 m entsprechen. Der Warmwasserhahn befand sich demnach in einer Höhe von ca. 1,40 m, denn der Brennraum nahm sicher die halbe Höhe ein. Erst darüber befand sich der Boden des Kessels. Aus dieser Tatsache läßt sich auch die Notwendigkeit einer »Stiege« (Treppe) für die Badknechte erklären, die heißes Wasser holen mußten.

Die Versorgung mit Schwefelwasser

Über eine hölzerne Rohrleitung (»Teichel«) wurde das Schwefelwasser zum Kesselhaus geleitet. Gespeist wurde sie von der Wasserrinne im Brunnenhaus, und sie endete in einem hölzernen Wassertrog an der südlichen Kesselhausseite. Damit das Wasser von alleine in den Trog floß, war die Wasserrinne beim Schöpfwerk etwas höher als der Trog angelegt worden. Das Teichelrohr beim Brunnen wurde senkrecht nach unten geführt, verlief dann waagrecht im oder auf dem Boden und beim Kesselhaus wieder senkrecht nach oben zum Trog. Vom Trog führte eine Leitung zu den beiden Kesseln. Von dieser Leitung gab es eine Abzweigung zu einem Wasserhahn, mit dem die Kaltwasserversorgung geregelt wurde. Ein Badknecht hatte die Aufgabe, stets drei »Standen«[16], offene Bottiche, mit frischem Schwefelwasser gefüllt zu halten. So war gesichert, daß die Badegäste, die oft mehrere Stunden im Wasser zubrachten, immer heißes und kaltes Wasser nachgefüllt bekommen konnten, je nach gewünschter Temperatur.

Die Trinkwasserversorgung

Ein besonderes Problem für den Betrieb des Boller »Wunderbades« war zu allen Zeiten die Versorgung mit Trinkwasser. Schickhardt ließ eine hölzerne Teichelleitung zum oberen Badwasen legen, um das dortige Quellwasser abzuleiten. Den vermutlichen Verlauf dieser Leitung

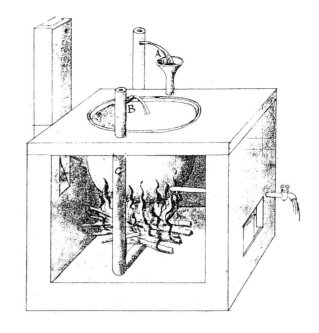

können wir einem Plan von etwa 1828 entnehmen.[17] Er zeigt eine Leitung mit »hölzernen und irdenen Teicheln«. 1832 plante Ernst Bihl aus Waiblingen eine neue Leitung. Der Beginn der »alten Teuchellage« am oberen Badwasen entspricht der, die wir als Schickhardtleitung bezeichnen möchten. Dort befanden sich noch zwei Quellen, die Bihl in die neue Leitung einbeziehen wollte. Heute finden wir an dieser Stelle ein kleines, stillgelegtes Reservoir aus der Anfangszeit der modernen Wasserversorgung von 1908, 200 m östlich des Schützenhauses. Der Trimm-Dich-Pfad führt daran vorbei. Früher lief von hier das Rohr zum heutigen Spielplatz am Badwäldle, wo zwei weitere Quellen ihr Wasser lieferten. Danach folgte es dem kleinen Bach bis zu den Wohnhäusern am Pappelweg, überquerte ihn, führte geradlinig zur Allee und an dieser entlang bis in die Mitte der Badanlage zum Röhrbrunnen. Im Jahre 1792 existierte dieser Röhrbrunnen noch.[18] Er war nur weiter nach Osten verlegt worden. Kurz nach 1792 wurde die Leitung vom Ende der Badallee hinter dem Haus vorbeigeführt und der Trinkwasserbrunnen in die Nähe des Schwefelbrunnens verlegt. Diesen

50   Heinrich Schickhardts Entwurf für einen Heizkessel zum Badewasser. Hauptstaatsarchiv Stuttgart N 220 T 16

zweiten Brunnenstandplatz markiert heute das »Gänsemännchen«, das früher vor dem Kurhaus stand.

Das Schwitzbad

Das »Schwitzbad« mit einem »Vorgemach« erwähnt
Schickhardt nur und deutet es in einem Querschnitt an.
Es befand sich über dem Kellerabgang in der Badherberge
(siehe Kapitel »Das gemauerte Erdgeschoß« und »Maße
im Erdgeschoß«) und war über eine kleine Treppe zu erreichen. Mit seinem kleinen Rauminhalt kann es seinen
Zweck nicht lange erfüllt haben. Bereits im Jahre 1629
wohnten hier Armenbädler.[19]

Joseph Furttenbachs Bericht um 1633

Der Ulmer Stadtbaumeister Joseph Furttenbach wurde
am 30. Dezember 1591 in Leutkirch geboren und starb
am 17. Januar 1667 in Ulm. Furttenbach war »der Schickhardt« der freien Reichsstadt Ulm. Wie dieser widmete
er sich bereits in jungen Jahren seinem Steckenpferd, der
Technik und Architektur, obwohl er eigentlich den Beruf
des Kaufmanns gelernt hatte. Viele Erfahrungen sammelte er während eines etwa fünfzehnjährigen Italien-
aufenthaltes. In dieser Zeit lernte er auch den berühmten Galilei kennen, von dem er verschiedene Anregungen übernehmen konnte. Im Jahre 1620 kehrte er aus Italien zurück und wurde bald zur Verwaltung eines großen
Handelshauses nach Ulm berufen. Dort erlangte er 1623
das Bürgerrecht und heiratete Anna Katharina Strauß,
die Tochter eines angesehenen Ratsherrn und Handels-
mannes. Noch ehe er selbst Ratsmitglied geworden war,
wurde er bereits 1631 zum zweiten Deputierten des Bau-
amtes berufen. 1636 erhielt Furttenbach dann einen Sitz
im Rat der Stadt. Nun war er an erster Stelle für das Bau-
amt und zusätzlich für das Holzamt verantwortlich. Er
betrieb zwar weiterhin sein Handelsgeschäft, dennoch
widmete er sich auch den großen Anforderungen, die die
Stadt Ulm an seine Fähigkeiten als Architekt und Ingenieur stellte. Die meisten Pläne für seine Aufgabe als
Stadtbaumeister entwarf er selbst. Während des Dreißig-

jährigen Krieges konnte Furttenbach viel zur Befestigung
und Verteidigung seiner Stadt beitragen. Sein Ruf als
Architekt und Ingenieur war so groß, daß viele Leute
seine Kunst- und Rüstkammer mit ihren Modellen,
Apparaturen, Instrumenten, Gemälden und Kupfersti-
chen, sowie Waffen und Geschützen sehen wollten.
Viele wollten auch von ihm unterrichtet werden. Sogar
Merian beschreibt das Haus Furttenbachs mit seiner
besonderen Ausstattung und er bildet es in seiner »Topographia Sueviae« auf einer ganzen Seite ab. Ein prächti-
ges vierstöckiges Haus ist da zu sehen. Eine weitere
große Abbildung zeigt eine Wassergrotte im Garten.[20]
Wegen der Zerstörungen der Ulmer Altstadt im Zweiten
Weltkrieg gibt es von diesem Haus keine Spuren mehr.
Sein ganzes Wissen und alles, was er zusammentragen
konnte, schrieb Furttenbach, noch viel gewissenhafter
als Schickhardt, in seinen Büchern und Chroniken
nieder.[21]

Dieser gelehrte Autodidakt besuchte etwa um das Jahr
1633 das Boller »Wunderbad«, um sich nach Jahren des
Arbeitens und Reisens, sowie wegen »erlittener Anstrengungen im Krieg« zu erholen. Hier gefiel es ihm so gut,
daß er das »Wunderbad« als Vorbild für die Badeanlage
einer idealen Stadt nahm.[22] Ebenso gestaltete er Garten-
entwürfe nach dem Muster der Boller Landtafel.[23] Seine
originalen Aufzeichnungen über das Boller Bad können
wir einer Handschrift des Ulmer Stadtarchivs mit dem
Titel »Architectura Universale«[24] entnehmen. Hier ist
alles verzeichnet, was ihm in den Jahren 1633 und 1634
berichtenswert erschien.

Furttenbach beschreibt, wie sehr er durch die *Baden-Chur
Recreation* (Erholung, Erfrischung, d. Verf.) erfahren habe.
*Sonderlich aber das so kunstreich unnd bestendig
Geschöpfwerckh, deßjenigen Wassers, so zu dem Baden
gebraucht wirt, neben der wol erbaunen Badhütten,
worinnen die Züber stehn, diese beede Ding, sag ich,
seind untadelich unnd sehr wol inventiert* [erfunden]
und gebauen. Er ist sehr beeindruckt vom Schickhardtschen Werk. Beim Badgebäude und der Herberge insgesamt würde er aber einiges anders machen. Die Abbildung seines idealisierten Grundrisses zeigt daher nicht
den Schickhardtschen Bau, sondern er stellt ihn so dar,
wie er ihn verbessern würde.

Furttenbach kritisiert, daß Schickhardt die lange Seite des Badhauses dem Wetter aussetzt. Statt nach Westen stellt er sie nach Norden. Schon 1633 gab es wohl auch Beschwerden wegen der Feuchtigkeit in den Zimmern bei Regenwetter. Schickhardt war dies bekannt (siehe Kapitel »Schickhardts letzte Arbeiten in Boll«). Die *Badmeister-Behausung* und die Stallungen liegen bei Furttenbach nach Süden statt nach Osten. Ein weiterer Kritikpunkt ist die zu schmale Treppe. Er würde eine großzügige Doppeltreppe bauen, damit man kranke Menschen auch hinauftragen könne, was jetzt unmöglich sei. Diese Treppe wurde tatsächlich fast so gebaut, jedoch erst 1789, und es gibt sie noch heute.[25] Furttenbach kritisiert weiter, daß die von Schickhardt »heimlich Gemach« oder »Cloac« genannten »Secreti« zumeist in den Zimmern eingebaut und damit vom Gang, auf dem man spazieren könne, abgeschnitten seien. Seine »Secreti« sind »Vierer-Klosetts«, ein Doppelklo vom Gang aus und zwei einzelne von zwei Nachbarzimmern aus zu benützen. Doch auch dieses Problem konnte erst später gelöst werden. Ein letzter Kritikpunkt Furttenbachs sei noch erwähnt: Eine herzogliche Wohnung in einem Bad kommt für ihn nicht in Frage. Er richtet in den beiden Geschossen der Herberge zwei Tafelstuben ein. Die große Stube im ersten Stock und die große Löwenstube im zweiten Stock löst er auf und schafft dadurch weitere Gästezimmer.

Die Darstellungen Furttenbachs dürfen auf keinen Fall als Tatsachen angesehen werden. In allem, was er aufzeigt, ist seine Idealvorstellung enthalten. Dennoch haben wir hier eine Quelle von unschätzbarem Wert vor uns. Die Angaben über das Schöpfwerk und die »Badhütten« (Badstube) können als zuverlässig angesehen werden. Hier hat Furttenbach fast nichts hinzuzufügen. Er nennt sogar die Größe der ovalen Badezuber. Sie waren umgerechnet 1,47 m lang und 0,78 m breit. Ihre Höhe gibt er nicht an. Ein sitzender Mensch mußte eben bis zum Hals hineinpassen. Laut Furttenbach könnten 150 solcher Zuber in die Badestube hineinpassen. An der Nordseite der »Badhütte« sind das »Herrenstüblin« und das »Frauenstüblin« für vornehme Standespersonen abgetrennt. In jedem dieser Abteile stehen neun Badezuber. An einer Säule vor den abgetrennten Abteilen befindet sich die Kanzel, auf der der Boller Pfarrer jeden zweiten Sonntag predigt. Und Furttenbach hat auch nicht die außerhalb des Badgebäudes stehende »Badhütten« für die zwölf Armenbädler vergessen.

1 Bauhinus, Johannes: Historia Novi et Admirabilis Fontis Balneique Bollensis. Mömpelgard 1598. Bd. I, S. 13.
2 Bauhin: New Badbuch I, S. 20.
3 Unterwasser-Fernsehuntersuchung der Firma Aquaplus, 96317 Kronach (1992).
4 Carlé: Geologie und Hydrogeologie, S. 135.
5 Carlé: a.a.O., S. 135–137.
6 HStAS N220, T10; StAU H Furttenbach Nr. 6. S. 98–116.
7 Hagel, Jürgen: Mensch und Wasser in der Geschichte. Dokumente zu Umwelt, Technik und Alltag vom 16. bis zum 19. Jahrhundert. Ausstellungskatalog des Hauptstaatsarchivs Stuttgart 1989, S. 1–156.
8 HStAS N220 T166.
9 Carlé: a.a.O., S. 140.
10 HStAS A346L Bü 51 Nr. 12.
11 HStAS N220 A52.
12 StAU H Furttenbach Nr. 6, S.101/102.
13 StAL E234II Bü 1499.
14 HStAS N220 T16.
15 HStAS N220 T255.
16 StAU H Furttenbach Nr. 6, S. 100.
17 StAL E234II Bü 1499.
18 HStAS A346L Bü 51 Karte Nr. 10.
19 StAGP Boll Wunderbad Inventarium 1629/1633.
20 Merian: Schwaben, S. 202–203 und 2 Kupferstiche zwischen S. 208 und 209.
21 Berthold: Joseph Furttenbach, S. 119–140.
22 Bitz: Badwesen, S. 100; Furttenbach, Joseph Samuel: Architectura Universalis. Ulm 1635, S. 57–61 und Kupfer 22, 23.
23 Bitz: Badwesen, S. 100; Furttenbach, Joseph Samuel: Architectura Recreationis. Ulm 1640, S. 6–16 und Kupfer 6, 7.
24 StAU H Furttenbach Nr. 6, S. 98–116.
25 HStAS A346L Bü 51 Nr. 12 (1789); StAL E234II Bü 1499 (1824).

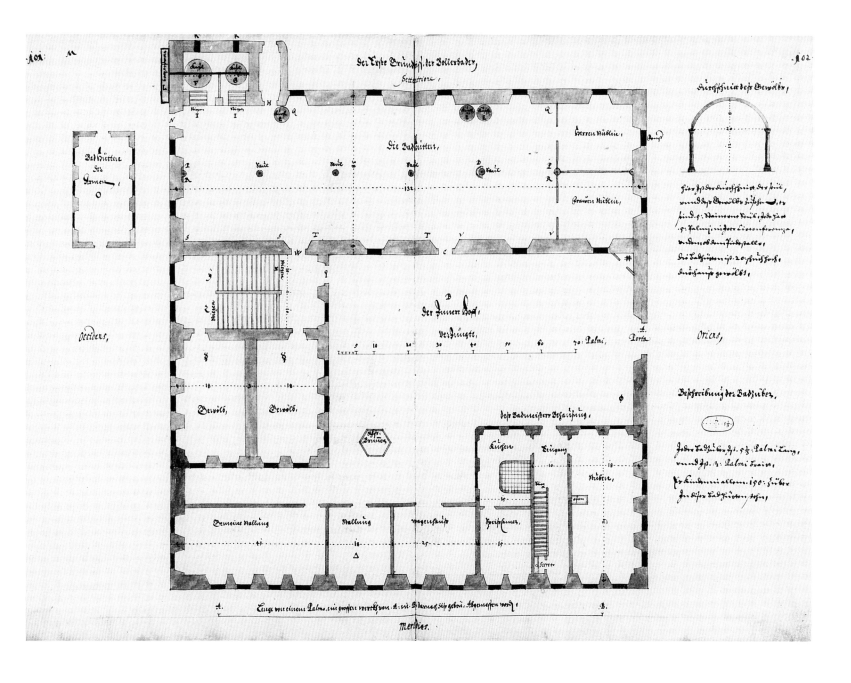

51   *Idealisierte Ansicht des Boller Bades nach Joseph Furttenbach um 1632. Stadtarchiv Ulm H Furttenbach Nr. 6*

Der Einfluß der Obrigkeit

Sabine Rumpel

Mineralquellen in herrschaftlicher Verwaltung

Mineralquellen wurden als zur Grundherrlichkeit zugehörig betrachtet, und die Nutzung der Heilquellen fiel unter das Bergbauregal, weshalb die Rentkammer als Verwaltungsbehörde für die Bäder im Herzogtum Württemberg zuständig war. Sie stellte die Badwirte ein, erließ Ordnungen bezüglich des Zusammenlebens im Bad und legte die Tarife für die Verpflegung, die Zimmer oder das Badgeld fest, deren Einhaltung auch immer wieder kontrolliert wurden. Alle Ordnungen zielten letztlich darauf ab, Streit und gewaltsame Auseinandersetzungen im Bad zu vermeiden.[1]

Ein wichtiger Bestandteil der Badordnung war der *sichere und steife Burgfriede*, eine Regelung, die den Badbezirk einem besonderen Recht unterwarf. Rein äußerlich sollte der besondere Rechtsbezirk durch einen Graben gekennzeichnet werden, der das gesamte Anwesen mit Park, Gebäuden, Brunnenstube und Gartenanlage umfaßte. Bauhin ließ ihn rings um das Gebäude, den Brunnen und den Vorhof auf einer Breite von 3,14 Metern und einer Tiefe von 1,71 Metern ausheben. Ob der Graben aber tatsächlich um das ganze Anwesen ging, muß in Frage gestellt werden, denn auf zwei Stichen aus den Jahren 1643 und 1650 ist solches nicht erkennbar. Auf Gretters Landtafel von 1602 ist er dagegen entsprechend der Bauhinschen Beschreibung im *New Badbuch* vorhanden. Der Raum zwischen Graben, Gebäuden und Anlagen war danach mit Bäumen besetzt. Über den Graben führten Brücken, dort war das Wort *Burgfrieden* auf Blechtafeln angeschlagen. Der Burgfriede war für den Bezirk, in dem dieser galt, eine besondere Rechtsbestimmung: das vom Herzog verordnete Gebot der Ruhe, der Ordnung und der Sicherheit in diesem bestimmten Bereich. Aus der im Bad herrschenden Rechtssicherheit

resultierten bestimmte Verpflichtungen für die Besucher und Besucherinnen: Niemand sollte hier Unfrieden stiften, anderen übel nachreden, Streit suchen oder andere tätlich angreifen. Der Begriff »Burgfriede« taucht in manchen Badordnungen aus dieser Zeit auf, so auch in der für das Sauerbrunnenbad in Göppingen.[2]

Der ausführende Beamte der Rentkammer war der Keller, der Einnahmen und Ausgaben verrechnete und auch für die herrschaftlichen Gebäude verantwortlich war. Er rechnete z.B. mit dem Badewirt die Bad-, Zuber- und Zimmergebühren sowie das Umgeld aus der Wirtschaft ab. Die polizeilichen und richterlichen Maßnahmen führte der Vogt aus; er oder der Untervogt mußten den ankommenden Badgästen die Badordnung vorlesen und diese aushängen. Natürlich hatten sie auch darauf zu achten, daß Gebote eingehalten und die Badgäste ordentlich behandelt wurden. Weiter erstellten sie die »Taxzettel«, auf denen die Tarife für Essen und Trinken, Übernachtung, Bade- oder Stallgebühren verzeichnet waren, und überwachten deren Einhaltung. In der Regel waren diese Aufgaben an die Göppinger, anfangs allerdings auch einmal an die Kirchheimer Beamten vergeben. Gemeinsame Aufgaben von Keller und Vogt waren das Anschlagen der Taxordnung und ihre Aushändigung an den Badmeister und Wirt. Solange das Bad der direkten Verwaltung des Herzogs unterstellt und das Personal mit Ausnahme des Wirts mit Besoldung angestellt war, übergaben sie den Bademägden und Badknechten den »Staat«, die schriftlich fixierten Rechte und Pflichten. Zweimal im Jahr kamen die Ober- und Untervögte und der Keller, ab Ende des 17. Jahrhunderts auch der Amtsarzt, zur Inspektion ins Bad. Im Herbst wurde der Stand der Dinge überprüft, im Frühjahr, also noch vor Beginn der Badesaison, wurden die »Vergelübdungen« der Bediensteten vorgenommen.

Bad Ordnung /

Von Gottes Gnaden / Unser Friderichen Hertzogen zu Württemberg vnd

Teck / Graffen zu Mömpelgart / Herrn zu Heydenheim / rc. Wie
es in vnserm Newen / bey Boll erfundenen vnd angerichten Wunderbad / der ankommenden Badgäst halben / vnd sonsten
gehalten werden soll.

Nach dem Wir durch sondere Schickung vnnd
gnedigen Segen deß Allmechtigen Gottes an obgesetztem Ort /
ein heilsam / vnnd wie es die Erfahrung biß daher bezeuget / zu
Abwendung vnnd nützlicher Chur / vielerley beschwerlichen
Kranckheiten vnnd Leibsgebrechen / sonders dienlich Brunnen Waßer befunden / Haben wir auß Erinnerung Göttlichen Worts / vnnd dannenher
vns obligender Christlicher Sorgfeltigkeit / menniglichem hohen vnd nidern
Standts / darunder auch sonderlich Vnsern Angehörigen vnd Vnterthan-
nen zu gutem / solche Gab vnd Gnad deß Allmechtigen / nicht auß der Achtung laßen wollen / Sondern diß heilsam Brunnenwaßer / nicht allein mit
merklichem Vnkosten / der Notturfft nach / zu nützlichem Gebrauch / wol
einfaßen / Sondern auch ein ansehenlich groß Gebäw / darinnen die Badgäst / ihr Bewohnung vndTractation neben dem Baden / sampt anderer
Notturfft vnd guter Gelegenheit haben mögen / zurichten vnd erbawen laß-
sen / darauff auch vns nachfolgender Ordnung (die wir in allweg von allen
vnd jeden ankommenden Badgästen / vnd Sonsten gehalten haben wollen)
entschloßen.

I. Erstlich aber vnd zu forderst / damit die Arme gar vnvermögliche brest-
haffte Leut / dieser deß Allmechtigen Gottes verlihener Gnad vnnd heilsamen Badens Chur auch genießen mögen / So haben wir Verordnung gethan / ist auch hiemit Vnser ernstlicher Will vnnd Meynung / das alle vnd jede

):( ):(

Zwischen Keller und Vogt traten immer wieder Differenzen bezüglich ihrer Kompetenzen auf, unter anderem was die Gerichtsbarkeit anging, die ja eigentlich dem Vogt zustand, vom Keller bzw. der Rentkammer jedoch immer wieder in Anspruch genommen wurde. Nach langen Auseinandersetzungen mußte sich der Keller dann aber auf seine Verwaltungs- und Rechnungstätigkeit beschränken.[3]

Die Verwaltung der Bäder und Heilbrunnen war im allgemeinen liberal. Sie wurden als eine Gabe Gottes betrachtet, die allen Menschen zugänglich gemacht und in gutem Zustand erhalten werden mußten. So verpflich-

52 *Badeordnung von 1599 für das Boller »Wunderbad«, Titelblatt, aus: Bauhin, Johann: New Badbuch, 1. Buch, Stuttgart 1602*

tete sich Herzog Friedrich I. gleich im ersten Absatz der Badordnung dazu, für *Arme gar onvermögliche bresthafte Leut* eine Stiftung ins Leben zu rufen, damit sie *des Allmechtigen Gottes verlihener Gnad unnd heilsamen Badens Chur auch geniessen mögen*. Zwölf arme Kranke durften jährlich das Bad, Unterkunft und Verpflegung auf seine Kosten in Anspruch nehmen. Derartige Stiftungen sind auch aus anderen Bädern überliefert und wenn die Ausgaben, die für die Instandhaltung der Bäder jährlich gemacht werden mußten, mit den Einnahmen daraus verglichen werden, wird deutlich, daß derartige Regelungen nur aus der *frommen Verpflichtung als guter Christenmensch* kommen konnten.[4] Die Einnahmen aus dem Bad in Boll lagen für die Jahre zwischen 1742 und 1762 zwischen 150 und 200 Gulden, die Ausgaben dagegen beliefen sich auf 400 bis 600 Gulden, so daß zusammengerechnet im Zeitraum dieser zwanzig Jahre der Mehrbedarf bei ungefähr 6000 Gulden lag.[5]

Badordnungen

Wie in anderen Lebensbereichen auch, wurde das Leben im Bad durch eine Ordnung bis ins kleinste geregelt. Vermutlich im Jahr 1596 hatte sich Herzog Friedrich I. von Württemberg Auszüge aus den Badordnungen verschiedener bestehender Bäder, aus Wildbad, Baden-Baden, Göppingen und Jebenhausen, zusammenstellen lassen. Diese dienten als Grundlage für den Entwurf einer Ordnung für das Boller Bad, der im Jahre 1596 oder 1597 angefertigt und vom Herzog mit Bemerkungen, Streichungen und Änderungen versehen wurde. Zwei Jahre später wurde die endgültige Badordnung erlassen, die umfangreicher als der Entwurf ausfiel und auch den Anfang des *New Badbuch* von Bauhin bildete. Ihr Wortlaut änderte sich bis 1629 nicht.[6]

Der herzoglichen Badordnung wurde vorangestellt, daß allein Gottes Gnade und Segen die Quelle hervorgebracht hatte und es in der Verpflichtung des Herzogs als gutem Christen läge, diese seinen Untertanen zugänglich zu machen. Zwar zeugen die Erschließung der Quelle und die Erbauung des Boller Bades in einer zuvor nicht besiedelten Gegend von einer neuen Einstellung, die sich die Natur untertan machte, gleichzeitig jedoch war der Herzog noch tief in ein christlich-religiös geprägtes Umfeld eingebunden, was in diesem Passus der Badordnung deutlich zum Ausdruck kommt. Mit der erlassenen Ordnung wollte man sich auch klar von den Gepflogenheiten in den Badstuben der Dörfer und Städte absetzen. Es wurden unter anderem die Aufsteh- und Zubettgehzeiten festgelegt, Vorschriften für wohlgefälliges Verhalten und gesellschaftliche Kontakte aufgestellt, Anwendungen ebenso wie Gebet und Andacht festgelegt, die Reservierungen der Kurgäste geregelt oder Vorschriften für das Badepersonal und die Badinspektoren erlassen. Die Badordnung enthielt auch Strafbestimmungen für die Nichteinhaltung. Der Burgfrieden, als besonderer Schutz der Sitten, war bis ins 17. Jahrhundert hinein auch in ganz kleinen Bädern üblich.

Über die Vorschriften zur Kur, den Umgang mit dem Wasser und zum Personal wird noch gesondert berichtet werden. Werfen wir hier einen Blick auf die Regelung des Tagesablaufs, der im Bad vorgegeben war: Mit dem Läuten der Morgenglocke im Sommer um fünf, im Frühling und im Herbst um sieben Uhr, wurde geweckt, danach war das Gebet zu verrichten. Die Abendglocke läutete um zwanzig Uhr, anschließend war Ruhe geboten.

Alle vierzehn Tage, sonntags nach der Mittagszeit zwischen zwölf und dreizehn Uhr, predigte der Boller Pfarrer eine halbe Stunde lang. Er sollte dabei besonders die Belange der kranken Badegäste berücksichtigen. Für seinen zusätzlichen Dienst bekam er eine Besoldungszulage. In der Predigtzeit herrschte Anwesenheitspflicht für alle Badegäste. Da es in Altwürttemberg grundsätzlich Pflicht war, am sonntäglichen Gottesdienst teilzunehmen, konnte auch während der Kur nicht darauf verzichtet werden. Wollten die katholischen Gäste einem Gottesdienst beiwohnen, mußten sie sich in das ungefähr eine Gehstunde entfernte Dürnau oder noch weiter, nach Wiesensteig, begeben.[7]

Auch für gebührendes Benehmen sorgte die Badordnung: Wer Gottes Namen mißbrauchte, den Teufel beim Namen nannte oder lästerte, mußte einen Batzen in die Strafbüchse bezahlen. Sich dem Teufel selbst zu verfluchen war noch viel ungeheuerlicher und wurde mit vier Batzen bestraft. Schimpflieder zu singen, *schandlos üppige Wort*

oder kleinliches Nachreden war dagegen »billiger«, diese Vergehen wurden nur mit einem halben Batzen bestraft. Im Vorentwurf der Badordnung hatte es noch geheißen: *Welche singen wellen, die singen mit aller Ehrerbietung und Beschaidenheit Psalmen und geistliche Lieder oder andere ehrliche und unärgerliche Gesäng, in welchen die Fürsten und Andere nicht verspottet und verlachet werden.*[8]

Im Bad herrschte *sicherer und steifer Burgfrieden*. Händel und Zank, Zwietracht und Tätlichkeiten waren streng verboten und wurden *ernstlich gestraft*. In Konfliktfällen sollten Unbeteiligte durchaus eingreifen und die Kontrahenten um Frieden bitten, den Vorfall jedoch dem Badmeister bzw. dem Vogt melden. Dispute in Religionssachen waren unerwünscht, dies erklärt sich vor dem Hintergrund des in zwei feindliche Lager gespaltenen Landes um die Wende vom 16. zum 17. Jahrhundert. Seit mit der Reformation die Religion zu einem heiklen Streitpunkt geworden war, erschien es besonders wichtig, religiöse Dispute aus dem Badbereich zu verbannen. Darauf weisen auch immer wieder die Ärzte in ihren Vorschriften hin. Insgesamt hatten sich alle Gäste *ruehigen stillen Wesens und Haltens gegen einander* [zu] *befleißigen*, damit das Zusammenleben erträglich war.

Offenbar waren sexuelle Belästigungen auch schon bei einer Kur im 17. Jahrhundert nicht auszuschließen. *Onzüchtige Geberden und Erzeigungen* gegenüber verheirateten und unverheirateten Frauen wurden mit einem Gulden, das waren fünfzehn Batzen, bestraft. Auch Trunkenheit war strafbar; wer im Bad betrunken war, mußte einen halben Gulden bezahlen.

Ohne Erlaubnis des »Badobristen« oder des Gärtners durfte niemand in den herzoglichen Garten. Dort war es dann nicht erlaubt, Pflanzen abzubrechen oder zu stehlen. Ebenso sollte auf die Gärten der Bauern aus Boll, die in der Umgebung lagen, Rücksicht genommen werden.

Wer an *abscheulichen und erblichen* Krankheiten litt, hatte sich im Bad an besonderen, ihm zugewiesenen Orten aufzuhalten. Besaß jemand *ein abscheulichs Gesicht*, sollte er *um der Schwangern und anderer Personen willen* dieses bedeckt halten. Wer dies nicht tat, mußte das Bad verlassen. Hier zeigen sich deutlich die abergläubischen Vorstellungen, nach denen das Erschrecken der Schwangeren beim Anblick einer entstellten Person schwere Schäden beim Ungeborenen auslöse. Um keine Krankheiten aufkommen zu lassen und Epidemien zu verhindern, wurde verboten, aus Orten, *da der Erbsucht und sterbender Leutt halber die Luft nicht rein ist*, ins Bad zu kommen. Wer es trotzdem wagte, mußte die hohe Strafe von zwölf Gulden bezahlen, bei Unvermögenden war die entsprechende Leibstrafe anzuwenden. Das war mit Abstand das höchste Strafmaß der ganzen Badordnung.

Die Amtleute wurden aufgefordert, die Ordnung zu überwachen und eine Person zu bestimmen, die die Strafen einzog. Handelte diese Person fahrlässig oder übersah bei bestimmten Gästen deren Verfehlungen geflissentlich, so mußte sie *die verwürkte Straf selbst uß seinem Seckel für die Schuldhafte*[n] erstatten. Um ihm einen Anreiz zu geben, auch tatsächlich die Ordnung zu überwachen, bekam der Aufpasser von jedem Batzen Strafgeld einen Kreuzer vergütet. Die Strafgelder wurden in einer eisernen Büchse verwahrt, zu der es zwei ungleiche Schlüssel gab. Einen bekam der Bademeister, den anderen der Keller. Das eingezogene Strafgeld und andere freiwillige Spenden wurden nach dem Gottesdienst in Gegenwart des Pfarrers von Boll und zwei oder drei weiteren Personen an diejenigen Armen vergeben, die ein gutes Zeugnis aufweisen konnten und keine Landstreicher waren. Es konnten auch »Gnadenbädler«, die kranken Armen aus dem Bad, darunter sein.

Die Badgäste wurden ermahnt, vor der Abreise ihre Rechnung mit dem Wirt und Badmeister zu begleichen. Gab es Klagen oder Beschwerden über das Badepersonal, hatten sich die Gäste an die Amtleute zu wenden, die dem nachgehen sollten und in schwierigen Fragen sogar dazu verpflichtet waren, den Herzog zu informieren.[9]

Taxordnungen

In den Taxordnungen wurden – im Gegensatz zur Badeordnung – keine Verhaltensregeln festgelegt, sondern die Zimmermiete, die Gebühren für das Baden und die Unterbringung der Pferde im Stall. Auch die Preise für Essen und Trinken gehören hier dazu, auf sie werden wir

jedoch erst im Zusammenhang mit den Mahlzeiten im Bad eingehen. Die Zimmermieten wurden wöchentlich berechnet. In einem Brief vom 10. April 1599 legte Herzog Friedrich I. fest, daß für eine Kammer unterm Dach ein »Bettgeld« von zwölf Batzen pro Woche und Person verlangt werden sollte. Nach der Taxordnung, die im selben Jahr erlassen wurde und in der dann die Preise für alle Zimmer festgelegt wurden, reduzierte sich die Summe auf acht Batzen. Teurer war eine »Kammer ohne Stube« oder eine »Stube ohne Kammer«, die sowohl im Erdgeschoß wie auch im ersten Stock liegen konnten und jeweils achtzehn Batzen kosteten. Diese Räume waren für »gemeine Personen« vorgesehen. Die höchste Summe mußte für ein Gemach, für eine »Stube und Kammer« bezahlt werden, dafür beliefen sich die Kosten wöchentlich pro Person auf zwei Gulden, umgerechnet dreißig Batzen. Dies konnten sich nur »firneme«, wohlhabende Leute leisten.[10] Im Jahr 1698 verlangte der Herzog dann für die Übernachtung eines Badgastes »ohne Logiament« zwei Kreuzer, und ein Durchreisender, also jemand der nur eine Nacht blieb, hatte einen Kreuzer »Schlafgeld« zu entrichten. Dieses Schlafgeld mußte dann bezahlt werden, wenn man kein eigenes »Logiament« hatte und die Kammer mit mehreren anderen Personen teilte. Im Jahr 1724 waren die zwei Kreuzer als Schlafgeld immer noch üblich.[11]

Zwischen 1642 und 1724 blieben in Boll die Zimmerpreise stabil. Sie waren entsprechend der Größe der Gemächer unterschiedlich gestaffelt. In der Regel kosteten die Gemächer drei Gulden, so zum Beispiel das ehemalige Gemach des Herzogs, der »Hirsch«. Für die »neue Kuchenstub«, die sogar zwei Kammern besaß, konnte dagegen nur ein Gulden verlangt werden, da sie wegen der Geruchsbelästigung durch das danebenliegende Klosett im Sommer kaum vermietet werden konnte. Die in der Taxordnung vorgesehenen Preise wurden vom Bademeister und Wirt allerdings nicht eingehalten, sie lagen im Durchschnitt einen halben Gulden niedriger. Der damalige Badewirt Seitz war froh, überhaupt Gäste bewirten und damit den Betrieb aufrechterhalten zu können, denn der Dreißigjährige Krieg hatte das Land zerstört und die Bevölkerung drastisch reduziert.[12]

Die Zimmer wurden ganz unterschiedlich frequentiert.

Während der Wirt für die »Merkatzen« und den »Wolff« im Jahr 1649 jeweils 36 Gulden einziehen konnte, bekam er für das »Panterthier« nur zwölf Gulden und für die »New Kuechin Stub« aus oben genanntem Grund sogar nur sechs Gulden. Rechnen wir aus den bekannten Zimmerpreisen und den eingenommenen Gebühren einmal hoch, so kommen wir bei der Meerkatze und dem Wolf, für die zwei Gulden die Woche verlangt wurden, auf eine Belegung von 18 Wochen. Das teuerste Appartement, der »Urochse«, für den wöchentlich vier Gulden zu berappen waren, war nur vier Wochen lang belegt, das »Panterthier« sechs Wochen, und die neue Küchenstube hatte, trotz ihrer problematischen Lage, immerhin sechs Wochen lang Gäste.[13] Gehen wir von einer fünfmonatigen Saison aus, so zeigen die Belegungszahlen, daß es mit der Badekur in Bad Boll kurz nach Beendigung des Dreißigjährigen Krieges nicht sonderlich gut stand. Immer wieder klagten die Badewirte auch, daß durch die Festschreibung der Zimmerpreise nicht flexibel auf das schwankende Interesse der Gäste am Bad eingegangen werden und damit keine bessere Auslastung erzielt werden könne.

Für die Badeanwendungen mußte gesondert bezahlt werden, jedes Einsitzen in den Badezuber hatte seinen Preis.

53 Wasserbad. Eine Badeszene aus dem 16. Jahrhundert. Holzschnitt von Urs Graf: Kalender des Doctor Kung. Zürich 1508

Im Jahr 1599 wurden pro Tag sechs Pfennig und 1620 drei Kreuzer »Zubergeld« berechnet. Die Schwitzbäder waren teurer und kosteten im Jahr 1620 zwölf Kreuzer. 1699 lag der Preis für ein Zuberbad bei sechs Kreuzern, davon gingen fünf Kreuzer an die Herrschaft und ein Kreuzer an die Badknechte. Im Jahr 1715 standen dann dem Badbeständer die sechs Kreuzer alleine zu, da er für die Bezahlung der Badknechte und deren mitarbeitende Ehefrauen, für die Instandhaltung des Kamins im Bad und für die Reparatur und den Ersatz der Zuber und Geschirre alleine zuständig war. Zimmerbäder, die eigentlich nur Personen zugestanden wurden, die *der Schwachheit halben oder auf deß Medici Gutachten* dort baden durften, kosteten im Jahr 1715 achtzehn Kreuzer täglich. Der Wirt hatte als Reserve für die notwendig werdenden Reparaturen an den Stubenböden und am Gebäude drei Kreuzer für die Herrschaft einzuziehen. Er selbst bekam fünf Kreuzer zugestanden und die Badknechte für das Herauf- und Herunterschleppen der Wassereimer zehn Kreuzer.[14]

Auch für die Unterbringung der Pferde im Stall wollte der Herzog Gebühren. Reisten die Gäste nicht in einem gemieteten Wagen an, der wieder zurückfuhr, sondern mit dem eigenen Gespann, mußten sie für die Unterbringung der Zugtiere bezahlen. Nach der Taxordnung von 1599 wurde ein Batzen als Stallmiete und für ein Vierling Hafer, was etwa 5½ Kilo entspricht, ebenfalls ein Batzen verlangt. Da die Getreidepreise häufig schwankten, war gesondert dazu vermerkt, daß der Haferpreis nur für die »jetzige Zeit« galt. Ende des Dreißigjährigen Krieges wurden sechs Kreuzer und im Jahr 1689 für dieselbe Menge Hafer acht Kreuzer berechnet.

Stellte ein Gast sein Pferd unter, so nahm der Bademeister für einen gesamten Tag neun Kreuzer für Heu und Stroh. Brachte jemand sein Pferd nur für eine Nacht im Stall unter, mußte er dafür acht Kreuzer bezahlen. Ließ er das Pferd jedoch den Tag über im Stall und ritt abends weiter, so wurden ihm drei Kreuzer Unterbringungsgebühr berechnet. Im Jahr 1721 wurde dann vorgeschlagen, bei längerer Verweildauer gesonderte Preise zu verabreden.[15]

Für jeden Eimer Wein, Bier oder anderes Getränk, der vom Wirt ausgeschenkt oder von den Gästen mitgebracht wurde, war das »Umgeld«, eine Abgabe für Getränke, zu bezahlen. Jedes Vierteljahr wurde im Beisein des Boller Schultheißen mit dem Keller in Göppingen entsprechend der »Umgeldordnung« abgerechnet. Für seinen Hausgebrauch war für den Wirt ein Teil des Weins steuerfrei, im Jahr 1715 z.B. waren dies sechs Eimer.[16]

»Gnadenbädler«

Herzog Friedrich I. von Württemberg, der das Boller Bad erbauen ließ, war den Vorstellungen seiner Zeit gemäß darauf bedacht, für sein Tun die göttliche Gnade zu erlangen. Die Sorge um das eigene ewige Seelenheil war seit dem Mittelalter immer stärker in die Selbstverantwortung des einzelnen übergegangen und, um Gott wohlzugefallen, mußte der Landesherr für alle seine Landeskinder sorgen. Bad Boll sollte daher in *Erinnerung Göttlichen Worts und dannenhero uns oblügender Christlicher Sorgfeltigkeit* sowohl Personen hohen wie auch niederen Standes zugute kommen. So wurde die Boller Quelle nicht nur den Kreisen der Bevölkerung eröffnet, die sich selbst einen Besuch im Bad leisten konnten, sondern der Herzog stellte jährlich zwölf armen kranken Leuten die Badekur einschließlich Unterkunft und Verpflegung frei. Die Stiftung, die Herzog Friedrich I. dafür ins Leben rief, stand unter den christlich-patriarchalischen Vorzeichen, welche die Armenfürsorge seit dem späten Mittelalter prägten und noch bis weit ins 19. Jahrhundert galten. Sie war nicht Hilfe zur Selbsthilfe, sondern die »väterliche Sorge« beinhaltete zugleich die obrigkeitliche Aufsicht. Die Stiftung wurde bis zum Verkauf des Bades im Jahr 1852 weitergeführt.

Neben der Gruppe der vermögenden Kurgäste waren also stets, wenn auch räumlich abgesondert, Menschen aus den unteren sozialen Schichten im Bad. Diese armen Leute sollten für den kostenlosen Badbesuch nicht nur ihrem Herzog danken, sondern *umb so vil mehr den allmechtigen gott anrüefen und pitten, daß er zu dißem Bad noch weiters seinen vätterlichen Segen und Benedeyung miltiglich verleihen wolle.* Sie sollten also auch bei Gott selbst Fürbitte leisten. Deutlich wird die ihnen von oben erwiesene Gnade in ihrer Bezeichnung als »Gnadenbädler«.[17]

Sechs der armen und kranken Leute sollten aus Württemberg kommen und sechs aus dem »Ausland«, was schon das nächste Dorf sein konnte. Eine »Ausländerin« war zu Zeiten der Kleinstaaterei so jemand wie die Witwe von Johann Georg Wittlinger aus Dürnau, das zur Gräflich Degenfeldischen Herrschaft gehörte. Im 18. Jahrhundert war die Zahl der ausländischen »Gnadenbädler« auf zwei reduziert worden, vier Personen sollten aus dem Herzogtum Württemberg kommen, die restlichen sechs Kranken aus dem Göppinger Oberamt.[18]

Diejenigen, die den Genuß des Gnadenbads erlangen wollten, mußten zunächst bei der für sie zuständigen Verwaltung, im 18. Jahrhundert war es der jeweilige Oberamtmann, den entsprechenden Antrag stellen. Die Gesuche wurden im 18. Jahrhundert erst der Rentkammer, dann dem Medizinalkollegium zugestellt, welches die konkrete Auswahl der Bedürftigen dem Keller und dem Amtsarzt, dem »Landphysikus« von Göppingen, überließ, die diejenigen auswählen sollten, die *sowohl wegen ihrer Mittellosigkeit als Leibes Gebrechen am bedürftigsten sind.* Die Aufnahme der »Gnadenbädler« war in der Regel durch die Behörden so vorbereitet, daß der Landesherr nur noch seine Zustimmung geben mußte. Diejenigen, die ein Gesuch gestellt hatten, aber nicht berücksichtigt werden konnten, bekamen als Entschädigung das »gewöhnliche gratial« von einem Gulden und dreißig Kreuzern.[19]

Am 30. Januar 1774 traf beim Medizinalkollegium der Brief der Witwe Maria Barbara Königin ein, deren Mann Amtsknecht gewesen war. Sie schrieb:

Euer Herzoglichen Durchlaucht geruhen aller gnädigst Höchstdieselbe bitten zu dörffen, was maßen ich arme Witwe wolte mein Anliegen mit tränigen Augen beklagen, welche ich vor vier Jahren von einem heftigen Schlagfluß überfallen und unentsezliche grose Schmerzen habe, welches die ganze lincke Seite betroffen hat, und ich glaubte von Euer Herzoglichen Durchlaucht mir aller gnedigst diß Boller=Gnaden=Baad zufliesen und angedeyhen liese, so hoffe und glaubte ich, das ich wieder zu recht kommen möge, welche arme Witwe noch Jung bey Jahren und von Jugend auf vieles hat erfrieren müssen, welches großen Antheil von dasselbe erreget hat, vom vielen verfrieren her kommt.

Der Brief war nicht von ihr, die vermutlich einen so langen Text nicht alleine und in so wohlgefaßten Worten und Buchstaben schreiben konnte, sondern vom Oberamtmann aufgesetzt, der zusätzlich um eine wohlmeinende Behandlung des Gesuchs bat.[20]

Die »Gnadenbädler« wurden in Gruppen zu je sechs Personen einberufen und durften ungefähr drei Wochen bleiben. Verließ eine Person das Bad, konnte jemand anderes nachrücken, doch durften pro Jahr nie mehr als zwölf Personen das Bad umsonst genießen. Während der Kur hatten sie freie ärztliche Behandlung, freies Logis *nebst zugrichtetem Bett* und eine angemessene Verpflegung zu erhalten. Zur Verpflegung zählte morgens eine Suppe, mittags und abends nochmals eine Suppe, Fleisch und Gemüse, ein »Wecken« und ein Schoppen Wein. Die Kosten wurden vom Wirt mit dem Keller in Göppingen abgerechnet. Er bekam neben dem Geld für die Übernachtung und Verpflegung auch einen Pfennig »Badgeld«. Um Vernachlässigungen und Schlechtbehandlungen vorzubeugen, ordnete der Herzog an, daß die »Gnadenbädler« *reinlich und menschenfreundlich* behandelt werden sollten und ihnen Sachen in guter Qualität gereicht werden mußten. Sie durften nicht zu niederen Arbeiten herangezogen werden, und der Wirt hatte zu bedenken, daß *Ihm solche Leuthe, für Jede gegen Ihnen bezeugende Christliche Liebe, den Seegen Gottes zurücklaßen werden.*[21] Offensichtlich mußten die »Gnadenbädler«, im Unterschied zu den anderen Gästen, jedoch selbst für ihre Wäsche sorgen. Den Badknechten war nämlich aufgetragen, danach zu sehen, daß diese *saubere Leinwat und Decke* haben, die sie waschen und rein halten sollten. Taten sie dies nicht, mußten die Badknechte dafür sorgen. Damit standen die armen Badgäste faktisch unter der Aufsicht der Badknechte. Auch bekamen die »Gnadenbädler«, laut der Verordnung von 1696, nur die *alten wenig mehr taugenlichen Züber* zum Baden zur Verfügung gestellt, und es wurde nochmals darauf hingewiesen, daß sie an einer gesonderten Stelle im Badhaus zu baden hätten. Die vornehmen Gäste sollten durch den Anblick des gemeinen Volkes im Bade nicht belästigt werden.[22]

Die Bedürftigen kamen aus allen Gegenden des Landes, im Jahr 1780 z. B. aus Donaustetten [Donnstetten] im Oberamt Urach, aus Nellingen im Oberamt Kirchheim, aus Ludwigsburg, aus Stuttgart oder aus Wolfschlugen im Oberamt Nürtingen. Viele Frauen waren unter den armen Badegästen. Neben der Namensnennung und der Angabe ihres Wohnorts wird häufig auch der Beruf ihres Mannes oder Vaters angegeben. So konnten sie von den Behörden damals und von uns heute sozial eingeordnet werden. Im Jahr 1774 gingen die Bittgesuche einer zwanzigjährigen Tochter, einer neunzehnjährigen Waise, einer Tochter eines Kammerdieners, einer Frau eines Taglöhners, einer Magd, einer zweiunddreißigjährigen Frau, einer Witwe eines Glasers, einer Frau eines Schneiders und das einer dreißigjährigen Frau ein. Die männlichen Bittsteller waren in diesem Jahr ein Zwanzigjähriger, ein Tuchmacher, ein Invalide, ein Schuhflicker, ein zehnjähriger Sohn, zwei Zeugmacher und ein Schneidergeselle.[23] Auch bei der Belegung in den anderen Jahren ist auffallend, daß viele jüngere Leute und Waisen unter den »Gnadenbädlern« waren. Einige konnten offenbar Erfolge durch die Anwendungen aufweisen und durften noch ein zweites Mal eine Kur besuchen.

Fronen für das Bad

Zu den bäuerlichen Lasten gehörten bis zur Bauernbefreiung im 19. Jahrhundert neben den Abgaben auch verschiedene Dienstleistungen. Diese mußten die Untertanen als Fronarbeit für ihre Herrschaft verrichten. Auch für den Bau und die Unterhaltung des Boller Bades wurden die Bewohner und Bewohnerinnen der Umgebung zu Frondiensten verpflichtet. Dabei wurde wenig Rücksicht darauf genommen, ob die bäuerliche Bevölkerung gerade von ihren Feldern abkömmlich war oder nicht.

Die Steine zum Bau des Bades stammten vorrangig von einer Burgruine, die auf dem Aichelberg gestanden hatte. Sie mußten von den Bauern der Umgebung im Frondienst zur Baustelle gekarrt werden. Ab dem Jahr 1596 war das gesamte Amt zu Transportarbeiten zum Boller Bad verpflichtet. Bei der Erneuerung des Lagerbuchs im Jahr 1699 wurde diese Verpflichtung weiterhin aufgeführt. Neben dem Herankarren des eigentlichen Baumaterials, also von Steinen, Holz, Kalk, Ziegeln und Sand, waren auch die Badezuber und die Teicheln für den Röhrenbrunnen im Hof zu transportieren. Pro Wagen konnten gerade einmal fünfzehn Kreuzer an Lohn abgerechnet werden. Auch die Beheizung des Bades wurde über Fronarbeit sichergestellt. Im Jahr 1699 waren fünfzehn »Geppinger Ambtsflecken« für die Zulieferung von Holz zuständig. Auch hier wurden nur fünfzehn Kreuzer pro Wagenlieferung verrechnet. Das »Boller Badholz« wurde zu diesem Zeitpunkt in der »Zeller Huth« geschlagen. Im Abrechnungszeitraum 1739/40 mußten die Ortschaften Boll, Gruibingen, Heiningen, Ganslosen, Schlat, Bezgenriet, Hattenhofen und Hohenstadt zusammen 99 Klafter ins Bad bringen, das waren etwa 336 m³. Im Jahr 1715 bekam der Badbeständer das Brennholz aus dem Kirchheimer Forst, gegen eine Bezahlung von 24 Kreuzern pro Klafter. Allerdings mußte er es auf eigene Kosten hauen lassen und hatte die Fuhrlohnkosten zu tragen.[24] Die Bewohner des Bades waren von »Frohn und Diensten« befreit. In einem Schreiben aus dem Jahr 1697, in dem es um den geplanten Verkauf des Bades ging, wurde ausdrücklich festgehalten, daß der Bademeister und seine Erben von den »bürgerlichen Beschwerdten« befreit seien. Darunter wurden die Fron- und Jagddienste,

Wachestehen, Botenlaufen und ähnliches verstanden. Darüber hinaus waren sie auch von allen Steuer-, Kriegs-, Quartiers- und Durchzugskosten befreit, im übrigen auch von tatsächlichen Einquartierungen von Soldaten. Diese Regelung rief die Boller Gemeinde und das Amt Göppingen auf den Plan. Die Verkaufsverhandlungen zogen sich hin, und vom 5. September 1701 ist ein Schreiben überliefert, in dem sie sich gegen diese Privilegien für den potentiellen neuen Käufer wehrten. Sie beriefen sich darauf, daß nach einem »Landtagsbescheid« ein steuerfreies Gut, das von der Herrschaft an Privat verkauft wurde, nicht »umbelegt« sein konnte, sondern belastet werden mußte, dies zumindest solange der »Steuerfuß«, der Steuersatz, im Amt Göppingen nicht verändert wurde. Als zweites Argument brachten sie die Benachteiligung der übrigen Wirte an. Da die Badesaison nur etwa ein Vierteljahr dauere, die Wirtschaft jedoch das ganze Jahr über betrieben werde, seien die Wirte der Umgebung gegenüber den Badpächtern, was die steuerlichen Abgaben und Privilegien angine, benachteiligt.

54 Boll: Das alte Badgebäude. Radierung um 1800.
Württ. Landesbibliothek, Graphische Sammlung (Schefold 778)

Einige Monate später hatten der Vogt und der Keller ein Gespräch mit dem Stadt- und Amtsdeputierten über diesen Konflikt. Offenbar waren die Argumente des Herzogs und seiner Verwaltung so wenig stichhaltig, daß sie ihrem Gegenüber letztlich entgegenhalten mußten, daß diese *in ferner Beharrung leicht den Segen Gottes und die Kraft dieses Wunderquell vertreiben und den Fluch über sich bringen könnten.* Die Beschwörung der übernatürlichen Mächte, die auch in den Köpfen der aufgeklärten Zeitgenossen noch immer präsent waren, war offenbar das letzte Argument, um die Privilegien des Pächters zu sichern. Offenbar tat die Drohung zwar ihre Wirkung, doch nach einer Bedenkzeit beharrten die Deputierten noch immer darauf, daß das Brennholz, das für fünfzehn Kreuzer in Fron herbeigekarrt werden mußte, nur für das Bad, nicht aber für die Küche und den Privathaushalt des Wirtes geliefert werden mußte. Mit der Steuerfreiheit auf die Gebäude erklärten sie sich einverstanden, erwarteten aber, daß diese Steuern nicht hinterrücks wieder eingezogen würden, indem der Steuersatz des Amtes erhöht wurde. Bei den sonstigen Privilegien forderten sie die Beibehaltung des bisherigen Zustands oder die Gleichbehandlung aller übrigen Wirte. Im Bestandsbrief des Pächters von 1740 wurde dem Pächter die Fronfreiheit nochmals bestätigt.

Fünfzig Jahre später hatte die Regierung offenbar ihre Meinung geändert, inzwischen hatte die Beteiligung Württembergs an den Koalitionskriegen die herzoglichen Finanzen arg belastet. Nach Streitigkeiten mit der Gemeinde fragten Oberamtmann Pistorius und Keller Gaab beim Herzog an, ob Ehrenreich Seitz, der 1797 Badwirt war, verpflichtet wäre Dienste und Fuhren zu leisten. Dies wurde bejaht; in der Begründung hieß es, da Seitz eigene »bürgerl. Güter« und dafür auch die entsprechenden Rechte besäße, müsse er auch die entsprechenden Pflichten eingehen.[25]

1   Mehring: Badenfahrt, S. 77–78, 81, 84–86.
2   Bauhin: New Badbuch I, S. 21–22; HStAS A249 Bü 789 Badordnung 1599; Heyde: Das Württembergisch Wunderbad, S. 3–4; Maskosky: Das Göppingische Bethesda, S. 6–7.
3   Mehring: Badenfahrt, S. 77–78, 81, 84–86; Heyde: Das Württembergisch Wunderbad, S. 42; HStAS A249 Bü 789 Badordnung 1599; HStAS A346 Bü 34 Staat und Ordnung der Badknechte 1696; HStAS A206 Bü 2018 Befugnisse des Vogtes in den Bädern Göppingen und Boll 1723.
4   HStAS A249 Bü 789 Badordnung 1599.
5   Mehring: Badenfahrt, S. 80–81, 183–184; vgl. auch HStAS A249 Bü 789 Ein- und Ausgaben 1600–1601.
6   HStAS A346 Bü 33 Fasz. 11 u. 13 Entwurf zur Badordnung; HStAS A346 Bü 33 und A249 Bü 789 Badordnung 1599; HStAS A249 Bü 790 Badordnung 1629.
7   HStAS A249 Bü 789 Badordnung 1599; HStAS A346 Bü 36 Besoldungszulage des Boller Pfarrers 1625; Osiander: Nachricht Nr. 34, S. 135; Mehring: Badenfahrt, S. 138–139.
8   Mehring: Badenfahrt, S. 169.
9   HStAS A249 Bü 789 Badordnung 1599.
10 HStAS A249 Bü 789 Brief Herzog Friedrichs I. 10. 4. 1599, Taxordnung 1599.
11 HStAS A248 Bü 1715 Bad- und Speisetaxen 1698; HStAS A346 Bü 36 Fasz. 3 Badtaxen 1724.
12 HStAS A346 Bü 36 Fasz. 3 Logiament Tax 1642–1724; Mehring: Badenfahrt, S. 82.
13 HStAS A346 Bü 36 Fasz. 3 Verzeichnis was die Loßamenter ertragen haben 1649.
14 HStAS A249 Bü 789 Taxordnung 1599; HStAS A346 Bü 36 Fasz. 3 Taxordnung 1620 und Bü 37 Bestandsbrief 1715–1721; HStAS H101 Bd. 491 Lagerbucherneuerung 1699.
15 HStAS A248 Bü 1715 Taxordnung 1599 und Taxordnung 1689; HStAS A346 Bü 36 Fasz. 3 Taxordnung 1642; HStAS A346 Bü 28 Fasz. 2 Taxordnung 1721.
16 HStAS H101 Bd. 491 Lagerbucherneuerung 1699; HStAS A346 Bü 37 Bestandsbrief 1715–1721.
17 Zitate aus: HStAS A249 Bü 789 Badordnung 1599; Vanja, Christina: Körper und Seele, Neuzeit. In: Dinzelbacher: Europäische Mentalitätsgeschichte, S. 179; vgl. zur Armenfürsorge Rumpel-Nienstedt, Sabine: »Thätige Mitwirkung an einem allgemeinen Staatszwecke«. Frauen in Wohltätigkeitsvereinen in der ersten Hälfte des 19. Jahrhunderts im Königreich Württemberg. Masch. Manuskript. Norderstedt 1988, S. 53–57.
18 HStAS A248 Bü 1719 Verwilligung von Gnadenbädlern 1780–1799.
19 HStAS A248 Bü 1719 Verwilligung von Gnadenbädlern 1780–1799.
20 HStAS A249 Bü 796 Gnadenbädler 1757–1779.
21 HStAS A249 Bü 793 Gnadenbädler 1703–1721; HStAS A346 Bü 37 Bestandsbrief 1715–1721.
22 HStAS A249 Bü 789 Badknechtordnung 1601; HStAS A346 Bü 34 Staat und Ordnung der Badknechte 1696.
23 HStAS A249 Bü 796 Gnadenbädler 1757–1779.
24 HStAS H101 Bd. 491 Lagerbucherneuerung 1699; HStAS A346 Bestandsbrief 1715–1721; StAGP Consignatio über geführtes Brennholz 1738, fol. 7.
25 HStAS A249 Bü 791 Verkaufsverhandlungen 1697, Gerichtsprotokoll und Bericht des Vogtes 1701; HStAS A346 Bü 37 Bestandsbrief 1740; HStAS A346 Bü 41 Fronstreitigkeiten 1797.

Dienste und Pflichten im Bad

Sabine Rumpel

Anläßlich der »Vergelübdung«, der Vereidigung der Angestellten auf den Herzog, wurden die Bad- und die Taxordnung angeschlagen. Der Badbeständer, der zugleich Bademeister und Badewirt war, bekam die Ordnungen amtlich überreicht; den Badknechten wurde der »Staat«, eine Urkunde über ihre Rechte und Verpflichtungen, ausgehändigt. Alle wurden ermahnt, sich der Ordnung gemäß zu verhalten. Bis auf den Wirt, der das Bad in Pacht hatte, waren alle Bediensteten Angestellte des Herzogs. Dazu gehörten: Hausschneider, Badknechte und -mägde, Gärtner, Garten- und Stallknechte, Kellerknechte, das waren diejenigen, die dem Wirt zur Hand gingen, Mägde und die Köchin, die in der Regel die Ehefrau des Wirtes war.

Bademeister und Badwirt

In den ersten Jahren war in Boll ein Bademeister angestellt, der über alles wachte, was im engeren Sinn mit dem Baden zu tun hatte. Diesem wurden bald auch die Aufgaben des »Hausschneiders«, des Verwalters des Mobilars, übertragen. Vermutlich nach dem Dreißigjährigen Krieg gingen sowohl die Badebetriebs- als auch die Verwaltungsaufgaben an den Wirt der Badherberge, so daß nun faktisch alles, was mit Baden und Beherbergung zu tun hatte, in einer Hand vereint war. In der Regel hatte der Badwirt und -meister, der häufig nur in einer Funktion genannt oder als Badbeständer bezeichnet wird, seine Aufgaben als Bademeister den Badknechten übertragen, also alle Tätigkeiten, die mit der Verabreichung der Bäder und ähnlichem zu tun hatten, und kümmerte sich mehr um die Herberge und die Verwaltung. Bei seiner Einstellung wurde daher meist auch nur darauf geachtet, daß er eine Wirtschaft führen konnte und

das nötige Kapital und Mobilar besaß. Häufig waren die Pächter auch schon zuvor Wirte gewesen.

Zu Beginn der Tätigkeit hatte der Badbeständer alles notwendige Bettzeug, Möbel, die Küchenausstattung und das, was sonst zur Führung des Bades notwendig war, zu stellen. Ging in den folgenden Jahren daran etwas kaputt, hatte er es auf eigene Kosten wieder richten zu lassen.[1]

Der Bademeister und -wirt hatte für Gäste und Bedienstete ein gutes Vorbild zu sein, er durfte weder fluchen noch trinken und sollte mitsamt seiner Ehefrau einen christlichen Lebenswandel führen. Er überwachte die Bediensteten und die im Bad tätigen Handwerker, sorgte für die »Gnadenbädler«, überprüfte den Einzug der Badgelder, erhob die übrigen Taxen und hatte alle Einnahmen an den Keller in Göppingen abzuliefern. Weiter führte er die Kurlisten und die An- und Abmeldungen und er übernahm die Reservierungen für die Gemächer, die bis zu vierzehn Tage lang galten. Dem Badearzt hatte er die ankommenden Gäste zu melden. Streitfälle im Bad, ob unter Gästen oder Bediensteten, hatte er anzuzeigen und die entsprechenden Strafgebühren dafür einzuziehen. Morgens und abends läutete er die Hausglocke, die zum Gebet und zum Essen rief. Außerdem war es seine Aufgabe, die Baduhr aufzuziehen, nächtliche Kontrollgänge zu machen und Sorge dafür zu tragen, daß nachts das Tor geschlossen blieb. Die oberste Schlüsselgewalt über das Badhaus lag bei ihm. Er war verantwortlich für dessen Reinlichkeit, sowie für die der Zuber und »Geschirre« und des Hofes. Der Hofbrunnen mußte zweimal im Jahr gesäubert und ausgefegt werden, und zunächst hatte der Badmeister auch noch nach dem Brunnen bei Zell, der »Rappensegen« genannt wurde, zu schauen. Mißbrauch mit dem Holz, das zum Heizen des Bades gebraucht wurde, hatte er zu verhindern. Außerdem durfte nur mit herzoglicher Genehmigung und unter seiner Aufsicht Wasser aus dem »Wunderbad« abtransportiert werden. Dies war vor allem dann der Fall, wenn Kranke nicht ins Bad reisen konnten, und zu Hause die Badekur vornehmen wollten. Bäder in den Zimmern sowie Nacht- und Sonntagsbäder waren ebenfalls nur im Ausnahmefall und nach Absprache mit dem Keller und dem Arzt erlaubt. Die Oberaufsicht über die Badgäste lag beim Badbeständer; machten sie etwas kaputt, hatte er dafür zu sorgen, daß sie den Schaden ersetzten. Öfter nahmen Gäste »aus Versehen« den Zimmerschlüssel oder Gegenstände mit. Der Badwirt wurde bereits im Jahr 1607 gemahnt, dieses nicht mehr zu dulden.[2]

Als Wirt hatte der Beständer für das leibliche und sonstige Wohl der Gäste zu sorgen. Ihm oblag die Aufsicht über Essen und Trinken, die Sauberkeit der Anlage und die gute Unterbringung und Behandlung der Gäste. Er schaute nach den Stuben und Kammern, deren Einrichtung und der Bett- und Tischwäsche, die er zu stellen hatte. Während die Gäste zur Kur weilten, sorgte er dafür, daß ihre Betten aufgeschüttelt wurden und nicht ungemacht blieben. Nach ihrer Abreise wurden dann die Zimmer gesäubert und aufgeräumt. Die Strohsäcke mußten ausgeleert und zur rechten Zeit wieder aufgefüllt werden.

Die Preise für die Speisen sollten entsprechend der festgesetzten Gebühr berechnet werden. Besonderer Wert wurde auf ordentliche Zutaten und die Sauberkeit in der Küche gelegt. Herzog Friedrich I. von Württemberg wies im Dezember 1601 den Badwirt höchstpersönlich an, er möge sich mit *allerhand nothwendigen Victualien* [Lebensmitteln, d. Verf.] und *einer taugenlichen Köchin* ausstatten, damit den Gästen kein Anlaß zur Klage geboten werde und das Bad nicht in schlechten Ruf geriete.[3]

Der Beständer durfte in der Wirtschaft Wein verkaufen, mußte aber entsprechend der Umgeldsordnung das »Umgeld und die Accise«, die Steuer, wie die anderen Wirte im Göppinger Amt entrichten. Der Keller hatte die Aufgabe, die Ausgabe des Weins zu kontrollieren; ein Faß durfte nur in Anwesenheit des »Umgelders« angestochen werden. Stellte der Wirt einen Kellerknecht ein, mußte er diesen dem Keller in Kirchheim vorstellen, der

dem Kellerknecht die Umgeldsordnung vorlas, an die er sich zu halten hatte. Wenn Gäste selbst Wein mitbrachten, mußte der Wirt das entsprechende Umgeld einfordern und dem Umgelder Anzeige machen. Von jeder Maß bekam er dafür einen Kreuzer Belohnung; meldete er den Wein nicht und es kam heraus, hatte er das Umgeld aus eigener Tasche zu bezahlen. Zur Unterhaltung der Gäste durften an Sonn- und Feiertagen Spielleute ins Bad kommen. Es waren jedoch keine »Üppigkeiten« gestattet, und während den Predigten und Betstunden durfte nicht musiziert werden. Der Wirt mußte aufpassen, daß die Spielleute oder zechende Gäste die anderen Kurgäste nicht belästigten, daher war Pfeifen und Geigen, Tanzen und Schreien vor den Gemächern nicht erlaubt.[4]

Allerdings waren nicht alle Wirte und Bademeister rechtschaffene Leute, denen es um das Wohlergehen ihrer Gäste ging. Bademeister Ulrich Gantz und verschiedene Badknechte mußten im Jahr 1602 in Kirchheim im Gefängnis sitzen. Gantz war wegen Trunkenheit, gewaltsamen Öffnen der Almosenbüchse, Unterschlagung von Bad- und Zimmergeldern, der Einnahme vom Schwitzbad, Feuerlohn und Brennholz peinlich angeklagt. Etwa dreißig Personen, die im Bad gewesen waren, hatte er nicht verrechnet. Im März wurde er wegen Veruntreuung und Unterschlagung aus dem Dienst entlassen.[5]

Um auf die Bewirtschaftung des Bades Einfluß haben zu können, war dieses von der Herrschaft verpachtet. Zum Ablauf der jeweiligen Pachtzeit wurde in öffentlichen Blättern und Zeitungen die Möglichkeit zur neuerlichen Pacht des Bades angezeigt, und die Interessenten konnten zu einem bestimmten Termin ihre Gebote vorbringen. Die Badewirte als »Beständer«, wie man die Pächter nannte, lebten daher immer in der Gefahr, daß ihre zunächst sechs, später zwölf Jahre dauernden Pachtbriefe nicht verlängert wurden oder daß ein Kontrahent bessere Konditionen vorlegte, indem er z. B. ein höheres Pachtgeld oder Reparaturen am Haus auf eigene Kosten anbot. Für den Unterhalt der Gebäude mußten die Badwirte nämlich nicht aufkommen, allerdings sollten kleinere Schäden von ihnen behoben werden. So wurde erwartet, daß sie z. B. Ausbesserungen an Dächern, Fenstern, Öfen oder dem Badgeschirr vornahmen. Zur Fürsorge für das Gebäude gehörte auch der Schutz vor

Feuer und Unwettern. Bei aufkommendem Gewitter sollten sie dafür sorgen, daß die Läden an der Wetterseite geschlossen wurden und in den Gängen und an den Treppen die Kerzen in geschlossenen Laternen steckten. Im Jahr 1736 beantragte der Wirt die Anschaffung einer Feuerspritze.[6]

In der Regel bewohnte die Wirtsfamilie eine Stube und eine Kammer in der Herberge. Das Gesinde war in weiteren Kammern untergebracht. Die Wohnstube war gleichzeitig der Gastraum, die »Pfennigstube«, in der die Badgäste das »Pfennigwertessen« zu sich nehmen konnten. Für die bauliche Erhaltung des Wohnbereichs für sich und das Gesinde, für die »Pfennigstube«, die Küche, für die Säuberung der dazugehörigen Klosetts sowie der Öfen und Kamine war der Wirt selbst zuständig – die anderen Gebäude unterstanden der herzoglichen Kasse.

Da er für die Zufriedenheit der Gäste verantwortlich war, und offensichtlich Klagen vorlagen, wurde der Beständer stets verpflichtet, für ausreichendes Personal zu sorgen. Ein Kellerknecht als Hilfe für den Wirt und eine Magd als Hilfe für die Küche wurden als unbedingt erforderlich betrachtet. Sie konnten auch im Falle einer Erkrankung einspringen und so verhindern, daß der Betrieb zusammenbrach. Wenn der Keller und der Arzt zur Inspektion kamen, hatte der Pächter sie zu verpflegen.

Auch der Garten wurde dem Beständer im Laufe der Zeit unterstellt. Im 18. Jahrhundert hatte er die Aufgabe, die Hecken, die Küchen- und die Grasgärten einmal im Jahr zu beschneiden und zu richten. Die Bäume und Pflanzen und die Zäune im Lustgarten und die Allee mußten gepflegt werden. Eingegangene Bäume wurden aus dem Kirchheimer Forst ersetzt.[7]

Einige Badewirtefamilien bildeten regelrechte Dynastien. So waren die Familien namens Plöbst und Seitz über lange Zeit im Bad beschäftigt. Die Familie Plöbst war ungefähr siebzig Jahre lang, die Familie Seitz ca. einhundert Jahre lang in den 225 Jahren von der Gründung des Bades bis zum Umbau in den 1820er Jahren im Amt.[8]

Hausschneider

Der Hausschneider war in erster Linie für die Verwaltung des Mobiliars im gesamten Bad, auch in der Herberge, zuständig. Nach der Badordnung von 1599 hatte er gemeinsam mit dem Bademeister für ordentliches sauberes Bettzeug und für das rechtzeitige Auswechseln von »Leilacher und Ziechen«, Leintücher und Überzüge, zu sorgen. Zusammen mit dem Bademeister und Wirt mußte er auf »Feuer und Liechter« acht geben, denn ein ausbrechendes Feuer hätte vermutlich ein völliges Niederbrennen des gesamten Hauses zur Folge gehabt.

Selbstverständlich wurde von ihm ein gebührendes Benehmen den Badgästen gegenüber erwartet. Seine Aufgaben gingen aber bald an den Bademeister und vermutlich nach dem Dreißigjährigen Krieg an den Badewirt über.[9]

Badknechte und ihre Ehefrauen

Die Badknechte und ihre mitarbeitenden Ehefrauen wurden wie die anderen Bediensteten darauf verpflichtet, ihrem Herzog treu zu dienen. Sie standen unter der Aufsicht des Bademeisters und zunächst auch noch des Hausschneiders. Ende des 17. Jahrhunderts waren sie neben dem Bademeister auch den Inspektoren, dem Keller und dem Arzt unterstellt. Nach der Badordnung waren sie für alles zuständig, was im engeren Sinn mit dem Baden zu tun hatte.

Laut dem »Ayd und Staat« von 1599 und dem von 1712 mußten sie das Badehaus innen und außen sauberhalten, den Kessel und das Zubehör warten und den Unrat wegräumen. Morgens um zwei Uhr fingen sie an, den Kessel einzuheizen. Gingen sie tagsüber oder am Abend weg, hatten sie dafür zu sorgen, daß das Feuer im Badhaus »versorgt« war, nicht zuviel Holz bei den Kesseln lag und das »Gebälk« über der Feuerstelle in Ordnung war, alles vorsorgliche Maßnahmen, damit kein Brand entstehen konnte. Die Tür zum Badhaus mußte verschlossen gehalten werden, vor allem am Ende der Badesaison. Im Jahr 1601 findet sich der Zusatz, daß die Bediensteten sogar »Tag und Nacht« im Bad zu bleiben hatten, offenbar kam

Der Badtknecht.   Die Badtmagd

So schröpffe ich den abgebadten Leib,
Den Rücken ich und anders was abreib,
Nim Lieber mich, mich fromes Weib zum Schu:
Du bist zwar nicht giebst doch vielleicht die Huren.

es zu nicht genehmigten Nachtbädern. So hatte man schon 1599 darauf gedrungen, daß abends nach 19 Uhr kein warmes Wasser mehr ausgegeben und erst recht kein *unziemlichs und ohngebührlichs* Baden von *jungen Gesellen, Töchtern oder andern verdächtigen Personen* geduldet werden durfte. Diejenigen, die gerne nachts badeten, waren also von vornherein ausgemacht. Auf keinen Fall war Tanzen, Singen von »schandlosen« Liedern, Schreien und Jauchzen im Bad erlaubt. Es sollte dort anständig und ruhig zugehen, schließlich befand man sich in einem Kurbad, das die Gesundheit von Körper, Seele und Geist wiederherstellen sollte.

Durch die intensive Nutzung des Waldes wurde Holz im späten Mittelalter immer knapper. Da Holz das wichtigste Rohmaterial für viele Lebens- und Arbeitsbereiche war, halfen nur Ge- und Verbote, um den Schutz des Waldes durchzusetzen. Doch lagen diesen Schutzverordnungen stets auch wirtschaftliche Interessen der Herrschaft zugrunde. Herzog Friedrich I. verfügte, daß alle Bediensteten im Bad sparsam mit Brennholz umgehen sollten, Holzdiebstähle beim Keller angezeigt werden mußten und kein Holz für den Eigenbedarf entwendet werden durfte. Auch war es nicht erlaubt, Asche ohne

Wissen des Kellers zu verkaufen. Da diese zur Herstellung der Waschmittel genutzt wurde, war der Verkauf ein einträgliches Nebengeschäft.

Die Angst vor einer Verunreinigung des Badwassers war groß. Niemand außer den Badbediensteten durfte daher Wasser schöpfen. Es war vor allem den »armen abscheulichen Kranken« verboten, ihre Krüge oder Trinkbecher in die Schöpfeimer zu halten. Selbst die »fürnemmen« Leute durften nicht direkt an die Quelle, auch ihnen mußte das Wasser in sauberen Zubern oder Gelten gebracht werden. Die Wassergelten waren in einem extra dafür angefertigten Schrank weggeschlossen. Um dem Herzog unnötige Kosten zu ersparen, sollten schon kleinere Schäden an den Badezubern sofort repariert werden, da spätere Reparaturen oftmals nicht mehr möglich waren und dann ganz neue Zuber angefertigt werden mußten. Eine vorbeugende Maßnahme gegen das Verfaulen war, die Zuber auf lange Hölzer oder »Flecklinge«, Steine, und nicht direkt auf den Steinboden zu stellen, was den Bediensteten dringlich angeraten wurde. Außerdem sollten sie keine Bäder in den Stuben und Kammern zulassen, also niemandem Wasser ins Zimmer bringen, da durch das Verschütten die Bausubstanz des Hauses gefährdet war.

Im Badsaal selbst war es die Aufgabe von Badknechten und -mägden, das warme Wasser vom Kessel an die einzelnen Zuber zu bringen. Die Bediensteten mußten auch die *Badegelder auf dem Kerbholz auffschneiden und die Strafbatzen unnachlässig einziehen.* Während der Gast im Wasser saß, mußte ihm immer wieder der Schweiß von der Stirn gewischt, von Zeit zu Zeit warmes Wasser nachgefüllt und mit einem Wedel die Fliegen vertrieben werden.

Insgesamt wurde erwartet, daß alle Gäste freundlich behandelt wurden. Beim Betreten der Gästezimmer wurde Ehrlichkeit besonders zur Pflicht gemacht, anvertraute oder liegengebliebene Sachen mußten sorgfältig aufbewahrt werden. Offenbar kamen Unterschlagungen

55   Badknecht und Badmagd. Sie trugen das Wasser zu den Zubern. Dabei verrichteten sie allerlei Dienstleistungen. In den städtischen Badstuben waren die Mägde häufig als »leichte Mädchen« angesehen worden. Kupferstich aus: Nürnbergische Kleider-Arten. Nürnberg 1669

immer wieder vor, sonst hätte es dieser Regel nicht bedurft. Das Trinkgeld, »Letzin« genannt, sollte miteinander geteilt werden, aber es durfte kein Gast gedrängt werden, ein solches zu geben. Trunkenheit im Dienst oder das Hintergehen der Gäste hatten empfindliche Strafen zur Folge.

Gelegentlich kam es offenbar vor, daß Badgäste abreisten, ohne zu bezahlen. Kam den Bediensteten jemand gleich von Anfang an merkwürdig vor, sollten sie ihn gut beobachten oder *im Anfang stracks guete Versicherung begehrn.* Reisten die Gäste dann doch ohne Bezahlung ab, hatten die Badknechte für den Schaden einzustehen. Bettler, Landstreicher und »Sondersiechen« sollten schon vorsorglich fern des Bades gehalten werden.

Jeden Tag mußten die Klosetts gereinigt werden. Wenn jemand erwischt wurde, der eines verunreinigt hatte, sollte von ihm eine Strafe von zwei Schillingen eingezogen werden. Ließen die Bediensteten jemanden laufen, den sie bei einer Straftat beobachtet hatten und es kam heraus, mußten sie selbst die Strafe zahlen. Für gegenseitige Überwachung dürfte damit genügend Anreiz gegeben gewesen sein.

Die Wirtsstube durfte in der Zeit, in der die Gäste ihre Mahlzeit einnahmen, von den Knechten und Mägden nicht betreten werden, außer wenn jemand darin arbeiten mußte. Den Kindern der Bediensteten war das Betreten der Gästezimmer und des Badhauses verboten, *damit niemand von inen geirrt werde.*

Für die Wartung und Reparatur der Schöpfeinrichtung waren in Bad Boll Schlosser zuständig, die dafür ein Wartgeld bezogen.[10]

Bader, Wundarzt, Badearzt – Die ärztliche Versorgung

Im Ort Boll gab es zur Gründungszeit des »Wunderbades« einen »Bader und Scherer« namens Christoff Autenrieter, der die örtliche Badstube betrieb, ... *ein freundlicher Mann, unnd Beinbrüche zu heilen, Glieder außeinander kommen, wider einzurichten, und anderer sachen so den Wundarzten zustehen, wol erfahren ist.*[11] Noch im Mittelalter hatten die Medizinwissenschaft und die prak-tische medizinische Ausübung in den Händen der Kirche gelegen. Das Zweite Lateranische Konzil von 1139 verbot den Mönchen und Klerikern jedoch das Studium der Medizin und jegliches ärztliches Wirken, damit wurde die an den Universitäten gelehrte scholastische Medizin vorherrschend. Chirurgische Eingriffe aber nahmen Geistliche offenbar noch bis zum Lateranischen Konzil von 1215 vor. Mit dem endgültigen Verbot kam es zur völligen Trennung der Chirurgie von der allgemeinen Medizin, die weiter an den unter kirchlicher Oberaufsicht stehenden Universitäten gelehrt wurde. Das chirurgische Monopol besaßen nun die akademisch ungebildeten, aber handwerklich ausgebildeten Laien, die sich aus den Reihen der Bader, Scherer und Wundärzte rekrutierten. Bereits im 13. Jahrhundert waren die Berufsbilder von Bader, Scherer, Barbier und Wundarzt unterschiedlich. Es waren Badeordnungen und eine geregelte Ausbildung entstanden. Einige der bisherigen Tätigkeiten des Baders übte nun der Scherer aus: das Bürsten, Schneiden und Rasieren der Haare. Der Bader führte zum einen alle die Tätigkeiten aus, die unmittelbar mit dem Wasser zu tun hatten, er bereitete Schwitz-, Dampf-, Heißluft- und Wannenbäder und massierte auch, zum anderen behandelte er Wunden, Pickel und Beulen, half bei leichteren Brüchen und Verletzungen, er ließ zur Ader und setzte die Schröpfköpfe. Um die chirurgischen Eingriffe vornehmen zu dürfen, hätten sich die württembergischen Bader in Stuttgart oder Tübingen examinieren lassen müssen. Die ständigen Klagen über nicht geprüfte Chirurgen aber verstummten während der ganzen Zeit des Herzogtums nicht. Noch bis zum Ende des 17. Jahrhunderts war es den examinierten Badern erlaubt, Beinbrüche zu versorgen, Verrenkungen zu heilen und frische Verletzungen zu behandeln. Danach übernahmen diese Eingriffe die Wundärzte. Das gesellschaftliche Ansehen des Wundarztes stieg mit einer spezialisierten Ausbildung. In seiner Weiterentwicklung splittete sich der Beruf des Wundarztes immer mehr auf in Spezialisten wie »Steinschneider«, »Bruchoperateur«, »Starstecher« und ähnliche. Mit dem 18. Jahrhundert, als die Chirurgie wieder ihren Platz in der medizinischen Fakultät erhielt, begann das Ende der Zeit der Wundärzte.[12]

In Württemberg förderte Herzog Christoph mit der großen Kirchenordnung von 1559, einer Art Staatsgrundgesetz, das Gesundheitswesen in Württemberg umfassend. In einem eigenen Abschnitt über die Ärzte und Wundärzte wurden die Befähigungen zur Ausübung der inneren und äußeren Heilkunde geregelt. Genau festgelegt wurden die Befugnisse von Ärzten und Wundärzten dann mit der ersten Medizinalordnung von 1720. Die Ärzte, die »Medici«, waren für die innere Medizin, schwere Geburten und schwierige chirurgische Operationen zuständig, die »Chirurgi« dagegen für kleine chirurgische Eingriffe, Aderlassen, Geschwüre öffnen und ähnliches. Vier erfahrene studierte Ärzte wurden als »Landphysici«, als Bezirksärzte, angestellt. Die Amtssitze waren im Land verteilt in Stuttgart, Göppingen, Calw und Bietigheim. Ihnen zugeordnet waren die Landapotheken, die sich jedoch rasch auch in anderen Amtsstädten verbreiteten. Durch die regionale Verteilung sollten die Kranken ohne hohe Reisekosten die Ärzte und Apotheken aufsuchen können. Gleichzeitig strebte der Herzog einen Schutz der Ärzte gegen sogenannte »Kurpfuscher« an, doch ließ sich das Volk, wenn es nicht zur Selbstmedikation griff, eher von den Barbieren und Wundärzten betreuen, da die gelehrten Ärzte zu teuer und meist zu weit entfernt waren. Die Aufsicht über die Ärzte und die anderen medizinischen Berufe führte bis ins 18. Jahrhundert der Kirchenrat unter Zuziehung Sachverständiger, dem »Collegia medica«. Dies setzte sich aus den herzoglichen Leibärzten in Stuttgart und den Professoren der medizinischen Fakultät in Tübingen zusammen.[13]

Der Berater des Herzogs, Dr. Johannes Bauhin, wies im *New Badbuch* auf etliche Ärzte aus der Umgebung Bolls hin, vor allem auf diejenigen aus Göppingen und Kirchheim, bei denen sich die Gäste des Bades Rat holen konnten, doch wurde auf sein Betreiben hin der Kirchheimer Medikus Dr. Georg Balthasar Renz im Jahr 1598 als erster Badearzt angestellt. Er hatte seine medizinische Ausbildung in Deutschland und, wie es damals üblich war, in Italien erlangt. Nach seinem Tod im Jahr 1635 wurde

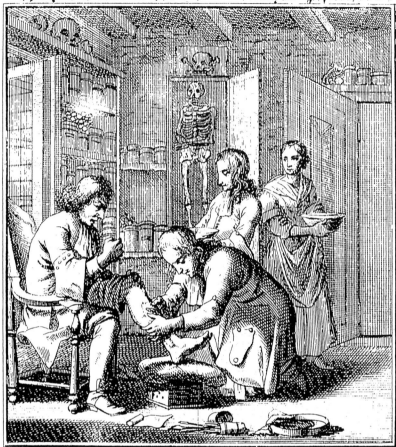

56   Der Wundarzt. Er durfte kleinere chirurgische Eingriffe vornehmen, auch Beinbrüche schienen, Verrenkungen heilen oder frische Verletzungen versorgen. Kupferstich aus: Weigel Christoph: Abbildung Der Gemein-Nützlichen Haupt-Stände. Regensburg 1698, S. 132 b

Dr. Hieronymus Walch aus Göppingen mit der Tätigkeit beauftragt. Es folgte der Stadtphysikus von Kirchheim, Johann Anastasius Rümmelin. Dessen Nachfolger Martin Maskosky aus Göppingen bekam im Jahr 1674 für seine Tätigkeit fünfzig Gulden aus dem Kirchenkasten, später wurde das Gehalt aus dem Fonds für »allgemeine Polizeikosten« bezahlt.[14]

Fremde »After= Winkel= und Kälberärzte« durften nun nicht mehr im Bad arbeiten, stellten aber weiterhin eine Konkurrenz für den Boller Badearzt dar. Maskosky, der 1688 ein Buch über den Göppinger Sauerbrunnen geschrieben hatte, beklagte sich darin nicht nur bitter über seine Kollegen in anderen Städten, die Baderegeln für ihre Patienten aufstellten, ohne die Bäder überhaupt zu kennen und damit dem Badearzt die Arbeit wegnähmen, sondern auch über die Konkurrenz von Barbieren und Bartscherern, von *fürwizzigen alten Weibern* und Apothekern, von *Henkersbadern* und *Arzneyaffen*. Er hielt allein die *ordentlichen Medicos* für fähig, Krankheiten erkennen zu können und *die rechte Ordnung, Ziel, Maas, und Weise die Medicamenten zu gebrauchen.*[15]

Nach der Medizinalordnung von 1755 mußten die »Physici«, die für die Gesundbrunnen zuständig waren, über die Einhaltung der Ordnung im Bad und über die hygienischen Einrichtungen wachen. Sie hatten danach zu sehen, daß die Quellen gereinigt und saubergehalten wurden. Außerdem war ihnen auferlegt, Listen über die behandelten Krankheiten und die Erfolge der Kuren zu führen.[16] Nach dem »Staat« des Badearztes von 1783 hatte dieser die Aufsicht sowohl über den Sauerbrunnen in Göppingen als auch über das »Wunderbad« in Boll. Er überwachte die Badordnung, die Taxen, den Badewirt und den Lustgarten. Beim Badewirt hatte er darauf zu dringen, daß dieser nur solche Speisen auf den Tisch brachte, die der Kur förderlich waren, auch wenn die Kurgäste andere verlangten. Die Kurgäste hatte er bei Nichtbefolgen seiner Anweisungen zu ermahnen. Der Herzog wollte damit vermeiden, daß sie durch ungesunde Lebensführung ihre Genesung verhinderten und dieses Mißlingen nachher der Quelle anhängen würden, was dem Bad einen schlechten Ruf einbringen könne.

Während der Saison sollte der Arzt mindestens zweimal die Woche das Bad besuchen, allen Kurgästen mit seinem Rat zur Verfügung stehen und *ihnen alle mögliche Hülfe angedeyhen lassen.* Für diesen Dienst mußten ihn die Vermögenderen bezahlen. Aber auch um die Gnadenbädler hatte er sich zu kümmern und zu prüfen, ob sie vom Wirt anständig verpflegt wurden.

Alle ankommenden Gäste sollte er nach ihren Krankheiten und Leiden befragen und ihnen danach zur Kur oder davon abraten. Der Herzog hatte offenbar große Angst vor einem schlechten Ruf des Bades, falls jemand durch die Kur Schaden nehmen oder gar zu Tode kommen sollte. Über die Wirkungen der Kur hatte der Badearzt ein Register anzufertigen, das er einmal im Jahr an das Medizinalkollegium schicken sollte. Starb trotz aller Vorsicht jemand während der Kur, mußte er nach den Ursachen forschen. Es war ihm dazu aufgetragen, den Toten einer Autopsie zu unterziehen.[17]

Die Verpflichtungen des Badearztes wechselten immer wieder, vor allem was seine Anwesenheitspflicht anging. So mußte er zunächst keinesfalls öfters als einmal in der Woche im Bad erscheinen. Im Jahr 1802 rechtfertigte sich der Stadt- und Landphysikus Dr. Oettinger gegen den Vorwurf, daß er entgegen seinem »Staat« nicht jede Woche ins Boller Bad käme, um zumindest die »Gnadenbädler« zu betreuen, damit, daß die vorgeschriebenen zweimaligen wöchentlichen Besuche in Bad Boll völlig überflüssig seien, da die Honoratioren kein Interesse an seinem Besuch zeigen würden, da sie von ihren Hausärzten bezüglich der therapeutischen Maßnahmen, der Diät und der Hygienegebote Anweisungen erhalten hätten und ohnehin viele nur zum Vergnügen kämen – eine Praxis, die auch aus anderen Bädern überliefert ist. Zudem würde der Arzt des Grafen Degenfeld in Großeislingen, Dr. Hartmann, fast täglich im Bad erscheinen. Für seinen Besuch bekäme er außerdem keine Entlohnung von diesen Gästen. Der Lohn für seine Tätigkeit als Badearzt, den er aus der herzoglichen Schatulle bekam, rechnete er nur als Entgelt für die Behandlung der »Gnadenbädler«.

Großes Interesse am Bad scheint Dr. Oettinger allerdings nicht gehabt zu haben. Auf die Anforderung der Regierung, daß er einen Vorschlag erarbeiten solle, in welcher Art und Weise ein »Dampf und Tropfbaad« eingerichtet werden könnte, antwortete er nur, daß ihm keine Handwerker bekannt seien, die ein solches einrichten könnten, und machte daher keinerlei Angaben. Im 19. Jahrhundert waren die Göppinger Ärzte während der Kurzeit dann fast täglich im Bad. Sie wurden als die besten Kenner des Bades gepriesen, die einem die richtige Anleitung für eine Badekur geben könnten.[18] Der Badwirt war verpflichtet, dem Arzt einen Raum für Patientengespräche zur Verfügung zu stellen. Allerdings stellte die Regierung fest, daß dies gegenüber Dr. Oettinger nicht eingehalten würde. Auf diesen Vorwurf antwortete der Keller, daß der Wirt stets ein Zimmer zur Verfügung stellen würde, wenn eines frei wäre. Seien alle Zimmer belegt, hätte der Arzt doch die Möglichkeit, mit dem Gast in dessen Zimmer zu reden.[19]

Zur ärztlichen Ausrüstung gehörten im 19. Jahrhundert vor allem ein Stethoskop zum Abhören von Atem, Herz und Darmgeräuschen und ein Perkussionshammer samt Plessimeter, mit deren Hilfe aus den Schallqualitäten beim Beklopfen des Körpers auf die Beschaffenheit im Inneren geschlossen werden kann. Die ersten therapeutischen Instrumente in den Ordinationszimmern waren dann Apparate zum Blutdruckmessen. Auch Arzneien führte der Badearzt wohl mit sich, vor allem Laxierpillen zur Abführung und Hausmittel gegen die üblichen Beschwerden wie Husten oder Übelkeit. Außerdem dürften in Boll immer wieder Händler aufgetaucht sein, die neben Gewürzen und Obst auch Arzneien anboten, obwohl dies verboten war. Zudem gab es in Göppingen schon zu Bauhins Zeiten zwei Apotheken. Im Jahr 1598 wurde Johann Lutz als Apotheker für Boll bestellt. Er betrieb schon in Kirchheim eine Apotheke mit *allerley Öl, gebrandten Wassern, unnd Puluern, wie auch anderer künstlicher Artzney mehr, so in ein Apoteck gehören, gar wol angerichtet unnd nach dem besten versehen.* Zwei Jahre später übernahm er auch die Stelle als Wirt im Bad, während sein Sohn die Kirchheimer Apotheke weiterführte. Allerdings verlor Lutz schon ein Jahr später den Wirtsposten wieder. In den folgenden Jahren wird die Apotheke im Bad nicht mehr erwähnt.[20]

1 Mehring: Badenfahrt, S. 94–97; HStAS A249 Bü 789 Verpachtung 1792–1805.
2 HStAS A249 Bü 789 Badordnung 1599, Badmeisterordnung 1601, Brief Herzog Friedrichs 1607, Verpachtung 1792–1805; HStAS A346 Bü 37 Bestandsbrief 1715–1721; Mehring: Badenfahrt, S. 94; Heyde: Das Württembergisch Wunderbad, S. 44.
3 HStAS A249 Bü 789 Befehl Herzog Friedrichs 9. 12. 1601.
4 HStAS A249 Bü 789 Badordnung 1599, Badmeisterordnung 1601, Verpachtung 1792–1805; HStAS A346 Bü 37 Bestandsbrief 1715–1721.
5 HStAS A249 Bü 789 Boller Bad, Badmeister 1602; Mehring: Badenfahrt, S. 94.
6 HStAS A249 Bü 798 Verpachtung 1792–1805; Mehring: Badenfahrt, S. 116–117.
7 HStAS A346 Bü 37 Bestandsbrief 1715–1721; HStAS A249 Bü 798 Verpachtung 1792–1805; Mehring: Badenfahrt, S. 117.
8 Heyde: Das Württembergisch Wunderbad, S. 70.
9 Mehring: Badenfahrt, S. 94–97; HStAS A249 Bü 790 Badordnung 1599.
10 HStAS A249 Bü 789 Eid und Staat der Badknechte 1599 und Badknechtordnung 1601; HStAS A249 Bü 790 Badordnung 1599; HStAS A346 Bü 34 Staat und Ordnung der Badknechte 1696 und Zusatz zum Eid und Staat der Badknechte 1712; Kühnel, Harry: Natur/Umwelt, Mittelalter. In: Dinzelbacher: Europäische Mentalitätsgeschichte, S. 567–569.
11 Bauhin: New Badbuch I, S. 26.
12 Krizek: Kulturgeschichte, S. 67, 71, 73; Hahn: Wunderbares Wasser, S. 58–59; Nestlen, P.: Die Bekämpfung des Medikastrierens im Herzogtum Württemberg. In: Ders.: Beiträge zur Geschichte des württembergischen Medizinalwesens. Stuttgart 1905, S. 1–26.
13 Dehlinger: Württembergs Staatswesen, S. 317–319; Reyscher: Sammlung württembergischer Gesetze, Bd. 12, S. 435–438, Zweite Kirchenordnung 1582; Bd. 13, S. 1185, Erste Medizinalordnung; Staib, Heidi: Volksmedizin und gelehrte Medizin. In: Württembergisches Landesmuseum: Baden und Württemberg, Bd. 1.2, S. 1234–1236.
14 Bauhin: New Badbuch I, S. 20, 44–45; HStAS A346 Bü 36 Befehl Ferdinand III. 12. 3. 1635 und Befehl Wilhelm Ludwig 11. 2. 1674; Heyde: Das Württembergisch Wunderbad, S. 45.
15 Maskosky: Das Göppingische Bethesda, S. 61–62.
16 Reyscher: Sammlung württembergischer Gesetze, Bd. 14, S. 419, Medizinalordnung von 1755.
17 HStAS A248 Bü 1720 Fasz. 16 Auszug aus den Pflichten des Badearztes von 1783.
18 Mehring: Badenfahrt, S. 87; HStAS A248 Bü 1720 Fasz. 11, 12 Anschreiben der Regierung an Kellerei und Antwortschreiben des Göppinger Kellers 1802; Dangelmaier: Ueber die Gesundbrunnen, S. 19.
19 HStAS A248 Bü 1720 Fasz. 11, 12 Anschreiben der Regierung an Kellerei und Antwortschreiben des Göppinger Kellers 1802.
20 Krizek: Kulturgeschichte, S. 177; Bauhin: New Badbuch I, S. 45; Mehring: Badenfahrt, S. 89.

Das Badewesen

Sabine Rumpel

Aderlaß, Schröpfen und Abführen

Bereits bei den Hellenen und Römern, aber auch den Kelten und Germanen wurde die Heilkraft des Wassers sowohl für Wasser- als auch für Dampfbäder genutzt. Bis zu den Kreuzzügen war es eher üblich gewesen, in Wannen und Holzzubern zu baden, danach gewann das Schwitzbad mehr an Bedeutung. Vor allem deshalb, weil es als wirksamer gegen die aus dem »Heiligen Land« nach Mitteleuropa eingeschleppte Lepra angesehen wurde.

Mit dem Aufstieg des Bürgertums in den Städten im 12. Jahrhundert verbreiteten sich neue hygienische Einstellungen und Einrichtungen: die öffentlichen Badstuben entstanden. Sie dienten neben dem hygienischen Zweck als wichtige Orte der Unterhaltung und Entspannung für alle Bevölkerungskreise. Zwei Arten des Badens waren nun wieder üblich: die hygienische Reinigung in Zubern und Wannen und das Baden in Schwitzbädern, das therapeutisch und gesunderhaltend wirken sollte und der Abhärtung diente. In der Regel wurde samstags oder am Abend vor einem Festtag gebadet. Mit dem Baden wurde auch die übrige Körper- und Gesundheitspflege verbunden. Bader und Scherer schoren die Haare, rasierten, schröpften und ließen zur Ader.[1]

Im 15. Jahrhundert stiegen die Holzpreise an. Drastisch verstärkt wurde diese Entwicklung dann im 17. Jahrhundert durch den Holzmangel, der als Folge der Verwüstungen des Dreißigjährigen Krieges auftrat. Die damit einhergehenden Steigerungen der Badepreise führten zu einer Existenzkrise der wenigen Badstuben, die den Krieg überdauert hatten. In den Dörfern waren die Schwitzstuben, kleine Häuschen mit einer Schwitzbank aus Brettern, besonders verbreitet gewesen. Der Dampf konnte dadurch erzeugt werden, daß Steine erhitzt wur-

den und Wasser darüber gegossen wurde. Viele dieser Stuben überdauerten das 17. Jahrhundert wegen der steigenden Betriebskosten nicht. Auch das Auftreten und rasche Verbreiten der Syphilis im 16. Jahrhundert und die großen Pestepidemien im 17. Jahrhundert ließen die Badstuben immer stärker zurückgehen.[2]

Die Badelust bestand offenbar dennoch weiter, und die vornehmen Badgäste begannen sich im 16. und 17. Jahrhundert neu zu orientieren. Je mehr die Badstuben eingingen, um so beliebter wurde die Badefahrt in sogenannte Wildbäder, zu Thermal- oder Mineralquellen, die fernab der Städte in der »Wildnis« aus dem Boden sprudelten. Diese Quellen wurden in der Regel zunächst von Ärzten erforscht, wie es auch bei der Boller Quelle der Fall war. Als Druckschriften verbreitete Beschreibungen sorgten für Werbung und einen Boom im Badetourismus. Ins Wildbad zu fahren, wurde für die führenden Schichten zum gesellschaftlichen Ereignis, zu einer richtiggehenden Mode.[3]

Die Therapiemethoden, die in den Badstuben üblich gewesen waren, wurden auf die Heilbäder übertragen. Im Grundsatz beruhten sie auf der Vorstellung, daß die menschliche Haut Öffnungen und »Schweißlöcher« hat, durch die Dämpfe und Säfte nach außen, aber auch von außen nach innen dringen können. Der Körper funktionierte in dieser Vorstellung nach einfachen mechanisch-physikalischen Gesetzen. Dahinter stand die antike Lehre, die Humoralpathologie, nach der alle Krankheiten auf die fehlerhafte Zusammensetzung der Körpersäfte zurückzuführen sind. In ihren Ursprüngen geht sie auf Hippokrates zurück. Krankheit war danach die Folge von Störungen des Gleichgewichts der vier Körpersäfte Blut, Schleim, gelbe und schwarze Galle. Entzug des einen oder Stimulieren des anderen Saftes sollte dieses Gleichgewicht wieder herstellen und damit die Krank-

einer Krankheit im Unklaren lag. Waren entzündete oder schmerzende Stellen vorhanden, wurde an diesen Blut entnommen. Mit dem Blutverlust sollte der Abfluß der schlechten Säfte, die für die Krankheit verantwortlich gemacht wurden, ausgelöst werden.

Ratschläge zur richtigen Anwendung eines Aderlasses sind schon seit dem 12. Jahrhundert bekannt. Sie wurden in Stundenblättern, Flugschriften, Volks- und Bauernkalendern, oft in Form von Versen oder Aderlaßtafeln überliefert. Günstige Jahres- und Tageszeiten für einen Aderlaß wurden, wie viele andere Lebensbereiche früher auch, nach astrologischem Wissen bestimmt. Zudem galten bestimmte Stellen, an denen das Blut abgenommen wurde, als abhängig von Tierkreiszeichen. Auch wechselten die Blutabnahmestellen je nach Krankheit; bei »hitzigem Fieber« oder »Brustentzündung« wurde das Blut aus der »Hauptader« in der Armbeuge entnommen. Bei Erstickenden, Ertrunkenen oder vom »Schlagfluß« Betroffenen öffnete der Bader die »Drosselader« im vorderen Halsbereich und bei Kopfschmerzen und Augenentzündungen wurde das Blut aus der »Schlaf=Puls=Ader« am Kopf gezapft. Vor der Entdeckung des Blutkreislaufes waren 74 »Laßstellen« bekannt. Die häufigsten Entnahmestellen waren die Armbeuge, da dort das Blut mittels einer Abbindung gut gestaut werden kann, die Stirn, die Nasenflügel, die Ohrläppchen, die Genitalien und die Waden.

Zum Aderlaß setzte sich der Patient oder die Patientin gewöhnlich auf einen Stuhl mit Lehne und stützte sich auf den Aderlaßstab. Durch wechselnden Druck beim Umfassen konnte das Pulsieren des Blutes verstärkt oder vermindert werden. Verwendet wurde in der Regel das spitze und scharfe Laßeisen. Aderlaßschnäpper, auch Lanzetten genannt, waren kleine, spitz zulaufende Messer in aufklappbaren Scheiden aus Schildplatt oder ähnlichem Material. Sie wurden zu Beginn des 19. Jahrhunderts mit einer Federvorrichtung ausgestattet, die das Messer in die Ader schnellen ließ. Normalerweise war eine Desinfektion der Einschnittstelle nicht üblich, so daß es leicht zu Eiterherden und Geschwüren kommen konnte. Abgestellt wurde der Blutfluß durch das Aufdrücken mit den Fingern oder mit einem Schwamm. Die Blutmenge, die entnommen wurde, lag zwischen 90 und

heit besiegen. Bei der richtigen Mischung wurde Gesundheit erreicht, ein Ungleichgewicht der Säfte hatte Krankheiten zur Folge. Heilmittel konnten die inneren Säfte von außen beeinflussen; von ihnen wurde mit der gleichen Logik angenommen, daß sie additive oder subtraktive Eigenschaften besäßen. Für die vier Grundeigenschaften warm, kalt, feucht und trocken galt dasselbe, ebenso für das menschliche Naturell. Übermäßige Hitze wurde mit Feuchtigkeit behandelt, Feuchtigkeit mit Trockenheit usw. Das Heilmittel Wasser konnte unterschiedlich eingesetzt werden: Von kaltem Wasser nahmen die Ärzte an, daß es zusammenzog und festigte, warmes Wasser dagegen konnte lösen und erweichen.[4]

Eine schon in Badstuben häufig angewandte Therapie, durch die der Körpersäftehaushalt ausgeglichen werden konnte, war der Aderlaß. Er durfte zunächst nur von Männern durchgeführt werden und wurde vor allem zur Vorbeugung oder dann vorgenommen, wenn die Ursache

57   Im Frauenbad. Frauen und Männer genossen die Badstube in der Regel zu verschiedenen Zeiten. Hier ist auf einem Nürnberger Holzschnitt von 1545 ein Schwitzbad abgebildet

Der Bader

Nüfft Angst und Schweiß, folgt Ruh und Preiß.

Was ist die Welt? ein heisses Bad
in welches wir zum Schwitzen kommen.
Sie schrepfft u: machet bang den Fromen,
doch dieses nutzt und ist kein Schad
indem mit Trost deß Höchsten Huld,
kühlt die geängstete Gedult.

120 Millilitern. Das Blut lief in die Aderlaßschüssel aus Metall oder Keramik, wurde genau gemessen und auf seine Beschaffenheit hin kontrolliert. Als vorteilhaft wurde fettreiches Blut angesehen, also rotes Blut mit weißem Wasser. Aus der Schaumbildung und der Färbung konnte auf Krankheiten und den Verlauf der Heilung geschlossen werden. Noch zu Beginn des 19. Jahrhunderts war der Aderlaß eine häufig angewendete Methode. Erst als Pierre Louis im Jahr 1835 durch klinisch kontrollierte Versuche auf die Unwirksamkeit und Schädlichkeit von falsch angewendetem Aderlaß hinwies, setzte ein Rückgang dieser Therapieform ein.

Auch durch das Schröpfen konnte der Körper von »schlechten Säften« gereinigt werden. Es wurde in der Regel von Badern oder Wundärzten ausgeführt. In Württemberg bekamen die Hebammen erst durch den Erlaß vom 18. März 1841 das Recht zum Schröpfen. Sie waren die einzigen heilkundigen Frauen, die für die weibliche Bevölkerung zur Verfügung standen, denn eine ärztliche Ausbildung wurde Frauen erst im 20. Jahrhundert erlaubt. Durch Erhitzen von kuppelartig geformten Gläsern konnte ein Unterdruck in den Gefäßen erzeugt werden, die dann auf die Haut aufgesetzt wurden und diese während der Abkühlung in die Höhe zogen. Damit wurde die Durchblutung im betroffenen Körperteil angeregt. Während beim trockenen Schröpfen die Haut nicht verletzt wurde, ritzte der Bader beim blutigen Schröpfen die Haut mit dem Schröpfschnepper an, das Blut konnte dann abfließen. War der Schröpfkopf etwa zu einem Drittel mit Blut gefüllt, fiel er von selbst ab. Die Schröpfköpfe bestanden aus Glas, Holz, auch Ton oder Metall und waren unterschiedlich groß. Vor allem bei älteren und kränklichen Menschen wurde wegen der besseren Verträglichkeit eher das Schröpfen als der Aderlaß gewählt. Bevorzugt wurden die Schröpfköpfe an Brust, Bauch, zwischen den Schulterblättern, am Rücken oder an den Waden angesetzt. Die Methode war sehr verbreitet und wird auch heute noch, vor allem bei rheumatischen Beschwerden, angewendet.

58   Der Bader. Er durfte Bäder zubereiten und massieren. Dem Bader war es erlaubt, zur Ader zu lassen und zu schröpfen. Kupferstich aus: Weigel Christoph: Abbildung der Gemein-Nützlichen Haupt-Stände. Regensburg 1698

Mit Klistieren, die zu den ältesten medizinischen Geräten gehören, glaubte man ebenfalls das Gleichgewicht der Säfte wieder herstellen zu können. Klistiere wurden zur Abführung, zur inneren Reinigung, zum Krampfstillen und zur Herstellung des allgemeinen Wohlbefindens verabreicht. Bei einem Einlauf wurde in den Mastdarm Flüssigkeit eingeführt. Das konnten Wasser und Essig, Pflanzenextrakte aus Pappel, Ysop, Flachssamen und ähnliches, Alaun, Weinstein, frische Kuhmilch oder, zur besonderen Reinigung, ein Destillat aus Tabak sein. Zunächst bestanden die Klistierspritzen aus einer Tierblase oder einem Ledersack mit angefügten Darmröhren oder Horntrichtern. Schon im 16. Jahrhundert gab es Handspritzen aus Zinn. Dr. Bauhin empfahl auch solche aus Silber oder Messing. Zu Badereisen wurde häufig das eigene Klistier mitgenommen, da die Kur erst nach der äußeren und der inneren Reinigung beginnen konnte. Klistiere waren besonders im 17. und 18. Jahrhundert beliebt.[5]

59   *Aderlaß-Männchen aus einem Kalender von 1799. Die verschiedenen Laßstellen werden bezeichnet; es wird angegeben, welche Krankheiten sich durch eine dortige Blutabnahme besonders gut behandeln lassen. Kupferstich aus: Herzoglich-Württembergischer gnädigst privilegirter Land- und Bauern-Kalender für das Jahr der christlichen Zeitrechnung 1799. (Stuttgart 1798)*

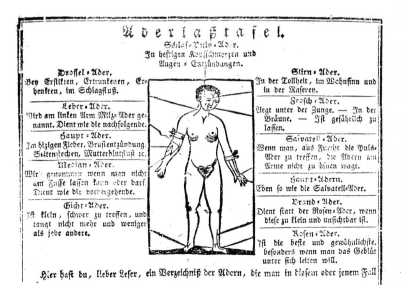

Das »New Badbuch« von Dr. Johannes Bauhin

Im Jahr 1595, zwei Jahre nachdem Friedrich I. als Herzog von Württemberg nach Stuttgart umgezogen war, forderte dieser seinen Leibarzt Dr. Johannes (Jean) Bauhin auf, ein Urteil über die Heilkraft der Boller Quelle abzugeben. Bauhin ließ sich dazu Berichte von Zeugen zuschicken, die das Bad schon gebraucht hatten. Ab dem 23. August 1596 hielt er sich selbst bis in den Oktober hinein in Boll auf, um die Quelle und ihre Heilwirkungen genauer zu untersuchen. Das Ergebnis dieser Arbeiten schrieb er in einem über 900 Seiten dicken Buch nieder. Sein deutscher Titel lautete: *Ein New Badbuch/ Und Historische Beschreibung/ Von der wunderbaren Krafft und würckung/ des WunderBrunnen und Heilsamen Bads zu Boll/…* Ab 1598 wurde es viermal in lateinischer Sprache und ab 1602 dreimal in deutscher Sprache verlegt. Die letzte Auflage erschien 1614, zwei Jahre nach Bauhins Tod. Es war offenbar ein vielgelesenes Buch. Bauhin wollte nach eigenen Angaben, mit dieser »History« das Interesse am Bad in Boll erwecken:
Alles zu dem End/ das nicht allein die Underthanen/ sondern auch die Frembde und Außländische/ so ihrer Gesundheit halben sich dahin begeben willens/ eines solchen thewren und werthen Schatzes theilhafftig werden/ unn dessen reichlich geniessen möchten.[6]
Das Werk zählt zur Badeliteratur, einer Literaturgattung, die vorrangig vom 15. bis zum 17. Jahrhundert populär war. Neben der Anleitung zum richtigen Gebrauch der Heilbäder waren die »Badebüchlein« gleichzeitig eine Art Reiseführer zu den Badeorten. Ihr Aufbau ist fast immer der gleiche, und auch die Vorschriften zum Badgebrauch ähneln sich sehr. Die ersten Bücher erschienen in lateinischer Sprache und waren daher nur dem gelehrten Publikum zugänglich. Im Jahr 1468 hatte z. B. Felix Hemmerlin seinen *Tractatus perutilis de balneis naturalibus sive termalibus* veröffentlicht, und um 1470 war ein Bericht des württembergischen Leibarztes Johannes May über das Bad in Calw erschienen. Als erster schrieb dann um 1480 der Nürnberger Meistersinger und Barbier Hans Foltz in deutscher Sprache und in Reimform *Dises puchlin saget uns von allen paden die von natur heiß sein.* Der Tradition verpflichtet, führte auch er die gängigen

Ein New Badbuch/

Vnd

Historische Beschreibung/

Von der wunderbaren Krafft vnd würckung/

des WunderBrunnen vnd Heilsamen Bads zu Boll/

nicht weit vom Sawrbrunnen zu Göppingen/im

Hertzogthumb Würtemberg.

Auß Beuelch des Durchleuchtigen Hochgebor-

nen Fürsten vnd Herrn/ Herrn Friderichs/ Hertzogen zu Würtemberg vnd

Teck/ Grauen zu Mümpelgart/ vnd Herrn zu Haidenheim rc. Der beider Kö-

niglichen Orden in Franckreich vnd Engelland Ritters/ Zu der Vnderthanen

vnd Benachbarten / auch anderer Außlendischen Völcker vnnd Nationen

Nutzen/ von wegen seiner außbündigen Krafft vnd Tugendt/

erbawen vnd zugerichtet.

Durch Johannem Bauhinum D. Ihrer Fürstl. Gn.

Hof Medicum zu Mümpelgart/ Erstlich Lateinisch beschrieben/

an jetzo aber ins Deutsch gebracht/ Durch

M. Dauid Förter.

Vnd ist nicht allein für die jenigen/ welche sich dieses Brun-

nen vnd Bads gebrauchen werden/ Sondern auch für die/ so andere heil-

same Wasser trincken/ oder darinnen baden wöllen : Wie auch in Heilung

vnd vertreibung viler Branckheiten ausserhalb der Bäder/

ein sonderer Nutz hierin zu finden.

Mit vielen schönen Figuren/ mancherley Erdgewächsen/ Sampt

beygelegten 6. Landtaffeln/ der schönen Gelegenheit vnnd

Landtschafft vmb Boll/ fürgestellt.

Mit fürstlicher Würtemb: gnad vnd Freyheit/ nicht

nachzudrucken begnadet.

Getruckt zu Stutgarten/ durch Max

Fürstern/ Anno 1602.

Baderegeln auf und stellte einzelne Bäder vor. Im Jahr 1489 veröffentlichte dann der Kanonikus Heinrich Gundelfingen eine Schrift über die Thermen von Baden und 1525 erschien Paracelsus Schrift *Von den natürlichen Bedern*. Die Vorbilder der deutschen Autoren waren in Italien beheimatet, dessen Bäderliteratur um einiges älter und umfassender ist als die deutsche, die sich erst gegen Ende des 15. Jahrhunderts zu entwickeln begann. Bauhin nennt als Autoren vor allem Fallopius und Montagnana, der die paduanischen Bäder beschrieb.[7]

Die 1602 erschienene Ausgabe von Bauhins *New Badbuch* war von Martin Förter ins Deutsche übersetzt worden, um das Bad populär zu machen, Gäste, vor allem »den gemeinen Mann«, anzuziehen, und ihnen eine Anleitung zum Badgebrauch zu geben. Im Vorwort schreibt Förter:

Weil nun solches alles/ wie gemelt in Latein beschrieben worden/ und aber ihrer viel/ oder auch wol der mehrer theil/ sonderlich unter denen/ so deß heilsamen Wassers und Bades zu Unterhaltung oder Widerbringung unnd Erstattung ihrer Gesundtheit sich gebrauchen/ und zu ihrem mehrern und besserm Nutzen diß Buch fleissig lesen solten/ und damit sie sich Berichts darauß erholen künten/ wessen sie sich bey ihrer fürgenommenen Bad Chur zu verhalten/ der Lateinischen Sprach nicht erfahren/ Als haben Ihre fürstl: Gn. Damit jederman so viel möglich gedienet/ unnd gewilfahret werde/ mir gendig aufferlegt unnd befohlen/ solche Lateinische Beschreibung/ dem gemeinen Mann zum besten/ inn verständlich Deutsch zu bringen …[8]

Der Verleger und Buchdrucker Max Förter, vermutlich ein Bruder von Martin Förter, druckte die erste Auflage in 800 Exemplaren. Ein Exemplar kostete einen Gulden und dreißig Kreuzer. Ein Teil wurde in Boll vom Badearzt Dr. Renz direkt an die Kurgäste verkauft, der Erlös floß an den Kirchenkasten.[9]

Im *New Badbuch*, das insgesamt in vier Bücher gegliedert ist, wurde die Empirie an ihre damaligen Grenzen getrieben. Im ersten Buch schildert Bauhin die Entdeckung und Erschließung der Quelle, ihre ursprüngliche Fassung und die dabei gefundenen Fossilien. Er beschreibt die Badanlage, das Dorf Boll und die Umgebung und zählt die ansässigen Ärzte und Apotheken aus den umliegenden Städten auf. Es folgt eine detaillierte Analyse der Bestandteile des Wassers samt der Nennung ihrer Heilkraft und in diesem Zusammenhang auch die Auseinandersetzung

60 Johann Bauhin: Ein New Badbuch, Stuttgart 1602: Titelblatt

mit damals bekannten Autoren, die sich mit dem Heil-baden beschäftigten. Die Krankheitsgeschichten, die sich Bauhin hatte aufschreiben oder erzählen lassen, samt der eingetretenen Heilwirkungen und in einzelnen Fällen der durchgeführten ärztlichen Behandlung bilden den Abschluß dieses Buches.

Das zweite Buch behandelt die Wirkung der verschiedenen Arten von Bädern im allgemeinen und die von Boll im besonderen. In diesem Zusammenhang führt Bauhin alle damals in Europa bekannten Bäder an. Er stellt Kur- und Baderegeln auf und macht besondere Anwendungen, wie »Schweißbäder« oder das »Abtropfen« bekannt. Auch bespricht er die körperlichen Probleme, die während des Badens auftreten können.

Im dritten Buch handelt er alle Krankheiten ab, die mit der Boller Quelle behandelt werden können.

Das vierte Buch enthält eine umfangreiche Naturgeschichte der Boller Umgebung: Steine und Mineralien, Fossilien, Tiere und Pflanzen werden beschrieben. Etliche werden auch bildlich festgehalten. Unter anderem zählt Bauhin 34 Birnen- und ca. 60 Apfelsorten auf, die damals in der Boller Gegend heimisch waren.

Herzog Friedrich hatte Johannes Bauhin als Leibarzt und als Erzieher seiner Söhne an seinen Hof nach Mömpelgard (Montbéliard) geholt. Auf vielen Reisen des Herzogs war er als Begleiter dabei. Als der Herzog 1593 nach Stuttgart übersiedelte, um die Regierung Württembergs zu übernehmen, blieb Bauhin als Erzieher der Prinzen in Mömpelgard. Johannes Bauhin stammte aus einer hugenottenischen Arztfamilie, die wegen ihres Glaubens 1541 von Frankreich nach Basel übersiedeln mußte. Dort wurde er am 12. Februar 1541 geboren. Sein Vater Jean Bauhin war Leibarzt der Königin von Navarra gewesen. Der Sohn erhielt eine gute Ausbildung und studierte Medizin und Naturgeschichte beim damals wichtigsten Schweizer Botaniker, Conrad Gessner in Basel, dann in Tübingen unter Leonhard Fuchs und auch bei seinem Vater. Er hielt sich in Montbéliard, Padua, Lyon und Genf auf und stellte immer wieder botanische Studien an. 1566 erhielt Bauhin eine Anstellung als Professor für Rhetorik an der Universität in Basel. Nachdem er an den Hof nach Montbéliard gerufen worden war, legte er dort den ersten botanischen Garten nördlich der Alpen an.

Bauhin veröffentlichte etliche medizinische Schriften, und mit Unterstützung seines Schwiegersohns, Johann Heinrich Cherler, verfaßte er ein großes, posthum im Jahr 1650 erschienenes botanisches Sammelwerk »Historia plantarum«. Dieses enthält etwa 5000 Pflanzenbeschreibungen, darunter ca. 120 erstmals beschriebene Arten.

Johannes Bauhin war dreimal verheiratet und hatte wohl etliche Kinder. Alle Söhne, das heißt alle Stammhalter, starben früh, wie viele Töchter überlebten, ist nicht bekannt. Er selbst wurde 71 Jahre alt und verschied im Jahr 1612 in Montbéliard. [10]

Heilanzeigen in Bad Boll

Um über die Heilwirkungen des Boller Wassers Auskunft an Herzog Friedrich I. geben zu können, ließ Dr. Bauhin die Krankengeschichten derjenigen zusammenstellen, die die Boller Heilquelle schon benutzt hatten. Insgesamt 47 Krankheitserzählungen wurden vom 25. Mai bis zum 30. Juni 1595 in Boll von *ehrlichen Leuten*, so Bauhin, aufgezeichnet. Danach wurde die Quelle für ein Jahr zum unentgeltlichen Gebrauch des Wassers zum Baden und Trinken freigegeben, mit der Auflage, daß von der Obrigkeit oder vom Wundarzt ein Bericht verfaßt werden mußte, in dem der Krankheits- bzw. Heilungsverlauf dargestellt wurde. So kamen im Jahr 1595 weitere 44 und im Jahr 1596 nochmals 24 Beobachtungen dazu. Außerdem untersuchte Bauhin selbst 72 Personen, die nach der Erbauung des Badhauses eine Kur genossen. Die meisten Benutzerinnen und Benutzer kamen aus der näheren Umgebung, aus Weilheim, Aichelberg, Albershausen, Schorndorf, Kirchheim, Geislingen, Adelberg, Ohmden und anderen Orten. Doch auch der Kaufmann Nicolaus Esterlin aus Augsburg ließ sich behandeln. Während manche Kuren zu keinem befriedigenden Ergebnis führten, schienen sich einige Krankheiten gut behandeln und heilen zu lassen: Chronische Geschwüre, »offene Schenkel«, Ausschläge, Rheumatismen, Lähmungen oder »Schwäche der Glieder«, Hals- und Nasenleiden, Krankheiten der inneren Organe und Unterleibsbeschwerden. [11] Hieronymus Walch, der um 1635 Badearzt war, lobte am

Boller Wasser, daß es *erwärmet, trücknet, öffnet, erweichet, zeucht zusammen, treibet, reiniget das Geblüth, heilet, purgiret, machet Harnen, Schwitzen und Außschlagen.* Seine Auflistung all der Krankheiten, die sich zur Behandlung anboten, umfaßt ähnliche Symptome wie die von Bauhin beschriebenen.[12]

Dieselben Krankheiten wurden im 18. Jahrhundert auch noch behandelt: So kamen die Gnadenbädler unter anderem wegen Rheumaschmerzen, Arthritis, Gliederschmerzen, Lähmungen, offenen Beinen, gebrochenen Rippen, schlechtem Nervenzustand, Krätze, bösartigem Ausschlag oder »offenem Leibfluß«. Einen hatte ein Hund gebissen, und die Wunde wollte nicht heilen, und ein anderer war offenbar durch einen herunterfallenden Sack verletzt worden.[13]

Eine zusätzliche Behandlungsmöglichkeit wurde im 19. Jahrhundert angeboten: Für die Heilung von Atemwegserkrankungen wurde Schwefelwasserstoffgas eingesetzt. Die Wasseranwendungen dienten weiterhin vor allem zur Behandlung gichtischer und rheumatischer Leiden, von Hämorrhoidal- und Unterleibsbeschwerden, von Leberverhärtung und Magenbeschwerden und vor allem auch zur Behandlung von Hauterkrankungen. Knochenschmerzen, die infolge einer Syphiliserkrankung auftraten, und die bei der Behandlung dieser Krankheit häufig auftretende Quecksilbervergiftung wurden ebenfalls bekämpft.[14]

Die heutigen Heilanzeigen unterscheiden sich wenig von den überlieferten. Noch immer werden im Boller Bad rheumatische Erkrankungen, Nervenschmerzen (Neuralgien), Wirbelsäulen- und Bandscheibenschäden, Verschleißerscheinungen wie Arthrose und funktionelle Herz-Kreislauf-Krankheiten behandelt. Dazu kommen Nachbehandlungen nach Operationen, Vorsorgekuren und Kuren nach körperlicher und psychischen Erschöpfungszuständen. Mit dem Schwefelwasser werden außerdem verschiedene Hautkrankheiten bekämpft.

1 Hahn: Wunderbares Wasser, S. 20–30, 46–56; Krizek: Kulturgeschichte, S. 64.

2 Krizek: Kulturgeschichte, S. 21, 64–66; Martin: Deutsches Badewesen, S. 196–210.

3 Hahn: Wunderbares Wasser, S. 75.

4 Staib, Heidi: Volksmedizin und gelehrte Medizin. In: Württembergisches Landesmuseum: Baden und Württemberg, Bd. 1.2, S. 1239; Braun: Paracelsus, S. 125, 152; Krauss, Wolfgang: Über das Wasser in der Medizin. In: Historisches Museum Wien: Das Bad, S. 20.

5 Krizek: Kulturgeschichte, S. 73–77; Staib, Heidi: Volksmedizin und gelehrte Medizin. In: Württembergisches Landesmuseum: Baden und Württemberg, Bd. 1.2, S. 1238–1240; Riecke: Das Medizinalwesen, S. 113; Bauhin: New Badbuch II, S. 108.

6 Bauhin: New Badbuch I, S. 4.

7 Mehring: Badenfahrt, S. 33; Bauhin: New Badbuch I, S. 59, 74; Lersch, Bernhard Maximilian: Geschichte der Balneologie, Hydropoesie und Pegologie oder des Gebrauches des Wassers zu religiösen, diätetischen und medicinischen Zwecken. Würzburg 1863, S. 168–172.

8 Bauhin: New Badbuch I, Vorrede.

9 HStAS A249 Bü 789, Bad Boll 1599–1618; Pfeilsticker: Neues Württembergisches Dienerbuch, § 215.

10 Allgemeine Deutsche Biographie. Leipzig 1875, S. 149–151 (2. Band); Neue Deutsche Biographie. Berlin 1953, S. 649–650 (1. Band); Pfeilsticker: Neues Württembergisches Dienerbuch, § 326; Hirsch: Biographisches Lexikon, S. 382.

11 Bauhin: New Badbuch I, S. 4, 107–198.

12 Walch: Beschreibung deß Wunder=Brunnens, S. 3.

13 HStAS A249 Bü 796 Gesuche um Gnadenbad 1757–1779.

14 Beschreibung des Oberamts Göppingen, S. 10–11; Sigwart: Die Mineralwasser, S. 53; Wetzler: Über Gesundbrunnen, Bd. I, S. 230.

Die »Badenfahrt« – Kuren in Bad Boll

Sabine Rumpel

In der Anfangszeit begann in Boll die »Badenfahrt«, die Saison, am 1. Mai, manchmal auch schon am Samstag vor Ostern, das Ende war an Michaelis, dem 29. September. Gelegentlich wurden auch noch bis Martini, dem 11. November, die Kessel geheizt, vor allem wenn vornehme Gäste noch bleiben wollten. Die Heizkosten mußten dann aber von diesen übernommen werden. Im frühen 16. Jahrhundert rieten die Ärzte zu einer Badekur im Frühjahr und im Herbst, die Sommerzeit galt als wenig günstig. Im Laufe der Jahrhunderte verlagerte sich die Hauptsaison jedoch immer mehr auf den Hochsommer. Aus dem frühen 17. Jahrhundert ist für Boll eine durchgängige Saison überliefert, die 22 Wochen dauerte. Im 18. Jahrhundert begann die Saison am 15. Mai und endete am 15. September.[1]

Eine Badekur war auch zu Hause möglich. Dazu wurde das Wasser in Fässern oft über weite Entfernungen in die entsprechenden Orte geliefert. Allerdings war dazu die herzogliche Erlaubnis nötig, die jedoch immer wieder erteilt wurde, z.B. bei einer Frau, die wegen ihrer kleinen Kinder nicht ins Bad reisen konnte. Reichsvizekanzler Hans Ludwig von Ulm zu Erbach erhielt im Jahr 1619 täglich ein Faß, und auch Albrecht Ernst von Hohenrechberg bezog Boller Wasser für sein krankes Kind. Als 1620 Obrist Otto von Vohenstein auf Schloß Filseck Boller Wasser geliefert bekam, wurde er ausdrücklich ermahnt, dem Überbringer auch seinen Lohn auszuzahlen. Die Empfänger hatten nämlich sowohl die Kosten für das Abfüllen als auch den Transport des Wassers zu begleichen.[2]

Baden im Zuber und im Zimmer – Badeeinrichtung und Badezubehör

Als Baderaum für das bürgerliche und adelige Publikum diente das Schickhardtsche Kreuzgewölbe mit den fünf Säulen im Erdgeschoß der Badherberge. Auf dem steinernen Fußboden standen die hölzernen Zuber nebeneinander und waren zum Schutz gegen Fäulnis auf Hölzer oder Steine gestellt. Die Zuber waren oval und so tief, daß es möglich war, mit dem ganzen Körper einzusitzen. Vorbildlich und fortschrittlich war in Boll, daß, wie im Kapitel über die Technik des Boller Bades ausgeführt wurde, an den Heizkesseln heißes Wasser nach Bedarf abgelassen werden konnte. Zum Verschluß der Leitungen dienten zunächst einfach gedrehte hölzerne Zapfen, die Baumeister Schickhardt jedoch schon im Jahr 1597 durch

61 *»Wie anno 1625 die heilsam Schwefelquell zu Boll benutzet wurd / 7 Stund währete ein Bad / auch vertreibete man Schlaf und Mückenplag«. Fiktive Darstellung des Badebetriebs von Julius Koch, Radierung, 1934. Gemeindearchiv Boll*

Hahnen aus Messing ersetzen ließ. Nach dem Ende des Bades wurde das Badewasser auf den Boden abgelassen, der mit einem Gefälle so gepflastert war, daß das Wasser in einer Rinne abfließen konnte.[3]

Ein guteingerichtetes Bad brauchte eine große Anzahl von Badezubern. 142 davon gab es in Bad Boll im Jahr 1629, im Jahr 1633 hatte sich die Zahl auf 128 und 1649 – nach Beendigung des Dreißigjährigen Krieges – auf 42 verringert. Zunächst dienten 494 Bretter zum Abdecken der Zuber, auch hier waren 1649 nur noch 142 vorhanden. Zu Beginn des 18. Jahrhunderts besaß das Bad dann wieder 150 Zuber, von 1740 an sollten jährlich zehn neue Zuber angeschafft werden.[4]

Geheizt wurden die Baderäume nicht, nur vom Kesselhaus konnte eine gewisse Wärme ausgehen. Das befestigte Badhaus war gegenüber dem Baden in Zelten unter freiem Himmel sicherlich ein Fortschritt; heute läßt einen die Vorstellung davon, in einem ungeheizten Raum im Badzuber zu sitzen, allerdings erschauern. Bauhin jedoch war der Auffassung, daß das Baden in Boll das ganze Jahr über möglich sei, da ein festes Dach über dem Kopfe vorhanden sei, das im Sommer vor der Sonne, im Winter vor Wind und Kälte schütze.[5]

Nachdem die Badegäste im kühlen Badraum in die Zuber gestiegen waren, hatten sie darin einen gewissen Schutz vor der Kälte, denn sie saßen im erwärmten Wasser und deckten die verbleibende Öffnung nach oben hin mit Brettern und Tüchern zu. Damit sollte zum einen die Wärme gehalten, zum anderen aber auch der Kopf vor den aufsteigenden Schwefeldämpfen, die leicht Schwindel verursachen konnten, geschützt werden. Jeder Gast behielt in der Regel seinen Zuber die ganze Kur über. Dies legte die Badordnung von 1599 fest: *Es soll auch kein Badgast den Andern uß seinem eingegebenen Gemach, Zuber und Platz, so er Badens halber bestellt, zu vertreiben sich understehen.*[6] Aus dem Sauerbrunnenbad in Göppingen ist überliefert, daß einige Gäste am Badegeld, das pro Zuber berechnet wurde, sparen wollten und nach sich ihre Familienangehörigen oder ihr Gesinde ins Badwasser steigen ließen oder gleich zu mehreren badeten. Dies wurde jedoch nach der Ordnung von 1650 ausdrücklich verboten.[7]

Trennwände im Baderaum gab es zunächst nicht, obwohl dies der Keller von Göppingen schon im Jahr 1597 anregte. Allerdings wurden die Zuber so weit voneinander entfernt aufgestellt, daß dazwischen aufgehängte Tücher einen gewissen Sichtschutz boten. Hinter diesen konnte sich der Gast an- und ausziehen und in den Zuber steigen. Zu Beginn des 18. Jahrhunderts waren dann Trennwände aus Brettern vorhanden: Sie unterteilten Frauenbäder und Männerbäder. Im Jahr 1736 wird weiter spezifiziert, es gäbe Abtrennungen sowohl für *Manns= als Weibs=Personen, … die Cavallier, Dames, Beamte, gemeine Burgers=Leute und die Armen.* Spätestens jetzt waren also sowohl die Geschlechter als auch die Stände voneinander getrennt – ein Ausdruck für den Mentalitätswandel, der Teil der sich entwickelnden bürgerlichen Kultur war. Zusammen zu baden war nicht mehr gefragt. Die zwölf Gnadenbädler wurden sowieso separiert, sie badeten gesondert im »Armenleuth Badhaus«. Aus dem Jahr 1822 ist überliefert, daß im Erdgeschoß hinter den Verschlägen nur noch die »gemeinen Leute«, die unteren Stände, badeten. Im Bad in Boll kam es also nie zu einem wirklichen Zusammenleben der verschiedenen Stände: Zur gleichen Zeit am gleichen Ort zu sein, hieß nicht, daß man auch etwas miteinander zu tun hatte oder haben wollte. Doch gab es keine so scharfe Trennung wie z. B. in Wildbad, wo es für die einzelnen Stände und Ränge getrennte Badestätten gab und wo nach der Ordnung von 1740 die Badenden in vier Klassen eingeteilt wurden.[8] Die reicheren Leute und Standespersonen hatten sich zudem schon seit der Gründung des Boller Bades immer darum bemüht, die Erlaubnis zu erhalten, im eigenen »Gemach«, in der Regel in der Kammer, zu baden. Doch Herzog Friedrich I. wollte Badekuren in den Gästezimmern eigentlich nicht erlauben. In der Badeordnung von 1599 hieß es: *Item es soll keinem Badgast in Stuben oder Chammern zu baden zugelassen werden, sondern in dem ordenlichen Badhaus meniglich baden.* Doch schon von Anfang an wurden Ausnahmen gemacht, und es war möglich, entsprechende Gesuche an den Herzog einzureichen. Der Wunsch, im Zimmer baden zu können, ist verständlich vor dem Hintergrund der mangelnden Umkleidemöglichkeiten im Badesaal und durch die Möglichkeit, daß sich die Gäste nach einem Bad im Zimmer sofort ins Bett legen konnten, ohne bei einem sonst nötigen Gang durchs Haus zu frieren oder sich eine Erkältung zuzuziehen. Wurde die Erlaubnis erteilt, war stets der Hinweis damit verbunden, das Wasser nicht im Zimmer auszuschütten. Zum Entleeren stellten die Badknechte dann ein Gefäß unter das Spundloch des hochgestellten Zubers, in dem das Wasser aufgefangen wurde, manchmal aber auch überschwappte. Offenbar leerten sie dann das Wasser häufig einfach zum Fenster hinaus, weswegen immer wieder gemahnt wurde, es vorschriftsgemäß die Treppe hinunterzutragen.[9] Vor dem Hintergrund, daß das Gebäude, eine Fachwerkkonstruktion, durch das Verschütten von Wasser Schaden erlitt, ist der Widerstand des Herzogs gegen das Baden in den Zimmern zu verstehen. Schon vorsorglich waren die Böden und Gänge in Boll mit Steinplatten belegt worden. Im Jahr 1791 waren dann die oberen Stockwerke mit einer Abwasserleitung versehen. Die Badknechte mußten nun das gebrauchte Badwasser nur noch in besondere Zuber schütten, von wo aus es in das Schöpfhäuschen abfließen konnte. Trotzdem waren im Jahr 1797 einige Balken so verfault, daß ein Abort nicht mehr zugänglich war und einzustürzen drohte.[10]

Ankleideräume gab es in der Anfangszeit keine, als Kleiderablage dienten Bretter auf eingemauerten Trägern. Die Badenden mußten sich also im nicht sehr warmen Baderaum hinter den aufgehängten Tüchern an- und auskleiden. Vermutlich zogen sie sich in der Regel aber bereits in ihren Gästezimmern um und gingen dann im Schlafrock in den Baderaum. So war es schon in den mittelalterlichen Badstuben nicht ungewöhnlich gewesen, sich zu Hause umzuziehen und im Schlafrock über die Straße zu spazieren. Für die vornehmeren Gäste, die die Erlaubnis hatten, im Zimmer baden zu dürfen, entfiel dieses Problem.[11]

Als Badekleidung war im 18. Jahrhundert ein Badhemd üblich, falls überhaupt Kleidung getragen wurde. Badhosen und Schürzen, wie sie in Badstuben üblich gewesen waren, wurden offenbar in den Mineralbädern nicht mehr benutzt. Durch Jacob Moser, der 1758 »Brauchbare Nachrichten« vom Wildbad veröffentlichte, ist die zu jener Zeit übliche Kleidung überliefert. Sie ähnelt einem *bis fast auf die Erde gehenden Schlafrock, mit offenen (welches besser ist,) oder mit beschlossenen Ermeln,*

und oben mit einem Kragen und Knopf. Hinten werden mitten in dem Rücken 2. Bändel einer Ehle lang angenäht, mit welchen man so dann das Bad=Hembd zuknüpfet.

Weisses zartes Tuch schicket sich nicht darzu, weil es sehr an dem Leib klebt, und dadurch dessen ganze Beschaffenheit zeigt; sondern man nimmt ungebleicht oder gar hänfen Tuch darzu.

Die Badekleidung der Frauen sah etwas anders aus: *Weibs=Personen lassen sich auch ein solch Bad=Hembd machen: Andere thun kein Hembd an, sondern bedecken den Ober=Leib mit einem Capuciner=mäßigen Ober=Mantel, oder Saloppe, so dann bedienen sie sich eines ungefüterten Unterrocks von baumwollenen Zeug oder Barchet; wiewohl Einige wahrscheinlich meinen, die Krafft des Bad=Wassers werde durch die Dicke des Barchents mercklich geschwächt.*[12]

Üblich war außerdem – schon seit den Zeiten der Badstuben – ein Badehut oder ein sonstiger Kopfputz, der mit »Fluss=Pulver« geräuchert sein sollte, was angeblich helfen konnte, die aufsteigenden Dämpfe besser zu bewältigen.[13] Während es in Württemberg auch im 19. Jahrhundert noch üblich war, Badekleidung zu tragen, wurde andernorts – vor allem, wenn man allein badete – nackt gebadet, damit das Wasser besser auf den Körper einwirken konnte.[14]

Verhaltensregeln und medizinische Ratschläge

Im Jahr 1519 erschien eine Schrift über die Eigenschaft und Wirkung der Wildbäder von Laurentius Phries. Darin brachte er die zu seiner Zeit herrschende ärztliche Lehrmeinung über die Anwendung von Bädern zu Papier. Wie Georg Pictorius gehörte er zum Kreis der Straßburger Humanisten und propagierte das Baden zu medizinischen Zwecken. Die Vorschriften von Phries, die dem zu seiner Zeit üblichen Standard entsprachen, sind folgende: 1. Ins Bad soll genügend Geld mitgenommen werden, *auf das du mögest halten zimliche Ordnung.* 2. Die Badedauer soll täglich um eine Stunde verlängert werden. 3. In der heißen Jahreszeit ist das Baden am frühen Morgen oder am frühen Abend am besten. 4. Die beste Badezeit

62` *Martin von Maskosky
(7. 11. 1627 Pudolin/Zips –
17. 4. 1701 Göppingen). Physikus
in Göppingen und Badearzt in
Bad Boll. Er verfaßte das Buch
»Das Göppingische Bethesda«,
in dem er Regeln für das Baden
und Vorschriften für eine Kur
zusammenstellte. Ölbildnis aus
seinem altarartigen Epitaph in
der Göppinger Oberhofenkirche*

ist allerdings morgens, wenn die Sonne aufgeht. Nach Pictorius ist dann die Luft von den nächtlichen Ausdünstungen gereinigt, sauber und etwas kühl. 5. Vor dem Bad soll sich der Badewillige reinigen, d. h. den Darm und die Blase entleeren und den Speichel entfernen. 6. Im Bad darf weder gegessen noch getrunken werden. Warme Speisen verstärken die Badhitze nämlich und faulen im Magen leicht, kalte Speisen dagegen verhindern die Wirkung des warmen Wassers und die Öffnung der Poren. 7. Wer hitziger oder trockener »Complexion« ist, wer dünne Haut hat oder schwächlich ist, soll nicht zu lange baden und sich auch nicht zu stark abreiben. 8. Um sich nicht zu erkälten, soll sich der Badgast sofort nach dem Bad in Tücher hüllen. 9. Danach ist es ratsam, sich ins Bett zu legen, zu ruhen und zu schwitzen. So können die vom Bad geschwächten Glieder regeneriert werden. 10. Vor dem Essen soll ein bißchen hin- und hergegangen werden. Ist dies nicht möglich, soll sich der Kurende wenigstens mit einem warmen Tuch abreiben lassen. Die Bewegung bzw. die Massage mit dem Badetuch dient dazu, die Ausdünstungen zu beseitigen, die vom Bad ausgelöst werden. 11. Während der Kur sind nicht alle Speisen erlaubt, sondern nur die leicht verdaulichen. Weißwein wird als Getränk empfohlen. 12. Um eine ausreichende Verdauung zu gewährleisten, soll frühestens sechs Stunden nach dem Essen wieder gebadet werden. 13. Die körperliche Liebe soll während der Kurdauer vermieden werden, weil *da suns vil feuchte eröfnet unn verzeret wird, durch das bad*.[15] Auch der Göppinger Physikus Maskosky riet den Kurgästen, sich der körperlichen Liebe zu enthalten. Für unverheiratete Gäste galt dies sowieso, da sich vorehelicher Geschlechtsverkehr nicht mit einem christlichen Leben vereinbaren ließ. Aber auch Eheleute hatten sich, *da sie beysammen in der Cur sind, entweder dieser delicatesse gänzlich zu enthalten oder doch mit grosser Mässigkeit zu bedienen*.[16]

Immer wieder wiesen die Ärzte auch darauf hin, daß die Kurgäste ihre Sorgen, den Zorn, die Traurigkeit, die Furcht, die Ungeduld, die Melancholie und alles, was ihnen Kummer bereitet, zu Hause lassen bzw. vermeiden sollen, um auch die Seele in der richtigen Verfassung zu haben, die erst die körperliche Gesundung ermöglichen könne. Für Bauhin war das Gemüt der Steuermann, das

den Leib, das Schiff, regiert. Und der Leib richte sich nach dem Gemüt. Daher sollen die Kurgäste auf die Wirkung der Kur hoffen und sich soviel Freude wie nur möglich machen, damit die Badereise auch erfolgreich würde.[17] Krankheit und Gesundung wurde als den ganzen Menschen betreffend angesehen. Die Ärzte der Frühen Neuzeit vertreten damit einen ganzheitlichen Ansatz in Heilungs- und Krankheitsvorstellungen, der mit der Herausbildung der theoretisch-rationalen Wissenschaftsmedizin im 19. Jahrhundert verschüttet wurde. Diese fixierte eine Krankheit nur noch auf die menschlichen Organe, an denen sie lokalisiert werden konnte. Die Ursachen, die hinter dem Krankwerden standen und die Zusammenhänge, die zwischen seelischen und körperlichen Vorgängen bestanden, wurden nicht mehr betrachtet.[18]

Die aufgeführten Baderegeln galten im Prinzip bis zum Beginn des 19. Jahrhunderts. Sie wurden ausgebaut, ergänzt und eingehend begründet. Erst mit der Entwicklung der Medizin und der Chemie kamen ab dem 18. Jahrhundert weitere Regeln hinzu. Die Gäste hielten sich wohl nicht immer an all die Vorschriften und nahmen von den vielen zusätzlichen Rezepten, die in den verschiedenen Badebüchern eingestreut waren, vor allem die in Anspruch, die ihnen am meisten zusagten. Zudem wurde vor oder während einer Kur nicht immer ein Arzt zu Rate gezogen und häufig bekamen die Kurgäste auch vor Beginn der Kur Vorschriften zum Badgebrauch von ihrem Hausarzt, obwohl dieser das Bad, das sie besuchen wollten, meist nicht aus eigener Anschauung kannte.[19]

Der Ablauf der Kur

Gemächlich sollte der Kurgast die Reise zum Bad antreten und genügend Kleidung und »Leinengeräthe« einpacken, war der Rat des Göppinger Amtsarztes Maskosky. Eine Reise nach Boll war, egal ob zu Fuß, zu Pferd oder mit dem Wagen, beschwerlich, denn die Straßen waren nicht befestigt und die Fahrzeiten mit der Kutsche oder sonstigen Gespannen recht lang. Deshalb war zunächst eine Ruhezeit von ein bis zwei Tagen zur Regeneration im Kurplan vorgesehen. In dieser Zeit sollten die Kurgäste mit dem Badearzt Kontakt aufnehmen und, falls schon zu Hause eine ärztliche Behandlung begonnen worden war, ihm den schriftlichen Bericht des Hausarztes aushändigen. Je nach Konstitution wurde dann mit abführenden Mitteln eine innere Reinigung vorgenommen, damit, so Bauhin, *die Gänge geöffnet, und die dicke Matery außgeführt werde.* Durch Schwitzen und einen Aderlaß konnte dieser Prozeß unterstützt werden.

Die folgenden Badetage waren dann genau geregelt: Nach dem Wecken morgens um vier oder spätestens um fünf Uhr mußte sich der Gast Mund, Gesicht und Hände waschen, die Nase schneuzen und sich kämmen. Auch der Hals sollte in diesen frühen Morgenstunden von Schleim gesäubert werden. Alles diente dazu, die »schlechten« Stoffe auszuscheiden, auch das Kämmen sollte die Poren öffnen, damit die ›Dünste‹ heraustreten konnten. Auf das Zeichen der Glocke hin waren das Morgengebet und ein halbstündiger Spaziergang im Zimmer zu verrichten. Damit wurden die Glieder in Gang gebracht und bewirkt, daß auch der Stuhlgang befördert wurde. Nun sollte der Badegast etwas Leichtes frühstücken, empfohlen wurden einige Löffel Suppe. Der Magen hatte vor dem Baden so leer als möglich zu sein. Wenn die am Abend zuvor gegessenen Speisen noch nicht ganz verdaut waren, sollte lieber die Badezeit verschoben werden.[20]

Im Bad selbst war Essen verpönt. Cardilucio gibt dafür die Begründung, daß man während des Essens oder Trinkens im Bad Schweißtropfen einnehmen könne, die Übelkeit erzeugen würden, da der Schweiß aus *schädlicher Materie* bestünde, die vom Körper ausgetrieben würde und deren Wiederaufnahme giftig sei.[21] Der Boller Badearzt Hieronymus Walch erlaubte *zur Labung, und wann der Durst gar zu groß … Rosen=Zucker, Veyel=Zucker, eingemachte[n] Weichslen, Ribes-Citronat, oder frisch gezuckerte[n] Citronat-Scheiblein, Rosinlein in Rosen=Wasser, spanische Brunellen* und ähnliche Kleinigkeiten. Sie dienten vor allem dazu, den Blutzuckerspiegel nicht zu weit absinken zu lassen und erfrischten wenigstens Lippen und Gaumen.[22]

Auch Schlafen im Zuber und direkt nach dem Bad war nicht gern gesehen. Dr. Bauhin war gegen jeglichen Tagesschlaf, der seiner Meinung nach die Wirkung des Bades aufhob. Die Natur müsse die Möglichkeit haben, den Wirkungen des Bades nachzugehen und das »Überflüssige« aus dem Körper auszutreiben. Schlafe derjenige, der zuvor gebadet habe, würden auch die körperlichen Funktionen ruhen, und die Wirkung des Bades würde verpuffen. Außerdem sei es der Natur angemessener, nachts zu schlafen und nicht am Tag:

… daß der Schlaff dem Bade gantz und gar zu wider ist, unnd sollen diejenigen, welche baden, nur deß Nachts schlaffen, doch auch nicht so lang, als sie sonsten gewohnet, sollen aber deß Abends nit so gar lang auff unn in die sinckende Nacht sitzen bleiben, damit sie an stat, da sie deß Nachts gewacht, bei tage darfür schlaffen müssen: Ja, je süsser und lieblicher einen der Schlaff undertags überfelt, je mehr man sich dafür hüten, unn demselben widerstehen soll.[23]

Damit sollte vermutlich auch nächtlichen Ausschweifungen und Trinkgelagen vorgebeugt werden. Hinter der Ablehnung des Schlafens während des Badens verbarg sich eine Vorstellung, die Hans Folz bereits 1480 geäußert hatte. Er nahm nämlich an, daß der Schlaf den Krankheitsstoff, den das heilsame Wasser aus dem Körper herauszog, diesem wieder zuführe:

der schloff ym pad werd nit erfolt
wan was das pad auß treiben solt
das züg der schloff alles hin ein
das sunderlich nit nütz mag sein.[24]

Maskosky bietet einen praktischeren Grund für das Wachsein im Bade an: Durch das Schlafen im Bad würden leicht Ohnmachten und Kopfweh entstehen, vor allem könne der absinkende Kopf irgendwo auf den Zuberrand treffen und der Gast sich dadurch verletzen.[25]

Es darf angezweifelt werden, daß die Regeln zum Schlafen und Essen immer eingehalten wurden. Bei Phries finden sich Hinweise darauf, daß es durchaus üblich war, im Bad zu essen und zu trinken. In Boll ganz eindeutig verboten war jedoch das Spritzen mit Wasser.[26] Die Verhaltensmaßregeln muten streng an und daher werden ihre Übertretungen auch verständlich, dies zumal dann, wenn bedacht wird, daß das Baden damals früh am Morgen begann. Schlaf, Hunger und Durst stellten sich wohl bei vielen Badenden ein.

Badedauer, Badezeiten, Badewasser

Im 15. und 16. Jahrhundert waren Badezeiten von bis zu acht Stunden üblich. Bauhin spricht davon, daß es Leute gäbe, die *wie die Tauch=Enten* Tag und Nacht im Wasser liegen bleiben würden.[27] Die Regel waren allerdings sechs Stunden: ... *man kan wol bey der Zahl sechs verbleiben, gleich wie Gott selbst dabey geblieben, und am siebenden Tage geruhet,*[28] lautete der Grundsatz, geprägt von christlichen Vorstellungen. Zur Zeit Bauhins gab es noch immer Ärzte, die 80 bis 100 Stunden an Badezeit vorschrieben, ohne zu bedenken, ob die Einzelnen dies überhaupt vertragen konnten. Die Kurdauer konnte also bei den täglich langen Badezeiten recht kurz sein: Badete jemand zehn Stunden am Tag, konnte er eine Kur in zehn Tagen schaffen. Nach dem Dreißigjährigen Krieg ging das lange Baden zurück. Trinkkuren, die bereits im Altertum bekannt waren, kamen dagegen immer mehr in Mode. Bei den Badekuren wurde nun die Badezeit in zwei Phasen unterteilt, wobei mittags immer kürzer gebadet wurde als am Vormittag. In einer Instruktion aus dem Jahr 1658 findet sich ein genauer Badeplan für eine dreiwöchige Kur. Täglich wurde die Badezeit gesteigert: Am ersten Tag sollte morgens zwischen acht und neun Uhr eine Stunde gebadet werden und mittags zwischen 13.30 und 14.15 eine dreiviertel Stunde lang. Am zweiten Tag wurde morgens um 7.30 angefangen und 1½ Stunden gebadet, mittags begann das Bad wiederum um 13.30 und dauerte eine Stunde. Jeden Tag wurden die Zeiten gesteigert, bis am sechsten Tag morgens drei Stunden und mittags zwei Stunden Badezeit erreicht wurden. Dies sollte bis zum 16. Tag beibehalten werden, dann begann das Abbaden, das im gleichen Rhythmus wie das aufsteigende Bad erfolgte. Am 21. Tag waren wieder die Badezeiten des ersten Tages erreicht.[29]

Die ersten Boller Kurgäste, die von Bauhin untersucht wurden, badeten, je nach täglicher Badezeit, zwischen zwei und sechs Wochen. Bauhin machte die Dauer einer Kur von der Konstitution und dem Alter der Badenden abhängig. Bei warmen Bädern riet er zu einer etwa zweiwöchigen Kur, bei kälteren Bädern schrieb er 20 bis 30 Tage vor.[30] In späterer Zeit kürzten die Ärzte die Zahl der Badestunden pro Tag noch mehr und verlängerten dagegen den Kuraufenthalt, *damit der Natur desto mehr Zeit und Weil gelassen werde in ihrer Würckung sich nicht zu übereilen.* Cardilucio ging so weit, den Kurwilligen zu raten, nicht länger als fünf Wochen zu baden. Sei dann immer noch keine Heilwirkung eingetreten, hätte es keinen Sinn weiterzubaden.[31] Dr. Bauhin hielt es für die Aufgabe des örtlichen Arztes, die Badezeiten festzulegen. In der Regel erlaubte er drei bis fünf Stunden in lauwarmem Wasser und höchstens zwei Stunden in warmem Wasser. Eine zu lange Badezeit schadete seiner Meinung nach mehr, als daß sie nutzte. Auch war er der Ansicht, daß morgens und abends gebadet werden solle, zu den Zeiten also, in denen es nicht mehr so warm und der Körper daher am wenigsten matt sei. Zwischen den Bädern sollten vier bis sieben Stunden liegen. Weiter riet Bauhin, erst nur bis zum Magen ins Wasser zu steigen und dann jeden Tag sowohl die Wasserhöhe als auch die Temperatur zu steigern.[32] Etliche Badegäste badeten mit der Steigerung der täglichen Badezeiten immer heißer, was den Ärzten nur bis zu einem gewissen Grad recht war. Cardilucio beschreibt dies in recht deutlichen Worten, ... *bis sie bey nahe schier sich darinn wie ein frisches Fleisch im Topff kochen, solches steht nicht zu loben...* Es solle nur so warm gebadet werden, daß der Körper bis in die Tiefe erwärmt werde und der Schweiß austrete.[33] Maskosky gab ebenfalls vor, langsam »aufzusteigen« und die Badezeit täglich um eine viertel bis halbe Stunde zu steigern. Eine Höchstbadezeit vorzuschreiben, hielt er für nicht förderlich, da diese nach der Konstitution des Gastes bemessen werden müsse. Jeder Gast solle so lange sitzen, so lange er es *bequemlich erdulten* möge. Er war der Meinung, daß in der Regel anderthalb bis zwei Stunden Badezeit völlig ausreichend seien. Außerdem hielt er auch nichts davon, daß jeden Tag gleich lang gebadet werden mußte; der Gast solle dies danach entscheiden, wie er sich fühle. Sobald jemand feststelle, daß ihm im Wasser unwohl werde, rieten die Ärzte, das Baden sofort zu beenden. Auch Pictorius warnte vor zu langem Baden, da die natürliche Körperwärme dadurch erlöschen und die in den Körper eindringende Feuchte diesen kälter mache und damit eine Schwächung hervorrufen könne.[34]

War die Witterung schlecht oder kalt, konnte der Gast das Baden durchaus auch bleiben lassen. Ebenso sollte keiner baden, der sich nicht wohlfühlte. Und für Frauen während ihrer *Monatlichen Zeit*, so Maskosky, war das Baden sowieso tabu, *indem der Natur zweyerley auf einmahl nicht aufzubürden* sei, außer wenn die Frauen Probleme mit ihrer Periode hätten. Auch bei bestimmten Krankheiten oder Mißbefindlichkeiten sahen es die Ärzte lieber, wenn nicht gebadet wurde. Dazu zählten Schwindel, Kopfweh, Schlaflosigkeit, Verstopfung, Durchfall und starkes Nasenbluten. Hatte der Gast erst kürzlich eine Arznei eingenommen, so sollte erst deren Wirkung abgewartet werden, bevor gebadet wurde. Ebenso war Warten für diejenigen angesagt, die kurz zuvor ein Klistier erhalten hatten, oder für diejenigen, die vor nicht zu langer Zeit *die werck der liebe gebraucht*.[35]

Im Badezuber saßen die Gäste auf einem mit Spreu oder Hobelspänen gefüllten Kissen aus Leinen oder festgemachten hängenden Tüchern. Über den Zuber wurden Bretter und Tücher gelegt und um den Hals wurde noch ein Tuch geschlungen, um die Wärme zu halten. Die Tücher schützten sowohl gegen die Kälte als auch gegen die aus dem Wasser aufsteigenden Dämpfe – und das Boller Wasser hat einen starken Schwefelgeruch, der Übelkeit verursachen kann. Bauhin schlug vor, der Zuber könne auch so mit Teppichen bedeckt werden, daß der Gast wie in einem Zelt säße. Dann müßten allerdings die gefährlichen Dämpfe über eine »Teuchel«, ein Rohr, nach oben abgeführt werden. Denjenigen, die Unterleibserkrankungen oder Fußkrankheiten hatten, war es erlaubt, in weniger tiefe Wannen zu sitzen. Dermaßen abgeschottet, brauchte der Badegast den Badknecht oder die Badmagd bzw. die eigene Dienerschaft, um sich helfen zu lassen. Die Helferinnen und Helfer regelten den Wasserstand und die -temperatur, hielten die Fliegen in Schach, drehten die Sanduhr um, welche die Badezeit anzeigte, trockneten die Stirn, räucherten die Luft und die Tücher an, gaben zu trinken und übernahmen andere Handreichungen. Sie schrubbten auch vor dem Baden die Zuber gründlich aus, damit keine ansteckenden Krankheiten übertragen werden konnten.[36]

Als einzige Unterhaltung während der Badezeit war Sprechen, Singen und Pfeifen erlaubt, nicht aber Lärmen

und Schreien. Es wurde angeraten, in angenehmer Gesellschaft zu baden und sich mit »kurzweiligen« Unterhaltungen die Zeit zu vertreiben. Auch Vorlesen und das Hören von Vorträgen war üblich. Selbst zu lesen oder Karten zu spielen war dagegen nicht gerne gesehen, da der Badende dazu die Arme über Wasser halten mußte, was die Gefahr barg, sich zu erkälten.[37]

Das intensive Baden während weniger Kurwochen hatte Auswirkungen auf die Haut – sie rötete sich, schälte sich, die Gliedmaßen schwollen an, zum Teil konnten sich Schüttelfrost, Fieber oder Schlaflosigkeit einstellen – eine Folge der Wirkung der im Wasser gelösten Mineralsalze und Gase. Der Juckreiz, der fast immer auftrat, war erwünscht, man glaubte, daß erst durch den Ausschlag das Ausstoßen der verdorbenen Körpersäfte aus dem Inneren über die Haut in Gang kam. War dieses Stadium überwunden, wurden die Badezeiten gekürzt und der Ausschlag begann zu heilen. Bauhin warnte allerdings davor, auf alle Fälle so lange zu baden, bis ein Badausschlag eintrat. Oft käme es gar nicht dazu, und bei manchen Leuten träte er mehrmals auf. Das Ende des Badens solle auf keinen Fall vom Ausschlag abhängig gemacht werden, sondern davon, wie es einem körperlich gehe. Der Ausschlag hing nämlich nicht allein vom Baden ab, sondern auch vom Purgieren und vom Essen und Trinken während der Kur. Wer nicht so viel an »böser Feuchtigkeit« in sich hätte, bekäme vermutlich auch keinen so starken oder gar keinen Ausschlag.[38] Noch im 19. Jahrhundert stellte sich bei den Badegästen in den ersten acht Badetagen häufig ein roter, oft juckender Ausschlag ein und dies, obwohl die Badezeiten um das Jahr 1800 auf zweimal täglich höchstens bis zu zwei Stunden reduziert worden waren. Eine Dauer, die im Vergleich zu den heute üblichen Zeiten von etwa 15 bis 20 Minuten immer noch reichlich lange scheint. Bei vielen Kurenden, die das Boller Wasser tranken, wurden im 19. Jahrhundert starke Schweißbildung, dünner Stuhlgang und starker Urindrang festgestellt.[39]

In der Regel erwärmten die Badknechte das Boller Heilwasser nur zu bestimmten Zeiten, in denen dann gebadet werden mußte. Dies war in den frühen Morgenstunden bis etwa zehn Uhr am Vormittag und nach dem Mittagessen, das in der Regel um elf Uhr stattfand, bis zum frühen Abend. An Feiertagen wurde erst nach der Morgenpredigt gebadet, und sonntags gab es gar kein heißes Wasser, sondern nur das, was vom Samstag noch heiß im Kessel war. Genauso verhielt es sich bei den Nachtbädern. Diese waren nur erlaubt, wenn sich der schmerzende Ausschlag eingestellt hatte und daher nicht mit dem Baden ausgesetzt werden konnte.[40]

Um das Badewasser auf die gewünschte Temperatur zu bringen, wurde es nicht etwa langsam erwärmt, es wurde ordentlich gekocht und dann durch Zugießen von kaltem Wasser abgekühlt, bis die richtige Badewärme erreicht war. Durch das lange Kochen verlöre sich angeblich der Schwefelgeruch, wie Gesner 1754 feststellte. Diese Praxis der Wasserzubereitung führte zu einem enormen Bedarf an Brennholz. Aussagen, daß es genügen würde, das Wasser nur bis zu der gewünschten Temperatur zu erwärmen, gab es schon vor dem Dreißigjährigen Krieg, also bevor sich die Holzknappheit auch im Badebetrieb stark bemerkbar machte. Doch noch im 19. Jahrhundert war das Kochen des Badewassers üblich.[41] Die richtige Badetemperatur wurde vom Gast selbst oder von den Badknechten und -mägden festgestellt. In der Regel sollte sie der Körperwärme entsprechen. Bauhin riet dazu, mit der Hand zu testen, ob die Temperatur dem eigenen Wohlbefinden entsprach. Zunächst sollte der Gast zum Ausprobieren, wie ihm das Bad bekomme, nur bis zum Nabel einsitzen und dann erst langsam völlig ins Naß tauchen. Im großen und ganzen wurde, selbst nach damaligen Lehrmeinungen, meist zu heiß gebadet. In Boll wurden daher die Badknechte bei ihrer Vergelübdung ausdrücklich ermahnt, entgegen ihrer üblichen Handhabung das Badewasser nicht so heiß zu machen. Ein heißes Bad galt jedoch bei den Gästen als wirksamer als ein laues, ebenso wie langes Baden trotz ärztlicher Bedenken lange Zeit bevorzugt wurde. Zum Ende der Badezeit ließ man das Wasser langsam auskühlen oder stieß den Stöpsel heraus um es abzulassen und dann erst den Zuber zu verlassen.[42] Nach dem Bade mußten sich die Gäste zunächst mit einem warmen und eventuell geräucherten Tuch trockenreiben lassen und sofort ein angewärmtes Hemd und darüber den Schlafrock anziehen. Nun sollten sie sich in ihre Zimmer begeben und im angewärmten Bett eine halbe bis eine Stunde ausruhen und nachschwitzen.

Danach wurde der Schweiß abgetrocknet und der Körper abgerieben. Erst nach dieser Ruhezeit durfte der Schlaf kommen. Maskosky hielt im Gegensatz zu Bauhin den Schlaf für besser als alles andere geeignet, um wieder zu Kräften zu kommen. Nach der Ruhepause sollten die Gäste aufstehen, sich warm anziehen und vor allem die Füße gut einpacken, *welche eine grosse Korrespondenz und Gemeinschaft mit dem Haupte haben.* Auch dieses sollte gut abgetrocknet werden, weil sonst *Hauptwehe/ Strauchen oder Schnuppen, ja wol gar Schlagflüsse* entstehen konnten. Wenn möglich, sollten die Kurenden vor dem Mittagessen noch etwas im Freien oder im Zimmer auf- und abgehen.[43] Am Nachmittag wurde ein weiteres Bad genommen, die restliche Zeit diente dem Kurvergnügen. Vor und nach dem Abendessen um sechs Uhr sollte etwas spazierengegangen werden. Danach konnten sich die Gäste noch unterhalten und sollten dann gegen neun Uhr zu Bette gehen.

Es schlaffe alsdann der Sauerbrunnen=Gast, mit wolverwahrter Brust und Magen fröhlich ein, und lasse die Sorgen in seinen Kleidern stekken.[44]

Kurende und Nachkur

Das Ende der Badekur bildete je nach Bedarf wiederum das »Purgieren« und vielleicht nochmals ein Aderlaß. Nach ungefähr drei Erholungstagen konnten diejenigen, die von weiter her kamen, die Heimreise antreten. Sie sollten sich erst kräftig genug fühlen, um loszugehen oder loszureiten. Mitunter wurden diese Tage für einen feuchtfröhlichen Abschied weidlich ausgekostet, was den Protest der Ärzte hervorrief, die damit den Kurerfolg gefährdet sahen. Nach der Ankunft zu Hause sollte Gott für die »erlangte Gesundheit« gedankt und ein erfahrener Arzt aufgesucht werden, der die Nachbehandlung übernehmen konnte. Nur die wenigsten Krankheiten verschwanden direkt mit dem Kurende. Ein der Genesung angemessenes Verhalten konnte die Gesundung aber weiter fördern: Man sollte auch weiterhin nur mäßig essen und trinken, tagsüber nicht schlafen und den Körper nicht zu sehr, aber auch nicht zu wenig bewegen. Beischlaf hatte in dem auf die Kur folgenden Monat höchstens einmal stattzufinden, vermutlich um die heilenden Säfte, die sich nun im Körper befanden, nicht zu vergeuden. Bauhin riet weiter, durch ein Bad in temperiertem Wasser oder durch Abreiben mit Wein oder Öl die nach der Badekur runzelig gewordene Haut wieder zu glätten. Zur Unterstützung der Kur sollten drei Badehemden in Mineralwasser mehrmals naß gemacht und unausgewunden getrocknet werden. Bauhin ging davon aus, daß das Hemd bei dieser Prozedur das mineralische Wasser aufnahm und dessen Kraft bei einem späteren Tragen beim Schwitzen über die Poren und Schweißdrüsen des Menschen wieder an den Körper abgeben konnte. Dahinter verbrigt sich wieder die zeitgenössische Vorstellung, in der die Haut die Funktion eines durchlässigen Organs hatte, das gute und schlechte Stoffe transferieren ließ. Allerdings mußten die Hemden mindestens drei Tage am Leib anbehalten werden.[45]

Aus den Regeln und dem Kurablauf ist zu erkennen, daß es im württembergischen Kurbad in der Regel gesittet zuging. Die bis zur Mitte des 16. Jahrhunderts üblichen Badsitten werden zwar oft als ziemlich locker angesehen, Vergnügen und Amüsement samt gemeinsamem Gelage der Geschlechter im Bad scheinen im Vordergrund gestanden zu haben. Doch treffen diese Überlieferungen nicht alle Formen des Badens: In den Thermalbädern, in denen gemeinsam in großen Bassins gebadet wurde, entwickelten sich sicherlich andere gesellschaftliche Bräuche als in den Bädern mit kalten Quellen. Aus den kalten Heilquellen, wo jeder in seinem Zuber saß und das Wasser erst mühsam erwärmt werden mußte, abkühlte und immer wieder heißes Wasser nachgegossen werden mußte, sind keine Überlieferungen von »Ausschweifungen« vorhanden. Zudem hielten die württembergischen Herzöge auf gute Ordnung, und selbst die einzige württembergische Therme in Wildbad dürfte kaum im Ruf gestanden haben, eine »Lasterhöhle« wie die Weltbäder in Wiesbaden oder Baden-Baden zu sein, dazu war es doch zu provinziell. Abbildungen, die bei Zuberbädern einiges an Vergnügen und ausschweifendem Badgenuß dokumentieren, beziehen sich in der Regel auf die Badstuben, deren Sittenlosigkeit immer wieder beklagt wurde. Der Badearzt Walch, der um die Mitte des 17. Jahrhunderts in Boll wirkte, riet denjenigen, die das Bad des *Banquetierens und Kurtzweil wegens* besuchen wollten, doch besser zu Hause zu bleiben oder ins Wirtshaus zu gehen.[46]

Trinkkuren, Schwitz- und Duschbad, Lehmpackungen

Hippokrates, auf den die moderne Medizin in vielen Bereichen aufbaut, hatte sich gegenüber dem Trinken von Mineralwässern kritisch und reserviert verhalten. In seinem Werk *De aere, acquis et locis* schrieb er, daß alle salzigen und schweren Wasser nicht gut zu trinken seien, jedoch bei manchen Krankheiten helfen könnten. Als schwer verträglich sah er die Wasser an, die aus Felsen entsprängen und solche, die Eisen, Kupfer, Silber, Gold, Schwefel, Alaun, Asphalt oder Natrium enthielten. Sie galten zudem als harnhemmend und verstopfend.[47] Diese eher ablehnende Haltung gegenüber dem Trinken von Mineralwasser beeinflußte lange Zeit die Ärzte. Auch Phries hatte es noch entschieden verworfen, doch Bauhin ließ die Trinkkur zur Unterstützung der Badekur gelten. Er orientierte sich dabei an den Erkenntnissen des Wormser Stadtarztes Tabernaemontanus (Jacob Theodor aus Bergzabern) von 1581, der das Wassertrinken als Kur anwendete. Er hatte das Wasser als Transportmittel für verschiedene Mineralien erkannt, welche auf den Menschen sowohl bei innerer wie bei äußerer Einwirkung heilende Wirkungen haben konnten, da sie über die Körperöffnungen hinein- und herausgelangen konnten. Er riet allerdings dazu, nicht gleichzeitig zu baden und zu trinken, sondern dies nacheinander zu tun. Zuerst sollte die Trinkkur, dann die Badekur erfolgen. Das Trinken diente in erster Linie dazu, den Körper vor dem Baden gründlich zu reinigen; es stellte eine Art der Purgierung dar.[48] Bauhin schrieb über die Unvernunft besonders der Deutschen (im Gegensatz zu den badeerfahrenen Italienern), im Wasser gleichzeitig zu baden und es zu trinken:

… unsere Deutschen baden gar gern, und brauchen die Bäder gar offt, das sie sich drinnen waschen, es sey gleich der Schad an den innerlichen oder eusserlichen Gliedern deß Leibs: Und wann sie es bißweilen unterm

baden trincken, so geschichts auß einem grossen unverstandt, und mit ihrem Schaden.[49]

Nach dem Dreißigjährigen Krieg setzte sich die Erkenntnis, die Tabernaemontanus schon Ende des 16. Jahrhunderts entwickelt hatte, in den oberen Schichten immer mehr durch, daß Heilquellen sowohl äußerlich wie innerlich wirken konnten. Durch die Anlehnung an die französische Kultur sowie durch die veränderte Zusammensetzung des Badepublikums aufgrund der wirtschaftlichen und sozialen Folgen des langen Krieges begannen die Trinkkuren die bis dahin beliebten Badekuren in der Rangfolge abzulösen. Alte, renommierte Wildbäder und Kurorte mit warmen, schwach mineralisiertem Wasser verloren für die Oberschicht an Bedeutung; im Mittelpunkt des Interesses standen nun Kurorte mit natürlichen, gewöhnlich kalten Säuerlingen.[50] Im 17. Jahrhundert wurden die Sauerbrunnen dann noch häufiger getrunken. Nach Maskosky war es in Boll möglich, Göppinger und Jebenhausener Säuerling zu trinken, welche er als »lieblicher« und besser zur Durstlöschung bzw. zur Abkühlung als das Boller Schwefelwasser ansah. Das Boller Wasser war wegen seines starken Schwefelgehaltes kaum zum Trinken geeignet:

Das Badwasser zu Boll reucht nicht anders, als wann Musqueten oder Röhre ausgebuzzet werden, und schmecket, wie einem harte Eyer aus dem Magen aufstoßen, wer wollte nicht lieber einen guten frischen Göppinger trinken.

Dennoch wurde als besondere Kuranwendung auch dieses Wasser getrunken. Es galt als besonders verdauungsfördernd und sollte vor dem Baden getrunken werden. Allerdings hielt Maskosky bereits einen Schoppen, also einen halben Liter, für ausreichend.[51]

Im 18. Jahrhundert wurden die Sauerbrunnen Württembergs dann fast ausschließlich für Trinkkuren genutzt, wie sich aus der Übersicht über die württembergischen Sauerbrunnen und Bäder von Gmelin aus dem Jahr 1736 entnehmen läßt. Zwar wurde auch weiterhin gebadet, aber zu baden galt im Vergleich zum Trinken in diesen Bädern als nebensächlich.[52] Die Regeln für die Trinkkuren waren ähnlich wie die für die Badekuren, auch hier steigerten die Gäste langsam die Zahl der getrunkenen Becher, um sie nach einer gewissen Zeit wieder zu redu-

zieren. Als höchste Anzahl gibt Bauhin sechs Becher an, das Wasser hatte lau zu sein. Als beste Zeit für die Trinkkur galt für ihn der Sommer- oder der Herbstanfang.[53]

Zum Trinken gehörte ein Becher, im Mittelalter bestand er aus Kupfer, Zinn oder Silber. Dann waren gedrechselte Pokale aus Wacholder-, Eschen- oder Lindenholz beliebt. Porzellan oder Glasbehälter lösten diese wiederum ab. Im Sauerbrunnenbad in Göppingen zog Maskosky das Glas den übrigen Materialien vor, da daraus *anmuthiger* getrunken werden konnte. Außerdem war es möglich, Fremdstoffe schneller zu erkennen. Gläser waren außerdem leichter zu säubern und das Mineralwasser konnte nichts von dem Material lösen, aus dem der Becher bestand. Silberbecher ließ er noch gelten, Kupfer- oder Zinngefäße hielt er für *unräthlich.*

Das Glas konnte *Teutsch/Böhmisch/Venedisch* oder *Crystallinen* sein, das war egal, es mußte vor allem sauber und weiß sein und sollte 1/12 württembergisches Maß fassen, das sind 0,15 Liter. Seit Mitte des 19. Jahrhunderts betrug der Inhalt der Trinkgefäße in der Regel sechs Unzen, was der heute noch gebräuchlichen Menge von etwa 210 Millilitern entspricht. Nun war es üblich, acht bis zwölf solcher Becher zu trinken, wobei den Frauen eingeräumt wurde, weniger zu trinken. An manchen Quellen konnte direkt geschöpft werden, an den meisten wurde jedoch das Wasser in Krügen auf die Zimmer gebracht.[54]

Zur Unterstützung des Heilungsprozesses wurden außer der Bade- und Trinkkur auch andere Anwendungen angeboten. So konnte man in Boll bereits zu Bauhins Zeiten ein Schwitzbad nehmen. Die Schweißbäder erachtete er als besonders geeignet für Krankheiten, die durch *böse Feuchtigkeiten und Winde* verursacht wurden oder bei *bösen stinckenden Schäden* an Bauch, Füßen oder am »Gemecht«, den Genitalien.

Schweißbäder würden *wärmen* und *trucknen*, und der Schweiß reinige den ganzen Körper. Dies konnte nach der damaligen Vorstellung ein Ausgleich zur Feuchtigkeit sein und damit den Körpersäftehaushalt wieder regulieren. Eine Schwitzbadbehandlung war nur für Menschen mit einer starken Konstitution geeignet und sollte 15 bis 20 Tage gehen. Geeignet war das Schweißbad auch als Vorbereitung für das Wasserbad, da damit die

Schweißlöcher bereits geöffnet würden und das Wasser leichter in den Körper dringen könne.[55] In Boll war das Schweißbad über dem Gewölbe des Kellereingangs eingebaut.

Eine andere Ausnutzung der Heilwirkung des Wassers war das *Abtropffen*. Das war eine Art Dusche, die nach Bauhin aus zwei oder mehreren »Teucheln« bestand, die mit Hähnen zu öffnen und schließen waren. Das Wasser tropfte etwa eine »Hand« bis einen »Spann« entfernt auf die betroffene Körperstelle oder den Kopf und floß dann entweder ins Bad oder in einen untergestellten Trog ab. Am besten war, im heißen Bad zu sitzen und von oben zu tropfen, dies führte nach Bauhin dazu, daß die *Zertreibung oder Zertheilung* um so stärker war. Vor allem bei den Krankheiten, die »kalt« und »veraltet« waren, sollte das Tropfbad erwärmen, trocknen und »öffnen«. Harte Stellen konnten damit erweicht und *schwache Glieder* gestärkt werden. Je nach Krankheit wurde bis zu einer Stunde auf eine Stelle getropft, was zu *Ruffen* führte, die nicht weggerieben werden durften. Offenbar konnte beim Tropfbad sowohl »gemeines« Wasser als auch Mineralwasser verwendet werden. Die Kur dauerte 15 bis 20 Tage. Diese Form der Kuranwendung war auch noch unter dem Badearzt Gesner um die Mitte des 18. Jahrhunderts gebräuchlich.[56]

Auch Lehmanwendungen beschreibt Bauhin. Sie wurden wohl vor allem in Italien angewandt. Derartige Kuren gingen etwa zwei Wochen, in denen morgens und abends immer ungefähr für 1½ Stunden die schmerzenden Stellen mit dem Lehm bestrichen wurden. Da es in Boll keinen Lehm gab, schlug Bauhin vor, aus dem Pulver des Schiefersteins, aus Erdpech, aus schwarzem Agtstein, blauem Lehm und Schwefel eine Mischung herzustellen, die mit Boller Wasser geschmeidig gemacht werden solle. Die Anwendung solle über dem Dampf des siedenden Wassers in der Badstube stattfinden. Damit hat bereits Bauhin eine frühe Form der heute üblichen Jurafango-Packungen therapeutisch eingesetzt.[57]

63 *Füllen und Transport der Krüge am Sauerbrunnen von Göppingen. Holzschnitt, aus: Murner, Thomas: Ein andechtig geistliche Badenfahrt. Straßburg 1554*

Mahlzeiten während der Kur

Nach der ärztlichen Meinung, formuliert u. a. von Laurentius Phries und Martin Maskosky, mußte während einer Badekur auf Diät geachtet werden. Die Wirte in Boll waren von Maskosky instruiert, so daß sie wußten, welche Speisen und Getränke sie den Badegästen reichen durften. Unverdauliche und schwer im Magen liegende Speisen waren zu meiden. Roggenbrot wurde zwar als nahrhaft angesehen, als bekömmlicher galten jedoch weiße Brötchen aus Weizen- oder Dinkelmehl. Frisches Brot sollte nicht gegessen werden, denn es lag, nach Maskosky, *in dem Magen wie ein Leim oder Buchbinder Pappen.* Fleisch vom Rind, Kalb, Hammel, Lamm und Reh hielt er besser für den Verzehr geeignet als das von Ochsen, Kühen, Böcken und Schweinen. Auch war gesottenes Fleisch, möglichst von jungen Tieren, besser angesehen als gebratenes. Gesalzenes, geräuchertes oder in Essig eingelegtes Fleisch sollte nicht genossen werden. Wasservögel, Wachteln und andere fette Vögel sollten ebenso wie Würste vermieden werden. Fische aus raschfließenden Gewässern wie Forellen, Hechte, Barsche und Grundeln durften verspeist werden, Karpfen, Aale, Weißfische und Schleien dagegen nicht. Gedörrte und gesalzene Fische waren erst recht nicht erlaubt.
Eier sollten möglichst nur weichgekocht verzehrt werden. Milch, Milchspeisen und Käse waren verboten, aus Angst, daß sie durch das Trinken von Sauerwasser im Magen gerinnen könnten. An Gemüsen konnte gegessen werden: Kohl, Wirsing, Blumenkohl, Spargel, Spinat, Möhren, Wegwarten, Haber- und Schwarzwurzeln. Nicht erlaubt waren: Blaukraut, Mangold, Salat, Steckrüben, rote Rüben, Kohlrüben, Sauerkraut, Melonen, Kürbis, Gurken, Rettiche, Pilze, Erbsen, Linsen und Bohnen, rohes und gekochtes Obst sowie Beeren. Die harntreibende Petersilienwurzel, Meerrettich, Zwiebeln und Knoblauch sollten nicht verwendet werden. Die zum Verzehr erlaubten Gemüse durften auf keinen Fall roh oder kalt, mit Essig und »Baumöl«, d. i. Olivenöl, angerichtet, gegessen werden. Zitronen und Pomeranzen konnten zur Geschmacksverbesserung benutzt werden, nicht aber »Lemonien«, Oliven und Kapern. Als Gewürze durften außerdem Majoran, Salbei und Rosmarin verwendet wer-

den. Petersilie und Kerbel konnten ebenfalls, allerdings nur in geringem Maße, für die Geschmacksverbesserung eingesetzt werden. Gerste und Reis in Fleischbrühe, nicht aber in Milch, waren erlaubt. Mehlspeisen wie Roggenmus, Mehlknöpfle, Spatzen, Hefeknöpfle, Haferbrei und »Heidenkorn« waren dagegen verpönt, ebenso alle Arten von Konfekt aus Zucker und Honig sowie fettes und schmalziges Gebäck.
Natürlich wurden nicht alle Verbote eingehalten, das war auch den Ärzten klar; so wies Maskosky seine Patienten darauf hin, daß sie zumindestens nicht im Übermaß ausgerechnet immer das essen sollten, was als unbekömmlich galt. Sie sollten stets bedenken, warum sie eigentlich im Bad weilen würden.[58]
Pictorius stellte eine etwas andere Diät zusammen: Speisen, die weder zu heiß noch zu trocken, nicht zu schwer verdaulich und nicht zu kalt oder zu feucht waren, erlaubte er. Dazu zählten: Zwiebeln, Rettich, Knoblauch, Senf, gepfefferte und gewürzte Speisen, Hirsch-, mageres Rind-, Hasen- oder Ziegenfleisch, Wasservögel, ausgewachsene Tauben, Schuppenfische aus Fließgewässern, Milch, Salat, gut gebackenes Brot, Kalb, Lamm, Zicklein und junger Hammel, Waldvögel, junge Wildschweine, Rehe, Hasen, weich gekochte Eier, Erbsbrühe, Gersten-, Reis- und geröstete Hafersuppe, alles mit Fleischbrühe angemacht. Dazu empfahl er leichten Weißwein oder Schorle.[59]
Da die Diätregeln der verschiedenen Ärzte nicht in allen Dingen übereinstimmten, konnten die Badegäste leicht ihren eigenen Gelüsten nachgehen, besonders wenn sie nicht auf die Wirtshausküche angewiesen waren, sondern selbst kochten. Die Regeln für eine Diät während einer Kur bestanden auch im 19. Jahrhundert weiter. Nun wurde vorgeschlagen, beim Mittagsmahl nicht mehr als »sechs Schüsseln« zu nehmen. Als Beispiele werden genannt: Rindfleisch mit Zutat, Gemüse mit Auflage, Ragout oder Frikassée, Fisch- oder leichte Eierspeise und zweierlei Braten. Zum Nachtisch wurde Zuckerbrot empfohlen. Am Abend sollte möglichst »à la carte« gegessen werden, damit jeder nach eigenem Willen essen und dann zu Bette gehen konnte, wann es beliebte. Wurde nochmals ein gemeinsames Mahl eingenommen, sollten außer der Suppe höchstens zwei »Schüsseln« gereicht werden. Als

Beispiel werden angegeben: Eingemachtes oder ähnliches, weichgesottene Eier, Fisch und Braten, danach der Nachtisch.[60]

Zur Eröffnung des Bades in Boll hatte Herzog Friedrich I. im Jahr 1597 eine Speisetabelle entworfen, die zwei Jahre später in die Taxordnung von 1599 aufgenommen wurde. Danach gab es in Boll verschiedene Stufen von Mahlzeiten: Eine Mahlzeit für »Geborene Herren und Adelspersonen« war für sieben Batzen, also etwa einem halben Gulden, eine »ordinari Mahlzeit« für sechs Batzen, ein allgemeines Mahl mit vier Gängen für fünf Batzen und eine »Truckhne Mahlzeit« für drei Batzen zu haben. Die soziale Gliederung der Gesellschaft drückte sich in der herzoglichen Speisetabelle in den unterschiedlichen Angeboten für die verschiedenen Stände und Geldbeutel aus. Sie ermöglichte es jedoch sowohl den »Vornehmen« als auch den »Geringen« in der Badherberge essen zu können. Während für ein Maß des besten Weines im Entwurf 1597 zwei Batzen, für mittelmäßigen sechs Schilling und für »geringesten« Wein ein Batzen vorgesehen war, mußte dann 1599 bezahlt werden: zehn Kreuzer für ein Maß des besten Weins, sechs Kreuzer für den mittelmäßigen und fünf Kreuzer für den »geringsten« Wein.[61]

Die Anzahl der Speisen pro Mahlzeit ist für unsere heutigen Verhältnisse enorm: Aus dem Jahr 1689 ist überliefert, daß eine Mahlzeit in Boll aus acht bis neun Speisen bestand. Außerdem wurde eine Mahlzeit mit fünf bis sechs Speisen angeboten. Im Jahr 1720 wurde neben dem Mahl mit sieben bis acht Gängen noch ein Essen mit vier bis fünf Gängen gereicht. Ein Gang, auch als »Richte« bezeichnet, wurde auf einmal aufgetragen, bestand aber aus unterschiedlichen Speisen.[62]

Auffallend ist, daß Frauen immer weniger bezahlen mußten als Männer. Im Jahr 1607 hatte ein Mann für eine Mahlzeit 22 Kreuzer, eine Frau dagegen nur 15 Kreuzer zu bezahlen. Nach der Taxordnung von 1617 bezahlte ein Mann nun sechs Batzen und eine Frau vier Batzen für eine Mahlzeit. Diese bestand aus einem Voressen, Suppe und Fleisch, einem guten Fisch, gutem Gemüse, »ein Bratens«, »ein Bachens«, »ein Eßen Krebs«, Krebs mit »seiner Zugehördt« und zweierlei Wein.[63] Im Jahr 1689 betrugen die Kosten für eine größere Mahlzeit, die aus acht bis neun Speisen bestand, für einen Mann 32 Kreuzer,

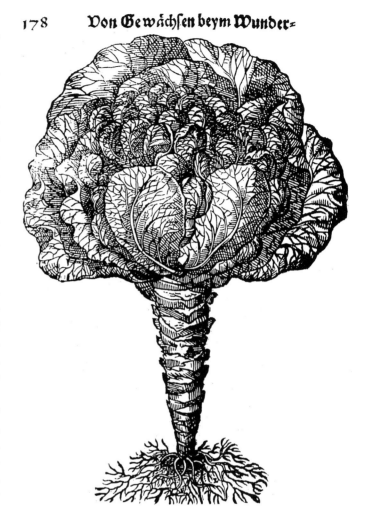

für eine Frau 28 Kreuzer. Für die kleinere Mahlzeit, die fünf bis sechs Speisen umfaßte, waren von einem Mann 20 Kreuzer und von einer Frau 16 Kreuzer zu berappen. Der Wein wurde zusätzlich berechnet.[64]

Es bestand aber auch die Möglichkeit, in der Wirtsstube das »Pfennigwertheßen« einzunehmen, bei dem die Preise jeweils für die einzelnen Gerichte festgesetzt waren. Es entspricht dem heutigen »Nach der Karte«

64 Wirsingkohl. Das »Kappiskraut« konnte während der Kur unbedenklich gegessen werden. Holzschnitt, aus: Bauhin, Johann: New Badbuch, 4. Buch, S. 178

115

und war billiger als die vom Wirt zusammengestellte Speisefolge. Ein Voressen kostete 1642 z.B. vier Pfennig, Suppe und Fleisch sieben Pfennig, eingemachtes Kalbfleisch acht Pfennig und eine gefüllte Taube vierzehn Pfennig.[65] Im Jahr 1721 wurden die einzelnen Gerichte mit Mengenangaben versehen: ein Voressen »auf Ein Halb Pfund« kostete nun drei Kreuzer, für Suppe und Fleisch von ungefähr einem Pfund, samt Brot, mußten sechs Kreuzer bezahlt werden, das eingemachte Pfund Kalbfleisch war ebenfalls für sechs Kreuzer zu bekommen. Es gab jedoch auch Exklusiveres, z.B. Kalbfleisch mit Zitrone, Kapern und Morcheln für sieben Kreuzer oder eine gebratene junge Gans für 28 bis 30 Kreuzer.[66]

Bei Betrachtung der Speisekarte des Jahres 1689 kann einem das Wasser im Munde zusammenlaufen. Etliche der Gerichte entsprachen allerdings nicht den Vorschlägen für eine Diät während der Badekur. So gab es sowohl gebackene Eier, obwohl eigentlich nur gekochte Eier verzehrt werden sollten, als auch etliche gebratene Fleischgerichte, darunter ein fetter gebratener »Copponen« (Kapaun) mit Zimt und Nelken gespickt, gebratene Tauben, gebratene junge Hennen, »Kalbsgebratenes« und gebratene Junggans. Dieses Gericht verstieß gegen das Verbot, Wasservögel zu essen. Immerhin wurde jedoch ein junges Tier zum Verzehr angeboten. Eindeutig wurde auch gegen die Anweisungen zum Würzen verstoßen, denn es gab Kalbfleisch mit Lemonien. Dagegen hielt sich der Wirt an die Vorschrift, Forellen und Grundeln auf den Tisch zu bringen. An Gemüse standen nur Rüben und Weißkraut auf der Tafel, beides erlaubte Speisen. Daneben bot der Wirt noch an: eine Vorspeise, eingemachtes Kalbfleisch, Wein- oder Eierbrei, Suppe ohne Fleisch, gesottene Eier, »Henne«, »Henne« mit Mandeln und Meerrettich, Kalbskopf, gebackenes Kalbsfüßle, gefüllte junge Tauben, gefüllte junge Hennen und Krebse. Brachte ein Gast einen Rehschlegel oder einen Hasen, so wurde ihm dieser nach eigenen Wünschen zubereitet.[67]

Mit der Badherberge war am Anfang das Privileg verbunden, daß jeder, der das Bad an Ort und Stelle benutzen wollte, auch dort wohnen mußte. Ausgenommen waren nur die nächsten Nachbarn und die Ortsbewohner und -bewohnerinnen. Bei der Verpflegung waren solche Vorschriften nicht vorhanden, die Gäste konnten neben

dem gemeinsamen Mahl oder dem Essen nach der Karte auch durch ihre eigenen Köche und Köchinnen in der Herbergsküche kochen lassen oder sie konnten dem Wirt das Rohmaterial für die Gerichte liefern, die er dann zubereiten mußte. Zu Beginn des 17. Jahrhunderts war es sogar möglich, ein Gemach samt Küche anzumieten. Die Gäste, die in großer Begleitung reisten, nahmen die Möglichkeit des Selbstkochens, mit Genehmigung des Herzogs, gerne in Anspruch. Zum einen war es billiger und zum anderen wußten sie, was auf den Tisch kam und mußten ihre Eßgewohnheiten nicht umstellen. Zur Saison 1599 erhielt z.B. der Bruder des Bischofs von Würzburg die herzogliche Erlaubnis, selbst kochen zu dürfen. Der Wirt wurde angewiesen, ihm dafür Holz zur Verfügung zu stellen, das vom Holz des Wirtsbetriebes genommen werden sollte. Der hohe Herr hatte für die Bereitstellung wöchentlich einen Gulden Küchenzins zu bezahlen.[68] Den Wirten gefiel dies freilich nicht, so bat schon 1602 der neue Wirt Georg Pfeiffer um die Abschaffung der »Privatkuchinen«, und Hans Wolf Plöbst

64a Mineralbad des 17. Jahrhunderts: Bis zum Hals im Wasser liegend und mit Brettern gut abgedeckt, waren die Badegäste auf die Hilfe des Personals angewiesen

klagte im Jahr 1656, daß sich die Gäste mit dem Besten vom Fleisch bedienen würden, das er in der Stadt holen und für das er die städtische Tax bezahlen müsse. Ihm verbliebe dann nur der kümmerliche Rest.[69] Außerdem waren die Badwirte stets unzufrieden, daß sie schon im voraus die Preise für Speise und Trank festsetzen mußten, obwohl die Lebensmittelpreise jährlich schwankten und vom Wetter, von Kriegen und anderen Dingen abhingen. Wenn die Wirte nur die Zubereitung der von den Gästen gelieferten Speisen übernahmen, hatten sie mit ihnen den Preis dafür auszuhandeln, in späteren Taxen waren jedoch auch hierfür Tarife festgesetzt. Für die Bedienung wurde nichts berechnet, egal ob die Gäste in ihrem Gemach oder in der Wirtsstube aßen.[70]

Das Essen nach Pfennigwert, das gemeinsame Mahl, unterteilt nach den verschiedenen Ständen, oder die Eigenversorgung der reicheren Kurgäste schlossen immer einen Teil derjenigen aus, die sich zur Kur im Bad aufhielten, nämlich die Gnadenbädler. Sie bekamen ihr eigenes Essen: Im Jahr 1715 sollten sie morgens eine Suppe, mittags und abends nochmals Suppe, Fleisch, Gemüse, Brot und einen Schoppen Wein bekommen. Die Speisen mußten dem Niveau der »gewöhnlichen Tax« entsprechen.[71]

Die Zubereitung der Speisen oblag in der Regel der Wirtin. Schon im Entwurf zur Badordnung wurden sie und ihr Gesinde darauf hingewiesen, daß es beim Kochen sauber und rein zuzugehen habe. Als der Besuch des Bades nach 1709, dem Antritt des Bestandswirt Johann Jakob Seitz, immer mehr zunahm, wurde diesem aufgetragen, für sich einen guten Kellerknecht und für seine Frau eine gute Küchenmagd zu besorgen, die mindestens für die vier Monate im Sommer eingestellt werden sollten.[72] Der Kellerknecht trug u.a. die Speisen auf. Gäste von Stand pflegten häufig in ihren Zimmern zu essen. Einen Speisesaal gab es in Boll erst im 19. Jahrhundert.[73]

Das Kurbaden brachte es mit sich, daß das Essen zu bestimmten Zeiten gereicht werden mußte, um einen ordentlichen Badebetrieb mit entsprechenden Bade- und Ruhezeiten durchführen zu können. Mit einer Glocke rief der Wirt in der Regel um elf Uhr zum Mittagessen, das Abendessen begann normalerweise um 18 Uhr. Zum Essen wurde Wein gereicht, erst im 18. Jahrhundert spielte dann Bier eine größere Rolle, und die Wirte bemühten sich um die Erlangung der Braugerechtigkeit. In der Badordnung wurde allerdings vor einem übermäßigen Weingenuß gewarnt, weil das die Kur insgesamt gefährden konnte. Gereicht wurden ein Tischwein und ein besserer Wein aus Fässern, die beide aus Württemberg kamen. Da sie den Gästen offenbar nicht so sehr schmeckten, wurde in Zeiten, wenn die Gästezahlen rückläufig waren, von den Beamten immer wieder angeregt, den Wirten den freien Weinkauf zu erlauben. Das hätte die Möglichkeit in sich geborgen, auch süffigeren Wein aus dem Rheinland oder von der Mosel anbieten zu können. Viele vornehmere Gäste brachten daher ihren eigenen Wein mit, was dem Wirt keinen Gewinn brachte. Herzog Eberhard III. erlaubte z.B. im Mai 1670, daß der Generalleutnant und Festungskommandant Friedrich Moser von Filseck zu Eschenau während seiner Badekur seinen eigenen Wein mitführen dürfe, und auch noch im 19. Jahrhundert war es erlaubt, den eigenen Wein mitzubringen.[74] Pro Maß Wein, das der Wirt ausschenkte, mußte Umgeld bezahlt werden, das die Kellerei in Göppingen einzog. Dies sollte eigentlich auch für den Wein gelten, den die Gäste selbst mitbrachten, und außerdem war dafür eine Gebühr an den Wirt zu entrichten. Allerdings wurden diese Steuern und Gebühren häufig nicht verlangt, da die Gäste sonst verprellt worden wären und das Bad nicht mehr besucht hätten. Vom Umgeld befreit blieb das, was die Wirtsfamilie und ihr Gesinde für sich selbst verbrauchten, das waren im Jahr 1715 sechs Eimer Wein.[75]

1 Gmelin: Kurtze, aber gründliche Beschreibung, S. 36; Mehring: Badenfahrt, S. 43.
2 Heyde: Das Württembergisch Wunderbad, S. 49, Mehring: Badenfahrt, S. 35, 37. Auch aus dem 18. Jahrhundert sind Wasserlieferungen zu Menschen, die zu Hause badeten, bekannt: HStAS A346 Bü 35 Konzessionen das Badwasser nach Hause führen zu dürfen.
3 Heyde: Das Württembergisch Wunderbad, S. 54; Mehring: Badenfahrt, S. 25–27.
4 StA GP Boll Wunderbad Inventarium 1629/1633; StA GP Inventarium 1649; HStAS A346 Bü 37 Bestandsbrief 1740.
5 Bauhin: New Badbuch II, S. 23–24.
6 HStAS A249 Bü 789 Badordnung 1599.

7 Mehring: Badenfahrt, S. 36–37.

8 HStAS N220 A 52, Brief Keller an Herzog 9. 10. 1597; Maskosky: Das Göppingische Bethesda, S. 18; Rebstock: Beschreibung Deß Wunder=Bades zu Boll, S. 10; Gmelin: Kurtze, aber gründliche Beschreibung, S. 35; Osiander: Nachricht, Nr. 34, S. 134; Wetzler: Über Gesundbrunnen, Bd. I, S. 229.

9 Osiander: Nachricht, Nr. 34, S. 134; Gesner: Historisch=Physicalische Beschreibung, S. 15; Heyde: Das Württembergisch Wunderbad, S. 55.

10 Mehring: Badenfahrt, S. 31.

11 Heyde: Das Württembergisch Wunderbad, S. 54; Mehring: Badenfahrt, S. 28, 30.

12 Moser, Johann Jacob: Brauchbare Nachrichten für diejenige, so sich des fürtrefflichen Würtembergischen Wildbades bedienen wollen. Stuttgart 1758, S. 48; auch Martin: Deutsches Badewesen, S. 119, 168.

13 Maskosky: Das Göppingische Bethesda, S. 182, auch Walch: Beschreibung deß Wunder=Brunnens, S. 6.

14 Wetzler: Über Gesundbäder, Bd. I, S. 226.

15 Phries: Ein hochnutzlicher tractat, Kap. 5; Pictorius: Badenfahrtbüchlein, S. 38–43.

16 Maskosky: Das Göppingische Bethesda, S. 249.

17 Bauhin: New Badbuch II, S. 127–128; auch spätere Autoren z.B. Gesner: Historisch=Physicalische Beschreibung, S. 33; Cardilucio: Artzneyische Wasser= und Signatur=Kunst, S. 477.

18 Vanja, Christina: Krankheit, Neuzeit. In: Dinzelbacher: Europäische Mentalitätsgeschichte, S. 202.

19 Mehring: Badenfahrt, S. 33–34; Wetzler: Über Gesundbrunnen, Bd. I, S. 209–251.

20 Maskosky: Das Göppingische Bethesda, S. 82–99, 182; Bauhin: New Badbuch II, S. 26–28.

21 Cardilucio: Artzneyische Wasser= und Signatur=Kunst, S. 477.

22 Walch: Beschreibung deß Wunder=Brunnens, S. 6.

23 Bauhin: New Badbuch II, S. 125.

24 Foltz, Hans: Von allen Paden die von Natur heiß sein. Faksimile von 1480. Straßburg 1896, ohne Seitenangaben.

25 Maskosky: Das Göppingische Bethesda, S. 188.

26 HStAS A249 Bü 789 Badordnung von 1599.

27 Bauhin: New Badbuch II, S. 133.

28 Cardilucio: Artzneyische Wasser= und Signatur=Kunst, S. 468.

29 Gerhard, Christoph: Kurtze Instruction, wie man das Wildbad recht anstellen und gebrauchen soll. Nürnberg 1658.

30 Bauhin: New Badbuch I, S. 138–198; II, S. 30, 134.

31 Cardilucio: Artzneyische Wasser= und Signatur-Kunst, S. 467, 470.

32 Bauhin: New Badbuch II, S. 28–34.

33 Cardilucio: Artzneyische Wasser= und Signatur-Kunst, S. 468–469.

34 Maskosky: Das Göppingische Bethesda, S. 188–194; Pictorius: Badenfahrtbüchlein, S. 44, 50–51.

35 Maskosky: Das Göppingische Bethesda, S. 193–194; Cardilucio: Artzneyische Wasser= und Signatur-Kunst, S. 480–487.

36 Bauhin: New Badbuch II, S. 25; Maskosky: Das Göppingische Bethesda, S. 182–183; Gesner: Historisch=Physicalische Beschreibung, S. 20–21.

37 Maskosky: Das Göppingische Bethesda, S. 188–194; Heyde: Das Württembergisch Wunderbad, S. 56–57.

38 Bauhin: New Badbuch II, S. 34; Maskosky: Das Göppingische Bethesda, S. 196–198; Krizek: Kulturgeschichte, S. 79–80.

39 Die Schwefelquelle, S. 107–108.

40 Mehring: Badenfahrt, S. 42–43, 52–53.

41 Mehring: Badenfahrt, S. 40–42.

42 Bauhin: New Badbuch II, S. 29; Mehring: Badenfahrt, S. 44–45, 52.

43 Maskosky: Das Göppingische Bethesda, S. 201–202; Die gleichen Ratschläge gibt Bauhin: New Badbuch II, S. 37–38.

44 Maskosky: Das Göppingische Bethesda, S. 139–141.

45 Bauhin: New Badbuch II, S. 140–143; Maskosky: Das Göppingische Bethesda, S. 151–156.

46 Mehring: Badenfahrt, S. 49–51; Walch: Beschreibung deß Wunder=Brunnens, S. 7.

47 Krizek: Kulturgeschichte, S. 34.

48 Tabernaemontanus, Jacobus Theodorus: Neuw Wasserschatz. Frankfurt 1581, S. 116; Phries: Ein hochnutzlicher tractat, Kap. 5.

49 Bauhin: New Badbuch II, S. 39–40.

50 Krizek: Kulturgeschichte, S. 123; Bitz: Badewesen, S. 67–68, 137.

51 Maskosky: Das Göppingische Bethesda, S. 210–211.

52 Gmelin: Kurtze, aber gründliche Beschreibung.

53 Bauhin: New Badbuch II, S. 66–78.

54 Maskosky: Das Göppingische Bethesda, S. 99–100; Krizek: Kulturgeschichte, S. 141–143; Wetzler: Über Gesundbrunnen, Bd. I, S. 214.

55 Bauhin: New Badbuch II, S. 28, 95–100.

56 Bauhin: New Badbuch II, S. 101–112; Gesner: Historisch=Physicalische Beschreibung, S. 21.

57 Bauhin: New Badbuch II, S. 112–117.

58 Maskosky: Das Göppingische Bethesda, S. 236–245; Phries: Ein hochnutzlicher tractat, Kap. 5.

59 Pictorius: Badenfahrtbüchlein, S. 55–56.

60 Wetzler: Über Gesundbrunnen, Bd. I, S. 134–136.

61 HStAS A346 Bü 33 Mahlzeiten und Traction der Badgäste 1596/97; HStAS A249 Bü 789 Taxordnung 1599.

62 HStAS A248 Bü 1715 Preistax für den Sauerbrunnen in Göppingen und das Boller Bad 21. 6. 1689; Mehring: Badenfahrt, S. 124.

63 Heyde: Das Württembergisch Wunderbad, S. 58–59.

64 HStAS A248 Bü 1715 Preistax für den Sauerbrunnen in Göppingen und das Boller Bad 21. 6. 1689.

65 HStAS A346 Bü 36 Taxordnung 1642.

66 HStAS A346 Bü 28 Nr. 2 Speißtax 1721.

67 HStAS A248 Bü 1715 Preistax für den Sauerbrunnen in Göppingen und das Boller Bad 21. 6. 1689.

68 HStAS A249 Bü 789 Brief des Herzogs 10. 4. 1599.

69 Mehring: Badenfahrt, S. 118–121.

70 Mehring: Badenfahrt, S. 83, 123.

71 HStAS A346 Bü 37 Bestandsbrief 1715–1721.

72 Mehring: Badenfahrt, S. 121.

73 Osiander: Nachricht, Nr. 34, S. 135.

74 HStAS A346 Bü 36/1 Konzessionen eigenen Wein trinken zu dürfen 1670; Mehring: Badenfahrt, S. 126–129; Wetzler: Über Gesundbrunnen, Bd. I, S. 229.

75 HStAS H 101 Bd. 491 Lagerbucherneuerung 1699; HStAS A346 Bü 35–37 Umgeldpflichtigkeit der Gäste 1667, 1669, 1675; HStAS A346 Bü 37 Bestandsbrief 1715–1721.

Zwischen Kurvergnügen und Verkauf

Sabine Rumpel

Spiel und Spaß während der Kur

Neben der strengen Fasten- und Badekur gab es reichlich Möglichkeiten, sich zu unterhalten. Erste Anhaltspunkte über die Vergnügungen liefert die älteste gedruckte geographische Spezialkarte Württembergs, die Boller Landtafel, für die der Hofmaler Philipp Gretter die Vorlage erstellte. Wer diese Vorlage in Holz geschnitten hat, ist nicht bekannt. Die Karte ist der ersten deutschen Übersetzung des *New Badbuch* von Johannes Bauhin beigelegt – allerdings nicht bei allen Ausgaben. Vermutlich wurde sie jedoch schon vor 1602 hergestellt, denn Bauhin erwähnt sie bereits in der lateinischen Ausgabe seines Buches im Jahr 1598.[1] Die Holzschnittkarte ist bereits genordet, besteht aus sechs Tafeln und hat eine Gesamtlänge von 1,12 m auf 0,53 m. Gretter bildete die Landschaft mit Gärten, Wiesen, Feldern und Wegen ab und zeichnete nicht nur, wie damals üblich, die Umrisse der Berge, sondern auch ihren Bewuchs. Im Mittelpunkt der Karte steht das Boller Bad. Außerdem sind 47 Städte und Dörfer und zahlreiche Szenen festgehalten, in denen Menschen und Tiere dargestellt werden. Die Karte wirkt so ausgesprochen lebendig. Insgesamt zeichnete Gretter etwa 320 Menschen, die den verschiedensten Tätigkeiten nachgehen, so daß wir uns heute ein Bild über die damalige Arbeitsweise und die landwirtschaftliche Technik machen können. Unter den abgebildeten Menschen sind auch 71 Badgäste, bei so unterschiedlichen Freizeitbeschäftigungen wie Wettlaufen, Schießen, Kegeln, Tanzen und Spazierengehen zu sehen. Auf dieser Karte führte der Hofmaler in idealtypischer Weise die Möglichkeiten auf, die potentiellen Gästen des Boller »Wunderbades« offenstanden. Er zeigte, wie man sich im Garten und in der näheren Umgebung des Bades erholen und die Zeit vertreiben konnte: Auf der Landtafel tummeln sich z. B.

zwölf Paare auf dem Tanzplatz, einige der Frauen werden beim Tanz hochgehoben. Die Spielleute sitzen auf einer Bank daneben. Einer spielt Flöte, der andere ein Saiteninstrument, vielleicht eine Mandoline. Einige Gäste kegeln, während andere ihnen interessiert zuschauen. Der Junge, der die Kegel aufstellen muß, hält sich hinter einer Holzplanke in Sicherheit. Auf einer Hindernisbahn sind einige Männer beim Überlaufen der Hindernisse zu sehen, andere Kurgäste stehen dabei, schauen ihnen zu oder unterhalten sich. Offenbar werden hier auch Turniere ausgefochten, die Bewaffnung der umstehenden Männer läßt darauf schließen. Wieder andere Kurgäste spielen außerhalb des eigentlichen Lustgartens ein Abschlag- oder Laufspiel und haben ihre hinderlichen Hüte dazu zur Seite gelegt. Ebenfalls außerhalb der Badanlagen sind eine Treibjagd auf Hirsche und eine Vogeljagd abgebildet.

Beim Schützenhaus, auf einem Platz zum Büchsenschießen, schießen mehrere Männer, einige stehen in bedeckten Ständen, andere frei.[2] Nach der Beschreibung von Bauhin war das Schützenhaus erst kurze Zeit vor der Erbauung des Bades von den Boller Einwohnern erstellt worden. Drumherum wuchsen, wie auf der Landtafel auch abgebildet ist, große Eichen und Weiden, unter denen man im Sommer Schutz vor der Hitze finden konnte. Bauhin meinte, hier könnten die *Badleute gute gelegenheit haben/ allerley Kurtzweil/ mit Spielen und sonsten zu ihrer Ergetzlichkeit zu treiben.*[3]

Im Jahr 1621 standen im Badgarten zwei Lusthäuschen, in denen man gesellig beisammen sein und sich treffen konnte, und 1786 wurde der Neubau eines achteckigen Gartenlusthauses geplant, an das sich zwei »Lauberhütten«, Hütten aus natürlichen Materialien, aus Blättern und kleinen Ästen, anschließen sollten.[4]

Innerhalb des Gartens und in der Nähe des Brunnens war

von Bauhin ein schattiger »Spatzirgang« eingeplant, damit die Gäste an die gesunde frische Luft gehen und zwischendurch auch trinken konnten. Dafür hatte er extra Bäume, die Schatten spenden sollten, anpflanzen lassen.[5] Das Promenieren in freier Natur, wie wir es seit dem bürgerlichen Zeitalter als Vergnügung und Zeitvertreib kennen, war vor dem Dreißigjährigen Krieg eher unüblich. Zu unsicher waren die Wege außerhalb des Badbezirks, an denen fahrendes Volk oder zwielichtige Gestalten den Gästen auflauern konnten. Pfade und Wege waren damals außerdem kaum befestigt, so daß sie nicht zum Spazierengehen einluden. Doch ließ bereits Herzog Friedrich I. eine Lindenallee zum Dorf Boll hin anlegen, die aus 550 Bäumen bestand. In ihrem Schatten konnten die Kurgäste zum Dorf gelangen. Auch beschreibt Bauhin im Badbuch die nähere Umgebung sehr ausführlich, so daß die Gäste trotz der Beschwerlichkeiten vielleicht neugierig auf einige Sehenswürdigkeiten wurden und trotz aller Gefahr einen Ausflug in die nähere Umgebung machen wollten, die Bauhin im *New Badbuch* so beschrieb:

Wann man auß Boll zu dem Wunderbrunen und Wasserbad gehen will/ so sihet man auff der lincken seiten lustige Hügel/ wol erbawte Felder/ schöne Wisen/ unn fruchtbare Bäwme/ darmit ein Mensch seine Augen erlustigen und sein Gemüt erfrischen kan…[6]

Im nahen Eckwälden konnten die Kurgäste, so wird aus dem frühen 18. Jahrhundert berichtet, Obst und Sommerfrüchte erstehen. Dort wohnte ein Gärtner, der einen schönen Garten angelegt hatte. Ende des Jahrhunderts war dann der Garten des Schultheißen von Eckwälden ein lohnendes Ausflugsziel. Vielleicht handelte es sich dabei um dasselbe Anwesen. Nun konnten beim Badewirt auch Pferde und Gespanne für Fahrten in die Umgebung ausgeliehen werden. Außerdem lag Göppingen nur gut zwei Stunden (zu Fuß) entfernt. Dort gab es sowohl »Medicos« als auch »Chirurgos« und Apotheken, und die Kurgäste konnten den berühmten Sauerbrunnen besuchen.[7]

Für den Badearzt Maskosky war alles, was die Kurgäste in Bewegung machen konnten, gut für deren Zeitvertreib. Er warnte jedoch vor zuviel körperlicher Betätigung, niemand sollte sich verausgaben. Für am besten geeignet hielt er die Schieß- oder Pfeiltafel, an der die Spielenden immer wieder auf- und abgehen mußten, um ihre Treffer zu kontrollieren. Auch Kegeln fand er angemessen, allerdings sollten nicht die Spielenden, sondern jemand anderes die Kegel setzen. Zur Bewegung zählte er auch das Musizieren. Das Geigen, obwohl sitzend ausgeübt, verursache doch *zimliche Leibes=Bewegung*. Auch Gesang fand sein Wohlgefallen:

mehr der Franzosen frische muntere, als der Italiäner und Spanier Melancholische und Pathetische Musik sich schikke; daß die Minuetten, Balletten, Sarabanden, Chiquen, bässer klingen, als die Lamenten.

Vom Tanzen dagegen, *weil es zu gewaltsam*, hielt er nichts.[8] Im Jahr 1704 baten die Kurgäste von Boll, daß man ihnen eine Schießtafel anfertigen lassen wolle. Offenbar war die vormalige Schießanlage nicht mehr vorhanden. Nach der Aufstellung des Göppinger Amtes war dazu eine mindestens 32 Schuh (9 m) lange Sägeiche nötig, deren Fällen mit 15 Kreuzern zu Buche schlug. Außerdem fielen Kosten für die Anfuhr der Sägblöcke zur Mühle mit 30 Kreuzern an. Um jeden Block zu sägen, mußten ein Gulden zwölf Kreuzer bezahlt werden. Für die Anfertigung der Tafel und des Gestelles bekam der Schreiner zwei Gulden dreißig Kreuzer. Die Schießsteine aus Messing oder Eisen sollen von der Zeugschreiberei in Stuttgart »ausgefolgt« werden. Hundert Jahre später, im Jahr 1807, gab es eine Kegelbahn, eine »Gautsche«, d.i. eine Schaukel, durch die die Gäste in Bewegung kamen, ohne sich zu sehr anstrengen zu müssen, und ein »Fortunaspiel«, ein Spiel, das offenbar im Freien gespielt wurde.[9]

War schlechtes Wetter, blieben nur die Erne und Flure, in denen die Kurgäste verweilen konnten, da es keinen speziellen Aufenthaltsraum gab. Dort oder in den Zimmern machten sie Würfel-, Karten- oder Brettspiele. Es wurde auch Menuett getanzt, allerdings verbot ein Passus in der Badknechtsordnung aus dem Jahr 1696 das Tanzen im Badhaus.[10] Lesen als Kurvergnügen war im 16. und 17. Jahrhundert noch nicht allgemein üblich. Zum einen

65 Herzogliches Wunderbad Boll: das Badgebäude, links das angebaute Kesselhaus. »Boller Landtafel« von Philipp Gretter, 1602

waren viele Bücher schwer und in großen Formaten, zum anderen war man auf das Tageslicht angewiesen. Die künstliche Beleuchtung durch Kerzen und Öllampen, die einigermaßen gut leuchteten und nicht so sehr rußten, kam in größerem Umfang erst Ende des 18. Jahrhunderts auf. Die Tageszeit jedoch war mit dem vielen und ausgiebigen Baden durchaus gut ausgefüllt. Der Arzt Maskosky, der sowohl für das Boller Bad als auch den Sauerbrunnen in Göppingen zuständig war, hatte genaue Vorstellungen darüber, was den Badegästen gut tat: Schach, Dame, »Verkehren« oder »Contra-Puff« würden zuviel Denken erfordern und Kopfzerbrechen bereiten, was nicht förderlich für die Kur sei. Die Gäste sollten Unterredungen führen, die nicht zuviel zum Nachdenken anregten und die *Gemüthskräfte mehr abmatten, als ergözzen.* Besonderer Dorn im Auge waren ihm Dispute über die Religion, die auch vierzig Jahre nach dem Dreißigjährigen Krieg immer noch ein heißes Eisen war:
Es wird selten geschehen, daß ein Papiste im Sauerbrunnen Evangelisch wird, wozu nuzzet dann die Verbitterung und Zertreuung der Gemüther?
Aber auch Politik, »Philosophische Grillen«, Gedichte machen, Rätsellösen oder das Erzählen irgendwelchen Unfugs, der nur dazu diene, die anderen zum Lachen zu bringen, fand er nicht angebracht. Angemessen dagegen waren seiner Meinung nach Gespräche über »Haushaltungs=Sachen«, Geschichte, Reisebeschreibungen oder über Gebräuche in fernen Ländern. Kartenspiele wie »al' hombre, Trischaken, Labetspiele« oder »corpus Juris« und das »Piquet-Spiel«, alles Spiele in denen es um Bieten und Überbieten ging, hielt er für ungeeignet, weil sie beim Verlierer Zorn und Gram auslösen würden und darüber hinaus *tief in den Beutel schneiden.* Beides sei einem erfolgreichen Kurverlauf abträglich. Wenn schon unbedingt Karten gespielt werden müsse, dann solche Spiele, die »zur blosen Lust« dienen und als Pfänderspiele gespielt werden könnten.[11] Auch andere Autoren wetterten gegen diese Art der Spiele, vor allem aber gegen die Glücksspiele. Spiele, bei denen um Geld gespielt wurde, wie das um 1620 in Genua erfundene Lotto, Spielbanken und dergleichen, waren in Württemberg verboten.[12]
Wie noch heute üblich, brachten die Gäste ihren Familien

nach Hause ein Andenken vom Kuraufenthalt mit: Bei Händlern, die beim Bad ihre Stände aufgeschlagen hatten – auf der Boller Landtafel sind zwei Verkaufsstände abgebildet – konnten verschiedene Waren erstanden werden. Vielleicht waren darunter Erzeugnisse heimischen Handwerks, selbstgestrickte Strümpfe, Gewürze oder Salben. Scheinbar wurden auch »wundersame« Steine verkauft, die man in den Bächen und Schiefergruben der Umgebung aber auch selbst finden konnte.[13] Welcher Profession die Händler im einzelnen nachgingen, ist nicht bekannt. Aus Liebenzell und Wildbad wissen wir, daß darunter Bildschnitzer, Maler, Dreher und Schuhmacher waren. In Boll werden »fremde Krämer« und »Caminfeger« erwähnt. Die Kaminfeger waren umherziehende »Ausländer«, die das Privileg für den Kramhandel hatten und mit verschiedenen Artikeln hausieren durften.[14] Der Wirt lieferte für den Verkauf Schragen und Bretter und durfte mit herzoglicher Genehmigung dafür das Standgeld einziehen, das so gering war, daß die herzogliche Schatulle offenbar darauf verzichten konnte.[15]

Laster kontra Gottesfurcht – der Streit um das Tanzen an Sonn- und Feiertagen

Johann Jakob Seitz, der im Jahr 1709 das Bad als Wirt pachtete, geriet mit dem Pfarrer von Boll, Andreas Bardili, bereits kurz nachdem dieser im Jahr 1718 seinen Dienst angetreten hatte, in Konflikt. Streitpunkt war das Tanzen im Boller Bad. Das Tanzen stand in Württemberg unter kirchlicher Aufsicht. Nach einem Erlaß Herzog Eberhard Ludwigs an den Göppinger Spezialsuperintendenten aus dem Jahr 1697 durfte es in den Bädern in Göppingen und Boll erst nach dem Gottesdienst beginnen und nur unter Aufsicht eines jeweils zu bestimmenden Obmannes stattfinden. Vor Einbruch der Dunkelheit sollte das Vergnügen ein Ende finden. Im Jahr 1713 wurde dann das Tanzen für wüttembergische Untertanen an Sonn- und Feiertagen vollkommen verboten. Eine Ausnahme war dem Wirt des Bades in Boll gemäß seinem Bestandsbrief zugebilligt. Er hatte während der Saison an

66 Herzogliches Wunderbad Boll: Badgäste beim Kegelspiel und bei der Jagd. »Boller Landtafel« des Philipp Gretter, 1602

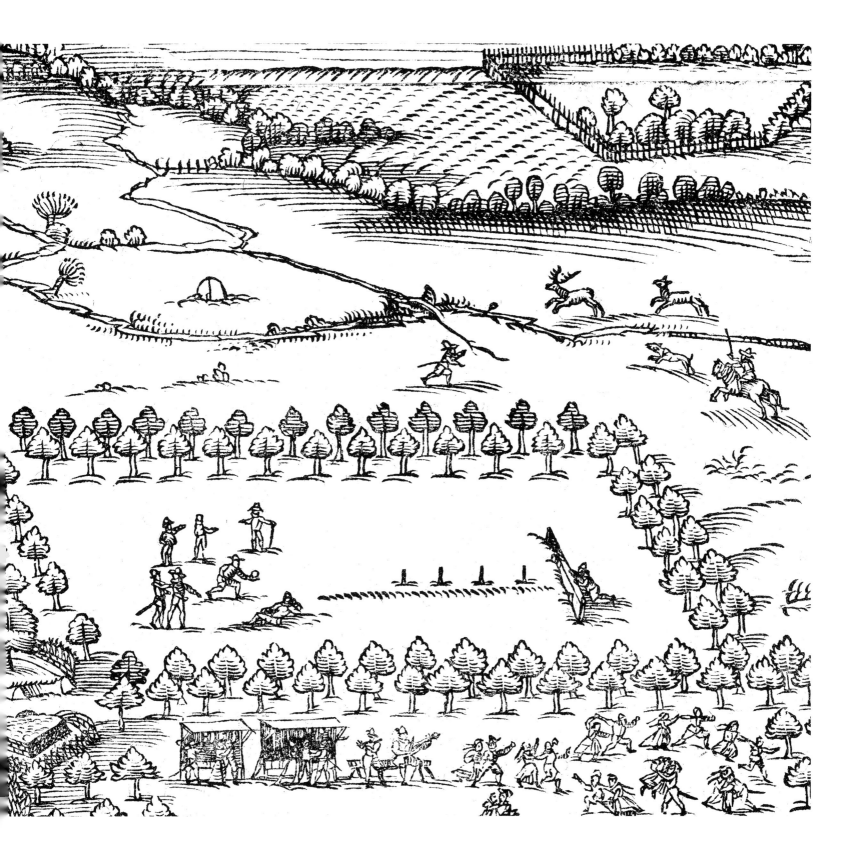

den Feiertagen für seine Gäste taxfreie Tanzerlaubnis. Die zweierlei Behandlung führte zu Konflikten. Daß im Bad getanzt werden durfte, sprach sich natürlich auch im nahegelegenen Dorf herum, und die jungen Leute gesellten sich zu den Badegästen. So tanzten sie auch am Oster- und Pfingstmontag des Jahres 1718 im Bad. Der Untervogt von Göppingen erließ daraufhin ein erneutes Tanzverbot, das jedoch erfolglos blieb. Im Jahr 1720 beschwerte sich Bademeister Seitz beim Keller in Göppingen, daß sich der Boller Pfarrer weigere, seinen Beichtkindern, die im Bad getanzt hätten, das Abendmahl zu geben. Er habe außerdem ihre Namen von der Kanzel verlesen. Durch derartige Gepflogenheiten sah er den Ruf des Bades geschädigt. Dieser Brief wurde dem Herzog vorgelegt und tat seine Wirkung. Der Untervogt wurde wegen seines Verbotes von 1718 nachträglich gerügt. Doch bereits im Jahr 1721 fand der Disput seine Fortsetzung. Wiederum sah sich Seitz veranlaßt, dem Keller zu schreiben, daß der Pfarrer gedroht habe, diejenigen zu exkommunizieren, die sich zum Tanzen ins Bad wagten. Er bat darum, dem Pfarrer zu bedeuten, daß er die Leute *sie mögen nun sein, wer sie wollen, den freyen Willen, wohin es ihnen des Feurtags beliebig eine recreation zu suchen, laßen solle.*[16] Am Pfingstmontag des Jahres 1722 hielt dann der Pfarrer statt einer »Bußpredigt« eine »rechte Zornpredigt« und verdammte das Tanzen. Daraufhin traute sich niemand mehr zum Tanz ins Bad. An den folgenden Feiertagen wagten jedoch wieder einige Dorfbewohnerinnen und -bewohner den Tanz im Bad. Auf Veranlassung des Pfarrers wurden sie daraufhin vom Schultheißen ins »Narrenhäuslein« gesteckt und zur Strafe mit einem Pfund Heller zugunsten des »Heiligen« belegt. Wieder legte Seitz Einspruch ein. Der Pfarrer wurde daraufhin zur Ruhe gemahnt, die Strafen wurden aufgehoben, und das Tanzen im Boller Bad für die Feiertage wurde ausdrücklich gestattet.[17]

Die Gäste

Das Bad in Boll war in der Anfangszeit im 16. und auch noch im 17. Jahrhundert gut besucht. Aus dem Jahr 1625 sind 105 teilweise sehr prominente Gäste im Bad bezeugt.[18] Nach einer Aufstellung von 1626 bewohnten am 5. August Graf Wolfgang Ernst von Löwenstein mit Ehefrau und Schwester die Gemächer »Urochsen« und »Neue Küchenstube«. Im »Wolf« hatte der mitgebrachte Arzt, Rudolf Caspar von Tübingen, sein Quartier genommen. In der »Gemse« logierte die Witwe von Johannes Wechselsee aus Besigheim und im »Hasen« der Göppinger Untervogt Johann Vischer mit seiner Frau. Im »Küchenstüble« war Hans Jacob Birglin aus Konstanz untergebracht. Außerdem waren noch 19 »gemeine Bäder« anwesend. Am 2. September desselben Jahres waren sowohl Graf Löwenstein mit seiner Familie und dem Arzt als auch der Untervogt noch anwesend. Darüber hinaus hatten sich im »Pantherthier« Klauß Merk, Rotgerber aus Ulm, im »Steinbock« Johann Miller, Handelsmann, ebenfalls aus Ulm, und im »Löwen« Konrad von und zu Wernau einquartiert. Im »Leopard« und im »Kamel« wohnte Joachim Abt von Murrhardt. Zusätzlich waren noch dreißig andere Badegäste da.[19]

Eine Gästeliste aus dem Jahr 1652 zeigt, daß das Bad auch kurz nach dem Dreißigjährigen Krieg noch attraktiv war. Über sechs Wochen verbrachte Menrad von Hohenzollern und Sigmaringen in Boll im herzoglichen Gemach zum »Hirsch«. Andere Adelige wie »Ihre Gräfl. Gnaden« Herr Maximilian Philipp von Wolkenstein, Mayor Vischer von Filseck und die Freifrau von Welden zu Laupheim kurten zwischen zwei und vier Wochen lang. Als erste Gäste der Saison kamen zwei Pfarrfrauen aus »Weillen am Neckar« und Dußlingen, die gemeinsam im Gemach zur »Gemse« logierten. Sie reisten am 14. Mai an und fuhren am 10. Juni wieder nach Hause. Die Geistlichkeit war in diesem Jahr häufig vertreten: Nach dem Abt von Weißenau zogen Klosterfrauen, Dominikanerinnen von St. Katharinental zu Diessenhofen (im Thurgau) in den »Urochsen«, Pfarrer Sprahing aus Beutelsbach hatte 2½ Wochen Zeit für eine Badekur.

Der Chorherr von Wiesensteig, Georg Hausch, der im »Bären« unterkam, kurte 3½ Wochen lang. Auch Bürgerliche und Handwerker waren vertreten: zwei Herren, bei denen keine Berufsbezeichnung genannt wird, namens

67 Herzogliches Wunderbad Boll: Badgäste beim Tanzen und beim Hürdenlauf, wohl einer Art Turnier. Oben Verkaufsbuden »Boller Landtafel« von Philipp Gretter, Holzschnitt, 1602. Detail

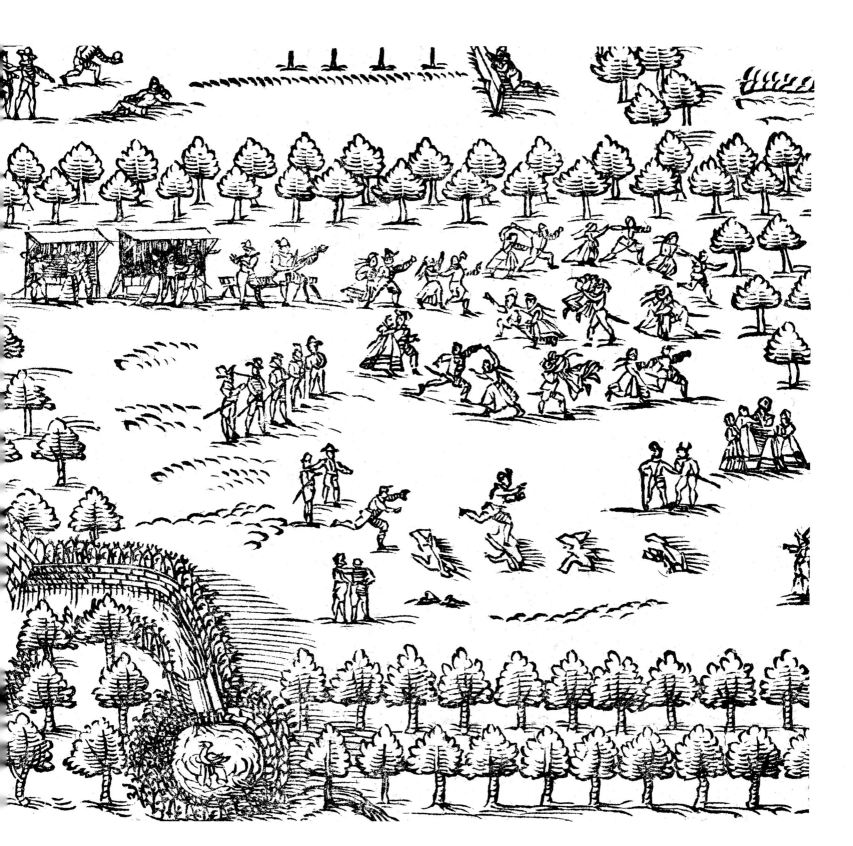

Tobias Hollacher und Hanß Ulrich Seißer kamen aus Augsburg, sie waren jedoch nicht gleichzeitig im Bad. Leonhardt Gauiner war Gerber und kam ebenfalls aus Augsburg. Johann Sebastian Silirius war »Secratarj«, kam aus Ellwangen und nahm 5 1/2 Wochen lang eine Badekur. Der Bürgermeister von Esslingen, Hans Caspar Dauer, logierte fünf Wochen lang im »Affen«. Benedict Muschler war »Pappirer« und stammte aus Reutlingen, und Georg Friedrich Weißbrodt war aus Vaihingen. Einige Gäste bezogen auch zusammen ein Gemach, so Jacob Bauenmayer, Metzger aus Esslingen, der zusammen mit Mathias Markh aus Bernhausen im »Bären« wohnte. Aus Mengen kamen der Prediger Georg Herbst und Christof Kestler, der Bärenwirt. Sie hatten das »Ober Küchin Stüblin« für vier Wochen angemietet. In der »Meerkatze« wohnten für zwei Wochen Hanß Georg Wachenhauer aus Gingen und der schon erwähnte T. Hollacher.

Neben 22 Männern waren im Jahr 1652 neun Frauen zum Baden im »Wunderbad«; außer den oben bereits genannten wohnte die Frau von D. Glauner aus Esslingen fünf Wochen lang in der »Meerkatze«. Danach bezog die Frau des »Firstl. Wirtbg. Forstmaisters« aus Heidenheim zusammen mit Junker Alexander Welwarthes (von Wöllwarth) aus Esslingen dieses Gemach. Alleine kam »Frau Cantzlerin« Anna Dorothea Burckhart von Stuttgart, Jacob Richlins »Hausfrau« aus Weilheim, die Frau des Greiffenwirts Bauer und die oben genannte Freifrau.

Die meisten Gäste (acht Personen) blieben vier Wochen, jeweils vier Personen konnten zwei und drei Wochen kuren und jeweils drei Personen hatten fünf bzw. 3½ Wochen Zeit. Nur eine Woche blieb der »Pappirer« aus Reutlingen, der vermutlich wieder an die Arbeit mußte, und sechs Wochen konnte sich der Fürst von Hohenzollern-Sigmaringen leisten.[20]

Aus den Einzelnennungen in der Gästeliste könnte geschlossen werden, daß viele Kurende ohne ihre Familien reisten. Vielleicht wurde aber auch nur eine Person als Mieter für ein »Gemach« genannt, und dahinter verbargen sich weitere Familienmitglieder oder Bedienstete. Die Belegung einiger Gemächer mit zwei Personen verschiedenen Namens läßt auf jeden Fall die Vermutung zu, daß es üblich war, mit Freunden oder Verwandten zu reisen oder sich mit ihnen im Bad zu treffen. Da der

Gesundheitsaspekt im Vordergrund stand, konnten auch Frauen ohne Begleitung ins Bad reisen. Während die Namen der Gnadenbädler in anderen Dokumenten festgehalten wurden, da sie erst nach einem Gesuch an den Herzog das Bad besuchen durften und durch den damit verbundenen schriftlichen Vorgang registriert wurden, sind arme Kurgäste und »gemeine Leute«, wenn sie überhaupt aufgeführt werden, niemals namentlich genannt. Sie treten stets nur als Zahl auf. Es waren dann eben pauschal dreißig »gemeine Leute« im Bad. Wer sie waren, woher sie kamen und wie lange sie blieben, bleibt unbekannt. Genauso wenig sind die Namen der Bediensteten festgehalten, die von den reicheren Besucherinnen und Besuchern mitgebracht wurden. Ob in Boll auch Kinder zugegen waren, kann zumindest für die ersten Jahrhunderte nicht definitiv entschieden werden, da in den frühen Gästelisten nur die Namen einzelner Erwachsener überliefert sind. In späteren Listen tauchen dann Töchter und Söhne auf, allerdings ohne Altersangaben, so daß daraus nicht ersichtlich ist, ob es sich um Kinder, um Jugendliche oder gar um Erwachsene handelt. Bauhin riet jedoch alten Leuten und Kindern sowohl von einer Trink- wie auch von einer Badekur ab. Beides würde sehr viel Kraft kosten, weswegen es nur diejenigen anwenden sollten, die stark genug seien.[21] Auch andere Ärzte sahen Kinder nicht so gerne bei einer Kur. Sie würden, so Maskosky, sowohl den Eltern als auch den Gästen *manche Ungelegenheit und Beschwerung erwekken...* – eine Meinung, die auch zu Beginn des 19. Jahrhunderts noch galt.[22]

Das »Wunderbad« blieb etwa bis zur Mitte des 17. Jahrhunderts für die höheren Stände attraktiv, danach setzte ein Rückgang ein. Im Trend lagen nun die Sauerbäder und Trinkkuren. Baden und die eigentliche Körperpflege wurde in den oberen Schichten unpopulär, das Abreiben mit Tüchern und Parfümieren ersetzte die Körperhygiene.[23] Zudem konnten aufgrund der räumlichen Gegebenheiten im Bad, die oberen Stände nicht die von ihnen gewünschte Anzahl an Räumen belegen und sich auch nicht entsprechend von den anderen Ständen abschotten. Größere Umbauten fanden bis zum Jahr 1787 dennoch nicht statt.

68 *Boll. Das Dorf mit Pfarrkirche (ehem. Stiftskirche) auf der »Boller Landtafel« von Philipp Gretter, Holzschnitt, 1602. Detail*

In diesem Jahr wurde im großen Bau auf der »mittleren Etage« eine »Hauptreparation« vorgenommen.[24]

Zwar verkehrten Ende des 18. Jahrhunderts hier immer noch einige Adlige, vor allem zog es nun das Bürgertum ins Boller Bad. Aus den Jahren 1789, 1790 und 1794 sind Gästelisten erhalten, denn die Namen der anreisenden Kurgäste wurden in der Stuttgarter Tageszeitung »Schwäbische Chronik« veröffentlicht. Vermutlich sind diese Listen nicht vollständig, die einfachen Kurgäste und Gnadenbädler fehlen auf jeden Fall. Sie werden zum Teil summarisch aufgeführt. Für den Juli 1789 läßt sich die ungefähre Anzahl der Kurgäste ausrechnen. Neben den nicht namentlich genannten 33 »anderen Gästen« und »einigen« Gnadenbädlern werden 15 Einzelpersonen aufgeführt, die in Begleitung von weiteren zehn Personen angekommen sind. Die begleitenden Personen waren mitreisende Ehefrauen und Kinder. Insgesamt darf von etwa 60 bis 70 Kurgästen in diesem Monat ausgegangen werden. Der Juli war vermutlich der Hauptreisemonat, nachdem die Saison immer mehr auf den Sommer verlagert worden war. Neben den Adligen Freiherr von Münch und Frau von Lusberg, beide aus Augsburg, und Fräulein von Witzleben waren etliche bürgerliche Beamte zugegen. Der Spitalverwalter Bahnmaier kam mit Frau, Frau Spitalmeister Widersheim mit Tochter und Stadtschreiber Plank von Nürtingen reiste gar mit Frau und Tochter an. Auch ein Amtmann, ein »Commerzienrath«, eine »Hoträthin« und eine »Reichshofräthin« waren zugegen. Außerdem genossen die beiden Pfarrfrauen Rebstock aus Frickenhausen und Brecht aus Berghülen die Boller Badefreuden.

Offenbar überwog im Juli 1789 das Interesse der Frauen an einer Badekur im Boller »Wunderbad«, es waren 21 Frauen und nur fünf Männer zugegen. Gäste aus der Augsburger Gegend hielten Bad Boll offenbar über die Jahrhunderte die Treue, die Mehrzahl der Kurenden aber kam aus der näheren Umgebung Altwürttembergs und den Reichsstädten Esslingen und Ulm. Von den 15 mit Namen genannten Kurgästen des Jahres 1789 reisten einige noch ein bis zwei Mal wieder ins Bad nach Boll. Allerdings läßt sich die genaue Anzahl der Reisen nicht feststellen, da nicht jedes Jahr die Namen der Gäste öffentlich bekanntgegeben wurden.[25]

Der Anfang vom Ende: Die Auswirkungen des Dreißigjährigen Krieges

Zu Beginn des 17. Jahrhunderts war der Ruf des »Wunderbads« ausgezeichnet. Mit dem Dreißigjährigen Krieg begannen jedoch die Probleme. Am deutlichsten wird der langsame Niedergang an den ständig wiederkehrenden Berichten über dringend notwendige Reparaturen, denn erst im Jahr 1823 konnte sich die königliche Regierung zu einer tiefgreifenden Erneuerung durchringen.

Im ersten Jahrzehnt während des Dreißigjährigen Krieges beeinträchtigten die Kriegshandlungen die Menschen aus der Gegend um Boll noch kaum. Erst nach der Nördlinger Schlacht im Jahr 1634 bekamen sie die Kriegsauswirkungen empfindlich zu spüren. Kaiserliche, bayerische und spanische Truppen lagen in und um Göppingen. Einquartierungen, immense Abgaben, Kontributionen und andere Repressalien führten zu Hunger, Abwanderung und Tod. Im Jahr 1635 wurden das Amt und die Stadt Göppingen in den Besitz der Erzherzogin Claudia von Österreich gebracht; sie blieben österreichisch bis zum Jahr 1648, als sie wieder zu Württemberg kamen.[26]

Das Bad wurde während der Kriegszeit siebenmal geplündert, und die Menschen dort hatten einige außerordentliche Kontributionen zu leisten. Dies geht aus einem Brief hervor, den Jakob Plöbst, der Badewirt, im Jahr 1649 an Herzog Eberhard III. schrieb. Plöbst war in Gewahrsam genommen worden und wurde erst freigelassen, als er an den württembergischen Oberwachtmeister Hiferlen eine Badsteuer von 80 Reichstalern, also eine außerordentliche Kontribution, entrichtete. Diese hat er nicht wieder erstattet bekommen. Die Badesaison des Jahres 1649, ein Jahr nach Ende der Kämpfe, war jedoch den Zeitumständen entsprechend ausgesprochen schlecht. Die Lebensmittel waren teuer, ebenso der Wein. Der Wirt hatte Einbußen in Höhe von etwa 300 Gulden. Aus dieser Lage heraus bat er um bessere Konditionen, die Erlassung der Schulden und freien Weinkauf.[27]

Insgesamt kam das »Wunderbad« jedoch noch relativ glimpflich davon, während es, laut der Oberamtsbeschreibung, im übrigen Göppinger Amt zu vielen Zerstörungen kam. Die Stadt Göppingen selbst hatte immer wieder Einquartierungen über sich ergehen zu lassen,

69　»Welten im Heinlauch«, heute Eckwälden, auf der »Boller Landtafel« des Philipp Gretter, Holzschnitt, 1602. Detail

die Felder und Äcker der Umgebung waren allesamt verwüstet.

Die Nachfolger Herzog Friedrichs I. hatten kein großes Interesse mehr am »Wunderbad«. Sie waren mit dem Krieg befaßt, und nach dessen Ende waren seine Folgen überall im Land drastisch zu spüren. Obwohl Württemberg kaum in Kampfhandlungen verwickelt gewesen war, lebten viele Menschen nicht mehr. Bäume und Reben waren umgehauen, die meisten Felder und Äcker lagen brach. Pferde, Vieh und Fahrnis waren geraubt und etliche Dörfer zerstört. Die Pest, die 1626 und dann wiederum zwischen 1635 und 1638 in Württemberg wütete, und Unwetter taten das ihrige. Während die Zahl der anwesenden Bürger in Boll im Jahr 1633 noch 148 betrug (was hochgerechnet etwa 750 Personen entspricht), waren es im September 1637 gerade noch 32 (etwa 150 Personen). In den benachbarten Orten war es noch schlimmer: in Betzgenriet verringerte sich die Anzahl der dort lebenden Bürger von 94 auf sechs, in Hattenhofen von 120 auf fünf. Nach Ende des Krieges, im Jahr 1652, waren es im gesamten Amt Göppingen im Vergleich zum Jahr 1633 ca. 2000 Bürgerinnen und Bürger weniger, 6086 Jauchert Acker und 1034 Tagwerk Wiesen waren öd und wurden nicht mehr bebaut, 1549 Gebäude waren zerstört oder verfallen. In Altwürttemberg lebten 1641 insgesamt noch 48 000 Menschen, 1622 waren es ungefähr neunmal so viele gewesen, nämlich 444 000. Erst im Jahr 1745 war in etwa die Bevölkerungszahl der Vorkriegszeit wieder erreicht.[28]

Badelust bestand in dieser Zeit kaum noch. Für das Boller Bad hatte es nur eine kurze Blütezeit gegeben, es florierte nicht mehr wie in den ersten Jahren. Von Anfang an war der Betrieb zudem ein Zuschußgeschäft: Aus der Anfangszeit, dem Abrechnungszeitraum 1600/01, liegt die Rechnung des Badmeisters Ulrich Gantz vor: Das eingenommene Badgeld eines Jahres betrug 136 Pfund, 2 Schilling und 2 Heller, das »Gemachgeld« 234 Pfund, 1 Schilling und 6 Heller. An Umgeld wurden ca. 38 Pfund, aus dem Verkauf von Asche zwei Pfund und dem Verkauf von Gras vier Pfund eingenommen. Der Wirt hatte 35 Pfund für den Hauszins zu entrichten. Insgesamt beliefen sich die Einnahmen auf etwa 400 Pfund. Dem standen viel höhere Ausgaben entgegen: Besoldungen in Höhe von 245 Pfund, »verbuwen« (Baukosten) mit 292 Pfund, Kosten für den Garten mit 136 Pfund, Brunnenkosten in Höhe von 44 Pfund, »Außlosung und Zerung« mit etwa 72 Pfund, und für die Armenunterstützung wurden 95 Pfund ausgegeben.[29] Auch eine Aufstellung aus dem Jahr 1822, die als Berechnungsgrundlage den Zeitraum der fünfzig Jahre zwischen 1699 und 1750 hatte, bestätigt den Zuschußbedarf: Im Durchschnitt standen pro Jahr ca. 240 Gulden an Einnahmen, die Pachtgebühr und das Umgeld eingeschlossen, ca. 415 Gulden an Ausgaben gegenüber.[30] Auswirkungen auf den Badebetrieb hatte vor allem auch, daß die württembergischen Herzöge nicht mehr im »Wunderbad« kurten, sondern nun das Bad in Teinach im Schwarzwald bevorzugten. Ende des 17. Jahrhunderts wurde daher erstmals über einen Verkauf nachgedacht. Der Landesrenovator Philipp Adam Jung wurde nach Boll beordert. Er fertigte ein Gutachten an, in dem er die Besitzverhältnisse aufgrund alter Akten klar feststellte: Herzog Eberhard Ludwig war danach alleiniger und regierender Herr des Bades.[31]

Zwischen 1695 und 1701 folgten Ausschreibungen und Verkaufsverhandlungen. Den ersten Befehl, das Bad zum Verkauf auszuschreiben, den bisherigen Pächter zu einer höheren Pacht zu bewegen oder einen anderen Beständer zu suchen, der mehr Geld bot, bekamen der Göppinger Keller und der Vogt am 23. September 1694. Daraufhin ließen sie den Pächter des Bades, Johann Heinrich Pfisterer, kommen, der sich jedoch außer Stande sah, das Bad zu kaufen und höchstens zehn Gulden mehr an Pachtzins bieten konnte. Daher schrieben sie das Bad in den Reichsstädten Augsburg, Ulm, Esslingen, Memmingen, Nördlingen und in den Ämtern Stuttgart, Tübingen, Schorndorf, Kirchheim, Nürtingen und Göppingen zum Verkauf aus, doch bis Juni 1695 zeigte niemand Interesse. Im Dezember meldete der Sohn eines früheren Pächters, Hans Georg Wagner, der in Boll die Wirtschaft zum »Goldenen Kreuz« betrieb, Interesse an der Pacht an. Beide, Pfisterer und Wagner, wurden daraufhin auf das »Vogtei Amtshaus« bestellt. Einzeln angehört und immer wieder mit den steigenden Angeboten des Kontrahenten kon-

70 Herzogliches Wunderbad Boll: Graben nach Bodenschätzen. »Boller Landtafel« des Philipp Gretter, Holzschnitt, 1602. Detail

frontiert, bot Pfisterer statt der bisherigen 125 Gulden Pachtzins nun 140 Gulden, Wagner setzte 150 Gulden dagegen. Doch standen die Beamten offenbar mehr auf der Seite des bisherigen Beständers. Pfisterer und seine Frau wurden gelobt, sie wären gut mit allen »Mobilien« ausgestattet, würden sich gegenüber allen Gästen gut erweisen und niemanden ausnehmen, sie hielten die Gebühren ein, kümmerten sich um Gebäude und Gärten, besser als es die Familie Wagner je getan hätte. Pfisterer wies darauf hin, daß er nichts dafür könne, daß das Bad unausgelastet wäre. Schuld wären vor allem die Kriegszeiten. Im Jahr 1689 war General Mélac zur Festigung der Vormachtstellung Frankreichs in Europa durch die Göppinger Gegend gezogen, was den Dörfern Plünderungen und Brandschatzungen gebracht hatte. Pfisterer führte weiter aus, daß außerdem die Zeiten sehr teuer wären, das Bad zudem zwei bis drei Monate im Jahr nicht betrieben würde und in dieser Zeit keine Gäste kämen. Gegen Wagner hatten die Beamten einzuwenden, daß er sich erst mit allem ausstatten müsse, und vor allem bräuchte er jemanden für die Küche, *worzu seine Hauß-frau gantz und gar nicht taugenlich seye*, wie man an seiner jetzigen Wirtschaft merken könne. Nachdem Wagner versicherte, daß seine Mutter im Bad kochen und seine Frau dort anleiten würde, wurde ihm zugute gehalten, daß er das Anwesen aus seiner Jugend gut kennen würde und zudem sein Schwager bereit sei, für ihn zu bürgen.

Die Beamten wiesen in ihrem Brief an den Herzog darauf hin, daß es sehr schwierig sein dürfte, das Bad zu verkaufen, da es abseits läge und kein Handel dorthin ginge. Dreiviertel des Jahres wären keine Gäste da, und trotzdem müßten der Beständer und das Gesinde die restliche Zeit auch leben. Zusätzliche Schwierigkeiten wären, daß das Holz und das Trinkwasser von sehr weit hergeholt werden müßten, was die Kosten noch mehr in die Höhe triebe. Ein Käufer würde also immer mehr Geld brauchen, als er einnehmen könne. Ein Problem sei die herzogliche Stiftung für die Gnadenbädler.[32]

Offenbar war Herzog Eberhard Ludwig, der später Ludwigsburg erbauen ließ und einen kostspieligen Lebenswandel führte, trotz dieser Probleme willens, das Bad zu versilbern. Im Oktober 1696 wurde der Verkaufswille

nochmals öffentlich kundgetan. Wieder meldete sich niemand.[33] Im Jahr 1697 gab es dann zwei Interessenten: Der erste war Johann Sigmundt Berger, Chirurg aus Dresden, der das Bad für 1800 Gulden kaufen wollte, der zweite der ehemalige Amtmann Johann Weinundbrot, der 1000 Gulden bot. Beide Male wurden sich die Beteiligten offenbar nicht handelseinig.[34] An den Privilegien, der Fronfreiheit und den günstigen steuerlichen Abgaben, die dem potentiellen Käufer geboten wurden, störten sich Stadt und Amt Göppingen, was im Jahr 1701 zu heftigen Disputen führte. Zu einem Verkauf kam es jedenfalls nicht.

Vierzig Jahre später wurde der Verkauf des Bades wieder zum Thema. Im Jahr 1741 hatte ein *grausam und entsezlich Gewässer* das Bad überflutet. Vieles am Inventar war zerstört, das Wasser stand im Gasthaus bis zur achten Treppenstufe hoch. Zu den Aufräumarbeiten mußten Taglöhner eingesetzt werden, die der Wirt Johann Georg Seitz aus eigener Tasche bezahlte. Er beschrieb dem Herzog seine schwierige Situation und machte deutlich, daß er einen Schaden von etwa 450 Gulden erlitten hätte und in diesem Jahr nur fünf Badegäste da gewesen seien. Darum bat er um die Erlassung des Bestandsgeldes für das laufende Jahr.[35] Der Herzog erließ ihm aber nur 50 Gulden. Ein Jahr später war Seitz so entnervt, daß er den Bestand aufgeben wollte, zu allem Überfluß war er auch noch bestohlen worden. Seiner Meinung nach war er auch schon zu alt, um noch weiterzumachen. Nochmals bat er darum, das Pachtgeld auszusetzen, zumal außer der *Hauptmännin Schumacherin sonst kein einziger Bad= oder Sauerbronnen Gast all hier gewesen, der bei mir logirt, und einigen Kreutzer zu lösen gegeben hätte.* Die Antwort war hart: mehr als 50 Gulden Nachlaß würden nicht gewährt. Im übrigen wurden die Beamten angewiesen, danach zu sehen, daß das Bad mit *avantage* verkauft werde, *weillen ein guter Verkauf deßen dem Herrschaftl. Interesse Vorträglicher seyn dörffe, als die Verleyhung…*[36]

71 *Zell unter Aichelberg mit der Schwefelquelle »Brun Rabbis Segen« (oben rechts) und Bauern bei der sommerlichen Getreideernte. »Boller Landtafel«, 1602*

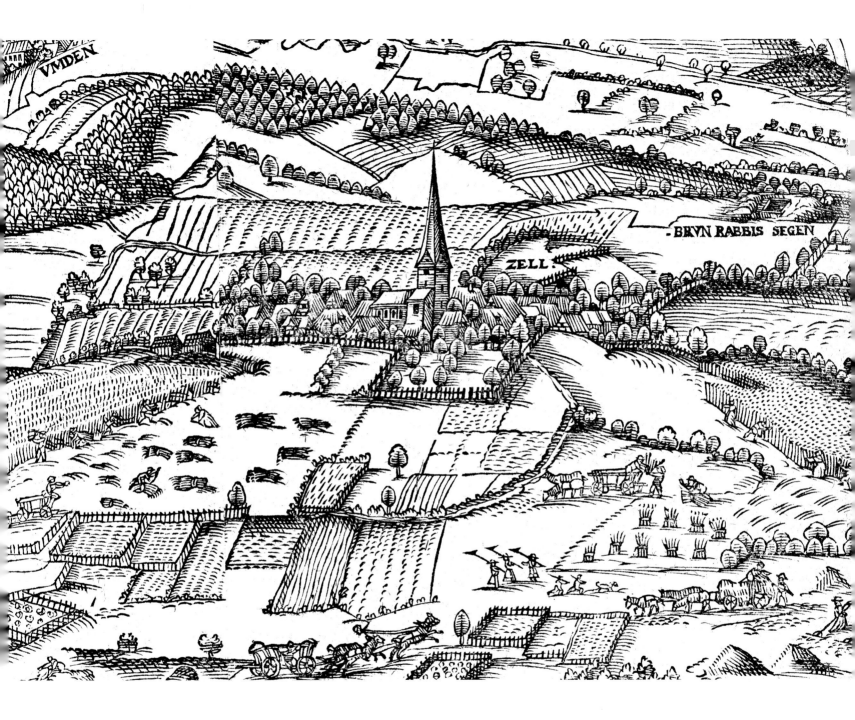

Nachdem das Bad wieder ausgeschrieben worden war und sich weder ein Käufer noch ein Pächter fand, ließ man die ganze Sache erstmal auf sich beruhen.[37]

In den folgenden Jahren hielten wohl vor allem die jedes Jahr kurenden Gnadenbädler den Betrieb am Laufen und breiteten den Ruf des »Wunderbades« in ihren Kreisen aus. Im Jahr 1787 konnte Philipp Röder in seiner »Geographie und Statistik Württembergs« nur berichten, daß das berühmteste Bad Württembergs das Wildbad sei und auch die Bäder in Liebenzell häufig besucht würden. Zu den weniger bekannten Bädern zählte er neben dem Cannstatter Bad und dem Hirschbad in Stuttgart auch das »Bollerbad«.[38]

[1] Bauhin: Historia Novi I, S. 13.
[2] Beck: Menschen und Tiere, S. 96–105; Regelmann: Philipp Gretters Landtafel, S. 7–12.
[3] Bauhin: New Badbuch I, S. 24.
[4] Mehring: Badenfahrt, S. 147.
[5] Bauhin: New Badbuch I, S. 22; II, S. 129.
[6] Bauhin: New Badbuch I, S. 23–48 (Zitat S. 27); Gesner: Historisch=Physicalische Beschreibung, S. 7, 16.
[7] Rebstock: Beschreibung Deß Wunder=Bades zu Boll, S. 14; Osiander: Nachricht, Nr. 34, S. 135; Gesner: Historisch=Physicalische Beschreibung, S. 16.
[8] Maskosky: Das Göppingische Bethesda, S. 135–136.
[9] Mehring: Badenfahrt, S. 145–146, 148.
[10] HStAS A346 Bü 34 Staat und Eid der Badknechte 1696.
[11] Maskosky: Das Göppingische Bethesda, S. 132–133; Bauhin beschreibt ähnliches: Bauhin: New Badbuch II, S. 128.
[12] Mehring: Badenfahrt, S. 148.
[13] Mehring: Badenfahrt, S. 154–155; Osiander: Nachricht, Nr. 34, S. 135.
[14] Reyscher: Sammlung der württembergischen Gesetze, Bd. 13, S. 1177–1178, Kaminfegerordnung von 1720.
[15] HStAS H101 Bd. 491 Lagerbucherneuerung 1699; HStAS A346 Bü 37 Bestandsbrief 1715–1721.
[16] HStAS A249 Bü 793 Brief von Seitz 5. 6. 1721.
[17] Zum gesamten Vorgang: HStAS A346 Bü 38 Konzession für den Badwirt an Sonn- und Feiertagen taxfreie Tänze zu halten; Blinder Eifer des Pfarrers A. Bardili gegen diese Tänze 1697–1722.
[18] Akermann, Manfred: Findbuch Boll. Inventar des Gemeindearchivs Boll. Boll 1960, S. VII–VIII (Archivinventare des Landkreises Göppingen Bd. 8).
[19] Mehring: Badenfahrt, S. 135.
[20] HStAS A346 Bü 36 Fasz. 3 Verzeichnis was die Loßamenter ertragen 1652.
[21] Bauhin: New Badbuch II, S. 64–66.
[22] Maskosky: Das Göppingische Bethesda, S. 252; Wetzler: Über Gesundbrunnen, Bd. I, S. 206–207.
[23] Gargerle, Christian; Lachmayer, Herbert: Das Bad – kulturgeschichtliche Figur eines zivilisatorischen Fortschritts. In: Historisches Museum Wien: Das Bad, S. 11.
[24] Bitz: Badewesen, S. 103; HStAS E221 Bü 2248 Ertrag des Bollerbads 1750–1800.
[25] Schwäbische Chronik Stuttgart, 17. 7. 1789, S. 175; 27. 7. 1789, S. 184; 16. 7. 1790, S. 185; 9. 8. 1790, S. 213; 29. 7. 1791, S. 181; 2. 7. 1794, S. 174.
[26] Beschreibung des Oberamts Göppingen, S. 101–103.
[27] HStAS A249 Bü 791 Brief Hans W. Plöbst an den Herzog November 1649.
[28] Beschreibung des Oberamts Göppingen, S. 101–103; Dehlinger: Württembergs Staatswesen, S. 65–69; Mayer, Helmut: Vom Dreißigjährigen Krieg bis zum Ende des Alten Reiches. In: Gemeinde Boll: Boll, S. 120–121.
[29] HStAS A249 Bü 789 Extract was 1600/01 das Wunderbad eingetragen.
[30] HStAS E221 Bü 2248 Berechnung über den Ertrag des Bollerbades 1699 bis 1750, August 1822.
[31] Heyde: Das Württembergisch Wunderbad, S. 76.
[32] HStAS A249 Bü 791 Bericht zum Verkauf des Bades durch den Keller, Vogt und Physikus 19. 12. 1695.
[33] HStAS A249 Bü 791 Brief von Keller und Physikus 6. 11. 1696.
[34] HStAS A249 Bü 791 Entwurf für Kaufvertrag 15. 3. 1697 und 8. 6. 1697.
[35] HStAS A249 Bü 797 Brief Seitz an Herzog 24. 7. 1741.
[36] HStAS A249 Bü 797 Brief Seitz an Herzog 11. 8. 1742, Antwort 11. 10. 1742.
[37] HStAS A249 Bü 797 Gutachten Physikus und Bürgermeister 26. 9. 1742.
[38] Osiander: Nachricht, Nr. 31, S. 123; Röder, Philipp: Geographie und Statistik Württembergs. Laybach in Krain 1787, S. 63 (Band 1).

Dr. Riedlins Bad-Lied von 1710, aus: Heyde, Gerhard: Das württembergisch Wunderbad zu Boll, Stuttgart 1949, S. 64–66

Dr. Riedlins Bad-Lied von 1710

GOtt sey Dank für dieses Bad
Daß er lassen hat entspringen /
Daß so große Kräfften hat
Laßt uns doch sein Lob besingen
Und mit Mund und Wercken dancken /
Dem der so wohl hilfft den Krancken.

Willst du aber diesen Danck
So wie es seyn soll ablegen /
Must du was dich machet kranck
Fordrist und mit Fleiß erwegen /
Das ist / du mußt deine Sünden
Schmertzlich und mit Reu empfinden.

Doch du must es bey der Reu
Nicht allein bewenden lassen /
Vielmehr gleiches auch darbey /
Denn mit wahrem Glauben fassen /
Denn / daß Er könt Sünd vergeben
Selber ließ am Creutz sein Leben.

Ist der Anfang dann gemacht
So mit Danck- als Buß-Bezeugen /
Daß die Cur werd recht vollbracht
Muß damit der Mund nicht schweigen /
Sondern stets Gebett ablegen /
Daß GOtt geb auch jetzt den Seegen.

Sprich / O GOtt / mein lieben GOtt!
Der Du wollen hast auflegen /
Diese meine Kranckheit-Noth
Gib auch jetzo deinen Seegen /
Daß / wann es der Seel nicht schadet
Werd der Leib gesund gebadet.

Laß mich doch die gantze Zeit
Da ich in dem Bad will leben /
Nimmermehr der Eitelkeit
Noch der Wollust seyn ergeben /
Vielmehr laß mich so aufführen
Wie es Krancken will gebühren.

Laß die Meinige zu Haus
Dir / mein GOtt / seyn anbefohlen /
Daß sie das gut richten aus /
Und so leben wie sie sollen /
Laß mich nichts von ihnen hören
Daß könt das Gemüth beschweren.

Will das Bad nicht helffen mich /
Laß mich doch nicht sündlich klagen /
Und biß es recht schicket sich /
Meine Noth geduldig tragen /
Halten an mit Hülff-Begehren
Biß du gnädigst wirst erhören.

Ja / soll es gefallen dir
Länger mein Creutz aufzulegen /
Laß es auch gefallen mir /
Gib nur daß es bring zuwegen /
Das / worzu das Creutz und Leyden
Ist von dir / GOtt /bescheiden.

Ist die Cur geseegnet dann /
Laß auch danckbar mich erweisen /
Und was Du an mir gethan
Dich mit Wort und Wercken preisen /
Ja / so lang du schenckst das Leben
Allezeit dein Ruhm erheben.

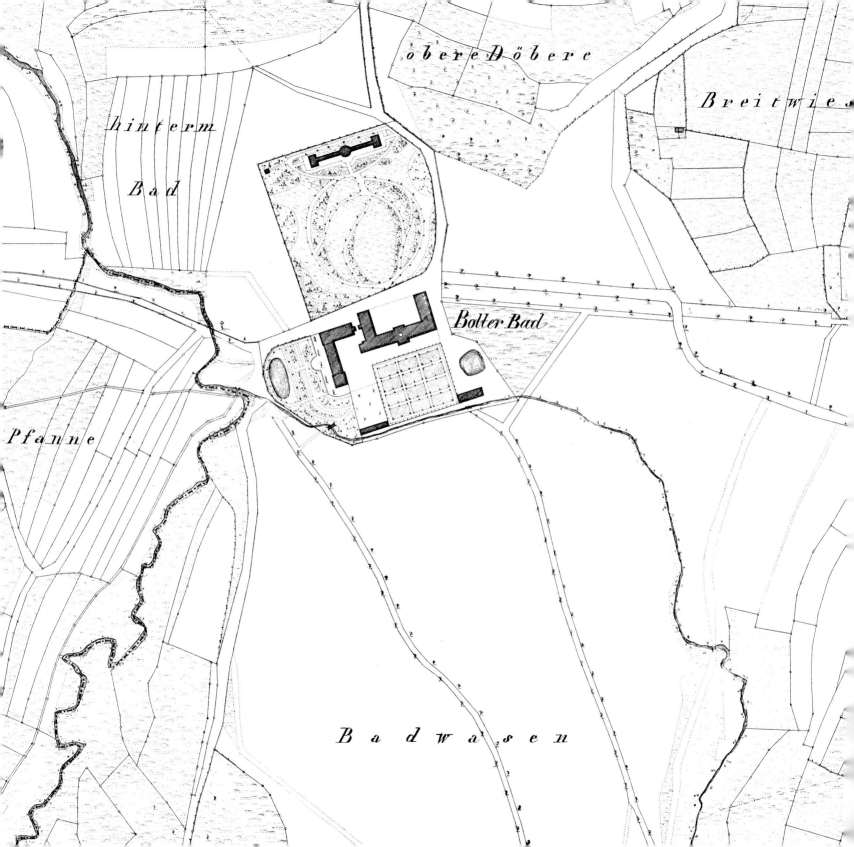

obere Döbere

Breitwie

hinterm

Bad

Bolter Bad

Pfanne

Badwasen

Bauliche Veränderungen im 18. und 19. Jahrhundert

Eckhard Christof

Die Umbauten von 1725

Die Erneuerung des Brunnenhauses war schon in den Jahren 1689 und 1718 angemahnt worden. 1721 mußten der nasse Weinkeller und der undichte Röhrbrunnen saniert werden. Erst im Jahre 1725 konnte der grundlegende Neubau des Brunnenhauses und des Kettenschöpfwerks verwirklicht werden. Im Januar hatte der Göppinger Keller Georg Gottfried Härlin dem Herzog eindringlich geschildert, in welch schrecklichem Zustand das Brunnenhaus samt dem Schöpfwerk sei. Mit dem Einsturz des Brunnenhäuschens sei stündlich zu rechnen. Beigefügt war ein Kostenvoranschlag über fast 400 Gulden für den kompletten Neubau. Die notwendige Brunnenausschöpfung wurde noch zusätzlich mit 100 Gulden angesetzt, was sich aber als zu niedrig erwies. Als Alternative zum Neubau des Schöpfwerks mit seinen jetzt 14 kupfernen Eimern, schlug er die Errichtung eines doppelten »Gumpens« vor. Im Kostenvoranschlag wird dessen Konstruktion beschrieben. Der Brunnenmeister Elias Schwarz aus Donzdorf sollte zwei hölzerne »Teichel« bis in eine Tiefe von 56 Schuh (15,96 m), 9,12 m über dem Brunnenboden, einbauen. Die beiden Rohre würden unten von einem eichenen »Rost« gehalten werden. Mit Hilfe zweier Tauchkolben in den Rohren wäre das Wasser nach oben gehoben worden. Diese Lösung wäre wesentlich billiger geworden. Der Ratgeber des Herzogs, Johann Burckhardt Mögling, sprach sich in einem Gutachten schließlich gegen hölzerne Brunnenteichel aus. Anfangs würden sie dem Wasser »einen fremden Geschmack« geben, später würden sie verkalken und schadhaft werden. Mögling betonte auch, daß er bei Bauhin nirgends eine Begrün-

dung dafür gefunden habe, warum ein Kettenwerk gebaut werden müsse. Er sprach sich darum dafür aus, den sicheren Weg zu gehen und das teurere Schöpfwerk neu herzustellen. Im gleichen Jahr wurde wahrscheinlich auch das Dach des Kesselhauses erneuert.[1]

Die Umbauten von 1788 bis 1792

Die überlieferten Aufzeichnungen aus dieser Zeit sind spärlich. Aber es haben sich sechs sehr aufschlußreiche Baupläne erhalten, die leider in einem schlechten Zustand sind. Sie zeigen jeweils den alten und den geplanten Zustand. Durch den Vergleich mit späteren Plänen wird deutlich, daß die Badherberge umgebaut wurde, während die Pläne für das Badgebäude im Jahre 1813 unverändert noch einmal eingereicht wurden.

Bauinspektor Groß zeigt 1788 zum Beispiel das *Boller Baad zur ebenen Erde nach der wircklichen Einrichtung*. Daraus lassen sich die Veränderungen seit der Zeit der Erbauung ablesen: Der Badesaal ist durch eine Quermauer halbiert worden. Der nördliche Teil enthält noch das alte Kreuzgewölbe, genannt das »Baad vor Honoratioren«. Es ist wiederum längsgeteilt für Männer und Frauen. Der südliche Teil des Badesaals hat kein Gewölbe mehr. Vielleicht ist es eingestürzt. Es ist das »Baad vor geringe Leute«. Hier ist auch eine neue Treppe nach oben eingebaut. Der ursprüngliche Pferdestall, die spätere Gaststube in der Herberge, ist nur noch eine große Holzkammer. Diese Holzkammer wurde 1792 gedrittelt. Das erste Drittel zum Badhaus nahm das Treppenhaus auf, das heute noch existiert, die beiden anderen Teile wurden zu Kammern umgebaut. Die Stiege in das »Entresol« (Zwischenstock) zum früheren »Schwitzbad« blieb. Auch hier waren nun

72 *»Boller Bad«. Flurkartenerstaufnahme der Kgl. württembergischen Landesvermessung 1826*

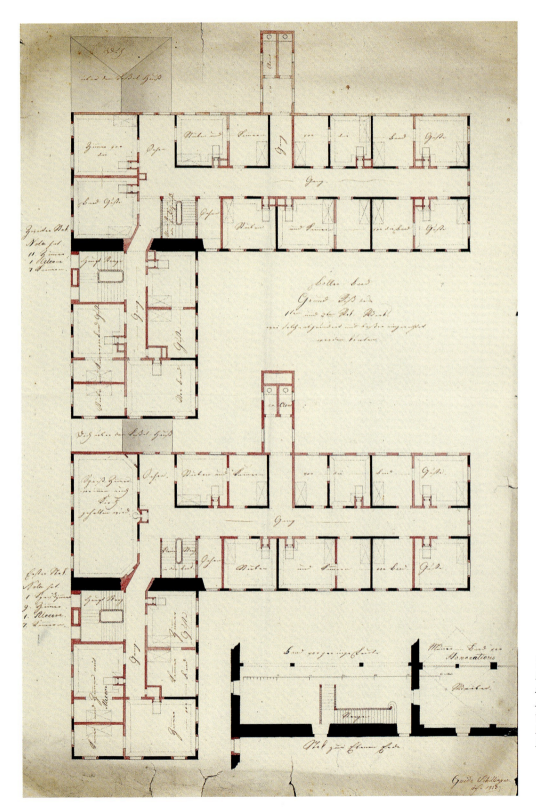

73
Boller Bad 1813. Grundrisse des ersten und
zweiten Stocks der alten Schickhardtschen
Anlage mit Umbauvorschlag, gezeichnet
von Guide Schillinger. Unten ein Teil des
Badesaals. Staatsarchiv Ludwigsburg
D 40 Bü 296 Nr. 7

74   Das alte Badgebäude im Jahre 1820 nach einer Skizze des Baumeisters Seytter:
»Aufriß der Fronten gegen Morgen«. Hauptstaatsarchiv Stuttgart E 221 Bü 2250

zwei kleine Kammern. Die »Stiege« im Bad für Personen niederen Standes wurde verbessert.

Der erste Stock der Badherberge war fast gleich geblieben. Nur die Küche befand sich nun neben dem »Thorhaus« an der Einfahrt in einem kleinen Gebäude, »herrschaftliche Küche« genannt. Im Badhaus hatte sich nichts verändert. Nur die »Cloacen« waren beseitigt worden. Dafür hatte man in gebührendem Abstand vom Haus einen eigenen großen, dreistöckigen »Cloac-Kasten« gebaut, den man von den zwei Wohngeschossen und dem Dachgeschoß des Hauses über einen überdachten Gang erreichen konnte. Im Erdgeschoß hatte dieser längliche, schmale Anbau eine Durchfahrt, ähnlich der heutigen Verbindung zum Gnadenbau. Die in manchen Berichten beklagte Geruchsbelästigung war zwar verschwunden, aber nur zwei Klos für ein ganzes Stockwerk waren doch recht wenig. Zum Entleeren der Nachtschüsseln wird es freilich gereicht haben.

Auch im zweiten Stock war nichts wesentlich verändert. Die Räume des Herzogs waren jedoch zu Zimmern für die Badgäste umgewandelt worden. Darum konnte auch die Brandmauer durchgebrochen werden, um so den fehlenden Übergang zwischen Badhaus und Herberge im zweiten Stock zu schaffen. Über die Zustände im Dachgeschoß wird nichts berichtet.[2] In der Gewinn- und Verlustrechnung von 1792/93 erscheint unter der Rubrik »Verbauen am Bad« ein Betrag von 4863 Gulden, statt der sonst jährlich üblichen etwa 300 Gulden. Dieser hohe Betrag erklärt, warum die Renovierung des Hauptgebäudes hinausgeschoben wurde. Im Rechnungsjahr 1800/01 werden unter dieser Rubrik sogar 13450 Gulden abgerechnet. Welche der aufgeführten Umbauten für diese Summe gemacht wurden, ist nicht ersichtlich.[3]

Die Umbaupläne von 1813 bis 1822

Es ist schon etwas verwirrend, wenn man die Baupläne aus dieser Zeit vor sich ausbreitet. Sie kommen einem alle bekannt vor. 1789 plant Bauinspektor Groß, um 1790 Major Fischer, 1813 Guide Schillinger. Es sind drei identische Pläne, von drei verschiedenen Personen gezeichnet und eingereicht.[4] Keiner wurde realisiert. Die Zeit der

napoleonischen Kriege verhinderte ein ums andere Mal die dringend notwendige Verbesserung oder gar Vergrößerung des Hauses. Das Kameralamt Göppingen hatte schon 1811 die notwendige Vergrößerung beantragt. Im Jahre 1816 wurde dies wiederholt, und Landbaumeister Dillenius gab einen Kostenvoranschlag dazu. Im Jahr darauf wurde sein Plan wegen »des beträchtlichen Aufwandes« von 10964 Gulden abgelehnt. Darauf versuchte es der Kämmerer mit einem Vorschlag des Baumeisters Wolßdorf. Doch auch dieser Vorschlag wurde wieder abgelehnt. Der Baumeister mußte sogar wegen seines Honorars prozessieren.[5] Diese Entscheidung läßt sich dadurch erklären, daß die Finanzbehörde das Boller Bad als »Faß ohne Boden« angesehen haben muß. Zwischen 1800 und 1817 waren in das Bauwesen in Boll 28963 Gulden gesteckt worden, ohne daß sich der Zustand des Bades wesentlich gebessert hatte. Daher kommen auch die Verkaufsversuche in den Jahren 1817/18, viele Argumente für und wider wurden ausgetauscht. Doch der König lehnte schließlich ab und ordnete am 11. November 1818 die Neuverpachtung an.[6] Aber erst am 15. September 1823 unterschrieb der neue Badpächter Fest seinen Vertrag.[7]

Das Boller Bad im Jahre 1820

Im Dezember 1820 trat dann Bauinspektor Seytter, er selbst nannte sich Sutor, auf den Plan. Seine Aufgabe wurde es, zuerst eine gründliche Bauaufnahme zu machen. Er legte einen neuen Grundrißplan vor, auf dem alle drei Stockwerke außer dem Erdgeschoß aufgezeichnet waren. Hier ist zu sehen, welche Änderungen seit 1792 verwirklicht wurden: Die Heizung war umgebaut und das Treppenhaus im Badgebäude vergrößert worden. Heute befindet sich hier ein Aufzug. Einige zusätzliche Änderungen trug er ein. Geplant war zum Beispiel, die sogenannte Beständerwohnung ins Erdgeschoß, also den Badesaal, zu verlegen. Daraus läßt sich schließen, daß die Wohnung des Badmeisters in einem sehr schlechten Zustand war. Zum ersten Mal haben wir einen Grundriß des Dachgeschosses vor uns. Die Einteilung ist praktisch identisch mit den beiden anderen Geschossen. Neu ist die Aufstockung des Kesselhauses bis zum Dach. Im

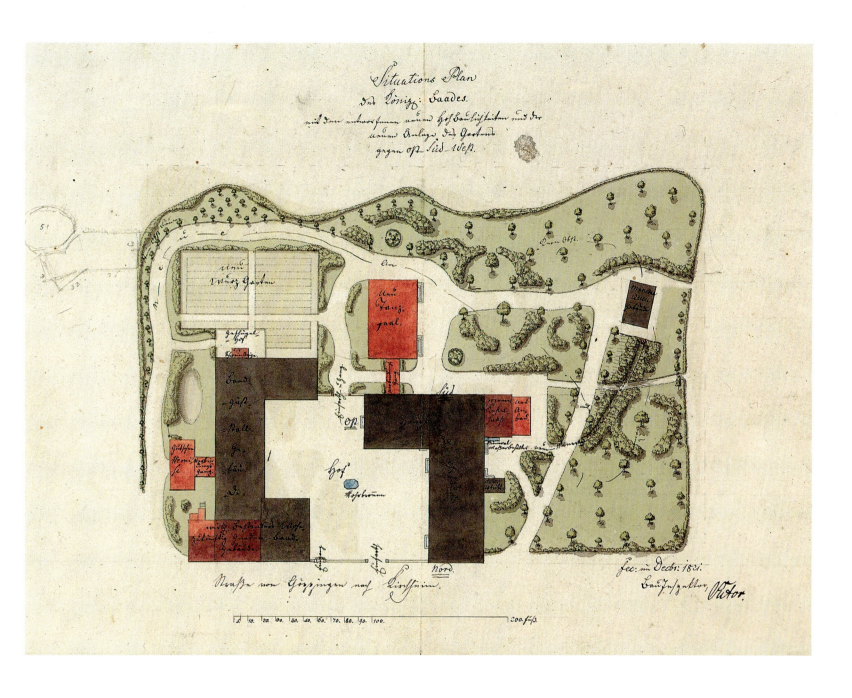

75 »Situations Plan des königl. Baades mit den entworfenen neuen Hofbaulichkeiten
und der neuen Anlage des Gartens gegen Ost – Süd – West.«
Umbauvorschlag des Bauinspektors Sutor, Dezember 1821. Hauptstaatsarchiv Stuttgart
E 221 Bü 2250 Nr. 5

Dezember 1821 scheint sie abgeschlossen gewesen zu sein. Einer der Pläne zeigt auch einen »Aufriß der Fronten gegen Morgen«. Der Schickhardt-Bau ist darauf sehr gut zu erkennen, wenn auch das Fachwerk nicht abgebildet ist.[8] Vermutlich war es dem Zeitgeschmack entsprechend im Laufe der Jahre verputzt worden.

In den folgenden beiden Jahren führte Seytter eine gründliche Bestandsaufnahme über den Zustand des Bades durch und fügte seine Verbesserungsvorschläge hinzu. Nach längeren Ausführungen über die künftige Gestaltung der Gartenanlagen beschrieb er die Gebäude. Der Nordgiebel des Badhauses sei so schadhaft, daß sich die Riegelwände bereits nach außen gebogen hätten. Im Erdgeschoß hätten schon Sprießen eingezogen werden müssen, um das Haus zu stützen. Seytter bemängelte auch, daß es keinen Tanz-, Speise- oder Versammlungssaal gebe. Außerdem seien die Zimmer in einem schlechteren Zustand als in jedem Privathaus, und Zimmer für höhere Standespersonen wären sowieso nicht vorhanden. Die Badewannen müßten in die Wohnzimmer gestellt und das Badewasser getragen werden. Und zudem wäre zu wenig Platz, um alle Gäste unterzubringen. Es sei also dringend notwendig, das Gebäude zu vergrößern und in einen Stand zu versetzen, der dem anderer Badeanstalten entspräche. Das Gebäude für den Badwirt befinde sich zum Teil in einem so schlechten Zustand und wäre innen und außen so häßlich anzusehen, daß eine Wiederherstellung dringend geboten sei.

Die Vorschläge des »Hof-Domänen-Raths« Seytter von 1822

1. Der alte Dachstuhl und die Fensterfronten sollten zur Angleichung an einen neu zu erbauenden Flügel umgestaltet werden.
2. Die Gnaden-Bädler, welche bisher im Hauptgebäude wohnten, müßten in einem Nebengebäude untergebracht werden. Sie seien zumeist arme Menschen und von niederem Stande, und sie hätten öfters »ekelhafte« Krankheiten.
3. Der weit vorstehende Abtritt (Klo-Gebäude) nach Westen sollte neben das Kesselhaus verlegt und mit Latrinen versehen werden.
4. Die Küche des Badwirts sollte im Erdgeschoß des alten Badgebäudes eingebaut werden.
5. Die restlichen Räume im Erdgeschoß des alten Badgebäudes sollten als Zimmer für weniger begüterte Badgäste eingerichtet werden.
6. Das Baden in den Zimmern müßte abgeschafft, und dafür müßten gegenüber den Wohnzimmern Badekabinette eingebaut werden. Dann könnten auch Tagesgäste, die kein Zimmer hätten, baden.
7. Um Personalkosten zu sparen und das Gebäude zu schonen, sollte eine »Röhrenleitung« in die Badekabinette gelegt werden. Dadurch würde auch der »Gasgehalt« des Schwefelwassers besser bewahrt.
8. Für die Behandlung mit Schwefelwasser seien Dampf- und Tropfbäder besonders günstig. Das Dampfbad könne man »vermittels eines Hutes und Schlauches dann auf einem der beiden Kessel genau aufpassen«. Das Tropfbad könnte unterhalb eines für die Röhrenleitung erforderlichen Reservoirs eingerichtet werden.
9. Der von Baumeister Barth »projektierte« Saal mit »abgehobenen Corps de Logis« im Obergeschoß, solle so gebaut werden, daß wenigstens einer dieser herrschaftlichen Räume eine Verbindung zum Saal habe.
10. Dem Badwirt müsse zur Bewirtschaftung des Bades alles geschaffen werden, was »zu einer wohl eingerichteten Wirthschaft und Land-Oeconomie nothwendig« sei. Dazu gehörten Stallungen, Remisen, Räume für die Armen-Bäder und Dienerschaft, was alles aus dem Hauptgebäude zu entfernen wäre. Um die neuen Gebäude zu schaffen, müßten einige Bäume der Allee fallen und der Weg nach Boll auf die andere Seite verlegt werden. Wahrscheinlich im Jahre 1827 wurde der Anfang der Allee tatsächlich um einige Bäume verkürzt und der Weg verlegt.[9] Weiter meinte Seytter, die Trinkwasserleitung sei schadhaft und müsse erneuert werden. Er hatte vor, in der Nähe nach einer weiteren Quelle zu suchen. Dort, wo die Wege nach Eckwälden und Kirchheim sich kreuzten, müsse sich eine Quelle befinden. (Er meinte damit den späteren Jakobsbrunnen.)[10]

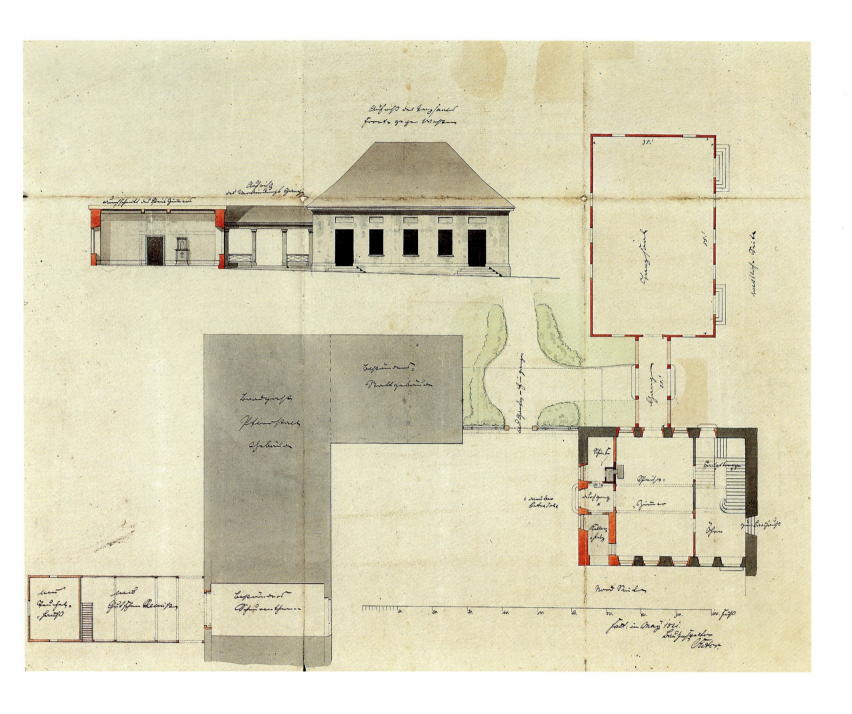

76   Boller Bad 1821: Grund- und Aufriß eines nicht erbauten Tanzsaals,
entworfen Mai 1821 von Bauinspektor Sutor (Variante B). Hauptstaatsarchiv Stuttgart
E 221 Bü 2248 B

Vom Bauinspektor zum königlichen »Hof-Domänen-Rath« aufgestiegen, fügte Seytter seinen Ausführungen noch einmal seine Pläne von 1821[11] bei. Die Prüfung dieser Vorschläge war die Aufgabe von Oberbaurat Barth. Nach dessen Ansichten waren die Pläne Seytters nicht mutig genug. Barth wollte, zwar unter Einbeziehung des alten Bades, etwas völlig Neues schaffen. Seytters Pläne für einen Tanzsaal, der zwischen 2895 und 3714 Gulden kosten würde, konnte er anscheinend nicht gut heißen. Die Variante A sah vor, den Tanzsaal in »den großen Garten« zu bauen, während die Variante B über einen Gang mit der Badherberge in Verbindung stand. Im Erdgeschoß der Badherberge wäre dann der Speisesaal gewesen. Diese zweite Variante hatte Seytter in seinem »Situationsplan« bereits eingezeichnet. Erst Christoph Blumhardt hat diesen Plan, bewußt oder unbewußt, im Jahre 1889 wieder aufgegriffen. Der neue Speisesaal ist ähnlich konzipiert, nur wesentlich größer. Unter Einbeziehung vieler Gedanken Seytters legte Oberbaurat Barth schließlich eigene Pläne vor. Auch er war neben Seytter schon seit 1822 mit der Ausarbeitung von Vorschlägen für das Boller Bad befaßt.[12]

Neu- und Umbauten ab 1823

Oberbaurat Gottlob Georg Barth

Der Baumeister wurde am 21. Juni 1777 in Stuttgart geboren. Er starb am 2. Januar 1848 ebenfalls in Stuttgart. Nach seinem Studium in Stuttgart und an der Bauakademie in Berlin arbeitete er der Tradition gemäß mehrere Jahre im Ausland. Bald nach seiner Rückkehr im Jahre 1805 wurde er zum Hofbaukontrolleur und 1811 zum Oberbaurat im Finanzministerium ernannt. In dieser Eigenschaft leitete er die Neu- und Umbaumaßnahmen im Boller Bad in den Jahren 1823 bis 1830. In seiner langen Zeit in königlichen Diensten baute er viele wichtige Gebäude in Stuttgart. Barth war der bedeutendste württembergische Vertreter der in seiner Studienzeit modern gewordenen klassizistischen Bauweise.[13]

Auch er hatte bereits im Jahre 1822 erste Pläne vorgelegt. Sein Plan Nr. 1 trägt den Titel »Boller Bad. Situationsriß über die Vergrößerung des Badhauses und Verbesserung der dortigen Anlagen. 1822.«[14] Hatte Seytter noch auf die reine Verbesserung der alten Anlage gesetzt, so war Barth bereits früh zu der Ansicht gelangt, daß nur ein neues Gesamtkonzept Erfolg haben könnte. Der Plan sah vor, das alte Gebäude zunächst komplett zu erhalten und symmetrisch zu ergänzen. In der Mitte sollte ein Festsaal entstehen, zwei Stockwerke hoch, mit einer Wagendurchfahrt darunter.[15] Alle alten Nebengebäude sollten abgebrochen und durch Neubauten im Süden ersetzt werden. Den Park wollte Barth im wesentlichen nur modernisieren. Die Hauptachse des Parks, an deren Ende er einen »Gartensaal« oder als Alternative eine »bedeckte Laube« vorsah, wäre damit nicht in der Mitte der neuen Anlage gewesen. Nach Süden plante er einen zweiten, kleineren Park. Das alte Brunnenhaus wäre weiterhin alleine gestanden, etwas schräg zu den anderen Gebäuden gestellt. Diesen Plan lehnte der König ab. Das Barthsche Grundkonzept der symmetrischen Flügelanlage fand zwar seine Zustimmung, die Nebengebäude und der Park jedoch nicht. Die Unterbringung der »Gnadenbädler« wäre so auch nicht befriedigend gelöst worden. Außerdem wollte der König eine Gartenanlage mit vielen Wegen, … *wobei zu wünschen wäre, daß ein Theil der Badgäste sich auch auf Seitenwegen begeben könnte, um nicht auf dem einzigen Hauptweg um den Garten mit Ausnahme eines Weges um die Laube selbst beschränkt zu sein und sich stets begegnen und ausweichen zu müssen.*[16] Am 28. Februar 1823 legte Finanzminister Weckherlin dem König einen Kostenvoranschlag vor. Auf Geheiß des Königs mußte er die Vorschläge Barths und Seytters zu einem Bericht zusammenfassen. Er schlug dem König vor, die Gartenanlage einschließlich einer *bedeckten Laube mit einem erhöhten Gartensaal* noch in diesem Frühjahr zu beginnen und auf der Anhöhe hinter dem Badhaus *einen Schuppen*, das heutige *Tempele* oder *Belvedere*, zu errichten, samt einer Allee aus Obstbäumen dorthin. Die vorgeschlagene symmetrische Erweiterung der Anlage hatte Barth inzwischen geändert. Er wollte jetzt im Westen und im Osten je einen Nebenflügel anbauen.

Damit hätte die Anlage insgesamt 77 Gästezimmer und 46 Badekabinette enthalten. Auf einer kleinen Skizze ist dieser Vorschlag festgehalten.

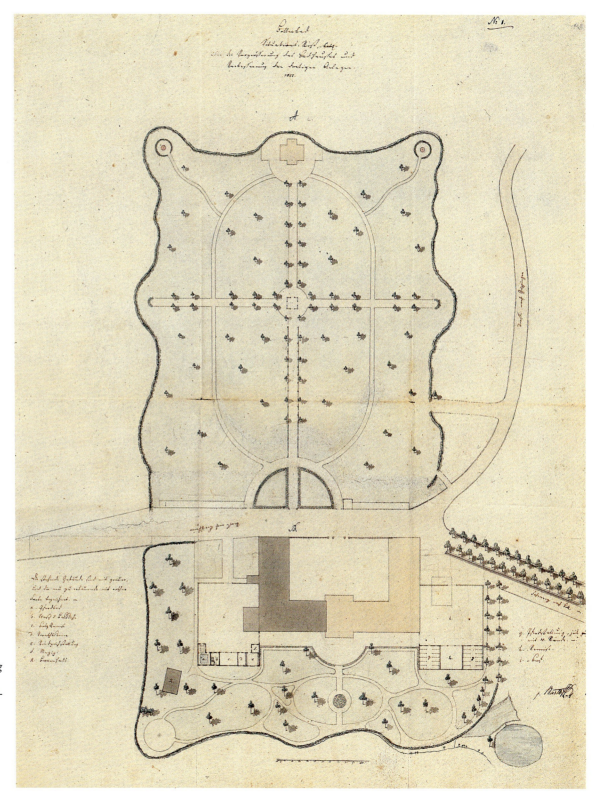

77
»Bollerbad. Situations-Riß über die Vergrößerung des Badhauses und Verbesserung der dortigen Anlage. 1822.« Erster Bauvorschlag von Baumeister Barth. Hauptstaatsarchiv Stuttgart E 221 Bü 2252 Nr. 1

Weiter schlug der Finanzminister, Barths Anregungen aufgreifend, vor, das im Vorjahr neu hergestellte Pumpwerk mit einem Pferdegöpel zu versehen, die ebenfalls neu angelegten Dampf- und Tropfbäder zu vervollständigen, eine neue Brunnenleitung für das Süßwasser zu bauen, das Schwefelwasser chemisch untersuchen zu lassen und eine neue Badeordnung zu erlassen. Die Nebengebäude sollten die Wohnung des Pächters, die Unterkunft für die zwölf Gnadenbädler, ein Pferdebad, sowie verschiedene Stallungen, Remisen, »Fouragebböden« (Heuböden) und Kammern für die »Domestiken« (Dienstboten) aufnehmen.

Der Kostenvoranschlag von 1823

Erweiterung des Hauptgebäudes	40 000 fl
Änderungen im alten Bau	3 500 fl
Errichtung von zwei Nebengebäuden	16 500 fl
Wasserleitungen im Erdgeschoß	3 000 fl
Gartenanlage	2 000 fl
»Bedeckte Laube«	8 268 fl 57 x
»Schuppen« (Belvedere)	798 fl 27 x
Gesamtkosten:	74 000 fl (Gulden)

Die Kosten für die Gebäude konnte Barth nur schätzen. Wenn der König im Prinzip einverstanden wäre, wollte er genauere Planungen vorlegen. Weckherlin schlug eine schrittweise Finanzierung vor. Innerhalb von sieben Jahren sollten alle Bauabschnitte erledigt und bezahlt werden. Damit wäre das Projekt bis Ende des Jahres 1829 fertig geworden. Nach der Fertigstellung der kompletten Gartenanlage müßte 1824 mit dem »Gnadenbau« begonnen werden. Sollte der König nicht einverstanden sein, so könne man vorläufig auch erst die dringendsten Bauten errichten: die gesamte Gartenanlage, den Saal neben der ehemaligen Badherberge und ein Nebengebäude als Gnadenbad. Dies würde die Kosten vorerst auf 35 567 Gulden begrenzen. Die weiteren Gebäude könnten dann später je nach Bedarf gebaut werden. Bei der »bedeckten Laube«, so zitierte Weckherlin den Baumeister, sei der Park von »aufsteigendem Ackerfeld« umgeben. Darum müsse die Laube statt eines einstöckigen Rondells in der Mitte einen zweistöckigen Saal bekommen, um den Bad-

gästen eine bessere Aussicht zu ermöglichen. Seytters Ablehnung einer Wagendurchfahrt am Haupteingang unterstützte er. [17]

Der Neubau unter König Wilhelm

Mit einigen Einschränkungen war der König einverstanden, mit der »kleinen Lösung« der Baderweiterung zu beginnen. Am 5. Mai 1823 gab er den Auftrag an Oberbaurat Barth, das Vorhaben in Angriff zu nehmen. Abweichend von den Vorschlägen ordnete er an, die »bedeckte Laube« solle nicht in runder, sondern in gerader Linie gebaut werden. Die Wagendurchfahrt mit Balkon wurde gestrichen, ebenso der zweigeschossige Saal in der Mitte der Wandelhalle. Der Balkon wurde im Jahre 1837 doch noch verwirklicht. [18] Die erhöhte Lage der »Laube« erschien dem König ausreichend zu sein. Geändert wurde auch die Stellung der Nebengebäude. Der Gnadenbau wurde vergrößert und sein Anbau bis zum Schwefelbrunnen verlängert, um diesen in die Gebäude einbeziehen zu können. Und der König bestand auf dem Einbau von Warmwasserleitungen sogar in die Obergeschosse. [19] Zur Verwirklichung der verschiedenen Bauphasen mußte der König von der Gemeinde Boll mehrere Grundstücke kaufen. [20]

Im Mai 1824 legte Barth erste Abrechnungen vor. Die Wandelhalle hatte 7282 Gulden gekostet, knapp 1000 Gulden unter dem Kostenvoranschlag, »eine doppelte Cloac in der Anlage« 498 Gulden. Der »Schuppen«, das Belvedere oder Tempele, kostete dafür etwas mehr als vorgesehen, nämlich 807 Gulden. Am 30. Juni 1824 legte Barth die Pläne für die Erweiterung vor. [21] Die Errichtung des östlichen Nebenflügels war noch nicht entschieden. Dafür schlug Barth vor, zum Ausgleich im neuen Ostflügel statt nur drei Badekabinetten acht einzurichten. Nach dem Ende der Badezeit 1824 sollte mit dem Bau des Festsaales begonnen werden. Der Saal mit den »Corps de Logis«, den Räumen für Personen höheren Standes, sollte 18 772 Gulden kosten, die Anbindung an das alte Gebäude noch einmal 834 Gulden. Am 11. August 1824 wurde der Grundstein gelegt. [22]

Im Frühjahr 1825 war der Querbau mit dem Saal fertiggestellt. Bis dahin waren bereits Kosten von insgesamt

78 »Das Boller Bad am 17. Juni 1823«. Blick von Westen auf das alte Badgebäude,
ganz links der projektierte Promenadesaal. Sepiazeichnung von Karl Heinrich v. Zieten

67473 Gulden entstanden. Der ursprüngliche Kostenvoranschlag zum »Bauwesen« war also weit überschritten worden, denn der Ostflügel war noch nicht gebaut. Wen wundert es da, daß die Handwerker noch im Mai 1827 ihre Bezahlung für den Saalbau anmahnen mußten.[23] Zur Ehrenrettung des Baumeisters Barth sei aber gesagt, daß die Kostenerhöhungen immer vorher vom König genehmigt worden waren, denn meist waren dessen hohe Ansprüche die Ursache für die Überschreitung des Kostenrahmens. Und Finanzminister Weckherlin unterstützte nachdrücklich die Verwirklichung.[24] In einer Kostenaufstellung setzte sich Barth zur Wehr. Er führte genau aus, welche Kosten eigentlich gar nicht zu seinem »Bauwesen« gehörten. So hatte zum Beispiel Oberhofgärtner Bosch für die Gartenanlage statt 2000 Gulden 8315 Gulden gebraucht. Niemand hatte wissen können, wieviel die Verwirklichung eines solchen Vorhabens kosten würde. Barth führte aus, wenn die Arbeiten statt mit »Strafdebenten«, das sind Gefangene oder Schuldner, mit »ordentlichen Taglöhnern« ausgeführt worden wären, hätten sie nur den vierten Teil gekostet. Ein weiterer Grund für die große Kostenüberschreitung war, daß die Arbeiten im alten Badgebäude wesentlich teurer wurden als angenommen. Und das Kameralamt hatte die Kosten für Grundstücke, Möbel und anderes verständlicherweise zu den Baukosten addiert. Laut Barth betrugen die zusätzlichen und von ihm nicht zu vertretenden reinen Baukosten bisher immerhin 19705 Gulden.[25]

Im April des Jahres 1825 wurde die Errichtung des Ostflügels eingeleitet. Nach seiner Fertigstellung sollte der gesamte Bau über 88 Zimmer für Badgäste verfügen. Im November 1825 wurde wieder abgerechnet. In der Zwischenzeit waren die Baukosten auf 51996 Gulden angewachsen.[26] Die Gebäude waren beinahe fertiggestellt, der alte Bau renoviert und zusätzlich noch an der Gruibinger Steige die »Schweizerey« mit der »Molkenkur-Anstalt« und auf dem Aichelberg eine Hütte erbaut. 1826 entstanden noch weitere Baukosten von 25204 Gulden,[27] so daß bei einer Abrechnung im Dezember 1827 Kosten von insgesamt 97256 Gulden aufgeführt wurden. Die Erweiterung des Boller Bades war damit offenbar abgeschlossen. Der langjährige Bauleiter Architekt Rupp

wurde »Bau Inspektorats Amtsverweser zu Reutlingen«. Da er weiterhin für Boll zuständig war – Barth lobte ihn ganz ausdrücklich[28] – lieferte er im Februar 1828 einen Bericht zum Neubau ab, dem er Vorschläge zur Verbesserung des Altbaus beifügte. Diese Aufgabe konnte aber erst ein Jahr später begonnen werden.[29] Bereits an Martini 1829 war der Wert der Gebäude mit weit über 100000 Gulden angegeben worden.[30]

Das Boller Bad im Jahre 1828

Die Schickhardtsche Anlage aus dem Jahre 1596 war im Osten um einen gleich großen Bau erweitert und dazwischen ein großer klassizistischer Festsaal gebaut worden. Der alte Bau wurde innen renoviert, behielt aber seine äußere Gestaltung. In den ehemaligen Badesaal waren zum Teil schon kurz vorher die Küche, das Tropfbad, das Dampfbad und die Wohnräume des Badpächters eingebaut worden. Ein kleinerer Speisesaal war im Erdgeschoß der ehemaligen Badherberge untergebracht. Gegenüber lagen drei Zimmer mit einem »Bade-Kabinett« für »weniger begüterte Personen«. Das »Vestibule«, die Vorhalle, im Mittelbau ist bis heute unverändert. Nur die beiden Räume dahinter, als Zimmer mit »Alkoven«, der Schlafraum, gebaut, sind heute *ein* Raum, »grüner Saal« genannt. Hier hängen jetzt die Bilder von König Wilhelm und seiner Gemahlin Pauline. Im Querbau und in einem Teil des Ostflügels befanden sich 14 »Bade-Kabinette« für das Schwefelbad. Manche dieser Badezimmer waren mit mehreren Badewannen ausgestattet. Für den König war ein eigenes »Bade-Kabinett« eingerichtet worden. Es enthielt eine große Badewanne aus Marmor und war mit Marmorfliesen geplättet. Beim Umbau des Ostflügels im Jahre 1984 wurde diese Wanne zerstört. Die beiden Obergeschosse waren ausschließlich mit Gästezimmern versehen. Über die Einrichtung des Dachgeschosses sagen die Pläne nichts.[31] Ebenso fehlen genauere Angaben über die Ausführung des »Gnadenbades« im westlichen Seitenflügel. Hier waren die Unterkünfte für die zwölf »Armenbädler« und die Dienstboten. Unter dem Gebäude war ein riesiger Vorratskeller gebaut worden. Über den noch heute vorhandenen Übergang mit Durchfahrt war dieser Trakt mit dem Hauptge-

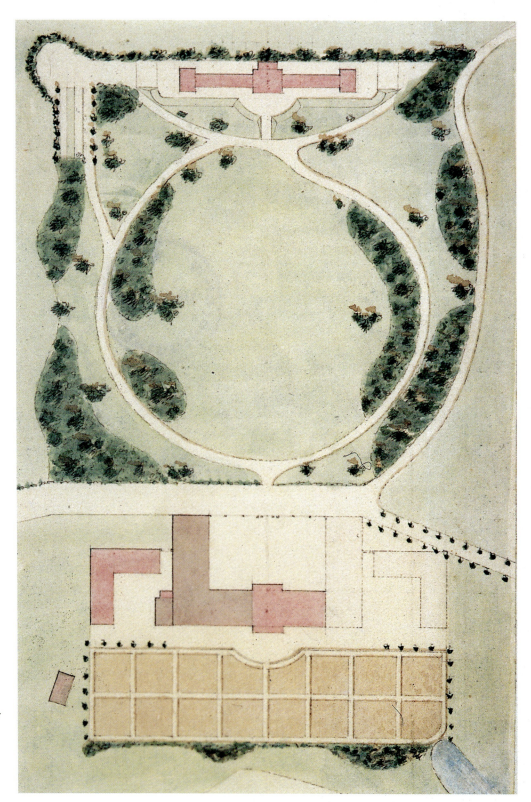

79
*Boller Bad 1823: Entwurfsskizze des
Baumeisters Barth. Einziger erhaltener
Plan für die Gartenanlage. Haupt-
staatsarchiv Stuttgart E 13 Bü 13*

bäude verbunden. Diesen Übergang hatte Oberbaurat Barth zunächst nicht vorgesehen. Zwischen dem später »Gnadenbau« genannten Seitenflügel und dem Brunnenhaus waren Wirtschaftsgebäude, zum Beispiel Wagenremisen, untergebracht. Das Brunnenhaus war neu gebaut und der Gebäuderichtung angepaßt worden. Bereits im Jahre 1827 war die westliche Grenze der königlichen Gartenanlage begradigt worden. Die Grenze zu den Boller Gemeindeteilen im Westen war noch immer so verlaufen, wie die Bauhinsche »Burganlage« sie geschaffen hatte. Dazu mußte von der Gemeinde ein Streifen Land erworben werden. Bei den Akten liegt eine kolorierte Skizze, die den Bauzustand von 1827/28 exakt wiedergibt.[32]

Die Angleichung des alten Badgebäudes an den Neubau

Die Erweiterung des Boller Bades, die von 1823 bis 1827 gedauert hatte, durfte den Badebetrieb nicht unterbrechen. Nachdem nunmehr alle Gebäude fertig waren, stand einer Angleichung des alten Gebäudes an das neue nichts mehr im Weg. Im April 1829 begründete Oberbaurat Barth die Notwendigkeit des Umbaus. Von einer wirklich symmetrischen Anlage konnte nämlich noch nicht die Rede sein. Er schätzte die Kosten auf 6000–7000 Gulden. Zwei Monate später reichte er einen Kostenvoranschlag über 7902 Gulden 17 Kreuzer ein. Der Finanzminister reichte diesen an den König weiter. Am 8. August genehmigte dieser den Umbau für 7408 Gulden 24 Kreuzer.[33] Bei diesem Umbau wurde vor allem die Außenfassade erneuert.

Das Inventarverzeichnis von 1830

Anläßlich der Vertragsverlängerung mit dem Badmeister Jakob Fest stellten Oberbaurat Barth, Oberrevisor Härlin von Stuttgart und Kameralverwalter Stokmaier von Göppingen ein Inventarverzeichnis auf. Sie bedienten sich noch der Hilfe weiterer sachverständiger Personen. Diese stellten fest, daß viele Möbel und Matratzen beträchtlich an Wert verloren hatten, da sie bereits seit sieben Jahren im Gebrauch und teilweise von minderer Qualität seien. Die königliche Verwaltung hätte sie außerdem zu teuer abgegeben. Im alten Badgebäude

waren mehrere Zimmer der ehemaligen Badmeisterwohnung zu Empfangs- oder Aufenthaltsräumen für neu ankommende Badgäste umgewandelt worden. Hier sollte es verschiedene Änderungen geben. Ein weiterer Raum war nun »Wirts- oder Schankstube für Einkehrende«. Der kleine Saal im Erdgeschoß der alten Herberge war in ein Wohnzimmer des Badwirts und vier »Bade-Kabinette« umgebaut worden. Damit gab es keinen Raum mehr für »Bauernknechte zu Tanzbelustigungen«. Dieser, so wurde beschlossen, sollte über dem Kesselhaus eingerichtet werden, und damit würde das Tanzvergnügen die Badgäste auch weniger »beunruhigen«. Der alte Flügel würde gerade ausgebaut, so wird berichtet, aus diesem Grund fehlt bei den Akten eine genauere Beschreibung der Hauptgebäude. Auch wird die genaue Lage des »Corps de Logis«, der herrschaftlichen Räume, bezeichnet. Im mittleren und oberen Stockwerk der alten Herberge befanden sich je drei zusammenhängende Zimmer, die diesem Zweck dienten. Sie lagen zwischen der Treppe und dem Saal. In diesem Bereich ist heute das »Blumhardt-Zimmer«. Als Ausstattung des Hauses werden zwei gute Feuerspritzen erwähnt, es würden aber zwei Feuerleitern mit Zubehör fehlen. In diesem Zusammenhang nennt der Bericht eine Feuerversicherungssumme von 66 150 Gulden für das Gebäude. Er empfiehlt, die Möbel bei der Privat-Feuerversicherungsgesellschaft »assecurieren« zu lassen. Außerdem wird empfohlen, in Boll und Eckwälden zwanzig zuverlässige Männer auszusuchen, die im Falle eines Brandes beim Löschen und Räumen der Gebäude helfen könnten. Bemängelt wird, daß die vorhandenen Stallungen nur Raum für 30 Pferde und die Remisen nur Platz für 10 Wagen böten. Außerdem fehlten Wohnungen für die »Domestiken«, die Diener, der Badgäste. Diese fehlenden Gebäude, so wird vorgeschlagen, könnten doch in dem noch zu errichtenden östlichen Seitenflügel bei der Allee untergebracht werden. Der Aufwand dafür betrüge ungefähr 6000 Gulden. Das dafür benötigte Grundstück könnte »unter der Hand« erkauft werden. Wie wir wissen, ist dieser Seitenflügel aber nie gebaut worden. Erforderlich sei auch das Anstreichen von 40 Zimmern im Bad. Auch das »Verblenden« der Gebäude zur »Conservierung« sei unbedingt erforderlich. Damit ist gemeint, die Außenfassaden mit einem Putz zu ver-

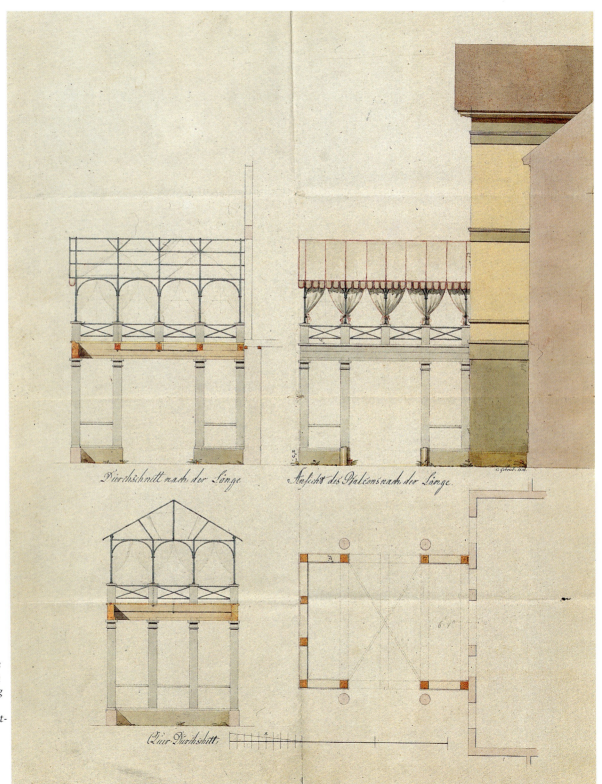

Durchschnitt nach der Länge.

Ansicht des Balcons nach der Länge.

Quer-Durchschnitt.

80
Boller Bad. Anbau eines gußeisernen Balkons an den Festsaal. Zeichnung von C. Gabriel, 1836. Hauptstaatsarchiv Stuttgart E 221 Bü 2252

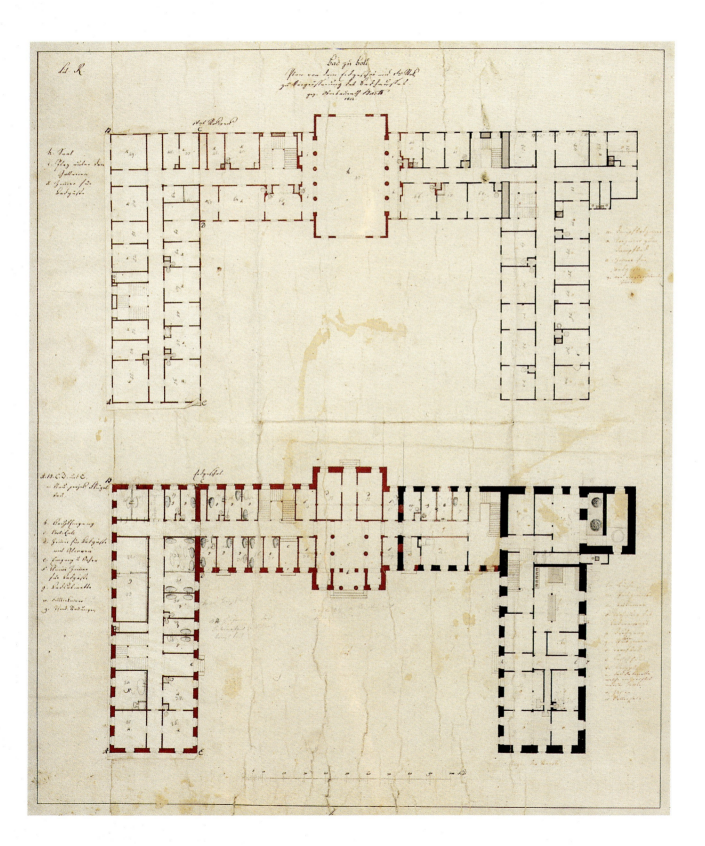

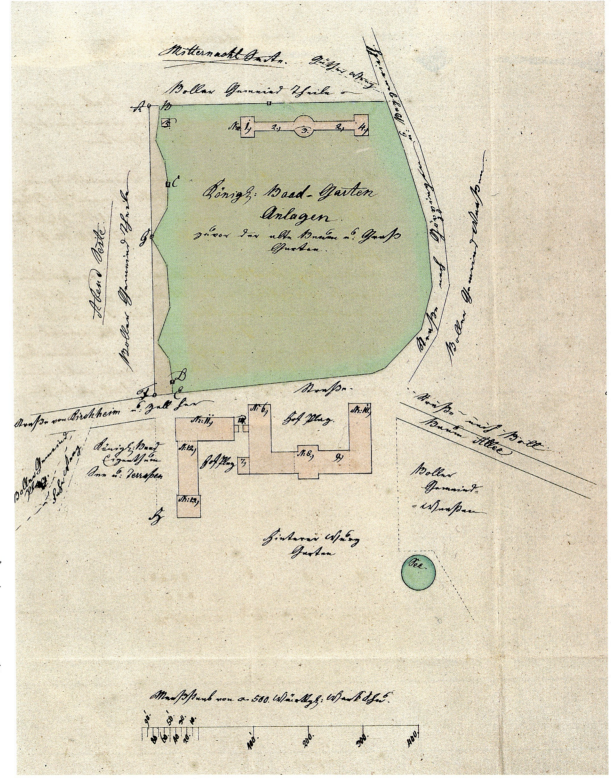

← 81
»Bad zu Boll. Plan von dem Erdgeschos und 1ᵗᵉⁿ Stok zu Vergrößerung des Badhauses, gez. Oberbaurath Barth. 1824« Staatsarchiv Ludwigsburg E 234 II Bü 1499

82
Situationsplan des Boller Bades von 1827: »Königl. Baad-Garten Anlagen, zuvor der alte Baum- und Grasgarten«, angefertigt zur Arrondierung der Anlage. Hauptstaatsarchiv Stuttgart E 221 Bü 1527

sehen, was einen Aufwand von etwa 3000 Gulden bedeutete. Gleich nach der Fertigstellung des alten Baus sei diese Arbeit anzugehen. Die Feuergefahr im Kesselhaus, sagt der Bericht weiter, sei sehr hoch, zumal in drei Monaten 50 Klafter (169,3 Raummeter) Holz verbrannt würden. Der entstehende Dampf sei für die Badgäste unangenehm und für das Gebäude schädlich, weshalb man überlegen müsse, das Kesselhaus zum Beispiel in die Waschküche neben dem Brunnenhaus zu verlegen. Ein Wunsch der Kommission war, einen zweiten Saal als Tanzsaal bauen zu lassen, da sich immer wieder Störungen wegen der mehrfachen Nutzung ergaben. Wegen der fehlenden Geldmittel wurde dies aber nicht beantragt. Zur Unterbringung der 548 Bände umfassenden Bibliothek wurde ein Raum ausgewählt, damit die jährlich 150 bis 200 Badegäste diese auch benützen könnten. Außerdem sollte ein jährlicher Zuschuß die Erhaltung und den Ausbau der Bibliothek unterstützen. Unterzubringen war auch die vom Oberamtsarzt Dr. Hartmann gestiftete Mineraliensammlung. Und wenn jeder Badgast einen kleinen Beitrag dazu gebe, dann könnten unter anderem auch »Musikalien«, Noten, zu dem Flügel gekauft werden, den der König »der Anstalt« geschenkt hatte. Den Entwurf einer neuen Badeordnung legte die Kommission bei. Sie wünschte weiter, daß der Garten mit einer Hecke und einem Zaun zu umgeben sei, um ihn besser zu schützen und ihm ein gefälligeres Aussehen zu geben. Das Schweizerhaus, die Sennhütte und das Belvedere, sowie die Hütte auf dem Aichelberg – über diese Einrichtungen wird weiter unten berichtet – wurden für gut befunden. *Der Gesundbrunnen ist übrigens in seiner vollen Kraft*, heißt es weiter, das Pumpen durch Menschen sei aber etwas beschwerlich. Abhilfe zu schaffen, wäre jedoch schwierig, man habe bereits verschiedene Versuche angestellt. Zum Abschluß lobte die Kommission den guten Zustand des Bades und meinte: *Die herrliche Gegend, die glückliche Lage, das freundliche Äußere der Anstalt und die noble Einrichtung im Innern sind sehr ansprechend.*[34]

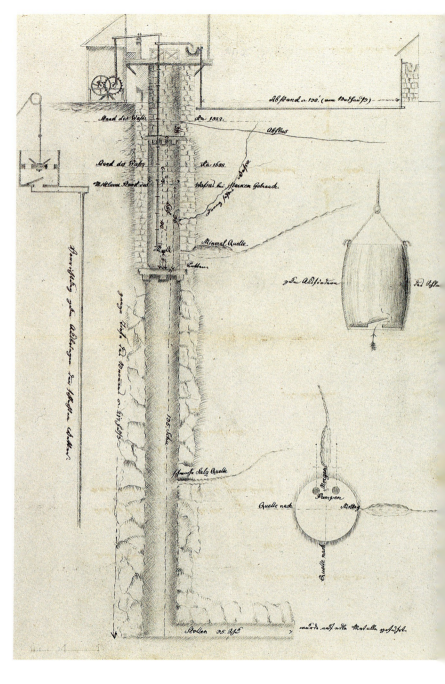

83   *Boller Schwefelbrunnen nach Dr. Johann Bauhin, dargestellt 1822 durch den Badearzt Dr. Hartmann, Göppingen. Hauptstaatsarchiv Stuttgart E 221 Bü 2248*

Der Schwefelbrunnen

Bei den ersten Planungen zum Umbau der Badgebäude sollte der Schwefelbrunnen weiterhin abseits der Gebäude stehen bleiben. Und auch für die westlichen Nebengebäude, das »Gnadenbad« und das spätere »Morgenland«, hatte Baumeister Barth zunächst keine Verbindung vorgesehen. Der König griff aber entscheidend in die Planungen ein. Und so wurde das alte Brunnenhaus abgebrochen und in den rechtwinkligen Seitenflügel integriert. Es hebt sich durch seine Breite noch heute von den Nebengebäuden ab.

Um den Brunnen einbeziehen zu können, mußte der Seitenflügel verlängert werden, was die Kosten natürlich erhöhte.

Das alte Paternoster-Schöpfwerk hatte ausgedient. Es war im Jahre 1822 vor der Brunnenreinigung entfernt und durch ein modernes Pumpwerk ersetzt worden. Bereits rund 100 Jahre zuvor, im Jahr 1725, waren solche Überlegungen angestellt, aber wieder verworfen worden. Eine Zeichnung des Oberamtsarztes Dr. Hartmann aus dem Jahre 1822 (Abb. 83 Seite 154) zeigt dieses Pumpwerk. Zwei Eisenrohre, die knapp bis zu den beiden Quellen reichten, waren mit Kolben versehen. Diese wurden über ein Kurbelgetriebe und ein Hebelwerk auf- und abbewegt. Auf diese Weise wurde das Wasser nach oben befördert. Oben sammelte sich das Schwefelwasser in einem Trog. Von dort floß es wie früher über ein Fallrohr durch den Boden zum 37 m entfernten Kesselhaus. Der natürliche Wasserdruck beförderte es dann über ein Steigrohr in ein Auffangbecken. Von dort konnte das Schwefelwasser bei Bedarf in die Kessel geleitet werden.

Um zu verhindern, daß wieder Fremdkörper in den Brunnen gelangen konnten und damit auch *die Schwefelleberluft dichter an das Wasser gebunden wird*, berichtet Dr. Hartmann, wurde in einer Höhe von 68 Schuh 9 Zoll (19,60 m) über der Brunnensohle ein Boden eingezogen. Reste davon sind noch heute zu sehen. Auf diesem Zwischenboden geschah im Jahre 1894 das schlimme Unglück, das drei Männern das Leben kostete.[35]

Die Trinkwasserversorgung

Über dreihundert Jahre lang war die Versorgung des Boller Bades mit Trinkwasser ein ernstes Problem (siehe auch Kapitel »Technik im Boller Bad«). Erst 1908, mit dem Anschluß an die Landeswasserversorgung, war es beseitigt. Bereits 1596 hatte Baumeister Schickhardt eine hölzerne Teichelleitung zum Wald Eichhalde beim oberen Badwasen legen lassen. Diese Leitung wurde mehrmals erneuert und später auch verändert. Als der Baumeister Seytter im Jahre 1822 seine Vorschläge zum Umbau des Bades vorlegte, sprach er auch das Trinkwasserproblem an. Er forderte den Bau eines Brunnens, da die vorhandene Wasserleitung praktisch gar kein Wasser mehr liefere.

… was seinen Grund darin hat, daß die hölzernen Teuchel an manchen Stellen zu Tag liegen und dadurch nicht allein dem schnellen Verderben durch die Witterung und boshafte Menschen ausgesetzt sind, sondern auch im Sommer ganz schlechtes Wasser liefern, im Winter aber nothwendig einfrieren, dadurch leicht zerspringen müssen und kein Wasser mehr liefern können.

Offensichtlich machten sich »böse Buben« immer wieder einen Spaß daraus, das Bad von der Wasserversorgung abzuschneiden. Der Brunnen im Hof war also sehr oft trocken, und damit gab es kein Trinkwasser. Seytter schlug nun vor, die Leitung neu zu verlegen und mindestens zwei Fuß (57 cm) tief einzugraben. Besser wäre es jedoch, so führte er aus, in der Nähe des Hauses einen Brunnen zu graben. Eine ergiebige Quelle vermutete er dort, wo die Straße nach Eckwälden von der Straße nach Kirchheim abzweige. Hier münde ein Graben in den Eckwäldener Bach, der selbst nach dem extrem trockenen Jahr 1822 noch genügend Wasser führe. An dieser Stelle solle nach Wasser gegraben werden. Wäre der Versuch erfolgreich, könne das Wasser zu einem neuen Brunnen hinter dem Seitenflügel und in die neue Küche im ehemaligen Badesaal geleitet werden. Bei diesem Graben handelt es sich nach Seytters Beschreibung um den kleinen Bach, der vom Badwäldle (Eichhalde) über das Akademiegelände zum Bad führt. Er hat seinen Ursprung dort, wo auch die Teichelleitung herkommt. In der Nähe seiner Mündung wollte der Baumeister den Brunnen graben. Aber dies scheint nicht geschehen zu sein, oder der

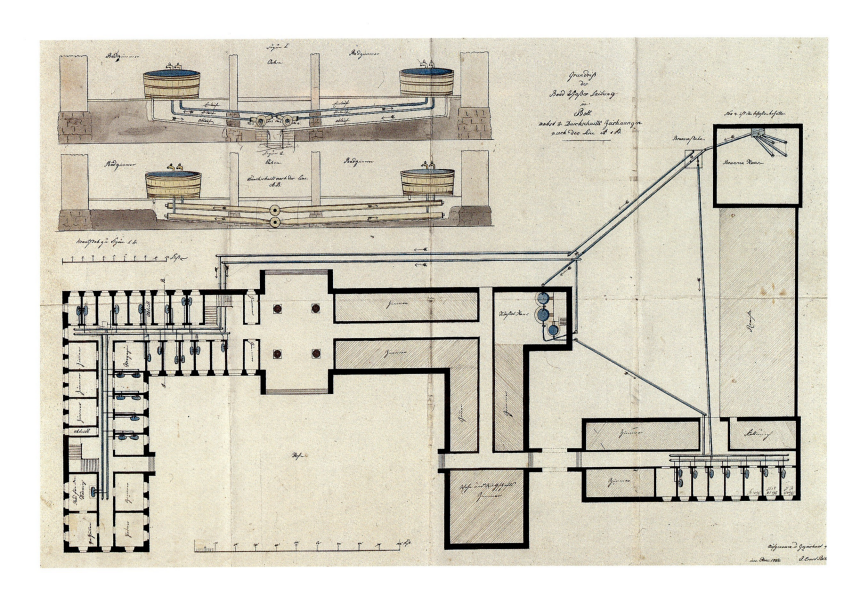

84   Boller Bad. Plan der Schwefelwasserversorgung der Badekabinette »aufgenommen und gezeichnet von J. Ernst Bihl, Waiblingen, im Jan. 1832« Staatsarchiv Ludwigsburg E 234 II Bü 1499

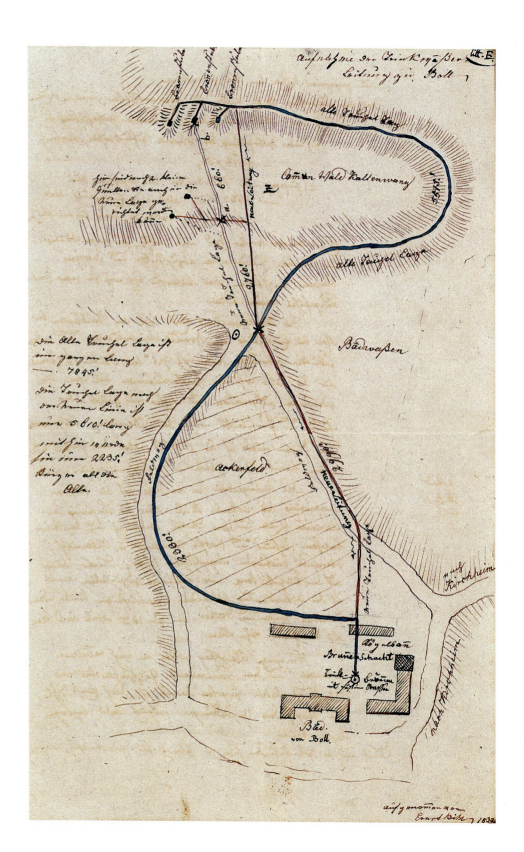

85
Neubau einer Wasserleitung für das
Boller Bad im Jahre 1832. Zeichnung
von Ernst Bihl 1832. Hauptstaatsarchiv
Stuttgart E 221 Bü 2252

Versuch schlug fehl. Doch ganz in der Nähe gab es später den »Jakobsbrunnen«. Er stand beim Wegweiser an der Brücke über den Eckwäldener Bach. Alte Boller wissen noch davon.

Einen weiteren Vorstoß in Sachen Trinkwasserversorgung machte 1823 Oberamtsarzt Dr. Hartmann. Er schlug vor, den bestehenden Brunnen des Bauern Johannes Allmendinger über die Badallee mit der 918 m entfernten Wasserleitung zu verbinden. Der Garten mit dem Brunnen muß sich im Bereich des Heckenweges am heutigen Blumhardtweg befunden haben. Der Brunnen lieferte in acht Stunden über sechs Eimer (1764 l) Wasser. An den Kosten von 680 Gulden kann es nicht gelegen haben, daß das Projekt nicht ausgeführt wurde.

Der Eichhaldenbrunnen über dem heutigen Badspielplatz war bereits 1730 äußerst schlecht.[36] Darum war in der Folgezeit eine neue Leitung auf die Anhöhe darüber gelegt worden. Diese führte unten über einen Teil der alten »Trasse« und war 7845 Schuh (2236 m) lang. Im Jahre 1832 schlug nun Ernst Bihl aus Waiblingen vor, eine kürzere »Trasse« zu verwenden, wenn die Leitung sowieso erneuert werden müsse. Sie sollte um 637 m kürzer sein. Die Kosten schätzte Bihl auf 3029 Gulden. Er führte den Auftrag aus. Parallel dazu wurden Bohrversuche in der Umgebung angestellt, jedoch ohne Erfolg.[37]

Im Jahre 1846 wird schon wieder von ernsten Problemen berichtet. Es heißt unter anderem, der Teichelfabrikant Bihl aus Waiblingen müsse die von ihm mangelhaft gelegten Teichel auf seine Kosten dauerhaft herstellen und ergänzen. Ob die Qualität der unglasierten Tonrohre schlecht war oder ihre Abdichtung, das wird nicht erwähnt. Es ist jedoch anzunehmen, daß unglasierte Rohre für eine Wasserleitung nicht geeignet waren. Sie waren nicht geschützt gegen Einflüsse von außen. Für die schlechte Wasserqualität und die geringe Ausschüttung der drei Quellen konnte Ernst Bihl hingegen nicht verantwortlich gemacht werden. Zusammen lieferten sie in der Minute nur 16½ Schoppen (7,6 l) bläulich trübes Wasser. Das sind 454 Liter in einer Stunde. Kreisbaurat Duttenhofer führte die *trübe und übelschmeckende Beschaffenheit des Wassers auf die Beimengungen des Lias-Schiefers* zurück. Als möglichen Ersatz für die schlechte Wasserversorgung schlug Duttenhofer vor, *die*

Herstellung eines gewöhnlichen Pumpbrunnens ganz in der Nähe des Bades, wo früher ein solcher gestanden habe, der aber wegen des neuen Baus eingefüllt worden sey.[38] Im folgenden Jahr 1847 wurde dieser Pumpbrunnen fertiggestellt. Die Pläne dazu sind erhalten.[39] Wegen des Verkaufs der Badanlage an Pfarrer Blumhardt im Jahre 1852 gibt es keine weiteren Unterlagen zum Trinkwasserproblem. Doch auch die neuen Besitzer dürften mit den gleichen Problemen gekämpft haben.

Die neuen Attraktionen

Die Wandelhalle

Noch vor dem ersten Spatenstich zum Neubau der Badanlage wurde im Jahre 1823 mit der Erneuerung des Gartens begonnen. Am nördlichen Ende wurde ein 4 Schuh (1,14 m) hoher Wall aufgeschüttet, auf dem *eine bedeckte Laube mit zwei Gartensälen,* die heutige Wandelhalle, errichtet wurde. Die erhöhte Lage sollte dazu dienen, *sowohl gegen die Gartenanlage, das Bad-Gebäude und das Albgebirge blicken zu können.*[40] Zur Möblierung bestellte das Kameralamt Göppingen am 5. August 1823: *In den Garten Pavillon: 2 Kronleuchter samt Seil und Quasten, 4 Spiegel, 8 Pfeiler- oder Spieltische, 12 gepolsterte Sessel, 1 ovaler Tisch in das Rondell, 4 Garten-Canapees* [Gartenbänke], *oben und unten an den Pavillons, 5 Schuh* [1,42 m] *lang, weiß angestrichen; ditto in die vorderen Fronten 4 Canapees, 8 Schuh* [2,28 m] *lang; 10 Canapees in die Anlagen, 8 Schuh lang.*[41] Nahe der »Laube«, auch »Promenade-Saal« genannt, errichtete Barth »eine doppelte Cloac«, also ein Plumps-Klo. An der Nordwestecke der Anlage sind noch Mauerreste davon zu sehen. Dank der Initiative eines *Aktionskreises zur Rettung der Wandelhalle* konnte die Wandelhalle in den Jahren 1983/84 gründlich saniert werden.

Das Tempele

Den schönsten Blick auf die drei »Kaiserberge« Hohenstaufen, Rechberg und Stuifen, sowie über Boll und Umgebung, hat man vom »Belvedere« (ital. = Ort mit

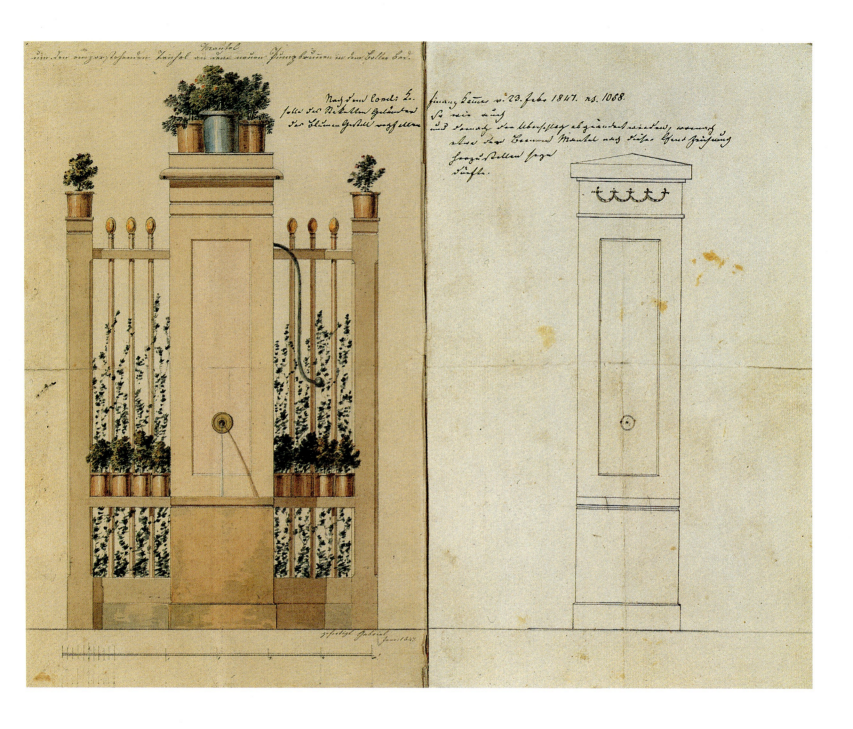

86　»Mantel um den emporstehenden Teichel an dem neuen Pumpbrunnen in dem Boller Bad«.
Zeichnung »gefertigt von Gabriel, Januar 1847«. Staatsarchiv Ludwigsburg E 234 II Bü 1494

schöner Aussicht), heute »Tempele« genannt. Es ist ganz aus Holz gebaut und sollte ursprünglich mit Stroh gedeckt sein. Der Stich von 1830 zeigt aber ein Ziegeldach. Den vorderen Teil des Daches tragen vier Eichensäulen, der hintere Teil ist geschlossen. *Die zirkelrunde Form*, schreibt Barth, *halte ich für die angemessenste, um die Aussicht nach ihrer ganzen Ausdehnung im Auge zu haben. Der Durchmesser beträgt 21 Schuh (5,99 m).*[42] Als Möblierung sollten ein runder Tisch und ein »Canapee«, eine Bank, dienen.[43] Auf dem Stich ist aber nur eine Bank abgebildet. Im Jahre 1987 wurde das »Tempele« grundlegend renoviert und rekonstruiert.

Die Molkenkuranstalt und die Sennerei

Ich habe Boll gesehen, u. einen Entschluß gefaßt: Ich werde einen Theil des kommenden Sommers dort verweilen. Nicht die berühmte Heilquelle dieses Kurorts allein, nicht der Reichthum seiner Umgebungen, selbst nicht die lieblichen mit ebenso vieler Ökonomie als Geschmack ausgeführten Anlagen, nein – mich zieht eine Anstalt hin, die soeben vorbereitet wird, u. die wir längst in Württemberg vermißten, die Anstalt für eine Ziegen-Molkenkur. Wo fordert auch die Natur dringender zu einer solchen Anstalt auf als gerade in Boll. Auf der ersten Terrasse des nördlichen Alp-Abhangs, etwa 1500 Fuß [427,50 m] über der Meeres-Fläche gelegen u. halb umschlossen von schützenden Gebirgen hat sich Boll einer reinen und milden Luft zu erfreuen, die nicht minder wohlthuend dem Brustkranken u. Geschwächten als behaglich dem Gesunden ist. Mit jedem Schritte höher das Gebirge hinan wird er freyer, die Luft balsamischer und stärkender. Hier auf den Bergspitzen von Gruibingen weiden die schönen Ziegen des Gaisthalers, u. nähren sich von den kräftigen Alpkräutern, die in einer Höhe von mehr als 2000 Fuß [570 m] wachsen. Diese Ziegen liefern die Milch zu den Molken der Kurgäste. Schon baut ein Appenzeller Senne, der 4 Jahre lang die Gais-Molken bereitete, die Sennhütten, aus welcher tägl. das warme Getränk frisch abgericht wird. Ein einfaches Schweizerhaus, auf einem der interessantesten Punkte des Bergabhangs gelegen, nimmt bei minder günstigem Wetter die Gäste auf, um ohne Unter-

brechung ihre Kur fortsetzen zu können. Diese Verbindung einer Molkenkur-Anstalt mit den vortrefflichen Bronnen- u. Bade-Einrichtungen in Boll ist wohl eine der wohltätigsten Unternehmungen für Württemberg. Wer wird auch künftig noch in ferne reiche Gegenden der noblen Kur wegen eine Reise unternehmen, die abgesehen von dem Zeit- u. Geld-Aufwand so oft den kleinen Rest der Kräfte der Kranken verzehrt! Wer wird nicht vielmehr zu einer Anstalt wandern, die mit der Vereinigung der manchfaltigsten Einrichtungen u. der schönsten Natur ihm alle Genüsse darbietet, die sein Körper bedarf u. sein gestärkter Muth. Alles vereinigt sich hier, ihn mit der Hoffnung wiederhergestellter Gesundheit u. zurückgekehrter Heiterkeit zu beleben.[44]

Dieses Schreiben eines unbekannten, begeisterten Kurgastes beschreibt sehr anschaulich die schwärmerische Einstellung der Menschen zu einer in Württemberg neuartigen Einrichtung. Die Idee dazu hatte bereits 1822 Bauinspektor Seytter eingebracht,[45] verwirklicht wurde sie aber erst vier Jahre später. Am 26. November 1825 genehmigte der König den Kostenvoranschlag von 3397 Gulden für den Bau einer »Molkenkur-Anstalt«. Nun war es notwendig, sich nach einer Person umzuschauen, die etwas von der Molkeherstellung verstand. Oberzollinspektor Ostermaier von Friedrichshafen am Bodensee schlug für den Posten in der *Gaisschoten-Anstalt* Hanns Ulrich Mayer aus Urnäsch, Amt Appenzell, vor. Er war 42 Jahre alt, katholisch, und seit 22 Jahren in der Sennerei tätig. Seit vier Jahren diente er als »Schotenmacher in Gais«. Ostermaier beschreibt ihn so:
Dieser in die eigenthümliche Bergsennentracht gekleidete Mann von kleinem unansehnlichem Wuchse aber ehrlichem Blicke, schien anfänglich nicht sehr geneigt,

87 *Das erneuerte Bad Boll, lithographiert von Küstner nach Zeichnung von Zieten, um 1830: »Das Baad-Gebäude von Boll«*

Folgende Doppelseite
88 *Das erneuerte Bad Boll, lithographiert von Eberhard Emminger nach Zeichnung von Zieten, um 1830: »Der Promenade Saal«*

89 *Das erneuerte Bad Boll, lithographiert von Eberhard Emminger nach Zeichnung von Zieten: »Das Belvedere«*

160

Nach der Natur gez. von Kittner.

lithogr. von Kistner.

Die Baad-Gebäude von Boll.

Stuttgart bei C. Dammel.

Nach der Natur gez. von Zieten.

lithogr. von E. Eminger.

Der Promenade Saal.

Stuttgart bei C. Daniel.

Nach der Natur gez. von Frieten.

Lithogr. von Eminger.

Das Belvedere.

Stuttgart bei C. Daniel.

Nach der Natur gez. von Zillen.

Lithogr. v. C. Erminger.

Die Schweizerey

Stuttgart bei C. Damel.

sich 40 Stunden weit von seinen Bergen zu entfernen, allein auf den Zuspruch seines Cameraden und meiner Vorstellungen zeigte er, der bis dahin nur an eine Sennerei in der Nähe von *Friedrichshafen* gedacht hatte, sich endlich doch zu dem angetragenen Engagement bereit, wenn ihm bei Selbstbeköstigung ein wöchentlicher Lohn von 5 Gulden oder bei freier Kost und Logis ein solcher von 2 Gulden 30 Kreuzer, sodann für die Hinreise 10 Gulden und ebenso viel für die Rückreise zugestanden werde. Er versicherte, die Gaisschotenbereitung so gut als irgend einer zu verstehen, und die für dieselbe nothwendige Einrichtung genau angeben zu können. Sein ernstes ehrliches Benehmen scheint die Wahrheit seiner Versicherung zu verbürgen. Bis nächst künftigen Lichtmeß will er sich auf obige Bedingungen in Stuttgart oder Boll einfinden.[46]

Am 25. Februar 1826 traf Hanns Ulrich Mayer in Boll ein, und am 1. Mai sollte er seinen Dienst antreten.[47] Die Fertigstellung des Gebäudes dauerte aber noch bis zum Juni. Auf der Urkarte der Landesvermessung von 1828 ist die »Molkenkur-Anstalt« bereits eingezeichnet, nämlich auf der ebenen Fläche, an deren Rand heute die »Silberpappel« steht. Von hier konnten die Kurgäste den herrlichen Ausblick über Boll und das Bad mit seiner Umgebung genießen. Das Senner-Haus, die »Sennerey« genannt, ist auf diesem Plan nicht eingezeichnet. Es scheint wohl nur eine Hütte gewesen zu sein. Auf dem Stich »Die Schweizerey« von 1830 ist es jedoch zu sehen.

Was ist Molke? Molke ist der flüssige Rückstand nach der Ausfällung des Kaseins bei der Milchverarbeitung (»Käsewasser«). Sie enthält noch 4–5 % Milchzucker, 0,1–1 % Eiweiß und 0,6–0,8 % Mineralsalze. Eiweißfreie Molke heißt »Schottenwasser«.[48] Eine Molkenkur galt besonders für *schwächliche und brustkranke* – so *wie für alle Personen, welche im Frühjahr blutreinigende Zeiger-Curen zu gebrauchen gewohnt sind*, als besonders geeignet. Als Vorbild dienten Schweizer Kurorte, vor allem Gais im Kanton Appenzell.[49] Molke gilt zwar in gewisser Weise als wertvolles Nahrungsmittel,

es ist aber zu vermuten, daß der Erfolg der Molkenkur eher durch die Bewegung beim Anstieg zur Sennerei und dem anschließenden Bedürfnis nach mineralhaltiger Erfrischung begründet ist. Daß es dazu noch Ziegenmolke sein mußte, läßt sich vielleicht mit der etwas zwiespältigen Haltung der Menschen zur Ziege erklären. Einerseits galt die Rangfolge Pferdebauer, Kuhbauer, Geißenbauer, womit die Ziege eindeutig abgewertet wurde.[50] Andererseits begnügte sich die Ziege mit kargen Bergkräutern, was der schwärmerischen Romantik jener Zeit entgegenkam. Man erhoffte sich wohl positive Auswirkungen dieser Kräuter in der Molke. Die Boller jedenfalls schauten mit Verachtung auf die »Geißenwirtschaft« herab. Sie lehnten es rundweg ab, die Ziegen auf der Boller Markung weiden zu lassen. Der Senner mußte seine Tiere auf Bissinger·und Gruibinger Markung halten.[51]

Damit die Kurgäste zur »Schweizerei« gelangen konnten, wurde ein neuer Weg mit einer Brücke über den Bach angelegt. Es ist der heutige »Höhenweg« vom Badspielplatz zur Silberpappel. Die Brücke stürzte 1851 ein und wurde zunächst nicht erneuert.[52]

90 *Das erneuerte Bad Boll, lithographiert von Eberhard Emminger nach Zeichnung von Zieten: »Die Schweizerey«*
91 *Ansicht des Schweizer-Hauses, der abgegangenen Molkenkuranstalt, auf einem Badeglas. Glasschliff, wohl in Bad Cannstatt hergestellt, um 1830*

Aus dem Jahre 1837 ist erstmals eine mutwillige Beschädigung des »Schweizerhauses« überliefert. Durch die Lage außerhalb des Ortes war es unbeaufsichtigt, der Senne hatte Boll vermutlich verlassen. Darum wurde es an den Waldschützen Schramm vermietet, der bis 1845 dort wohnte. Sein Nachfolger wurde der Schuster Johannes Merz von Boll.[53] Ebenfalls im Herbst 1837 wird die »abgängige« Sennhütte verkauft. Das bedeutet, sie war zerstört oder angezündet worden.[54] Daß die Hütte nicht wieder aufgebaut wurde, läßt den Schluß zu, daß ein Ortsansässiger die Sennerei übernommen hatte. Im August 1851 hören wir letztmals vom »Schweizerhaus«. Bei einem schweren Hochwasser waren zwei Drittel des Steges weggerissen worden. Da dieser Steg im Boller Gemeindewald lag und die Zukunft der »königlichen Badeanstalt« wieder einmal noch ungewiß war, sollte er vorläufig nicht wieder aufgebaut werden. Die Kurgäste, so heißt es, könnten auch über die Linden-Allee zum »Schweizerhaus« gelangen. Das Holz wurde aus der Klinge entfernt und verkauft. Der Erlös von 13 Gulden deckte gerade die Unkosten.[55] Mit dem Verkauf des Bades an Pfarrer Blumhardt im Jahre 1852 war das Schicksal der »Molkenkur-Anstalt« besiegelt. Bereits im Jahre 1860 hat das Gebäude nicht mehr existiert, wie aus den Grundstücksakten hervorgeht.

Am 30. Juli 1897 wurde der Bauantrag über die Errichtung eines neuen »Schweizerhauses« beim »Belvedere« eingereicht.[56] Für viele Boller ist der Name »Schweizerhaus« darum mit dem heutigen »Schützenhaus« verbunden. In Boll gibt es außerdem mehrere Gebäude, die in diesem Baustil errichtet wurden, so auch der Blumhardtsche Speisesaal aus dem Jahre 1889/90.

Das Häusle auf dem Aichelberg

Als weitere »Attraktion« für die Kurgäste genehmigte der König am 26. April 1825 einen neu anzulegenden Weg auf den Aichelberg und dort eine kleine Schutzhütte. Beides sollte 519 Gulden kosten. Der Aichelberg war und ist ein markanter Aussichtspunkt und somit ein lohnendes Ausflugsziel für die Kurgäste. Von hier aus zeichnete Hauptmann von Martens im Jahre 1826 sein bekanntes Panorama. Die Gäste beklagten sich häufig über die schlechten Wege bis zum eigentlichen Aufstieg auf den Berg. Vermutlich wurde im Jahre 1825 nur der direkte, steile Aufstieg von der Eckwäldener Straße auf den Gipfel des Aichelbergs gebaut. Im Jahr darauf wurde darum noch ein Fahrweg angelegt.[57] Das Häuschen existiert nicht mehr, auch gibt es keine Abbildung. Heute steht hier eine Schutzhütte des Schwäbischen Albvereins.

1 HStAS A249 Bü 794.
2 HStAS A346L Bü 51 Plan 10–15.
3 HStAS E221 Bü 2248.
4 HStAS A346L Bü 51, Nr. 14 (1789), Nr. 15 (1890); StAL D40 Bü 296/7 (1813).
5 StAL D39 Bü 697.
6 HStAS E221 Bü 2248.
7 HStAS E221 Bü 2249.
8 HStAS E221 Bü 2250.
9 StAL E234II Bü 1527.
10 HStAS E221 Bü 2250.
11 HStAS E221 Bü 2248.
12 HStAS E221 Bü 2252.
13 Ulrich Thieme und Felix Becker: Allgemeines Lexikon der bildenden Künstler von der Antike bis zur Gegenwart. Leipzig 1907/08, Band 2, S. 544–545.
14 HStAS E221 Bü 2252 Nr. 1.
15 HStAS E221 Bü 2250.
16 HStAS E221 Bü 2251.
17 HStAS E13 Bü 13 Nr. 3
18 HStAS E221 Bü 2252.
19 HStAS E221 Bü 2251 Nr. 54.
20 HStAS E221 Bü 2248, Bü 2251, E13 Bü 13 Nr. 3; StAL E234 II Bü 1527.
21 HStAS E221 Bü 2251.
22 BlA Stgt Acten…betr. Boll.
23 HStAS E221 Bü 2251.
24 HStAS E13 Bü 13 Nr. 3
25 HStAS E13 Bü 2251.
26 HStAS E221 Bü 2247.
27 HStAS E221 Bü 2251.
28 HStAS E221 Bü 2248.
29 HStAS E221 Bü 2252.
30 HStAS E221 Bü 2248.
31 StAL E234 II Bü 1499.
32 StAL E234 II Bü 1527.
33 HStAS E13 Bü 13 Nr. 3, E221 Bü 2252.
34 HStAS E221 Bü 2248.
35 HStAS E221 Bü 2248.
36 HStAS A249 Bü 795.
37 HStAS E221 Bü 2252.
38 HStAS E221 Bü 2252.
39 StAL E234 II Bü 1494.
40 HStAS E221 Bü 2251.
41 HStAS E221 Bü 2245.
42 HStAS E221 Bü 2251.
43 HStAS E221 Bü 2245.
44 HStAS E221 Bü 2249.
45 HStAS E221 Bü 2250.
46 HStAS E221 Bü 2249.
47 HStAS E221 Bü 2249.
48 Das Große Duden-Lexikon.
Mannheim 1966, Bd. 5, S. 554; Bertelsmann Universal-Lexikon. Gütersloh 1989, Bd. 12, S. 106.
49 HStAS E13 Bü 13.
50 Das Königreich Württemberg. Stuttgart 1884, Bd. 2,1, S. 579.
51 HStAS E221 Bü 2249.
52 StAL E236 Bü 2873.
53 HStAS E221 Bü 2249.
54 StAL E234 II Bü 1495.
55 StAL E236 Bü 2873.
56 GA Boll, Bauakten.
57 HStAS E221 Bü 2249; E13 Bü 13/3.

Das königliche Bad – Bad Boll im 19. Jahrhundert

Sabine Rumpel

Das bürgerliche Kurvergnügen

Die französische Revolution machte die Ideale von Freiheit – der Wahl von Partnern, der Arbeit und des Reisens – von Gleichheit vor dem Gesetz und von Brüderlichkeit populär. Aufgrund der Erfolge, welche die Umstürzler erreichten, rückten auch in anderen Ländern die Sehnsüchte und Träume von einer besseren und menschlicheren Welt in den Bereich der Wahrscheinlichkeit. In Württemberg machte sich vor allem das Bürgertum die neuen Ideale zueigen und verlangte mehr Rechte und Freiheiten. Mit wachsendem Selbstbewußtsein sah es sich als die tragende Säule einer neuen Gesellschaft und war willens, den Adel in der Macht abzulösen und damit das Ende der Feudalgesellschaft herbeizuführen. Die bürgerliche Lebensweise wurde zum Leitbild erhoben.[1] Die politische Organisation der griechischen Stadtrepubliken wurde zum Maßstab, mit welchen die Zustände im eigenen Land verglichen wurden. Die Geisteshaltung wurde bestimmt vom Anspruch auf umfassende Bildung und die Mitgestaltung der gesellschaftlichen Verhältnisse. Auch in der Mode fand eine Rückbesinnung auf das antike hellenische Ideal statt. Als der moralisch bessere Mensch galt der athletische Mensch, der sich in der frischen Luft bewegte. Die »verzärtelte« feudale Lebensweise des Adels wurde vom sich emanzipierenden Bürgertum entschieden abgelehnt. Die Vorstellung eines harmonischen Ausgleichs zwischen Körper und Geist basierte auf zivilisationskritischen Gedanken, die vor allem durch die Veröffentlichungen von Jean-Jacques Rousseau populär geworden waren. Die philanthropische Pädagogik, die damals bekannteste theoretische Lehre über die Bildung des Bürgers, erklärte Leibesbewegungen an der frischen Luft und den Aufenthalt auf dem Land zur Notwendigkeit in der Kindererziehung und der Gesunderhaltung der Erwachsenen. Aufklärerische Ärzte – und zuvor bereits die Humanisten – betonten den Nutzen von Hygiene und Gesundheitsprophylaxe. Reisen in Bäder und Kurorte wurden daher seit Ende des 18. Jahrhunderts beim Bürgertum immer beliebter.

In den Kurorten begegneten sich Bürgertum und Adel, und es entstand eine Öffentlichkeit, in der ein neuer Umgang miteinander eingeübt werden konnte. Der Adel probte moderne Verkehrs- und Geselligkeitsformen ein, das Bürgertum lernte neue Umgangsformen und versuchte, seinen *Mangel an einer gewissen Gewandtheit* (Knigge 1788) abzulegen. *Die Badereise als modisches und zugleich gesundes Sommervergnügen vereinte die Vorzüge der diätetischen Lebensführung mit ostentativen Qualitäten.*[2]

In die Bäder zog es das finanzkräftige Publikum allerdings nicht nur wegen der therapeutischen Mittel, also der Bade- oder Trinkkur, sondern vor allem wegen den neuen Geselligkeitsformen und der Unterhaltung. Viele Möglichkeiten der Zerstreuung wie Spaziergänge und Ausflüge in die Umgebung, verschiedenste gesellschaftliche Treffen im Bad, Theater, Musikvorführungen, Bibliotheken und Spiele lockten das internationale Publikum. Journale und Zeitschriften waren voller Berichte über die Bäder, die »en vogue« waren: vor allem Karlsbad, Aachen, Spa und Bath, wo die Trinkkuren vor den Badekuren rangierten. Aber auch die württembergischen Bäder profitierten vom allgemeinen Aufschwung des Badewesens im 19. Jahrhundert. Die Unterschiede zu den berühmten ausländischen Bädern waren allerdings gewaltig: Das bevorzugte Baden-Baden im Großherzogtum Baden hatte z.B. im Jahr 1872 viermal so viele Gäste wie alle württembergischen Kurorte zusammen. Die Ursache lag hauptsächlich darin, daß in Württemberg das Glücksspiel verboten war, gerade das, was Baden-

Baden so anziehend machte. Auch waren die württembergischen Bäder mit Werbung und Reklame sehr zurückhaltend, so daß sie kaum internationale Gäste erreichten. Zwar erfolgten bauliche Erneuerungen, und man kam auch gewissen Ansprüchen an die Freizeitgestaltung entgegen, doch hatte keines der Bäder in Württemberg einen mondänen Anstrich – nicht einmal das berühmteste, Wildbad. Die Pflege und die Heilung von Kranken blieben dominierend. Dazu kam, daß fast alle schwierig zu erreichen waren, die Verkehrsanbindungen waren schlichtweg miserabel. Bad Boll wurde erst seit 1860 regelmäßig von Göppingen aus durch die Postkutsche angefahren, und erst im Jahr 1926 erhielt Boll eine Bahnverbindung nach Göppingen.

In den 30er Jahren des 19. Jahrhunderts setzt ein Rückgang der Badebesuche ein, auch ihr guter Ruf konnte die zahlreichen Heilquellen in Württemberg nicht vor Verlusten schützen. Die einheimischen Familien, die zu Wohlstand gelangt waren und bislang das Publikum gebildet hatten, blieben nicht mehr zu Hause und damit den örtlichen Bädern treu, sondern verreisten in ausländische Kurorte – die Eisenbahn machte es möglich. Dangelmaier wetterte in seiner Schrift über die württembergischen Bäder gegen dieses Verhalten und fand es *unpatriotisch und unklug*, das Geld außer Landes zu tragen. Diese negative Entwicklung mag mit ein Grund dafür gewesen sein, daß der württembergische ärztliche Verein beschloß, endlich gezielte Werbung für die Bäder im Lande zu machen. Vor allem die Ärzte Württembergs sollten über die Kurmöglichkeiten besser informiert werden. Seit 1837 erschienen im »Württembergischen Medizinischen Correspondenzblatt« daher regelmäßig Artikel über die Einrichtungen, die Heilwirkungen und die baulichen Verbesserungen der Bäder. In der Reihe »Jahrbücher für Deutschlands Heilquellen und Seebäder« konnte ein Sonderdruck »Ueber die Bäder und Kurorte des Königreichs Württemberg« von Friedrich Rampold veröffentlicht werden, der die württembergischen Bäder in ganz Deutschland bekannt machte. Im Jahre 1846 legte der ärztliche Verein die Arbeit nieder, da er seine Aufgabe, den Bekanntheitsgrad der Bäder erhöht zu haben, als erfüllt ansah.[3]

Die Förderer des Bades

König Wilhelm I.

Im Jahr 1806 war durch Napoleons Gnaden aus dem Herzogtum Württemberg ein Königreich geworden. Zahlreiche Gebiete mit unterschiedlichen wirtschaftlichen Strukturen und andersartigen politischen und kulturellen Traditionen, die zuvor anderen Herrschaftsbereichen angehört hatten, mußten nun in einem Staatswesen vereint werden. Um die Unterschiede auszugleichen, wurde ein neues Modell staatlicher und gesellschaftlicher Ordnung geschaffen. Alle Reformpläne, ob in der Wirtschaft oder in der Staatsverwaltung, waren jedoch von oben dirigiert, denn König Friedrich I. von Württemberg regierte noch mit dem autokratisch-despotischen Stil eines absolutistischen Herrschers. In Anlehnung an Napoleon führte er einen prunkvollen und damit kostspieligen Hof – zu Lasten und auf Kosten seiner Untertanen. Da das Land bis 1814 zudem immer wieder in militärische Konflikte geriet und Durchmärsche und Einquartierungen die Folge waren, gab es zunächst wenig Interesse und keine Mittel für eine Modernisierung des Bades in Boll.[4]

Erst unter dem Nachfolger, König Wilhelm I., durfte sich das Bad nach dem völligen Umbau ab 1825 dann »Königliches Bad« nennen. Nun traf sich in Bad Boll die biedermeierliche Gesellschaft.

Mit dem Regierungsantritt von König Wilhelm I. im Oktober 1816 hatte sich einiges geändert. Der 35 Jahre alte König wollte sich bewußt von seinem Vater absetzen. Er hatte zwar persönlich eine relativ liberale Haltung, seine politische Auffassung durchdrang diese jedoch nur in einigen Bereichen – im großen und ganzen änderte er nur den Regierungsstil. Sein Vater hatte ihm als gute Startbedingungen die von ihm vorgelegte Verfassung und eine nach damaligen Gesichtspunkten moderne, aber noch in den Anfängen steckende Bürokratie überlassen. Als erstes ergriff der neue König Sparmaßnahmen: Der Hofstaat und die Leibgarde wurden verringert, die beson-

92 Das württembergische Königspaar, Königin Pauline und König Wilhelm. Lithographie, 1841

168

PAULINE
Königin von Württemberg.

WILHELM
König von Württemberg.

169

ders gehaßten Jagdlasten abgeschafft. Unter seiner Regierung konnten die Finanzverhältnisse Württembergs dauerhaft saniert werden, was vor allem ein Verdienst seines Finanzministers Weckherlin war. Besondere Sympathie gewann das Königshaus bei den Untertanen durch sein Verhalten während der Hungerjahre 1816 und 1817. Im Januar 1817 erließ der König ein Gesetz zur Pressefreiheit, damit begann sich eine politische Öffentlichkeit zu bilden, die alle Jahre zuvor unterdrückt worden war. Diese liberale Regierungszeit war allerdings mit den Karlsbader Beschlüssen von 1819 schnell wieder zu Ende. Zuvor konnte jedoch noch die lange umstrittene, in vielen Punkten fortschrittliche Verfassung erlassen werden, ein zwischen den Ständen und der Regierung vereinbarter Vertrag. Vom König selbst wurde sie eher als Schutzwall gegen weitergehende revolutionäre Umtriebe betrachtet, denn im Prinzip hielt er am Königtum von Gottesgnaden fest. Als Instrument für seine persönliche Herrschaft funktionierte die Verfassung während seiner ganzen Regentschaft. Eine dauerhaft wirkende, das monarchisch-feudale System zerstörende parlamentarische Opposition konnte sich nicht bilden. Selbst in den Revolutionsjahren von 1848 kam es zu keiner offenen Konfrontation.

Wilhelm I. war offenbar ein fleißiger Arbeiter, der sich in alle Bereiche persönlich einmischte. Durch Reisen ohne großes Gefolge informierte sich der König häufig aus erster Hand. Sein besonderes Interesse galt zwar militärischen Aufgaben, aber er war auch ein eifriger Förderer der Landwirtschaft. Die Gewerbeförderung dagegen ging in Württemberg nur langsam vonstatten. Auch soziale Strukturveränderungen ließ Wilhelm I. nur schleppend zu; die Ablösung der Feudallasten kam erst als demokratisches Zugeständnis durch die Revolution von 1848 zustande.

Das Familienleben Wilhelms I. dürfte niemals richtig harmonisch gewesen sein. Als junger Mann flüchtete er mit der Tochter des Landschaftskonsulenten Abel nach Paris. Sie war von ihm schwanger und brachte Zwillinge zur Welt. Napoleon gestattete die Eheschließung allerdings nicht, nach zwei Jahren verließ Wilhelm die Frau und die Stadt und arrangierte sich wieder mit seinem Vater. Aus Staatsräson heiratete er dann 1807 Charlotte Auguste von Bayern, die Ehe wurde jedoch 1816 annulliert. Auf dem Wiener Kongreß hatte er die Großfürstin Katharina von Rußland kennengelernt. Sie heirateten im Januar 1816. Die Königin war aufgrund ihres sozialen und kulturellen Engagements sehr beliebt, starb aber bereits 1819. Kaum war das Trauerjahr vorüber, ehelichte Wilhelm seine fast 20 Jahre jüngere Cousine Pauline, die 1823 den erwünschten Thronerben gebar. Keiner seiner Frauen war der König je treu, seine einzig stabile Beziehung scheint die zu der Hofschauspielerin Amalie Stubenrauch gewesen zu sein, von der überliefert ist, daß sie im Boller Bad kurte. Am 25. Juni 1864 starb Wilhelm I. im Alter von 83 Jahren.[5]

Finanzminister Weckherlin

Der württembergische Finanzminister Ferdinand August Heinrich von Weckherlin scheint der eigentliche Motor für die Veränderungen im Boller Bad gewesen zu sein. Viele Vorschläge für Verbesserungen im Badebetrieb und in der räumlichen Ausgestaltung gehen auf seine Initiativen zurück. Etliche Akten mit Vorlagen zur Unterzeichnung an den König tragen seinen Namen.

Weckherlin wurde am 23. März 1767 in Schorndorf geboren und schlug zunächst die Laufbahn eines Schreibers ein. Mit 26 Jahren war er Buchhalter bei der Herzoglichen Rentkammerbank, 1799 wurde er aufgrund seiner Tüchtigkeit zum Zollinspektor ernannt.

Seit 1794 war er mit der Pfarrerstochter Sophia Christiana Salome Scholl, nach deren Tod mit der verwitweten Rosine Friederike Hölder, ebenfalls Pfarrerstochter aus Ruit, verheiratet. Aus der ersten Ehe hatte er acht Kinder. Neben seinem Beruf hatte er viele Interessen, als Zeichen dafür können die zahlreichen Abhandlungen und Schriften gedeutet werden, die er zu unterschiedlichen Themen veröffentlichte.

1804 wurde er zum Hof- und Domänenrat ernannt. Mit 44 Jahren, im Jahr 1811, bekam er die Berufung in den Staatsrat als Direktor der Steuersektion. Unter König Wilhelm I. wurde er dann Mitglied der höchsten Staatsbehörde, des Geheimen Rats. In den schwierigen Nachkriegs- und Übergangsjahren vom Herzogtum zum Königreich war er von 1818 bis 1827 Finanzminister.

Damit trat er eine schwierige Aufgabe an. Wegen der von ihm eingeführten fiskalischen Maßnahmen wurde er der »Galgen-Weckherlin« genannt. Doch war die Sicherung des desolaten Staatshaushaltes und dessen Stabilisierung bis in die zweite Hälfte des 19. Jahrhunderts sein Verdienst. Dazu führte er die bis dahin in Württemberg noch unbekannte Etatswirtschaft ein. Die Umgestaltung des Haushalts erreichte er durch Sparen, Schuldentilgung, Verwaltungsvereinfachung, Zusammenlegung von Behörden und der Schaffung eines modernen Beamtenrechts.

In vielen anderen Bereichen hat er Anstöße gegeben. So war er an der Gründung des »Statistisch-topographischen Bureaus« beteiligt, der Statistikbehörde, deren Aufgabe auch die Verbreitung von »vaterländischen« Kenntnissen war. Bei der Gründung des »Vaterländischen Vereins« im Jahr 1821 hatte er ebenfalls mitgewirkt, und auch die ab 1825 systematisch angestellten Wetterbeobachtungen gehen auf ihn zurück. Nicht zuletzt fiskalisches Interesse spielte bei der Initiierung der Landesvermessung eine Rolle, welche die Grundlage für ein neues, an Besitz und Vermögen orientiertes Steuersystem schuf. Dieses war für ihn der Versuch einer gerechteren Verteilung der Steuerlasten. Er betrieb die Ablösung des Zehnten und der Lehensgefälle, er förderte das Hütten- und Salinenwesen, das Forst- und das Staatsrechnungswesen. Weckherlin war als Finanzminister nicht vorrangig auf die Vermehrung des Staatseinkommens eingestellt, sondern hatte in erster Linie das Wohl des Staates und seiner Untertanen zum Ziel. Aufgrund seiner Position kam es im Landtag, der den Finanzetat streng überprüfte, immer wieder zu Widerständen und Zusammenstößen. Nachdem in einem Kommissionsbericht in der Finanzperiode 1823/1826 Etatüberschreitungen – besonders für das im Bau befindliche Bad in Boll – herausgestellt wurden und er keine hinreichenden Rechtfertigungsgründe vorbringen konnte, schien das Vertrauen für die Verhandlungen zwischen Ministern und Ständen nicht mehr gewahrt. Die Abgeordnetenkammer wollte im Jahr 1827 dazu eine besondere »Vorstellung« an die Regierung bringen, was die Ständekammer jedoch abschwächte, indem sie die Regierung nur darum bat, solche Mißstände in Zukunft nicht mehr zu dulden. Dies beeinflußte offenbar den König, obwohl er sich ein Jahr zuvor noch vor Weckherlin und zwei andere beteiligte Ministerien gestellt und deren Erklärungen als vollkommen genügend bezeichnet hatte. Ein Vierteljahr später entließ er Weckherlin – offiziell wegen seiner wankenden Gesundheit. Durch seinen Kabinettschef ließ er ihm jedoch die eigentlichen Beweggründe mündlich mitteilen: Er habe es an der nötigen Aufsicht über die Geschäftsführung der ihm unterstellten Stellen und an geordneten Kassenvisitationen fehlen lassen, wie einzelne Fälle beweisen würden. In seiner Rechtfertigungsschrift legte Weckherlin dar, daß er keinerlei schlechte Absichten gehabt habe und das Opfer einer üblen Verleumdung geworden sei. Die Kränkung verwand er nicht; während eines Kuraufenthalts in Bad Boll im Juni 1828 starb er, vermutlich verübte er Selbstmord.[6]

Verbesserungsvorschläge für einen »modernen« Badebetrieb

Um im beginnenden 19. Jahrhundert den Zuspruch des bürgerlichen Publikums zu erlangen, waren die »alten« Bäder gezwungen, ihre Anlagen von Grund auf zu modernisieren. Wollten sie wirtschaftlich erfolgreich sein, mußten sie Möglichkeiten zur Zerstreuung und Erholung bieten. In Bäder ohne Konversations-, Tanz- und Speisesäle, ohne schön angelegte Parks und Spaziergänge oder andere Möglichkeiten des gesellschaftlichen Umgangs, kam kein finanzkräftiges Publikum. Solche Bäder wurden eher von den unteren Bevölkerungskreisen aus der näheren Umgebung besucht, sie galten als provinziell. Die königliche Badverwaltung wurde daher vom bürgerlichen Publikum und von der Ärzteschaft zu Veränderungen und Investitionen gedrängt.[7]

In den 1820er Jahren erschienen zwei Bücher, in denen verschiedene Bäder vorgestellt und Vorschläge für Modernisierungen gemacht wurden. Mit Reisetips, Ratschlägen zur Ausrüstung der Reisenden, der Aufzählung von Baderegeln und Kuranweisungen standen sie in der Tradition der »Badbüchlein« des 17. Jahrhunderts. Bad Boll kam in beiden Schriften sehr schlecht weg.

In dem im Jahr 1820 von D. J. Dangelmaier verfaßten

Werk *Ueber die Gesundbrunnen und Heilbäder Wirtembergs*, ein *Taschenbuch für Brunnen= und Badereisende*, wurde das Boller Badewesen folgendermaßen vorgestellt:

Dieses ist hier das allerlangweiligste von der Welt; denn es mangelte bisher an Allem dem, was die eigentliche Würze des Badelebens ausmacht – die wo sie vorhanden, so mächtig neben dem Badgebrauch zur Wiedergenesung des Kurkranken mitwirkt. Darum läßt sich auch kein Patient bewegen, dieses Bad zu gebrauchen, so lange er nur noch einige Hoffnung hat, in einem andern Bad Hilfe oder Erleichterung zu finden. Nur dann, wenn ihm kein anderer Ausweg mehr übrig ist, begiebt er sich an diesen Ort der höchsten Langweile, und gähnt und seufzt von schwerem Leiden niedergedrückt auf seinem Zimmer …

Man dürfte über den Eingang ins Badhaus nur noch die Worte: – memento mori – setzen, dann wäre die Cartause fix und fertig.[8]

Zur Behebung dieses Mißstandes schlug Dangelmaier vor, einen schönen Garten und Spaziergänge anzulegen, Spiele aufzustellen und vor allem die Zufahrtswege von Kirchheim und Göppingen zu verbessern. Er wünschte, daß »Künstler und Professionisten« dazu gebracht werden konnten, sich in Badnähe anzusiedeln. Offenbar meinte er damit Gewerbetreibende, die einschlägige Angebote für die Kurgäste bereithalten sollten. Eine »Lese=Anstalt«, eine Apotheke und einige »Traiteur= Wirthe«, also Speisewirtschaften, durften seiner Meinung nach nicht fehlen. Zudem schlug er vor, ein Pferdebad einzurichten. Dahinter stand die Kenntnis, daß der König großes Interesse an der Pferdezucht hatte. Dangelmaiers Hauptkritik aber galt der schlechten Verwaltung, die nur auf finanzielles Interesse ausgelegt wäre, und dem Bauzustand. Vor allem störte ihn und die wenigen noch in Boll badenden Honoratioren, daß die gebrechlichen Gnadenbädler, die im Erdgeschoß badeten, auf dem Rücken der Badeknechte bis ins oberste Stockwerk getragen werden mußten, wo ihre Kammern lagen, und daß das Essen von der Küche, die in einem Nebenhaus lag, über den offenen Hofraum getragen werden mußte und dann kalt auf den Tisch kam. Sämtliche Kritikpunkte finden sich ein Jahr später in einer Stellung-

nahme der untergeordneten Finanzkammer, die für Boll zuständig war, an das Finanzministerium wieder.[9]

1822 erschien ein weiteres Buch, das die Zustände in Bad Boll kritisierte: J. E. Wetzlers *Über Gesundbrunnen und Heilbäder*. Weil der Autor die Heilkraft des Bades schätzte, ließ er es bei der Kritik nicht bewenden:

Da das Boller Wasser unter die stärksten Schwefelwasser von Deutschland gehört, dieses Bad das vorzüglichste Schwefelbad von ganz Schwaben ist, so verdient es die Aufmerksamkeit der Regierung und es sollte von dieser für die Verbesserung und Aufnahme derselben etwas gethan werden.

Auch dieser Autor vertrat die Meinung, daß ein solches Bad nicht allein als Finanzquelle angesehen werden dürfe, sondern als »Wohltätigkeits=Institut«, das man unterstützen müsse – diese Meinung wurde später von der Regierung übernommen und war letztlich ein Grund für die Erneuerung des Bades.[10] Um seine Forderung zu untermauern, beschrieb Wetzler die Bademöglichkeiten. Im Erdgeschoß, in dem auch das Wasser erhitzt wurde, waren die Verschläge mit den Bädern für »gemeine Leute«. Die bessergestellten Gäste badeten in den Kammern der beiden oberen Stockwerke. Das Badezubehör, die »Geräthe«, bezeichnete er als *mittelmäßig, zum Theil ärmlich*. Duschen gab es keine. Seine Verbesserungsvorschläge zielten darauf hin, alle Badezimmer ins Erdgeschoß zu verlagern und dadurch in den oberen Stockwerken weitere Zimmer für die Vermietung zu gewinnen, um die Gästezahl erhöhen zu können – was letztendlich auch der Rentabilität zugute käme. Als technische Verbesserung schlug er vor, das kalte und das erhitzte Heilwasser durch Röhren von einem verschlossenen »Reservoire« in die Bäder zu leiten. Dadurch würden die Bäder wirksamer, denn dem Wasser ginge auf dem Transport von der Quelle zum Badhaus ein großer Teil seines heilsamen Gases verloren.

Auch die Möglichkeiten zur geistigen und körperlichen Entspannung in Boll schätzte Wetzler sehr gering ein. Es gäbe keine schattigen und angenehmen Spaziergänge, allenfalls ein paar Linden:

Daher gehört auch das Bollerbad unter die stillen und – langweiligen. Das einzig Angenehme, was die Lage darbietet, ist die Aussicht auf eine fruchtbare Fläche zwi-

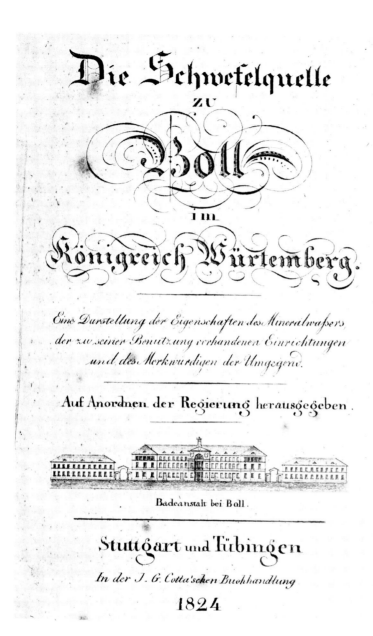

Badeanstalt bei Boll.

Die Schwefelquelle
zu
Boll
im
Königreich Würtemberg.

Eine Darstellung der Eigenschaften des Mineralwassers,
der zu seiner Benutzung vorhandenen Einrichtungen
und des Merkwürdigen der Umgegend.

Auf Anordnen der Regierung herausgegeben.

Stuttgart und Tübingen
In der J. G. Cotta'schen Buchhandlung
1824

93 *»Die Schwefelquelle zu Boll im Königreich Würtemberg«.*
Mit diesem Buch wurde die völlig umgebaute »Badeanstalt bei
Boll« der Öffentlichkeit vorgestellt. Stuttgart und Tübingen, bei
Cotta, 1824

schen Ost und West und gegen Nord nach dem Stauffen und den benachbarten Bergen.[11]

Werbung für das modernisierte Bad

Werbung für das Boller Bad gab es schon im 18. Jahrhundert. Im Jahr 1721 ließ der ehemalige Vikar von Teinach, Jacob Friedrich Jung, ein kleines Buch veröffentlichen, in dem er in poetisch gereimten Worten auch auf das Boller Bad einging. Das Büchlein war eine Lobpreisung aller württembergischer *Gesund=Brunnen und heilsamen Bäder.* Bereits im achten Jahr mußte er nun schon als Vikar tätig sein, und die ersehnte Anstellung als württembergischer Pfarrer lag immer noch in weiter Ferne. Das Buch sollte, außer zu seiner eigenen Beschäftigung, auch zur »Erholung der Seele« der Badgäste dienen. Neben der Beschreibung der verschiedenen Bäder in Reimen stellte er in diesem *Würtembergischen Wasser=Schatz* Gebete, Gedichte und Gesänge für einen gesegneten Beginn, Ablauf und Erfolg einer Badekur zusammen. Es finden sich darin eine *geistliche Betrachtung der immerfliessenden und lebendigen Wasserquelle* oder ein Loblied auf *die Wundergüte Gottes in der Natur, nach dem Sauerbrunnentrunk beim Spazierengehen zu gebrauchen*, aber auch eine *geistliche Betrachtung des Badwassers.*[12]

Nachdem sich das Königshaus auf Betreiben von Finanzminister Weckherlin schließlich dazu durchgerungen hatte, das Boller Bad zu renovieren, wurde eine Werbeschrift angefertigt, um das völlig renovierte und umgebaute Bad bekanntzumachen. Im Auftrag von König Wilhelm I. erschien *Die Schwefelquelle zu Boll im Königreich Württemberg.* An seiner Erarbeitung waren das »Statistisch-topographische Bureau«, das die Beschreibung und die Geschichte des Kurortes und der Umgebung verfaßte, und vor allem der Obermedizinalrat und Leibmedikus von Jäger beteiligt. Jäger verglich die Wasseranalyse, die Professor Christian Gmelin vorgenommen hatte, mit früheren, beschrieb die *natürliche Beschaffenheit der Gegend und des Wassers sowie die Geschichte der Fassung der Quelle.* Zudem bearbeitete er die vom Göppinger Oberamtsarzt Dr. Hartmann zusammengestellten Resultate aus langjährigen Erfahrungen früherer

Badeärzte über die Heilkraft des Wassers und die Bade-regeln. Für seine Arbeit sollte er zwei Eimer »Ehrenwein« bekommen. Verleger Cotta übernahm den »Verlag« und bot eine Summe von 200 Gulden. Der Erlös, so schlug der Finanzminister vor, solle den Grundstock für eine Badbibliothek bilden. Sie sollte Staatseigentum bleiben und der Aufsicht des Boller Pfarrers unterstellt werden, eine Idee, die später so realisiert wurde.[13]

Nachdem das Bad von Grund auf renoviert worden war, gab der Wirt den Beginn der Badesaison in der Allgemeinen Zeitung, dem Schwäbischen Merkur, der Cottaischen und der Schaffhauser Zeitung bekannt.[14] Doch mit den Erfolgen dieses Maßnahmenkatalogs am Boller Bad hatte man sich verkalkuliert: Der Kurbetrieb hielt sich nur ungefähr ein Vierteljahrhundert auf mäßiger Höhe, zu einem wirklichen Prosperieren, das man sich von der Erneuerung erhofft hatte, kam es jedoch nie.[15]

Die Grundsteinlegung

Die Umbauten am Boller Bad zogen sich über etliche Jahre hin. Während die Abschlüsse dieser Maßnahmen nicht besonders gefeiert wurden, beging man die Grund-steinlegung für den Neubau am 11. August 1824 mit einem großen »Badfest«. Der geplante Ablauf dieses Festes ist überliefert, ebenso das Lied, das als einer der Höhepunkte des Festes gesungen wurde. König Wil-helm I. wohnte der Feierlichkeit allerdings nicht bei. Schon um 6 Uhr morgens war der »Antritt« der Mitwir-kenden im Hof vorgesehen. Die Badegäste sollten sich um 12 Uhr mittags im Speisesaal versammeln, um einer gesanglichen Darbietung von »Musikliebhabern«, also einer Laiengruppe, zu lauschen. Offenbar war nur eine kurze Vorstellung eingeplant, denn schon eine Viertel-stunde später hatten sich die Gäste am Apfelbaum vor dem Speisesaal einzufinden, wo sie die »Badkommis-sion« offiziell ersuchte, an der Grundsteinlegung teil-zunehmen.

Alle Gäste und Mitwirkenden begaben sich daraufhin an die Stelle der Grundsteinlegung, wo ein Mitglied der Kommission eine kurze Rede hielt, die von einem ande-ren Mitglied erwidert wurde und mit einem »Lebe Hoch« auf den König abschloß. Während dieser Reden sollte Bauinspektor Rupp eine Kapsel einmauern, in der ein »Protokoll der Verhandlung«, Münzen und ein Ver-zeichnis der Badegäste, die zu diesem Zeitpunkt im Bad weilten, eingelegt waren. Ein Mitglied der Kommission ersuchte die Gäste, Zeuge dieses Vorgangs zu sein, dann gingen alle am Grundstein vorbei und vollzogen einen Hammerschlag.

Nach der Grundsteinlegung begab sich die Badegesell-schaft durch die Anlagen auf die Terrasse. Den Anfang des Zuges bildete die Musikkapelle, dahinter schritten die Damen des Chores und danach die Gäste – in feiner bürgerlicher Manier ohne eine besondere Ordnung, denn alle Bürger sollten ja gleich sein. Im Rondell, in dem eine Büste des Königs stand, erwarteten zwei Damen mit Lor-beerkranz und Blumengirlanden die Gesellschaft. Der Sängerchor trat ans Rondell und bildete zwei Halbkreise um die beiden Damen. Die Kapelle blieb auf der Terrasse zurück, das Publikum rangelte vermutlich um die besten Plätze. Nun fing der Chor an zu singen. Das Lied hatte nach jeder Strophe einen Refrain, den die Badegäste mitsingen sollten. Durch die beiden letzten Strophen wurden die beiden Damen aufgefordert, die Bekränzung der Büste vorzunehmen. Sie hingen ihr also die Girlan-den um und setzten diesem König den Lorbeerkranz auf. Währenddessen blies Trompeter Schob ein »Hurra«, und es wurde Salut gefeuert. Danach begab sich die Gesell-schaft zur Tafel. Nach dem Essen wurde ein Ball veran-staltet, und abends gab es ein Theaterstück.[16]

Die Ausstattung der Zimmer

Am 5. August 1823 legte der neu eingestellte Badepächter Fest eine Liste vor, in welcher er den Bedarf an Möbeln und sonstigen Gegenständen für die Neueinrichtung des Boller Bades festhielt. Nach dieser Liste wurden für die Ausstattung der Zimmer 60 Bettladen mit dem entspre-chenden Zubehör an Bettzeug und ebensoviele Tische und »Lavor«, Waschschüsseln, gebraucht. Außerdem forderte er 44 »Commoden« und Spiegel, ebensoviele »Kleider-

*Lied, das nach der Grundsteinlegung des
Boller Bades am 11. August 1824 gesungen wurde*

Lied zur Grundsteinlegung des Boller Bades am 11. August 1824

Ihm, des Landes treuem Vater,
Ihm, der Leidenden Berather
Töne unter Hörnerklang
Unseres Dankes Hochgesang.
Heil O Heil der Segensstunde!
In des Bodens tiefem Grunde
Eingemauert liegt der Stein
Laßt uns frohe Zeugen sein!
      Chor: Eingemauert liegt der Stein
             Laßt uns frohe Zeugen sein!

Mög der Bau sich schön erheben
Und des Lebens Schutzgeist schweben
Liebend, segnend immerdar
Ob der Quelle rein und klar!
Alle Leiden, alle Schmerzen
Jeder düstren Sorge Gluth
Lösche dieses Bornes Fluth
      Chor: Jedes bangen Schmerzens Gluth
             Lösche unseres Bornes Fluth!

Viele Jahre sind zerronnen
Über ihm, dem Wunderbrunnen
Immer reich noch, immer hell
Sprudelt er, der Lebensquell.
Doch den Ruf vom Thron: »Es werde
Höheres Leben in der Erde!«
Hört auf ihrer dunklen Spur
Wilhelms Freundin, die Natur.
      Chor: Reicher noch und immer hell
             Sprudelt er, der Lebensquell

Und sie kann ihm nichts versagen
Wenn er auf die bangen Klagen
Seiner Kinder tröstend blickt,
Wenn er segnend u. beglückt
Und es fließt der reiche Segen
Auf der neuen Schöpfung Wegen
Auf das ländlich heitre Haus
Heilger Menschenliebe aus.
      Chor: Reichlich auf dies heitre Haus
             Ströme Gottes Segen aus.

Einst wenn viele Jahr zerronnen
Steht er noch, der Wunderbrunnen
Von der Freude Lied umtönt
Wie ihn Wilhelms Lieb verschönt!
Ihm des Landes treuen Vater,
Ihm der Leidenden Berather
Tönet unter Hörnerklang
noch der Engel Jubelsang
      Chor! Töne laut im Hörnerklang
             Unsres Dankes Festgesang

Unter dem Bekränzen der Büste Sr. Majestät des
Königs zwei Stimmen:
      Wir kränzen des Vaters freundliches Bild
      Der liebend die Thränen der Leidenden stillt.

      Chor: So kränzet des Vaters freundliches Bild
      Der liebend die Thränen der Leidenden stillt.

rechen« zum Aufhängen der Garderobe, 44 Nachttische, Spiegel, »Nachtgeschirre« und Stiefelanzieher an. Vorhänge sollten die Intimität wahren helfen. 176 »gepolsterte Seßel« wurden benötigt, aber auch 44 »Spuktrögle« – das Spucken war noch nicht aus dem gesellschaftlichen Umgang verbannt. 84 Leuchter und 100 Lichterscheren zum Abschneiden der Dochte, 44 mal »Dintenzeug«, 200 Schoppen- und 200 Trinkgläser und sechs Nachtstühle komplettierten die gewünschte Ausstattung. Für die Gnadenbädler sah Fest zwölf Bettladen samt Zubehör vor. Auch sie sollten es etwas angenehm haben: zwölf kleine Spiegel, Kleiderrechen und Nachttöpfe und außerdem 24 Stühle waren vorgesehen. Ihre Kleidung sollten sie in zwölf Truhen verstauen können.

Für das Haus benötigte er zwei Thermometer und einen Barometer. Außerdem wünschte er sich Besen, Schaufeln, Bürsten, Laternen, Gölten, verschiedene Werkzeuge für Haus und Garten und anderes mehr. Für den Speisesaal sah er drei lange Tafeln vor; ein Kronleuchter und zehn Wandleuchter sollten Licht spenden. Zwei große »Trumeaux«, das waren Pfeilerspiegel, vier Pfeilertische und Vorhänge sollten das entsprechende Ambiente bilden. Auch an die Einrichtung vor dem Speisesaal im Garten dachte Fest: unter dem großen Apfelbaum wollte er vier »Canapees« und vier Tische aufstellen. Im Gartenpavillon sollten zwölf gepolsterte Sessel eine angenehme Sitzmöglichkeit bieten.

Vervollständigt wurde die Einrichtung durch Spiegel und Pfeiler- oder Spieltische. Auch im Garten und entlang der Allee waren Sitzmöglichkeiten vorgesehen, etwa 50 »Canapees« verteilte er in seiner Aufstellung.[17]

Anhand dieser Liste wurden die Depots des herrschaftlichen Besitzes in Wildbad, Stuttgart und Ludwigsburg durchgesehen. Mit der Verwendung der übrigen oder ausgemusterten Möbel und Geräte sollte das Geld für Neuanschaffungen eingespart werden. Viele Gegenstände waren in den Depots vorhanden, und andere wurden darüber hinaus geliefert, z.B. zwei »Damen-Arbeits-Tische«, ein Flügel, zwei »Kinderbettladen mit Bett«, ein »Kinder-Nachtstühle«, eine spanische Wand oder 99 Gemälde und Kupferstiche. Für Neuanschaffungen mußten dann noch etwa 700 Gulden ausgegeben werden.[18]

Die Gegenstände wurden in den verschiedenen Zimmern verteilt. In der Regel standen in jedem Zimmer *1 Bettlade mit Strohsack und Stroh=Haipfel, 1 Tisch, 1 Commode, 3 Sesseln, 1 Spiegel, 1 Nachttisch, dann 1 Kleiderrechen, Lavoir, Schreibzeug, Leuchter und andere kleine Bedürfnisse.* Das Bettzeug konnte selbst mitgebracht werden. Gegen einen »Bettzins« von täglich 12 Kreuzern wurde aber auch gestellt: *1 Matraze mit Roßhaar, 1 solchen Haipfel, 2 Kopfkissen mit Federn, 1 Decke mit Federn oder 1 Couvert mit Oberleinlach, 1 Unterleinlach.* Die Betten wurden alle 14 Tage frisch überzogen, es sei denn, der Arzt hatte anderes verordnet, was dann aber gesondert bezahlt werden mußte. Der Bademeister mußte darauf achten, daß sowohl das Bettzeug wie die Möbel in einem ordentlichen Zustand waren.[19]

Als Prinz Alexander von Tübingen starb, konnten dessen Möbel übernommen und im königlichen Gemach aufgestellt werden. Nach dem persönlichen Willen des Königs sollten jedoch die »geringeren« darunter bereits im Frühjahr 1824 zum Besuch seines Neffen Friedrich durch bessere ersetzt werden.[20] Die besten Zimmer, so das königliche Appartement, waren mit polierten Kirsch- oder Nußbaummöbeln ausgestattet. Die Sitzmöbel waren entweder geflochten, mit Damast oder mit Atlas überzogen. In den Sälen standen unter den »Trumeaux« entsprechende Kommoden. In den Wohn- und Gesellschaftszimmern gab es ein Kanapee und sechs Stühle.[21]

Im März 1830 fand eine Visitation von Oberbaurat Barth und Oberrevisor Härlin samt etlichen Helfern in Boll statt. Sie hatten die Aufgabe, vor Abschluß des neuen Pachtvertrages alle Gebäude und das »Kron=Inventar« zu überprüfen. Dabei wurde das nach dem Umbau angefertigte Inventar von 1825 zu Rate gezogen. Mit dem neuen Vertrag sollte der Pächter nun das gesamte Anwesen in Pacht übernehmen, deswegen bekam alles »Staats-Eigenthum« einen Badstempel und eine Nummer. Die unbrauchbaren Dinge wurden aussortiert und zur öffentlichen Versteigerung freigegeben. Die Revisoren schlugen vor, das Inventar bei der »Privatfeuer-Versicherungs-Gesellschaft« versichern zu lassen, wie es mit den Gebäuden schon geschehen war. Der Gesamtwert aller »Meubles und Geräthschaften aller Art« belief sich auf 5300 Gulden 56 Kreuzer. Nicht dazu gezählt wurden die Bücher, die »Brunnen= und GartenGeräthschaften« und

die in den Gebäuden festgemauerten Gegenstände im Wert von insgesamt etwa 465 Gulden. Der Wert des Inventars war 1825 fast doppelt so hoch auf 10033 Gulden angeschlagen worden. Der riesige Unterschied ergab sich vor allem daraus, daß die Gegenstände damals noch neu waren und der Ankaufspreis vermerkt worden war. Doch auch eine andere, weniger erfreuliche Tatsache führte zum Wertverlust: Bei der neuerlichen Visitation wurde festgestellt, daß der angeschlagene Wert der aus den königlichen Depots abgegebenen Gegenstände *enorm und in keinem Verhältniß zu dem abgenutzten Zustand* gewesen war. Vor allem stellte sich nachträglich heraus, daß die Sessel, Sofas und Matratzen statt mit Roßhaar nur mit Seegras gefüllt waren. Sie hatten daher zum einen von Anfang an einen geringeren Wert, zum anderen hatten sie sich wegen der schlechteren Qualität viel schneller abgenutzt.[22]

Der Innenausbau des Bades zeigte, daß man bemüht war, mit der Mode zu gehen. Die Innenwände des Gebäudes waren nun nicht mehr wie zuvor getüncht, sondern mit Papiertapeten bespannt: hellblau, grün und violett leuchteten sie von den Wänden. Die Tapeten klebten mit einer Zwischenschicht direkt auf den Wänden. Die einzelnen Wandfelder waren mit Kartonstreifen (Bordüren) eingefaßt, auf die Rappordmuster schabloniert oder auch frei gemalt waren. Die Vorhänge hatten zu den Tapeten passende Farben. Um ein Ausbleichen der Möbel zu verhindern, waren vor den Fenstern Jalousieläden angebracht, die bei Sonneneinstrahlung heruntergelassen wurden.[23] Wie schon bei den untergebrachten Möbeln wurde auch hier fiskalisch gedacht: nicht der Schutz der in den Räumen lebenden Menschen vor zuviel sommerlicher Hitze stand im Vordergrund, sondern die möglichst lange Nutzungsdauer der Gegenstände.

1   Brugger, Barbara u.a.: Gesellschaftsbilder. In: Württembergisches Landesmuseum: Baden und Württemberg, Bd. 1.2, S. 971–972.
2   König: Der Spaziergang, S. 198 ff. Zitat. S. 200; vgl. auch Hahn: Wunderbares Wasser, S. 98–99; Bitz: Badewesen, S. 258–261; Sigfried Giedion: Die Herrschaft der Mechanisierung. Ein Beitrag zur anonymen Geschichte. Frankfurt a.M. 1987, S. 707; Wolfgang Kos: Distanz und Gesellligkeit. Das Heilbad als soziale Experimentierbühne. In: Historisches Museum Wien: Das Bad, S. 43–51.
3   Pachnicke, Claudine: Baden-Baden: »Überall Glanz, Wohlleben, Müßiggang...« In: Württembergisches Landesmuseum: Baden und Württemberg, Bd. 1.2, S. 1062–1063; Ziegler: Die württembergischen Badeorte, S. 205–206, 213–214; Dangelmaier: Ueber Gesundbrunnen, S. 31.
4   Kaschuba, Wolfgang: Aufbruch in die Moderne – Bruch der Tradition? In: Württembergisches Landesmuseum: Baden und Württemberg, Bd. 2, S. 671.
5   Elias, Otto Heinrich: König Wilhelm I. In: Uhland: 900 Jahre, S. 306–327; Weller: Württembergische Geschichte, S. 218–257; Pachnicke, Claudine: Das Wort als politische Waffe. In: Württembergisches Landesmuseum: Baden und Württemberg, Bd. 1.2, S. 1027–1028.
6   Haering, Herman; Hohenstatt, Otto (Hg.): Schwäbische Lebensbilder. Stuttgart 1942, S. 555–600 (Bd. 3); Biographisch Genealogische Blätter. Stuttgart 1879, S. 1059–1060.
7   Bitz: Badewesen, S. 278, 365.
8   Dangelmaier: Ueber die Gesundbrunnen, S. 19–20.
9   Dangelmaier: Ueber die Gesundbrunnen, S. 26–37; HStAS E221 Bü 2245 Bericht der Finanzkammer des Donaukreises an das Finanzministerium, 27. 2. 1821.
10 Die Schwefelquelle, S. II–III.
11 Wetzler: Über Gesundbrunnen, Bd. II, S. 227–233, Zitat S. 231.
12 Jung: Württembergischer Wasser=Schatz 1721.
13 Die Schwefelquelle, S. IV–V; HStAS E13 Bü 13 Schreiben Finanzminister an König 29. 6. 1824.
14 HStAS E221 Bü 2247 Schreiben Aufsichtsbehörde an Kameralamt Göppingen 9. 4. 1826.
15 Lavater: Bad Boll, S. 11–12.
16 BlA »Acten ... betr. Boll« Grundsteinlegung 1824.
17 HStAS E221 Bü 2245 Bedarfsliste für das Bad 5. 8. 1823.
18 HStAS E221 Bü 2247 Vergleich des Bedarfs mit Abgabe aus Stuttgart, Ludwigsburg und Wildbad 23. 2. 1824; Abzugebende Möbel aus Ludwigsburger Depot 2. 3. 1825.
19 StAL E236 Bü 2386 Quelle 134 Vorschriften 3. 9. 1824; Die Schwefelquelle, S. 123–125.
20 HStAS E13 Bü 13 Bericht Finanzminister an König 28. 8. 1823 und Antwortschreiben 3. 9. 1823.
21 Bitz: Badewesen, S. 367.
22 HStAS E221 Bü 2248 Visitation und Inventar 25. 3. 1830.
23 Bitz: Badewesen, S. 367.

Menschen im Badebetrieb

Sabine Rumpel

Die Aufsichtsbehörde und der Pfarrer

Im September 1823 wurden neue Vorschriften für »die Königliche Bade= und Brunnen=Anstalt in Boll« erlassen. Wie schon in der Badordnung von 1599 stand das Bad auch weiterhin unter der Obhut einer »Aufsichts=Behörde«. Sie setzte sich nun aus dem Oberamtmann, dem Kameralverwalter und dem Oberamtsarzt von Göppingen zusammen. Sofern ein eigener Badearzt angestellt war, sollte auch er dazu gehören. Dieses Gremium mußte wöchentliche Berichte über die Anzahl der Gäste und die Vorkommnisse im Bad, auch über Klagen und Beschwerden, an die Finanzverwaltung abliefern. Es wachte über die Einhaltung der Badeordnung, setzte die Preise fest, kontrollierte die Badangestellten und verpflichtete alle neu aufgenommenen Bediensteten. Zu Beginn und zum Ende der Saison hatte die Aufsichtsbehörde eine Revision über alle Bestandteile des Bades durchzuführen und die auftretenden Mängel am Inventar und an den Gebäuden aufzulisten.[1]

Der Gemeindepfarrer von Boll hielt weiterhin während der Saison alle 14 Tage am Sonntagvormittag eine Predigt. Zunächst fand sie im Speise- und Tanzsaal statt, Ende der 1820er Jahre verlegte man das Geschehen in einen der Gartensäle unterhalb der Anlage. Die während des Gottesdienstes gesammelten Opfergaben wurden unter Armen im Bade verteilt, die der Pfarrer und der Badearzt auswählten.[2]

Badpächter Johann Jakob Fest

Bis zum Umbau war Ehrenreich Seitz der Badbeständer. Eigentlich wäre sein Pachtvertrag noch bis ins Jahr 1830 gelaufen, doch er konnte sich auf die Anforderungen, die

durch den Umbau auf ihn zukamen, nicht einstellen und quittierte zu Martini (11. November) 1823 den Dienst. Vermutlich wurde er gedrängt zu gehen: In einem Bericht an den König schrieb Finanzminister Weckherlin seiner Familie, die das Bad seit zwei Jahrhunderten bewirtschaftet hatte, dessen Niedergang zu. Sie habe das Bad immer mehr vernachlässigt, die Möbel nicht erneuert und schlecht gewirtet. Daher hätten sich die Gäste aus den »gebildeten« Ständen immer mehr aus dem Bad zurückgezogen. Aufgrund des geringen Umsatzes wäre nie ein neuer Interessent für die Pacht zu finden gewesen, und die Familie hätte das Bad so langsam aber sicher in ihren Besitz gebracht. Den jährlichen Verlust für die Regierung veranschlagte der Finanzminister auf 1500–2000 Gulden. Zwar habe sich Ehrenreich Seitz wohl bemüht, doch er sei *seiner Bestimmung als Badewirth und Badmeister in keiner Hinsicht gewachsen.* Aufgrund dieser Erfahrungen schlug Weckherlin vor, eine neue Verwaltungsstruktur zu schaffen. In einer so ländlich gelegenen Badeeinrichtung wie Boll seien die Gäste mit ihren Bedürfnissen ganz allein auf die Möglichkeiten des Bades angewiesen. Kollidierten die Ansprüche der Gäste mit den eventuellen »Eigennützigkeiten« des Pächters oder der Angestellten, müsse jemand zwischengeschaltet werden, der frei von eigenen Interessen das Wohl des Bades vertreten könne. Die Verwaltung und der eigentliche Wirtschaftsbetrieb sollten daher voneinander getrennt werden. Zudem würde die Anschaffung der nötigen Einrichtung die Finanzkraft eines Wirtes völlig übersteigen, und dieser müsse dann zwangsläufig das Kapital über die Preise wieder eintreiben. Sinnvoller wäre durch eine gute Ausstattung eine bessere Auslastung des Bades zu erzielen und Einnahmen durch das vermehrte Bade- und Zimmergeld zu bekommen.[3]

Der erste Pächter des Königlichen Bades wurde der

Boll, mit den neuesten Brunnen & Bad-Anstalten.

94 »Boll, mit den neuesten Brunnen & Bad-Anstalten«. Die fernen
»Kaiserberge« Hohenstaufen und Rechberg nahe herangeholt. Radierung,
Stuttgart bei Ebner um 1820. Schefold 781

43jährige Johann Jakob Fest, der sich im Juli 1823 um die Stelle des Bademeisters in Boll bewarb. Er hatte sechs Jahre bei der »Garde zu Fuß« gedient, war dann »Lichterjunge« geworden und war schließlich 16 Jahre lang Schloßdiener und Anlagenaufseher in Wildbad.[4] Er mußte sich persönlich in der Kanzlei des Finanzministers vorstellen. Mit Datum vom 10. September 1823 gab der König seine Zustimmung zu der Anstellung Fests. Nachdem ihm die Stelle zugesagt wurde und die Gehälter, die er in Wildbad und Boll bekommen sollte, miteinander verrechnet worden waren, zog er auf Kosten des Staates für 139 fl 36 kr mit zwei vierspännigen Wagen und einer zweispännigen Chaise von Wildbad ins Boller Bad. Dort war eine seiner ersten Handlungen, die ankommenden herrschaftlichen Möbel in Empfang zu nehmen und beim Abzug des bisherigen Pächters die herrschaftlichen Interessen wahrzunehmen. Entgegen dem Vorschlag des Finanzministers bekam er sowohl den Posten des Badepächters als auch den des Badwirts, zunächst befristet für die Zeit von Martini 1823 bis 1826. Seine Wirtschaftspacht betrug zunächst 150 Gulden, außerdem standen ihm das Gras und das Obst aus den Gärten zu.[5] Aufgrund der guten Eignung von Fest wurde diese Regelung später beibehalten, die Pachtgebühr erhöhte sich aufgrund steigender Gästezahlen für die zweite Periode von 1826 bis 1829 auf 500 Gulden. Als am 26. Dezember 1825 die Einrichtung einer Molkenkuranstalt genehmigt wurde, übernahm er auch diese in Pacht. Die Pachtgebühr dafür betrug 120 Gulden, davon mußte er den Schweizer Sennen bezahlen, der die Molkerei betrieb. Nach verschiedenen Zeugnissen scheint Fest ein guter Pächter gewesen zu sein, der auch von den Gästen geschätzt wurde.[6] Als königlicher Angestellter, als Bademeister, bekam er 700 Gulden Gehalt. Dieses war unterteilt: Sein eigener Verdienst lag bei 300 Gulden, dazu zwölf Scheffel Dinkel und sechs Maß Buchenholz. Von diesem Geld mußte er eine »Livrée«, einen Dienstanzug, erstehen. Für die Wäsche der herrschaftlichen Betten und Vorhänge bekam er jährlich 50 Gulden. Einige Mitglieder des Personals mußte er selbst anstellen, deren Bezahlung wurde in sein Gehalt einberechnet: Um einen Gartenknecht für ein halbes Jahr anzustellen, wurden 80 Gulden veranschlagt, und für zwei Stubenmägde, von denen eine nur während der Saison beschäftigt werden sollte, bekam er 150 Gulden. Alle anderen Bediensteten stellte die Aufsichtsbehörde des Bades an, entlohnt wurden sie von der Kameralkasse.[7]

Nach der neuen Badeordnung des Jahres 1823 war der Bademeister verantwortlich für »Wohlanständigkeit und Reinlichkeit« des Bades und der dazugehörenden Anlagen. Als »Unterrechner« des Kameralamtes mußte er die Einkünfte, die sich aus dem Badebetrieb ergaben, verwalten und die Ausgaben kontrollieren. Den Gästen gegenüber wurde er zur Höflichkeit und seinen Bediensteten gegenüber zu »Würde und Ernst« aufgefordert. Er mußte den Brunnen samt Schöpfwerk und die Zuber in Schuß halten, die Gäste rechtzeitig mit frisch geschöpftem Wasser bedienen und ihnen das zum Trinken bestimmte Wasser in geschlossenen Flaschen liefern. Ohne Anordnung des Badearztes durfte er keine Nachtbäder erlauben.

Die Zimmer, die Hausflure und »Garten=Säle« sollten vom Bademeister in einem Turnus von etwa drei Jahren frisch geweißelt werden. Wie die Treppen und Höfe sollten auch sie jeden Tag gesäubert werden. Auch für einen ordentlichen Garten war der Bademeister verantwortlich. In der Nacht mußten in allen Fluren und in der Nähe von Treppen gut verschlossene Laternen brennen, auf die der Bademeister achten mußte. Besonders während der Heizperiode war er verpflichtet, um Mitternacht noch einmal einen Rundgang zu machen, um jegliche Feuergefahr im Keime zu ersticken. Auch mußte er um zehn Uhr abends die Haustüren und Tore verschließen und dafür sorgen, daß die Gartensäle bewacht wurden und niemand vom Personal einen Hauptschlüssel hatte, um heimlich hinauszuschlüpfen oder ungebetene Gäste hineinzulassen. Bettler und Vaganten sollte er mit Hilfe der örtlichen Polizei vom Bad fernhalten. Auch durfte die Ruhe der Gäste durch Musik und Tanz bei einbrechender Nacht nicht mehr gestört werden. Betrunkene oder streitende Gäste sollten ermahnt und im Wiederholungsfall bei der Aufsichtsbehörde angezeigt werden. Die Hunde der Gäste hatten während der Nacht und für die Dauer der Mahlzeiten in den Zimmern zu bleiben.

Neben dem allgemeinen Inventar sollte der Bademeister ein jährliches Anmeldungs- und ein Badbuch führen.

Manche der damals eingeführten Neuerungen sind uns heute noch bekannt: Im Anmeldungsbuch sollte er aufzeichnen, *wann, auf welche Zeit, und auf welche Zimmer Jemand Bestellung gegeben hat und was ihm hierauf geantwortet worden ist*. Im Badbuch sollte der Name jedes ankommenden Gastes und seiner Bediensteten aufgeschrieben werden. Weiter waren der Tag der Ankunft, die Zimmernummer samt Zimmerpreis und dort vorhandenen Möbel, der Abfahrtstermin, die Anzahl der Bäder und die Abrechnung mit Unterzeichnung durch den Badegast und dessen Anmerkungen zu vermerken. Während der Staat für die Bereitstellung des Gebäudes, der Möbel und der Badeeinrichtungen verantwortlich war, mußte der Bademeister alles andere stellen, was *zum Betrieb einer Wirthschaft für Küche, Tafel, Frühstück, Zimmerbeleuchtung, Heizung, Pferdefütterung und Stallhaushalt gehört*. Er war für Spiele, Musik und die »übrige Bedienung« der Gäste verantwortlich. Als Wirt der Schildwirtschaft durfte Johann Jakob Fest Billard, Musik, Tanz, Speisen und Getränke anbieten. Prompte Bedienung und höfliche Behandlung der Gäste sollte sein Anliegen sein. Bei allen diesen Dienstleistungen war er an die festgelegten Tarife gebunden, die im Speisezimmer ausgehängt wurden. Die Gäste konnten ihre Mahlzeiten entweder an der Tafel (»table d'hôte«) einnehmen, an der sie nach der Reihenfolge ihrer Ankunft plaziert wurden, oder auf dem Zimmer speisen. Im März 1830 wurde eine weitere Badordnung erlassen, die vor allem dem Umstand Rechnung trug, daß Fest nicht nur als Bademeister sondern auch als Wirt angestellt war.[8]

Die Badangestellten

Die Angestellten des Bades wurden nach Eingabe von Zeugnissen von der Aufsichtsbehörde für den Dienst verpflichtet. Fristlose Kündigungen wegen grober Vergehen waren möglich. In dem »Eid und Staat«, den Belehrungen über die Dienstpflichten, wurde das Personal vor allem zu Sauberkeit, Reinlichkeit und einem guten Lebenswandel aufgerufen. Um die Gäste vor Belästigungen zu schützen, wurde das Trinkgeld festgelegt. Für eine

vierwöchige Kur durften Badeknechte, Zimmermädchen, Kellner und die Küchenangestellten nicht mehr als einen Gulden und zwölf Kreuzer annehmen. Im Jahr 1827 wurde diese Regelung dahingehend geändert, daß das Trinkgeld nicht mehr in Rechnung gestellt wurde, sondern den Badegästen freigestellt wurde, es selbst zu verteilen. Auf Tafeln konnten die Richtpreise nachgesehen werden, das Trinkgeld sollte aber für eine Familie oder einen einzelnen Gast gleich hoch sein. Hatte einer der »angestellten Domestiken« eine außergewöhnliche persönliche Dienstleistung erbracht, durfte er in Absprache mit dem Bademeister dafür auch besonders entlohnt werden. Die folgenden Vorgaben und Beschreibungen sind zum Teil nicht datiert, stammen aber alle aus der ersten Hälfte des 19. Jahrhunderts.[9]

Im Jahr 1826 war als *Küchenpersonal* beschäftigt: Die 35 Jahre alte Oberköchin Viktoria Schiller aus Stuttgart, die 34jährige Charlotte Eitel aus Wildbad, die 33jährige Anna Maria Eberhart aus Zell u. A. und die 21 Jahre alte Caroline Brachhold aus Wildbad. Ein Jahr später hatte der Koch Hiller aus Langenburg die Köchin abgelöst, die Stelle der zweiten Köchin war nicht besetzt, und als Küchenmagd diente Maria Diez aus Reudern.

Als *Hausknechte* arbeiteten Friedrich Schmid aus Wildbad, 33 Jahre alt, Gottlieb Schäufele aus Zell, 24 Jahre alt und der 18jährige Stalljunge Frosch aus Hohenstaufen. Ein Jahr später hatte nur noch Schmid denselben Posten. Als *Kellner* war im Jahr 1826 der 28jährige Oberkellner Carl Jacob Friedrich Schettenkircher aus Stuttgart eingestellt. Ihm halfen der 22jährige Mayer aus Heilbronn und der 18jährige Johann Hauber aus Wildbad. Ein Jahr später waren Schettenkircher und Hauber noch da, drei andere Männer standen ihnen zur Seite.[10]

Die *Stubenmägde* unterstanden dem Bademeister. In ihrer Instruktion wurden sie ermahnt, alle Tätigkeiten ohne Widerrede zu verrichten. Ohne sein Wissen durften sie die Badeanstalt nicht verlassen, nachts schon gar nicht. Ihre Aufgabe war vor allem das Reinigen der Zimmer, Abtritte, Flure und Treppen. Doch anderes kam hinzu: Zusammen mit den Wäscherinnen und der »Weißzeugverwalterin« waren sie für die Wäsche verantwortlich. Ohne Erlaubnis durften sie kein »Weißzeug« an die Gäste ausgeben. Das, was ausgegeben wurde, mußten sie vom »Buchhalter« registrieren lassen. Alle vierzehn Tage wurden die Betten neu überzogen, ausgenommen diejenigen, die die Gäste selbst mitbrachten. Die Wäsche wurde von den Mägden »eingeschlagen«, gemangelt und gebügelt. Bevor nicht sichergestellt war, daß alle Wäschestücke übergeben waren, wurde ihnen kein Lohn ausgezahlt. Wäsche hatte in der damaligen Zeit einen viel höheren Stellenwert und auch real einen höheren Wert als heute. Eine Frau brachte einen Großteil ihrer Aussteuer in Form von Textilien in die Ehe ein. Vor diesem Hintergrund sind die scharfen Vorschriften zu verstehen. Dem Buchhalter war auch zu melden, wenn die Gäste in ihren Zimmern die Kanne, das Nachtgeschirr, das Schreibzeug oder etwas anderes zerbrachen. Meldeten es die Stubenmägde nicht, hatten sie selbst die Kosten zu begleichen. Sie waren auch für die Beleuchtung zuständig: Mit der Putzschere schnitten sie die Dochte der Öllampen ab, die immer langsamer abbrannten als das Öl. Gegenstände aus den einzelnen Gästezimmern durften nicht vertauscht werden, auch wenn die Gäste darauf bestanden.

Die Stubenmägde mußten auch in der Küche helfen. Wurde zu Mittag geläutet, hatten sie schnell dorthin zu eilen und beim Essenauftragen zu helfen. Abends waren sie bei der Vorbereitung des Essens für den nächsten Tag eingespannt. Zweimal täglich stand ihnen eine Pause zu: um 11 Uhr und um 16 Uhr. Dann hatten sie Anrecht auf »einen Trunk nebst Brot«.

Im Jahr 1826 waren vier junge Frauen, die alle um die 20 Jahre alt waren, für »Zimmer, das Bettwerk und Weißzeug« zuständig: Caroline Pragler aus Derdingen, Wilhelmine Kreuser aus Kirchheim, Wilhelmine Friderike Aibele aus Göppingen und Charlotte Hagmann aus Hochdorf.[11]

Die Dienstzeit der *Badeknechte und -mägde* ging vom 8. Mai bis zum Ende der Badesaison, gewöhnlich war dies Mitte September. Wann sie morgens anfingen, ist nicht bekannt, Feierabend hatten sie um 18 Uhr. Es wurde von ihnen erwartet, daß sie sich sauber kleideten und daß die Männer während der Badezeit keinen Tabak rauchten. Außerdem sollten sie den Gästen gegenüber freundlich sein. Das Badhaus durften sie nur mit Genehmigung des Bademeisters verlassen. Alle Badezuber

mußten von ihnen saubergehalten und nach der Benutzung mit frischem Wasser ausgespült werden. Die Badeknechte hatten darauf zu achten, daß Kurgäste, die an ansteckenden Krankheiten litten, nur in alten Badezubern badeten, damit keine Krankheiten übertragen werden konnten. Wie schon in den Jahrhunderten zuvor, war es ihnen verboten, das benutzte Badewasser einfach aus den Fenstern hinauszukippen. In die Badezimmer der Honoratioren durften sie keine »gemeine« Leute einlassen, und grundsätzlich mußten sie alle »Badekabinette« sauberhalten.

Die Badeknechte waren für alle Gerätschaften verantwortlich, außerdem hatten sie auch auf die Uhr und den Garten zu achten. Sie sägten das Holz und stapelten es. Für die richtige Temperatur des Badewassers zu sorgen zählte ebenfalls zu ihren Obliegenheiten. Die Bediensteten Mitte des 19. Jahrhunderts hatten dabei offenbar dieselben »Unarten« wie ihre Vorgänger die Jahrhunderte zuvor. Offenbar schürten sie immer noch kräftig und machten die Bäder zu heiß. Auf Anraten des Badearztes sollten diese aber eher lauwarm zubereitet werden. Abends sollten die Badeknechte kein Wasser mehr in die Kessel oder Tröge pumpen, da man annahm, daß das Wasser über Nacht seine Heilwirkung verlöre. Morgens sollten die Zuber vor der ersten Füllung nochmals mit frischem Wasser gereinigt werden. Aber auch Aufsichtsfunktionen hatten die Badknechte zu erfüllen: Fremde am Pumpwerk durften nicht geduldet werden, außerdem waren die Bettler zu verscheuchen.

Im Jahr 1832 waren Jacob Reutter und Jacob Götz als Badeknechte angestellt. Beide kamen aus Boll. Sie bekamen Lohn, aber keine Verköstigung, wie es wohl zuvor üblich gewesen war. Dem Bademeister Fest mußten sie 25 Gulden von ihrem eingenommenen Trinkgeld abgeben. Doch wurden sie ermahnt, die Gäste nicht zu drängen, welches zu geben. Wenn es nötig war, durfte sie der Bademeister auch für andere Dienste einsetzen.[12] Im Badebereich scheinen ganze Familien gearbeitet zu haben. Im Jahr 1827 waren zwei Frauen, nämlich Margarethe Ziker und Anna Reitter von Boll als Bademägde eingestellt. Die Männer, die in diesem Jahr als Badeknechte tätig waren, trugen dieselben Namen. Im Pumpwerk arbeiteten 1826 der 52jährige Jacob Reiter und sein gleichnamiger

26 Jahre alter Sohn. Sie mußten für weitere »Gehilfen« beim Pumpen selbst sorgen.[13]

Den Badeknechten halfen die *Wasserträger*. Offenbar waren dies vorrangig Frauen. Sie mußten auch beim Spülen in der Küche helfen. Ihren Lohn bekamen sie von den Badeknechten bezahlt. Der Bademeister, der ihrer Einstellung zustimmen mußte, war für ihre Verköstigung zuständig.[14]

Noch eine weitere Person hatte mit Wasser zu tun: der *Brunnenmeister*. Er war für die technische Seite verantwortlich. In erster Linie wartete er die Wasserleitungen, auch im Winter. Rechtzeitig mußte er um die »Brunnenstöcke« und Wasserbehälter Stroh wickeln, um ihr Einfrieren zu verhindern. Der Brunnenmeister sah nach Brunnen und Pumpwerk, aber auch nach Schäden in den Baderäumen und an den Geräten. Vermutlich reparierte er alles, was möglich war. Am 17. Mai 1825 trat der Zimmermeister Friedrich Holl aus Boll im Bad seinen Dienst an.[15]

Der *Gärtner* mußte sich um alle Pflanzen und Bäume kümmern und sie »im Wachstum befördern«. Von den Blumen sollte er selbst Ableger ziehen oder Samen sammeln, damit die Kosten für die Pflanzungen verringert werden konnten. Auch die Wege mußte er sauber halten. Vor allem den Weg zum »Schuppen«, dem Belvedere, und die Lindenallee. Beschädigungen mußte er dem Bademeister melden, der dann das Kameralamt zu unterrichten hatte. Die Gartensäle standen ebenfalls unter seiner Aufsicht; er schloß sie morgens auf und abends zu und hatte dabei auf Beschädigungen zu achten. Unter Aufsicht des Gärtners hatten Sträflinge die Zufahrtsstraße zum Bad herzustellen – sie schütteten mit Kies oder sonstigen Steinen die Löcher zu und regulierten die Ränder. Zur Vorbereitung mußten sie die Steine kleinschlagen und in bestimmten Abständen auf Haufen setzen. Obwohl der Gärtner einen recht umfangreichen eigenen Arbeitsbereich hatte, durfte auch er sich nicht ohne Wissen des Bademeisters über Nacht entfernen. Bei ihm hatte er auch um Urlaub nachzusuchen.[16]

Im Jahr 1825 war der 48 Jahre alte Tiberius Stöhr für ein Gehalt von 180 Gulden eingestellt worden, mit der Möglichkeit, ihn jederzeit wieder entlassen zu können. 1830 sollte es dann so weit sein, da der Gärtner Brükner

aus Warthausen nach Boll versetzt werden sollte. Da er jedoch nicht eintraf und zudem befürchtet wurde, daß er als »ein alter Mann von etlichen 60 Jahren« sowieso nicht alles alleine schaffen könne, wurde Stöhr angewiesen, die dringend notwendigen Arbeiten zu beginnen. Er bat um Gehaltserhöhung, was von den Beamten unterstützt wurde. Den Sommer über bekam er ein Wohnquartier im Nebengebäude zugewiesen, bis in dem noch nicht fertiggestellten neuen Nebenbau ein »Local« für ihn eingeräumt werden konnte. Den Winter verbrachte er im Schweizerhaus.[17]

Um die Sicherheit im Bad herzustellen, wurde während der Saison, zwischen dem 15. Mai und dem 15. September, ein *Polizeidiener* angestellt. Einer hieß Georg Heim, ein anderer war Johannes Gölz. Dieser bekam im Jahr 1827 ein Tagegeld von 20 Kreuzern. In erster Linie hatte er dafür zu sorgen, daß alle »schlechten« Personen vom Bad ferngehalten wurden – damit waren vor allem Bettler gemeint. Die Kurgäste sollten in Ruhe ihre Kur genießen können und durch niemanden belästigt werden. Bei Tumulten in der Wirtsstube, zu denen die Gäste wohl selbst beitrugen, mußte der Polizeidiener einschreiten und Ruhe herstellen. Er hatte über alle Gebäude und den Garten die Aufsicht. Zudem überprüfte er die Wasserleitung, die Beleuchtung, damit kein Feuer ausbrach, das Brennholz, das niemand stehlen durfte, und die Handfeuerspritzen. Über die Sträflinge, die nachts die »Cloake«, die Grube unter den Klosetts, säubern mußten und über die Abtritte hatte er ebenfalls zu wachen. Seine Arbeitszeit war von »früh morgens« bis um 21 Uhr am Abend – in dieser Zeit bestand Anwesenheitspflicht für ihn.[18]

Ging der Polizeidiener nach Hause, fing um 21 Uhr der Dienst des *Nachtwächters* an. Im Mai 1838 war Johannes Schweikert beschäftigt, wie die meisten Angestellten ebenfalls nur während der Saison. Ab 22 Uhr war Nachtruhe, sie endete morgens um drei Uhr. An vorgeschriebenen Stellen ließ der Nachtwächter seinen Ruf ertönen: *Hört! Hört! Die Glocke hat … Uhr geschlagen. Wohl um … Uhr.* Auf seinem Rundgang hatte er alle Gebäude zu überwachen und vor allem nach dem Feuer im Kesselhaus und in der Küche zu sehen und es gegebenenfalls zu löschen. Bemerkte er Rauch oder einen Brandherd, mußte er es sofort dem Bademeister melden. War im Pferdestall Unruhe, hatte er den Hausknecht zu verständigen. Nächtliche Wanderer mußte er »stellen«, sie ansprechen und nach ihrer Absicht fragen.[19]

Der Badearzt und das Medizinalwesen in der ersten Hälfte des 19. Jahrhunderts

Zu Beginn des 19. Jahrhunderts war noch immer ein breites Spektrum sehr unterschiedlich gebildeter Berufsgruppen mit der ärztlichen Versorgung der Bevölkerung beschäftigt. Neben den an den Universitäten in innerer Medizin, gelegentlich auch in Chirurgie und Geburtshilfe ausgebildeten gelehrten Ärzten, standen die handwerklich ausgebildeten Wundärzte, Barbiere und Bader. Inzwischen hatte man sie in verschiedene Klassen mit unterschiedlichen Befugnissen unterteilt: während die erste Klasse alle Operationen durchführen durfte, mußte sich die unterste mit Barbieren, Schröpfen, Aderlaß, Zahnziehen und ähnlichen Dingen bescheiden. Der Wundarztberuf war ein Lehrberuf: Nach einer dreijährigen Lehre mußten die Anwärter eine sechsjährige Wanderschaft mit Fortbildung absolvieren, bevor sie tätig sein konnten. Die Wundärzte waren bis zum Jahr 1814 zunftmäßig organisiert, erst dann ersetzte eine Gesellschaftsordnung die Zunft, bis im Laufe des 19. Jahrhunderts der Stand der Wundärzte völlig abgeschafft wurde.

Nur die gelehrten Ärzte konnten als Oberamts- oder Unteramtsärzte angestellt werden. Die Aufsicht des Medizinalwesens lag allein in den Händen dieser Ärzte, die mit der Zeit ihre von Aufklärung geprägten Vorstellungen gegenüber der noch vorherrschenden Volksmedizin durchzusetzen begannen. Die neuen Ideale der Gesundheitsaufklärer knüpften durchaus an Erkenntnisse an, die aus der Antike stammten: so galten frische Luft, helle Räume, gesunde Ernährung und bequeme Kleidung als Voraussetzung für eine gesunde Lebensführung. Vorstellungen und Ideale, die für die breite Masse der Bevölkerung, die oft noch mit dem Vieh unter einem Dache wohnte und die in Zeiten von Hungerkrisen von ausreichender und dazu noch gesunder Ernährung nur träumen konnte, illusorisch waren, beim Bürgertum

jedoch gut ankamen, da es sich damit von der Lebensführung des Adels bewußt absetzen konnte.[20]

Einen Badearzt hatte es in Boll schon seit der Gründung des Bades gegeben. In der Regel übte der Göppinger Amtsarzt diesen Dienst aus und betreute sowohl das dortige Sauerbrunnenbad als auch das Boller Bad. Dieser Arzt konnte also nicht täglich vor Ort sein, er hatte aber die Verpflichtung, mehrmals in der Woche nach den Kurgästen zu sehen. Als das Bad umgebaut wurde, war allerdings der Unterarzt Dr. Luz aus Göppingen als Badearzt angestellt, dem die Behörden seinen Posten nicht einfach wegnehmen wollten. Auf lange Sicht sollte jedoch die alte Kombination wieder angestrebt werden.[21] Nach der neuen Badeordnung von 1823 sollte der Badearzt so häufig wie notwendig, mindestens jedoch dreimal wöchentlich, im Bad erscheinen und sowohl die Gäste betreuen als auch das Bad, die Gebäude, die Zimmer und die Mahlzeiten auf Reinlichkeit und Ordentlichkeit hin überprüfen. Zudem mußte er den *Naturmerkwürdigkeiten der Gegend seine Aufmerksamkeit widmen* und für die Bestückung des *Naturalienkabinetts* sorgen.

Da die Apotheken in einiger Entfernung lagen, war der Badearzt dafür verantwortlich, daß ein Apotheker aus der Gegend im Bad eine Hausapotheke einrichtete, aus der im Notfall Medikamente entnommen werden konnten. Die Arzneien sollten in einer Liste aufgeführt und diese der Aufsichtsbehörde zur Kenntnis gegeben werden. Der Bademeister verkaufte die benötigten Mittel gegen einen festgelegten Preis.[22]

Dr. Luz bat im Jahr 1826 um eine Gehaltserhöhung. Bis zu diesem Zeitpunkt hatte er für seine Tätigkeit als Badearzt 50 Gulden im Jahr bekommen. Er begründete den Antrag, daß er statt der früheren zwölf Gnadenbädler nun 19 Arme zu betreuen hätte, eine Steigerung, die durch eine königliche Stiftung ermöglicht wurde. Da diese zudem nicht mehr wie zuvor zweimal im Jahr, sondern in mehreren kleinen Gruppen aufgenommen würden, sei dies für ihn mit einem höheren Betreuungsaufwand verbunden. Zudem habe sich mit der Erneuerung des Bades die Zahl der jährlichen Badegäste auf 250 Personen erhöht, die Molkenkurgäste mit ca. 40 Personen kämen noch dazu. Ihm wurde eine Zulage von zehn Scheffeln Dinkel bewilligt.[23]

Das Medizinalkollegium fand die Betreuung durch den Badearzt, der dreimal in der Woche im Bad war, ungenügend. Es schlug im Jahr 1832 vor, daß der Arzt während der Saison den Kurenden jeden Morgen zur Verfügung stehen und daher im Bad übernachten solle. Als Entschädigung wurden 180 Gulden angesetzt. Dr. Luz wollte diese Belastung im Hinblick auf seine Göppinger Praxis nicht mitmachen und bat 1835 von seiner Verpflichtung als Badearzt zurücktreten zu dürfen. Auch sein Kollege Dr. Palm aus Göppingen konnte für diese Aufgabe nicht gewonnen werden. In die Bresche sprang der Oberamtsarzt Dr. Hartmann, der schon vorher während der Kursaison häufig in Boll gewesen war.

Für seinen zusätzlichen Dienst wurden ihm 130 Gulden versprochen, was dem bisherigen Gehalt von 50 Gulden und zehn Scheffeln Dinkel ungefähr entsprach. Dr. Hartmann verlangte nach Ablauf der Saison 200 Gulden und rechnete vor, daß er 78 Besuchsreisen in einer Saison absolviert hätte. Das Gesuch wurde genehmigt. Das Medizinalkollegium war aber weiterhin daran interessiert, einen eigentlichen Badearzt für Boll zu bestellen und bot Dr. Palm, der die *Befähigung zur Ausübung der Wundarzneikunst* hatte, die Stelle im Jahr 1836 für 200 Gulden an. Bis 1841 erfüllt er diese Aufgabe zur Zufriedenheit der Behörden, dann jedoch beteiligte er sich an der »Badanstalt« in Göppingen und besuchte Boll weniger häufig. Nachdem er sich weigerte, während der »Curzeit« in Boll zu wohnen, wurde er des Dienstes enthoben und ein neuer Badearzt gesucht.[24]

95   Dr. Ernst Gustav Friedrich Hartmann (27. 11. 1767 – 11. 11. 1851). Oberamtsarzt in Göppingen, Badearzt in Bad Boll (nach einem Gemälde)

1 StAL E236 Bü 2863 Quelle 134 Vorschriften 3. 9. 1823.

2 Die Schwefelquelle, S. 129; BlA »Acten ... betr. Boll«.

3 HStAS E221 Bü 2245 Verbesserungsvorschläge der Finanzkammer 27. 2. 1821; HStAS E13 Bü 13 Bericht Finanzminister an König 28. 8. 1823.

4 HStAS E221 Bü 2245 Bewerbungsschreiben Fest 9. 7. 1823 und Empfehlungen Finanzkammer Schwarzwaldkreis 31. 7. 1823.

5 HStAS E13 Bü 13 Bericht Finanzminister an König 28. 8. 1823 und Antwortschreiben 3. 9. 1823; HStAS E221 Bü 2249 Schreiben der Finanzkammer des Donaukreises 15. 9. 1823; Heyde: Das Württembergisch Wunderbad, S. 92.

6 HStAS E13 Bü 13 Anbringen des Finanzministers betr. der Erneuerung der Wirtschaftspacht 1. 12. 1825.

7 HStAS E13 Bü 13 Bericht Finanzminister an König 28. 8. 1823; HStAS E221 Bü 2249 Schreiben an Finanzkammer des Donaukreises 15. 9. 1823.

8 StAL E236 Bü 2863 Quelle 134 Vorschriften 3. 9. 1823.

9 StAL E236 Bü 2863 Quelle 134 Vorschriften 3. 9. 1823; BlA »Acten ... betr. Boll« Dokumente zu den Angestellten; HStAS E221 Bü 2248 Aufsichtsbehörde an Kameralamt Göppingen 19. 4. 1827.

10 HStAS E221 Bü 2247 und 2248 Aufsichtsbehörde an Kameralamt Göppingen 9. 4. 1826 und 19. 4. 1827.

11 BlA »Acten ... betr. Boll« Dokumente zu den Angestellten; HStAS E221 Bü 2247 Aufsichtsbehörde an Kameralamt Göppingen 9. 4. 1826.

12 BlA »Acten ... betr. Boll« Dokumente zu den Angestellten; HStAS E221 Bü 2245 Verbesserungsvorschläge der Finanzkammer 27. 2. 1821.

13 HStAS E221 Bü 2247 und 2248 Aufsichtsbehörde an Kameralamt Göppingen 9. 4. 1826 und 19. 4. 1827.

14 BlA »Acten ... betr. Boll« Dokumente zu den Angestellten.

15 BlA »Acten ... betr. Boll« Dokumente zu den Angestellten.

16 BlA »Acten ... betr. Boll« Dokumente zu den Angestellten.

17 HStAS E221 Bü 2247 Aufsichtsbehörde an Kameralamt Göppingen 9. 4. 1826; HStAS E221 Bü 2248 Visitation und Inventar 25. 3. 1830.

18 BlA »Acten ... betr. Boll« Dokumente zu den Angestellten; HStAS E221 Bü 2248 Aufsichtsbehörde an Kameralamt Göppingen 19. 4. 1827.

19 BlA »Acten ... betr. Boll« Dokumente zu den Angestellten.

20 Staib, Heidi: Volksmedizin und gelehrte Medizin. In: Württembergisches Landesmuseum: Baden und Württemberg, Bd. 1.2, S. 1234–1235; Riecke: Das Medizinalwesen, S. 18–19, 51–52, 74–84.

21 HStAS E13 Bü 13 Bericht Finanzminister an König 28. 8. 1823.

22 StAL E236 Bü 2863 Quelle 134 Vorschriften 3. 9. 1823.

23 HStAS E13 Bü 13 Anbringen Finanzminister an König 19. 10. 1826, Antwort 20. 10. 1826.

24 HStAS E13 Bü 13 Minister des Innern an König 9. 6. 1832; 10. 6. 1835; 15. 6. 1835; 3. 10. 1835; 29. 3. 1836; 12. 6. 1841.

Badeleben im 19. Jahrhundert

Sabine Rumpel

Körper- und Gesundheitsvorstellungen

Seit der Aufklärung hatte sich das Verhältnis der Menschen zu ihrem Körper geändert: Die immer stärker werdende Institutionalisierung der Medizin, die Forderung nach mehr Eigenverantwortlichkeit und Disziplin in vielen gesellschaftlichen Bereichen führten zu einem anderen Körperbewußtsein und zum Streben nach Gesundheit. Krankheit wurde nun nicht mehr als gottgegeben, sondern als vom eigenen Verhalten abhängig gesehen. Prophylaktische Maßnahmen wurden als wichtige Voraussetzungen für die Gesunderhaltung des Körpers erkannt. Propagiert wurden derartige Vorstellungen durch die medizinisch-diätetische Ratgeberliteratur, die Ende des 18. Jahrhunderts entstanden war. Einer ihrer wichtigsten Verfasser war Christoph Wilhelm Hufeland. Für ihn waren alle Reize, die von Wasser, Wärme, Licht und Luft ausgingen, hervorragende Mittel, um die Lebenskraft zu steigern. Jede Heilung war für ihn letztendlich eine Selbstheilung, die durch äußere Reize lediglich angeregt werden könne. Er betonte die Wichtigkeit von seelischer Ruhe, Zufriedenheit und Heiterkeit, die zu Gesundheit und einem langen Leben wesentlich beitragen könnten. Sowohl warmes als auch kaltes Wasser diente ihm nicht nur zur Erhaltung der Gesundheit, sondern auch zur Bekämpfung vieler Krankheiten.[1]

Um 1790 entwarf der Pyrmonter Badearzt Heinrich Matthias Marcard die Theorie, daß nicht die Säfte, sondern die Nerven den Organismus steuerten. Diese und andere wissenschaftliche Erkenntnisse veränderten die Vorstellungen von Krankheit und Gesundung.

Die Steigerung der Wertschätzung der Wasseranwendungen, vor allem der kalten, war seit dem 18. Jahrhundert etlichen Ärzten ein Anliegen. Vor allem Siegmund Hahn (1664–1742), sein Sohn Johann Siegmund Hahn (1696–1773) und Vinzenz Prießnitz (1799–1851) konnten die gesundheitsfördernde Wirkung des Wassers bekanntmachen. In der zweiten Hälfte des 19. Jahrhunderts entwickelte Sebastian Kneipp (1821–1897) kalte, laue und warme Wasseranwendungen weiter. Das 19. Jahrhundert brachte dann die wissenschaftliche Hydrotherapie hervor. In Berlin war Ludwig Traube ein eifriger Forscher, in Wien konnte Wilhelm Winterlitz (1834–1917) Temperatur und Druck als wirksame Faktoren des Wassers herausfinden. Damit konnte der Wassertherapie eine wissenschaftlich anerkannte Stellung innerhalb der physikalischen Behandlungsmöglichkeiten verschafft werden. Indikationslisten, die auf naturwissenschaftlichen Wasseranalysen basierten, machten es nun möglich, für verschiedene Krankheiten die entsprechenden Bäder zu empfehlen.[2]

Als die Werbeschrift der Regierung über das Boller Bad im Jahr 1824 erschien, wurde darin auch über die Möglichkeiten zum Gebrauch des heilsamen Wassers informiert. Wenn das Boller Wasser getrunken wurde, sollte es so frisch wie möglich direkt von der Quelle kommen, da der wirksame Bestandteil, *das geschwefelte Wassergas* als *außerordentlich flüchtig* galt. Die Flaschen oder sonstigen Gefäße, die nur das Quantum enthalten sollten, das auf einmal getrunken werden konnte, mußten mit einem Korken gut verschlossen werden. Sie sollten möglichst schnell zu den Kurgästen gebracht werden und durften weder in der Sonne noch in der Nähe eines Ofens stehen. Da das Wasser relativ kühl war, wurde geraten, bei empfindlichem Magen erst nach dem Frühstück zu trinken oder dem Wasser etwas heiße Milch beizumischen. Da das Wasser durch seinen Schwefelgehalt die Transpiration förderte, sollte man *bey und nach dem Trinken sorgfältig jede Störung der Hautthätigkeit* vermeiden. Das Wasser sollte entsprechend der Witterung getrunken werden: bei trockenem und nicht-windigem Wetter konnte der Kurgast nebenher etwas spazierengehen, bei regnerischem Wetter dagegen sollte im Zimmer getrunken werden. Auf jeden Fall, so der beschreibende Arzt, sei zu bedenken, daß das Wasser die Verdauung fördere.

Beim Baden wurde, da dem Wasser der *flüchtige Bestandtheil* Schwefel so schnell verlorenging, erst das heiße, dann das kalte Wasser in die Wanne eingefüllt. Um Ohnmachten durch den aufsteigenden Schwefelgeruch zu verhindern, sollte die Wanne, wie die Jahrhunderte zuvor, mit einem Holzdeckel und der verbleibende Ausschnitt mit einem Badetuch abgedeckt werden. Als Hilfe erwies es sich, den Badenden ein mit kaltem Wasser benetztes Tuch um die Stirn zu binden, bzw. die Schläfen mit etwas Weinessig einzureiben oder diesen zu riechen und einzuatmen.

Nach dem Umbau wurde nicht mehr gemeinsam in einem großen Badesaal gebadet, sondern es standen den Honoratioren nun 17 *besondere Badegemächer* zur Verfügung, die nur zum Teil mit zwei Wannen ausgestattet waren. Damit wurde dem Intimitätsbedürfnis des bürgerlichen Publikums Rechnung getragen. Die Bäder im Erdgeschoß waren jetzt mit *Hahnen=Einrichtungen* versehen, aus denen die Badenden selbst warmes oder kaltes Wasser zufließen lassen konnten. Baden im Zimmer war weiterhin möglich, doch waren dorthin noch keine Wasserleitungen verlegt. Weiter gab es ein Tropf- und ein Dampfbad mit Nebenzimmern.[3]

Kulturelle Angebote

Um das kulturell verwöhnte Publikum aus Stuttgart in der ländlichen Idylle zu unterhalten, wurden während der Saison Schauspiele und Musikdarbietungen geboten. Allerdings war das königliche Bad in Boll kein Schauplatz für *steife Assembleen, glänzende Bälle, Theater und goldbedeckte Spieltische*; es entsprach dennoch in den 1820er Jahren dem Zeitgeist. Die Entdeckung der Natur und die entstehende Kultur der Empfindsamkeit machten Fahrten oder Spaziergänge in die nähere Umgebung zum gesellschaftlichen Muß. Die Gäste genossen

die schöne Natur, Ausflüge ins Umland, *ländliche Musik und Tänze, kleine Liebhaber=Conzerte* und *unschuldige Spiele*. Sie lebten *friedlich und gemüthlich, wie eine Familie* zusammen – in der biedermeierlichen Zeit, in der der Rückzug in die Innerlichkeit der Familie populär war, gewiß ein Anreiz, gerade dieses Bad zu besuchen. Wie vielerorts war das erste Kurorchester aus ansässigen Musikanten gebildet, die sich während der Saison durch das Aufspielen etwas dazu verdienten. Sonn- und feiertags, wenn auch Kurzbesucher im Bade weilten, wurde getanzt. Erst mit der Zeit wurden Berufsmusiker verpflichtet. So bekam Hofmusikus Hirsch gegen freie Wohnung eine Anstellung. Der Schauspieler Eduard Wolf aus Feldkirch gab in den Anfangsjahren Vorstellungen im Gartensaal und mit einer »Operngesellschaft« wurde jedes Jahr »paktiert«. Bei schlechtem Wetter konnten Billard und andere Spiele gespielt werden, im »Conversationszimmer« wurde parliert und diskutiert, und im Bibliothekszimmer konnte gelesen werden. Auch bot die Laube mit der Rotunde in der Mitte und den Gartensälen an den Enden die Möglichkeit zum Zusammensitzen.[5] Der Wirt hatte auf eigene Kosten ein »Kegel- oder Fortunaspiel« und zwei Gartenhäuschen im Küchengarten aufgestellt und wollte auch noch Schaukeln errichten.[6] Schaukeln, *so wohl vertikale als horizontale, und Carrousels, welche eine so angenehme als nützliche Unterhaltung gewähren*, wurde ein hoher gesundheitsfördernder Wert beigemessen, vor allem bei den im 19. Jahrhundert typisch weiblichen Krankheiten:

… denn die damit verbundene sanfte Bewegung ist überhaupt jedem Kurgaste nützlich, und kann insbesondere bey Nervenschwäche, Melancholie, Hysterie und dgl. das Schaukeln überdies auch noch bei Brustschwäche, der Hektik, im Schwindel und Wahnsinn sehr heilsam sein.[7]

Souvenirs von einem Aufenthalt im Boller Bad waren bei den Gästen beliebt. So konnte man bemalte Tassen mit Ansichten von Bad Boll oder Poesiealben und andere Erinnerungsgegenstände zum Andenken kaufen.

Naturwissenschaftliche Sammlung und Badbibliothek

Nach den Statuten von 1823 mußte der Badearzt den »Naturmerkwürdigkeiten« der Umgebung seine Aufmerksamkeit widmen und sie in einem »besonderen Kabinett« sammeln und aufbewahren. Die »Naturaliensammlung« wurde vermutlich im »Conversations- und Bibliothekszimmer« im ersten Stock des Nebengebäudes aufgestellt. Einen Teil zur Sammlung trug der zeitweilige Badearzt Dr. Friedrich Hartmann bei. Er verschenkte große Teile seiner Sammlung an das Naturalienkabinett nach Stuttgart, ließ jedoch einen Teil auch der geologischen Sammlung in Bad Boll zukommen.[8]

Im Bad gab es eine Bibliothek, die im mittleren Stockwerk etwa in der Mitte des Gebäudes eingerichtet wurde. Lesen war im Laufe des 18. und 19. Jahrhunderts durch die Aufklärung zu einer der Kultur- und Lebensformen geworden, durch die das Bürgertum seine Unwissenheit zu überwinden begann und mehr Selbstbewußtsein gegenüber den anderen Ständen erlangte. In der biedermeierlichen Zeit wurde Lesen zur Muße und zum bürgerlichen Zeitvertreib. Die Bibliothek des Bades ging auf den Verkauf der Werbeschrift »Die Schwefelquelle zu Boll« und die Stiftung einiger Freunde des Bades zurück. Sie stand unter der Aufsicht des Pfarrers von Boll, der dafür offenbar keine Entschädigung bekam.[9] Im Jahr 1830 umfaßte die Bibliothek 548 Bände *meist geschichtlichen und schönwissenschaftlichen Inhalts*. Dazu kam in diesem Jahr eine Sammlung religiöser Schriften, die die Burggräfin von Tunderfeld aus dem Nachlaß ihres Vaters stiftete. Er war württembergischer Kammerjunker, Artilleriehauptmann und Arsenalinspektor gewesen, hatte seinen Lebensabend in Göppingen verbracht und das Bad öfters besucht. Nachdem zuvor Zeitschriften vom Wirt für die Wirtschaft angeschafft worden waren, wurden nun in der Bibliothek die »Allgemeine Zeitung« und das »Morgenblatt für gebildete Stände« ausgelegt, die aber nicht mit in die Zimmer genommen werden durften. Für die Benutzung der »Lese=Anstalt« wurde für die Saison 30 Kreuzer verlangt. Mit diesen Gebühren und dem Geld, das von der Waage eingenommen wurde, auf der sich die Badegäste wiegen lassen konnten, wurden neue Zeitschriften und Bücher gekauft. Zudem erstand man

für einen Flügel, der dem Bad gestiftet worden war, die Noten.[10]

Der königliche Park – die harmonische Natur

Bereits gegen Ende des 17. Jahrhunderts begann sich die Einstellung zur Natur zu wandeln. Sie wurde nun nicht mehr als grausam und mangelhaft wahrgenommen, sondern das zuvor bereits latent vorhandene Bild einer harmonischen, gleichgewichtigen und schönen Natur setzte sich im 18. Jahrhundert durch. Der Willen des Schöpfers konnte in der Ordnung der Natur erkannt werden, ihre Erforschung bot daher einen eigenen Zugang zu Gott. Das Studium der Natur, das Botanisieren, das Sammeln von Steinen und Fossilien, das Anlegen von Terrarien, Herbarien und Aquarien gewann in weiten Kreisen des

*96   Ein Andenken an Bad Boll: »Schweizer-Haus bei Boll«.
Badeglas mit Glasschliff, um 1830*

189

Bildungsbürgertums an Liebhabern. Die Idee der objektiven Naturbetrachtung war durch das kategorisierende Denken des 18. Jahrhunderts vorbereitet worden. Durch wissenschaftliche Untersuchungen wie die Systematik Linnés (1735) oder die umfangreiche Naturgeschichte Buffons (ab 1749) wurde das Bild der Natur als einem geordneten Ganzen bestätigt. Man nahm an, daß die Natur von sich aus zur Ordnung tendiere, daher dürfe sich der Mensch ihr nicht entgegenstellen.

Das Bild des »edlen Wilden« löste das des kannibalischen Barbaren ab, die Südsee wurde zum Traumziel aller Zivilisationsmüden. Die zivilisatorische Zerrissenheit sollte mit der natürlichen Harmonie überwunden werden, das Land, die freie Natur, wurde der entfremdenden Stadt gegenübergestellt: »Zurück zur Natur« lautete die programmatische Forderung Rousseaus im Jahr 1750. Der Park wurde nun nicht mehr als barocker Lustgarten mit streng geometrischem Reglement, sondern den neuen bürgerlichen Vorstellungen entsprechend, als englischer Landschaftsgarten mit frei wachsenden Bäumen und Sträuchern, sich schlängelnden Wegen und Aussichtspunkten angelegt. Er war das Modell des liberalen Natur- und Gesellschaftsbildes und verdinglichte die neuen bürgerlichen Ideale. Der Siegeszug des englischen Gartenstils hatte Württemberg allerdings erst gegen Ende des 18. Jahrhunderts erreicht.

Im frühen 19. Jahrhundert zergliederte sich das Bild der harmonischen Natur in verschiedene Komponenten: In der Naturromantik wurde »das Motiv der Natur als eines beseelten Organismus mit einer radikalen Subjektivität« kombiniert. Mit der Historisierung des Weltbildes begann man die Natur »als Ausdruck einer gewachsenen Tradition« zu verstehen. Das »Natürliche« wurde nun »als das über längere Zeiträume hinweg Gewordene gesehen«. Die Natur wurde als »konservative Metapher« gegen alles willkürlich Konstruierte gesetzt – als natürlich galt nur, was in den Tiefen der Tradition wurzelte, die Politisierung der Natur begann. Die Heimat als Ort der Identifikation und Verwurzelung wurde entdeckt. Die Historisierung führte letztlich dazu, die Natur selbst als geschichtlich zu betrachten: Sie galt nicht mehr als eine »Schöpfung« von einem Schöpfer gemacht, sondern man erkannte, daß sie sich in einem autonomen, lang-fristigen Prozeß selbst erzeugt und ausdifferenziert hatte. Die Geologie Charles Lyells (1797–1875) und die Evolutionstheorie Darwins (1842ff) zeugen von dieser Entwicklung.

Die Annahme ihrer völligen Selbstorganisation stellte das Postulat der völligen Harmonie der Natur in Frage. In der zweiten Hälfte des 19. Jahrhunderts wurde die Natur vollständig dynamisiert. Die Dynamik galt als Teil des allgemeinen Fortschrittsprozesses, »als Naturgesetz des Fortschritts«. Neben dieser Fortschrittsidee wurden aber bereits Befürchtungen laut, daß die Natur durch menschliche Eingriffe zu Schaden käme. Industrialisierung, Urbanisierung und Modernisierung formten in der Folgezeit sowohl die Natur als auch deren Wahrnehmung. Auf der einen Seite wurde die Natur ästhetisch entdeckt, auf der anderen Seite gewannen Klagen über ihre Zerstörung immer mehr die Oberhand.[11]

Die Vorstellung einer harmonischen Natur lassen sich bei der Neuanlage des Boller Parks erkennen. Der einst in barocken geometrischen Motiven angelegte herzogliche »Lustgarten« war verfallen. Im Zuge der Renovierung und Vergrößerung des Bades wurde daher auch der Garten erneuert; er wurde vergrößert und dabei völlig verändert. Leitbild war nun nicht mehr die geregelte, beschnittene und beherrschte Natur des Barocks, sondern die zwar gelenkte, doch sich wie frei entfaltende Natur des englischen Landschaftsgartens.[12] Die Anlage solle so wenig wie möglich »Kunst« verraten und mit der Umgebung »harmonieren«, so die Auffassung von Oberhofgärtner Bosch aus Stuttgart. Zusammen mit dem Hofdomänenrat Seytter besuchte er im Oktober 1822 das Bad, um die Umgestaltung zu planen. Sie schlugen vor, das benötigte Land für die Vergrößerung des Gartens von der Gemeinde zu kaufen. Und zwar möglichst schnell, damit, wenn die Umbaupläne bekannt würden, nicht die Preise steigen würden. Auch war es ihnen ein Anliegen, daß die Gemeindeviehweide beiderseits der Lindenallee gekauft oder gegen Anteile im Staatswald getauscht wurde. Sie befürchteten, daß durch die Einführung der Sommerstallfütterung diese Weide aufgegeben und den Gemeindemitgliedern als Ackerland zur Verfügung gestellt werde. Dies hätte die Aussicht aus dem Bad nach Ansicht der beiden Städter aufs höchste

97   *Christian Ludwig Neuffer (26. 1. 1769–29. 7. 1836), Dichter und Pfarrer, war im Jahr 1816 Gast in Bad Boll. Stahlstich aus Meyers Conversations-Lexikon (Nr. 760)*

getrübt. Und diese war ihnen wichtig: Vor dem Badgebäude sollte ein »möglichst freyer grüner Raum« gewonnen werden. Für den neuen Garten mußten auch einige der alten Bäume fallen, die Kegelbahn und die bestehenden Lauben sollten versetzt, dagegen eine neue Laube und ein Pavillon errichtet werden. Der neue Garten mußte zwei Zwecke erfüllen: zum einen sollte er zur »Unterhaltung der Bad=Gäste«, zum anderen als Gemüsegarten für den Badewirt dienen.[13]

Für die Arbeiten bei der Anlegung und Neugestaltung des Parks wurden 213 Personen, »Strafdebenten«, beschäftigt, die zu Geldstrafen verurteilt worden waren, diese aber nicht zahlen konnten. Ihre Gesamtschuld belief sich auf 4014 Gulden 53 Kreuzer, die sie hart abarbeiten mußten. Sie wurden vom »Landjäger« Johann Georg Wehrbach aus Dürrenzimmern beaufsichtigt. Der Parkboden, ein Mergel-Schieferboden, war sumpfig und mit Quelladern durchsetzt, daher mußten viele Schubkarren mit Sand- und Kalksteinen, Schutt und Boden zum Aufschütten der Wege und Plätze angefahren werden. Auch die Anhöhe, auf der später die Laube erbaut werden sollte, mußte künstlich angelegt werden. Das Material, ungefähr 2000 Fuhren, kam von der Alb und wurde über weglose Wiesen angefahren. Die Folge war ein langjähriger Prozeß zwischen dem Kameralamt und dem Bauern Jakob Straub, der den Staat anklagte, seine Felder verwüstet zu haben.[14]

In diesem Park konnte einem neuen gesellschaftlichen Vergnügen nachgegangen werden, dem Spazierengehen. Zu Fuß in der freien Natur zu gehen galt, im Gegensatz zur Fortbewegung in der Sänfte oder Kutsche, als demokratisches Moment. Es dokumentierte die bürgerliche Vorstellung von der Gleichheit aller. Spazieren zu gehen war jedoch nur für diejenigen ein Vergnügen, deren Arbeit nicht mehr in Kontakt zur Natur stand – für den Wundarztgesellen auf der Wanderschaft oder die Bäuerin auf dem Weg zum Acker war das Gehen kein Müßiggang. Eine romantische Sicht der Natur trug dazu bei, daß nur diejenigen, die die Zeit hatten, ohne konkreten Zweck zu gehen, diese Erfahrung auch genießen und demonstrativ zur Schau stellen konnten. Körper und Geist sollten sich beim Spaziergang erholen können. Das setzte voraus, daß der Erholung Mühe vorausgegangen war – was wiederum nur auf der Basis des vorherrschenden bürgerlich-calvinistischen Arbeitsethos zu verstehen ist. Durch die Landschaft zu schreiten war ein bürgerlicher Zeitvertreib, ein Stillen der Sehnsucht nach Natur, die für das Bürgertum – im Gegensatz zur ländlichen Bevölkerung – keinen direkten materiellen Nutzen mehr hatte. Das Flanieren, Lustwandeln und Sich-Zurschaustellen war zudem eine Möglichkeit, ohne große Kosten zu repräsentieren und sich gleichzeitig zu vergnügen. Das Miteinander-Plaudern, das Promenieren ermöglichten den gesellschaftlichen Kontakt, ohne den Wohnbereich, der immer privater wurde, öffnen zu müssen. [15]

Doch nicht allein der Park diente zum Spazierengehen. Gemeinsam einen Ausflug zu unternehmen war wichtiger Bestandteil des geselligen Badelebens. Zu Fuß oder auch mit dem Wagen wurde die nähere Umgebung erkundet. Häufig unternahmen die Kurgäste in der Nachmittagszeit einen Ausflug zum »Belvedere«, zur Molkenkuranstalt oder zum Pavillon auf dem benachbarten Aichelberg, der durch einen Promenadenweg erreichbar war. Die schöne Aussicht, die sich von dort bot, gehörte mit zum Naturgenuß. [16]

Reiche und Arme: Kurgäste und Gnadenbädler

Auch bevor das Bad umgebaut wurde, kamen vereinzelt prominente Gäste. In einer in der Schwäbischen Chronik veröffentlichten Kurgästeliste aus dem Jahr 1816 finden sich z.B. der Geheime Legationsrat von Matthison mit Gattin, der dem Göttinger Dichterkreis angehörte und in Stuttgart wohnte. Er besuchte Boll in den Jahren 1814–1816 wegen seines Rheumas. Im Bad lernte er einen Vertrauten von Friedrich Hölderlin kennen, den Pfarrer Christian Ludwig Neuffer. Dieser verfaßte angesichts der Abreise Matthisons 1816 ein Gedicht. [17]

Nach der Renovierung des Bades hatte Boll wieder Zulauf. In den ersten Jahren kamen im Durchschnitt 250 Besucherinnen und Besucher pro Jahr. Dabei sind diejenigen nicht berücksichtigt, die nicht im Bad selbst, sondern in der Umgebung untergebracht waren. Viele Gäste kamen aus Bayern, dem benachbarten »Ausland«. Etwa 50–60 Personen pro Jahr machten eine Molkenkur,

> **An Matthison zum Abschied von der Heilquelle bei Boll, 1816**
>
> Scheide verjüngt vom alten Wunderbade,
> das die Nymphe des Heils
> aus nie versiegtem Born ergeußt,
> und kränze die sommerheitre Stirn
> mit Rosen!
> Scheide, doch lasse die unentweihten Opfer,
> die wir froh der Natur, den holden Musen
> und der Freundschaft weihten,
> in treuer Seele künftig gewahrt sein!
> Und es geleit Apoll seinen Priester,
> den mit Palmen des Ruhms Teutona krönte,
> und erweck ihm wieder
> die langverstummte heilige Leyer!

die seit 1826 angeboten wurde. [18] Überliefert ist, daß, nachdem der König 1826 zum ersten Mal im Bad gewesen war, adlige Kreise und hohe Beamte folgten. Darunter die Königinmutter Henriette, die in Kirchheim ihren Witwensitz hatte, und die Schwestern der Königin, die Markgräfin Sophie von Baden und die Erzherzogin Marie von Österreich. Sie zogen etliche andere Adlige nach, so die Burggräfin Dorothea von Tunderfeld, die der Badbibliothek Bücher aus dem Nachlaß ihres Vaters stiftete. Im Jahr 1836 weilte der Prinz von Hohenlohe-Langenburg samt Bediensteten drei Wochen lang im Bad. Etliche Freiherren und Freifrauen, viele davon aus Stuttgart, kurten ebenfalls in diesem Jahr. Die weiteste Anreise dürfte die Freifrau von Jacobs gehabt haben, die aus Riga kam. Auch die geadelten hohen Stuttgarter Beamten bzw. ihre Frauen kamen in dieser Saison nach Boll: so der Hofbankdirek-

Gedicht von Dichter und Pfarrer Christian Ludwig Neuffer für die scheidenden Kurgäste Geheimen Legationsrat von Matthison mit Ehefrau. Matthison gehörte dem Göttinger Dichterkreis an. Aus Heyde, Gerhard: Das Württembergisch Wunderbad zu Boll. Stuttgart 1949, S. 8

tor von Vellnagel, Frau Kriegsminister von Hugel, der Geheime Legationsrat von Schott oder Frau Oberst von Maucler, um nur einige zu nennen. Auch niedrigere Beamte wie Baurat Fischer aus Stuttgart oder Kreisbaurat Sellmann aus Heilbronn waren zugegen. Außerdem kamen Wirte, Kaufleute, Pfarrer, aber auch der Silberarbeiter Foehr und der Bäckermeister Stohs, beide aus Stuttgart. Die Adeligen brachten im Jahr 1836 fünf männliche Bedienstete und acht Kammermädchen mit. Insgesamt waren mindestens 80, eher aber mehr Gäste im Bad. Die genaue Anzahl kann nicht festgestellt werden, da stets nur ein Name als Zimmermieter vermerkt wurde. Da aber etliche Zimmer auf einen Namen vergeben wurden, müssen sich dahinter weitere Familienangehörige oder Freunde verbergen.

Im nächsten Jahr waren dann mindestens 90 Kurgäste im Bad. Fast die Hälfte blieb vier Wochen, etliche auch nur drei Wochen. Wieder bildete das gehobene Beamtentum den höchsten Anteil unter den Besucherinnen und Besuchern. Aber auch Bürgerliche, wie der Rauchhändler Kemshardt aus Göppingen, eine Frau »Conditor« oder eine Lehrersfrau besuchten 1837 das Boller Bad. Es kamen auch wieder Gäste aus dem bayerischen Raum, so der Kaufmann Dernier aus Illertissen und »Banquier« Erzberger aus Augsburg. Unter die prominentesten Gäste dürften Prinz Hugo von Hohenlohe, die Hofschauspielerin Fräulein Stubenrauch und Herr Major von Ziethen aus Stuttgart gezählt werden. Ziethen zeichnete Versteinerungen aus der Umgebung für seine Sammlung württembergischer Versteinerungen und fertigte außerdem Bilder vom Badeleben an. Die Versteinerungen in der Umgebung zogen auch immer wieder Geologen an, z.B. den Tübinger Professor Friedrich August Quenstedt. Aber auch andere Professoren waren 1837 als Kurgäste in Boll: Professor Goeritz aus Hohenheim, Professor Steinkopf aus Stuttgart und Professor Fischer aus Tübingen.[19]

Neben den zahlenden Gästen bildeten weiterhin sogenannte »Gnadenbädler« im Boller Bad einen Teil des Publikums. Eine Stiftung von 300 Gulden pro Jahr erlaubte, *einer gewissen Anzahl gebrechlicher und mittelloser Unterthanen die Wohlthat der Boller Heilquelle zufließen zu lassen.* In der Regel verbrachten sie eine 24tägige Kur und hatten die ärztliche Behandlung um-

sonst, dazu freie Unterkunft, freie Kost und unentgeltliche Badeanwendungen. Das Essen bekamen sie vom Badewirt: Zum Frühstück gab es eine kräftige Suppe, zum Mittagessen eine Suppe, Gemüse und Fleisch samt einem »halben Schoppen alten Wein« und zum Abendessen eine Suppe, Braten und Salat, dazu ein »halber Schoppen alter Wein«. Für die Kosten stand das Kameralamt ein. 1826 konnte der Wirt 40 Kreuzer dafür berechnen.

Die Bedürftigen, die ins Bad wollten, hatten sich an die Aufsichtsbehörde zu wenden, die auswählte. Die Zahl der jährlich Aufzunehmenden richtete sich nach der jeweiligen Badtaxe. Es sollten jedoch immer sechs Personen zusammen durch den Bademeister »einberufen« werden. Der Finanzminister wollte durch diese Zusammenlegung Raum und Betten sparen. Die Gnadenbädler standen unter der besonderen Aufsicht des Arztes und des Bademeisters, die beide auf eine gute und »menschenwürdige« Behandlung dieser Armen zu achten hatten. Ihre Medikamente wurden aus der Armenbüchse finanziert, die während der Mittagstafel aufgestellt wurde. Bezogen wurden sie aus den beiden Göppinger Apotheken, der Luzschen und der von Apotheker Raith.[20]

Im Jahr 1842 wurden nur noch 36 Kreuzer für die tägliche Verpflegung berechnet. Die Kosten für eine 24tägige Kur beliefen sich damit insgesamt auf 14 Gulden 24 Kreuzer. Die Stiftung reichte daher für 21 Personen. 1842 waren 13 Frauen und acht Männer im Bad. Weiteren sechs Personen hatte der Pächter laut Pachtvertrag das Bad freizustellen, dazu bekamen sie von der Regierung eine Unterstützung von zehn Gulden. Zwei Frauen bekamen keine Erlaubnis zu baden, jedoch eine Unterstützung von je zehn Gulden aus dem »allgemeinen Gratialienfonds«. Im Jahr 1847 durften elf Männer und zehn Frauen das Gnadenbad nehmen, sechs Frauen bekamen das freie Bad und Unterstützung. Sieben dieser Gnadenbädler waren um 30 Jahre alt, sechs um 60 Jahre, fünf um 50 Jahre. Bei fünf Antragstellern war kein Alter angegeben. Die Ehefrau des Maurers David Bauer aus Göppingen war 39 Jahre alt. Die Tochter des Strumpfwebers Scharf aus Hattenhofen war mit 20 Jahren die zweitjüngste, die Tochter des Webers Ulmer aus Mergelstetten mit 19 Jahren die jüngste Gnadenbädlerin. Mit 87 Jahren dürfte der Schuster

Michael Allmendinger aus Schlat mit Abstand der älteste Badegast gewesen sein. Bis zum Verkauf des Bades konnten stets 21 Frauen und Männer die Kur völlig umsonst genießen, während sechs weitere nur das Bad frei hatten und eine Unterstützung bekamen. Jährlich waren also 27 Personen als Gnadenbädler zu Gast im königlichen Bad in Boll.[21]

Als sich der Verkauf des Bades anbahnte, mußte über die weitere Verwendung der jährlichen Stiftung von 300 Gulden nachgedacht werden. Die Finanzverwaltung argumentierte, daß die Stiftung, die zunächst nur für zwölf Gnadenbädler vorgesehen gewesen war, in erster Linie den Zweck gehabt hatte, das Bad bekanntzumachen und daher als »widerrufliche Gnadensache« zu betrachten sei. Diese Argumentation, die den historischen Tatsachen nicht entspricht, half, eine Umwidmung der Stiftung zu ermöglichen. Zusammen mit einem 4 % »Interesse« aus dem Kapital von 250 Gulden, das in der Armenbüchse verblieben war, wurde die Stiftung auf das »Catharinenstift« in Wildbad übertragen. Sämtliche Antragstellerinnen und Antragsteller für ein Gnadenbad in Bad Boll wurden nun nach Wildbad verwiesen.[22]

Preise

Nach der Renovierung des Bades wurden die Preise festgelegt. Ein Zimmer kostete, je nach Größe, Lage und Heizbarkeit, zwischen 45 Kreuzern und 3 Gulden. Über den Strohsack und den »Haipfel« hinausgehendes Bettzeug mußte selbst mitgebracht oder für zwölf Kreuzer täglich gemietet werden. Wollte man im Zimmer baden, mußten 24 Kreuzer bezahlt werden, in den Badezimmern im Erdgeschoß kostete das Bad dagegen nur 18 Kreuzer. Für ärmere und »gemeine« Leute galten Sonderpreise, sie mußten für das Bad im Badezimmer sechs Kreuzer bezahlen. »Servietten und Trocknungs=Geräthe« hatten die Kurenden selbst mitzubringen, sie konnten aber auch beim Badewirt gegen Bezahlung ausgeliehen werden. Auch die Miete für Stall und Remise wurden direkt mit dem Wirt verrechnet. Die Abrechnung erfolgte einmal in der Woche, Schulden wurden nicht geduldet. Ein Mittagessen auf dem Zimmer kam auf 48 Kreuzer, im Speisesaal auf 40 Kreuzer. Die Kosten für das Früh-

stück mit einer Tasse Kaffee wurde im Jahr 1826 von 15 auf 18 Kreuzer erhöht. Im Jahr 1824 kostete das Nachtessen 24 Kreuzer. Die Stallmiete belief sich im Jahr 1826 auf sechs Kreuzer, die Molke pro Tag auf 30 Kreuzer. Wenn Musik geboten wurde, legte man die Kosten auf die Gäste um.[23]

In einem Zimmerverzeichnis des königlichen Bades, das allerdings ohne Datum ist, werden alle Zimmer einzeln aufgelistet und die entsprechenden Preise angegeben. Im neuen Gebäude gab es im Parterre 17 Badezimmer, davon fünf für zwei Personen. Dazu kamen die Nr. 24 und 25, die königlichen Badezimmer. Bei der Nr. 20 steht der Zusatz »Regenbad«, gemeint ist wohl eine Dusche. Wohnzimmer gab es im Parterre fünf. Sie waren vermutlich einfach ausgestattet und kosteten daher nur zwischen zwei und vier Gulden. Die 21 Zimmer der »Bel Etage«, im ersten Stock, hatten Preise zwischen 1 Gulden 48 Kreuzern und sieben Gulden. Vergleichbar teuer waren die 21 Zimmer im 2. Stock. Im »Alten Bau« waren im Parterre sieben Zimmer vorhanden, eines davon wird als ehemalige »Schenkstube« bezeichnet, für die vier Gulden zu bezahlen waren. In der darüberliegenden »Bel Etage« gab es 22 Zimmer. Die Preise dort lagen zwischen 1 Gulden 20 Kreuzern und sechs Gulden. Die Nr. 82, 83, 84 waren die »Dampf=, Sturz= und Schwefelwasserstoffgas=Bäder«, die Nr. 85 war die Bibliothek. Im zweiten Stock lagen 23 Zimmer, wovon je zwei mal zwei ineinander gingen. Hier lag die Preisspanne zwischen 1 Gulden 30 Kreuzern und sechs Gulden.

Im Gnadenbau waren 19 Zimmer eingebaut, davon eines die »Käsekuche«, eines die »Küche für Isrealiten« und eines die »Conditor Küche«. Die Mieten lagen zwischen 1 Gulden 30 Kreuzern und 3 Gulden 30 Kreuzern. An Badezimmern waren hier vier für zwei Personen und vier für eine Person vorhanden. Die Preise lagen zwischen neun und 18 Kreuzern, sie hingen allerdings nicht von der möglichen Personenzahl des Bades ab. Für ein Dampfbad wurden dreißig Kreuzer verlangt, für das Schwefelwassergas- und das Sturzbad hatten die Benutzerinnen und Benutzer jeweils 21 Kreuzer zu bezahlen.[24]

Bolls Heilquelle, besungen von Karl Pfaff, aus: Die Schwefelquelle zu Boll im Königreich Württemberg. Stuttgart und Tübingen 1824, S. 115–118

Bolls Heilquelle, besungen von Karl Pfaff

Sey mir gegrüßt, du dunkle Segens-Quelle,
Die uns die Erd' aus finst'rer Tiefe sendet!
Zwar schauet stolz des Baches klare Welle
Auf deine Flut, die uns Hygea spendet;
Doch nur den heißen Wand'rer kann sie laben,
Des Kranken Weh erleichtern deine Gaben!

Er naht sich dir mit hoffnungsreicher Seele,
Den siechen Leib vertraut er glaubig deiner Flut,
Die güt'ge Gnomen in der dunkeln Höhle
Aus Wasser mischten und des Schwefels Glut,
Und neue Kraft durchrieselt seine Glieder,
Gestärkt kehrt er zur trauten Heimath wieder!

Das Werk, das in des stillen Thales Gründen
Dein Urahn einst, der erste Friederich, begann,
Daß Pflege hier und Heilung sollten finden,
Die hoffnungsvoll der Segens-Quelle nah'n,
Vollbringest Wilhelm, Du, mit Vatertreue
Stets sorgend, daß Dein Volk sich seines Königs freue!

Ich seh die räumigen Gebäude sich erheben,
Mir winket dort die freundliche Rotunde,
Umzogen rings von buntem Frühlingsleben,
Das aufgeblüht auf stillem Wiesengrunde,
Und daß sie allen künde ihres Stifters Milde,
Prangt sie, du Volkeshort, mit deinem Bilde!

Aber sieh, dort vom Berges Hange
Freundlich schaut die Warte hernieder!
Sie auch grüß' ich mit fröhlichem Klange,
Ihr auch tönen des Dichters Lieder!
Zu ihr hinauf
Trägt mich der eilende Lauf
Die Berge zu schauen,
Die grünenden Auen,
Weit in die Ferne schweifet der Blick!
Ringsum zieht, wie feste Himmels-Säulen,
Sich der Berge waldbedeckter Kranz.

Wo am ersten soll des Schauers Auge weilen?
Welches Berges Haupt umzieht der schönste Glanz?
Seh ich dich nicht, o Stauffenberg, dort ragen,
Erinn'rungszeichen aus der Väter Tagen!

Zwar deine stolzen Mauern sind gefallen,
Dich krönt nicht mehr des Kaiserschlosses Pracht;
Die hohen Säle und die weiten Hallen,
Versunken sind sie in die Nacht,
Doch du stehst noch, den Enkel zu verkünden,
Daß alle Macht und Erdenhoheit schwinden!

Und du, o Rechberg, hebst noch stolz der Häupter
Zwillings-Paar
Mit Kirch' und Burg, wo einst die alten Helden
Gehaus't, die mit des Schwaben Herzogs Schaar,
Wie uns die längstverklungnen Sagen melden,
Hinausgezogen, mit den wilden Heiden,
Zum Preiß des Herrn auf blut'gem Feld zu streiten.

Und rings an euch, ihr alten Heldenmähler,
Bescheiden sich die niedern Brüder reih'n,
Und unter euch die buntgeschmückten Thäler,
Die dunklen Wälder und der Auen heller Schein,
Und blinkend aus der Bäume grünem Glanze
Der Dörfer viel in heiterm Sonnenglanze!

Näher ziehn die wald'gen Höhen,
Durch die Wipfel rausch das Wehen,
Drüben dort am Berges Rücken
Winkt das Dörflein meinen Blicken,
Zwischen grünen Wiesen-Matten
Hier des Laubgangs kühler Schatten.
Plätschernd rinnt des Bächleins klare Welle,
Tief verborgen braust die Segens-Quelle.

So rinne fort, o Quelle, segensreiche,
Du dunkler Born, aus dem Gesundheit wallt,
Und jedes Weh und jede Krankheit weiche
Vor deines Wassers heilender Gewalt.
Ström' fort und still', wie jetzt, so auch in fernen Tagen
Den Schmerz des Leidenden, des Kranken, bange Klagen!

Der Verkauf des Bades

Zwar hieß es noch 1838 über das Boller Heilbad: *Die Einrichtung ist gut und elegant. Die Küche sehr gut, die Preise in neuester Zeit sehr billig. In den Umgebungen sind sehr freundliche Anlagen.*[25] Doch war das Ende des Bades bereits abzusehen. Nach Aufstellungen des Oberamtsarztes Hartmann nahm die Zahl der Gäste bis zum Jahr 1834 noch zu, danach setzte ein drastischer Rückgang ein. Verantwortlich dafür waren mehrere Tatsachen. Zum einen herrschte Mangel an gutem Trinkwasser, sowohl in Boll als auch auf der Schwäbischen Alb mit ihrem kalkigen Untergrund, in dem das Wasser so schnell versickert. Mehrere Bohrungen in der Boller Umgebung brachten kein Ergebnis, so daß eine sehr teuere und »weitläufige« Wasserleitung gebaut werden mußte. Zum anderen waren die 1830er und 1840er Jahre eine Zeit, die von Teuerung, wirtschaftlichen Krisen und Revolutionsstimmung geprägt war.[26]

Gleichzeitig war der Staat bestrebt, das viele Geld, das im Boller Bad verbaut worden war, irgendwie wieder herauszuholen. Nach einer öffentlichen Ausschreibung, bei der sich aber kein Interessent fand, wurde der Badewirt Fest für die Pachtzeit von 1829–1838 veranlaßt, das ganze Anwesen für 3000 Gulden zu pachten. Die Weiterbezahlung seines Gehaltes als Bademeister bedinge er sich jedoch aus. Die Finanzverwaltung hoffte auf diese Weise bessere Einkünfte aus dem Bad erzielen zu können. Ausgerechnet wurde ein Plus von etwa 450 Gulden. Die Besoldung sollte nur so lange gezahlt werden, solange Fest keinen Anlaß zur Klage gäbe. Dem Pächter wurden alle »Mobilien« überlassen; zu Beginn der Pachtzeit wurden sie geschätzt, genauso am Ende, den Unterschied hatte der Pächter zu tragen. Das Gegenteil des Plans trat jedoch ein: Der Pächter erhöhte die Preise, verärgerte damit die Gäste, die sich bei der Regierung beschwerten, daß Fest zu unfreundlich und unhöflich sei und sie wegen Trinkgeldern belästige. Die Regierung machte dem Pächter Vorhaltungen, ein unguter Kreislauf hatte begonnen. Im Laufe der Zeit bat Fest mehrfach um die Verminderung der Pacht, der Staat ging zunächst gar nicht und dann nur widerwillig darauf ein. Schließlich bat Fest darum, seinen Sohn als Mitpächter engagie-

ren zu dürfen. Dies wurde ihm gestattet und schließlich durfte er sich auch einen »Afterpächter« nehmen, Friedrich Steeger, der zuvor Speisemeister der Schule in Hohenheim gewesen war. Dieser wurde im Jahre 1848 selbständiger Pächter, während Fest auf eigenen Wunsch, wie in den Anfangsjahren, wieder als besoldeter Bademeister angestellt wurde. Insgesamt war er fast 30 Jahre lang im Bad tätig. Von Steeger mußten Pachtrückstände eingetrieben werden. Schließlich verließ er Boll und übernahm auf Martini des Jahres 1851 die Museumswirtschaft in Stuttgart. In Boll beließ er nur noch eine »Schuzwache«.[27]

Die Gästezahl nahm immer mehr ab. Im Jahr 1851 besuchten außer den Gnadenbädlern nur noch 64 Personen das Kurbad. Die schlechte Auslastung trug dazu bei, daß sich die Regierung wieder einmal mit Verkaufsabsichten trug. Während das Medizinalkollegium das Bad verteidigte und an die Fürsorgepflicht des Staates vor allem gegenüber seinen ärmeren und kranken Untertanen erinnerte, war die Finanzverwaltung nur noch am Verkauf interessiert. Sie argumentierte, daß auch ein privater Käufer das Bad betreiben könne. Nachdem der Pachtvertrag zu Georgii 1851 auslief, forcierte sie ihre Verkaufsabsicht. Nach ihrer Berechnung mußten pro Jahr 2000–3000 Gulden Zuschuß in das Bad gepumpt werden, weiter argumentierte sie, sei es außerordentlich schwer, einen guten Pächter zu bekommen. Das Bad wurde schließlich auf zweierlei Weise ausgeschrieben: einmal mit der Option, den Badebetrieb fortzuführen und einmal ohne diese Bedingung. Der doppelte Verkaufsversuch brachte zunächst nicht das gewünschte Ergebnis, die Angebote waren unzureichend, und auch die Suche nach einem Pächter war vergeblich. Nach einigem Hin und Her und mehreren Verhandlungen wurde Bad Boll schließlich an Pfarrer Blumhardt aus Möttlingen verkauft. Dieser übernahm zwar nicht die Pflicht, das Baden weiter fortzuführen, schloß die Möglichkeit dazu aber auch nicht aus.[28]

1 König: Der Spaziergang, S. 52; Hahn: Wunderbares Wasser, S. 103.

2 Bitz: Badewesen, S. 258; Hahn: Wunderbares Wasser, S. 103–105; Simon, Petra; Behrens, Margrit: Badekur und Kurbad. Bauten in deutschen Bädern 1780–1920. München 1988, S. 10; Krauss, Wolfgang: Über das Wasser in der Medizin. In: Historisches Museum Wien: Das Bad, S. 19–29.

3 Die Schwefelquelle, S. 28, 112–114.

4 entfällt

5 Die Schwefelquelle, S. 31–32 (daraus die Zitate); Krizek: Kulturgeschichte, S. 181; Heyde: Das Württembergisch Wunderbad, S. 91–92.

6 HStAS E221 Bü 2249 Schreiben der Finanzkammer des Donaukreises 15. 9. 1823; HStAS E221 Bü 2248 Visitation und Inventar 25. 3. 1830.

7 Wetzler: Über Gesundbrunnen, Bd. I, S. 141.

8 HStAS E221 Bü 228 Visitation und Inventar 25. 3. 1830; Die Schwefelquelle, S. 27; Heyde: Das Württembergisch Wunderbad, S. 94.

9 BlA »Akten … betr. Boll«; HStAS E13 Bü 13 Schreiben Finanzminister an König 29. 6. 1824; Pachnicke, Claudine: »Geschlossene Gesellschaft«, Lesegesellschaft und Museum. In: Württembergisches Landesmuseum: Baden und Württemberg, Bd. 1.2, S. 1035.

10 StAL E236 Bü 2836 Quelle 134 Vorschriften März 1830; HStAS E221 Bü 228 Visitation und Inventar 25. 3. 1830; Heyde: Das Württembergisch Wunderbad, S. 94.

11 Sieferle, Rolf P.: Natur/Umwelt, Neuzeit. In: Dinzelbacher: Europäische Mentalitätsgeschichte, S. 580–586 (daraus die Zitate); König: Der Spaziergang, S. 6–10, 25–30.

12 König: Der Spaziergang, S. 24.

13 HStAS E221 Bü 2250 Bericht Seytter und Bosch an Obersthofmeisteramt 30. 12. 1822.

14 Die Schwefelquelle, S. 9, 24; Heyde: Das Württembergisch Wunderbad, S. 87.

15 König, Gudrun: Der Spaziergang. In: Württembergisches Landesmuseum: Baden und Württemberg, Bd. 1.2, S. 1075–1076; König: Der Spaziergang, S. 6–8, 20–23.

16 König: Der Spaziergang, S. 8, 205; Die Schwefelquelle, S. 24.

17 Heyde: Das Württembergisch Wunderbad, S. 81.

18 Riecke: Die Heilquellen, S. 227.

19 HStAS E221 Bü 2248 Verzeichnis der eingegangenen Zimmergelder Sommer 1836 und 1837; Heyde: Das Württembergisch Wunderbad, S. 93–95.

20 HStAS E13 Bü 13 Bericht Finanzminister an König 28. 8. 1823; HStAS E221 Bü 2247 Schreiben Aufsichtsbehörde an Kameralamt Göppingen 9. 4. 1826.

21 HStAS E13 Bü 13 Anbringen des Finanzministeriums an König 29. 5. 1842; 21. 5. 1847; 31. 1. 1848; 17. 5. 1850.

22 HStAS E13 Bü 13 Anbringen des Finanzministeriums an König 7. 6. 1852.

23 StAL E236 Bü 2863 Quelle 134 Vorschriften 3. 9. 1823; Die Schwefelquelle, S. 29, 126–127; HStAS E221 Bü 2247 Schreiben Aufsichtsbehörde an Kameralamt Göppingen 9. 4. 1826.

24 BlA »Acten … betr. Boll« Verzeichnis der Zimmer des Königlichen Bades Boll.

25 Rampold: Ueber die Bäder, S. 69.

26 Heyde: Das Württembergisch Wunderbad, S. 100.

27 HStAS E13 Bü 13 Anbringen des Finanzministeriums an König 17. 3. 1830; 29. 10. 1850; 15. 4. 1852; Heyde: Das Württembergisch Wunderbad, S. 101.

28 HStAS E13 Bü 13 Anbringen Finanzministerium an König 9. 1. 1851; Anbringen Finanzministerium an König 15. 4. 1852.

Johann Christoph Blumhardt (1805–1880)

Dieter Ising

Zu neuen Ufern

Als 1852 das Bad in die Hände Johann Christoph Blumhardts übergeht, beginnt eine neue Epoche. Der Badbetrieb wird weitgehend eingestellt – ein unerhörter Bruch mit der Tradition dieses Ortes. Stattdessen findet eine besondere Art von Seelsorge in Bad Boll ihre Heimat, eine Bemühung um den Menschen, der es um das Seelenheil, eine neue geistliche Orientierung geht, in deren Folge sich aber auch Heilung von psychischen und organischen Krankheiten bemerkbar macht. Dieses neue ganzheitliche Konzept erreicht auch ohne Badbetrieb die Ziele eines jeden Kurortes, überbietet sie sogar. Bad Boll wird das, was man mit dem Neubau von 1825 beabsichtigt, aber nicht erreicht hatte: Anziehungspunkt für Gäste von Stockholm bis Genf, von Rotterdam bis St. Petersburg, wobei »hohe und niedere Stände« gleichermaßen Aufnahme finden.

Johann Christoph Blumhardt (1805–1880), seit 1838 Pfarrer in Möttlingen bei Calw, hat 1844 in seiner Gemeinde eine Erweckung erlebt; Heilungen durch Gebet ereignen sich. Hiervon, auch von Blumhardts Hoffnungen auf die nahe Wiederkunft Christi, soll unten näher die Rede sein. Entscheidend für seinen Umzug nach Bad Boll ist die Erfahrung, daß Blumhardts weitgesteckte Pläne, aus Möttlingen »eine Art Brüdergemeinde in der Kirche« werden zu lassen, einen Kristallisationspunkt für das erwartete weltweite Jagen nach dem Reich Gottes, sich als nicht durchführbar erweisen. Sicherlich mitbedingt durch die revolutionären Ereignisse der Jahre 1848 und 1849, bildet sich in der Gemeinde, die vorher ein Herz und eine Seele mit ihrem Pfarrer war, eine zahlenmäßig kleine, aber störende Opposition heraus. Äußere Ereignisse wie das verbotene Schießen in der Neujahrsnacht 1849 bewirken, daß sich in Blumhardt

198

der Eindruck verfestigt, in Möttlingen gehe es nicht mehr vorwärts; *dagegen seien so viele Tausende draußen, die mit tausend Freuden das Wort aufnehmen würden.* Sein Entschluß, anderswo für das Reich Gottes zu arbeiten, löst in der Gemeinde Bestürzung aus; unter Tränen beschwört man ihn zu bleiben. *Mir fällt's schwerer zu gehen als Allen zusammen, mich gehen zu lassen, obwohl ihr Leid recht groß ist. Aber mein Entschluß ist ein allmälig zur Reife gekommener und fester, als vielleicht Viele glauben. Aber ich krieg's schwer.*[1] Ob Blumhardts Zukunftsperspektive eine Kirchengemeinde nicht notwendig überfordern mußte, soll gefragt werden. Immerhin hat er den Weg gefunden zu einer neuen Wirkungsstätte, die seinen Erwartungen entsprach.

Dieser Weg ist mit Enttäuschungen gepflastert. Gern wäre er Pfarrer von Kornwestheim geworden, vor allem wegen dessen zentraler Lage. Obwohl sich die Kornwestheimer im April 1850 beim König für die Anstellung Blumhardts aussprechen und dieser seine Zustimmung signalisiert, schleppt sich die endgültige Entscheidung hin; offensichtlich hat das Konsistorium, die Stuttgarter Oberkirchenbehörde, Einwände vorgebracht. In dieser Situation erreicht Blumhardt im Oktober 1850 eine Berufung nach Unterbarmen im Wuppertal, wo eine neue Pfarrstelle errichtet werden soll. Man kennt ihn gut im Barmer Missionshaus und in den damit verbundenen Kreisen; erst im Vorjahr hat er das Wuppertal besucht. Eine Audienz bei König Wilhelm I. soll Klärung bringen; dieser bittet Blumhardt, nach Unterbarmen abzusagen und *sich dem Vaterlande zu erhalten.*[2]

Kurz darauf wird Blumhardt eine Stelle als Evangelist und Seelsorger in Köln angeboten. Schweren Herzens lehnt er ab; auch eine Bitte aus Herrenberg, sich als Nachfolger des dortigen Dekans zu bewerben, weist er zurück in der Hoffnung, doch noch zum Pfarrer in Kornwestheim ernannt zu werden. Endlich kommt das Besetzungsverfahren im September 1851 zum Abschluß; ein anderer Bewerber erhält den Vorzug.[3]

Nun reift in Blumhardt der Entschluß, das Pfarramt aufzugeben und eine »Kranken Anstalt« zu errichten; er

98 *Johann Christoph Blumhardt.*
Landeskirchliches Archiv (LKA) Stuttgart D 34 265/2

sucht *irgend ein großes Gebäude mit einer Kirche.* Der Plan, das Damenstift in Göppingen (Christophsbad) zu erwerben, zerschlägt sich; erstens sei es, so Blumhardt, eine »Lotterfalle«, zweitens beabsichtige schon der Arzt Dr. Heinrich Landerer, dort eine »Irrenanstalt« einzurichten.[4]

Im November 1851 hört er erstmals *von einem großen Bau irgendwo hinter Kirchheim.* Herzogin Henriette, die in Kirchheim wohnhafte Witwe des Herzogs Ludwig von Württemberg, und Blumhardts Lehrer während des Tübinger Studiums, Adam Karl August Eschenmayer, raten ihm zu Bad Boll, worauf Blumhardt das Bad besichtigt und ins Schwärmen gerät: Der Bau mit seinen 129 Zimmern, Nebengebäuden, Gartenanlagen und einem »Kirchlein« sei *das schönst gelegene Etablissement, das sich denken läßt;* hier hoffe er erst recht für das Reich Gottes wirken zu können. Er meldet sein Interesse an, das der Königlichen Staatsfinanzverwaltung gehörende Bad zu erwerben. Der hierfür zuständige Beamte, der Stuttgarter Oberbaudirektor von Bardili, sei ihm bereits so gewogen, daß er *zu allen Diensten bereit* sei.[5] Sein Biograph Zündel berichtet, von Bardili habe anfangs gegenüber Blumhardt, den er als maßgeblichen Pietisten betrachtete, einen besonderen Widerwillen empfunden, der sich allerdings bei der ersten Begegnung in Zuneigung und Freundschaft verwandelt habe. Anfang Dezember 1851 besichtigen Blumhardts Frau Doris und Gottliebin Dittus das Bad; das Urteil der beiden Frauen, die gemeinsam die Haushaltung im Möttlinger Pfarrhaus organisieren, ist Blumhardt wichtig. Angesichts der großzügigen Räumlichkeiten, der vorhandenen Möbel und Betten und der Möglichkeit, den Großen Saal in einen Kirchsaal zu verwandeln, kommen sie zu dem einmütigen Ergebnis: *Gelt, das lassen wir nicht hinaus!*[6]

Nun bietet Blumhardt 20000 Gulden für Bad Boll; er hat die Zusage seiner elsässischen Freunde Dieterlen und Steinheil, ihn betreffs der Finanzierung zu unterstützen. Das Angebot liegt zwar weit unter der Summe von etwa 90000 Gulden, die man bis 1830 für den Umbau des Bades investiert hat; da jedoch der erhoffte Zustrom an Gästen ausbleibt, ist der württembergische Staat daran interessiert, das unrentable Bad loszuwerden.[7] Vorerst läßt man noch prüfen, ob das Haus auch für eine staat-

99   *Kurhaus Bad Boll um 1910. Landeskirchliches Archiv Stuttgart D 34 255/41*
100   *Kaufvertrag zwischen Staat und Pfarrer Blumhardt vom 15. April 1852*
        (Blumhardt-Archiv an der WLB Stuttgart, Mappe »Acten . . . betr. Bad Boll«)

Kameralamt Göppingen.

Kauf-Vertrag

zwischen

der Königlichen Staatsfinanzverwaltung
und
dem Pfarrer Blumhardt von Möttlingen, OA. Calw,

über

die Königl. Badanstalt in Boll
samt Zugehörungen.

In Folge der am 13.ᵗᵉⁿ April 1852. auf der Kameralamts
Kanzlei in Göppingen stattgehabten Verhandlungen und
weiterer mündlicher Besprechung in Stuttgart verkauft
die Königliche Staatsfinanzverwaltung an den Pfarrer
Blumhardt in Möttlingen, OA. Calw,

die Königl. Badanstalt in Boll, samt dem
gegenwärtig vorhandenen staatseigenthümlichen
Mobiliar,

um

25,000 fl. Fünf und Zwanzig Tausend Gulden,

wovon 20,000 fl. für die Gebäulichkeiten und
5,000 fl. für die Inventarstücke angenommen werden,
unter folgenden näheren

Bestimmungen und Bedingungen:

liche Waisenanstalt geeignet sei. Blumhardt, der sich schon als Eigentümer gesehen hat – *da muß ich nun, wenn's wird, ein Freiherr werden mit all meiner Simplicität* –, fragt besorgt bei von Bardili an. Dieser setzt sich für Blumhardt ein; dennoch kommt die zuständige Kommission im Januar 1852 zu dem Ergebnis, ein Umbau des Bades zu einem Waisenhaus sei trotz Schwierigkeiten möglich. Blumhardt vermutet hinter dieser Entscheidung Vorbehalte des Medizinalkollegiums gegenüber seiner Behandlungsweise der Kranken und versucht, in einem Schreiben an das Kult- und Finanzministerium die Bedenken zu zerstreuen.[8]

Es folgen Wochen der Ungewißheit. Eine ehemalige Blechfabrik in Ludwigsburg, ein geräumiges Gebäude, wird für 25000–30000 Gulden angeboten; es erweist sich jedoch als ungeeignet. Anders Schloß Obersontheim bei Gaildorf, das mit seinen ausgedehnten Ländereien Blumhardt eine gesicherte Einnahmequelle bieten könnte; überhöhte Preisforderungen lassen das Projekt jedoch scheitern.[9]

Plötzlich wird Bad Boll doch wieder zum Verkauf angeboten. Eine Versteigerung wird anberaumt; Blumhardt erhält den Zuschlag. Nach erfolgreichen Verhandlungen mit der Staatsfinanzverwaltung, die am 13. April 1852 in der Kameralamtskanzlei Göppingen stattfinden, meldet er am 15. April dem Freund Christian Gottlob Barth: *Boll ist mein gegen 25000* (Gulden). Im Kaufpreis ist das Inventar für 5000 Gulden enthalten. Der am 15. April geschlossene Kaufvertrag nennt die verkauften Gebäude und Ländereien im einzelnen; u. a. wird auch ein Weiderecht für Kühe und Pferde auf der Boller Markung eingeräumt. § 2 betont die freie Verfügung des Käufers über die Objekte; Blumhardt könne die zum Bad gehörige Wirtschaft und die Badeanstalt *fortsetzen, beschränken oder ganz aufgeben.* Die 5000 fl. für das Inventar sind sofort zu bezahlen; von den 20000 fl. für das Gebäude verlangt man nur ⅕ sofort und die restlichen ⅘ in vier gleichen Jahresraten, die an Georgii (23. April) 1853 bis 1856 zu entrichten sind. Verzinst wird jährlich mit 5 %. Als Besitzer Bad Bolls hat Blumhardt laut § 5 auch Steuern und Abgaben zu entrichten, insgesamt 1000 fl.[10]

Die elsässischen Freunde reagieren prompt; sie stellen am 21. April Blumhardt 12000 Gulden zur Verfügung und

garantieren für weitere 6000. Für den Rest bürgen die befreundeten Stuttgarter Häring und Chevalier.[11]

Nun stellt Blumhardt den Antrag auf Entlassung aus dem Pfarrdienst, um sich, von den vielfältigen Aufgaben des Pfarramts befreit, ausschließlich der Seelsorge an Menschen, die zu ihm kommen, widmen zu können. Dem wird entsprochen, auf seine Bitte hin *unter dem Vorbehalte eines Rücktritts in die Dienste der evangelischen Kirche.* Das Band zur Landeskirche ist somit nicht zerrissen; andererseits entfallen die Beschränkungen, die ihm das Konsistorium 1846 auferlegt hat in der Behandlung ortsfremder, nicht zu seiner Gemeinde gehöriger Personen. Blumhardt ist nun in der Lage, sich der *Gemüthskranken und Angefochtenen aller Art,* die ihn immer zahlreicher aufsuchen, umfassender als bisher möglich anzunehmen.[12]

Doris Blumhardt und Gottliebin Dittus organisieren den Umzug; Wagen für Wagen mit Hausrat verläßt Möttlingen. Andreas, ein Bruder der Gottliebin, übernimmt die zum Kurhaus gehörende Landwirtschaft. Ende Mai sind auch Blumhardts Kinder in Bad Boll eingetroffen; er selbst bleibt, *wie ein Schiffskapitän auf einem untergehenden Schiffe,* allein im Möttlinger Pfarrhaus zurück. Sein Austritt aus Amt und Besoldung ist auf den 30. Juni 1852 festgesetzt; als Anfang Juni ein Amtsverweser in Möttlingen aufzieht, kann Blumhardt zwischen alter und neuer Wirkungsstätte pendeln. Am 13. Juni hält er die ersten Gottesdienste im Kirchsaal; am 3. Juli geht er endgültig nach Bad Boll.[13]

Ein neues Konzept für Bad Boll

Blumhardts Wirken am neuen Ort ist ohne die Möttlinger Vorgeschichte nicht zu verstehen. Der im Tübinger Stift ausgebildete junge Theologe geht, nach einem kurzen Vikariat in Dürrmenz, im Jahr 1830 für sieben Jahre als Missionslehrer nach Basel und ist danach als Pfarrgehilfe in Iptingen tätig. Aufgewachsen in Stuttgarter Gemeinschaftskreisen, hält er sich zu den »Erweckten«, welche dem Rationalismus der Aufklärungstheologie widersprechen und dessen »fortschrittlichem« Menschenbild das Angewiesensein des Menschen auf die göttliche Gnade

entgegenstellen. Gott ist kein unpersönliches geistiges Prinzip, sondern wird personal im biblischen Sinne verstanden, als hörendes und antwortendes Gegenüber des menschlichen Gebets; er läßt seine Macht auch heute erfahren. So werden auch die Wunder Jesu nicht entmythologisiert, sondern real aufgefaßt. Man erhofft die in der Bibel verheißene Wiederkunft Christi, der dann die bisher verborgene, nur dem Glaubenden sichtbare Gottesherrschaft allen wahrnehmbar aufrichten werde, mit heilenden Wirkungen für die ganze Schöpfung. Dies soll, den Voraussagen Johann Albrecht Bengels (1687–1752) folgend, in naher Zukunft geschehen.

Als Möttlinger Pfarrer wird Blumhardt in den Jahren

101   Haus der Basler Missionsgesellschaft
ab 1820. Landeskirchliches Archiv Stuttgart

1842 und 1843 mit der rätselhaften Erkrankung einer jungen Frau seiner Gemeinde, der erwähnten Gottliebin Dittus, konfrontiert. In ihrer Wohnung spukt es; sie leidet an heftigen Krämpfen und Blutungen, die sich bis zur Lebensbedrohung steigern. Blumhardt nimmt sich ihrer seelsorgerlich an; er ist überzeugt, daß er es hier mit dämonischen Mächten zu tun hat. Nicht als Formeln zitierender Exorzist versucht er sich, sondern er harrt, von wenigen Vertrauten begleitet, an ihrem Krankenlager aus und setzt seine ganze Hoffnung auf das Gebet. Er betet zu dem, der nach 1. Joh 3,8 gekommen ist, die Werke des Teufels zu zerstören; Blumhardt und Gottliebin erfahren während dieses langen, oft dramatischen Kampfes die heilende Gegenwart des Auferstandenen in beeindruckender Weise. In seiner »Krankheitsgeschichte der G. D.«, einem Rechenschaftsbericht an das Konsistorium, hat Blumhardt das Geschehen detailliert festgehalten, das mit dem Ruf: *Jesus ist Sieger!* und mit Gottliebins Heilung endet.

Auch wenn Einzelheiten der Schilderung Blumhardts fragwürdig sind – etwa das angebliche Ausfahren von Geistern aus Gottliebin oder Blumhardts Erklärung, die aus ihrem Körper ausgetretenen Nadeln, Messer und Eisenstücke seien von Dämonen hineinpraktiziert worden –, bleibt die zentrale Aussage unberührt. Gottliebins Krankheit und Heilung können durchaus als Kampf zwischen Christus und widergöttlichen, krankmachenden Mächten verstanden werden. Auch diejenigen, welche das Geschehen nicht aus der Sicht des Glaubens zu betrachten geneigt sind, stehen verwundert vor der Tatsache, daß Gottliebin im Verlauf des Kampfes nicht nur selber ein geistliches Neuwerden erlebt, sondern daß das an ihr Geschehene auf andere ausstrahlt. In der ganzen Möttlinger Gemeinde kommt es 1844 zu einer Erweckung, welche mit einer allgemeinen Bußbewegung beginnt, der das folgt, was mit der im Pietismus gebräuchlichen Vokabel »Bekehrung« nur unzureichend beschrieben ist: ein Aufatmen, wie von einer schweren Last befreit, eine geistliche Neuorientierung, die alles von Gott erhofft und die – das zeigen die von Blumhardt und den Möttlingern anfangs gar nicht beabsichtigten Heilungen – auch eine Antwort erhält.

Nun strömen aus weiter Umgebung zahlreiche Hilfesuchende nach Möttlingen. Am Karfreitag 1845 zählt man Besucher aus 176 Ortschaften; an einem Pfingstfest sind etwa 2000 Ortsfremde in Möttlingen. Blumhardt gelingt es, die Bewegung im nüchternen, biblischen Geleise zu halten. Weit entfernt davon, jeden Besucher persönlich anhören zu können, verweist er die Fremden auf seine Gottesdienste. Auch unter ihnen kommt es zu Heilungen seelischer wie körperlicher Gebrechen.

Blumhardt ist überzeugt, hier habe sich eine besondere Kraft des Heiligen Geistes manifestiert. Und nun, angesichts der geistlichen Armut der Kirche einerseits und der von vielen Frommen geglaubten baldigen Wiederkunft Christi andererseits, die nach biblischem Zeugnis auch ein Wiederkommen zum Gericht über die Gottlosen sein wird, fühlt sich Blumhardt zu einer kühnen Hoffnung ermutigt. Für ihn kann es nicht sein und ist es mit

102   *Gottliebin Dittus (1815–1872).*
Blumhardt-Archiv an der WLB Stuttgart

dem Liebeswillen Gottes nicht vereinbar, daß in der Zeit vor Christi Wiederkunft alles beim Alten bleiben wird. Durch eine neue, weltweite Ausgießung des Heiligen Geistes, eine *allgemeine Erregung zum Guten*, wird die Menschheit auf dieses Kommen vorbereitet werden; Blumhardt stützt sich u. a. auf Bibelstellen wie Joel 2,28 ff. (= Joel 3,1 ff. in der Lutherbibel).[14] Gott, der das Heil nicht nur einer kleinen Schar Auserwählter, sondern das aller Menschen will, wird die Gelegenheit zur Umkehr nicht nur, wie geschehen, den Möttlingern eröffnen, sondern der ganzen Welt. Eine unbiblische Allversöhnungslehre ist hier nicht intendiert; Blumhardt lehrt nicht das Heil aller Menschen, aber er hofft auf eine göttliche Barmherzigkeit, die zuletzt »losbrechen« und über alle Vorstellungskraft hinausgehen werde. Fest steht: Das in Möttlingen Erlebte sieht Blumhardt nur als Vorspiel; eine Fortführung in weltweiten Dimensionen stehe – *vor dem Wiederkommen Christi* – noch aus. *Gott will gern alles tun, um nicht alles, wenn das Gericht kommt, in die Hölle werfen zu müssen.* Dies hat ihm schmerzliche Konflikte mit den pietistischen Freunden eingetragen, was Blumhardt nicht daran hindert, bis ans Lebensende auf diese unerhörte Entwicklung im Reich Gottes zu hoffen und seine ganze Existenz auf diese Weise zu definieren.[15]

All dieses steht im Hintergrund von Blumhardts Wirken in Bad Boll. Der neue Wirkungsort eröffnet ihm zwar neue Dimensionen und größere Freiheit in seiner Tätigkeit, ist jedoch, was Grund und Ziel seiner Arbeit betrifft, ein *erweitertes Möttlinger Pfarrhaus*.[16]

Auch Angriffe auf sein Wirken bleiben ihm erhalten. Waren es in Möttlingen die Auseinandersetzungen mit dem Konsistorium und scharfe Attacken der liberalen Presse, so hat Blumhardt in den ersten Bad Boller Jahren sich gegen Bedenken staatlicher Stellen zur Wehr zu setzen, die Aufnahme und Behandlung von Geisteskranken betreffend. Die Korrespondenz zwischen dem Göppinger Oberamt, der Kreisregierung in Ulm sowie Innenministerium und Medizinalkollegium in Stuttgart, wobei Blumhardt sich zweimal zu äußern hat, zieht sich von 1852 bis 1854 hin. Es geht um die Frage, ob das neue Unternehmen in Bad Boll als (im damaligen Sprachgebrauch) »Irrenanstalt« aufzufassen sei. Blumhardts

Erklärungen, er wolle kein Arzt oder Irrenarzt sein, sondern wolle geistlich Angefochtenen ein *freies und freundliches Familienleben* […] *und nüchterne christliche Unterweisung* geben, dringen nicht durch. Auch mit seiner Versicherung, an Irresein leidende Menschen, die von seinen Predigten nicht erreicht werden können, nicht aufzunehmen und sie stattdessen an die zuständige Anstalt zu überweisen, gibt man sich nicht zufrieden. Die Tatsache, daß sich 1853 bei Blumhardt sieben Geisteskranke aufhalten, eigentlich gegen seinen Willen und nur auf Wunsch ihrer Familien, genügt, um auf die Einhaltung strenger Sicherheitsvorschriften zu pochen. Man versucht, die Anstellung eines Arztes in Bad Boll und Visitationen durch den Kreismedizinalrat durchzusetzen. Das Bestreben der staatlichen Stellen, eine dauernde Kontrolle über das Vorgehen Blumhardts auszuüben, das sie mit Skepsis betrachten, ist offensichtlich.[17]

Wieder engagiert sich Bardili, der 1853 das Bad besucht, im folgenden Jahr zugunsten Blumhardts eine Schrift an den König aufsetzt und *von diesem, der sie sehr gnädig aufnahm, die Weisung erhalten* [hat], *sie auch dem* [Innen-]*Minister zu zeigen, der nun wahrscheinlich etwas beschämt ist.*[18] Damit ist die Auseinandersetzung beendet.

Auch Blumhardts Erklärung gegenüber dem Oberamt Göppingen vom 30. Mai 1852, vorläufig werde er den Badbetrieb in Boll einstellen, um nicht *einem Zudrang, wie ich ihn nicht wünsche, ausgesezt zu werden*, erzeugt Unruhe. Steht bei Blumhardt die Sorge vor einer Verweltlichung seines Unternehmens im Hintergrund, so befürchtet eine Anzahl von Ärzten nun die baldige Zerstörung der Badquelle. Darauf versichert Blumhardt, er habe gegenüber dem Staat und den Ärzten *Pietät genug,* […] *um für die Erhaltung der Quelle nach Kräften Sorge zu tragen;* auch werde er im nächsten Jahr das Bad selbst benutzen. »Ordentliche Leute«, die nur wegen des Bades kommen, will er aufnehmen. Er fühlt sich dem württembergischen Staat, der zumindest die Erhaltung der bisherigen Gnadenbäder wünscht, wegen des günstigen Kaufpreises zu Dank verpflichtet. Das Gebet zum »rechten Arzt« soll jedoch in Bad Boll künftig die Hauptsache sein. Theodor Klunzinger berichtet, die 42 im Kurhaus befindlichen Badekabinette seien nach Blumhardts Einzug auf sechs reduziert worden. Dazu paßt, daß in der Folgezeit nur noch selten vom Gebrauch der Boller Schwefelquelle die Rede ist; eine gedruckte Hausordnung weist eher am Rande darauf hin, den Gästen stünden die Schwefelbäder des Hauses täglich außer sonntags gegen besondere Vergütung zur Verfügung. Eine Neufassung der Quelle ist – einem Bericht von 1880 zufolge – »vor wenigen Jahren« vorgenommen worden. Die genannte Hausordnung, wahrscheinlich aus der Zeit des älteren Blumhardt, nennt übrigens auch den Pensionspreis: 3 bis 6 Mark pro Tag für Kost und Unterkunft, je nach den Ansprüchen an das Logis.[19]

Wie sich das Leben in Bad Boll abgespielt hat, ist den uns überkommenen brieflichen Äußerungen und zeitgenössischen Berichten zu entnehmen. Der Tag beginnt mit einer Morgenandacht, um 7 Uhr für das Dienstpersonal, danach für Blumhardts Familie (wobei eine Segnung der kleinen Kinder, neben einigen Gastkindern auch 24 Enkel Blumhardts, im Vordergrund steht), dann um 8 Uhr für die im Speisesaal versammelten Gäste. Hier, an zwei langen Tafeln mit jeweils 60–70 Personen, wird ein Psalm verlesen, ein Gebet gesprochen; nach dem Abendessen liest man ein Stück aus der Bibel in fortlaufender Reihenfolge, das von Blumhardt besprochen und in den Kontext seiner großen Reichgotteshoffnungen gestellt wird. Gesungen wird meist aus den von ihm verfaßten Psalm- und Prophetenliedern.

Wenn man das so erzählt, meint ein damaliger Besucher, *so riecht's nach Pietismus und scheint einen Konventikelanstrich zu haben* – aber, so fährt er fort, nichts von alledem sei zu bemerken. *Ein frischer, fröhlicher Geist, ein Geist, von dem man den lebhaften Eindruck bekommt, was es ist um den Frieden Gottes, der höher als alle Vernunft ist, weht in diesem Hause und durchzieht gleichmäßig das Äußerliche wie das Innerliche, geht durch das Kleinste und Größte.* Eine häufig zitierte Episode – während der Abendandacht entdeckt Blumhardt ein vierjähriges Kind hinter einer Säule, ruft ihm scherzhaft: *Guguk! Guguk!* zu und setzt dann ganz selbstverständlich die Schriftlesung fort – kann vielleicht am besten illustrieren, daß in Bad Boll das Heilige menschlich und das Menschliche verklärt ist, *und das*

alles ohne Zwang, so ganz natürlich. Ein Kind, das während der Andacht partout beim Großpapa sitzen möchte, nimmt er auf seinen Schoß. Beim Gebet sezte ich ihn vor mich her, und es sah eigen aus, wie ich ihn zwischen die Hände faßte und betete. Aber es ging Alles gut.[20]

Die Gespräche nach Tisch haben sich vielen Besuchern und Besucherinnen besonders eingeprägt, weil sie hier das erleben, was man Blumhardts Nonchalance genannt hat: *Er macht so ganz und gar nichts Besonderes aus sich, redet auch in der Konversation gar nicht von Extradingen, ist fortwährend voll Humors und mitunter derben Witzes. Frömmelndem Geschwätz ist er feind, und es taucht in seiner Nähe nicht leicht auf.* Und doch findet er bei allen Themen den Bezug zum Reich Gottes, zur erhofften neuen Geistausgießung über alle Menschen, zum Gebet für das baldige Kommen des Heilands, der auch jetzt schon, wenn man ihn gläubig darum bitte, Befreiung und Heilung schenken könne.

Dies ist auch der Tenor seiner Predigten. Die Gottesdienste am Donnerstag, Samstag und Sonntag – sie werden wie auch die Austeilung des Abendmahls mit Zustimmung des Konsistoriums gehalten – bilden wie die Andachten ein wesentliches Stück dessen, was Blumhardt den Hilfesuchenden anbieten kann. Heilung kommt von Gott; Blumhardt ist peinlich bemüht, den Eindruck eines Wunderheilers zu vermeiden, auf dessen Tun es letztlich ankomme. Prälat Albert Friedrich von Hauber, der Bad Boll 1854 besucht, konstatiert, daß bei Blumhardt das Beiwerk landläufiger Wunderdoktoren, womit diese blenden und sich einen Nimbus verleihen möchten, nicht existiere. *Er glaubt eben; das ist seine ganze Magie.* Dies hebt Blumhardt auch von vielen Wunderheilern unserer Tage ab.[21]

Die Zeit nachmittags von halb fünf bis acht Uhr ist für Einzelgespräche bestimmt. Manch einer fürchtet den Besuch auf Blumhardts Zimmer; ein anderer hält dies für eine gute Gelegenheit, ausführlich sein Leiden zu schildern. Beide werden eines Besseren belehrt. Sie erleben Blumhardts herzliche, unkomplizierte Art, aber auch zuweilen seine dezidierte Kürze in der Einzelseelsorge, etwa wenn er eine von Gemüts- und Nervenleiden geplagte Frau in der Schilderung ihrer Leiden unterbricht: *Liebes Kind, ich habe jetzt keine Zeit; der Heiland segne dich und nehme dir diese Geschichten weg.* Entrüstet verläßt sie das Zimmer – aber die »Geschichten« sind weg.[22]

Heilungen

Wer meint, das Leiden dieser Frau könne so bedeutend nicht gewesen sein, wenn es auf diese scheinbar einfache Weise zum Verschwinden gebracht wurde, möge die Erzählung eines Epileptikers anhören, der, von Jugend auf mit dieser Krankheit behaftet und ärztlicherseits ohne Erfolg behandelt, von Blumhardt auf dem »Zimmer« nach seinem Begehren gefragt wird: *»Gesund will ich werden«, war meine Antwort, »wie ich Ihnen ja geschrieben habe«. »Sie gesund zu machen«, erwidert er, »geht über meine Kraft, aber wir wollen miteinander zu einem gehen, der's kann«; und ohne alle Umstände klagte er dem Heiland mein Leid, mit Bitte um meine volle Heilung. Obgleich das Gebet nicht einfacher, nicht menschlicher gedacht werden konnte, rieselte es wie ein Schauer durch meine Glieder, der mich auf die Knie niederwarf vor der Majestät des gegenwärtigen Gottes, den ich zum erstenmal in meinem Leben als einen persönlich gegenwärtigen Gott erfahren habe. Gesund stand ich von den Knien auf, und wenn mein Weg mich irgend in die Nähe führt, versäume ich es nie, Bad Boll zu besuchen, wo ich gelernt habe, was beten ist.*[23] Dieser Bericht setzt hinter die Ansicht, die Heilungen verdankten sich ausschließlich einer Autosuggestion der Besucher, man werde bei Blumhardt unfehlbar Besserung erfahren, ein großes Fragezeichen. Angesichts der Schwere vieler Erkrankungen können suggestive Elemente eine entscheidende Rolle nicht gespielt haben.

In der Schlichtheit und Kürze des seelsorgerlichen Gesprächs kommt Blumhardts Überzeugung zum Ausdruck, der eigentlich Aktive sei hier nicht der Seelsorger, sondern Gott. Er hält zwar weiter daran fest, daß ein geistlicher Neuanfang zur vollen Heilung nötig sei, drängt aber nicht auf Bekehrung; er vertraut darauf, daß den Besuchern in den Gottesdiensten und überhaupt in der Bad Boller Atmosphäre Gott in einer Weise begegnet, die zum Neuanfang ermutigt und befähigt.

Die Krankheiten, bei denen man Blumhardt um Hilfe bittet, gehören zum einen in das weite Feld seelischer Leiden: Depressive, manchmal selbstmordgefährdete Menschen suchen ihn auf; ferner kommt das, was wir heute neurotische und psychotische Störungen nennen, in Blumhardts Berichten zur Sprache. Offenbar haben auch zahlreiche psychosomatisch Erkrankte – es ist die Rede von Brustbeklemmungen, Atemnot, Magenbeschwerden, Nervenleiden im Kopf – Heilung bei ihm gesucht. Aber auch die Heilung körperlicher Leiden ist bezeugt. In einem Brief aus der Möttlinger Zeit erwähnt Blumhardt die Genesung *eines erblindeten Kindes mit weißen Tupfen in den Augen, das nur einmal mich besuchte, nachdem es den Aussagen der Eltern zufolge von ansehnlichen Ärzten als unheilbar erklärt worden war, eines 15jährigen Mädchens mit einem Halsschwamm, eines Mannes mit einer kranken Hand, die schon tags darauf wie die andere arbeitsfähig war, mancher Halbblinden und Halbtauben, auch Augenkranken, Gliederwehkranken.*[24]

Heilungsberichte aus der Bad Boller Zeit gibt es viele.[25] Dafür, daß sich manche Heilungen auch im Gebiet des innerweltlich Erklärbaren abspielen, steht der Fall des neunjährigen Knaben Johannes, den seine ratlosen Eltern bei Blumhardt abliefern, da er keine Kleidung an sich duldet und seine Umgebung unflätig beschimpft. Auch Blumhardt bekommt sein Teil ab; »Pfaffensack« scheint noch eines der gemäßigten Schimpfworte des Johannes gewesen zu sein. Menschlichkeit und Geduld tragen zuletzt den Sieg davon. Nach sechs Wochen – eine Gehirnerschütterung ist offenbar das auslösende Moment – legt Johannes sein bisheriges Verhalten plötzlich ab, und nun, berichtet Blumhardt, *bin ich sein Großpapa, von dem er nicht mehr weichen will, der liebenswürdigste, fähigste Knabe, der mir je vorgekommen ist. Sein Herz würde brechen, wenn er wieder fortmüßte. Nun hab' ich ihn, und lernen soll er.*[26]

Einige macht Blumhardt von vornherein darauf aufmerksam, daß eine Heilung in ihrem Fall nicht ausgeschlossen, aber doch unwahrscheinlich sei. Dazu gehören Epileptiker, Personen mit schwarzem Star, von Kind auf taube oder blinde Menschen. Jedoch hat sich auch bei anderen Leiden oft eine Heilung nicht eingestellt. Für manche ist

Bad Boll so zu einem Ort der Enttäuschung geworden. Zum Teil sucht Blumhardt den Grund im fehlenden Ernst und in der Kleingläubigkeit des Betreffenden, erhebt dies jedoch nicht zur alleinigen Maxime. Er sieht, daß der Herr die Heilungsgaben der apostolischen Zeit heute zwar in einigen Fällen wieder zurückgibt, aber noch nicht in ihrer ganzen Fülle – so muß man auf eine künftige Gnadenzeit hoffen. Einem, der an der Möglichkeit einer Gebetserhörung in Krankheiten verzweifeln will, schreibt er, Gott denke oft, *man könne wohl auch tragen, was Er auflegt;* dann gehe es einem wie Paulus, der mit dem Zuspruch: *Laß dir an meiner Gnade genügen* zu leben hatte.[27]

Nicht alle Besucher kommen, um von einem Leiden geheilt zu werden. Manche zieht es nach Bad Boll wegen der »äußerst anmuthigen« Lage des Ortes und der »vorzüglich gesunden stärkenden Luft«, aber auch, um die geistliche Atmosphäre kennenzulernen und, ohne daß eine akute Krankheit vorliegt, in dieser Atmosphäre neue Kraft zu schöpfen und sie in den Alltag hinüberzunehmen. Dies gilt für den genannten Oberbaudirektor von Bardili, der Bad Boll im August 1853 besucht, gewiß auch für zahlreiche Pfarrer und Theologiestudenten. Blumhardt sieht, so berichtet Friedrich Zündel, solche Gäste nicht ungern; es *waren oft sehr interessante Leute unter denselben, deren Umgang ihn selbst erfrischte, sein Herz bereicherte, seinen Blick erweiterte.* Einige seien später auch mit ernsteren Anliegen wiedergekommen. Jedoch stehen diese Besucher, was den Hauptzweck Bad Bolls angeht, nur am Rande. Vorrangig dient Blumhardts Haus den Mühseligen und Beladenen, für die Bad Boll nach vielen Irrwegen eine letzte Hoffnung darstellt, doch noch geheilt zu werden.[28]

Das Verhältnis zwischen Blumhardt und den meisten Ärzten ist gespannt. Letztere, an eine rein innerweltliche Erklärung von Krankheiten gewöhnt, beobachten Blumhardts Tätigkeit mit Mißtrauen. Zu sehr haben Scharlatane das Gebiet außermedizinischer Heilung in Mißkredit gebracht. Außerdem sieht man durch die Fälle, in denen von Ärzten aufgegebene Kranke bei Blumhardt tatsächlich Heilung gefunden haben, die eigene Kunst in Frage gestellt. Die erwähnten Bedenken des Stuttgarter Medizinalkollegiums sind offensichtlich in diesem Kontext zu verstehen. Auf der anderen Seite hat auch Blumhardt sich mit den Ärzten schwergetan. Seiner Überzeugung nach liegt jeder Krankheit ein gestörtes Verhältnis des Menschen zu Gott zugrunde; Heilung ist möglich, wenn dieses Verhältnis durch Buße und Bekehrung in Ordnung gebracht ist. In der Hochstimmung der ersten Möttlinger Jahre findet Blumhardt radikale Formulierungen für seine Kritik an der ärztlichen Kunst. Gott solle, wenn er hilft, allein die Ehre haben; *das Raten und Schwindeln der Doktoren* passe nicht dazu. Später muß er jedoch erkennen, etwa im Fall einer Krebsoperation, daß *je und je Gott auch Ärzten etwas gegeben hat zur Mithilfe.* Es gelingt Blumhardt, Gebet und ärztliches Bemühen miteinander zu vereinbaren: *Die Ärzte ohne weiteres wegwerfen ist eine lieblose Härte gegen diesen Stand und ein übertriebenes Pochen auf einen Glauben, der's machen müsse. Solange Gott nicht direkt und plötzlich hilft, sind wir genötigt, Männer zu Rate zu ziehen, die es verstehen, und an ihre Mittel uns zu halten, wenn wir nicht in eine widrige Stellung zur Gesellschaft kommen wollen.*[29]

Die besondere Atmosphäre Bad Bolls ist gewiß nicht allein verantwortlich zu machen für die geschehenen Heilungen. Aber wenn nach dem Urteil von Zeitgenossen der Friede Gottes hier konkret erfahrbar geworden ist, wird auch dieses heilend gewirkt haben. Man lebt in einer Gemeinschaft, die für die Gegenwart und Zukunft alles von Gott erwartet, die für das Kommen des Reiches Gottes betet und darauf hinlebt und der manches angeblich Wichtige nicht mehr wichtig ist. Im 19. Jahrhundert, das die Standesunterschiede noch als ungeheure Schranke empfindet, muß die Tatsache, daß im Bad Boller Speisesaal ein Bauer und eine russische Hofdame gemeinsam zu Tisch sitzen, ein Stück Befreiung gewesen sein. Die *falsche Trennung der Menschen durch lügenhafte Etikette, Egoismus und Hochmut* sei aufgehoben, befindet ein Besucher und fügt hinzu, dieses soziale Meisterstück sei nur das Ergebnis dessen, daß das Christentum in Boll Fleisch geworden sei. Das Herz gehe einem auf und werde weit in diesem Hause. Blumhardt sieht in den vornehmen

103   Bericht Bardilis über Bad Boll vom 26. August 1853.
Blumhardt-Archiv an der WLB Stuttgart, Kapsel I A 6

1853

Gästen nur die erlösungsbedürftigen und miterlösten Schwestern und Brüder, die er bald mit dem ihm geläufigen »Du« anspricht. *Wenn ein König nach Boll käme*, soll ein Graf geäußert haben, *so würde er nach drei Tagen mit Du angeredet.*[30]

Der ungezwungene Umgang miteinander in Standesangelegenheiten, die Kinder in Bad Boll, denen man ihr Recht gibt, und nicht zuletzt die »Gemütlichkeit« und Heiterkeit Blumhardts lassen die Besucher zu dem Schluß kommen, hier wohne im irdischen Haus der Himmel selber, man atme die Luft des Evangeliums. *Es lagerte über dieser Gegend, soweit Boll sie beherrschte, das Wunder.* Leonhard Ragaz, von dem dieser Satz stammt, fügt hinzu, auf diesen Fleck Erde sei eben ein Stück Reich Gottes herabgezogen worden.[31]

Bei der Durchsicht der Gästebücher fand sich ein mit »O. W.« unterschriebener Achtzeiler vom 23. Juli 1871[32], der sich nach einem Handschriftenvergleich als Werk der Tübinger Dichterin und Schriftstellerin Ottilie Wildermuth entpuppte, die einige Tage zuvor angereist war und nun Abschied nimmt:

> *So gilt es wiederum zu scheiden*
> *Von diesem trauten Friedensort!*
> *Ein Hauch davon mög' uns begleiten*
> *Auch in das Alltagsleben fort,*
> *Daß, was wir hier gehört, geschauet,*
> *Uns Ahnung jener Heimath sei,*
> *Die dort der Herr uns einst erbauet*
> *In Freud' und Frieden ewig neu.*

Ausstrahlung Bad Bolls

Wenn sich von 1860 bis 1867 etwa fünftausend Besucherinnen und Besucher in die Bad Boller Gästebücher eintragen, kann man erahnen, wie groß die Ausstrahlung dieses Ortes gewesen ist. Die Gäste tragen den Namen Blumhardts hinaus in die Welt; immer wieder neue Hilfesuchende melden sich. Von vielen – teils ehemalige Besucher, teils Personen, die er noch nie zu Gesicht bekommen hat – wird er brieflich um Fürbitte angegangen. So entsteht eine immer umfangreicher werdende

Korrespondenz; Blumhardt ist neben seinen Aufgaben in Bad Boll auch einer der großen Briefseelsorger gewesen. Es muß eine schwere Last gewesen sein, die er sich hat aufbürden lassen. Seinem Freund Christian Gottlob Barth vertraut er an, zwei Schreibtische lägen voll unbeantworteter Briefe, und täglich kämen sechs bis zwölf Schreiben, manchmal noch mehr, hinzu. Oft bemüht er sich geradezu verzweifelt, den Berg abzutragen. *Ich schreibe fort bis 11½ Uhr nachts und habe nie Schlaf, weil ich immer aufgeregt bin von so seltsamen, auch tief erschütternden Dingen, die ich dutzendweise an einem Abend berücksichtigen muß.* Blumhardt antwortet in der Regel kurz. Er signalisiert, daß er das Anliegen des Briefschreibers verstanden hat; ein Hinweis auf die biblischen Verheißungen, die das eigene Gebet im Auge haben soll, folgt, wobei er vor zu vieler »Wortmacherei« beim Beten warnt. Schließlich sagt auch er seine Fürbitte zu. Glauben und der Barmherzigkeit Gottes sich in die Arme werfen, im Blick auf das gegenwärtige Leiden und auf das, was Gott künftig mit der Welt vorhabe – das ist der Grundton.[33]

Blumhardts Briefseelsorge hat ebenso zu Heilungen geführt wie sein Eintreten für die Kranken im persönlichen Gespräch. Kein Tag vergeht ohne einen Dankbrief. So bekommt er Antwort aus Münster von drei plötzlich geheilten Personen. *Ein anderer kam tags darauf von Schwelm, auch voll Dank. Gestern aus der Nähe von Frankfurt, als Frucht eines Gesprächs, das ich dort hatte, eine merkwürdige Heilung an einem Kind.*[34]

In besonderen Notfällen bedient man sich auch moderner Technik; zahlreiche telegraphische Bitten laufen in Bad Boll ein. Hier soll die Erfahrung einer sofortigen Hilfe des Herrn besonders häufig gewesen sein. Wenn im Jahr 1879, die Geschäfts- und Familienkommunikation eingeschlossen, 1500 Telegramme gezählt werden[35], läßt das auf eine beträchtliche Zahl telegraphischer Notrufe schließen.

Das Wirken Blumhardts findet Verbreitung auch durch seine Schriften, über die hier nur ein gedrängter Überblick gegeben werden kann. War er in Möttlingen – neben der Abfassung seiner berühmten »Krankheitsgeschichte der G.D.« – vor allem auf dem Gebiet der Jugend- und Missionsliteratur schriftstellerisch tätig, so stehen in

104   *Brief Johann Christoph Blumhardts an einen uns nicht mehr bekannten Adressaten vom 22. April 1873. Blumhardt-Archiv an der WLB Stuttgart, Kapsel I A 2/II*

105   *Johann Christoph Blumhardt: Blätter aus Bad Boll, Titelblatt (Stuttgart 1873)*

Bad Boll Andachten, Schriftauslegungen und Predigten im Vordergrund. Von ehemaligen Besuchern und Freunden des Hauses gedrängt, entschließt sich Blumhardt, eine »Sammlung von Morgenandachten« (1865) zu veröffentlichen. Sie soll *Rückerinnerung an hier Gehörtes und Erfahrenes* sein und findet gute Aufnahme; drei Jahre später folgt eine weitere Sammlung unter dem Titel »Haus-Andachten«.

Nicht nur der Erinnerung, sondern auch der fortlaufenden Kommunikation mit Freunden des Hauses dienen die »Blätter aus Bad Boll« (1873–1877), eine Wochenschrift in einer Auflage von 2000 Exemplaren.[36] Auch sie enthält zahlreiche Andachten, darüber hinaus eine Auslegung des Matthäusevangeliums in Fortsetzungen und die Rubrik *Beantwortung von Fragen, welche an mich gerichtet werden dürfen und sehr gewünscht werden über das Reich Gottes, über christliche Wahrheiten, Bibelstellen, inneres Leben etc.* Als Blumhardt die »Blätter« aus Altersgründen einstellen muß, gibt sein Sohn Theophil als Ersatz eine weitere Andachtssammlung seines Vaters heraus; die vier von 1878 bis 1881 erschienenen Bände enthalten nur leicht bearbeitete, dem ursprünglichen Wortlaut sehr nahekommende Texte unter dem Titel »Täglich Brod aus Bad Boll«.

Schriftauslegungen und Predigten bieten Blumhardts »Predigten und Vorträge« (Einzelnummern seit 1858, Sammlung 1865) und die »Fünfzehn Predigten über die drei ersten Advents-Evangelien« (1864). Eine weitere Predigtsammlung seines Vaters in drei Bänden, die »Predigtblätter aus Bad Boll«, gibt Theophil Blumhardt 1879–1881 heraus; der Sohn Christoph publiziert nach Blumhardts Tod dessen »Evangelien-Predigten auf alle Sonn- und Festtage des Kirchenjahres« (1887).

Geht es um die Verbreitung Blumhardtscher Gedanken über Bad Boll hinaus, dann muß auch des Lieddichters und Komponisten Blumhardt gedacht werden.[37] Da er als Möttlinger Pfarrer viel zu wenig Gesangbuchlieder findet, welche der Aufbruchstimmung der Erweckung entsprechen, dichtet er kurzerhand selbst, zunächst nach Stellen aus den Psalmen und aus Jesaja. Später erweitert er die Sammlung um Fest- und Missionslieder, u.a. um seine bekanntesten Lieder »Jesus ist der Siegesheld« und »Daß Jesus siegt, bleibt ewig ausgemacht«.

Eine zusammenfassende Ausgabe, die »Bibellieder oder in singbare Reime gebrachten Stellen der Heiligen Schrift«, erscheint in Bad Boll 1877, ferner einige vierstimmige Chorsätze und zwei größere kompositorische Arbeiten, die mit ihrem Wechsel von Arien und Chorgesang an ein Oratorium erinnern (»Triumph-Gesang im Himmel« und »Lobgesang der Maria«). Die Ansage einer schon im Kommen begriffenen neuen Gnadenzeit, Blumhardts Lebensthema, wird hier wenige Jahre vor seinem Tod noch einmal bekräftigt.

Weitere Gelegenheit, seine großen Hoffnungen öffentlich darzulegen, bieten Missionsfeste (in Basel, Calw, Wuppertal-Barmen, Heidelberg u. a.), Kirchentage (Berlin, Altenburg u. a.), Predigerkonferenzen (Stuttgart) und Jahresfeste (vor allem in Stammheim bei Calw und in Korntal). Blumhardt ist als Redner gefragt; 1864 konstatiert er, es sei doch merkwürdig, *daß des Reisens bei mir kein Ende mehr wird und daß mein Einfluß oft über Erwarten groß ist.*[38] Er besucht Hamburg, Berlin, Breslau, Amsterdam und Rotterdam, kommt bis nach Paris und Genf. Des öfteren reist er nach Westfalen, ins Elsaß und die Schweiz.

Im Vergleich zu seinen bislang geschilderten Tätigkeiten ist Blumhardts Mitarbeit in der Synode der württembergischen Landeskirche eher ein Randthema. Mit einem Schuß Selbstironie berichtet er im Februar 1869 aus Stuttgart, er habe nun *den Character eines Weltverbesserers bekommen und sitze als solcher in der Synode.*[39] 1869 als Abgeordneter des Bezirks Brackenheim, 1876 für den Bezirk Geislingen gewählt, nimmt er u. a. Stellung zur gottesdienstlichen Gestaltung der kleinen Feiertage oder spricht sich gegen die Reduzierung des Zugverkehrs an Feiertagen aus. Immerhin: Auch hier ist der Besitzer von Bad Boll präsent gewesen.

Aus den Gästebüchern

Norwegen, Holland, Dänemark, Frankreich, die Schweiz, Preußen, Sachsen, Rußland, Baden, Bayern und Württemberg – das sind die Herkunftsländer der Besucherinnen und Besucher, wie sie ein Gast in den ersten Bad Boller Jahren Blumhardts festgehalten hat, wobei er hinzufügt: *nur solche, die auch deutsch sprachen oder wenigstens verstanden.*[40] Eine Durchsicht der Gästebücher[41] bestätigt diesen Befund, überbietet ihn sogar: Des öfteren waren auch Armenier, Engländer, amerikanische Staatsbürger, Missionare aus verschiedenen Ländern, besonders aus Indien, zu Gast; vereinzelt haben sich Besucher aus Irland, Italien und Schweden eingetragen.

Das erste Gästebuch, gestiftet von Charlotte Helena von Miltitz, enthält für die Zeit von 1860 bis 1867 etwa 5000 Namen. Der zweite Band mit etwa 4500 Einträgen ist bereits nach sechs Jahren vollgeschrieben (1867–1873),

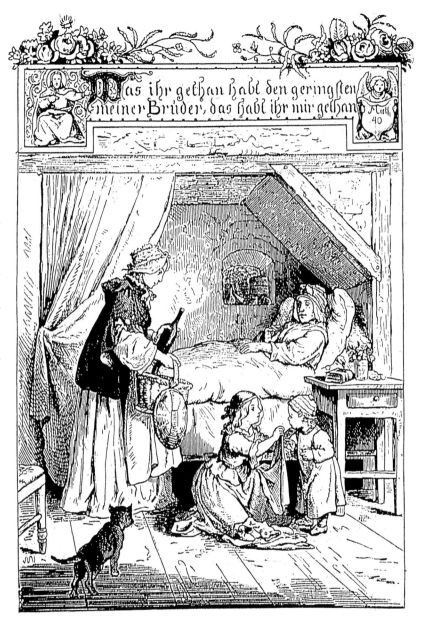

106   *Ludwig Adrian Richter (1803–1884). Buchillustration (1840?)*
107   *Johann Hinrich Wichern (1808–1881), Begründer der Inneren Mission*

ebenso der dritte mit etwa 5700 Namen (1873–1879). Betrachtet man die Gäste nach ihrer gesellschaftlichen Herkunft, so bestätigt sich das erwähnte Nebeneinander »hoher« und »niederer« Stände: Zahlreiche Adlige sind vertreten, etwa ein Prinz Ferdinand Solms zu Hohensolms, Prinz Karl zu Salm-Horstmar, Julius Freiherr von Gemmingen, ein Graf von Pückler, Graf von Zeppelin, eine Gräfin von der Schulenburg. Universitätsprofessoren sind zu Gast, so Charles Cuvier von der Academie de Strasbourg und die Theologieprofessoren J. J. Herzog aus Erlangen, Hengstenberg aus Berlin sowie Gustav Friedrich Oehler aus Tübingen. Häufig besuchen Pfarrer den bekannten, aber auch umstrittenen Kollegen; einige wollen sich offenbar nur ein Bild von ihm und seinem Wirken machen. Diese Motivation ist auch vielen der zahlreichen Theologiestudenten zu unterstellen, die vom nahen Tübingen aus Bad Boll besuchen, etwa der aus Hamburg stammende Johannes Wichern und Fritz Fliedner aus Kaiserswerth, Söhne bedeutender Männer der Inneren Mission. 1869 kommt ein »Dr. Wichern aus Hamburg und Berlin« – offensichtlich Johann Hinrich Wichern selbst, Gründer und Leiter des Rauhen Hauses in Hamburg, das sich der Betreuung von Menschen am Rande der Gesellschaft widmet, zugleich Oberkonsistorialrat in Berlin. Ein weiterer bedeutender Vertreter der Inneren und Äußeren Mission besucht 1861 Bad Boll: Pfarrer Wilhelm Löhe aus Neuendettelsau. Im Jahr 1871 ist Johann Ludwig Schneller, »Waisenhausvater« in Jerusalem, unter den Besuchern. Diesem Interesse an Bad Boll im diakonischen Bereich entspricht, daß sich zahlreiche Diakonissen in die Gästebücher eintragen.

Seit 1872 zählt der Dresdner Maler Ludwig Richter zu den regelmäßigen Besuchern, seit 1862 die oben erwähnte Ottilie Wildermuth. Aber nicht nur Geistesleben, Diakonie, Kunst und Literatur sind vertreten, auch höhere militärische Ränge finden sich in den Gästebüchern, ferner Unternehmer und Kaufleute wie Dieterlen und Steinheil aus dem Elsaß, Josenhans und Chevalier aus Stuttgart. Und damit nicht der Eindruck entstehe, Bad Boll sei ausschließlich ein Tummelplatz bedeutender Leute gewesen, sei auf die große Zahl »normaler Sterblicher« hingewiesen: Lehrer, Buchhalter, Gastwirte, Händler, Rentner und andere. Mittellose Personen werden

kostenlos im »Gnadenbau« des Bades untergebracht; manchmal findet sich nur der Eintrag: *ein Mann aus dem Gnadenbau.*

Eine größere Zahl von Namen kehrt immer wieder: zum einen die beim Kauf Bad Bolls schon erwähnten, mit Blumhardt eng befreundeten Familien Dieterlen und Steinheil aus dem Elsaß. Dann die Familie von Elverfeldt, Angehörige der Luise von Scheibler aus dem westfälischen Iserlohn, die bei Blumhardt Heilung gefunden

213

15. Hosianna!
Matth. 21, 9.

Ho-si-an-na, Ho-si-an-na dem Soh-ne

Da-vid's; Ho-si-an-na, Ho-si-an-na dem

Soh-ne Da-vid's! Ge-lo-bet

sei, ge-lo-bet sei, ge-lo-bet sei, der da kommt,

der da kommt, der da kommt, im Na-men des Herrn, im

und sein Werk tatkräftig unterstützt hat. Auch Ernst August Freiherr von Göler und Frau, Hofdame der Großherzogin Luise von Baden, sind Stammgäste in Bad Boll, ferner Rosalie Gontard aus Frankfurt a. M., Mina Braun aus dem bayerischen Gunzenhausen und viele andere – alles Namen, die auch in Blumhardts Korrespondenz einen festen Platz haben. Viele dieser Freunde sind, zusammen mit Angehörigen der Familie Blumhardt, auf dem Boller Badfriedhof begraben, der im Jahr 1866 nördlich von Kurhaus und Kurpark angelegt wurde, da sich der Weg zum Dorffriedhof in Boll als zu weit und nach Regentagen als oft unpassierbar erwiesen hatte.[42]

Die Familien Blumhardt und Dittus in Bad Boll

Ein Betrieb wie Bad Boll mit – zu J. Chr. Blumhardts Zeiten – knapp eintausend Gästen pro Jahr ist, um Versorgung und Unterbringung zu gewährleisten, auf ein möglichst reibungsloses Zusammenspiel der Mitarbeiterinnen und Mitarbeiter angewiesen. Aufgrund der besonderen Zielsetzung – Bad Boll als Ort geistlicher Neubesinnung und seelisch-leiblicher Gesundung – reicht jedoch eine Organisation unter rein wirtschaftlichen Gesichtspunkten nicht aus. Blumhardt ist darauf bedacht, daß seine Mitarbeiter auch in geistlicher Hinsicht mit ihm an einem Strang ziehen und seine großen Hoffnungen teilen, so daß der Mitarbeiterstab als Ganzes die besondere Atmosphäre Bad Bolls den Gästen gegenüber repräsentiert.

Diese Gemeinschaft hat sich tatsächlich gefunden, ein Bund, wie es Blumhardts Sohn Christoph nennt, *besonders ausgerüsteter Persönlichkeiten* oder: *der Fels, auf welchem stehend die lieben Eltern allein die folgenden Jahre im Glauben bewahrt blieben.*[43] Den harten Kern bilden Menschen, welche die Möttlinger Ereignisse selbst erlebt haben.

Blumhardts Frau Doris, Tochter des in Missionskreisen bekannten Karl Köllner, eine tatkräftige, sensible, gegenüber Krankheiten oft anfällige Frau, hat in Möttlingen selbst ein geistliches Neuwerden erfahren. So kann sie die Arbeit ihres Mannes vorbehaltlos unterstützen; sie fühlt sich mitverantwortlich für den Fortgang der Mött-

← 108 *Hosianna! Vierstimmiger Satz aus Blumhardts Chorgesänge für biblische Texte*
109 *Bad Boll um 1902: die dienstbaren Geister bei der Arbeit für die Kurhaus-Küche*

linger Erweckung. Als Blumhardt 1844 für einige Wochen nach Basel reist, engagiert sie sich bis zur Erschöpfung in der Gemeinde. Als die »Frau Seelsorger«, wie sie nun heißt, schließlich zusammenbricht, der Atem stille steht, helfen die Gebete von Gemeindegliedern; am nächsten Tag besucht sie die Kirche. Ihr Mann hat von ihr gesagt, es sei kein Gedanke und keine Wahrnehmung in ihm, die er nicht mit ihr teilen könne; *wo sie hinkommt, ist's, wie wenn ich käme, nur daß sie subtiler das Nöthige anzubringen weiß als ich.*[44]

Frau Blumhardt hat ab 1852 zusammen mit Gottliebin Dittus den Wirtschaftsbetrieb Bad Bolls geleitet, eine schwierige, ohne die technischen Hilfen unserer Zeit besonders mühsame Aufgabe. Auch an der Mitverantwortung für die geistliche Atmosphäre des Hauses hat sie schwer getragen. Einen Blick hinter die Kulissen läßt der Sohn Christoph tun, wenn er davon spricht, seine Mutter habe besonders in den schweren Anfangsjahren vieles »herausgeweint«, in der doppelten Bedeutung von Selbstbefreiung und bittendem Stehen vor Gott. Aber sie ist an ihrer Aufgabe gewachsen; nach dem Tod Gottliebins im Jahr 1872 bewältigt sie die wirtschaftliche Leitung allein, mit einer vorher nie gekannten Gesundheit.[45]

Ein *großartiges Fertigwerden* […] *in äußeren Sachen* muß dagegen der Gottliebin Dittus eigen gewesen sein. Nach ihrer Heilung im Jahr 1844 von Blumhardt in die eigene Familie aufgenommen, erweist sie sich als unentbehrliche Stütze des Haushalts und als »zweite Mutter« der Kinder. Sie, damals 28 Jahre alt, ein Jahr älter als Blumhardts Frau, nennt ihn und Doris ihre (geistlichen) Eltern. In Bad Boll erledigt sie ihre Aufgabe mit Gelassenheit und Genauigkeit. Friedrich Zündel, der sie selbst noch kennengelernt hat, charakterisiert sie als das Gegenteil einer anmutigen Erscheinung; sie habe von ihrer ärmlichen Kindheit her etwas Grobkörniges behalten. Mancher Besucher habe diese äußere Schale nicht zu durchschauen vermocht, wohl auch deswegen, weil ihr im Hinblick auf neu eintreffende Gäste ein besonderer Scharfblick zu eigen gewesen sei, der ohne Rücksicht auf Rang und Stand den Zustand des Betreffenden zutreffend taxiert habe. Für Blumhardt ist sie eine unentbehrliche Ratgeberin, für seine Frau nach Aussage des Sohnes eine Freundin; man habe sich ergänzt und in häufigen

Krankheiten gegenseitig vertreten.[46] Die Frage, ob nicht eine gewisse Konkurrenz unter den beiden Frauen bestanden habe, liegt nahe. Anhaltspunkte dafür liefern die Quellen nicht; wir können vermuten, daß das geistliche Verständnis der gemeinsamen Arbeit, das Ausgerichtetsein auf ein baldiges Wiederkommen Christi, solche Fragen nicht relevant werden ließ. Im Jahr 1855 heiratet Gottliebin den aus Nordfriesland stammenden und in Bad Boll von Gehbeschwerden geheilten Theodor Brodersen; aus der Ehe gehen drei Söhne hervor.

Einige Geschwister Gottliebins sind ihr 1852 nach Bad Boll gefolgt. Der sehbehinderte Johann Georg (Hansjörg) Dittus, schon in Möttlingen Blumhardts »Hausvogt« und feinfühlig in der Behandlung seelisch Kranker, übernimmt diese Aufgabe auch in Bad Boll. Dem Sohn Christoph ist er in den schwierigen Jahren nach 1880 ein geschätzter Seelsorger, der »ungeschminkt die Wahrheit« sagen kann. Hansjörgs verwitweter Bruder Andreas führt die Landwirtschaft, zusammen mit einem Sohn und einer Tochter; 1862 gibt er diese Tätigkeit auf und erhält von Blumhardt eine Pension. Die Schwester Katharina Dittus ist geschickt in der Pflege von Kranken und der Erziehung von Gottliebins Kindern. Anna-Maria Dittus, die ihre letzten Lebensjahre in Bad Boll verbringt, wohnt mit Katharina zusammen im »Morgenland«, einem Anbau des Kurhauses.[47]

Blumhardts besondere Sorge gilt seinen Kindern, von denen er erwartet, daß auch sie ihr Leben bedingungslos auf die erhoffte neue Gnadenzeit ausrichten und anderen diese Hoffnung vermitteln. Er ruft ihnen zu[48]:

> *Kommt, Maria, Karl und Christoph,*
> *Theophil, Nathanael,*
> *Tretet in des Tempels Rüsthof,*
> *Opfert Jesu eure Seel'* […]
> *Helfet mit, daß jene Schaaren*
> *Werden eures Heilands Beut'.*
> *Alles Eig'ne lasset fahren,*
> *Werdet Jesu ganze Leut'.*
> *Kämpfet, duldet ohn' Ermüden,*
> *Geht's auch bis hinein aufs Blut.*
> *Kämpfern wird die Kron' beschieden.*
> *Auf! Verlieret nicht den Muth!*

110   Bad Boll um 1902: Das Küchenpersonal posiert für den Fotografen.
Im Hintergrund ein Kind im Rollstuhl

übernimmt 1865 vorübergehend die Bad Boller Ökonomie. Dem Vater liegt sehr an seiner Rückkehr nach Bad Boll; Karl hat sich innerlich von ihm entfernt und soll nun wieder *Antheil an unsrem Wesen* bekommen. Dies gelingt offensichtlich nicht ganz; im November 1865 hofft Blumhardt, daß *noch etwas von einem frommen Geiste an ihn komme.* Der Sohn Christoph Blumhardt, selbst um das rechte Verhältnis von Anpassung und Eigenständigkeit bemüht, weist darauf hin, daß Karls fester Charakter neben der Assimilation an Bad Boller Lebensformen auch Unabhängigkeit brauche. Nachdem Karl 1866 Ida Wagner, die Tochter eines Saarbrücker Glasfabrikanten, geheiratet hat, gründet er in Simonshaus bei Vohwinkel einen eigenen Betrieb, aus dem später die »Blumhardt-Fahrzeugwerke« entstanden sind. Den Vater hat die Trennung geschmerzt. Im Jahr 1876 kehrt Karl mit Familie nach Bad Boll zurück.[50]

Die Söhne Christoph und Theophil sind es, die in des Vaters Fußstapfen treten. Beide absolvieren das Stuttgarter Gymnasium und eine dreijährige Ausbildung als Gastschüler am Niederen Seminar Urach, bevor sie von 1862 bis 1866 in Tübingen Theologie studieren. Blumhardts Bemühungen, beiden Söhnen fachliche Hilfestellung zu leisten und sie auch seelsorgerlich zu begleiten, ihnen die Herkunft aus Bad Boll immer wieder ins Gedächtnis zu rufen, sind in einem umfangreichen Briefwechsel dokumentiert. Nach dem Ersten Theologischen Examen trennen sich Christophs und Theophils Wege. Christoph, der Nachfolger seines Vaters in der Leitung Bad Bolls, wird im nächsten Kapitel ausgiebig gewürdigt. Der ein Jahr jüngere Bruder Theophil übernimmt 1866 ein Vikariat in Genkingen auf der Reutlinger Alb, geht über den Winter 1867/1868 mit einer befreundeten Familie nach Nizza, wird 1868 Vikar im elsässischen Barr und 1869 in Dürnau nahe Bad Boll. Der Vater gibt aus der eigenen Praxis Ratschläge zum Umgang mit Kranken oder zur Vorbereitung einer Predigt. Als Felddiakon nimmt Theophil 1870/1871 am Deutsch-französischen Krieg teil. Nach der Rückkehr wird er Pfarrverweser in

Diese hohen Ansprüche haben nicht alle Söhne und Töchter Blumhardts erfüllen wollen und können. Die selbstbewußte Maria hat es schwer, sich in den väterlichen Betrieb einzufügen; sie heiratet 1862 Emil Brodersen, den Bruder von Gottliebins Mann Theodor. Blumhardts Bemerkung, das *Gemüthsleben* der jungen Eheleute müsse noch *eine rechte Art bekommen,* weist auf Schwierigkeiten hin. Maria ist in der Küche des Kurhauses tätig und besorgt die Wäsche; ihr Mann führt die Gastwirtschaft des Bades.[49]

Blumhardts Sohn Karl gelingt es, zeitweise eigene Wege zu gehen. Er studiert in Hohenheim Landwirtschaft und

111 *Nathanael Blumhardt (1847–1921) (LKA D 34 272/2)*
112 *Johann Christoph Blumhardts Frau Doris (1816–1886) (LKA D 34 266/1)*

Gruibingen, Kaisersbach und Isingen; danach amtet er als Gehilfe seines Vaters in Bad Boll, wo er u. a. Andachten und Predigten Blumhardts herausgibt. 1880 wird Theophil Pfarrverweser, dann Pfarrer im Dorf Boll. Seine erste Frau Ida geb. Ehemann, Tochter eines Missionars, stirbt bereits 1884; Theophil heiratet 1885 die Tochter seines Genkinger Pfarrers, Frieda Fernand.[51]

Blumhardts jüngster Sohn Nathanael braucht einige Zeit, um seinen Weg zu finden. Im Jahr 1863, zu einer Zeit, als weder seine noch Karls und Marias Stellung zum Werk ihres Vaters geklärt ist, klagt Blumhardt, die Sorgen wegen der Kinder überwältigten ihn oft ganz, *denn ich sehe nichts vor mir* [...]. *Hätte ich nur eine Spalte Licht* [...]. *Aber Gott wird und muß es noch recht machen.*

Schließlich studiert Nathanael Landwirtschaft in Hohenheim. Für ihn wird in Bad Boll, wo man 1866 die Landwirtschaft aufgegeben hat, von 1870 bis 1873 ein Gutshof gebaut; man zieht nun doch zur Versorgung der Gäste und Mitarbeiter eigene Produkte vor. Nathanael heiratet 1873 Christiane Bräuninger, eine Schwester von Christophs Frau.[52]

So stellt sich die Geschichte der Mitarbeiter in Bad Boll, die zum großen Teil Blumhardtsche Familiengeschichte ist, als ein spannungsvoller Prozeß dar. Nicht nur die damals häufige Kindersterblichkeit – 1854 stirbt das jüngste Kind Bertha an Gelbsucht und Ruhr[53] –, auch Blumhardts besondere Ansprüche an Mitarbeiter und Familie sorgen für ein oft leidvolles Auf und Ab, das allerdings immer wieder zu tragbaren Lösungen führt. Und es ist gerade diese besondere Konzeption Bad Bolls gewesen, welche die Familie in gemeinsamem Glauben und gemeinsamer Hoffnung zusammenhalten konnte. Blumhardt ist es letztlich eben doch gelungen, seine erwachsenen Kinder zu Mitarbeitern zu gewinnen und um sich zu versammeln: in der Bad Boller Gastwirtschaft und Küche, in der Landwirtschaft, als Pfarrer im Dorf Boll; auch den Nachfolger in seinem Lebenswerk hat er mit Christoph gefunden.

Es ginge zu weit, Blumhardts zahlreiche Enkel, die Nachkommen Gottliebins und andere in den Betrieb Bad Bolls Hineinwachsende – etwa die Familie Vopelius – zu beschreiben. Das gilt auch für die zahlreichen, meist nicht

113   *Theophil Blumhardt (1843–1918) mit Frau Frieda (LKA D 34 273/2)*
114   *Grab Johann Christoph Blumhardts (1805–1880) auf dem Boller Badfriedhof (LKA D 34 265/12)*

namentlich genannten Dienstboten des Hauses. Festzuhalten ist, daß auch das Dienstpersonal, unter dem bei Übernahme des Bades durch Blumhardt »fast rohe Verhältnisse« geherrscht haben sollen, durch den besonderen Geist Bad Bolls geprägt worden ist. Als sittliche Verfehlungen aus diesem Kreis bekannt werden, geht Blumhardt mit sich selbst ins Gericht und ermuntert auch seine Familie dazu. Tatsächlich beginnt daraufhin unter den Dienstboten ein neues Leben; die meisten geben Blumhardt *Gelegenheit zu besonderer geistlicher Behandlung* – ein Möttlingen im kleinen.[54]

Heimgang

Von Weihnachten 1879 an leidet Blumhardt unter hartnäckigem Husten, den er anfangs ignoriert. Jedoch redet er, dessen Augenmerk von jeher den »Zeichen der Zeit« gegolten hat, die eine neue Gnadenzeit ankündigen sollen, nun sehr bestimmt von einem großen Schrecken, der dieser neuen Zeit vorangehen werde. Er räumt seine beiden Studierzimmer auf, ordnet Bücher, Schriften und Briefe, aber nicht ohne Heiterkeit und Gelassenheit. Hilferufe, die Kranke telegraphisch an ihn richten, werden wie gewohnt beantwortet. Am 15. Januar 1880 hält er noch einmal Gottesdienst in Bad Boll. Einige Tage später steigert sich die Erkältung zu einer Lungenentzündung mit hohem Fieber; er läßt es sich aber nicht nehmen, die Abendstunde am 21. Februar zu halten über Psalm 46,2: *Gott ist unsere Zuversicht und Stärke, eine Hilfe in den großen Nöten, die uns getroffen haben.*

Von nun an ist er ein todkranker Mann. Aber auch auf dem Sterbebett beschäftigt ihn das endliche Kommen des erhöhten Herrn, die Zeit, wo auch der Tod verschlungen ist in den Sieg, was er noch zu seinen Lebzeiten erhofft hat. Seine Söhne berichten, in den letzten Tagen habe er die Nichterfüllung dieser Hoffnung anzunehmen gelernt. Daß Gott seine Sache herrlich hinausführen werde, daß er seine Hand auftun werde zur Barmherzigkeit über alle Völker, kann Blumhardt jetzt auch für die Zeit nach seinem Tode aussprechen. Der Freund Friedrich Zündel hat an seinem Grabe darauf, gleichsam als

auf eine Gesetzmäßigkeit in der Geschichte des Reiches Gottes, hingewiesen, daß dieses Reich vorwärts marschiere durch die äußerlichen, und darum nur scheinbaren, Niederlagen seiner Träger.
Diese Situation hat auch Robert Lejeunes Bemerkung im Auge: *Klingt aus des Vaters Worten beim Gedanken an die Möglichkeit seines Sterbens erst noch ein gewisses Bangen heraus – »Von meiner Möttlinger Zeit her habe*

ich etwas voraus in den Gedanken von der Nähe des Herrn; ich habe ein Vorspiel gesehen, und mit mir ginge auch dieses unter – bedenke, wie hart mir das wäre!« –, so ist dieses Bangen gerade durch das überwunden worden, was er in seinem Sohne [Christoph] an wahrhaftigem Leben spürte und was ihn zuversichtlich auch

von der weiteren Boller Geschichte Bezeugungen der alten Siegeskraft Jesu Christi erwarten ließ.

Am 25. Februar 1880 stirbt Johann Christoph Blumhardt. Unter großer Anteilnahme wird er auf dem Boller Badfriedhof zur Ruhe gebettet; Möttlinger tragen den Sarg zum Grabe.[55]

[1] Blumhardt an Christian Gottlob Barth 4. 1., 6. 1. und 12. 1. 1849. – Zu den hier und im folgenden zitierten Briefen Joh. Chr. Blumhardts siehe die im Erscheinen begriffene Briefausgabe: Blumhardt, Johann Christoph: Briefe. Hg. und erläutert von Ising, Dieter. 7 Bände, Göttingen 1993ff. (Gesammelte Werke, Reihe III). Bd. 3 und 4 behandeln die Möttlinger, Bd. 5 und 6 die Bad Boller Zeit.

[2] Blumhardt an Traub (?) 20. 4. 1850, an Luise von Scheibler 8. 10. 1850, an Barth 19. 10. und 1. 11. 1850.

[3] Doris Blumhardt an Karl Köllner 14. 11. 1850, Blumhardt an Otto Hermann 11. 3. 1851, an Barth 4. 9. 1851.

[4] Blumhardt an Barth 14. 11. 1851.

[5] Doris Blumhardt an Luise von Scheibler 30. 10. 1851, Blumhardt an Barth 7. 11. 1851 und 11. 11. 1851, an Luise von Scheibler 24. 11. 1851.

[6] Zündel, Friedrich: Pfarrer Johann Christoph Blumhardt. Ein Lebensbild, S. 404–406. Zitiert wird nach der letzten ungekürzten Auflage, der 5. Aufl. 1887.

[7] Blumhardt an Riecke 10. 12. 1851, an Steinheil 22. 12. 1851. Zum Wert des Bades Boll vgl. die Angaben im Schätzungsprotokoll vom 10. 1. 1866 und 18. 11. 1869 (zwecks Aufnahme in die Württembergische Brandversicherung): 1866 wird der Gesamtwert der Gebäude und Anbauten mit 92 150 fl. (Gulden) angegeben, 1869 mit insgesamt 110 725 fl. (BlA, Mappe »Acten betr. ... Bad Boll«).

[8] Blumhardt an Strippelmann 10. 1. 1852, an Bardili 2. 1. 1852, an Labouchère 13. 1. 1852, an das Kult- und Finanzministerium 20. 1. 1852, an Dieterlen 23. 1. 1852.

[9] Doris Blumhardt an Karl Köllner 29. 1. 1852, Blumhardt an Barth 7. 2. 1852, an Karl Köllner 14. 3. 1852, an Barth 6. 4. 1852.

[10] Kaufvertrag vom 15. 4. 1852 mit Nachträgen vom 20. und 22. April 1852 (BlA, Mappe »Acten betr. ... Bad Boll«); Blumhardt an Barth 2. 5. 1852.

[11] Blumhardt an Luise von Scheibler 20. 4. 1852, Doris Blumhardt an Karl Köllner 23. 4. 1852.

[12] Blumhardt an den König von Württemberg 23. 4. 1852.

[13] Blumhardt an Luise von Scheibler 20. 4. 1852, an Dekanatamt Calw 16. 5. 1852, an Otto Hermann 28. 5. 1852, an Christoph Dieterlen 17. 6. 1852; Zündel: Lebensbild, S. 407.

[14] Vgl. Blumhardts Mitteilungen im Evangelischen Kirchenblatt, zunächst für Württemberg, von 1845 (auch in: Blumhardt, Johann Christoph: Gesammelte Werke, Reihe I. Göttingen 1979. Bd. 1: Der Kampf in Möttlingen, S. 93–118).

[15] Blumhardt, Johann Christoph: Blätter aus Bad Boll 1876, S. 215. Vgl. die bei Ising, Dieter (Hg.): Johann Christoph Blumhardt. Ein Brevier. Göttingen 1991, S. 127–166 gedruckten Quellen.

[16] Blumhardts Erwiderung vom 14. 8. 1852 im Schwäbischen Merkur 1852, S. 1488.

[17] Korrespondenz im HStAS E 146 Bd. 1731. Siehe auch Schwäbischer Merkur 1852, S. 1488.

[18] Blumhardt an Dieterlen 29. 3. 1854.

[19] Erklärungen Blumhardts vom 30. 5. 1852 und 5. 8. 1853 im HStAS E 146 Bd. 1731; Schwäbischer Merkur 1852, S. 1488; Blumhardt an Labouchère 13. 1. 1852, an Otto Hermann 28. 5. 1852; Hausordnung Bad Boll von 1872 (?) (Exemplar im LKA Stuttgart D 34 113/1); Klunzinger, Theodor: Andenken an (Johann) Christoph Blumhardt. Stuttgart (1880), S. 4 Anm.

[20] Zündel: Lebensbild, S. 448–456; Braun, Gottfried: Krankheit und Heilung. Brandenburg 2. Aufl. 1864 (zitiert nach Zündel: Lebensbild, S. 453–456); Blumhardt an Gottliebin Brodersen geb. Dittus 13. 1. 1863.

[21] Zu heutigen Vorgängen auf diesem Gebiet vgl. den monatlich erscheinenden Materialdienst der Evangelischen Zentralstelle für Weltanschauungsfragen (EZW).

[22] Zündel: Lebensbild, 471f.; Braun: Krankheit und Heilung.

[23] Erinnerungen an Pfarrer Blumhardt in Bad Boll. In: Christlicher Volksbote aus Basel 1880, S. 139.

[24] Blumhardt an Dekan Fischer 29. 10. 1845 (?).

[25] Weiteres bei Zündel: Lebensbild, S. 469ff. und 491ff.; Ising: Blumhardt-Brevier, S. 110ff.

[26] Blumhardt an Konsistorialrat von Dettinger 24. 10. 1872. Ausführliche Schilderung bei Zündel: Lebensbild, S. 497–499.

[27] Blumhardt an Dekan Fischer 29. 10. 1845 (?), an Unbekannt 18. 12. 1867.

[28] Bardili über Blumhardt und Bad Boll 26. 8. 1853; Zündel: Lebensbild, S. 423.

[29] Blumhardt an Christian Gottlob Barth 7. 12. 1844, an Pfarrer Supper 5. 8. 1879.

[30] Braun: Krankheit und Heilung; Zündel: Lebensbild, S. 451f.

[31] Ragaz, Leonhard: Mein Weg. Bd. II 1952, S. 131. Vgl. Bohren, Rudolf: Die Hauskirche J. Ch. Blumhardts. In: Ders.: Predigt und Gemeinde, Zürich, Stuttgart 1963, S. 163.

[32] Gästebücher, Bd. II (1867–1873), S. 158 (BA Bad Boll). Bei ihrer Ankunft am 15. Juli 1871 hat sich Ottilie Wildermuth auf S. 155 eingetragen.

[33] Blumhardt an Barth 11. 12. 1857. Etwa 2800 Briefe von und an Johann Christoph Blumhardt haben sich erhalten; eine Auswahledition erscheint zur Zeit (siehe oben Anm. 1). Viele der an ihn gerichteten Schreiben hat er vernichtet, jedoch könnte von seinen Antwortbriefen über die bekannten hinaus eine größere Anzahl noch existieren, wenn man annimmt, daß die Beantwortung von sechs bis zwölf Briefen täglich die Regel war.

[34] Blumhardt an Dieterlen 21. 11. 1854.

[35] Zündel: Lebensbild, S. 477f.

36 Neuauflage in: Blumhardt, Johann Christoph: Gesammelte Werke, Reihe II (Verkündigung). Hg. von Paul Ernst. Bd. 1–5, Göttingen 1968–1974.

37 Vgl. Ising, Dieter: »Daß Jesus siegt, bleibt ewig ausgemacht...« Johann Christoph Blumhardts Verkündigung im Spiegel seiner Gedichte und Vertonungen. In: Blätter für württ. Kirchengeschichte 88 (1988), S. 385–401.

38 Blumhardt an die Söhne Christoph und Theophil 19. 7. 1864.

39 Blumhardt an den Sohn Theophil 22. 2. 1869.

40 Braun: Krankheit und Heilung.

41 BA Bad Boll.

42 Belegungsplan und Namenslisten zum alten Teil des Badfriedhofs im BA Boll. Vgl. Gemeinde Boll (Hg.): Boll. Dorf und Bad an der Schwäbischen Alb, S. 259–262.

43 Blumhardt, Christoph: Erinnerung an unsere selig vollendete Mutter Doris Blumhardt. Bad Boll (1886), S. 24.

44 Blumhardt an Karl und Maria Köllner 12. 6. 1844, an Eduard Mörike 5. 10. 1848.

45 Blumhardt, Christoph: Erinnerung, S. 26–30.

46 Blumhardt, Christoph: Erinnerung, S. 22f., 28f.; Zündel: Lebensbild, S. 435.

47 Blumhardt, Christoph: Ansprache zum Begräbnis von Hansjörg Dittus 23. 3. 1888. In: Ders.: Ansprachen, Predigten, Reden, Briefe 1865–1917. Hg. von Johannes Harder. Bd. I, Neukirchen 1978, S. 138f.; Joh. Chr. Blumhardt an Luise von Scheibler 20. 4. 1852, an Barth 28. 1. 1862; Zur Erinnerung an Catharina Dittus (Beerdigungsfeier 29. 1. 1887, Exemplar im LKA Stuttgart, D 34, 55).

48 BlA, Kapsel I A 5, Mappe Widmungsgedichte.

49 Blumhardt an Barth 28. 1. 1862, an die Söhne Christoph und Theophil 12. 12. 1864. Weitere Angaben zur Familie Blumhardt: Ernst, Paul: Johann Christoph Blumhardt, Leben und Werk (als Manuskript vervielfältigt). Stuttgart 1975–1979, Bd. IV, S. 128–149.

50 Blumhardt an Unbekannt 28. 2. 1862, an die Söhne Christoph und Theophil 12. 12. 1864, an Doris Blumhardt 8. 11. 1865, Christoph Blumhardt an Gottliebin Brodersen 11. 11. 1865, Blumhardt an den Sohn Christoph 10. 7. 1867.

51 Aus dem umfangreichen, 1857 beginnenden Briefwechsel Blumhardts mit den Söhnen Christoph und Theophil siehe u. a. Blumhardt an Theophil 19. 12. 1866, 18. 3. 1867, 8. 11. 1870.

52 Blumhardt an Gottliebin Brodersen 15. 7. 1863, an den Sohn Christoph 18. 12. 1866, an den Sohn Theophil 30. 11. 1870.

53 Blumhardts Rundschreiben zum Tod der Tochter Bertha 12. 10. 1854.

54 Blumhardt an Unbekannt 28. 2. 1862; Blumhardt, Christoph: Erinnerung, S. 26; Zündel: Lebensbild, S. 431.

55 Blumhardt, Theophil (Hg.): Zum Gedächtniß an Pfarrer (Johann) Christoph Blumhardt. Bad Boll (1880), S. 44f., 56, 60–80; Lejeune, Robert: Christoph Blumhardt und seine Botschaft. 1938, S. 32.

Christoph Blumhardt (1842–1919)

Dieter Ising

In den Fußstapfen des Vaters

Christoph Friedrich Blumhardt, drittes Kind Johann Christoph Blumhardts und seiner Frau Doris, wird am 1. Juni 1842 in Möttlingen geboren. Der Vater berichtet, die Geburt sei problemlos verlaufen, obwohl das Kind 14 Tage zu früh gekommen sei. Es sei still, schlafe viel – *seine Stirne nimmt netto die Hälfte seines Gesichts ein.* Christoph wird am 19. Juni 1842 getauft. Ursprünglich ist der Name »Hermann« für ihn vorgesehen: *Mein Kleiner muß ein Herrmann* (Mann des Herrn) *heißen. Aus allen meinen Kindern Missionare machen zu können, ist und bleibt mein höchster Wunsch – ich bring's nicht aus mir heraus. Auch das wird ein Anderer versehen!*[1] Der Vater kann und will sein Engagement für die Äußere Mission nicht verleugnen; in den sieben Jahren seiner Basler Tätigkeit hat er Missionsschüler darauf vorbereitet, was es heißt, das Evangelium der ganzen Welt bekanntzumachen und so dem wiederkommenden Christus die Bahn zu bereiten.

Der Sohn Christoph wird hineingeboren in die geschilderten Ereignisse um Gottliebin Dittus und die sich 1844 anschließende Möttlinger Erweckung. Zahlreiche Gebetsheilungen seelischer wie körperlicher Krankheiten ereignen sich; auch der kleine Christoph Blumhardt erlebt dies: *Unser Christoph* […] *war beim Aufwachen krank* […] *Betete ich mit dem Kind, sagte es:* »*Ja, daß ich auch in Himmel komm'*« *usw. Gestern abend warteten wir auf sein Ende, aber das starre, eiskalte Todtengesicht bekam allmählich wieder Wärme, und diesen Morgen tragen sie ihn schon wieder herum. Ich hatte ihn schon hergegeben, denn es wäre eine Krankheit, wie ich noch keine bei Kindern gesehen habe. Vollkommenes Bewußtseyn, stille Ergebung, liebliches Benehmen durch Alles durch, Willigkeit zum Anhören eines Gebets, sonst* nur *Hitze und kurzer Athem – ich hatte nicht den Muth, ihn herauszubeten, sondern es war mir:* »*Wie's Ihm gefällt.*« *Doch jezt haben wir ihn wieder! Dem HErrn sei Dank!*[2]

Anfangs unterrichtet der Vater seine Kinder selbst, zusammen mit jungen Hausgästen, die im Möttlinger Pfarrhaus Heilung suchen; seine Frau hilft ihm dabei. Nach dem Umzug nach Bad Boll unterrichtet er seine Söhne in alten Sprachen und »Realien« (naturwissenschaftlichen Fächern). Selbstverständlich gehört das Studium der Bibel immer dazu, woran sich der Sohn Christoph später dankbar erinnert: Man habe nicht viel auswendig lernen müssen, auf den Wortlaut der einzelnen Bibelstellen sei es dem Vater nicht so angekommen, aber *das Ansehen der Schrift wußte er durch seine kindlich-fromme Haltung zur Schrift uns einzuprägen.*[3] Im Jahr 1857 gehen Christoph und sein Bruder Karl aufs Stuttgarter Gymnasium; die Aufnahmeprüfung für die achte Klasse bestehen sie nicht und müssen mit der siebten beginnen. Der Vater tröstet sie; sie seien eben »vernagelt« gewesen vor innerer Anspannung und »Scheucherei«. Auch als Christoph und Theophil – Karl hat inzwischen das Gymnasium verlassen – 1859 nicht in die neunte Klasse aufgenommen werden, zeigt Blumhardt Verständnis: Ihm geht es darum, die beiden von übermäßigem Leistungsdruck zu befreien und ihnen die Möglichkeit zu geben, mit *mehr Gemüthsruhe und Gedeihen* sich vor allem den alten Sprachen zu widmen. Er bemüht sich um Plätze als hospites (Gastschüler) im Seminar Urach, das auf ein Theologiestudium vorbereitet – offensichtlich steht dieses Ziel damals bereits fest. Dies gelingt, und nun ist der Vater froh bei dem Gedanken, *daß ihr einmal könntet mir eine Stütze seyn und in das eintreten, worein mich der HErr geführt hat.*[4] Christoph und Theophil absolvieren das Uracher Seminar von 1859 bis 1862. Als der Vater von ihren Schwierigkeiten mit den alten Sprachen erfährt, bietet er an, ihnen *je und je einige Sätzchen* [zu] *schicken zum Uebersezen, in welchen eigenthümliche und doch nöthige Regeln und Sächelchen vorkommen.* Und so wird in Blumhardts Briefen an die Söhne in Urach jene Art von Nachhilfestunden fortgesetzt, die man bereits in der Stuttgarter Zeit praktiziert hat: Unregelmäßige lateinische Verben werden konjugiert, lateinische und griechische Texte übersetzt. Der von zahlreichen Fehlern entmutigte Christoph wird getröstet: *Lächle selbst darüber, und thue das Bischen Stolz weg* [...] *Laß dir's gefallen, über dem Stolpern gerade laufen zu lernen, und denke, der Heiland will dich nur vor der Hand demüthigen. Daß Er dir aber, wenn's gilt, helfen werde, daß ist mir so gewiß, als daß die Sonne am Himmel läuft.* 1862 bestehen Christoph und Theophil das Schlußexamen in Urach und schreiben sich als Stadtstudenten – nicht als Stiftler – in Tübingen ein.[5]

Als sie darangehen, einen Bekanntenkreis aufzubauen, und sich *mit Ausschluß aller andern* [nur] *an bestimmte Leute halten* wollen, werden sie von ihrem Vater daran erinnert, daß sie aus Bad Boll kommen, wo man sich allen Menschen, die einen aufsuchen, öffnet. Dies führt zu einem ernsten Konflikt. Die »bestimmten Leute« sind, wie sich herausstellt, eine farbentragende studentische Verbindung, und hier wird die Kritik des Vaters massiv wie selten. Der exklusive Charakter, nach außen dokumentiert durch Band und weiße Mütze, widerspricht seiner Hinwendung zur *ganzen* Welt, für die er hofft und betet: *Ich müßte mich vor allen denen schämen, die auf Boll mehr sehen als ihr, und könnte es vor Niemanden verantworten, es euch zugelassen zu haben.* Die Söhne bitten um Verzeihung; sie versichern, sich ganz in seinen Willen geben zu wollen. Nach längerem Verhandeln wird ihnen der Eintritt in die Verbindung Normannia gestattet; sie stellen aber selbst die Bedingung, Mütze und Band nicht tragen zu müssen.[6]

Dem Vater geht es nicht darum, seinen Söhnen Angst vor der Welt einzuflößen, wie in diesem Zusammenhang ver-

115 *Der junge Christoph Blumhardt im Kreise von Freunden (LKA D 34 267/1)*

mutet worden ist, sondern er will, daß sie sich nicht ihrer kritischen Distanz zur Welt berauben. Wer sich mit Haut und Haaren auf eine bestimmte gesellschaftliche Gruppe einläßt, kann Menschen nicht mehr unvoreingenommen prüfen: *Lernet euch innerlich über Alle stellen, nicht im Stolz, aber so, daß ihr merket, wo's an ihnen fehle.* Das gilt nicht nur für Verbindungen, auch für eine Theologie, die geistreich tun will und der »Furcht des HErrn« abträglich ist. Erst der Fromme – eine Haltung, die im Sinne Blumhardts nicht vieler Äußerlichkeiten bedarf – kann die Welt recht beurteilen und ihr ein Segen sein. Und so möchte der über den Pietismus hinausgewachsene Vater auch seinen Söhnen ein rechtes Verhältnis zu den pietistischen Mitstudenten nahebringen: *Ich will nicht, daß ihr sein sollt wie sie; aber eure Sache ist nichts, wenn ihr die, welche fromm seyn* wollen, *degoutiret* [ablehnt].[7] Wenn 1919 ein Sozialdemokrat vom Sohn Christoph, dem SPD-Parteimitglied, sagt, er habe *hoch über unserer Partei gestanden*[8], dann erinnert dies an die Auffassung des Vaters: Eintreten für die Welt und kritische Distanz zu ihr gehören zusammen.

Die Warnungen des Vaters vor einem fremden Geist, der *nicht aus uns kommt*, haben Erfolg. Christoph und Theophil bleiben in der Gedankenwelt Bolls, auch während des Studiums mit seinen vielfältigen Einflüssen. Dies geht nicht ohne Konflikte ab; das Leben in Tübingen, *total in der wissenschaftlichen Sphäre der Theologie*, und das von Boll her gewohnte konkrete Erleben der Gegenwart Gottes stecken voller Reibungsflächen. Als die Entscheidung gefallen ist, der Sache des Vaters die Treue zu halten, stellt sich für Christoph ein neues Problem: Wie kann der Sohn eines bedeutenden Mannes unter diesen Umständen zu seiner eigenen Identität finden? 1865 schreibt er an Gottliebin Brodersen geb. Dittus, er befürchte, daß ihm eigene Originalität und Kraft abhanden gehen könnten, wenn er sich nur in die »Errungenschaft« des Vaters einlebte. Christoph sucht schon damals einen Weg, dessen Reichgotteshoffnungen teilen zu können – aber nicht nur »gewohnheitsmäßig«, sondern aus eigenem Impuls und auf eigene Weise. Die Angst vor dem Mittelmaß packt ihn und läßt ihn immerhin als Möglichkeit ins Auge fassen, lieber das nächste beste Handwerk zu lernen als ein Pfarrer zu werden, *wie sie überall sind.*[9]

Im September 1866, nach bestandenem Ersten Theologischen Examen, wird Christoph Vikar bei Pfarrer Peter im badischen Spöck, einem Freund des Vaters und Nachfolger von Aloys Henhöfer, dem bedeutenden Vertreter der Erweckungsbewegung. Aus Christophs Briefen gewinnt man den Eindruck, daß ihm der Einstieg in die Berufspraxis gefällt. Im Dezember 1866 kommt eine Anfrage aus Gernsbach in Baden, ob er dort sein Vikariat fortsetzen möchte. Er nimmt an; der Vater steht mit ihm in regelmäßigem Briefkontakt und gibt Ratschläge u. a. fürs rechte Predigen: Christoph solle das, was er schreibe und predige, in sein eigenes Herz »hineinführen«. Als ihm

im Juni 1867 eine Stelle in Elberfeld angeboten wird, die besondere seelsorgerliche Fähigkeiten verlangt, rät der Vater, nach Württemberg zurückzukehren und dort erst einmal die Ausbildung abzuschließen, denn *ohne im Vaterlande fertig zu seyn, kommst du nie mehr in dieses zurück*. So wird Christoph im Oktober 1867 Vikar in Dürnau, nicht weit von Bad Boll entfernt. Nach einer kurzen Zeit als Amtsverweser in Hohenstaufen bei Göppingen (Juli/August 1868) legt er im Mai 1869 das Zweite Theologische Examen ab; vom November 1869 an ist er Gehilfe seines Vaters in Bad Boll.[10]

So scheint sich des Vaters Wunsch, Christoph möge seinem Hause erhalten bleiben, zu erfüllen. Bereits 1867 hat er die Nachfolgefrage angeschnitten: *Von hier aus einmal – ich rede eben jezt so – weit hinaus reisen und reisend wirken könnte auch deine Aufgabe werden. Ein wichtiger Beruf könnte dir offen seyn.* Christoph wird Vikar und Sekretär seines Vaters; gelegentlich vertritt er ihn bei Andachten und Predigten. Im Januar 1870 verlobt er sich mit Emilie Pauline Bräuninger, einer Tochter des Pächters vom Hofgut Einsiedel bei Tübingen, die eine Zeitlang Haustochter in Bad Boll gewesen ist. Dem Brauch der Zeit folgend, hält der Vater für ihn um die Hand Emilies an; dem Pächter Bräuninger schreibt er, Christoph solle in Bad Boll *eine Art Inspectorsstelle versehen und mit mir die geistlichen und leiblichen Angelegenheiten auf dem Herzen tragen.*[11] Am 12. Mai 1870 findet die Hochzeit statt.

Für Christophs Suche nach einem eigenen Zugang zu den Reichgotteshoffnungen des Vaters ist der Tod der Gottlibin Brodersen geb. Dittus ein entscheidendes Erlebnis. Diese muß sich seit 1862 öfters schweren Operationen unterziehen. In den folgenden Jahren setzt sie ihre tägliche Arbeit fort, ist aber »gründlich elend«. 1871 hat sie eine zunehmende Geschwulst unter dem Magen, so daß Johann Christoph Blumhardt konstatiert: *Wenn Gott kein Wunder thut, ist's fertig.* Gottliebin ist die Hauptzeugin des Möttlinger Geschehens; an ihr hat sich der Sieg über die Finsternis, für des Vaters Wirken grundlegend, erstmals vollzogen. Zudem machen sie ihr Hineinwachsen in seine Familie und ihr Engagement zu einem *Hauptfactor unsres ganzen jezigen Lebens.* Ein Versuch des Vaters, Gottliebin, die er als sein geistliches

Kind betrachtet, 1863 auch *förmlich an Kindesstatt* anzunehmen und sie als Erbin seinen Kindern gleichzustellen, scheitert nur an juristischen Schwierigkeiten.[12]

Als sie am 26. Januar 1872 stirbt, ist dies ein schwerer Schlag; die Hoffnung, Gott werde seine Sache geradlinig hinausführen und also die Zeugen seines Sieges auch die neue Gnadenzeit erleben lassen, bekommt einen empfindlichen Dämpfer. Jedoch führt ihr Sterben zu einer überraschenden Wende. Der Vater ist auf Reisen; Christoph und die Angehörigen sitzen an Gottliebins Krankenbett. Nicht Angst vor dem Tod beherrscht die Szene, sondern das erhoffte Reich Gottes; hierauf richten sich alle Gebete. Gottliebins Willensstärke und Glaubenszuversicht müssen für den bald 30jährigen Christoph eine Predigt gewesen sein, die sein ganzes künftiges Leben bestimmt. Gottliebin stirbt in seinen Armen; der heimkehrende Vater konstatiert *die völlige Herbeiziehung meiner Kinder zur Sache und eine geistliche Erneuerung meines ganzen Hauses.*[13]

116 Christoph Blumhardt mit seiner Mutter Doris und Gottliebin Dittus (LKA Stuttgart D 34 266/10)

Die Frühzeit eigenen Wirkens

Am Todestag des Vaters (25. Februar 1880) kommt es noch einmal zu einem kurzen Gespräch zwischen ihm und den Söhnen Christoph und Theophil über den Kampf für das Reich Gottes. Die Frage, wie es nun weitergehen solle, steht im Raum. Da sagt Christoph zu dem Sterbenden: *Papa, es wird gesiegt!* Und der Vater legt ihm die Hand auf: *Ich segne dich zum Siegen.* Friedrich Zündel vergleicht in seiner Begräbnisrede den Vater mit Mose, der das verheißene Land noch nicht schauen durfte, Christoph aber mit Josua, Moses rechter Hand; denn so sei im letzten Jahrzehnt das Verhältnis beider gewesen. Also gelte für Christoph auch die Verheißung Josua 1,2.5–9: *Mein Knecht Mose ist gestorben; so mache dich nun auf und ziehe über diesen Jordan, du und dies ganze Volk in das Land, das ich ihnen gegeben habe [...] Wie ich mit Mose gewesen bin, also will ich auch mit dir sein [...].*[14]

So wird Christoph der Nachfolger seines Vaters in Bad Boll. Er und Theophil teilen sich die geistlichen Funktionen im Hause, die Gottesdienste und Andachten. Im Jahr 1880 wird Theophil Pfarrverweser, ein Jahr später Pfarrer im benachbarten Dorf Boll.[15] Nun übernimmt Christoph allein die Leitung des Hauses, Gottesdienste, Andachten und Seelsorge. Wie bisher ist auch die Briefseelsorge ein wichtiger Bestandteil der Leitungstätigkeit.

Die ersten Jahre stehen unter dem Motto: Nach dem Tod des Vaters tritt die Jugend mehr hervor, *aber nicht in dem Sinn, als ob man nun etwas Neues versuchen werde, korrigieren, verbessern und es anders machen wolle.* Christoph Blumhardt setzt das Werk seines Vaters fort; er stellt sich ausdrücklich auf dessen Grundlagen. An Friedrich Zündel, dessen Blumhardt-Biographie gerade erschienen ist, schreibt er 1881, der Möttlinger Kampf, welcher dem Vater viele Angriffe und Verdächtigungen eingebracht hat, sei recht geschildert. *Weglassen wäre Feigheit, die Sache plausibel machen wäre Torheit. Es ist nun einmal dieser Kampf ein Klotz auf dem Wege der legalen Denker. Sie sollen darüber wegkommen, wie sie wollen. [...] Wer nichts Unerklärliches ertragen kann, soll das Buch auf die Seite legen, dann aber getrost auch vieles in der Bibel streichen.* Auch die Verbindung des

Kampfes mit der Möttlinger Erweckung und die fundamentale Bedeutung dieser Möttlinger Jahre für die Wirksamkeit in Bad Boll – all dies unterstreicht Christoph nachdrücklich.[16] Er teilt die großen Hoffnungen des Vaters, der für die Hinwendung aller Menschen zu Gott gebetet und gearbeitet hat, der darum eine neue Ausgießung des Heiligen Geistes erhoffte und der mit diesem Ereignis, das er noch zu Lebzeiten erwartete, seine Tätigkeit beendet sah. So auch der Sohn: Man betet in Bad Boll um eine neue Geistausgießung – wenn es einmal so weit sein wird, *wenn einmal Bad Boll einen Purzelbaum machen kann und ganz aufs Himmlische hineinfällt, dann sind wir zufrieden, dann ist unsere Lebensaufgabe fertig, dann braucht man uns nimmer.*[17]

Der Zustrom der Besucher hält an. In das Gästebuch tragen sich in den ersten sechs Jahren von Christophs Wirksamkeit (1880–1886) etwa 1000 Besucherinnen und Besucher pro Jahr ein, ebenso viele wie zu Zeiten des Vaters. Die Jahre von 1886 bis 1891 verzeichnen sogar einen leichten Anstieg auf etwa 1200 Gäste jährlich. An Pfingsten 1880 sei, berichtet Christoph dem Freund Zündel, das Haus ganz besetzt gewesen: *Und das war nicht nur ein Pfingstgelaufe, sondern es war eine tiefe Bewegung in den Menschen. […] »Segnen Sie mich«, sagten nach der Predigt mehrere zu mir – und das ist schon lange nicht mehr vorgekommen. Es sind Spuren von einer Bewegung auf eine Bekehrung hin.* Zwei Jahre später: *Unser Haus ist belebt wie noch nie. Blinde, Lahme, Krüppel, Taube, Besessene suchen Hilfe.*[18]

Heilungen geschehen wie zu des Vaters Zeiten; Schwerkranke werden plötzlich gesund, zum Erstaunen der Ärzte. Auch Fernheilungen stellen sich ein. Frauen aus der Gemeinde Unterensingen bitten um Christophs Fürbitte für eine Reihe Kranker aus ihrem Ort; einige Tage später berichten sie, allen sei geholfen worden. Wie der Vater betont auch Christoph, die Heilungen seien nicht die Hauptsache, sondern das innere Sich-lösen von der Sünde und das Sich-ausrichten auf das Wiederkommen Christi. Sei man nur auf äußere Heilung erpicht, auf Wiederherstellung der Bequemlichkeit, dann sei keine Hilfe zu erwarten. Andererseits: Wenn man wirklich dahin komme, *wo Gott ist*, dann geschehen auch Heilungen. Dann sei man im Gesetz des Geistes und Lebens. *Das* sind keine »Wunder«, einfach das Gesetz des Lebens, wenn eine Krankheit sich auflöst, weil ich Gott liebe; das ist natürlich. Wenn es nicht zu Wirkungen des Lebens kommt auch am Leibe, dann ist unsere Sache illusorisch.[19]

Die Erfahrung der Gegenwart des Auferstandenen, das Erleben, daß *der Heiland etwas tut* auch durch den Sohn Blumhardt, ist diesem selbst das größte Wunder. Im Jahr 1888 bekennt er, die Fortsetzung des Werkes seines Vaters sei nicht sein – Christophs – Verdienst; er sei von Hause aus ganz unfähig dazu gewesen und habe zuerst gar kein Interesse fürs Theologische finden können. Aber er habe gedacht: *Hat mein Vater das Rechte gehabt, so muß ich es auch erben können; auf das kann es nicht ankommen, was ich bin, wenn der Heiland eingreift.*[20]

Daß in Bad Boll etwas Bestehendes fortgesetzt wird, nimmt man in weiten Kreisen zur Kenntnis, die einen im positiven, die andern im negativen Sinn. Das Stuttgarter Konsistorium, das den Vater Blumhardt 1852 ermächtigt hat, kirchliche Amtshandlungen in seiner Boller Hausgemeinde vorzunehmen, überträgt diese Vollmacht am 1. Juni 1880 *in widerruflicher Weise* auch auf die Söhne Christoph und Theophil und bemerkt, die Oberkirchenbehörde habe *zu den Gebrüdern Blumhardt das Vertrauen, daß sie die Hausgemeinde im Geist ihres verewigten Vaters leiten und ihrer Pflichten und Rücksichten gegen die Landeskirche und ihre Organe stets eingedenk sein werden.*

Aber auch Angriffe von Ärzten sind wieder zu vernehmen. Wie bereits 1852 wird gefordert, Bad Boll unter staatliche Aufsicht zu stellen. Christoph lehnt jede Staatsaufsicht ab; *sie machen uns sonst zu einem Irrenhaus und diskreditieren uns.* Ihm gelingt es, die bisherige Unabhängigkeit Bad Bolls zu wahren. Der Göppinger Oberamtsarzt Dr. Munk und Dr. Landerer, Leiter einer Göppinger Heilanstalt, dem Blumhardt-Vater diejenigen

Geisteskranken übergeben hat, die von Zuspruch und Predigt nicht mehr erreichbar waren, halten zu Christoph Blumhardt. Dieser hat sich diejenige Stellung zur ärztlichen Kunst zu eigen gemacht, welche sein Vater am Schluß seines Wirkens vertrat. Die Tätigkeit des Arztes und die Hilfe Gottes stehen nicht notwendig in einem Konkurrenzverhältnis; wenn man einfach und nüchtern sich an den Arzt wende, gelte: *Man kann also ganz gut dem Herrn allein vertrauen und doch von einem Arzt sich raten lassen, wie man vertrauen und beten kann: »Gib mir mein täglich Brot« und muß dabei doch beim Bäcker das Brot bestellen.*[21]

117   *Brief Gottliebins an Christoph und Theophil Blumhardt vom 18. November 1863 (LKA D 34 40/13)*

118   *Emilie Pauline Bräuninger, Christoph Blumhardts Frau (LKA D 34 268/2)*

119 *Christoph und Emilie Blumhardt feiern 1895 Silberhochzeit (LKA D 34 268/6)*

Kontinuität und Veränderung

Einfach in den vom Vater gebahnten Wegen weiterzugehen, erweist sich schon bald als nicht mehr möglich. Bereits 1883, in einer Morgenandacht zum Todestag der Gottliebin, führt Christoph aus, seit ihrem Tod vor elf Jahren hätten die vergoldeten Zeiten aufgehört. *Seitdem führen wir ein Doppelleben; einerseits läuft es wie gewöhnlich fort, und andererseits ist es das einzige, brennendste und den ganzen Menschen hinnehmende Verlangen: Neues, Neues, ganz Neues zu erleben.* Jedoch ist diese Veränderung nicht ohne Kontinuum; die Möttlinger Erfahrung des *Jesus ist Sieger!* hat alles überdauert und soll auch künftig maßgebend sein für das erwartete Neue.[22]

Noch ist die neue Richtung nicht gefunden; jedoch bereitet der Tod weiterer Zeugen des Möttlinger Geschehens den Wechsel vor. Nach dem Tod der Mutter 1886, für Christoph eine *Stütze Gottes, ins Irdische hereinragend,* bleibt es noch bei der bangen Frage, wie nun weiterzumachen sei. Im Jahr 1888, als auch Hansjörg Dittus gestorben ist, der Christoph als Seelsorger und Mentor gedient und *ganz still etwas Sichtbares vom Heiland unter uns vertreten hat,* wird dem Leiter Bad Bolls klar, daß nun die Zeit, von anderen geistlich geleitet zu werden, vorbei ist. Der liebgewordenen Stützen beraubt, in die Selbständigkeit geworfen, bittet Christoph nun um das Erbarmen Gottes, der ihm den Weg zeigen soll. Eine Ahnung des künftigen Weges klingt an: Bad Boll, schon immer von Gästen aus vielen Ländern besucht, werde zum Zeichen werden müssen für einen *internationalen Himmel,* nicht nur geographisch, auch konfessionell verstanden. Blumhardt will es nicht nur mit allen Schattierungen des Protestantismus und mit dem Katholizismus, er will es auch mit den Mohammedanern und den Buddhisten zu tun haben, *weil ich sie alle in den Himmel hineinkriegen möchte vor Gott.* So gesehen ist sein 46. Geburtstag am 1. Juni 1888 *ein ganz neuer Geburtstag, [...] mit ganz anderen Empfindungen als früher.*[23]

Die Äußerungen dieser Zeit stecken voller Ahnungen. Als Christoph im März 1888 nach Berlin an das Sterbebett Kaiser Wilhelms I. gerufen wird und das Begräbnis des Kaisers miterlebt, bekommt er den Eindruck, hier werde vielleicht die letzte ruhige Zeit zu Grabe getragen; ein ganz Neues kündige sich an. Aber wie und wo tritt der Heiland auf neue Weise in Erscheinung? Blumhardt äußert, wenn er dies wüßte, dann lasse er Bad Boll, seinen »Kasten«, zusammenfallen und begebe sich dorthin. Das Erscheinen des Auferstandenen stellt er sich so vor, daß – wie der auferstandene Jesus den Jüngern erschienen ist – *so muß die ganze auferstandene Welt, die sich jetzt im Himmel gebildet, die Stadt Gottes, das neue Jerusalem, es muß herunter auf die Welt, und wir müssen es haben hier auf Erden.*[24]

Diese Hoffnungen, eine neue Geistausgießung unter Menschen aller Nationen und Religionen, das Irdischwerden des sonst nur im Jenseits Erhofften und damit das Aufhören des Todes, hat auch schon der Vater gehabt. Jedoch muß der einzuschlagende Weg, um diesem Kommen die Bahn zu bereiten, neu bedacht werden; so die Überzeugung des Sohnes. Im Herbst 1888 kann er es formulieren. Er schildert den Betrieb, wie er sich seit Jahren in Bad Boll eingebürgert hat: Die einen laufen halt so mit; andere tun gern mit, behalten aber *ihre Taschen voll.* Wieder andere folgen nur scheinbar dem Heiland nach und haben ganz andere Ziele im Herzen. Daraus folgt, daß – so Blumhardt – unser ganzes bisheriges Christentum nicht viel gewesen ist. *Schmeißt es weg* – ein radikaler neuer Anfang muß gemacht werden, eine entschlossene Hinwendung zu dem, was Christus will. Dazu gehöre, daß man sich um den Heiland plagt statt um die Christenheit, um den Heiligen Geist statt um unseren Geist. Nachfolge Christi heiße, Vater und Mutter zu verlassen, alte liebgewordene Bequemlichkeiten aufzugeben. Und dies gelte auch für die große Bedeutung, die das äußere Gesundwerden für viele habe. Das alles sei in den Hintergrund zu stellen: *Sterbt in eurem Fleisch, daß der Herr Jesus wieder lebe!*[25]

Hier werden Weichen neu gestellt; das Gesicht Bad Bolls ändert sich. Am Altjahresabend 1893 erklärt Christoph seiner Hausgemeinde, es komme ihn sauer an, in der gewohnten Art fortzupredigen, und er bittet sie um Verständnis, wenn er für längere Zeit das Predigen einstelle. Jeden Sonntag »auf Kommando« eine Predigt abzuliefern über einen vorgeschriebenen Text, der vielleicht gar nicht zu Gottes Sache passe, hindere ihn in seiner Tätigkeit für Gottes Wahrheit. Stattdessen solle sonntags beim Morgenkaffee in freier Weise eine Unterhaltung geführt werden über »direkt vorliegende Fragen«; so könne in der Stille das Reich Gottes gesucht werden. Das Einstellen der Predigt bedeutet also nicht eine Abkehr von Gottes Wort – im Gegenteil, Gott soll in der Heiligen Schrift gesucht werden. Die Morgen- und Abendandachten in Bad Boll setzt Christoph Blumhardt fort. Es geht ihm lediglich um ein Konkretwerden der Forderung, das »Fleisch« müsse sterben: Gott will keine äußerliche Kirchlichkeit, er will in Bad Boll keine »Kirchensitzer«, sondern »Menschen des Lebens«. Auf die Rechte eines Gemeindepfarrers für seine Hausgemeinde verzichtet Blumhardt 1894; kirchlich schließt man sich an das Dorf Boll an, wo der Bruder Theophil als Pfarrer tätig ist. Dies hat eine starke Zunahme des Gottesdienstbesuchs im Dorf zur Folge; zuweilen reichen die Sitzbänke in der Boller Stiftskirche nicht aus.[26]

In dieser Zeit der Klärung der eigenen Position werden Christoph Blumhardt Gemeinsamkeiten und Unterschiede zum Vater immer deutlicher bewußt. Die »Gedanken aus dem Reiche Gottes«, zuerst als Beiträge in mehreren Heften der »Vertraulichen Blätter für Freunde von Bad Boll«, dann als eigenständige Broschüre Ende 1895 veröffentlicht, stellen die Frage, welche Fortschritte im Reich Gottes zu erhoffen seien und welche Hindernisse ihnen im Wege stehen. Die kritische Sichtung der Vergangenheit bis hin zu den Anfängen in Möttlingen ergibt: Johann Christoph Blumhardts Kampf mit den Mächten der Finsternis, auch seine Hoffnung auf eine erneute Geistausgießung, haben bis heute ihre bleibende Bedeutung. Der Vater habe jedoch den Fehler gemacht, die in Kampf und Erweckung aufbrechenden neuen Wege Gottes mit bisherigen kirchlichen Formen zu verbinden. Schon damals – man denke an den Konflikt mit dem Konsistorium in der Möttlinger Zeit – und erst recht heute zeige sich, daß dies nicht mehr möglich sei. Zweitens hätten die Menschen in der Möttlinger Bewegung nur sich selbst, ihre eigene Seligkeit und ihre eigene Heilung gesucht. Diesem frommen Egoismus setzt der Sohn ein Christentum entgegen, das sich Gott zur Verfügung stellt und eigene Wünsche opfern kann. Zum dritten ist für Christoph die Rolle der Mission frag-

120 Der entschlafene Hansjörg Dittus (LKA D 34 274)
121 Gedanken aus dem Reiche Gottes, von Christoph Blumhardt, 1895

würdig geworden. Hat sie für den Vater noch eine bedeutende Rolle in der Entwicklung des Reiches Gottes gespielt, als Vorbereitung von Gottes Zion, zu dem alle Völker streben werden (Jesaja 2,2f.), so habe die Mission tatsächlich doch nur zur äußeren Verbreitung des Evangeliums beigetragen. Wir können nicht – so der Sohn – unser deutsch, englisch oder französisch geprägtes Christentum ohne weiteres anderen Völkern anpreisen.[27]

Ob diese Kritik den Vater tatsächlich trifft, sei dahingestellt. Jedenfalls verfolgt Christophs Neuorientierung das Ziel, das Anliegen des Vaters nach fünfzig Jahren, unter veränderten Bedingungen, wieder deutlich zur Geltung zu bringen.

Das konsequente Hinausstreben aus äußeren Gewohnheiten, immer horchend auf das, was Gott will, erzeugt auch Widerspruch. Pastor Friedrich von Bodelschwingh, Leiter der Anstalten in Bethel, den man noch im April 1880 unter den Bad Boller Gästen findet, schreibt nun an

Blumhardt, wenn man sich nicht auf Gottes Wort, sondern auf persönliche Offenbarungen stelle, komme eine Irrlehre dabei heraus. Dies führt Bodelschwingh, der Blumhardt die persönliche Wahrhaftigkeit nicht abspricht, auf ein »tiefes Seelenleiden« zurück. Theophil Blumhardt verteidigt seinen Bruder und entgegnet Bodelschwingh: *Lassen Sie ihm seine »Irrlehren«; er wird Ihnen auch die Ihrigen lassen […] Die Zeit der »Lehrstreitigkeiten« ist meines Erachtens vorüber. Es gilt jetzt, recht zu leben und im Gehorsam den Weg zu gehen, den Gott uns weist, mögen Menschen dazu sagen, was sie wollen.* Auch der jüngere Bruder Nathanael, Landwirt auf dem Bad Boller Gutshof, kann die neue Linie nicht gutheißen; er geht im Februar 1895 mit seiner Familie nach Neuseeland.[28]

Anfang 1898 wird Christoph Blumhardt krank. Er fühlt seine Kräfte verbraucht und führt es auf die ständige Inanspruchnahme durch die Besucher Bad Bolls zurück. Das Herzleiden, aus dem nach Auskunft des Arztes ein gefährlicher Herzfehler hätte entstehen können, führt ihn *haarscharf am Tode* vorbei. Nach der Genesung bittet er seine Umgebung, nicht immer nur zu jammern und zu klagen und von ihm Abhilfe zu erwarten, sondern das Psalmwort: *Der Herr ist meine Stärke* ernstzunehmen. Er schließt daraus, auf dem bisher eingeschlagenen seelsorgerlichen Weg gehe es nicht mehr weiter. *Jeder Seelsorger, je besser er ist, wird um so mehr von einem kleinen Häuflein elender Menschen verschlungen, und dann ist es aus.*[29]

Der Ruf Gottes in der sozialistischen Bewegung

Endlich, im Oktober 1898, kann Christoph konstatieren, jetzt sei man aus dem Altgewohnten heraus. Nun müsse aufgebaut werden, und das bedeute, daß man Ordnungen schaffe, die jeden Menschen etwas gelten lassen und auch Fremden in Bad Boll das Gefühl geben: *Ich gehöre auch zu Gott.* Eine neue Wirkungsphase kündigt sich an, die R. Lejeune im dritten Band seiner Blumhardt-Auswahl mit: »Ihr Menschen seid Gottes!« überschrieben hat.[30]

Die wirtschaftlichen und sozialen Verhältnisse seiner Zeit öffnen Christoph Blumhardt, dem aufmerksamen

Beobachter gesellschaftlicher Entwicklungen, den Blick für den künftigen Weg des Reiches Gottes. *In Dänemark ist Arbeiterkampf; die werden von ihren Arbeitgebern zu Lohnsklaven heruntergedrückt. Hier liegt mir der Anfang zum Reiche Gottes. Natürlich, die Massen wissen das nicht. Aber hier sucht man gleiches Recht [...] Werdet nur alle Proletarier, dann werdet ihr alle Christen; macht euch niedrig mit den Niedrigen; seid alle fleißige Leute!* Blumhardt liest das »Kommunistische Manifest« von Karl Marx und Friedrich Engels, er vertieft sich in Franz Mehrings »Geschichte der deutschen Sozialdemokratie«.[31] Ihm wird klar, daß es auch die gesellschaftlichen Bedingungen sind, die die Seelen der Menschen verderben. Nicht Wegbereitung des Reiches Gottes im individuellen Bereich, wie es der Vater mit seiner zentralen Stellung der Seelsorge praktiziert hat, sondern die Hoffnung, das Reich Gottes werde im Gesellschaftlichen anbrechen, bestimmt daher jetzt das Denken und Handeln des Sohnes. Die *Zeit der Konservenbüchsen*, gemeint ist die Bewahrung des Evangeliums in kleinen Kreisen, sei vorbei; nun gelte es, in die Welt hineinzugehen.[32]

Als 1899 die »Zuchthausvorlage« im Berliner Reichstag eingebracht wird (Arbeiter, die während eines Streiks arbeitswillige Kollegen am Betreten des Betriebes hindern, können mit Zuchthaus bestraft werden), solidarisiert sich Christoph Blumhardt mit den Arbeitern und der SPD. In seiner ersten politischen Rede am 19. Juni 1899 bezeichnet er die Vorlage als *Verbrechen an der Gerechtigkeit*. Am 24. Oktober führt er in einer sozialdemokratischen Versammlung im Göppinger Gasthaus Dreikönig aus, der Kampf der SPD gegen Hungerlöhne und für ein erfülltes Leben aller Menschen sei *der größte Kampf gegen den Egoismus*. Blumhardt betont, er habe die engen kirchlichen Grenzen verlassen; sein Verständnis des Reiches Gottes habe ihn auf die ganze Welt gewiesen. Die Zuhörer seien genau wie er Gottessucher; warum solle man sich also bekämpfen? Wenn Jesus sich zu den Niedrigen gehalten habe, dann sei er auch ein Sozialist gewesen.[33]

Nachfolge Christi heißt, sich der Verfolgten anzunehmen; damit gehört Blumhardt allerdings selbst zu den Verfolgten. Heftige Angriffe in der Presse sind das Echo.

Antwortschreiben von Christoph Blumhardt an seine Freunde!

———

Bad-Boll, im November 1899.

Auf die vielen Briefe, die ich jetzt bekomme, ist es mir nicht möglich im einzelnen zu antworten, und doch möchte ich jedem Einzelnen, der geängstigt ist bezüglich meiner Haltung, ein beruhigendes und aufklärendes Wort zukommen lassen, und einige Gesichtspunkte hervorheben, die für alle Kreise, die mich kennen, einige Aufklärung geben können.

In den Vordergrund stelle ich meine Stellung zu Christus und zu seinem Geist. Es ist jedermann bekannt, der mich persönlich kennen gelernt hat, daß ich von diesem alles habe, was ich bezeuge und lebe. Meine engeren Freunde aber wissen auch längst, daß ich eben mit meinem Bekenntnis zu Christus allein in nur „vertrauliche" Kreise gedrängt worden bin. Denn meine Freiheit in Christus wurde weder von kirchlichen noch sonst geschlossenen christlichen Kreisen verstanden. Ich war immer von Mißverständnissen umgeben, und auch nicht meine praktische Thätigkeit und meine Erfolge unter Armen und Kranken konnten diese Mißverständnisse und die Zurückhaltung jener Kreise überwinden.

darauf, daß ein königlich-württembergischer Pfarrer sich auf die Seite der »Sozis« stellt. Der Göppinger »Hohenstaufen« schreibt: *Darüber müssen wir uns klar sein, daß ein Mann, der berufen ist zum Verkündiger des Wortes des Allmächtigen, nie und nimmer Sozialdemokrat sein kann.*[34] Und tatsächlich legt ihm die Kirchenleitung nahe, nach seinem vor Jahren erfolgten Verzicht auf die Rechte eines Gemeindepfarrers nun auch den Titel »Pfarrer« nicht mehr zu führen. Blumhardt stimmt am 12. November 1899 zu und scheidet aus dem Dienst der Evangelischen Landeskirche aus:

Der tausendfache Dank aber der Proletarier, daß ich mit Christus unter ihnen aufgetreten bin, ist mir mehr als alles Ansehen bei kühlen vornehmen Christen, die noch nicht im Stande sind, die Ziele des Reiches Gottes zu erfassen.[35]

← 122   *Öffentliches Antwortschreiben von Christoph Blumhardt an seine Freunde, November 1899 (LKA Stuttgart D 34 122/1)*
123   *SPD-Wahlkampf vor dem Göppinger Gasthof Dreikönig (Stadtarchiv Göppingen)*

Er sieht sich von Gott am Kragen gepackt und mit aller Gewalt an die Tür der Sozialdemokraten geworfen. Die sei aufgesprungen, und er habe sich in einer neuen Welt gesehen. In einem »Antwortschreiben« an seine Freunde, die von dieser neuen Wendung irritiert sind, sagt er im November 1899: *Wenn nun der Sozialismus heute auch das Ziel im Auge hat, daß jedermann gleiches Recht* ans Brot *bekommt, daß die Eigentumsverhältnisse sich so gestalten müssen, daß nicht das Geld und der Besitz, sondern das Leben der Menschen die höchste Bedeutung bekommt, warum soll das ein verwerfliches Umsturz-Verlangen sein? Mir ist es gewiß, daß es im Geiste Christi gelegen ist, daß ein Ziel in dieser Richtung verfolgt wird, und es wird Umwälzungen geben, bis es erreicht ist. Da hilft kein Sträuben, weil es Gott so will, daß alle Menschen in jeder Hinsicht gleich geachtet werden und auch auf Erden nicht nur geplagte, sondern selige Geschöpfe Gottes sein sollen.*[36] Dies sagt Blumhardt in einer Zeit, in der weder von sozialer Marktwirtschaft noch vom Achtstundentag die Rede ist; den Arbeiterinnen und Arbeitern werden oft nur Hungerlöhne gezahlt, Kinderarbeit ist keine Ausnahme.

Blumhardt tritt in die Sozialdemokratische Partei ein und wird am 5. und 18. Dezember 1900 als Abgeordneter der SPD in den württembergischen Landtag gewählt. In seinem Wahlkreis Göppingen hat er sich souverän gegen die Mitbewerber durchgesetzt (Fabrikant Fetzer von der Deutschen Partei, Fabrikant Gutmann von der Volkspartei, Landgerichtsrat Gröber vom Zentrum). Dem befreundeten Howard Eugster-Züst, Pfarrer im schweizerischen Appenzell, der sich der dortigen Weber annimmt und später als Nationalrat die Sozialpolitik der Schweiz mitgestaltet, schreibt Blumhardt nach der Wahl in den Landtag, er fasse das Ergebnis als Ehrenerklärung auf gegenüber den Versuchen, ihn verächtlich zu machen. Er wolle nun dafür eintreten, daß die Sache der Proletarier nicht zum Lohnkampf herabsinke; vielmehr komme es darauf an, daß der Privatbesitz an den »Arbeitsmitteln« (Produktionsmitteln) aufhöre.[37]

Auch in den Jahren von 1900 bis 1906, als Abgeordneter im Stuttgarter Landtag, setzt Blumhardt seine Tätigkeit in Bad Boll fort, obwohl die politische Arbeit nun einen großen Teil seiner Zeit in Anspruch nimmt. Vor dem Landtag äußert er sich zu den verschiedensten Themen: Er protestiert gegen die erwähnte »Zuchthausvorlage«; außerdem fordert er – gemäß seinem Verlassen althergebrachter Kirchlichkeit – die Aufhebung der bestehenden Trennung der Konfessionen an der Schule. Warnung vor Getreidezöllen, welche die Arbeiter besonders belasten würden, Parteinahme besonders für die Fabrikarbeiterinnen, Verteidigung der Freiheit der Kunst (Lex Heinze) sind weitere Anliegen Blumhardts.[38]

Religiöser Sozialismus

Mit seinem Eintreten für die Sozialdemokratie, in der er gelebte Nachfolge Christi erkennt, die er aber auch im Geiste des Evangeliums beeinflussen möchte, wird Christoph Blumhardt zu einem der Väter des Religiösen Sozialismus. Den Einwand, die SPD sei eine atheistische Partei, läßt er nicht gelten; im Oktober 1899 äußert er, zur Zeit halte er sie sogar für die christlichste. Ihr Kampf für Menschenwürde, Abbau von Privilegien, ihr Friedenswille und vieles andere zeigten die Nähe zur Verkündigung Jesu. Dagegen halte der Kapitalismus – Blumhardt spricht von »Mammonismus« – auch viele Fromme in seinen Klauen. Das unbegrenzte Habenwollen, das maßlose Besitzergreifen von der Erde und ihren Schätzen sei Götzendienst, *eine Konkurrenz gegen den lieben Gott.* Und weil im System des Mammonismus immer nur einzelne auf Kosten der anderen reich würden, sei der Mammon *der Gott der Ungerechtigkeit und Unwahrheit.*[39]

Dieser »Herrschaftsmoral« setzt Blumhardt eine »Gemeinschaftsmoral« entgegen, die seiner Meinung nach zu gemeinwirtschaftlichen Eigentumsverhältnissen führen soll. Die Produktionsmittel sollen miteinander verwaltet werden; die Menschen sollen die Güter des Lebens, welche ihre Bedürfnisse stillen, gemeinsam haben.[40] Näher konkretisiert wird dies nicht – kein Wunder, denn das Geforderte hat zu Blumhardts Zeit noch nirgends gesellschaftliche Gestalt gewonnen. Die Erfahrungen mit Kommunismus und Stalinismus auf der einen Seite und mit einer Sozialdemokratie, die auf dem Boden des

Kapitalismus menschenwürdige Bedingungen erstrebt, auf der anderen Seite stehen noch aus.

So formuliert Blumhardt nur Grundsätzliches; seine Stellung zum Klassenkampf wirft jedoch ein bezeichnendes Licht darauf, wie er sich im Spannungsfeld von revolutionärem Kommunismus und sozialistischen Reformbestrebungen, das später grundlegende Bedeutung erhalten wird, verhält. Zunächst einmal ist für ihn der Klassengegensatz in der Gesellschaft eine unleugbare Tatsache, die nicht wegzudiskutieren ist; jeder Art von Klassenherrschaft sagt er den Kampf an. Er ist sich jedoch auch der negativen Züge des Klassenkampfes bewußt: *Da steht Trotz gegen Trotz, und es schweigt der höhere Ton des Reiches Gottes.* Weil es ihm letztlich um das Reich Gottes geht, dem auch der Klassenkampf zu dienen hat, und weil der Sozialismus durch die neu zu schaffenden und alles versöhnenden Kräfte des Reiches Gottes angetrieben werden soll, lehnt Blumhardt den Klassenkampf in Form einer gewaltsamen, revolutionären Machtergreifung des Proletariats ab, je länger, desto entschiedener. Nach dem Parteitag der SPD in Dresden 1903 äußert er sich eindeutig. Dort hat man den Revisionismus Eduard Bernsteins, der dem Streben nach Revolution eine Absage erteilt und auf parlamentarischem Wege politische und soziale Reformen erreichen will, scharf angegriffen. Dem Freund Eugster-Züst schreibt Blumhardt: *Unser Parteitag ist jetzt vorüber. Welches Brodeln und Gären! Von lauter Revolution überlaufende Gesellschaft!* [...] *Es wird jeder rausgeschmissen, der nicht sengen und brennen will, der nicht hassen will von ganzem Herzen und aus allen Kräften. Der Zorn ist verständlich, denn das heutige System, geboren aus barbarischen Zeiten, behandelt das Volk bloß als brauchbare Ware, nicht als Menschen. Würde aber dieser Zorn siegen, so würde sich im Grunde nichts verändern, der eine Barbar siegte über den andern.*[41]

Auf diese Weise gerät der Sozialdemokrat Blumhardt auch in Konflikt mit Teilen seiner Partei. Aber nicht nur in puncto Revolution hat er ihr Ernüchterndes zu sagen; es geht ihm um die grundsätzliche Ausrichtung auf den kommenden Christus und sein Reich. Nach Blumhardts Meinung läßt sich die strukturelle Umwandlung der bestehenden in eine sozialistische Gesellschaft zwar bewerkstelligen, aber auf nicht-gewaltsamem Wege. Das Entscheidende jedoch läßt sich nicht »machen«: die innerliche Erneuerung der Menschheit, in die der *Funke des Geistes Gottes* kommen muß. Damit stellt Blumhardt die Sozialdemokratie mit ihren berechtigten Bestrebungen, denen er sich anschließt, in den Bereich des Vorletzten: *Es wird schließlich Gottes Reich heißen, nicht sozialdemokratisches Reich.* Er wendet sich gegen die Überhöhung der Sozialdemokratie bei Hermann Kutter und stellt fest, diese Bewegung gehöre nicht in die Heilsgeschichte, sondern *ganz in die Weltgeschichte.* Mit dem Dogmatismus mancher Sozialdemokraten kann Blumhardt sich nicht befreunden; ihre *alleinseligmachende Politik* erinnert ihn an den Dogmatismus mancher Kirchenleute. Beiden will er sich nicht beugen. *So fühle ich mich alleinstehend.*[42] Karl Barth, der das theologische Denken bis heute entscheidend geprägt hat, hat als junger Schweizer Pfarrer bei Christoph Blumhardt Wegweisendes erfahren. Die Betonung der Nicht-Vermischbarkeit von Göttlichem und Menschlichem; die Einsicht, daß das kommende Reich Gottes nicht ohne weiteres mit menschlichem Fortschrittshandeln ineins gesetzt werden kann, dies alles taucht in seiner Dialektischen Theologie wieder auf.

Aus den Gästebüchern

Betrachtet man die Gästebücher der Jahre nach 1880[43], so bemerkt man eine ähnliche geographische Herkunft und soziale Schichtung wie zu Zeiten des Vaters. Zwar dominieren württembergische Besucherinnen und Besucher (Stuttgart, Tübingen, Möttlingen, Korntal u.a.), aber auch Menschen aus Hamburg, dem Rheinland, Westfalen, Schlesien, Mecklenburg, Pommern, Berlin und Sachsen sind vertreten. Die traditionellen Beziehungen zum Elsaß werden weiter gepflegt, ebenso die zur Schweiz (besonders Zürich und Basel). Vereinzelt tauchen als Herkunftsorte St. Petersburg, Dorpat und London auf; auch Besucher aus Norwegen, Schweden, den USA und sogar vom Kap der Guten Hoffnung kommen nach Bad Boll. In den Jahren des Ersten Weltkriegs fehlen begreiflicherweise die Elsässer, die sich größtenteils als Franzosen fühlen. Dafür häufen sich Einträge deutscher Besucher mit militärischen Angaben: »Leutnant der Reserve, im Felde«.

Die breite gesellschaftliche Herkunft der Gäste vor 1880, das Nebeneinander hoher und niederer Stände, ist auch zur Zeit Christoph Blumhardts zu beobachten. Ein Alfred Graf Degenfeld und eine Gräfin Keyserling sind zu Besuch, Professoren und Studenten tragen sich ein. Kirchliche Mitarbeiterinnen und Mitarbeiter wie Pfarrer, Missionare und Diakonissen tauchen öfters auf. Wie zu Zeiten des Vaters fehlen auch Kaufleute und Unternehmer nicht. Häufig sind die einfachen Leute vertreten; neben traditionellen Berufen wie Lehrer und Beamter finden sich nach der Jahrhundertwende auch ausgesprochen moderne Berufe wie Ingenieur und Elektrotechniker.

Nach berühmten Namen muß man nicht lange suchen. Daß Bad Boll auch für Künstler und Schriftsteller eine gewisse Anziehungskraft besessen hat, dokumentiert nicht bloß der Eintrag der vier Opernsänger aus Bayreuth (April 1901), auch der Dichter Gottfried Benn kommt 1904 als Marburger Student. Nicht ganz freiwillig ist der junge Hermann Hesse zu Gast, der 1892 nach seinem Entweichen aus dem Maulbronner Seminar von Blumhardt aufgenommen, nach Selbstmorddrohungen allerdings an die Anstalt Stetten weiterempfohlen wird.[44] Elisabeth (»Else«) von Ardenne, deren Schicksal Theodor Fontanes Roman »Effi Briest« als Vorlage gedient hat, sucht Rat bei Christoph Blumhardt, der sie bittet, im benachbarten Eckwälden, wo 1887 eine Dependance des Kurhauses, ein »stilles Haus« für Gemütskranke[45], später ein Kinderheim eingerichtet wird, als Schwester tätig zu sein.

Seine Absage an die hergebrachte Kirchlichkeit hat Blumhardt die Bekanntschaft mit einigen jungen Theologen eingetragen, die, von ihm beeinflußt, Theologiegeschichte gemacht haben. Hier sind Eduard Thurneysen und der bereits erwähnte Karl Barth, die später einflußreichen Vertreter der Dialektischen Theologie, ebenso zu nennen wie die Religiösen Sozialisten Hermann Kutter und Leonhard Ragaz.

Ein Novum bilden die Besuche führender Männer und Frauen der Sozialdemokratie in Bad Boll. 1899 kommt

124   Elisabeth (»Else«) von Ardenne, Theodor Fontanes »Effi Briest« (Horst Budjuhn: Das Leben der Elisabeth von Ardenne)

238

125
Christoph Blumhardt und Ver-
walter Theodor Brodersen
(Archiv der Brüderunität
Bad Boll)

126   *Anna von Sprewitz (1847–1923) (LKA Stuttgart D 34 269/10)*

Clara Zetkin, damals Leiterin der sozialdemokratischen Frauenzeitschrift »Die Gleichheit«, in der Absicht, Blumhardt ihre Wertschätzung auszudrücken. *Aber eine sehr große Schüchternheit, welche Niemand bei einer so langjährigen Ruferin im Streit voraussetzt, die aber ein hervorstechender Zug meines Wesens ist, hielt mich davon ab* – so schreibt sie ihm daraufhin aus Stuttgart. Zwischen Blumhardt und ihr gebe es durchaus Unterschiede, was die Auffassung vom Weg der geschichtlichen Entwicklung betreffe; dies tue aber ihrer Hochachtung vor seiner aufrechten und opferfreudigen Haltung keinen Abbruch. August Bebel, Mitbegründer der SPD, schreibt 1900 aus dem Berliner Reichstag, er habe mit Vergnügen gelesen, *wie Sie im Schwabenland mit den Gegnern sich herumschlagen. Kämpfen wir weiter für das gemeinsame Ziel.*[46]

Ist die Besucherzahl bis 1898 in etwa konstant (1000 bis 1200 Besucher pro Jahr), so geht sie in den folgenden Jahren auf 900, ab 1902 auf nur etwa 550 Gäste pro Jahr zurück. Blumhardts Eintreten für die Sozialdemokratie hinterläßt auch in dieser Hinsicht ihre Spuren. Er registriert das Wegbleiben vieler früherer Besucherinnen und Besucher durchaus, verwehrt es den Freunden aber entschieden, Werbung für Bad Boll zu machen. Dies bleibt auch so in den Jahren des Ersten Weltkriegs, der einen weiteren Rückgang der Besucherzahl auf etwa 300 jährlich bewirkt. *Weil es Gottes Werk ist, wenn er die Menschen zu mir bringt, darum darf und will ich nichts tun, um die Menschen zu mir zu bringen.* Diejenigen, die kommen, weil sie sich angezogen fühlen von einer Frömmigkeit, die doch so sehr von der althergebrachten abweicht, ermahnt er, nicht dem Beispiel anderer »-aner und -isten« zu folgen und kein besonderes »Gemeindlein« in Bad Boll zu bilden. Hier stehe Jesus im Mittelpunkt, nicht eine menschliche Person.[47]

Mitarbeiterinnen und Mitarbeiter

Der Wandel der Konzeption Bad Bolls spiegelt sich in den Menschen, die Christoph Blumhardt zur Seite stehen. Was der Heimgang der letzten Zeugen des Möttlinger Geschehens, der Eltern und der Geschwister Dittus, für

ihn bedeutet, wurde bereits erwähnt. Friedrich Zündel, Freund und Biograph des älteren Blumhardt und auch mit Christoph eng befreundet, stirbt im Jahr 1891.[48] Darüber hinaus vollzieht sich ein Wandel innerhalb der Familie Blumhardt: Manchen wird es in Bad Boll zu eng; einige möchten Christophs Wege nicht nachvollziehen und verlassen daher den gemeinsamen Wohnsitz. Der Bruder Karl wandert nach Brasilien aus, kehrt jedoch nach acht Jahren zurück und stirbt 1892 in Bad Boll. Der Bruder Nathanael verläßt 1895 seinen Gutshof, um in Neuseeland als Landwirt neu zu beginnen. Christophs Sohn Friedrich wird ebenfalls Farmer in Neuseeland; seine Mutter, die seit ihrer schweren Halsoperation 1889 nicht mehr in der Lage ist, den großen Wirtschaftsbetrieb Bad Bolls zu leiten, folgt ihm und führt ihm den Haushalt. Im Jahr 1910 hält sie sich im chinesischen Tsingtau auf, wo sie den neugeborenen Sohn ihrer Tochter Salome pflegt, die mit dem China-Missionar und Sinologen Richard Wilhelm verheiratet ist. Christoph Blumhardt sieht die Abwesenheit seiner Frau als göttliche Führung; er bemerkt die Freude, mit welcher sie dem kleinen Haushalt ihres Sohnes vorsteht: *So etwas hat sie von jeher gesucht.* Auch ihr Aufenthalt in China wird, so hofft er, den Kindern dort einen Segen bringen.[49]

So tauchen nun im Kurhausbetrieb neue Namen auf. Es würde zu weit führen, im einzelnen auf die zahlreichen Angestellten mit dem Verwalter Brodersen an der Spitze einzugehen[50]; nur die wichtigsten Mitarbeiterinnen und Mitarbeiter können genannt werden. Schwester Anna von Sprewitz, in Bad Boll 1895 von einer schweren Krankheit genesen, übernimmt die Pflege der Gemütskranken, dann die wirtschaftliche Leitung des Hauses. Sie wird Blumhardts Weggefährtin im Trachten nach dem Reich Gottes und spielt eine wichtige Rolle bei der Übergabe Bad Bolls an die Brüdergemeine. Seit August 1911 hält Pfarrer Eugen Jäckh, vom schwer erkrankten Blumhardt zu Hilfe gerufen, Predigten und Andachten in Bad Boll. Nach 1919 gibt er zahlreiche Texte von Blumhardt-Sohn und -Vater heraus und veröffentlicht eigene Beiträge wie: »Blumhardt, Vater und Sohn und ihre Botschaft.«[51]

Im Jahr 1913 wird es notwendig, Änderungen in den Besitzverhältnissen des Kurhauses vorzunehmen. Nach dem Tod Johann Christoph Blumhardts 1880 haben die

Erben, seine Frau Doris und die fünf Kinder, von einer Realteilung abgesehen; dies wird nach dem Tod Doris Blumhardts 1886 bestätigt. Bad Boll soll in der bisherigen Form erhalten bleiben. Die Kinder bilden eine Vermögensgemeinschaft; der Sohn Christoph verwaltet als »Generalbevollmächtigter« den elterlichen Besitz. Nach mehreren schweren Erkrankungen, entschließt sich Christoph 1913, sein Haus zu bestellen, und zwar so, *daß es auch fortgehen kann, wenn Du einmal von der Welt scheiden mußt.* Die Gesellschaft Bad Boll GmbH wird gebildet; zum Geschäftsführer bestellt man den Basler Theologen Samuel Preiswerk, der mit seiner Frau die Rolle der Hauseltern übernimmt. Sein Nachfolger wird später Blumhardts Schwiegersohn, Dr. Eduard Vopelius. Blumhardt kommentiert dieses Zurücktreten seiner Person mit den Worten: *Das, was ich arbeiten durfte, ist doch nicht mein Werk, es ist ein Gotteswerk; und das muß sich beweisen, auch wenn ein Menschenwechsel stattfindet.*[52]

Letzte Jahre

Im September 1906 erklärt der Landtagsabgeordnete Blumhardt den Parteigenossen, für eine erneute Kandidatur nicht zur Verfügung zu stehen. Bad Boll nehme durch sein häufiges Fernbleiben Schaden; auch könne er der gemeinsamen Sache zu Hause viel besser dienen als im Landtag. Zudem sei er den »parlamentarischen Stürmen« gesundheitlich nicht gewachsen. Von Oktober bis Dezember 1906 macht er eine Reise nach Palästina; in Jerusalem erkrankt er an Malaria. Nach Hause zurückgekehrt, hält er noch die Predigten zu Weihnachten, bis er im Januar 1907 unter schweren Fieberanfällen zusammenbricht. Er zieht sich ins Haus Wieseneck nach Jebenhausen zurück, wo Schwester Anna von Sprewitz eine Haushaltung einrichtet. Langsam erholt er sich und kann im November an seine Frau in Neuseeland schreiben, er stelle zusammen mit Schwester Anna den verwüsteten Garten in Wieseneck wieder her und lebe auf in dieser körperlichen Arbeit. In Bad Boll hält er weiter Andachten und Predigten. Nach einem Herzanfall im Juli 1911 muß er jedoch, wie erwähnt, Eugen Jäckh bitten, sein Gehilfe in Bad Boll zu werden.[53]

Auf diese Weise in die Stille geführt, sind auch Christoph Blumhardts Predigten von den Themen Warten, Stille, Entwicklung geprägt. In der Gegenwart sieht er 1913 nicht mehr die stürmischen Bewegungen auf das Reich Gottes hin, wie es in Möttlingen der Fall gewesen ist, sondern leise, aber umfassende Entwicklungen. Ihm sei es wie ein Wunder, daß viele Menschen heute geneigt seien, an die Sündenvergebung nicht nur zu glauben, sondern sie auch auszuüben. Eine entgegengesetzte Tendenz seiner Zeit bleibt ihm jedoch nicht verborgen, die zunehmende Aufrüstung und Verherrlichung des Krieges. Bereits 1911 stellt er fest, Blutvergießen sei heute nicht eine Eigenschaft der Gerechtigkeit Gottes. *Und wenn alle Kaiser und Könige Krieg wollen: nein!* Als der Erste Weltkrieg dann 1914 ausbricht, ist Blumhardt überzeugt, im Himmel werde getrauert über dieses gegenseitige Ausrottenwollen. Nur einen positiven Zug kann er dem Krieg abgewinnen: Er sei Bußruf an die Völker, gehöre zu den dramatischen Ereignissen, die (man denke an die Offenbarung des Johannes) dem Reich Gottes vorangehen und insofern die Nähe dieses Reiches verkünden. Wie schon der Vater im Deutsch-französischen Krieg 1870/1871, so möchte auch Christoph jetzt die Gemeinschaft mit den französischen Freunden aufrechterhalten und damit *den Frieden behaupten mitten in der Feindschaft der Völker.*[54]

Nach einem Schlaganfall im Oktober 1917 lebt er ganz in der Stille, nimmt aber noch Teil an den Ereignissen in der Welt. Als er am 2. August 1919 stirbt und auf dem Boller Badfriedhof zur Ruhe gebettet wird, erfüllt sich eine Hoffnung, die er Jahre zuvor geäußert hat: An seinem Grab möge eine helle Freude aufgehen über alles wunderbare Gute, das Gott an ihm getan habe. Und so gleicht sein Begräbnis eher einer Hochzeitsfeier. Blumengeschmückte Kinder und Wagen voll Blumen folgen dem Sarg; es wird der 46. Psalm gelesen. Eine Leichenrede an seinem Grab zu halten, hat Blumhardt verboten; jedoch lassen es sich drei Sozialdemokraten nicht nehmen, ihm für seine Gemeinschaft zu danken.[55]

Die Frage, wie Bad Boll fortzuführen sei, beschäftigt nun den engeren Kreis der Freunde Blumhardts. Am Bett der erkrankten Anna von Sprewitz berät man über die Zukunft des Kurhauses. Verschiedene religiöse Gemeinschaften bewerben sich; es werden Millionen geboten. Der Gedanke an einen Verkauf liegt nahe. Da bewirkt der Brief eines Freundes den entscheidenden Umschwung: *Ihr redet immer vom Geist und Sinn Blumhardts, und dabei denkt Ihr an Millionen? Man kann nicht Gott dienen und dem Mammon!* Etwa gleichzeitig, im Mai und Juni 1920, kommt es zu ersten Kontakten mit der Herrnhuter Brüdergemeine. Da man eine geistliche Verwandtschaft fühlt, beschließt der engere Kreis der Blumhardtfreunde einstimmig, die Brüdergemeine zu bitten, Bad Boll als Geschenk zu übernehmen und im Sinne Blumhardts weiterzuführen.[56]

1 Johann Christoph Blumhardt an Christian Gottlob Barth 2. 6. 1842, an Karl und Maria Köllner 4. 6. 1842, an Barth 9. 6. 1842. (Diese und andere Briefe ohne Nachweis finden sich in der Edition der Briefe Joh. Chr. Blumhardts; siehe Kapitel »Joh. Chr. Blumhardt«, Anm. 1.)

2 J. Chr. Blumhardt an Barth 26. 10. 1844.

3 J. Chr. Blumhardt an Luise von Scheibler 11. 7. 1848; Doris Blumhardt an Luise von Scheibler 13. 2. 1849; Albert Friedrich von Hauber über Blumhardt und Bad Boll Herbst 1854; Blumhardt, Christoph: Morgenandacht Ende Juni 1883 (Harder, Bd. I, S. 69).

4 J. Chr. Blumhardt an die Söhne Karl und Christoph 14.–15. 10. 1857, an die Söhne Christoph und Theophil 13. 9. 1859 und 27. 2. 1860.

5 J. Chr. Blumhardt an Christoph 12. 2. 1861 (vgl. J. Chr. Blumhardt an die Söhne 13. 9. 1858), an Christoph 7. 3. 1862.

6 J. Chr. Blumhardt an Christoph und Theophil 30. 10. 1862 und 16. 1. 1863; Christoph und Theophil Blumhardt an ihren Vater 17. 1. 1863; Jäckh, Eugen: Christoph Blumhardt. In: Christoph Blumhardt: Von der Führung Gottes. Stuttgart 1955, S. 11.

7 J. Chr. Blumhardt an Christoph und Theophil 18. 1. 1863.

8 Zitiert nach Plieninger, Konrad: Eine »Regionalgeschichte« zwischen »Biographie« und »Alltag«. Der sozialdemokratische Pfarrer Blumhardt (1842–1919) und das kaiserliche Deutschland. In: Niemetz, Gerold (Hg.): Vernachlässigte Fragen der Geschichtsdidaktik. Hannover 1992, S. 166.

9 J. Chr. Blumhardt an Christoph und Theophil 28. 1. 1863; Christoph Blumhardt an Gottliebin Brodersen 11. 11. 1865.

10 Christoph Blumhardt an die Eltern 19. 9. 1866; Blumhardt an Christoph 5. 12. 1866, 15. 1. 1867, 30. 6. 1867, 1. 10. 1867.

11 J. Chr. Blumhardt an Christoph 10. 7. 1867; Jäckh, Eugen: Christoph Blumhardt, S. 14; J. Chr. Blumhardt an Bräuninger 14. 1. 1870.

12 J. Chr. Blumhardt an Gottliebin Brodersen 2.–3. 12. 1862 u.ö.; J. Chr. Blumhardt an Christoph und Theophil 24. 1. 1863; Gottliebin Brodersen an Christoph und Theophil Blumhardt 18. 11. 1863; J. Chr. Blumhardt an Theophil 31. 1. 1871.

13 J. Chr. Blumhardt an Christoph Dieterlen 2. 2. 1872.

14 Zündel: Lebensbild, S. 541; Zündel, Friedrich: Rede am Grabe. In: Blumhardt, Theophil: Gedächtniß, S. 49.

15 Blumhardt, Christoph: Morgenandacht 26. 2. 1880 (Harder, Bd. I, S. 36f.).

16 Blumhardt, Christoph: Abendandacht 28. 2. 1880; Chr. Blumhardt an Friedrich Zündel 20. 2. 1881, an einen Professor 1. 3. 1882 (Harder, Bd. I, S. 40, 45, 48–54).

17 Blumhardt, Christoph: Morgenandacht 13. 7. 1885 (Harder, Bd. I, S. 89f.).

18 Christoph Blumhardt an Friedrich Zündel 19. 5. 1880 und 30. 6. 1882 (Harder, Bd. I, S. 42 und 54).

19 Blumhardt, Christoph: Morgenandacht 5. 7. 1885, Abendandacht 27. 2. 1881, Predigt 19. 8. 1888, Morgenandacht 14. 7. 1897 (Harder, Bd. I, S. 88, 45f., 159f.; Bd. II, S. 81). Vgl. die Erinnerungen von Johannes Weissinger an das Wirken Chr. Blumhardts aus den Jahren 1895ff. (Harder, Bd. III, S. 202ff., besonders S. 202–204).

20 Blumhardt, Christoph: Bibelstunde 12. 3. 1888 (Harder, Bd. I, S. 135f.).

21 Konsistorium an Dekanatamt Göppingen 1. 6. 1880; Chr. Blumhardt an Friedrich Zündel 7. 6. 1880, an Elisabeth Wyß 4. 3. 1885 (Harder, Bd. I, S. 42f. und 80f.).

22 Blumhardt, Christoph: Morgenandacht 26. 1. 1883 (Harder, Bd. I, S. 65).

23 Blumhardt, Christoph: Erinnerung, S. 70; Morgenandacht 29. 4. 1888 und 1. 6. 1888 (Harder, Bd. I, S. 144, 147–152).

24 Chr. Blumhardt an seine Frau 12. 3. und 16. 3. 1888; Blumhardt, Christoph: Morgenandacht 26. 4. 1888, Andacht über Apg 17,2-3 (Harder, Bd. I, S. 136f., 141, 153).

25 Blumhardt, Christoph: Predigt 19. 8. 1888, 14. 10. 1888 und 30. 11. 1888 (Harder, Bd. I, S. 159f., 161, 174–178).

26 Blumhardt, Christoph: Abendandacht 31. 12. 1893, Bemerkung nach der Predigt 1. 1. 1894 (Harder, Bd. II, S. 34–36); PfA Boll Nr. 54.3: Pfarrbericht 1897.

27 Blumhardt, Christoph: Gedanken aus dem Reiche Gottes, 1895. Neu hg. und mit Einleitung und Nachwort versehen von Wolfgang J. Bittner u. d. T.: Damit Gott kommt. Gießen 1992.

28 Friedrich von Bodelschwingh an Christoph Blumhardt 29. 9. 1894; Theophil Blumhardt an Friedrich von Bodelschwingh 5. 11. 1894 (Harder, Bd. II, S. 42, 44f.). Zur Versöhnung kommt es kurz vor Bodelschwinghs Tod; vgl. Friedrich v. Bodelschwingh an Chr. Blumhardt 29. 3. 1910 (Harder, Bd. III, S. 64f.). – Zu Nathanael Blumhardt: Blumhardt, Christoph: Morgenandacht 21. 2. 1895 (Harder, Bd. II, S. 47–50).

29 Blumhardt, Christoph: Morgenandacht 11. 3. 1898 und 14. 4. 1898 (Harder, Bd. II, S. 95–98).

30 Blumhardt, Christoph: Morgenandacht 16. 10. 1898 (Harder, Bd. II, S. 120f.); Blumhardt, Christoph: Eine Auswahl aus seinen Predigten, Andachten und Schriften. Hg. von R. Lejeune. Bd. 1–4, Erlenbach-Zürich und Leipzig 1925ff.

31 Blumhardt, Christoph: Andacht 22. 8. 1899 (Harder, Bd. II, S. 166f.); Meier, Klaus-Jürgen: Christoph Blumhardt, Christ – Sozialist – Theologe. Bern, Frankfurt, Las Vegas 1979, S. 47.

32 Zitiert nach Jäckh, Eugen: Blumhardt Vater und Sohn und ihre Botschaft. Berlin 1925, S. 233.

33 Blumhardt, Christoph: Reden in Göppingen 19. 6. 1899 und 24. 10. 1899 (Harder, Bd. II, S. 142f., 184f.). Siehe auch »Der Hohenstaufen. Göppinger Tageblatt« vom 25. 10. 1899.

34 Zitiert nach Troebst, Christian: Christoph Blumhardt 1842–1919. In: Troebst, Christian/Ising, Dieter: Christoph Blumhardt, Mahner zwischen den Fronten. Weißenhorn 1992, S. 14.

35 Erklärung Chr. Blumhardts vom 12. 11. 1899 (LKA Stuttgart A 27 Bd. 266); Chr. Blumhardt an Theodor Schneider 30. 10. 1899 (LKA Stuttgart D 35).

36 Blumhardt, Christoph: Gespräch 25. 10. 1899 (Harder, Bd. II, S. 187); Antwortschreiben von Christoph Blumhardt an seine Freunde. November 1899, S. 3f.

37 Ergebnis der Landtagswahl im Bezirk Göppingen: »Der Hohenstaufen« vom 19. 12. 1900 (abgedruckt in Troebst/Ising: Mahner zwischen den Fronten, S. 34); Chr. Blumhardt an H. Eugster-Züst 30. 12. 1900 (Harder, Bd. II, S. 254f.). Siehe auch: Politik aus der Nachfolge. Der Briefwechsel zwischen Howard Eugster-Züst und Christoph Blumhardt 1886–1919. Hg. von Louis Specker. Zürich 1984.

38 Harder, Bd. I, S. 19 (Einleitung).

39 Blumhardt, Christoph: Morgenandacht 25. 10. 1899, Predigten 25. 7. 1914, 26. 7. 1914, 5. 8. 1917 (Harder, Bd. I, S. 20f.).

40 Chr. Blumhardt an H. Eugster-Züst 10. 7. 1900 (Specker, S. 103); Blumhardt, Christoph: Rede 15. 4. 1901 (Harder, Bd. II, S. 278).

41 Chr. Blumhardt an H. Eugster-Züst 3. 8. 1902, 3. 12. 1902, 22. 9. 1903 (Specker, S. 132, 137, 149).

42 Chr. Blumhardt an H. Eugster-Züst 7. 7. 1904, 17. 8. 1906, 18. 2. 1908 (Specker, S. 173, 233, 264).

43 Gästebücher im BA Bad Boll.

44 Christoph Blumhardt an Johannes Hesse 5. 5. 1892 (Harder, Bd. II, S. 22).

45 Band 14 der Gästebücher verzeichnet die Besucher des Hauses in Eckwälden von 1888 bis 1898.

46 Clara Zetkin an Christoph Blumhardt 5. 12. 1899; August Bebel an Christoph Blumhardt 19. 3. 1900 (LKA Stuttgart D 34 Bd. 40/2 und 40/26).

47 Blumhardt, Christoph: Gespräch 19. 2. 1903, Ansprache 31. 8. 1903 (Harder, Bd. II, S. 294, 298).

48 Blumhardt, Christoph: Morgenandacht 11. 6. 1891 (Harder, Bd. II, S. 13–15).

49 Blumhardt, Christoph: Predigt bei Karl Blumhardts Begräbnis 14. 4. 1892 (Harder, Bd. II, S. 20f.); Chr. Blumhardt an seine Frau 3. 9. 1907, 16. 2. 1910, 5. 4. 1911 (Harder, Bd. III, S. 4f., 62f., 76); Chr. Blumhardt an Theophil Blumhardt 2. 3. 1909 (Harder, Bd. III, S. 40).

50 Zu den Angestellten im Jahr 1897 vgl. Gemeinde Boll (Hg.): Boll. Dorf und Bad an der Schwäbischen Alb, Abb. 146.

51 Auf ewigem Wege. Eigenhändiger Lebenslauf der Schwester Anna von Sprewitz. Gnadau 1923, S. 22–26, 30; Chr. Blumhardt an seine Frau 24. 7. 1911 (Harder, Bd. III, S. 78f.). Der Nachlaß Jäckh wird unter der Signatur D 34 im LKA Stuttgart verwahrt.

52 Eventual-Theilungsurkunde betreffend Johann Christoph Blumhardt vom 17. 3. 1880; Urkunde über Unterlassung einer Real-Theilung auf Ableben der Blumhardt, Dorothea vom 17./29. 9. 1886 (beides GAB); Blumhardt, Christoph: Abendandacht 1. 2. 1913 (Harder, Bd. III, S. 133f.).

53 Blumhardt, Christoph: Erklärung zum Rücktritt von der Landtagskandidatur, September 1906 (Harder, Bd. II, S. 332); Sprewitz: Auf ewigem Wege, S. 27f.; Chr. Blumhardt an seine Frau 29. 11. 1907; Anna von Sprewitz an Eugen Jäckh 12. 7. 1911 (Harder, Bd. III, S. 9, 78).

54 Blumhardt, Christoph: Morgenandacht 15. 9. 1911, Morgenandacht 5. 12. 1913, Abendandacht 10. 10. 1914, Predigt 15. 11. 1914, Predigt 21. 2. 1915 (Harder, Bd. III, S. 91f., 148f., 173f., 176, 178); Chr. Blumhardt an Adolf Preiswerk, Anfang 1915 (Harder, Bd. III, S. 176).

55 Sprewitz: Auf ewigem Wege, S. 28f.; Blumhardt, Christoph: Morgenandacht 28. 10. 1913 (Harder, Bd. III, S. 145f.).

56 Sprewitz: Auf ewigem Wege, S. 29f. Zur Übergabe des Kurhauses an die Brüdergemeine vgl. LKA Stuttgart D 34 112/1, 113/3, 130/1,2 u. a.

Die Herrnhuter Brüdergemeine in Bad Boll 1920–1994
Das Kurhaus 1920–1972

Helmut Bintz

Der Ursprung der Herrnhuter Brüdergemeine

Die Brüder-Unität führt ihren Namen auf eine Kirche zurück, die in den Jahren 1457/58 – also rund 60 Jahre vor Luthers Thesenanschlag – in Böhmen entstand. Sie ging aus der hussitischen tschechischen Reformation hervor und nannte sich Jednota Bratrská – lateinisch: Unitas Fratrum – ein Begriff, der mit Brüder-Unität ins Deutsche übertragen wurde. Die auch als »Böhmische Brüder« bekannten Mitglieder der Kirche erfreuten sich des Wohlwollens Luthers und der deutschen und schweizerischen reformatorischen Bewegung, wurden jedoch im eigenen Lande im Zuge der Gegenreformation hart verfolgt und im 17. Jahrhundert praktisch aufgerieben. Im Jahr 1722 gelangten deutschsprachige Glaubensflüchtlinge aus Mähren in die seit 1635 zu Sachsen gehörige Markgrafschaft Oberlausitz und gründeten mit Genehmigung des jungen Grafen Nikolaus Ludwig von Zinzendorf (1700 bis 1769) auf dessen kurz davor erworbenem Landgut den Ort Herrnhut (»Auf der Hut des Herrn«).

Zinzendorf hatte in seiner Jugend starke Impulse von der um die Erneuerung des Glaubens bemühten innerkirchlichen Bewegung des Pietismus empfangen. Sehr bald verband er seinen Lebensweg mit dem Weg der in Herrnhut versammelten Flüchtlinge. Die Herrnhuter suchten Kontakt mit Christen in anderen Kirchen und Ländern Europas, seit 1732 fanden Boten auch den Weg zu Sklaven in der Karibik und zu den Eskimos in Grönland: die Herrnhuter Missionsbewegung begann. Das Wachstum der Anhängerschaft erforderte effiziente Organisationsformen. Gegen den Willen des lutherischen Grafen Zinzendorf wurde gerade wegen der entstehenden Missionsgemeinden in Übersee eine eigene kirchliche Struktur etabliert. Dabei knüpfte man bewußt an die alte Brüderunität an und übernahm von noch lebenden Senioren

dieser Kirche auch das Bischofsamt der Unität. In Deutschland bürgerte sich neben den Namen »Brüderunität« die Bezeichnung »Herrnhuter Brüdergemeine« ein, im englischsprachigen Bereich wurden die »Herrnhuter« nach dem Ursprungsland der ersten Bewohner des Ortes »Moravians« (Mähren), ihre Kirche »Moravian Church« genannt. Doch war in Europa die freikirchliche Struktur immer nur eine der Existenzformen der Brüdergemeine. Sie arbeitete zugleich als Gemeinschaftsbewegung innerhalb der Landeskirchen. Auch dort, wo sie als Freikirche existierte, blieb sie in engem Kontakt mit den protestantischen Kirchen. Sie ist heute unter Aufrechterhaltung ihrer Selbständigkeit vertraglich mit der Evangelischen Kirche in Deutschland verbunden. Viele Mitglieder der Brüdergemeine sind zugleich Mitglieder der Landeskirche.

Weder die »Alte« noch die in Herrnhut »Erneuerte« Brüderunität blieben in Württemberg unbekannt. Bereits Herzog Christoph hatte sich in einer am 29. April 1557 in Göppingen unterzeichneten Petition für den gefangenen tschechischen Brüderbischof Jan Augusta eingesetzt. Zinzendorf besuchte in den Jahren 1733 und 1734 Württemberg, wobei auch Göppingen und Kirchheim (Teck) auf der Reiseroute lagen. Ein wichtiges Reiseziel war jeweils die Universität Tübingen, von der Zinzendorf 1733 Rat über den kirchlichen Status der Herrnhuter Bewegung erbat. Im Jahr 1734 ließ er sich von der Theologischen Fakultät in Tübingen den von ihm, dem ursprünglichen Juristen, inzwischen erworbenen geistlichen Stand bestätigen. Hatte er bereits 1733 durch eine Rede in der Stuttgarter Leonhardskirche das Interesse der dortigen Pfarrer und der zum Landtag versammelten Prälaten geweckt, so betrachtete er seine Predigt am vierten Advent 1733 in der Tübinger Stiftskirche gewissermaßen als öffentlichen Auftritt seines neuen – für einen Reichsgrafen sehr ungewöhnlichen – geistlichen Berufs. Wenngleich die von Zinzendorf aufgenommenen Kontakte mit den pietistischen »Schwabenvätern« Johann Albrecht Bengel und Friedrich Christoph Oetinger auch theologische Differenzen zutage förderten, fand die Herrnhuter Bewegung in vielen Kreisen Württembergs dennoch Interesse und Widerhall. Boten aus Herrnhut wurden in die pietistischen Gemeinschaften eingeladen, die Herrnhuter Mission erfuhr in diesen Kreisen und auch in den landeskirchlichen Gemeinden selbst Unterstützung und Mitarbeit. Es gab im 18. Jahrhundert und auch noch im 19. Jahrhundert viele Gruppen, bei denen Herrnhuter Boten (auch »Diasporaarbeiter« genannt) regelmäßig zu Gast waren. Im Jahr 1807 wurde sogar eine eigene Herrnhuter Gemeinde mit der Genehmigung des 1806 zum König aufgestiegenen früheren Kurfürsten Friedrich gegründet, Königsfeld im Schwarzwald, die freilich im Zuge der durch Napoleon verursachten Neuordnung Süddeutschlands bereits 1810 zu Baden kam. Doch blieb es für Württemberg typisch, daß die Herrnhuter nicht neben, sondern innerhalb der Kirche wirkten. Die Kirche ihrerseits unterstützte die Herrnhuter Mission, indem sie die Niederlassung ihrer Vertreter an verschiedenen Orten Württembergs genehmigte, diese besuchten Missionsfreunde und warben in den Gemeinden um Mitarbeit.

Auch in Basel gab es innerhalb der dortigen Kantonalkirche eine aktive, mit Herrnhut verbundene »Brüdersozietät«. Die Basler Mission entstand im Jahr 1815 unter der Mitwirkung von Mitgliedern und Freunden dieser Sozietät. Auch die Basler Mission fand in Württemberg viele Mitarbeiter und Helfer. Zwischen Herrnhuter und Basler Mission gab es hinfort viele Berührungspunkte und Kontakte, die im Jahr 1972 schließlich zur Bildung des Evangelischen Missionswerks in Südwestdeutschland beitrugen, in dem beide Missionen Mitglied sind.

Natürlich waren auch Johann Christoph Blumhardt und seiner Familie die Brüdergemeine nicht unbekannt. Der »Diasporaarbeiter« Johann Conrad Weiz (1780–1857) besuchte wiederholt Möttlingen und war auch bei der kranken Gottliebin Dittus, um deren Gesundheit Blumhardt rang.[1]

Zu den Freunden des jüngeren Blumhardt gehörten eine

ganze Reihe von Personen, die auch zur Brüdergemeine in Kontakt standen. Hier ragten insbesondere mehrere Basler Familien hervor, die auch Beziehungen zur Basler Brüdersozietät unterhielten. Der erste Geschäftsführer der im Jahr 1913 gegründeten Kurhaus GmbH war der Basler Theologe Samuel Preiswerk, der Mitglied der Brüdersozietät war.[2] Sein Bruder, Pfarrer Adolf Preiswerk, ein gern gesehener Gast in Bad Boll, hatte der Jungmännergruppe der Brüdersozietät in Basel nahegestanden.[3] Dazu kam in Bad Boll selbst der württembergische Pfarrer Eugen Jäckh (1877–1954), seit 1911 Seelsorger im Kurhaus, dessen Frau Charlotte, geb. Glitsch, einer ursprünglich in der Brüdergemeine Sarepta an der Wolga beheimateten Herrnhuter Familie entstammte. Der Schwiegervater Eugen Jäckhs, der Kaufmann Albert Glitsch, lebte Anfang der zwanziger Jahre ebenfalls in Bad Boll.[4] Es gab also bereits vor der Übergabe des Kurhauses an die Brüdergemeine Herrnhuter, die in Bad Boll wohnten.

Die Übergabe des Kurhauses an die Brüdergemeine

Trotz der bestehenden persönlichen Beziehungen zu Herrnhut hatten die Erben Christoph Blumhardts zunächst nicht an eine Übergabe des Kurhauses an die Brüdergemeine gedacht, als sie sich entschlossen, nach einem neuen Träger für das Werk zu suchen. Der Grund für diese Suche bestand darin, daß eine geeignete Persönlichkeit fehlte, die die Arbeit im Sinne Blumhardts fortzusetzen in der Lage war. Auch der Freundeskreis konnte einen solchen Nachfolger nicht anbieten. So erwog man den Verkauf des Kurhauses. An Interessenten mangelte es zwar nicht, doch zögerten die Verantwortlichen. Niemand schien geeignet, den geistlichen Auftrag des Hauses in einer dem Erbe Blumhardts verpflichteten Weise fortsetzen zu können.
Die Kirchenleitung in Herrnhut, die sogenannte Unitäts

128 *Nikolaus Ludwig Graf von Zinzendorf (1700–1769) siedelte 1722 Glaubensflüchtlinge aus Mähren in »Herrnhut« in der Oberlausitz an und ist der Wegbereiter der Erneuerten Brüder-Unität. Ölbild aus dem Umkreis von Johann Kupetzky. Unitätsarchiv Herrnhut (Ausschnitt)*

direktion, hatte von den Vorgängen in Bad Boll gehört. Seit November 1919 gehörte ihr Pfarrer Samuel Baudert an. Baudert hatte nach Abschluß seines Theologiestudiums am Theologischen Seminar der Brüdergemeine in Gnadenfeld, Schlesien, im Jahr 1902 zwei Monate als Hauslehrer beim deutschen Generalkonsul in Lemberg, einem Baron von Spesshardt, verbracht. Hier bekam er das Lebensbild Johann Christoph Blumhardts von Friedrich Zündel[5] geschenkt. Nicht zuletzt die Erinnerung an die Lektüre dieses Buches veranlaßte Baudert jetzt, den Vertreter der Herrnhuter Mission in Stuttgart, Hermann Jannasch, um nähere Erläuterung zu den Vorgängen in Bad Boll zu bitten.[6] Jannasch erkundigte sich zunächst bei dem ihm bekannten Albert Glitsch in Bad Boll, der aber seinerseits direkt Dr. Eduard Vopelius, den Schwiegersohn Christoph Blumhardts und seit 1918 Nachfolger von Samuel Preiswerk in der Geschäftsführung der GmbH, von dem Informationsbedürfnis der Direktion unterrichtete. Dr. Vopelius schrieb am 3. Mai 1920 an Missionar Jannasch in Stuttgart und gab die gewünschten Auskünfte, die dieser nach Herrnhut weiterleitete. In dem Brief hatte Dr. Vopelius vermerkt, *daß es uns ein besonders lieber Gedanke wäre, unser Haus in den Händen der Brüdergemeine zu wissen.* Es entspann sich nun ein direkter Briefwechsel zwischen Pfarrer Samuel Baudert von der Unitätsdirektion in Herrnhut und Dr. Vopelius, der namens der GmbH auftrat. Herrnhut zögerte angesichts der Größe und der vermuteten Kosten des Objekts. Da teilte Dr. Vopelius am 28. Mai mit, daß die GmbH bereit sei, das Kurhaus der Brüdergemeine mit gewissen Auflagen als Geschenk zu übergeben.
Samuel Baudert besuchte in der zweiten Juniwoche 1920 Bad Boll. Anna von Sprewitz auf Wieseneck, der gerade anwesende Basler Pfarrer Adolf Preiswerk und Dr. Vopelius begegneten ihm mit Sympathie. Baudert selbst fand in seinen Gesprächspartnern Menschen, denen er sich auch geistlich verwandt fühlte. Das Haus war schuldenfrei, bedurfte jedoch dringend der Renovierung und Modernisierung. Dennoch entschloß sich die Unitätsdirektion am 6. Juli 1920, das Haus zu übernehmen; Pfarrer Baudert teilte dies noch am selben Tage Dr. Vopelius mit. Am 14. August 1920 wurde vor Schultheiß Jacob Wittlinger der Schenkungsvertrag von Dr. Eduard Vopelius seitens

der GmbH und von Ökonomierat Woldemar Achtnich seitens der Brüder-Unität unterschrieben.

Der Vertrag regelte die Übergabe des Kurhauses und der dazugehörigen Liegenschaften und Gebäude – vom Badhof bis zum »Belvedere« (heute »Tempele« genannt). Unter den Übergabebedingungen sind vermeldenswert das Versprechen der Unität, einigen Dauergästen gegen geringes Entgelt weiterhin Wohnrecht zu gewähren, gewisse finanzielle Zuwendungen an die Stiftung Wieseneck, eine einmalige Zuwendung an die Gemeinde Boll in Höhe von RM 50000 und die Verpflichtung zum Unterhalt des Friedhofes mit den Gräbern der Familie und des Freundeskreises von Blumhardt in Bad Boll. Besonders wichtig war beiden Vertragspartnern die im § 2a formulierte Verpflichtung der Unität, *Bad Boll im Sinn und Geiste der Vorbesitzer, Christoph Blumhardt, Vater und Sohn, fortzuführen, d.h. Bad Boll soll ein Haus sein, wo der Heiland regiert, in dem man nach dem Reiche Gottes trachtet und sich um sein Wort sammelt. Es soll eine Stätte sein, von der Segen ausströmt in weite Kreise des Volkes, wo Arme und Reiche sich in einem Geiste zusammenfinden, wo Mühseligen und Beladenen eine Stätte geboten wird, von der aus sie neu gestärkt wieder hinaustreten können in den Kampf des Lebens und wo Liebe und Barmherzigkeit wohnen.*

Die im Kurhaus verbliebenen Dauergäste, die Freunde des Blumhardtkreises und nicht zuletzt Dr. Vopelius selbst waren bereit, an einer Verwirklichung dieser Verpflichtung mitzuwirken. Auch die der Brüdergemeine sehr gewogene frühere Mitarbeiterin Christoph Blumhardts, Anna von Sprewitz in Jebenhausen, begleitete den Übergang mit großer Anteilnahme. Aber in erster Linie war jetzt die Unität vor die Aufgabe gestellt, durch Wahl geeigneter Mitarbeiter und Mitarbeiterinnen das übernommene Erbe in geistlicher und ökonomischer Hinsicht fortzuführen und der Arbeit des Kurhauses neue Impulse zu geben. Für die Leitung des Hauses hatte die Unitätsdirektion unter anderem einen ihrer besten Theologen im Auge, den Dozenten am Theologischen Seminar in Herrnhut (und späteren Bischof) Lizentiat Gerhard Reichel, der wie kaum ein anderer in der Lage gewesen wäre, das geistliche Erbe der Brüdergemeine zu vertreten und in das Gespräch mit dem Boller Erbe zu

bringen. Reichel war mit einer Württembergerin verheiratet. Er konnte sich jedoch von seiner Aufgabe am erst vor kurzem von Schlesien nach Herrnhut verlegten Seminar nicht lösen. So erhielt der Pfarrer der Gemeinde Königsfeld (Schwarzwald), Gerhard Heyde, im August 1920 einen Ruf nach Bad Boll, den er annahm. Gerhard Heyde war durch ein Vikariat in Basel und sein Pfarramt mit schweizerischen und süddeutschen Verhältnissen vertraut, seine Frau Sophie, geborene Christ, war Baslerin. Gerhard Heyde war am 18. Dezember 1874 in Kyelang am Himalaya geboren als Sohn des Pioniermissionars August Wilhelm Heyde, der zu den Gründern der Herrnhuter Arbeit unter den Tibetanern im indischen West-Himalaya-Gebiet gehörte. Gerhard Heydes Mutter, Maria, geb. Hartmann, entstammte einer Missionsfamilie, die in Surinam (Südamerika) tätig gewesen war.[7] Die Eltern Sophie Heydes, der Kaufmann Wilhelm und Helene Christ, geb. Iselin, standen der Basler Brüdersozietät nahe.

Heyde konnte und wollte Vater und Sohn Blumhardt nicht imitieren. In seiner Antrittspredigt in Bad Boll am 23. Oktober 1920 sagte er: »Ich bin Ich« und kann niemanden nachahmen und soll es auch nicht. Ausgehend von seinem Predigttext Galater 2,20: Ich lebe; aber nun nicht ich, sondern Christus lebt in mir…, führte er aus, daß auf der Vereinigung von Herrnhut und Bad Boll, die sich in diesen Tagen vollziehe, und die die Gemeinde miterlebe, nur dann ein Segen ruhen könne, wenn auch hier das Pauluswort gelte: Ich lebe, aber nun nicht ich.[8] Das besondere Charisma der beiden Blumhardts konnte nicht vererbt werden. In der auch der Brüdergemeine eigenen christusbezogenen Verkündigung des Evangeliums versuchten Heyde und seine Nachfolger jedoch, dem Erbe der Blumhardts gerecht zu werden. Darüber hinaus haben sich Pfarrer der Brüdergemeine in Bad Boll immer wieder mit der Theologie gerade auch des jüngeren Blumhardt beschäftigt und sich bemüht, Kurhausgäste und Gemeinde mit deren Anliegen vertraut zu machen.

129   Dr. theol. h. c. Samuel Baudert (1879–1956), Unitätsdirektor, seit 1929 Bischof der Brüder-Unität, übernahm 1920 Bad Boll als Schenkung für die Herrnhuter Brüder-Unität

Das Kurhaus unter Gerhard Heyde 1921–1939

Alte und neue Aufgaben

Die Herrnhuter Brüdergemeine hatte das Kurhaus übernommen. Den geistlichen Auftrag – durch Vater und Sohn Blumhardt mit dem Kurhaus untrennbar verbunden – galt es aufzunehmen und ihm, inspiriert durch das eigene Herrnhuter Erbe, auf neue Weise zu entsprechen. Die Kontinuität zur Blumhardtzeit wurde personell dadurch gewahrt, daß Dr. Vopelius bis zum Eintreffen eines neuen, von Herrnhut auszuwählenden Verwaltungsleiters im Januar 1921 die Geschäfte der äußeren Administration weiterführte und Schwester Anna von Sprewitz im September 1921 vorübergehend in das Kurhaus einzog.[9] Sie starb am 26. Januar 1923 in Wieseneck an einem Schlaganfall. Pfarrer Heyde nannte sie in einem Brief am 3. Februar 1923 diejenige, in der sich bisher Bad Boll und Herrnhut am lebendigsten vereinigt hätten.[10]

Bei der Verwirklichung seines Auftrages konnte das Kurhaus (1) an seiner bisherigen Zweckbestimmung als Erholungsheim mit seelsorgerlich-geistlichem Angebot festhalten. (2) Eigene Tagungsangebote, (3) volksmissionarische Zusammenkünfte und Missionstage, (4) von anderen Organisationen verantwortete Konferenzen, (5) eine Haushaltungsschule oder Hausschwesternkurse, (6) eine Jugendherberge und (7) der Badebetrieb mit ärztlicher Betreuung knüpften an den Charakter des Hauses an, erweiterten seinen Aufgabenbereich und setzten teilweise neue Akzente. Das ganze war begleitet von einem kontinuierlichen Prozeß der Renovierung und Modernisierung sowie von einer Verbesserung der Verkehrsverbindung. Auch der Badhof nahm an der Entwicklung teil.

1. Christliches Erholungsheim: Einzelne Gäste, unter ihnen viele der bisherigen Boller Blumhardt-Gemeine[11], kamen auch unter der neuen Leitung gern nach Bad Boll. Im Sommer 1921 war das Haus so voll, daß die eingerichtete Haushaltungsschule ins Gedränge kam.[12] Das, was die Gäste suchten, war die Atmosphäre des Hauses, waren die Andachten und die seelsorgerlichen Sprechstunden des neuen Pfarrers.

2. Eigene Tagungsangebote: Behutsam wurden im Bad Boller gottesdienstlichen Leben auch Herrnhuter liturgische Traditionen eingeführt. Dazu gehörte das Lesen der Leidensgeschichte aus den Evangelien an jedem Tag der Karwoche, die Feier des Ostermorgens im Kirchensaal des Kurhauses und anschließend bei Sonnenaufgang auf dem Gottesacker des Bades. Schon im Jahr 1921 zog die Karwoche Gäste an, unter ihnen natürlich auch Mitglieder der Brüdergemeine, die in Württemberg verstreut wohnten.[13] Hatte man diesen Personenkreis 1923 zu einem »Gemeinfest« nach Bad Boll eingeladen[14], begann man ab 1924 »Stille Tage« einzurichten, an denen Mitglieder und Freunde der Brüdergemeine zusammen mit der Hausgemeinde des Kurhauses christliche Gemeinschaft erleben und sich auf Gottes Wort besinnen konnten.[15] Daneben wurden allgemeine Freizeiten für jedermann über Themen des Glaubens und der Bibel angeboten, so im Jahr 1927 über das Thema »Warten und Eilen«[16], wobei an die an der Außenwand des Kurhauses angebrachten Initialen von W(ilhelm I) und P(auline) in der Umdeutung »Warten und Pressieren« angeknüpft wurde. Bei zwei im Jahr 1935 als »Religionsunterricht für Erwachsene« angebotenen Freizeiten wirkten der württembergische Prälat Dr. Jakob Schoell und der Herrnhuter Dozent Henri Roy mit.[17]

3. Volksmissionarische Zusammenkünfte: Der neuen Leitung des Bades lag sehr daran, mit der direkten Umgebung in der Gemeinde Boll und im Kreis Göppingen in Kontakt zu bleiben. In einer christlichen »Volksversammlung« am 1. Mai 1921 stellte sich das neue Kurhaus der Öffentlichkeit vor. Die Versammlungen wurden von nah und fern gut besucht. Neben Heyde und zwei anderen Rednern aus der Brüdergemeine sprachen Herr Erminger, Leiter der württembergischen sozialen Volksmission in Göppingen, und Pfarrer Faber aus Korntal.[18] Dieser Tag der offenen Tür hatte auch in der Presse ein gutes Echo und machte deutlich, daß das Kurhaus weiterlebte und nach neuen Ansätzen suchte. Schwester Anna von Sprewitz schrieb begeistert nach Herrnhut, daß in dieser »Volksversammlung« Bad Boll eine Auferstehung erlebt habe und Bruder Heyde ein »rechter Volksmann« sei.[19]

Die »Volksversammlungen« mit stark volksmissionarischem Charakter wurden 1923 durch ein »Missionsfest« ergänzt. Die Missionsfeste zogen ebenfalls Freunde aus der direkten Umgebung, aber auch aus anderen Landstrichen Württembergs an. Auf ihnen sprachen Vertreter der Landeskirche ebenso wie Herrnhuter Missionare.
Bei der Erinnerungsfeier an die Gründung Herrnhuts 200 Jahre zuvor am 17. und 18. Juni 1922 wirkten Gäste aus Politik und Kirche durch Reden und Grußworte mit.[20]

4. Tagungen anderer Veranstalter: Ein weiterer Weg, das Kurhaus für breitere christliche Kreise offenzuhalten, bestand darin, das Haus und seine Dienste für Tagungen zur Verfügung zu stellen, die andere Träger organisierten. Christliche Jugend- und Studentenverbände, kirchliche Gruppierungen innerhalb der Württembergischen Landeskirche, Singgruppen, Friedensbewegungen und politisch wirkende Organisationen, die sich der christlichen Botschaft verpflichtet fühlten, fanden im Kurhaus offene Türen für ihre Zusammenkünfte. Die Namen der tagenden Organisationen geben ein Bild von der damaligen religiös-politischen Szene, viele der damaligen Vereinigungen bestehen nicht mehr oder existieren heute in anderer Form.
Bereits im Jahr 1921 tagten verschiedene Jugendgruppen im Kurhaus: der Württembergische Mädchenbibelkreis hielt zwei Freizeiten, der Bund für Entschiedenes Christentum der Umgebung kam zu seiner Jahrestagung nach Bad Boll, der Evangelische Verband für weibliche Jugend (Neulandsbund) veranstaltete einen Kursus.[21] Aus den völkisch orientierten Neulandkreisen gingen auch die »Christdeutschen« hervor, die Pfingsten 1924 in Bad Boll tagten.[22] Eine dem »Neuwerk-Kreis«[23] nahestehende Gruppe von Tübinger Studenten sammelte sich 1924. Die Christlichen Pfadfinder tagten 1932.[24]
Die »Deutsche Christliche Studenten-Vereinigung (DCSV)«, seit Ende des 19. Jahrhunderts bestehend und Vorläufer der heutigen Evangelischen Studentengemeinde, kam ebenso wiederholt nach Bad Boll wie die ihr nahestehende Evangelische Akademikerschaft, auf deren Tagung im Oktober 1924 die bekannten Tübinger Professoren Adolf Schlatter und Karl Heim sprachen.[25]

Als vom 11.–16. Mai 1932 eine »Europäische Führertagung des christlichen Studentenweltbundes« mit 70 Vertretern aus 20 Ländern abgehalten wurde, befanden sich unter den illustren Rednern Prof. Berdjajew, Paris; Dr. Joseph H. Oldham, London; Prof. Joseph L. Hromadka, Prag; Prof. Spörri, Zürich; Prof. Pierre Maury, Paris; Pfarrer Hanns Lilje, Berlin, und auch Pfarrer Eberhard Müller aus Stuttgart. Er sollte später der Gründer der Evangelischen Akademie werden.[26]

Immer wieder beherbergte das Kurhaus von verschiedenen Veranstaltern getragene Singfreizeiten und Kurse für Kirchenmusik. Noch im August 1939 tagte ein Kreis von Chorleitern unter Mitwirkung des bekannten Kirchenmusikers und Komponisten Hugo Distler.[27]

Verschiedene kirchliche Gruppen innerhalb der Württembergischen Landeskirche machten gern von der neuen Tagungsmöglichkeit Gebrauch. So befanden sich unter den Gästen und Trägern von Tagungen und Kursen die konservative Evangelisch-kirchliche Vereinigung Württembergs[28] ebenso wie die sich als offener Kreis verstehende Freie Volkskirchliche Vereinigung.[29] Ein besonderes Interesse am Kurhaus bekundete der 1919 gegründete Evangelische Volksbund für Württemberg, der sich in der Zeit, in der sich nach dem ersten Weltkrieg die Staatskirche zur Volkskirche wandelte, die Aktivierung des Laienelementes zum Ziele gesetzt hatte und bildungspolitische und soziale Ziele verfolgte.[30] So hielt der Volksbund 1924 eine erste Mütterfreizeit[31] in Bad Boll ab, auf die weitere folgten. Eine »Soziale Woche« 1927[32] und eine »Sexualethische Woche« 1928[33] wurden vom Volksbund veranstaltet wie auch eine Volksversammlung im Kurpark über Blumhardt und Zinzendorf.[34] Die Frauenabteilung des Bundes kam 1932 nach Bad Boll.[35] Nachdem sich der Evangelische Volksbund in den Evangelischen Gemeindedienst der württembergischen Landeskirche umgestaltet hatte, konferierte dieser ebenfalls 1934 im Kurhaus.[36] Seit dem Winter 1929/30 wurden auch Bauernhochschulkurse im Kurhaus abgehalten.[37] Daneben fanden Freizeiten für Pfarrer, für Pfarrfrauen[38], Treffen von Kirchenmusikern, Kurse für Religionslehrer und Konferenzen für Angehörige sozialer Berufe statt.[39]

Mehrere Gruppierungen der Friedensbewegung fanden im Kurhaus einen Treffpunkt. In der Woche nach Pfingsten 1922 trafen sich unter Leitung von Pfarrer Jules Rambaud aus Bonn Deutsche und Franzosen, denen es um die Aussöhnung beider Völker auf christlicher Grundlage ging.[40] Vom 30. Juli bis 5. August 1924 hielt der noch 1914 auf Betreiben von Friedrich Siegmund-Schulze und H. Hodgins entstandene Internationale Versöhnungsbund in Bad Boll seinen 5. Weltkongreß ab und wurde von Pfarrer Heyde dreisprachig begrüßt.[41] Die Anfang der zwanziger Jahre von dem französischen Hauptmann Etienne Bach gegründete Friedensgruppe »Chevaliers du Prince de la paix«, auch »Kreuzritter« und später »Christlicher Friedensdienst« genannt[42], versammelte zu seiner 4. Internationalen Tagung etwa 70 Deutsche, 22 Franzosen, sieben Belgier und neun Schweizer. Bach war wichtiger Redner der Tagung. Bei einem Ausflug entwickelte er einen Plan, in der Nähe von Genf ein Haus des Friedens zu errichten, in dem u. a. Friedensmissionare ausgebildet werden sollten. Heyde sprach über die beiden Blumhardts[43], wie man bei den Tagungen überhaupt nicht nur dankbar für das Haus, seine Atmosphäre und seine Umgebung war, sondern auch für Berichte über die alte und neue geistige Situation Bad Bolls.

Wußten sich etwa Freunde aus Korntal, die sich anfangs wieder verstärkt in Bad Boll einfanden[44], dem älteren Blumhardt verpflichtet, so hatten die Religiösen Sozialisten wichtige Impulse von Leben und Werk des jüngeren Blumhardt empfangen. Kein Wunder, daß auch sie für eine ihrer Tagungen Bad Boll wählten. Im Herbst 1927 trafen sich hier die Religiös-Sozialen Württembergs[45], Ostern 1932 sammelten sich Freunde aus Württemberg und der Schweiz, um unter anderem Professor Leonhard Ragaz, der leitende Geist der Bewegung, und Pfarrer R. Lejeune, der Herausgeber der Predigten des jüngeren Blumhardt, zuzuhören.[46]

Die Tagungen entwickelten sich zu einem wichtigen Zweig der Arbeit des Kurhauses, wie es ihn in der Blumhardtzeit noch nicht gegeben hatte. Gelegentlich tagten zwei Gruppen zu gleicher Zeit: So Anfang August 1932, als die Süddeutsche Gautagung der DCSV und die Vereinigung für Evangelische Kirchenmusiker Württembergs zur gleichen Zeit mit insgesamt etwa 300 Teilnehmern das Haus füllten.[47] Von hier aus führt zweifellos eine Linie zur 1945 gegründeten Evangelischen Akademie. Bad Boll war als Tagungsort entdeckt.

5. Haushaltungsschule, Hausschwesternkurse: Zur Ergänzung und Unterstützung des Erholungs- und Tagungsheims Kurhaus lag es nahe, einen schon vor der Übergabe entwickelten, aber bisher nie realisierten Plan aufzugreifen: Es sollte der Versuch gemacht werden, eine Haushaltungsschule für junge Mädchen einzurichten. Ein erster Kursus fand von Mitte April bis Mitte Mai 1921 für 21 Mädchen statt. Für die Boller männliche Jugend war dieser Kurs zwar eine Attraktion,[48] doch sollte der Plan zunächst nicht sofort weitergeführt werden. Es kamen mehr Erholungsgäste als erwartet – für beide Angebote schien das Haus nicht groß genug zu sein.[49] Im Jahr 1927 regte der bereits erwähnte Evangelische Volksbund für Wüttemberg im Kurhaus die Einrichtung einer Ausbildungsmöglichkeit für »Hausschwestern« an, die später in den Kirchgemeinden arbeiten sollten. Der erste einjährige Kurs begann im Auftrag des Volksbundes am 1. Oktober 1927 mit acht Schwestern.[50] Weitere Kurse folgten in den nächsten Jahren bis 1931/32.[51] Heyde bedauerte, daß sich die Leitung des Hausschwesternverbandes 1932 *dem harten Druck der Zeit Rechnung tragend* genötigt sah, *auf die Ausbildung neuer Hausschwestern zu verzichten.* Eine »schöne Hausschwesterntagung« im September 1932 sei aber ein Zeichen dafür, daß die engen Beziehungen zu den Schwestern und zu dem Evangelischen Volksbund überhaupt auch weiter fortbestehen würden.[52] Anstelle der Hausschwestern wurden im Oktober 1932 zunächst zwölf Haushaltungsschülerinnen aufgenommen und ausgebildet. Nach dem Krieg knüpfte man an die Tradition, einen Kurs für junge Mädchen anzubieten, wieder an und realisierte sie im »Evangelischen Rüstjahr«.

6. Die Jugendherberge: Im Jahr 1927 wurde in einem Gebäude am hinteren Hof des Kurhauses, das früher als Pferdestall gedient hatte, eine Jugendherberge eingerichtet und vom Bund Deutscher Jugendvereine (BDJ) auf seiner Jahresfeier eingeweiht.[53] Diese Jugendherberge zog seither vermehrt Jugendgruppen nach Bad Boll, die hier preiswert zusammenkommen konnten. Seit 1932 stand ihnen auch eine eigene Küche zur Verfügung.[54]

7. Kurbad und ärztliches Angebot: Im Jahr 1927 kam das Schwefelbad zu neuen Ehren. Es wurde renoviert, erweitert und mit dem »Morgenland« verbunden. Unter Leitung einer Bademeisterin konnten neben Schwefelbädern jetzt auch andere medizinische Bäder angeboten werden. In der Nähe der Badeabteilung wurden einige schöne Zimmer für solche Gäste eingerichtet, die vornehmlich wegen der Bäder ins Kurhaus kamen.[55] Im Jahr 1935 gelang es Pfarrer Heyde, in Dr. Hermann Aubel und seiner als Naturheilpraktikerin ausgebildeten Gattin ein Ehepaar zu finden, das den im Hause praktizierten Naturheilverfahren nahestand und bereit war, die medizinische Betreuung im Kurhaus zu übernehmen.[56] Dr. Aubel kam aus Hustedt bei Celle und hatte sich unter anderem auch mit Atemtechnik und Tanztherapie beschäftigt.[57] Seine Kontakte zur Spandauer Arbeitsgemeinschaft von Medizinern und Theologen ließen Offenheit für die Tradition und die Aufgabe des Kurhauses erwarten. Das Haus hatte nun seinen eigenen Arzt, der allerdings nicht Angestellter des Kurhauses wurde, sondern hier frei praktizierte.[58] Niemand, der nach Bad Boll kam, wurde genötigt, den Arzt aufzusuchen, der Badebetrieb sollte nur eine der möglichen Zweckbestimmungen des Kurhauses sein.[59] Die bereits Anfang der dreißiger Jahre eingerichtete Wassertretanlage nach Wörishofener Vorbild und das Luftbad zeigten jedoch, daß auch der Gesundheitssorge und dem Badbetrieb im engeren Sinne ständige Aufmerksamkeit zugewandt wurde. Neben den Bädern bot der in Boll selbst gewonnene Posidonienschiefer in Form von Schlammpackungen eine wichtige Bereicherung des Kurmittelangebotes.[60]

Die Verwertung des Posidonienschiefers zu Heilzwecken hatte ein Mitarbeiter angeregt, der selber kein Mediziner war. Der Zürcher Hans Friedrich Lavater (1873–1957), dessen früh verwitwete Mutter zum Freundeskreis Blumhardts gehörte, war 1922 nach Bad Boll gekommen und in verschiedenen Funktionen im Kurhaus tätig. Er heiratete Frieda Brodersen, eine Tochter des früheren Verwalters Heinrich Theodor Brodersen (1829–1912). Von 1926 bis 1947 betreute er die Poststelle in Bad Boll, ein Amt, das von 1860 bis 1880 bereits sein Schwiegervater innegehabt hatte. Bei Führungen durch das Haus, in Gesprächen, Vorträgen, Andachten und mit der Publikation

»Bad Boll durch 350 Jahre und beide Blumhardt. Historisches und Erlebtes« (Gießen und Basel 1951) war es ihm daran gelegen, das geistliche Erbe der beiden Blumhardt wach zu halten. Doch interessierten ihn auch die therapeutischen Möglichkeiten des Bades. In seinem Buch berichtet er, daß er Anfang der dreißiger Jahre die *Verarbeitung von Posidonien-Schiefer zu Heilschlamm* angeregt habe. *Meine Frau verabfolgte erstmals Heilschlamm-Packungen, wobei sie überraschend erfreuliche Erfolge erzielte.*[61]

8. Wirtschaftliche Leitung. Renovierungen.

Das Kurhaus sollte sich auch nach der Übergabe an die Brüdergemeine ökonomisch tragen. Dafür waren zunächst große und teure Renovierungsarbeiten notwendig.

Im Januar 1921 konnte Dr. Eduard Vopelius seine Arbeit als Verwaltungsleiter des Kurhauses an den aus Neuwied kommenden Nachfolger Friedrich Voß übergeben. Voß hatte es nicht leicht. Die Geldmittel waren knapp. Die daraus resultierende erzwungene Sparsamkeit führte zu Fehlentscheidungen, etwa bei der Bevorratung mit Kohle, aber auch zur Verunsicherung einiger Gäste, denen Voß seine Probleme mitteilte. Während Pfarrer Heyde das volle Vertrauen von Schwester Anna von Sprewitz und Dr. Vopelius genoß, stieß Voß bei eben diesen Repräsentanten der vorhergehenden Zeit auf zunehmende Kritik. Zum 31. März 1922 schied Verwalter Voß wieder aus dem Dienst und nahm eine neue Aufgabe in Herrnhut an. Pfarrer Heyde übernahm nun auch die wirtschaftliche Leitung des Hauses, seine Frau war Hausmutter. Natürlich standen ihnen sachkundige Mitarbeiter und Mitarbeiterinnen zur Verfügung. Wilhelmine Fromm, in der Verwaltung und gewissermaßen als »Hausdame« tätig, konnte bei ihrem Ausscheiden 1926 auf eine rund dreißigjährige Tätigkeit im Kurhaus zurückblicken. An ihre Stelle trat 1927 Sigrid Vopelius, eine Enkelin von Johann Christoph Blumhardt.[62]

Heyde konnte jetzt – nicht zuletzt aufgrund der von Voß gemachten Erfahrungen – Herrnhut mit Nachdruck um Vorschüsse und Defizitausgleich bitten. Zugleich reiste er in die Schweiz und in die Niederlande, um Vorträge zu halten und um Kollekten für die Arbeit des Kurhauses zu erbitten.[63]

Der Renovierungsbedarf war gewaltig und auch Besuchern aus Herrnhut von Anfang an aufgefallen. Ein Mitglied der Unitätsdirektion wies Heyde in einem Brief vom 14. März 1921 darauf hin, daß es den Gästen nicht zuzumuten sei, nachts in dunklen Gängen den Weg zur Toilette zu suchen, und empfahl, nachts »kleine Sparlämpchen« aufzustellen. Heyde antwortete, daß eine Elektrifizierung des Hauses die bessere Lösung sei.[64]

Die Inflationszeit bedeutete auch für das Kurhaus eine harte Prüfung. Am 29. Oktober 1923 berichtete Pfarrer Heyde nach Herrnhut, daß der Pensionspreis gegenwärtig 8–10 Milliarden Mark täglich betrüge.[65] Doch liefen natürlich die Ausgaben den Einnahmen davon. Die Direktion Herrnhut wies in einem Antwortschreiben darauf hin, daß sich ein kostendeckender Tagespreis eher auf 40 Milliarden Mark pro Tag beliefe, eine Summe, die 2½ Goldmark entspräche.[66]

Am 1. November 1925 wurde für das Kurhaus ein Verwaltungsrat eingerichtet, in dem die Kaufleute Th. Tietzen und Bender sowie Direktor Leuze vom »Herzog Christoph« in Stuttgart, Landwirt Immendörfer aus Heimerdingen und Altschultheiß Pflüger aus Boll die Kurhausleitung und die Unitätsdirektion in Herrnhut berieten.[67] Später kam noch Bankdirektor Karl Walz aus Göppingen dazu.

Die Elektrifizierung des Kurhauses wurde nun Schritt für Schritt durchgeführt. Im Jahr 1925 gab es 555 elektrische Lampen, die die bisherige Beleuchtung mit Azetylengas ablösten. Auch *die Abortanlagen* waren *verbessert und nach Möglichkeit mit der Wasserleitung verbunden* worden.[68]

Hinfort konnte kontinuierlich von weiteren Fortschritten in der Modernisierung des Hauses berichtet werden. Im Jahr 1929 wurde im Altbau eine zentrale Warmwasserheizung eingerichtet, nachdem Badhaus, Gnadenbau und Morgenland bereits mit einer Dampfheizung versehen worden waren.[69] Im ersten Vierteljahr 1935 wurde der gesamte Altbau, dessen Dachziegel 70 Jahre lang gehalten hatten, mit 12 000 Ziegeln neu gedeckt, wobei beim Transport der Ziegel vom Hof auf den Dachboden alle Bewohner und Gäste, soweit sie irgend konnten, eine lange Kette bildeten und halfen.[70] Im Jahr 1936 konnte mitgeteilt werden: *… die großen Reparaturen sind beendet, und das Haus ist neu verputzt. Was das für ein Gebäude* *bedeutet, das 40 Jahre sein altes Gewand getragen hat, weiß jeder Einsichtige.*[71] Schließlich hatten 1938 die Zimmer des »Morgenlandes« und des »Gnadenhaus« fließendes Wasser, und auch die Höfe des Kurhauses waren geteert worden.[72]

9. Von der Postkutsche zur Eisenbahn.
Die Verbesserung der Verkehrsbedingungen kam dem Angebot des Kurhauses für Gäste und Tagungen zugute. Seit 1860 war Bad Boll mit Göppingen durch einen Postkutschenverkehr verbunden. Im Jahr 1923 schränkte die Post den Verkehr von drei Fahrten täglich auf eine Fahrt ein. Das zwang das Kurhaus, ergänzend mit einem eigenen Fuhrwerk Verbindungen mit der Stadt und dem Bahnhof in Göppingen herzustellen.[73] Am 30. Juni 1926 wurde die Eisenbahnstrecke nach Boll feierlich eingeweiht. Am selben Tag verkehrte die gemütliche Pferdepost zum letzten Mal.[74]

10. Der Badhof.
Zum Kurhaus gehörte auch die »Ökonomie«, das heißt die vom Badhof betriebene Landwirtschaft. Sie stand unter Leitung eines dem Kurhaus direkt unterstellten Verwalters. Am 1. März 1923 wurde hier der bisherige Verwalter aus Altersgründen abgelöst. Seine Stelle nahm Ernst Müller, der Sohn des Leiters der Hahnschen Gemeinschaft in Faurndau, ein. Im Jahr 1923 wurde auch der Badhof elektrifiziert, damit nun elektrische Maschinen benutzt werden konnten.[75] Anfang 1936 wurde der Badhof dann an Ernst Müller verpachtet, so daß er das Gut selbständig nutzen konnte.[76]

11. Die geologische Sammlung.
Auch die geologische Sammlung kam zu neuem Glanz. Die Geologie war ein Steckenpferd von Pfarrer Heyde, sehr bald verband ihn eine Freundschaft mit Dr. Bernhard Hauff in Holzmaden. Mit dessen Hilfe wurde im Jahr 1933 im Kurhaus die noch aus königlicher Zeit stammende geologische Sammlung neu geordnet und ein kleines geologisches und paläontologisches Museum errichtet, in dem einige Prachtexemplare von in der Umgebung gefundenen »Versteinerungen« ausgestellt wurden.[77] Die geologische Sammlung befand sich in

einem an den Speisesaal und den »Gelben Saal« grenzenden Raum, der mit dem »Gelben Saal« dem heutigen »Clubraum« gewichen ist.

Die Zeit des Nationalsozialismus

Die Machtübernahme durch die Nationalsozialisten im Jahr 1933 brachte neue Probleme. Heyde berichtete der Herrnhuter Direktion am 2. Juni 1934 über eine »Flutwelle von NS-Propaganda«, die in der letzten Woche über die Angestellten des Kurhauses von seiten der Deutschen Arbeitsfront und der Organisation »Kraft durch Freude« hereingebrochen sei. Die Propagandaaktion wurde offenbar aufgrund einer Denunziation als für das Kurhaus besonders nötig erachtet.
Im Adventsgruß Bad Boll 1933 betonte Heyde rückblickend auf das Jahr: *Es war für uns nicht nur eine Redensart, wir haben ernst damit gemacht, daß unser Haus als ein rechtes Volkshaus nach wie vor für jedermann, der guten Willens ist – woher er auch komme – geöffnet bleibt.* In diesem Punkt bliebe das Kurhaus bewußt *altmodisch*. Desto unangenehmer berührte ihn ein Vorkommnis, das sich im Juni 1934 zutrug. Ein von der Landesversicherungsanstalt ins Kurhaus eingewiesener Gast, den Heyde als »fanatischen Nationalsozialisten« bezeichnete, lehnte es ab, mit einem jüdischen Ehepaar im Speisesaal zusammen zu essen. Er drohte mit Hungerstreik und meldete die Angelegenheit bei einer Dienststelle der Arbeitsfront. Heyde versuchte sofort, beim Amt des Reichsstatthalters Murr in Stuttgart zu intervenieren. Er gelangte an einen Adjutanten des Statthalters. Dieser teilte ihm mit, daß die Haltung des nationalsozialistischen Gastes an sich richtig sei und den mittelfristigen Zielen der Partei entspräche, doch sei wegen des Auslandes Aufsehen zu vermeiden. Er rief den Kreisleiter der Partei in Göppingen an und gab ihm den Auftrag, Heyde in Boll aufzusuchen. Der Kreisleiter kam zusammen mit dem Ortsgruppenleiter von Boll. Beide brachten den Wunsch zum Ausdruck, daß in Zukunft keine jüdischen Gäste mehr im Kurhaus aufgenommen werden sollten. Heyde berichtete nach Herrnhut, daß er es auf das Bestimmteste abgelehnt habe, sich hier zu binden. *Es sei dies gegen den Geist des Hauses der Blumhardts und*

der Brüdergemeine sowie vor allem gegen den Geist Jesu Christi.[78]

Im Juli 1934 trafen sich im Kurhaus 90 in Opposition zur nationalsozialistischen Kirchenpolitik befindliche, der Bekennenden Kirche nahestehende Pfarrer der Württembergischen Landeskirche. Auch Pfarrer Heyde nahm an der Tagung teil. Aber auch der Reichsnährstand und ähnliche Gruppierungen probierten das Kurhaus als Ort für Kurse aus. Sehr bald fanden sie jedoch ihnen gemäßere Häuser. Dagegen zog der weibliche Arbeitsdienst im Herbst 1933 in die Jugendherberge ein, die dadurch dem Kurhaus vorerst nicht mehr zur Verfügung stand.[79] Der weibliche Arbeitsdienst machte im Winter 1935/36 dem Göppinger männlichen Arbeitsdienst Platz, der die Jugendherberge jedoch nur über Tag benutzte. So konnte diese vereinzelt wieder für »Konfirmandenausflüge und ähnliche Zwecke« gebraucht werden.[80] Um einer Belegung der Jugendherberge durch Kurse der Landesbauernschaft zu entgehen, vermietete das Kurhaus einen Teil der Herberge im Frühjahr 1937 schließlich an die Württembergische Feuerwehrführerschule.[81]

130 Gerhard Heyde (1874–1939) und Sophie Heyde geb. Christ (1884–1955), Hauseltern im Kurhaus 1920–1939

Gerhard Heyde wollte im Jahre 1939 nach Erreichung seines 65. Lebensjahres (am 18. Dezember 1939) in den Ruhestand treten. Bei einem Ausflug mit Gästen auf den Hohenstaufen am 16. Juni 1939 erlag er im Autobus einem Herzversagen.[82] Er hatte auch in den Jahren vorher wiederholt mit Krankheit zu kämpfen gehabt. Sein Lebenswerk in Bad Boll war beachtlich. Die organisatorische Leistung, die mit der Weiterführung und Neugestaltung des Kurhauses verbunden war, wurde getragen von tiefem Glauben und einem deutlichen Konzept, das er im Februar 1928 einmal folgendermaßen umriß: *Unsere Aufgabe wird es in den nächsten Jahrzehnten bleiben, den Herrnhuter Pietismus mit dem aus dem schwäbischen Pietismus herausgewachsenen Reich-Gottes-Universalismus der Blumhardts in gesunder Weise zu vereinigen.*[83] Unermüdlich vertrat er beide Traditionen, sowohl in Vorträgen, die er auf den Tagungen im Kurhaus hielt, als auch außerhalb Bad Bolls. Immer wieder traf er sich mit Freunden des alten und neuen Bad Boll in der Schweiz. Im Wochenblatt »Herrnhut« veröffentlichte er 1929 eine Serie von Artikeln über Vater und Sohn Blumhardt. Im Jahr 1932 urteilte er vor der Synode der Brüdergemeine, daß die Übernahme des Kurhauses seinerzeit ein Wagnis gewesen sei, die Brüdergemeine sei aber ihrerseits dadurch aus einer gewissen Isolierung in *ein großes weites Feld hinausgeführt worden.*[84] Umgekehrt war es Heyde gelungen, auch das Kurhaus aus einer Isolierung von seiner Umgebung, in die es gegen Ende der Blumhardtzeit geraten zu sein schien, herauszuführen.[85] Im Jahre 1937 veröffentlichte er im Verlag von J. F. Steinkopf in Stuttgart unter dem Titel »Das Württembergisch Wunderbad zu Boll« eine kurzgefaßte Geschichte Bad Bolls.

Heyde hielt zusätzlich zu seiner Tätigkeit im Kurhaus noch 8 Stunden Schulunterricht im Töchterinstitut Eckwälden und stattete dem Haus Wieseneck relativ häufige Besuche ab.[86] Die Stiftung Kinderheim Wieseneck in Jebenhausen ging dann aber einen selbständigen, von Bad Boll unabhängigen Weg.[87] Die im Schenkungsvertrag von 1920 von der Brüdergemeine übernommene dingliche Verpflichtung in Höhe einer jährlichen Rente von

RM 4000,– an das Heim konnte Ende 1926 abgelöst werden.[88] Dagegen blieb der Kontakt mit dem Töchterpensionat, das den Schwestern Elisabeth und Anna Härlin gehörte und das diese mit Frl. Trost betrieben[89], noch bis 1930 bestehen.[90]

Bei seiner Vortragstätigkeit, bei Tagungen und der Betreuung der Kurgäste fand Pfarrer Heyde in pensionierten Pfarrern der Brüdergemeine, die nach Bad Boll übersiedelten, eine große Hilfe. Es waren dies zunächst Pfarrer Heinrich Jannasch, der 1921 mit seiner Frau von Stuttgart nach Bad Boll zog und hier bis zu seinem Heimgang 1931 wirkte, und der Leiter des Theologischen Seminars der Brüdergemeine in Herrnhut, Dr. Henri Roy, der Ostern 1932 seine Stelle einnahm und in Bad Boll 1936 verstarb.

Hausmutter des Kurhauses war unbestritten die Ehefrau von Pfarrer Heyde, Sophie Heyde, geb. Christ. Die Arbeit lag ihr, sie fühlte sich in ihr »wie ein Fisch im Wasser«[91] und ging stark in ihr auf. Auch sie war nicht ohne Assistenz. Vom März 1936 bis Juli 1939 nahm Elisabeth von Adelung wesentliche Aufgaben einer Hausdame wahr.[92] Ihre Tätigkeit erinnerte Frau Heyde in mancher Hinsicht an die Hausdame der Anfangszeit, Fräulein Wilhelmine Fromm.[93]

Für den Dienst am Kurhaus hatte die Unitätsdirektion für die Zeit nach dem vorgesehenen Eintritt von Pfarrer Heyde in den Ruhestand Pfarrer Harald Gammert vorgesehen. Als Gehilfin der noch jungen neuen Hausmutter Renate Gammert, geb. Reichel, war Lena Kücherer ins Auge gefaßt worden, die jedoch bereits vorher Aufgaben im Kurhaus wahrnehmen sollte.[94] Frau Kücherer traf im Mai 1939 in Bad Boll ein, das Ehepaar Gammert im Juli desselben Jahres. Im November 1939 trat mit Deborah Brodersen auch erneut ein Mitglied der Familien Blumhardt und Brodersen in den Dienst des Kurhauses.[95]

Mit dem Ende der Tätigkeit des Ehepaars Heyde war im Kurhaus eine Epoche zu Ende gegangen. Die weiteren Jahre wurden durch den nur kurze Zeit nach dem Amtsantritt[96] des Ehepaars Gammert in Bad Boll ausbrechenden Zweiten Weltkrieg bestimmt.

Das Kurhaus im Zweiten Weltkrieg

Das Kurhaus als Lazarett

Drei Tage vor Ausbruch des Zweiten Weltkrieges – am 29. August 1939 – erhielt das Kurhaus Besuch von Obermedizinalrat Scholl aus Göppingen. Er teilte mit, daß im Konfliktfall Teile des Göppinger Krankenhauses in das Kurhaus verlegt werden müßten. Dazu würde ein Teil des Hauses beschlagnahmt, Mitarbeiter würden mitgebracht, das Personal des Kurhauses aber ebenfalls übernommen werden.[97] Das Kurhaus bereitete sich auf diese neue Zweckbestimmung vor, doch wurde der Plan nach Ablauf des Polenfeldzuges nicht verwirklicht, denn zusätzliche Krankenhauskapazitäten wurden zunächst nicht benötigt. Der Ausbruch des Krieges brachte trotzdem viel Unruhe und Aufregung. Mitarbeiter, Gäste, mit dem Kurhaus zusammenarbeitende Handwerker im Dorf erhielten ihre Stellungsbefehle – darunter auch der neue Leiter des Kurhauses, Pfarrer Harald Gammert, der Ende September einrücken sollte. Das *nächtliche, nicht nachlassen-wollende Pferdegetrappel der Bezirks-Pferdemusterung* erschien den Kurhausbewohnern *wie ein Vorspiel der kommenden Unruhe.*[98] Die Einberufung des Jahrganges, zu dem Pfarrer Gammert gehörte, wurde dann aber doch noch einmal zurückgenommen. Er mußte erst am 20. Januar 1940 zur Wehrmacht.[99]

Im Neubau des Kurhauses war eine kleine Gruppe polnischer Gefangener untergebracht, die im Frühjahr 1940 nach Eckwälden verlegt wurde.[100] Bei Beginn der militärischen Operationen im Westen wurde das Kurhaus erneut zum Hilfslazarett erklärt – am 24. Mai 1940 wurden 140 Feldbetten abgeladen[101] –, doch auch diesmal erfolgte keine Belegung. Im Oktober wurde die angekündigte Beschlagnahme wiederum zurückgenommen.[102]

Erst am 15. Dezember 1941 wurde das Kurhaus endgültig zum Lazarett, ein erster Transport mit 38 Verwundeten aus dem Osten kam am 2. Januar 1942 an.[103] Das Kurhaus stand mit dieser Zweckbestimmung nicht allein, auch die benachbarten Kureinrichtungen in Bad Ditzenbach und Bad Überkingen dienten als Lazarette.[104] Immer mehr Teile des Hauses wurden in den Lazarettbetrieb hineingezogen. Noch im Jahre 1941 hatten Kurgäste das

Haus besuchen können, staatliche Richtlinien legten Kriterien für die Aufnahme von Gästen fest.[105] Im Jahr 1942 waren es insbesondere Mitarbeiter kriegswichtiger Betriebe, die Berücksichtigung finden sollten. Viele Bewerber um einen auf höchstens drei Wochen begrenzten Kurplatz mußten abgewiesen werden, was der Kurhausleitung oft Schmerzen bereitete.[106] Kurhaus und Außengelände waren zwischen Lazarett und Gästen aufgeteilt, aber es gab im Eingangsbereich, im Lesesaal und in der Gaststätte viele Möglichkeiten, einander zu begegnen, was nicht zuletzt die Soldaten als angenehm empfanden.[107] Auch bei geselligen Veranstaltungen trafen sich Verwundete und Gäste und, als diese nicht mehr da waren, Mitarbeiter und Soldaten.[108] Am 8. Oktober 1942 mußten die letzten Kurgäste, die noch neben dem Lazarett untergekommen waren, das Haus verlassen, nur zehn Dauergäste blieben zurück.[109] Im Jahr 1943 hatte das Lazarett 200 Betten. Im Jahresbericht 1944 wird mitgeteilt, daß im Kurhaus rheumatisch erkrankte Soldaten, denen die Bäder gut täten, behandelt würden. Ferner gäbe es eine Abteilung für innere Krankheiten und dann eine für Verwundete, die chirurgischer Behandlung oder eine chirurgische Nachbehandlung benötigten. Im Herbst 1944 wurde eine Kriegsblindenschule von Ulm nach Bad Boll verlegt.[110]

Organisatorisch fungierte das Kurhaus als Teillazarett des Reservelazaretts Göppingen. Gegen Ende des Krieges war es im Begriff, seinen Charakter als Etappen- und Nachsorgelazarett zu verlieren und Frontlazarett zu werden.[111]

Hatten seit Juli 1944 noch von der Lazarettleitung ausgerechnet am Sonntagvormittag ausgerufene Probealarme die Gemüter beschäftigt,[112] so gab es nun immer mehr echten Fliegeralarm. Flüchtlinge aus anderen Gebieten Deutschlands trafen ein.[113] Der Krieg näherte sich dem Ende.

Leitung und geistliche Betreuung während des Krieges

Nur wenige Monate lang hat der neue Leiter des Kurhauses, Pfarrer Harald Gammert, seine Aufgabe wahrnehmen können. Im Januar 1940 einberufen, konnte er gelegentlich auf Urlaub nach Bad Boll zurückkehren – so

Weihnachten 1941, wo er am 27. Dezember die Predigt im Kurhaus hielt.[114] Anfang Februar 1943 traf die Nachricht ein, daß er am 20. Dezember 1942 in der Ukraine gefallen war. Am 7. Februar 1943 versammelte sich die Hausgemeinde zu einer Gedächtnisfeier.[115]

Die Leitung des Hauses war seit der Einberufung Pfarrer Gammerts in den Händen von Magdalena Kücherer, die ursprünglich zur Unterstützung der neuen Pfarrfrau in das Hausmutteramt nach Bad Boll gekommen war.[116] Sie war Witwe eines Schuldirektors, der zeitweise auch Mitglied der Unitätsdirektion gewesen war, und hatte im Schulwerk der Brüdergemeine bereits Erfahrungen in der Heimleitung gesammelt. Sie erwies sich in schwerer Zeit als die richtige Frau am richtigen Platz. In der Zeit der Lebensmittelkarten und der Rationierung auch anderer lebenswichtiger Güter war ihre Aufgabe nicht leicht. Sie fand immer wieder Wege, die Arbeit des Kurhauses als nichtstaatlichen, kirchlichen Betrieb aufrechtzuerhalten.

Der kriegsbedingte Mangel an Arbeitskräften bereitete manche Not. Lena Kücherer gelang es, Hilfskräfte – vornehmlich aus anderen Orten und Arbeitszweigen der Brüdergemeine – zu gewinnen, die während ihrer Ferien oder in ihrem bereits angetretenen Ruhestand aushalfen. So dienten etwa eine Studienrätin oder eine Heimleiterin »incognito« als Zimmermädchen oder als Küchenhilfe. Über die bei der ungewohnten Tätigkeit gewonnenen Erfahrungen tauschte man sich humoristisch und in Versform in einer Erinnerungsschrift aus.[117]

Nachdem das Kurhaus im Dezember 1941 zunächst teilweise in ein Lazarett umgewandelt worden war, wurde der Lazarettbetrieb einer eigenen Leitung unterstellt, auf Dr. Fleischer folgte im Mai 1942 Dr. Vorster. Die Verwaltung des Kurhauses wurde jedoch intakt gelassen, Lena Kücherer blieb Ansprechpartnerin der Lazarettleitung. Die Zusammenarbeit zwischen dem Lazarett und dem immer noch Gäste beherbergenden Kurhaus verlief zunächst gut, sie verschlechterte sich jedoch in der zweiten Jahreshälfte 1942, so daß Frau Kücherer die Unitätsdirektion in Herrnhut um die Freistellung von ihrer Aufgabe als »Betriebsführerin« bat. Der Bitte wurde am 19. Dezember 1942 entsprochen. Nachdem Frau E. Schäfer aus Stuttgart vorübergehend die Leitung übernommen hatte,[118] traf im Mai 1943 in Friedrich Höft ein neuer, von Herrnhut berufener Leiter ein, der im Laufe seines beruflichen Weges in der Brüdergemeine Neuwied Erfahrungen im Beherbergungswesen hatte sammeln können.[119] Die letzten Gäste hatten schon zu Lena Kücherers Zeiten das Haus verlassen müssen. Das Kurhaus und seine Verwaltung hatten jetzt ganz den Bedürfnissen des Lazaretts zu dienen, doch blieb die Verwaltung als solche bestehen. Der im Kurhaus wirkende Arzt, Dr. Aubel, war für das Lazarett verpflichtet worden.[120]

Der kirchliche Charakter des Hauses war bekannt, der Hausgeistliche wurde als Lazarettpfarrer akzeptiert.[121] Neben anderen Pfarrern aus Brüdergemeine und Landeskirche, die kurzfristig aushalfen, hatte von 1940 bis zum Frühjahr 1941, nach der Einberufung Pfarrer Gammerts, insbesondere Professor W. Staerk aus Jena das Pfarramt im damals noch von Gästen belegten Kurhaus wahrgenommen.[122] Danach übernahm zunächst einige Wochen und dann ab September 1941 bis Mai 1943 endgültig der frühere Unitätsdirektor und Herrnhuter Kurhausdezernent Bischof Theodor Marx diese Aufgabe. Ihm folgte im Mai 1943 Pfarrer Theodor Günther, der vorher die Brüdersozietät in Basel betreut hatte.[123] Marx und Günther gelang es immer wieder, mit Soldaten und Offizieren ins Gespräch zu kommen,[124] von denen manche durch ihr schweres Erleben in neuer Weise offen für Fragen nach dem Sinn des Lebens waren. Der Gottesdienst fand im sogenannten hinteren Kirchensaal statt, der Kirchensaal selbst diente zur Lagerung von Möbeln und Gegenständen, die dem Lazarettmobiliar hatten weichen oder von der »Bühne« wegen der Vorschriften des Luftschutzes hatten weggeräumt werden müssen.[125] Zwar war es dem Kurhaus verboten, von sich aus gesellige Abende für Lazarettinsassen zu organisieren,[126] doch standen die Gottesdienste den Soldaten offen,[127] darüber hinaus gab es mancherlei informelle Kontakte auch zu den Angehörigen, die als Besucher an den Mahlzeiten des Kurhauses teilnehmen konnten.

Kriegseinwirkungen, Bedrohungen, Gerüchte

Das Lazarett, das im Dezember 1942 endgültig in das Kurhaus eingezogen war, unterstand der »Deutschen Wehrmacht«. Wenngleich es gelegentlich zu Meinungsverschiedenheiten zwischen Kurhaus und Lazarettleitung kam und das Zusammenleben nicht ohne Schwierigkeiten ablief, war es im großen und ganzen doch geprägt von gegenseitigem Respekt, ja von Zusammenarbeit, wo es nötig und möglich war.[128] Ein Beispiel dafür ist die Tatsache, daß der Kurhauspfarrer auch als Lazarettpfarrer wirken konnte.

Gefahren für das Kurhaus drohten von anderer Seite. Der nationalsozialistische Staat war bestrebt, während des Krieges seine rassistischen, aber auch seine antikirchlichen Bestrebungen schnell zu verwirklichen. Um die Bevölkerung nicht zu beunruhigen, wurden viele dieser Maßnahmen unter Geheimhaltung vollzogen, oder, wenn dies nicht möglich war, von fanatischen Kommentaren der Medien Presse und Rundfunk flankiert. Die Brüdergemeine verlor während des Krieges fast ihr gesamtes weitverzweigtes Schulwerk an den nationalsozialistischen Staat. Der Druck des in ganz Deutschland und gerade auch von vielen Soldaten gelesenen Losungsbuches wurde immer schwieriger[129] und schließlich nur noch aufgrund von Intervention und Hilfe von Kreisen aus dem neutralen Ausland möglich. Auch das Kurhaus selbst geriet in Gefahr. Am 28. August 1941 berichtete Unitätsdirektor Samuel Baudert, Herrnhut, seinem ehemaligen Kollegen Theodor Marx, der jetzt in Bad Boll wirkte, daß der Staat die Absicht verfolge, alle privaten Heilbäder zu übernehmen.[130] Auf alle Fälle war dem Staat der religiöse Charakter kirchlicher oder kirchennaher Kurinstitutionen ein Dorn im Auge. Besonders anstößig schien es zu sein, wenn ein solches Haus unter der Leitung eines Pfarrers stand.[131] Die Richtung des staatlichen Vorgehens war klar. Doch ist es glücklicherweise nicht mehr zu einer Enteignung des Kurhauses gekommen.

Bad Boll lag abseits von den Zentren der Kampfhandlungen und auch von den Hauptzielscheiben der alliierten Luftangriffe. Im Jahr 1940 wurde von einem Fliegeralarm berichtet,[132] doch nahmen solche Alarme erst im weiteren Kriegsverlauf zu.

In das ruhige Bad Boll flüchtete ein Künstler, der in München durch Kriegseinwirkungen sein Atelier verloren hatte. Es war dies Professor Oscar Graf, der sich durch seine Radierungen, Gemälde und Buchillustrationen einen Namen gemacht hatte. Zu den von ihm dargestellten Objekten gehörten Landschaften, aber auch Arbeitsvorgänge, etwa beim Brückenbau, und industrielle Produktionsstätten in ihrer Umwelt. Er war ein guter Bekannter des ärztlichen Leiters des Lazaretts. Zunächst im Kurhaus wohnend, errichtete er in einem freien Teil des Festsaals eine Art Atelier, später diente ihm hierfür eine Unterkunft in der Nähe des Kurhauses am heutigen Dr.-Bauhinus-Weg. Einige im Kurhaus noch vorhandene Gemälde erinnern an den Künstler.[133] Oscar Graf blieb auch nach dem Krieg in Bad Boll, er verstarb 1958 nach Vollendung seines 84. Lebensjahres.

Im Jahr 1942 mußte das Kurhaus seine beiden Kirchenglocken hergeben. Sie waren unter Herzog Eberhard III. (1628/33 bis 1674) hier angebracht worden. Die größere trug die Initialen und das Wappen des Herzogs, auf der kleineren war eingraviert: »M Johannes Wisenhavwer gosen in Stuttgard anno 1649«.[134] Die Glocken wurden nach Hamburg gebracht. Dort wurden sie nicht sofort umgeschmolzen, sondern bei einem Luftangriff 1945 vernichtet. Auch andere metallene Gegenstände mußte das Kurhaus abgeben, damit diese der Waffenproduktion zugeführt werden konnten.[135]

Gegen Ende des Krieges machten zum Teil aberwitzige Gerüchte die Runde. Pfarrer Günther berichtet am 3. Januar 1945 nach Herrnhut von dem Gerücht, daß die hiesige Bevölkerung im Falle einer weiteren Rückverlegung der Front nach Thüringen evakuiert werden solle.[136] Doch zu dergleichen kam es nicht mehr.

Das Kriegsende in Bad Boll und der Neuanfang

Als sich die Front immer mehr näherte, hißten Angehörige der Wehrmacht auf dem Kurhaus die Fahne des Roten Kreuzes.[137] Auch der Gottesacker und der Badhof wurden mit Rote Kreuz-Zeichen versehen. Am 5. April 1945 griffen Tiefflieger das Boller Bähnle bei Dürnau an, der Zugverkehr war damit zum Stillstand gebracht. Im Ort Boll wurden einzelne Militär-Lastwagen aus der Luft durch Maschinengewehrfeuer in Brand geschossen. Eine letzte Verteidigungslinie vor der Alb, von Heiningen nach Holzmaden, die die von Norden vorrückenden amerikanischen Truppen aufhalten sollte, wurde von diesen umzingelt. In einem Aufruf ohne Unterschrift war dazu aufgefordert worden, bei Herannahen des Feindes nach Aufhausen auf die Alb zu flüchten, wobei eine Reihe einzeln aufgeführter Gegenstände mitgenommen werden sollten. Doch leistete dem wohl niemand Folge. Eine Straßensperre in der Nähe des Kurhauses wurde vom Lazarett beseitigt, um dieses nicht zu gefährden. Der Volkssturm des Ortes Boll wurde nicht mehr aufgeboten. Dr. Vorster war daran gelegen, das Lazarett so schnell wie möglich zu übergeben.

Am Nachmittag des 20. April 1945 bewegte sich, vom Ort kommend, ein erster amerikanischer Panzer auf das Kurhaus zu. Die Panzerspitzen rollten zunächst in Richtung Zell weiter. Das Lazarett wurde jedoch übergeben und war nun Gefangenenlager verwundeter deutscher Soldaten, die das Haus nicht mehr verlassen durften. Über den Ort wurde eine nächtliche Ausgangssperre verhängt. Doch konnte Pfarrer Günther am Sonntag »Jubilate«, dem 22. April, und dann auch am darauffolgenden Sonntag »Cantate« Gottesdienste für die Kurhausbewohner halten, die von den Soldaten stark besucht wurden. Wasserleitung und Elektrizität waren gestört und konnten erst am 3. Mai wieder in Gebrauch genommen werden – eine für das Kurhaus sehr prekäre Situation. Von den Soldaten war ein großer Druck gewichen. Sie sprachen sich nun gern und viel offener als früher auch mit dem Pfarrer aus. Am Mittwoch, dem 25. April, durften die Soldaten wieder auf den Hof des Kurhauses gehen, um frische Luft zu schnappen und den Frühling zu genießen. Am 2. Mai wurde das Kurhaus dann allerdings von den Lazarettinsassen geräumt. Die Soldaten wurden in Gefangenenlager überführt.

Die Amerikaner benutzten den Speisesaal des Kurhauses für eine Filmvorführung und einen Gottesdienst. Doch zog die Truppe bald darauf ab, so daß der während des Krieges als Feiertag abgeschaffte Himmelfahrtstag am 10. Mai 1945 in Dankbarkeit dafür gefeiert werden konnte, daß der Krieg vorüber und Boll sogar ohne Besatzung geblieben war. Allerdings: Das Elend, von Deutschland im Krieg in viele Länder Europas getragen, hatte nun Deutschland selbst erfaßt. So verband sich Dankbarkeit mit Trauer und Betroffenheit.

Nach dem Abzug der Amerikaner aus dem Kurhaus im Mai 1945 hatten sich diese eine weitere Verwendung des Kurhauses vorbehalten. Zunächst aber »strömten«[138] wieder Gäste ins Kurhaus. Pfarrer Theodor Günther versuchte – dabei an Traditionen der Vorkriegszeit anknüpfend – für die Gäste Vorträge im Kirchensaal zu organisieren.[139]

Bad Boll lag nicht weit von der Grenze zur französischen Zone entfernt. Im Kurhaus tauchten vermehrt entlassene deutsche Kriegsgefangene auf, die den Übertritt über diese Grenze aus Furcht, erneut gefangengenommen zu werden, zunächst nicht wagten und sich für Arbeiten im Kurhaus und Kurhausgelände zur Verfügung stellten.[140] Auch Flüchtlinge aus dem Osten trafen ein.[141] Eine lettische Musikkapelle, die nicht in die Sowjetunion zurückkehren wollte, fand eine Zeitlang Unterschlupf im Kurhaus, wo sie im »gelben Saal« Jazzmusik übte, die in erster Linie für amerikanische Ohren bestimmt war.[142]

Am 30. Mai und am 20. Juni 1945 wurde das Kurhaus von zwei schweren Hagelschlägen heimgesucht. Viele Scheiben im Kurhaus, in der Gärtnerei und im Pfarrhaus in der Badstraße gingen zu Bruch. Der Badhof erlitt dazu einen beachtlichen Flur- und Ernteschaden, der Verlust wurde mit RM 10000,– beziffert.[143]

Der 1925 gebildete Verwaltungsrat des Kurhauses trat wieder zusammen. Er mußte sich mit den mancherlei Mängeln und Notzuständen der Nachkriegszeit beschäftigen. In einer Sitzung vom 28. Dezember 1945 empfahl er, ein Tauschinserat aufzugeben, in welchem eine Schreibmaschine gesucht und dafür ein längerer freier Aufenthalt im Kurhaus angeboten wurden.[144] Trotz aller Schwierigkeiten nahm das Kurhaus seine frühere Arbeit wieder auf. Zu den bisherigen Aufgaben gesellten sich jedoch bald neue.

Bad Boll wird Sitz der Unitätsdirektion (West)

Zu Beginn des Jahres 1945 zeichnete sich mit dem bevorstehenden Kriegsende auch die Teilung des Reichsgebietes in verschiedene Besatzungszonen ab. Die Unitätsdirektion in Herrnhut beschloß im Februar 1945, daß ihr Mitglied Samuel Baudert nach Westdeutschland übersiedeln sollte, um von dort aus den Kontakt mit den westdeutschen und westeuropäischen Gemeinden aufrecht zu erhalten. Doch wurde die Ausführung des Planes zunächst verschoben. Erst am 8. April machten sich Samuel Baudert und mit ihm Finanzdirektor Kurt Marx mit ihren Ehefrauen auf den Weg.[145] Dabei hatten sie als Ziel Bad Boll vor Augen. Sie fuhren in zwei Autos mit Anhängern, in denen sich Papiere und Schreibmaschinen befanden. Ein Anhänger mußte aus technischen Gründen unterwegs zurückgelassen werden, sein Inhalt ging verloren.[146] Die beiden Herren gelangten nur bis Thüringen und erlebten das Kriegsende in der am 14. April 1945 von den Amerikanern besetzten Brüdergemeine Ebersdorf (Vogtland). Von dort besuchten sie Ende Juni Bad Boll und zogen Anfang Juli endgültig hierher um.[147]

Samuel Baudert, 1929 zum Bischof geweiht, war 1920 maßgeblicher Partner bei den Gesprächen gewesen, die zur Übernahme des Kurhauses durch die Brüdergemeine geführt hatten. Er hatte von 1920 bis 1928[148] und erneut von 1939 an die Aufgabe des »Dezernenten« der Unitätsdirektion für Bad Boll[149] wahrgenommen und war mit den Verhältnissen im Kurhaus bestens vertraut. Zu Baudert und Marx gesellte sich im Laufe des Jahres der aus der Gefangenschaft entlassene Lic. Heinz Renkewitz mit seiner Familie.[150]

Die befürchtete Spaltung Europas wurde sehr bald Wirklichkeit. Sie hatte auch eine Teilung der »Europäisch-Festländischen Provinz« der Brüder-Unität in zwei Distrikte zur Folge. Bad Boll wurde zum Sitz der Kirchenleitung des Westdistrikts, der die Gemeinden in Westdeutschland, der Schweiz, den Niederlanden und in Skandinavien umfaßte. Die Aufgaben des am traditionellen Sitz in Herrnhut verbliebenen Teiles der Unitätsdirektion beschränkten sich notgedrungen auf die Leitung des die Gemeinden in der »Ostzone« umfassenden »Ostdistrikts«. Später gab man die politisch belasteten Begriffe »West« und »Ost« auf und sprach von den Distrikten »Bad Boll« und »Herrnhut«, in die nun die ihre grundsätzlich Einheit wahrende Europäisch-Festländische Provinz unterteilt wurde. Diese prinzipielle Einheit wurde auch von der späteren Regierung der DDR anerkannt. Dennoch war vor der politischen Wende 1989 nur einmal eine gemeinsame Synode gestattet worden – nämlich 1981 in Herrnhut. Ansonsten kamen in beiden Distrikten getrennte Teilsynoden zusammen, die Teildirektionen wählten, von denen eine in Bad Boll saß. Insbesondere wurde der offizielle Kontakt zu den Missionsfeldern der Herrnhuter Mission, die sich langsam zu selbständigen Kirchenprovinzen entwickeln sollten, nun nicht mehr von Herrnhut, sondern von Bad Boll aus wahrgenommen. »Bad Boll« wurde in diesen Kirchen und kirchlichen Werken in Süd- und Ostafrika, in Surinam (Südamerika), in der Karibik, in Labrador und anderen Gebieten ein Begriff. Dadurch erhielt die vorher eher unscheinbare Brüdergemeine in Bad Boll eine neue Bedeutung. Das Kurhaus beherbergte jetzt – wenigstens vorübergehend – die Büros der Unitäts-, Finanz- und Missionsdirektion. Bad Boll wurde Tagungsort internationaler Synoden und Konferenzen.

Zusammenwirken mit der Evangelischen Akademie

An die Tagungstradition Bad Bolls konnte auch ein Vorhaben anknüpfen, das von Persönlichkeiten der evangelischen Landeskirche Württembergs entwickelt worden war und nach Verwirklichung drängte: die Bildung einer Evangelischen Akademie. Die bei der Gründung der Akademie maßgebliche Persönlichkeit war Pfarrer Dr. Eberhard Müller. Müller und Bischof Samuel Baudert, der Vorsitzende der Unitätsdirektion in Bad Boll, hatten einander in der ehemaligen Deutschen Christlichen Studentenvereinigung kennengelernt. Die Initiatoren der Evangelischen Akademie stießen bei der Direktion auf Verständnis für ihr Begehren, die Akademie im Kurhaus zu gründen und vorerst auch unterzubringen. Zunächst freilich galt es, die amerikanische Militärregierung zur Aufgabe ihrer Ansprüche auf das Kurhaus zu bewegen. Die Unitätsdirektion bat die Kirchenleitung der Brüdergemeine in den USA, hierbei behilflich zu sein. Zugleich traten Samuel Baudert und Eberhard Müller an den für religiöse Fragen zuständigen amerikanischen Offizier heran. Mit der Freigabe des Kurhauses konnte die Akademie ihre Tätigkeit beginnen. [151]

Die erste Tagung vom 29. September bis zum 10. Oktober 1945 vereinte Persönlichkeiten aus Justiz und Wirtschaft und war ein großer Erfolg. [152] Das Bedürfnis nach Neubesinnung, Gespräch, Kontakt war groß. Nun lebten Kurhaus, Brüdergemeine und Evangelische Akademie in einer »Symbiose«. [153] Die Tagungen der Akademie fanden auch das Interesse vieler Kurhausgäste, umgekehrt verdrängte die Akademie mit ihrer Tätigkeit die weiterhin nach Bad Boll kommenden Kurgäste nicht. Das Kurhaus konnte sogar – insbesondere während der Sommerpause der Akademie – vereinzelt eigene Tagungen durchführen. Besonders in den Gottesdiensten zeigte sich die Zusammenarbeit. Abwechselnd wurden die sonntäglichen Predigtgottesdienste von Brüdergemeine und Akademie gehalten, wobei jede Gruppe die Gottesdienste der anderen besuchte. Noch Jahre nach dem Auszug aus dem Kurhaus hielt die Akademie ihre Gottesdienste – zum Schluß einmal monatlich – im Kurhaus. [154]

Es war klar, daß die Akademie nur eine begrenzte Zeit im Kurhaus zu Gast sein konnte. Es gelang ihr, in der Nähe des Kurhauses geeignete Gebäude zu erwerben und neu zu bauen. Als die Akademie 1951 eigene Räumlichkeiten beziehen konnte, wurde die Einweihungsfeier am 17. März im Kirchensaal des Kurhauses gehalten. Altbischof Wurm und Landesbischof Haug überbrachten die Grüße der Landeskirche. Im Namen der Brüdergemeine sprach Dr. Heinz Renkewitz, [155] der 1954 selbst in den Dienst einer Evangelischen Akademie, nämlich der in Arnoldshain (Taunus) überwechseln sollte.

Die gutnachbarlichen Beziehungen zwischen Akademie, Kurhaus und Brüdergemeine werden weiterhin gepflegt: Einmal im Jahr treffen sich Vertreter der drei Bereiche zu einem Abend des Austauschs und der Gemeinschaft abwechselnd im Kurhaus und in der Akademie. Dazu sind jeweils auch die Pfarrer der evangelischen und katholischen Kirchengemeinde aus dem Ortsteil Boll eingeladen.

In Bad Boll entsteht eine Herrnhuter Ortsgemeinde

Der Beginn einer neuen Siedlung

Als die Brüdergemeine im Jahr 1920 das Kurhaus übernahm, war die Anzahl ihrer Mitglieder in Bad Boll selbst gering. Der Pfarrer des Kurhauses war zwar für alle in Württemberg zerstreut lebenden Herrnhuter verantwortlich, doch deren in den zwanziger Jahren entstandener Ältestenrat tagte lange Zeit in Plochingen, weil dies für eine Mitglieder zentraler lag.[156] Nach dem Krieg änderte sich diese Situation zusehends. Flüchtlinge aus den schlesischen und Zuwanderer aus anderen ostdeutschen Gemeinden trafen ein. Eine kleine Brüdergemeine am Ort entstand.

Im Oktober 1945 wechselte Pfarrer Theodor Günther in ein Pfarramt in der württembergischen Landeskirche. Das Pfarramt der Brüdergemeine in Bad Boll wurde von Unitätsdirektor Dr. Renkewitz übernommen.[157]

Die neuen Einwohner und Einwohnerinnen Bad Bolls, die es aus den Brüdergemeinen des Ostens hierher verschlagen hatte, konnten auf die Dauer nicht mehr im Kurhausareal und seiner Umgebung untergebracht werden. So entstand der Plan, nördlich des Kurparks eine kleine Siedlung zu errichten, die Flüchtlinge, Mitarbeiter und Pensionäre aufnehmen konnte. Am 3. November 1953 führte Dr. Heinz Renkewitz den ersten Spatenstich zum Bau von vier für 16 Familien bestimmten Siedlungshäusern durch. Das Richtfest für das erste Haus konnte bereits am 17. Dezember 1953 gefeiert werden, und im Laufe des Jahres 1954 zogen die Familien ein.[158] Damit war der Anfang zur Herrnhuter Siedlung in Bad Boll am Herrnhuter Weg und am Friedrich-Weihler-Weg gemacht.[159]

Die Finanzierung erfolgte durch die Brüdergemeine mit Hilfe der Siedlungsgesellschaft des Evangelischen Hilfswerks,[160] mit Unterstützung aus öffentlichen Mitteln für den Sozialen Wohnungsbau und mit Hilfe einer Stiftung der Brüder-Unität, die im Ausland ihren Sitz hatte.[161] Im Jahr 1957 wurden weitere sieben Baustellen ausgeschrieben, diesmal sollten auch private Interessenten eingeladen werden, hier zu bauen.[162] Ende 1958 waren vier neue Häuser unter Dach und Fach.[163] Im Jahr 1965 wurde mit dem Bau eines »Gemeinhauses« begonnen, das die Wohnung des Pfarrers und eventueller anderer Mitarbeiter, Büros und Jugendräume umfassen sollte. Im Laufe des Jahres 1966 konnten die neuen Räumlichkeiten bezogen werden. Ein Sommerfest der Brüdergemeine am 4. Juni 1966 und Spenden der Mitglieder halfen, die nötigen Mittel bereitzustellen.

Bis 1949 hatten Dr. Renkewitz und der 1947 nach Bad Boll übergesiedelte Unitätsdirektor Waldemar Reichel neben ihrer Arbeit in der Direktion das Pfarramt der Brüdergemeine mitbetreut.[164] Da sie viel auf Reisen waren, wurden sie von anderen Mitarbeitern unterstützt. Am 1. Advent 1949 erhielten Kurhaus und Gemeinde in Paul Colditz wieder einen hauptamtlichen Pfarrer. Nach der Sitte der Brüdergemeine wird die Pfarrfrau jeweils mit in das Amt berufen und kann in ihm Aufgaben wahrnehmen, die ihren Gaben entsprechen.

Gottesdienstliches Leben

Die Gottesdienste der Brüdergemeine im Kirchen- und Festsaal des Kurhauses sind öffentlich. Sie sind für Kurhaus und Gemeinde und für jeden, der kommen will, bestimmt. Viele Kurgäste machen von diesem Angebot gern Gebrauch. Dabei finden auch die besonderen liturgischen Traditionen Interesse, denn trotz ihrer Nähe zur Landeskirche hat die Brüdergemeine manche eigene gottesdienstliche Form entwickelt.

Da ist etwa die »Singstunde« am Samstagabend. Sie ist nicht, wie der Name vermuten lassen könnte, eine Übungsstunde des bestehenden Kirchenchors, sondern eine kurze Versammlung am Wochenschluß, in der die Gemeinde Liedverse aus dem Gesangbuch singt, die zu »Losung« und »Lehrtext« des Tages passen. Der Gottesdienst enthält keine Predigt oder Ansprache, wohl aber ein freies Gebet des Liturgen. Auch Laien können in dieser Versammlung hinter dem »Liturgustisch« sitzen, der in der Brüdergemeine den Platz von Altar und Kanzel einnimmt.

An manchen Festtagen finden am Nachmittag »Liebesmahle« statt. Hier wird – wie überhaupt gern in der Brüdergemeine – viel gesungen, dazu ein »Liebesmahlbrötchen« und Tee gereicht. Kurzansprachen oder Gruß-

worte, etwa von Gästen aus überseeischen Partner-
kirchen, unterbrechen den Gesang.

Bei der Feier des heiligen Abendmahls, bei der ebenfalls
Mitglieder anderer Kirchen willkommen sind, bleibt
jeder auf seinem Platz. Der Liturg und seine Helfer gehen
durch die Reihen, verteilen das Brot und bringen den
Kelch von Reihe zu Reihe. Bei Abendmahl und Taufe
tragen die Liturgen weiße Talare, bei anderen Gottesdiensten werden keine Talare benutzt.

Eine wichtige Rolle spielt der – seit 1967 unter Leitung
von Wolfgang Elsässer stehende – Bläserchor. Er wirkt
bei Gottesdiensten mit, an bestimmten Feiertagen zieht
er früh durch die Herrnhuter Siedlung und andere Wohn-
gebiete, um die Mitglieder mit Chorälen zu wecken und
den Festtag musikalisch einzuleiten. Bei Begräbnissen
geht er der Gemeinde auf dem Weg von der Gedenkfeier
im Kirchensaal des Kurhauses zum Gottesacker voran.
Unterwegs spielt er Lieder, die die Osterbotschaft zum
Mittelpunkt haben. Auch auf dem Gottesacker begleitet
er die Gemeinde bei der kurzen liturgischen Feier.

Zwischen dem gemeinsam zurückgelegten Zug der Gemeinde zum Gottesacker bei Begräbnissen und am
Ostermorgen gibt es deutliche Parallelen. Noch vor
Sonnenaufgang trifft sich die Gemeinde am ersten Oster-
tag im Kirchensaal, um den Ruf *Der Herr ist auferstanden*
zu hören, Osterlieder zu singen und ein Bekenntnis zu
sprechen, in dem Luthers Erklärungen des Apostolischen Glaubensbekenntnisses im Kleinen Katechismus
einen wichtigen Platz einnehmen. Die Sitte der Oster-
morgenfeier selbst – in der Brüdergemeine spontan 1732
entstanden – erinnert an Traditionen der Griechisch-
Orthodoxen Kirche. Nach dem liturgisch gehaltenen
Gottesdienst im Saal versammelt sich die Gemeinde vor
dem Kurhaus, singt dort ein weiteres Osterlied und geht
dann schweigend zum Gottesacker, dabei angeführt vom
Bläserchor, der unterwegs weitere Ostermelodien spielt.
Auf dem Gottesacker wird der im vergangenen Jahr ver-
storbenen Mitglieder der Gemeinde namentlich gedacht.

Der Gottesacker in Bad Boll

Der Ausdruck »Gottesacker« erinnert an die biblische
Verheißung *Es wird gesät verweslich und wird auferstehen unverweslich. Es wird gesät in Niedrigkeit und wird
auferstehen in Herrlichkeit…* (1. Korinther 15,42–44).
Die Brüdergemeine zieht deshalb diesen Begriff der Bezeichnung »Friedhof« vor.

Die Gemeinde, die sich bei Begräbnisfeiern und am
Ostermorgen gewissermaßen in »Prozession« zum
Gottesacker bewegt, hat die Umgehungsstraße L 1214 zu
überqueren, deren Verkehr zu diesem Zwecke kurz
unterbrochen wird. Gleich hinter der Straße liegt auf
einer Anhöhe der alte Blumhardtfriedhof, der in den dreißiger und vierziger Jahren durch zwei von Hecken abge-
grenzte Doppelreihen nach Norden erweitert wurde.
Hier liegen Mitglieder der Familien Blumhardt und Brodersen, Mitarbeiter und Freunde des Kurhauses ebenso
begraben wie die Hauseltern von 1920–1939, das Ehepaar
Heyde. Gedenksteine herkömmlicher Art wechseln mit
den einfachen, gleichförmigen Grabsteinen nach Herrnhuter Stil ab.

Als sich Ende der vierziger, Anfang der fünfziger Jahre die
Herrnhuter Ortsgemeinde bildete, wurde dem Gottesacker nach Norden hin ein weiterer, inzwischen stark
gewachsener Abschnitt zugefügt, der den Traditionen
der Herrnhuter Friedhofsarchitektur folgt. Zwar findet
man keine Brüder- und Schwesternseite wie in vielen
älteren Brüdergemeinen, wohl aber schreibt die Gottes-
ackerordnung vor, daß es keine Familiengräber gibt, sondern die Beisetzung der Heimgegangenen nebeneinander
in chronologischer Reihenfolge erfolgt. Die Grabsteine
sind gleich groß, die mit Immergrün oder Efeu bewachse-
nen Gräber haben dieselbe Einfassung. Auf den Grabsteinen stehen Name, Geburtsdatum und Geburtsort, Tag
des Heimgangs und ein Bibel- oder Gesangbuchvers. Die
Angabe des Geburtsorts ist wichtig, soll sie doch ein
Zeugnis der Tatsache sein, daß die Kirche Christi über
alle Welt zerstreut und international ist. Viele der hier
ruhenden Gemeindeglieder sind als Kinder von Missio-
naren und Mitarbeitern einer weltweiten Diakonie in
fernen Landen geboren: Südafrika ist ebenso vertreten
wie Surinam in Südamerika und Jerusalem im Heiligen

Land. Die Gleichheit der Grabsteine soll deutlich machen, daß die hier Ruhenden auch im Tode Brüder und Schwestern sind, die – welche Positionen sie auch immer im Leben bekleidet haben mögen – in gleicher Weise vor Gott stehen und auf die Auferstehung warten. Der Gottesacker ist frei zugänglich, all seine Teile laden zur stillen Betrachtung und zum Nachdenken ein.

Das Bad Boller Pfarramt als Dienst an Kurhaus und Brüdergemeine. Die Boller Ökumene

Trotz mancher eigener gottesdienstlicher Traditionen ist der Brüdergemeine die ökumenische Zusammenarbeit wichtig. Sie wirkt darum gern an den ökumenischen Gottesdiensten mit, die in Boll mehrfach im Jahr stattfinden – aus Platzgründen meist in der evangelischen Stiftskirche oder der neuen Katholischen Kirche. Findet ein Ökumenischer Gottesdienst am Ort statt, fällt der eigene Gemeindegottesdienst aus. Auch im Ökumenischen Arbeitskreis der genannten Kirchen wirkt die Brüdergemeine mit.

Die Beziehungen zur selbständigen Brüdergemeine in Korntal bei Stuttgart wurden durch gegenseitige Besuche von Gemeinde zu Gemeinde[165] sowie durch Kontakte zwischen der Leitung der Korntaler Brüdergemeine und der Unitätsdirektion weiter gepflegt.

Die Nähe zur Württembergischen Landeskirche kam unter anderem dadurch zum Ausdruck, daß der Oberkirchenrat bisher zweimal Pfarrer und einmal eine Pfarrvikarin aus seinem Bereich für den Dienst an Kurhaus und Brüdergemeine in Bad Boll freistellte. Es waren dies die Pfarrer Christian Troebst (1980–1987) und Ernst Class (1987–1990), sowie Pfarrvikarin Anne-Kathrin Kruse (1987/88). Natürlich sind auch gelegentlich Pfarrer der Boller evangelischen Stiftskirche oder der Evangelischen Akademie Gastprediger im Kurhaus und Pfarrer der Brüdergemeine in der Stiftskirche.

Zu den Problemen des Bad Boller Pfarramtes gehörte die Schwierigkeit, den Aufgaben des Kurhauses und den Anforderungen der sich bildenden Gemeinde, zu der auch die in Württemberg und Bayern wohnenden auswärtigen Mitglieder gehören, gleichermaßen gerecht zu werden. Darum sind Kurhaus- und Gemeindepfarramt

zweimal getrennt worden: 1968–1972, als Heinz Schmidt für das Kurhaus und zunächst Gunnar Renz und dann Hartwig Rudolph für die Gemeinde zuständig waren, und seit 1992, als das Kurhauspfarramt Albert Belz und das Gemeindepfarramt Karin Beckmann anvertraut wurden.[166]

Gleichviel wer die Gottesdienste hält, sie bleiben ein wichtiger Berührungspunkt zwischen Gemeinde und Kurhaus, aber auch ein Treffpunkt mit anderen Besuchern und Besucherinnen aus der Nähe und Ferne. Die örtliche Brüdergemeine bildete im Herbst 1973 einen Ausschuß »Brüdergemeine – Kurhaus«, der sich für regelmäßig durchzuführende Begegnungs- und Orientierungsabende im Kurhaus verantwortlich wissen wollte. Diese Abende, an denen sowohl Einführungen in das Leben und Denken der beiden Blumhardts als auch Themen aus der Geschichte und Gegenwart der Brüdergemeine und ihrer Mission vorgetragen werden, finden bis heute in regelmäßigem Abstand statt.

Das Kurhaus 1951–1972

Gäste

Auch als die Evangelische Akademie das Kurhaus mitbenutzte, fanden Einzelgäste im Kurhaus Erholung und Genesung. Als die Evangelische Akademie 1952 eigene Gebäude bezog, intensivierte sich die Gästebetreuung. Unter den Kurpatienten befanden sich nun vermehrt Kriegsversehrte, die das Landesversicherungsamt und später das Landesversorgungsamt sandten. Die medizinische Versorgung stand weiterhin unter Leitung von Dr. Aubel. Seit 1949 wurde er hierbei von Dr. Bernd Gerstein assistiert, der 1954 die Stelle von Dr. Aubel ganz übernahm. Dr. Gerstein, in Bremen geboren, war im Krieg als Militärarzt dienstverpflichtet gewesen und lernte Bad Boll durch eine im Kurhaus stattfindende Medizinertagung im Jahre 1946 kennen. Wie Eberhard Müller und Samuel Baudert war er in der Deutschen Christlichen Studentenvereinigung aktiv gewesen. Sowohl Dr. Aubel als auch Dr. Gerstein waren nicht vom Kurhaus angestellt, sondern wirkten als niedergelassene Ärzte, die auch von Patienten außerhalb des Kurhauses aufgesucht werden konnten. Die Praxis von Dr. Gerstein hatte ein beachtliches Einzugsgebiet. Für den Dienst im Kurhaus absolvierte er eine Zusatzausbildung als Kneipp- und Badearzt.

Vorschülerinnen und »Blaumeisen«

An die Ausbildungskurse für »Hausschwestern« in den Jahren 1927–1932 knüpfte ein Hauswirtschaftskursus für Schwester-Vorschülerinnen an, die der Agnes-Karll-Verband am 1. April 1952 im Kurhaus einrichtete. Der Agnes-Karll-Verband war 1945 als Berufsorganisation von Kranken- und Kinderschwestern neu gegründet worden. Für das Kurhaus und den Kursus konnte er Oberin Gertrud Hilliger zur Verfügung stellen. Im Jahr 1954 trat die zur Brüdergemeine gehörende Diakonissenanstalt »Emmaus« in Niesky an die Stelle des Agnes-Karll-Verbandes. Die Vorschülerinnenkurse wurden am 1. Mai 1955 von einem von Brüderunität und Kurhaus selbst eingerichteten »Evangelischen Rüstjahr« abgelöst. In diesem Rüstjahr konnten junge Mädchen ein »Diakonisches Jahr« mit abgeschlossener Grundausbildung im Fach Hauswirtschaft absolvieren. Die Nachfrage war gleich zu Beginn beachtlich. Es konnten nicht alle Bewerberinnen angenommen werden.[167] Die schulische Leitung war von 1959 bis 1974 in den Händen von Erdmuth Philipp. Die wegen ihrer Dienstkleidung auch »Blaumeisen« genannten Schülerinnen prägten das Bild des Kurhauses und brachten eine jugendliche und fröhliche Note in die Hausgemeinschaft. Wegen veränderter staatlicher Vorschriften wurde das Rüstjahr 1974 beendet.

Leitung, Mitarbeiter und Mitarbeiterinnen

In den Jahren 1956/57 starben drei Persönlichkeiten, deren Lebensläufe mit der Geschichte des Kurhauses verwoben sind: Bischof D. Samuel Baudert (13. Dezember 1956), Hans Friedrich Lavater (23. Januar 1957) und Kurt Marx (1. August 1957).[168] Baudert – seit 1949/50 im Ruhestand – hatte den Weg des Kurhauses auf seinen verschiedenen Stationen seit 1920 entscheidend mitgestaltet. Lavater wirkte bis zu seinem Heimgang als lebender Zeuge der Blumhardtzeit. Marx hatte sich als Finanz-

direktor nach dem Krieg auch um die Verwaltung des Kurhauses bleibende Verdienste erworben.

Im Jahr 1950 kam Finanzdirektor Karl Schmidt mit seiner Familie aus Herrnhut nach Bad Boll. Er übernahm die Wirtschaftsleitung des Kurhauses und wurde hierin ab 1957 von Manfred Philipp unterstützt, der am 1. April 1962 endgültig die wirtschaftliche Leitung übernahm, als sich Karl Schmidt ganz auf die Aufgaben in der Bad Boller Finanzdirektion der Unitätsleitung konzentrieren mußte.

Der Oberin aus dem Agnes-Karll-Verband, Gertrud Hilliger, folgte 1955 zunächst die von »Emmaus« designierte Ruth Urscheit. Sie sollte 1957 von Annemarie Hörich abgelöst werden, die sich jedoch wegen Krankheit lange von Johanna Geller vertreten lassen und ihr Amt 1960 ganz an diese abgeben mußte. Auf die Schweizerin Johanna Geller, die lange Jahre in der Brüdersozietät Basel tätig gewesen war, folgte 1962–1974 die Norddeutsche Ruth Stoltenberg. Pfarrer, Verwaltungsdirektor und Oberin, später auch der Chefarzt bildeten den Hausvorstand. Das Kurhaus war ein personalintensives Unternehmen, die Dienstgemeinschaft umfaßte 1953 bereits 62 Mitarbeiter und Mitarbeiterinnen,[169] zu der jährlichen Weihnachtsfeier versammelten sich über 100 Personen.

Tagungen

Nach dem Auszug der Evangelischen Akademie konnten im Kurhaus wieder vermehrt eigene Tagungen stattfinden. So trafen sich von den fünfziger bis in die siebziger Jahre württembergische Kirchenmusiker im Kurhaus. Bereits Ende der vierziger und Anfang der fünfziger Jahre hielten Theologen der zur Missourisynode gehörenden lutherischen Kirchen in Nordamerika im Kurhaus ihre Deutschlandtagung ab.[170] Singkreistreffen verschiedener Prägung und Pfarrkonvente des Dekanats Göppingen gehörten neben den von der Unitätsdirektion veranstalteten Zusammenkünften zu regelmäßig wiederkehrenden Veranstaltungen. Zweimal war Bundeskanzler Adenauer im Kurhaus: Im Jahr 1950 sprach er anläßlich einer CDU-Tagung; im Jahr 1954 besuchte er das Haus im Zusammenhang mit einer Tagung der Evangelischen Akademie.

Musik und bildende Kunst

Die kirchenmusikalische Tradition des Hauses bot eine gute Voraussetzung für Konzerte, die vermehrt in dem auch als Festsaal benutzten Kirchensaal stattfanden und Kurgäste sowie andere Besucher erfreuten. Bereits 1949 und dann erneut anläßlich der 100. Akademietagung im Jahre 1950 kam die berühmte Pianistin Elly Ney ins Kurhaus.[171] Bis zum heutigen Tag offeriert das Kurhaus Konzerte bekannter Solisten und Kammermusikensembles. Um die Organisation dieser Veranstaltungen macht sich seit 1964 Joachim Riehle verdient, der zu Künstlern in aller Welt gute Beziehungen unterhält. Die der leichteren Muse gewidmeten sonntäglichen Nachmittagskonzerte im Kurpark, die von Musikvereinen der Umgebung durchgeführt werden, haben ebenfalls eine lange Tradition. Neben den Kurgästen pilgern zu ihnen auch viele Spaziergänger aus Boll und Umgebung.

Auch die bildende Kunst fand im Kurhaus weiterhin eine Heimstätte. Der Aquarellmaler Christian Dannenmann (1893–1960) fand, nachdem er wegen eines Gelenkleidens den Dienst als Lehrer an der Boller Volksschule hatte quittieren müssen, hier hilfreiche Behandlung und Unterkunft. Die Verbindung des aus Hohenstaufen gebürtigen Künstlers und Pädagogen zum Kurhaus ging breits auf die Zeit von Pfarrer Heyde zurück, mit dem er gut befreundet gewesen war. Sein Interesse galt insbesondere der heimatlichen Landschaft.[172] Im Kurhaus hielt er wiederholt Vorträge über kunstgeschichtliche Themen.[173]

Glocke und Kirchensaal

Im Jahre 1956 konnte die im Krieg beschlagnahmte alte Glocke des Kurhauses durch eine neue ersetzt werden. Die Glocke, von der Glockengießerei Kurtz, Stuttgart, gegossen, kam am 20. März 1956 an und wurde in einer kurzen Feierstunde im Vestibül geweiht. Die Glocke wog vier Zentner. Um sie im kleinen Turm auf dem Dach des Kurhauses anzubringen, mußte das Dach geöffnet und die Glocke auf einem nicht ungefährlichen Weg in Richtung »Dachreiter« bewegt werden. Am 25. März läutete sie zum ersten Mal, und zwar zum Konfirmationsgottesdienst im Kirchensaal.[174]

Der Kirchensaal im Kurhaus wurde im Jahr 1961 ebenfalls einer gründlichen Renovierung unterzogen. Hierbei wurden unter Beratung des Hauptkonservators Dr. Walter Supper denkmalschützerische und historische Gesichtspunkte streng beachtet. Dem Architekten des Hauses, Eberhard Weinbrenner, gelang es dennoch, dem Raum einen heiteren, einen »Herrnhuter« Charakter zu vermitteln, ohne daß an der Grundarchitektur des Raumes etwas geändert werden mußte.

Vorplatz und Bushaltestelle

Eine Kopie des Nürnberger »Gänsemännchens« mit dazugehörigem Brunnen schmückte den Vorplatz des Kurhauses. Samuel Preiswerk, der Verwalter des Hauses in den Jahren von 1913 bis 1918 hatte sie einst aus dem heimatlichen Garten in Basel mitgebracht und dem Kurhaus überlassen.[175] Im Jahr 1965 mußten Gänsemännchen und Brunnen im Zuge von Renovierungsmaßnahmen am Vorplatz entfernt werden.[176] Sie wurden später in den Anlagen hinter dem Kurhaus aufgestellt.

Die Ankunft und Abfahrt wurden Busbenutzern durch die 1967 erbaute kleine Wartehalle erleichtert.[177]

Generalplan und weitere Renovierung

Ein wichtiges Angebot des Kurhauses mußte und sollte die »Kur« bleiben, das legten die in Bad Boll vorhandenen Kurmittel, nämlich das Wasser der Schwefelquelle und der heilkräftige Fango, nahe. Auch wenn das Kurhaus nach wie vor Gäste anzog und einlud, die körperliche Erholung und geistliche Besinnung suchten, ohne sich direkt in medizinische Behandlung begeben zu wollen, und obwohl das Haus nach wie vor Gruppen für Tagungen offenstand, wurde das Kurangebot von Dr. Gerstein und dem Hausvorstand weiter entwickelt.

Mit alledem ging eine Renovierung des gesamten Kurhauses parallel. Sie ist mit dem Namen Professor Eberhard Weinbrenner verknüpft. Er begleitete seit den fünfziger Jahren als Architekt alle Bauvorhaben des Kurhauses. Seine erste größere Arbeit war der Zusammenschluß der Gebäudeteile »Morgenland« und »Badhaus« in den Jahren 1955/56. Beide Gebäude waren bisher nur durch das Obergeschoß verbunden. Im früheren Torbogen entstanden nun ein Warteraum, ein Unterwassermassageraum und ein Massageraum.[178] Im Frühjahr 1958 erfolgte ein eingreifender Umbau des Speisesaals.

Für den Träger wie auch für den Vorstand des Kurhauses erwies es sich bald als dringlich, eine Gesamtübersicht über alle in Zukunft unerläßlichen Renovierungsarbeiten zu gewinnen. Auch das Wirtschaftsministerium in Stuttgart erbat eine solche Zusammenfassung weiterer Wiederherstellungs-, Umbau- und Ausbauplanungen, um über eine eventuelle finanzielle Unterstützung entscheiden zu können. In Zusammenarbeit mit Verwaltungsdirektor Philipp erarbeitete Architekt Weinbrenner mit seinem Büro eine umfangreiche »Gesamtplanung«, in der Folge »Generalplan« genannt. Datiert vom 1. Oktober 1965 sah er Renovierungen von Hauptbau, Gnadenbau-Morgenland, Badhaus, in den Außenanlagen einschließlich dem Innenhof und dem Kurpark mit einem Gesamtaufwand von DM 8 000 000 vor. Der Generalplan wurde mit dem Gemeinderat von Boll abgestimmt.

Anhand des Planes wurde zügig an der weiteren Modernisierung des Hauses gearbeitet. Nicht nur die Wohntrakte des Kurhauses, sondern auch die medizinischen Vorrichtungen wurden weiter renoviert. Die Arzträume, bisher im »Gnadenbau« untergebracht, wurden 1967 in den Neubau verlegt,[179] 1966 wurden die Wannen erneuert.[180] Im Jahr 1967 wurde die neue Brunnenstube an der Schwefelquelle fertiggestellt und damit das Kurhaus um eine weitere Attraktion bereichert;[181] die von Eberhard Weinbrenner gestaltete geschmackvolle Einrichtung ist Zielpunkt aller Besucher und Gäste. Im Jahr 1969 wurde das Kneippbad vergrößert.[182] Ein erster und ein zweiter Aufzug verbanden seit 1960 bzw. 1967[183] die Stockwerke des Haupthauses, eine große Erleichterung für alle Gehbehinderten.

Wesentliche Teile des bis heute gültigen Generalplans konnten bisher verwirklicht werden. Die Kosten der Umbauten stellten Unität und das gemeinnützige Ziele verfolgende Kurhaus vor enorme finanzielle Probleme. Einen günstigen, langfristigen Kredit gewährte die »Bank für Sozialwirtschaft«.

Auf dem Weg zur Kurklinik

Im Lauf der sechziger Jahre wurde es immer deutlicher, daß sich das Kurhaus in Richtung einer Kurklinik entwickeln mußte, um den Ansprüchen der Kurmedizin, der Gäste, der Versicherungen und der Behörden zu genügen.[184] Man erwartete anstelle der »offenen Kur«, bei der Unterbringung, ärztliche Versorgung und Badeanwendungen in verschiedenen Händen und Einrichtungen lagen, die stationäre Kur, in der die drei Elemente zusammengefaßt sein würden. Bisher hatte der Arzt im Kurhaus frei praktiziert, ohne direkt vom Kurhaus angestellt zu sein. Ein solches Angestelltenverhältnis des Arztes hielt aber das Landesversorgungsamt, zuständig für die Betreuung der Kriegsversehrten, für erforderlich. Da Dr. Gerstein eine solche Veränderung in der Struktur seiner Mitarbeit nicht mehr mitvollziehen wollte, mußte die Unitätsdirektion nach einem weiteren Arzt Ausschau halten und fand ihn durch Vermittlung des Deutschen Instituts für Ärztliche Mission in dem Internisten Dr. Dankfried Steuernagel, der ein Krankenhaus der Breklumer Mission in Indien geleitet hatte. Er begann seine Tätigkeit im Frühjahr 1973.

Ein wichtiger Schritt zur Ausweitung des therapeutischen Angebots des Kurhauses war der Bau eines Thermalbewegungsbades. An dem Auffinden einer Thermalwasserquelle auf Boller Boden war auch die Kommune Boll interessiert. Sie bildete mit den umliegenden Gemeinden des »Gemeindeverwaltungsverbandes Raum Bad Boll«, der für die Evangelische Akademie handelnden Evangelischen Landeskirche in Württemberg und der Brüder-Unität eine Gesellschaft, die Bohrungen veranlaßte und am 5. Mai 1972 fündig wurde. Nun konnte der Bau eines Bewegungsbades ins Auge gefaßt werden.

Der Übergang des Kurhauses zu einer Kurklinik konnte in den folgenden Jahren vom Kurhausdezernenten der Unitätsdirektion Eberhard Bernhard und von Dr. Steuernagel, in Zusammenarbeit mit Hausvorstand und Mitarbeiterschaft, verwirklicht werden. Ein neues Kapitel in der Geschichte des Kurhauses begann.

Doch wurde dabei der im Übergabevertrag von 1920 festgelegte geistliche Auftrag nicht vergessen. Der Kirchensaal blieb Treffpunkt von Kurhaus und Gemeinde. Der

Pfarrer wirkte im Kurhausvorstand mit und stand den Gästen weiterhin zur Verfügung.

Das Unitätshaus: Zentrum internationaler Beziehungen

Die Unterbringung der Unitätsdirektion in einem 1948/49 gebauten kleinen Haus westlich des Kurhauses,[185] das in den siebziger Jahren dem neuen Thermalbad wich, sowie im Morgenlandtrakt des Kurhauses, konnte nur als vorübergehend angesehen werden. Im Jahr 1962 erwarb die Direktion ein ehemaliges Fabrikgebäude am Badwasen und richtete darin Büroräume und Wohnungen ein. Das Haus wurde später allgemein »Unitätshaus« genannt. In ihm liefen die Fäden weltweiter kirchlicher, missionarischer und diakonischer Beziehungen zusammen. Viele Besucher und Besucherinnen aus verschiedenen Teilen Europas, Afrikas, Amerikas und Asiens sind im Laufe der Jahre hier zu Gast gewesen, manche haben auch in dem im Hause befindlichen »Unitätslogis« übernachtet. Bad Boll liegt in landschaftlich sehr reizvoller und seit dem Bau der Umgehungsstraße im Jahr 1957[186] auch in relativ verkehrsberuhigter Umgebung. Dennoch ist es auch international verkehrsgünstig zu erreichen. Über die Autobahn ist man in einer halben Stunde am Stuttgart Flughafen, wo viele der internationalen Besucher eintreffen. Die meisten Gäste der Unität konnten im Kurhaus unterkommen, dort im Speisesaal mitessen, die Aufenthaltsräume mitbenutzen – das Kurhaus erhielt dadurch ein internationales Flair.

Bevor es ganz auf den Dienst als Kurkrankenanstalt einschwenkte, konnte das Kurhaus auch manche Konferenz beherbergen, die die Unitätsdirektion veranstaltete. So fanden vom 20. bis 25. Mai 1948 und vom 27. April bis 5. Mai 1964 internationale Konferenzen der Pfarrer der Brüdergemeine in Bad Boll statt.[187] Das Kurhaus und anfänglich auch noch die Jugendherberge im hinteren Hof,[188] nahmen zwischen 1946 und 1955 die Ferienkurse für Studenten der Brüdergemeine auf. Wenngleich die Teilnehmer des 1964 in Bad Boll eingerichteten »Predigerseminars«, das der Vikarausbildung diente, meist außerhalb des Kurhauses unterkamen, hatten doch auch sie, etwa durch Teilnahme an Mahlzeiten, Kontakt mit den Mitarbeitern und Gästen des Hauses.

Höhepunkte waren die insgesamt vierzehn für den westeuropäischen Kontinent der Unität bestimmten Synoden, die zwischen 1947 und 1985 in Bad Boll stattfanden.[189] Eine Synode dauerte jeweils etwa eine Woche, Tagungsraum war der in eine Art Parlamentsraum umgebaute Kirchensaal, Gäste anderer Kirchen und von Übersee bereicherten die Gespräche zwischen den aus verschiedenen europäischen Ländern zusammengekommenen Synodalen.

Die Brüderunität und ihre Mission waren Gründungsmitglieder des Evangelischen Missionswerks in Südwestdeutschland, das 1972 von südwestdeutschen Landeskirchen und in Süddeutschland beheimateten Missionen in Stuttgart gebildet wurde und das seine Geschäftsstelle in Stuttgart hat. Im Oktober 1983 beherbergte das Kurhaus eine Konsultation zwischen europäischen und überseeischen Partnern. Japan, Indonesien, Indien, Südafrika und Ghana waren ebenso vertreten wie der Mittlere Osten. Eine Abendmahlsfeier am Ende der Konferenz vereinte die Teilnehmer im Kirchensaal.

Als die Synode 1992 die Einteilung der Europäisch-Festländischen Provinz der Brüder-Unität in einen »Distrikt Herrnhut« und einen »Distrikt Bad Boll« beendete, wurde beschlossen, daß die Abteilungen (»Dezernate«) der gemeinsamen Kirchenleitung auf drei verschiedene Sitze verteilt werden sollten: auf einen Ort in den Niederlanden, auf Herrnhut und auf Bad Boll. In Bad Boll verblieben vor allem die Bereiche Mission, Ökumene und Finanzen. So tut das Bad Boller »Unitätshaus« nach der Vereinigung Deutschlands weiter seinen Dienst.

Die engen Beziehungen der Unitätsdirektion und der Brüdergemeine zu Herrnhut in der Oberlausitz trugen dazu bei, daß sich 1990 partnerschaftliche Beziehungen zwischen den politischen Gemeinden Boll und Herrnhut (Oberlausitz) anbahnten. Auch andere Gemeinden im Kreis Göppingen und der Landkreis selbst fanden Partner in der Oberlausitz.

130a   Der Gottesacker der Brüdergemeine in Bad Boll

Handel, Gewerbe und Landwirtschaft

Kurhaus und Unitätshaus boten den neuzugezogenen, aber auch anderen Bewohnern und Bewohnerinnen von Bad Boll und Umgebung neue Arbeitsplätze. Im Kurhaus entstanden ein Friseurgeschäft, eine Buchhandlung und ein, später »Süße Ecke« genannter, Laden, der vornehmlich für die Kurhausgäste Getränke, Genuß- und Lebensmittel anbot.[190] Kurhaus, Evangelische Akademie und Bewohner von Bad Boll waren gleichermaßen erfreut über das im Bad eingerichtete Postamt. Im Jahr 1962 fand der Sitz der Zigarrenhandelsfirma Dürninger im Badwasen 6 in Bad Boll neue Büroräume. Im Jahr 1966 ging das Ehepaar Karl und Frieda Elsässer, das die dem Kurhaus angegliederte Gaststätte lange betreut hatte, in den Ruhestand. Ihnen folgten verschiedene Pächter, die den Kurgästen, Ortsbewohnern und Ausflüglern gleichermaßen offenstehenden Treffpunkt weiterführten.

Natürlich fanden die Bewohner der Herrnhuter Siedlung auch außerhalb Arbeit, während umgekehrt Kurhaus, Unitätshaus, Akademie und die genannten Geschäfte in starkem Maße Mitarbeiter, die von außerhalb kommen, anziehen.

Der Badhof erhielt 1974 eine neue Bestimmung. Agraringenieur Hans Müller, der 1956 seinem Vater als Pächter des Gutes folgte, und seine Frau Barbara entwickelten einen erfolgreichen Reiterhof, der nicht nur auswärtigen Pferdebesitzern die Möglichkeiten gibt, ihre Tiere hier in Pension zu geben, sondern auf dem auch eine eigene Pferdezucht betrieben und Reitunterricht angeboten wird. Etwa 20 der 50 Pferde auf dem Hof entstammen eigener Zucht; dem Reitunterricht und gelegentlichen Reitsportveranstaltungen dient die 1974 errichtete Reithalle. Seit 1. März 1994 führt Hans Müller den Betrieb gemeinsam mit seinem Sohn Stefan. Seitdem der Gutshof in Pferdezucht und Pferdesport einen neuen Schwerpunkt erhalten hat, gehören Gruppen von ausreitenden Pferdeliebhabern zum Bild von Bad Boll und seiner Umgebung.

Abkürzungen und Quellen

BA Boll: Bibliothek und Archiv der Direktion der Brüderunität (Unitätsdirektion) Bad Boll
BG Boll: Archiv der örtlichen Brüdergemeine Bad Boll
UA: Unitätsarchiv Herrnhut, Bestand der Deutschen Unitätsdirektion (DUD).
Unter den Titeln »Gruß aus Bad Boll«, »Adventsgruß«, »Weihnachtsgruß« oder »Kurhaus Bad Boll. Jahresbericht« versendet die Kurhausleitung in der Regel alljährlich in der Adventzeit gedruckte Grußschreiben an die Freunde des Hauses. Diese Grüße an den Freundeskreis befinden sich in der Registratur des Kurhauses Bad. Die Berichte der Unitätsdirektion an die Synode sind, wenn nicht anders angegeben, in BA Boll archiviert. Für mündliche Auskünfte bin ich Frau Rosemarie Kinzler-Rappold, Herrn Dipl. Agr.Ing. Hans Müller, Herrn Verwaltungsdirektor i. R. Manfred Philipp und Herrn und Frau Erwin und Erika Stiehle (-Brodersen), alle in Boll, zu besonderem Dank verpflichtet.

[1] Friedrich Zündel: Johann Christoph Blumhardt, 2. Auflage, Zürich und Heilbronn 1881, S. 127; Gerhard Meyer: Johann Conrad Weiz, Wuppertal 1962, S. 81.
[2] Vergl. »Zur Erinnerung an Herrn Samuel Preiswerk-Sarasin« (BA Boll B V 6/6).
[3] Vergl. Zur Erinnerung an Herrn Pfarrer Adolf Preiswerk-Miescher (BA Boll B V 6/7).
[4] Vergl.: Zur Erinnerung an unseren Vater Albert Ferdinand Glitsch (BA Boll B V 6/4) und Werner Jäckh: Die Übergabe von Bad Boll an die Brüdergemeine 1920. Manuskript eines Vortrags 1982 (BA Boll B V 61).
[5] Siehe Anm. 1.
[6] Samuel Baudert: Mein Lebenslauf (maschinenschriftlich, BG Boll), S. 3f.: »Ich hätte im Jahre 1920 kaum den Brief geschrieben, in dem ich die Frage nach dem Schicksal von Bad Boll stellte und durch den die Überführung an die Brüdergemeine in die Wege geleitet wurde, wenn nicht damals im Hause Spesshardt das Buch von Zündel auf meinen Lebensweg mitgegeben worden wäre.«
[7] Gerhard Heyde hat das Leben seiner Eltern beschrieben in seinem Buch »50 Jahre unter Tibetern. Lebensbild des Wilhelm und der Maria Heyde« Herrnhut 1921, 2. Aufl. 1927. In freier schriftstellerischer Form gestaltete Ruth Schiel ein Lebensbild ihrer Großeltern Wilhelm und Maria Heyde in den Bänden »Hochzeit in Tibet« und »Das Haus unter den Sieben Buddhas«, zuletzt aufgelegt in Stuttgart und Hamburg 1988 bzw. 1989.
[8] Die Predigt wurde abgedruckt in: Mitteilungen aus der Brüdergemeine zur Förderung christlicher Gemeinschaft. Gnadau, Jahrgang 1921, Nr. 1, S. 1–9.
[9] S. Baudert: Bericht über meine Reise nach Boll vom 5.–13. 12. 1921, S. 7, und Bericht über eine Reise nach Bad Boll vom 31. 10.–3. 11. 1925, S. 3f. (UA KV 6e).

[10] Heyde an S. Baudert, Herrnhut (UA KV 6.a.1).

[11] Jahresbericht G. Heyde 1921. In: Mitteilungen aus der Brüdergemeine zur Förderung christlicher Gemeinschaft 1922, S. 128–131, S. 129.

[12] Brief G. Heyde an S. Baudert, Herrnhut 12. 9. 1921 (UA KV 6.a.1) und Jahresbericht G. Heyde 1921, in: Mitteilungen aus der Brüdergemeine zur Förderung christlicher Gemeinschaft 1922, S. 128.

[13] Bericht von Theodor Tietzen, Suttgart. In: Herrnhut, Wochenblatt für die Brüdergemeine, 54. Jahrgang, Herrnhut 1921, S. 53.

[14] Herrnhut 1923, S. 163.

[15] Vergl. Herrnhut 1925, S. 335f.; 1926, S. 316f. u. ö.

[16] Herrnhut 1928, S. 45.

[17] Gruß und Bericht aus Bad Boll 1935, S. 2; Mitteilungen aus der Brüdergemeine 1936, S. 9. Zu weiteren allgemeinen Freizeitangeboten vergl. auch Herrnhut 1932, S. 157, und 1933, S. 54.

[18] Herrnhut 1921, S. 77f.

[19] Anna von Sprewitz an S. Baudert 2. 5. 1921 (UA KV 6d).

[20] Herrnhut 1922, S. 217.

[21] Jahresbericht Bad Boll 1921, S. 2 (UA KV 6f); Herrnhut 1921, S. 191.

[22] Herrnhut 1925, S. 25. Zur Neulandbewegung und zum Christdeutschen Bund vergl. Die Religion in Geschichte und Gegenwart (= RGG), 3. Aufl. Tübingen 1957–1965, Bd. 3, Sp. 1019, und Bd. 6, Sp. 1426.

[23] RGG, 3. Aufl., Bd. 2, Sp. 1019.

[24] Gruß aus Bad Boll 1932.

[25] Vergl. RGG, 3. Aufl., Bd. 6, Sp. 429; Jahresbericht 1924 »Erholungsheim Bad Boll« 1924 (UA KV 6f).

[26] Herrnhut 1932, S. 325.

[27] Memorabilien aus dem Jahr 1939 (H. Gammert), S. 2 (UA KV 6f).

[28] 13.–17. 6. 1932 mit Professor Adolf Schlatter, Tübingen (Herrnhut 1932, S. 325; Gruß aus Bad Boll, Dezember 1932) und 1934 mit Pfarrer Gümbel (handschriftlicher Entwurf zum Gruß aus Bad Boll 1934, BA Boll). Zur Evangelisch-kirchlichen Vereinigung vergl. Heinrich Hermelink: Geschichte der Evangelischen Kirche in Württemberg von der Reformation bis zur Gegenwart. Stuttgart und Tübingen 1949, S. 439.

[29] Tagung im Herbst 1927 (Herrnhut 1928, S. 46). Zu dieser Vereinigung vergl. Heinrich Hermelink, a.a.O., S. 440; ders.: Die Evangelische Kirche in Württemberg von 1918 bis 1945. In: Blätter für Württembergische Kirchengeschichte, 50. Jahrg. 1950, S. 121–171, S. 128. Zur Rolle der beiden Gruppen bei den Wahlen zur konstituierenden Landeskirchenversammlung 1919 vergl. Hartmut Lehmann: Pietismus und weltliche Ordnung in Württemberg vom 17. bis 20. Jahrhundert. Berlin, Köln, Mainz 1969, S. 300f.

[30] Zu diesem Bund vergl. Hans Voelter: Die Evangelisch-soziale Bewegung und der Bietigheimer Tag. In: Blätter für württembergische Kirchengeschichte, 59. Jahrg., 1959, S. 3–91, S. 35f, 76, und Ulrich Planck: Evangelische ländliche Volksbildung in Württemberg, in: Blätter für württembergische Kirchengeschichte 91. Jahrg., 1991, S. 242–298, S. 252.

[31] Jahresbericht Erholungsheim Bad Boll 1924 (UA KV 6f).

[32] Herrnhut 1928, S. 45.

[33] Herrnhut 1928, S. 339.

[34] Jahresbericht 1924 (UA KV 6f), Herrnhut 1928, 45f.

[35] Gruß aus Bad Boll Dezember 1932.

[36] Gruß aus Bad Boll 1934, Entwurf.

[37] Gruß aus Bad Boll 1930, S. 3. Ein weiterer Kurs fand im Frühjahr 1931

[38] Jahresbericht 1925 (UA KV 6f).

[39] Für 1926, vergl. Herrnhut 1927, S. 29; für 1927 Herrnhut 1928, S. 45f.

[40] Herrnhut 1922, S. 217. Zu der von Rambaud 1920 gegründeten »Evangelisch-christlichen Einheit zur deutsch-französischen Versöhnung durch das Evangelium« vergl. RGG, 3. Aufl., Bd. 2, Sp. 776, zu Rambaud RGG, 3. Aufl. Bd. 5, Sp. 775f.

[41] Abgedruckt in Herrnhut 1924, S. 144.

[42] RGG, 3. Aufl., Bd. 1, Sp. 1739.

[43] Herrnhut 1928, S. 339.

[44] Heyde an die Unitätsdirektion. In: Ergänzung zum Jahresbericht 1922 (UA KV 6.a.1).

[45] Herrnhut 1928, S. 46.

[46] Herrnhut 1932, S. 157.

[47] Herrnhut 1932, S. 325.

[48] Heyde berichtet der Unitätsdirektion am 24. 10. 1921, daß Buben aus Boll zum Schluß mit Hilfe des Landjägers vom Haus und von den Mädchen ferngehalten werden mußten (UA KV 6.a.1).

[49] Jahresbericht von Pf. Heyde 1921 (UA KV 6f).

[50] Herrnhut 1928, S. 46.

[51] Gruß aus Bad Boll 1930; Herrnhut 1932, S. 157; Gruß aus Bad Boll Dezember 1932, S. 2.

[52] Gruß aus Bad Boll 1932, S. 2.

[53] Herrnhut 1928, S. 45. Zum BDJ vergl. RGG, 3. Aufl., Bd. 3, Sp. 1047.

[54] Herrnhut 1933, S. 54.

[55] Herrnhut 1928, S. 46.

[56] Vergl. Heyde an Th. Marx, 28. 3. 1935 (UA KV 6.c.1).

[57] Zusammen mit seiner Frau hatte er einen Bildband publiziert: Hermann und Marianne Aubel: Der künstlerische Tanz unserer Zeit. Königstein im Taunus und Leipzig 1928, 2. Aufl. 1935.

[58] Vergl. Gruß und Bericht aus Bad Boll 1935, S. 1.

[59] Gruß und Bericht aus Bad Boll 1935.

[60] Herrnhut 1933, S. 343.

[61] A. a. O. S. 145.

[62] Jahresbericht 1922 (UA KV 6f) und S. Baudert: Bericht über einen Besuch am 28. und 29. 9. 1926 und über einen Besuch vom 19.–21. sowie vom 24.–28. 4. 1927, S. 5f (UA KV 6.e).

[63] Jahresbericht 1922 (UA KV 6f).

[64] S. Baudert an Heyde am 14. 3. 1921. Heyde an S. Baudert am 6. 4. 1921 (UA KV 6.a.1).

[65] Mitteilung vom 29. 10. 1923 (UV KV 6.c).

[66] So S. Baudert in einem Brief an Heyde vom 2. 11. 1923 (UA KV 6.a.1).

[67] Jahresbericht 1925 (UA KV IV 3.a.2).

[68] Jahresbericht 1925 (UA KV 6f), vergl. Mitteilungen aus der Brüdergemeine 1927, S. 40f. Vergl. auch Bericht von S. Baudert über einen Besuch in Bad Boll vom 31. 10. bis 3. 11. 1925, S. 1f (UA KV 6.e).

[69] Gruß aus Bad Boll 1930, S. 3.

[70] Herrnhut 1935, S. 154.

[71] Gruß aus Bad Boll November 1936.

[72] Gruß aus Bad Boll 1938, S. 3.

[73] Jahresbericht 1923 (UA KV 6f).

[74] Mitteilungen aus der Brüdergemeine zur Förderung christlicher Gemeinschaft 1927, S. 37f.

[75] Jahresbericht 1923 (UA KV 6f).

76 Herrnhut 1936, S. 127.

77 Sophie Heyde: Lebenslauf von G. Heyde. In: Gerhard Heyde (Privatdruck, BA Boll), S. 7–19, S. 16.

78 Heyde an Unitätsdirektor Th. Marx, 12. 6. 1934 (UA KV 6.c).

79 Herrnhut 1935, S. 155.

80 Herrnhut 1936, S. 128.

81 Gruß aus Bad Boll 1937, S. 2f. Brief von G. Heyde an die Unitätsdirektion vom 11. 3. und 9. 5. 1937 (UA KV 6.c).

82 Näheres in Memorabilien aus dem Jahr 1939, S. 2 (UA KV 6f).

83 Jahresbericht 1927 des Personalverbandes der Brüdergemeine in Württemberg (UA KV 3.a.2).

84 Gedrucktes Protokoll der Synode 1932, S. 94.

85 So S. Baudert an H. Gammert am 5. 3. 1940 (UA KV 6.c).

86 Jahresbericht 1921. Noch im Jahresbericht 1925 berichtet Heyde, daß er aufgrund der engen persönlichen Beziehung zur Leitung des Töchterinstituts eine Art »Hausvaterstelle« in Eckwälden bekleide. Zu dem 1887 von Christoph Blumhardt gebauten, ursprünglich für Gemütskranke bestimmten Haus, das 1902 an den Göppinger Lehrer Heinrich Härlin verkauft worden war, vergl. W. Günther, W. Jäckh und K. Lubkoll: Bad Boll, S. 59f.

87 Das Kinderheim Wieseneck, von Christoph Blumhardt gegründet, erhielt 1916 Stiftungsform, wobei die Stiftung noch zu Lebzeiten von Schw. Anna von Sprewitz dem Gemeinderat Jebenhausen übergeben worden war. Vergl. zum einzelnen den Bericht von S. Baudert über seinen Besuch in Bad Boll vom 31. 10.–3. 11. 1925 (UA KV 6.e).

88 Brief von Heyde an Unitätsdirektion 20. 11. 1926 und 31. 1. 1927 (UA KV 61).

89 S. Baudert: Bericht über einen Besuch in Bad Boll vom 19.–23. 1. 1924, S. 3 (UA KV 6f).

90 Sophie Heyde: Lebenslauf von G. Heyde, S. 15.

91 Mündliche Mitteilung einer ihrer Töchter.

92 Vergl. Lebenslauf von Elisabeth von Adelung, S. 6f. (BG Boll) sowie den Schriftverkehr der Direktion in Herrnhut mit Pfr. Heyde 3. 12. 1935, 9. 1. 1936, 16. 1. 1936, 26. 10. 1937, 18. 1. 1938, 23. 1. 1938, 29. 1. 1938, 4. 2. 1938 (UA KV 6.c.1).

93 Heyde an Unitätsdirektor Th. Marx 23. 1. 1938, S. 3 (UA KV 6.c.1). Wilhelmine Fromm (1865–1926) liegt auf dem Gottesacker Bad Boll begraben (Grab. Nr. 116).

94 Korrespondenz zwischen Heyde und Herrnhut ab 10. 8. 1938 (UA KV 6.c.1).

95 Deborah Brodersen (1900–1992) war eine Tochter von Theophil Brodersen und Dorothea Blumhardt, eine Tochter von Christoph Blumhardt. Sie wirkte hier bis 1950 unter anderem als Wirtschafterin und Vorgesetzte der Hausmädchen, deren Anzahl zeitweise vierzig betrug (Aktennotiz von Th. Marx vom 21. 12. 1942 (UA KV 6.e). Danach übernahm sie die »Süße Ecke«, die sie bis 1960 betreute.

96 Zu seiner Amtseinführung vgl. Brief von Gammert an S. Baudert, der im Mai 1939 das Kurhausdezernat wieder von Direktor Th. Marx übernommen hatte, vom 12. 7. 1939 (UA KV 6.c.1).

97 H. Gammert an S. Baudert, 29. 8. 1939 (UA KV 6.c.1).

98 Memorabilien aus dem Jahr 1939 von H. Gammert, S. 3 (UA KV 6f).

99 H. Gammert an S. Baudert 13. 1. 1940 (UA KV 6.c.1).

100 Memorabilien aus dem Jahr 1940, verfaßt von Lena Kücherer, S. 2 (UA KV 6f).

101 H. F. Lavater an S. Baudert am 24. 5. 1940 (UA KV 6.d).

102 Memorabilien 1940, S. 2 (UA KV 6f).

103 Memorabilien 1941 von Lena Kücherer, S. 4 (UA KV 6f).

104 Memorabilien 1942 von Lena Kücherer, S. 8 (UA KV 6f).

105 Memorabilien 1941, S. 1.

106 Memorabilien 1942, S. 2.

107 Memorabilien 1942, S. 2.

108 Memorabilien 1942, S. 2; Th. Günther an S. Baudert am 17. 7. 1944 über einen Volksabend des Lazaretts im Park am 15. 7. 1944 (UA KV 6.c.1).

109 Memorabilien 1942, S. 4; Rundbrief 1942, S. 1.

110 Memorabilien 1944, S. 2, verfaßt von Th. Günther (UA KV 6f).

111 Th. Günther an S. Baudert am 4. 12. 1944 (UA KV 6.c.1).

112 Th. Günther an S. Baudert am 17. 7. und 18. 9. 1944 (UA KV 6.c.1).

113 Jahresbericht 1945, S. 2 (BG Boll).

114 Memorabilien 1941, S. 4.

115 Memorabilien 1943 von Th. Günther, S. 1 (UA KV 6f).

116 Magdalena Kücherer, geb. Beck, geb. am 21. 5. 1884 in Gnadenfrei, Schlesien, am 7. 6. 1907 heiratete sie Direktor Karl Friedrich Kücherer, seit 13. 1. 1935 war sie verwitwet, seit 1936 Hausmutter der Mädchenanstalt in Kleinwelka. Am 18. 5. 1939 trat sie ihr Amt in Bad Boll an. Sie starb am 13. 1. 1971 in Herrnhut.

117 Memorabilien von Bad Boll 1941 (L. Kücherer), S. 3 (UA KV 6f).

118 Memorabilien 1943, S. 2.

119 Memorabilien 1943, S. 3; Finanzdirektion Herrnhut an Th. Günther 21. 5. 1943 (UA KV 6.c.1).

120 Rundschreiben 1942 (gedruckt, bisher »Adventsgruß«, BA Boll), S. 1.

121 Rundschreiben 1942, S. 3; Memorabilien 1942, S. 8.

122 Memorabilien 1941, S. 2.

123 Memorabilien 1943, S. 2.

124 Th. Günther an S. Baudert, 18. 9. 1944 (UA KV 6.c).

125 Memorabilien 1942, S. 3.

126 Th. Günther an S. Baudert 17. 7. 1944 (UA KV 6.c).

127 Th. Günther an S. Baudert 21. 6. 1943 (UA KV 6.c).

128 Vergl. S. Baudert an Th. Günther 9. 1. 1945: »Wir wollen dankbar sein, daß die Zusammenarbeit mit den militärischen Stellen, wenn auch nicht ohne Schwierigkeiten, so doch immer noch einigermaßen befriedigend gewesen ist« (UA KV 6.c.1).

129 S. Baudert an Th. Marx, Bad Boll, am 21. 11. 1941 (UA KV 6.c.1).

130 UA KV 6.c.

131 S. Baudert an Th. Günther am 20. 8. 1942 (UA KV 6.c.1).

132 Memorabilien 1940, S. 2.

133 Einen Einblick in sein Werk vermittelt das 1953 im Günter Thiemig Verlag erschienene Buch »Oscar Graf. Der Radierer und Maler«, dessen Text Dr. Gerhard Halm schrieb.

134 Memorabilien 1942, S. 4.

135 Weihnachtsgruß aus Bad Boll 1952.

136 Th. Günther an S. Baudert, 3. 1. 1945 (UA KV 6.c).

137 Quelle für unsere Darstellung sind ein am 2. 5. 1945 begonnener »Bericht von der Einnahme von Bad Boll 1945« und der Jahresbericht 1945 von Bad Boll, geschrieben am 31. 10. 1945, beide von Pfarrer Th. Günther (BG Boll). Vergl. auch H. F. Lavater, Bad Boll, S. 150.

138 So Pfarrer Theodor Günther in: »Niederschrift über die geistliche Arbeit in Bad Boll« vom 20. 9. 1945, S. 1 (BG Boll).

139 Ebenda.

140 Jahresbericht Bad Boll 1945 von Th. Günther, S. 1 (BG Boll).

[141] Ebenda.

[142] Ebenda, S. 2.

[143] Ebenda, S. 2.

[144] Protokoll des Verwaltungsrats vom 28. 12. 1945, Punkt 6 (UA K 75.74).

[145] Vergl. Lebenslauf von Samuel Baudert (maschinenschriftlich, BA Boll), S. 16f.

[146] Karl Schmidt: Stationen des Lebens, S. 2; ders.: Das Kriegsende in Herrnhut, S. 2 (Manuskripte, in Privatbesitz).

[147] Bericht der Direktion an die Synode 1947 (West), S. 1, und Bericht der Direktion an die Synode (Ost) 1947, S. 2 (Endgültiger Einzug am 7. 7. 1945). Vergl. auch Jahresbericht Bad Boll 1945, S. 2, wonach der erste Besuch der beiden Direktoren am 28. 6. 1945 stattfand.

[148] Brief von S. Baudert an G. Heyde vom 19. 6. 1928 (UA KV 6.c).

[149] Von 1928 bis zu seinem Ruhestand am 1. 7. 1939 hatte Bischof Theodor Marx das Dezernat für Bad Boll inne.

[150] Mitglieder der Unitätsdirektion und der mit ihr vereinten Missionsdirektion in Bad Boll waren in chronologischer Reihenfolge: Bischof Dr. theol. h.c. Samuel Baudert (1945–1949), Dr. Heinz Renkewitz (1945–1954), Dr. Waldemar Reichel (1945–1952), Bischof Hermann Steinberg (1950–1957), Dr. Heinz Motel (1952–1968), Kurt Wunderling (1954–1970), Eberhard Bernhard (1957–1977), Dr. Helmut Bintz (1968–1992), Dr. Walther Günther (nebenamtlich 1968–1973, hauptamtlich 1973–1981), Hellmut Reichel (nebenamtlich 1968–1973), Roland Baudert (1977–1989), Hans-Beat Motel (seit 1981), Burkhard Gärtner (1989–1992), Klaus Biedermann (1992–1994), Manfred Neubauer (1992–1995), Klaus Neufert (seit 1994). Hauptamtliche in Bad Boll ansässige Mitglieder der Finanzdirektion waren Kurt Marx (1945–1957), Karl Schmidt (seit 9. 10. 1950 Geschäftsführer der Finanzdirektion, Mitglied der Finanzdirektion 1971–1976), Hans Ferdinand Wunderling (Finanzreferent 1972–1976, Finanzdirektion 1977–1983), Manfred Neubauer (1984–1992). 1992 wurde die Finanzdirektion in die Unitätsdirektion integriert.

[151] Vergl. H. Renkewitz: Aus den Anfängen in Bad Boll. In: Aktuelle Gespräche, Heft 3/4 1966, Evangelische Akademie Bad Boll, S. 34–36.

[152] Jahresbericht Bad Boll 1945, S. 6 (BG Boll).

[153] H. Renkewitz, a. a. O., S. 34.

[154] So noch 1960 (Jahresbericht Bad Boll 1960, S. 3, BG Boll).

[155] Jahresbericht Bad Boll 1951, S. 6 (BG Boll).

[156] Die erste Sitzung des »Beirats« des 1923 auf Grund eines Synodalbeschlusses gebildeten »Württembergischen Personalverbands der Brüdergemeine« fand am 10. 4. 1923 in Bad Boll statt. Nach Analogie anderer Gemeinden hieß der Beirat ab 1927 »Ältestenrat«, der Begriff »Personalverband« sollte zum Ausdruck bringen, daß die häufig gleichzeitig zur Landeskirche gehörenden Mitglieder im Lande zerstreut wohnten. Im Krieg wurde der Begriff zugunsten der Bezeichnung »Brüdergemeine in Württemberg« fallengelassen.

[157] Bericht der Unitätsdirektion an die Synode (West), S. 2 (BA Boll).

[158] Jahresbericht Bad Boll 1953, S. 6, und 1954, S. 1 (BG Boll); Weihnachtsgruß aus Bad Boll 1953 (gedruckt), S. 2, und 1954, S. 3.

[159] Friedrich Weihler, geb. am 23. 9. 1881 in Bezgenriet war Landwirt im Ruhestand und Dauergast im Kurhaus. Er hatte am 5. 12. 1953 die Unität zum Erben eingesetzt.

[160] Der Brüderbote. Mitteilungen aus der Brüdergemeine. Bad Boll und Stuttgart, Nr. 407, S. 10.

[161] Jahresbericht Bad Boll 1954, S. 1 (BG Boll).

[162] Jahresbericht Bad Boll 1957, S. 3 (BG Boll).

[163] Jahresbericht 1958, S. 4 (BG Boll); Weihnachtsgruß 1959, S. 3.

[164] Bericht der Unitätsdirektion an die Synode 1947, S. 2; Bericht von der Synode der EFBU in Bad Boll 1947, S. 9 (BA Boll).

[165] Von solchen Besuchen berichten die Jahresberichte der Brüdergemeine Bad Boll 1962, S. 7; 1963, S. 4; 1964, S. 5; 1967, S. 2; 1969, S. 4; 1978, S. 7 (BG Boll).

[166] Nach dem Zweiten Weltkrieg dienten folgende Pfarrer und Pfarrerinnen dem Kurhaus und der Brüdergemeine in Bad Boll: Heinz Renkewitz und Waldemar Reichel (bis 1949; 1948/49 Mitwirkung von Berthold Lenz), Paul Colditz (1949–1952), Ernst Gräber (1952–1954), Erich Marx (1954–1968), Peter Dingemanns (Vikar und 2. Pfarrer 1964–1967), Gunnar Renz (2. Pfarrer 1967–1968), Heinz Schmidt (1968–1977), Hartwig Rudolph (1968–1972), Gerhard J. Vollprecht (vornehmlich Vertretung der Herrnhuter Mission und Betreuung der auswärtigen Mitglieder 1964–1975), Dieter Schiewe (Mission, Auswärtige 1975–1982), Christian Troebst (1980–1987), Luise Plock (Mission, Auswärtige 1984–1989), Ernst Class (1987–1990), Karin Beckmann (1989–1990 Mission und Auswärtige, ab 1990 Gemeinde am Ort). Waren die Pfarrer verheiratet, wurden, wie erwähnt, die Ehefrauen mitberufen, wobei ihnen die Art der Mitwirkung freistand.

[167] Jahresbericht 1955, S. 4 (BG Boll).

[168] Vergl. Weihnachtsgruß aus Bad Boll 1957, S. 2.

[169] Boll. Dorf und Bad an der Schwäbischen Alb 1988, S. 333.

[170] Bericht der EFUD an die Synode 1949, S. 14.

[171] Weihnachtsgruß 1949, S. 4, und Jahresbericht 1950, S. 7 (BG Boll).

[172] Mündliche Nachrichten von Frau Rosemarie Kinzler-Rappold. Artikel in der Neuen Württembergischen Zeitung (NWZ), Göppingen, aus dem Jahr 1953 anläßlich des 60. Geburtstags von Christian Dannemann.

[173] Vergl. Memorabilien Bad Boll 1941, S. 6, und 1942, S. 4 (UA KV 6f).

[174] Jahresbericht 1956, S. 2f (BG Boll); Weihnachtsgruß 1956, S. 1.

[175] H. F. Lavater: Bad Boll, S. 107.

[176] Weihnachtsgruß 1965, S. 3.

[177] Weihnachtsgruß 1967, S. 2.

[178] Vergl. Weihnachtsgruß 1956.

[179] Weihnachtsgruß 1967, S. 2.

[180] Weihnachtsgruß 1966, S. 3.

[181] Weihnachtsgruß 1967, S. 5.

[182] Weihnachtsgruß 1969, S. 3.

[183] Weihnachtsgruß 1960, S. 4, und 1967, S. 2.

[184] Siehe Weihnachtsgruß 1970, S. 4.

[185] Baubeginn: 27. 9. 1948 (Jahresbericht 1948, S. 7, G Boll), vergl. Weihnachtsgruß 1949, S. 5, und H. B. Motel in: Der Brüderbote, Bad Boll und Stuttgart 1983, Nr. 407, S. 10f).

[186] Weihnachtsgruß 1957, S. 2.

[187] Bericht der EFUD an die Synode 1949, S. 13; Jahresberichte Bad Boll 1948, S. 6, und 1964, S. 1 (BG Boll).

[188] Die Jugendherberge wurde im November 1967 im Zuge einer Erweiterung des Badhauskomplexes abgerissen.

[189] In den Jahren 1947, 1949, 1951, 1954, 1959, 1961, 1963, 1968, 1970, 1971, 1975, 1977, 1981, 1985.

[190] Vergl. Bericht der EFUD an die Synode 1949, S. 14.

131   *Das Kurhaus Bad Boll. Luftaufnahme von 1995*

Das Kurhaus Bad Boll von 1972 bis 1995

Dankfried Steuernagel

Bei der Darstellung der jüngsten Geschichte des Kurhauses ergeben sich Schwierigkeiten, die nicht leicht – wenn überhaupt – gelöst werden können. Anders als bei der Untersuchung früherer Jahrhunderte oder Jahrzehnte handelt es sich hier um erlebte und selbst erfahrene, ja mitgestaltete Geschichte. Auch die Darstellung alter Geschichte geschieht unter subjektiven Einsichten, hat etwas mit »Auswählen« und »Weglassen« zu tun, wieviel mehr dann also die Beschreibung der jüngsten Zeitgeschichte! Aber auch sie muß wahr – muß richtig sein, muß Entwicklungen und Tatsachen in ihren Zusammenhängen wiederzugeben versuchen. Dabei kann sich der Autor aber nicht verstecken. Und so ist mir bei aller angestrebten Objektivität auch deutlich, daß die folgende Darstellung ein Stück subjektive Meinung enthält, ein Stück Erinnerungen und Memoiren.

April 1972, Bombay/Indien
Nach neunjährigem Dienst in einer lutherischen Kirche in Indien war ich mit meiner Familie auf der Rückreise nach Deutschland. Mein Vertrag mit »Dienste in Übersee« war erfüllt, die Leitung des kirchlichen Hospitals in einer der ärmsten Gegenden Indiens in andere Hände übergeben. Wir hatten unser Schiff zur Heimfahrt betreten und fanden in unserer Kabine einen Brief aus dem Deutschen Institut für Ärztliche Mission, Tübingen, vor. Darin wurde mir mitgeteilt, daß die Direktion der Herrnhuter Brüdergemeine in Bad Boll einen Ärztlichen Leiter für das Kurhaus suche. Im fernen Bombay – und auch sonst – hatte ich wenig Vorstellung vom Kurhaus Bad Boll. Vielmehr war mir der Name Bad Boll durch die Losungen der Herrnhuter Brüdergemeine, die uns täglich begleiteten, ein Begriff.
Kaum nach Tübingen zurückgekehrt, wurden direkte Kontakte zur Direktion der Herrnhuter Brüdergemeine

geknüpft. Schon bald verdichteten sich meine Gespräche in Bad Boll mit der Unitätsdirektion, besonders mit Pfarrer Eberhard Bernhard, sowie mit dem Verwaltungsdirektor des Kurhauses, Manfred Philipp. Sie führten dazu, daß ich mit meiner Familie schon im August 1972 nach Bad Boll übersiedelte.
Für Pfarrer Bernhard, dessen Herz ganz für das Kurhaus schlug, waren neue Impulse und Rahmenbedingungen gewünscht, ohne daß zunächst die Direktion die Lage ganz abschätzen konnte. Für Manfred Philipp drängten der weitere Ausbau und die Modernisierung des Kurhauses zur zukünftigen Existenzsicherung. Für mich persönlich schien die Brüdergemeine ein fruchtbarer Boden, der am ehesten etwas mit meinem bisherigen Engagement und meinen Vorstellungen von Heil und Heilung zu tun hatte. Nun galt es aber, mich neu zu orientieren, zurückzufinden von der »Medizin der Armut« zur »Medizin des Wohlstandes« in Deutschland, von der Akutmedizin zu vorwiegend chronischen Erkrankungen und den Gegebenheiten von Kurmedizin.
Zum 1. Januar 1973 wurde ich als Leitender Arzt in das Kurhaus Bad Boll berufen und mit dem Vorsitz des Kurhausvorstandes, der damals in anderer Form zwar theoretisch existierte, aber nicht in Funktion war, betraut. Es galt nun, manches mit neuen Inhalten zu füllen. Es mußte aber auch die Erkenntnis wachsen, daß die früheren Konzeptionen von Erholung, Kur, Tagungen und geistig-geistlicher Betreuung auf die Dauer allein keine wirtschaftliche Tragfähigkeit mehr besaßen.

Ausgangslage

Schon in den beiden Jahrzehnten zuvor hatten die baulichen Verhältnisse die Verantwortlichen für das Kurhaus immer wieder in Atem gehalten. Ende der fünfziger Jahre konnte Architekt Weinbrenner aus Nürtingen für Erhaltungs- und Umbaumaßnahmen des historischen Gebäudes gewonnen werden. Mangels finanzieller Mittel war für ihn und Manfred Philipp die ganze Renovierung des Kurhauses eine Fahrt ins Ungewisse, die zusätzlich erschwert wurde dadurch, daß nie der ganze Kurhausbetrieb – wie auch in den späteren Jahren nicht – eingestellt werden konnte und immer bei laufendem Betrieb gebaut werden mußte. Dennoch konnten bis Anfang der siebziger Jahre schon wesentliche Neuerungen erreicht werden. Ganz wichtig war vor allem die Verbesserung der Infrastruktur in einem modernen Beherbergungsbetrieb. Unnötige und hinderliche Anbauten wurden beseitigt. Moderne Küchen- und Versorgungsbereiche sowie Speisesäle wurden geschaffen, Fahrstühle eingebaut und Verbindungszonen eingerichtet, die alle Gebäude rollstuhl- und behindertengerecht verbanden und alles »unter ein Dach« brachten.

Mit Unterstützung von Ministerialrat Dr. Härtel vom Wirtschaftsministerium, der später auch im neu geschaffenen Verwaltungsrat des Kurhauses mitwirkte, war schon 1965 ein Generalplan für die stufenweise Renovierung des gesamten Kurhauskomplexes erstellt worden. Dieser Plan, der bereits ein kleines hausinternes Bewegungsbad beinhaltete, diente auch in späteren Jahren noch dazu, daß manche Zuschüsse des Landes miteingebracht werden konnten.

Unermüdlich kämpften Philipp und Weinbrenner um die Erhaltung und Neugestaltung des »königlichen Bades«. So bekamen scherzhaft die alten königlichen Initialen »W und P« über dem Eingangsportal des Kurhauses eine neue Bedeutung. War zu Blumhardts Zeiten den Initialen von »Wilhelm und Pauline« der Sinn unterlegt worden: »Warten und Pressieren«, so bedeutete »W und P« jetzt »Weinbrenner und Philipp«.

Eine günstige Konstellation war Anfang 1972 dadurch entstanden, daß es zur erfolgreichen Erschließung einer Thermalmineralquelle gekommen war. Die Gemeinde Boll, andere Kommunen des Gemeinde-Verwaltungsverbandes, die Evangelische Akademie und die Brüderunität bzw. das Kurhaus hatten dabei zusammengewirkt. Zur Nutzung der Quelle bestanden jedoch die unterschiedlichsten Interessen und Vorstellungen, mit denen

auch ich bald konfrontiert wurde – aber zum Glück ohne jede Vorbelastung.

In den sechziger Jahren hatte sich die Direktion immer wieder sorgenvoll mit der Zukunft des Kurhauses befassen müssen. Es war ja nicht allein mit einer baulichen Sanierung getan, sondern es ging um den wirtschaftlichen Erhalt überhaupt. Der Konkurrenzdruck im Bäderwesen war hoch. Das Kurhaus war mit einer großen Zahl von Dauerbewohnern belegt, die einst in Spitzenzeiten bis zu 70 Personen ausgemacht hatten. Noch 1972 bei meiner Ankunft lebten 27 »Dauergäste« im Kurhaus. Die Direktion hatte auch überlegt, ob das Kurhaus in ein Altenheim umgewandelt werden sollte, da die Dauerbewohner eben immer älter wurden. Jedoch wurde der Ausbau zu einem Altenheim nicht als die geeignete Zielrichtung gesehen. Im Gefolge davon entstand von 1965 bis 1969 daher das Michael-Hörauf-Stift in der Trägerschaft der Evangelischen Heimstiftung.

Ende der sechziger, Anfang der siebziger Jahre bestand ein ausgesprochener »Kurboom«. Im Zusammenhang damit wurden viele Kriegsbeschädigte von den Versorgungsämtern zur Kur nach Bad Boll geschickt. »Versorgungskuren« für Kriegsbeschädigte beider Weltkriege wurden schon seit 1952 hier durchgeführt. Im Jahr 1972 hatte das Kurhaus einen Belegungsvertrag mit dem Landesversorgungsamt über 80 Betten. Zu jener Zeit wurden aber oft wesentlich mehr Kriegsbeschädigte zugewiesen. Es bestand eine ausgesprochene Monostruktur in der Belegung. Abgesehen von weiblichen Dauergästen und einigen wenigen offiziell begleitenden Ehefrauen von Schwerstbeschädigten waren fast nur Männer im Haus. Hier hatte Manfred Philipp schon versucht, durch Einwerbung von mehr Ehefrauen der Kriegsbeschädigten, die einseitige Belegungsstruktur des Kurhauses aufzulockern. Immerhin war es während der Zeit des Kurbooms fast mühelos möglich, die Kurhausbetten zu füllen.

Die wirtschaftlichen Strukturen des Kurhauses waren zunächst noch eng mit denen der Finanzdirektion der Unität verflochten. Zwar gab es mit Manfred Philipp einen von der Unitätsdirektion ernannten Verwaltungsdirektor, das Kurhaus hatte auch sein eigenes Rechnungswesen mit Buchhaltung und Kasse, aber die wesentlichen finanziellen Entscheidungen wurden in der Finanzdirektion getroffen, wo auch die Bilanzen erstellt wurden. Ein eigener Kurhausetat bestand nicht. Haushaltspläne wurden erst später nach Gründung des Verwaltungsrates erstellt. So blieb auch für mich zunächst noch vieles nicht einsichtig. Letztlich liefen alle Fäden zusammen bei Finanzdirektor Karl Schmidt, der überall präsent und hilfsbereit war und seine Rückendeckung bei Pfarrer Eberhard Bernhard hatte, der gleichzeitig Vorsitzender der Unitätsdirektion und Mitglied der Finanzdirektion war.

In der Kurhausverwaltung gab es ein »Gästebüro«. Der Name hat sich bis heute so erhalten. Das Gästebüro nahm Anmeldungen entgegen und verteilte die Zimmer ohne Generalplan ganz nach den Wünschen der Gäste. Oft war jedoch nicht bekannt, ob Gäste zur Behandlung, zur Erholung oder Kur im Kurhaus weilten, ob sie den Badearzt Dr. Gerstein aufsuchten oder nicht. Dr. Gerstein betreute als freier Badearzt in Absprache mit der Verwaltung die Kurgäste und die von den Versorgungsämtern zugewiesenen Kriegsbeschädigten neben den Patienten aus seiner Allgemeinpraxis, die im Kurhaus untergebracht war.

Und die Badeabteilung, der Badebetrieb? Nur ein Teil der Gäste nahm Kuranwendungen. Teilweise wurden diese vom Badearzt hier verschrieben, teilweise auch außerhalb. Eine durchgängige ärztliche Überwachung und Betreuung von Patienten konnte nicht erfolgen, war aber auch von manchen nicht erwünscht. In der Badeabteilung wurden Schwefelbäder und Fangopackungen nur an wechselnden Tagen verabreicht, wodurch sich täglich immer ein großer Patientenstau ergab, weil jeder Gast seine Kuranwendung möglichst zu günstigster Zeit bekommen wollte. Allerdings wurden auch zu jener Zeit sehr viele »medizinische Bäder« abgegeben, z. T. weil manche Patienten annahmen, daß sie die Schwefelbäder nicht vertrugen. Außerdem wurden relativ viele zeit- und personalaufwendige Kneipp-Anwendungen abgegeben. Die ganze Badeabteilung stand unter der Regie der engagierten Schwester Ellen Lenz, einer alten Nieskyer Diakonisse, die ihren Betrieb bewältigte, indem sie schon morgens um fünf Uhr mit den Behandlungen anfing.

Neuanfang

Bei den Verhandlungen mit der Direktion der Brüder-Unität waren für mich zwei Punkte von ausschlaggebender Bedeutung: Zum einen konnten ein Ausbau und die Erhaltung des Kurhauses nur über die notwendige medizinische Infrastruktur erfolgen. Hier erfuhr ich durch Manfred Philipp, der durch seine Verbindungen und Kenntnisse im Deutschen Heilbäderverband die Tendenzen der Zeit richtig einschätzte, volle Unterstützung. Da das Kurhaus schon damals als Kurkrankenanstalt (ein schrecklicher Begriff!) firmierte, war der Aufbau klinischer Strukturen nur logisch. Labor, Röntgenabteilung, Diagnostik- und Therapiegeräte wurden von der Unitätsdirektion genehmigt. Zum anderen sollte eine strukturelle und verfassungsmäßige Neuordnung des Kurhauses erfolgen. Hilfreich war, daß schon seit langem ein Beschluß der Unitätsdirektion zur Schaffung eines Beirates vorlag, der bis dahin nicht umgesetzt werden konnte, jetzt aber die Basis zur Schaffung eines Verwaltungsrates gab. Dieser sollte von der Direktion eingesetzt werden und grundlegende Funktionen erhalten. Die Direktion forderte mich auf, eine Satzung für das Kurhaus vorzulegen, was in der Folgezeit geschah. Zwar konnte ich nicht alle meine Vorstellungen umsetzen, doch ließ sich schließlich im weiteren Verlauf und in Verhandlungen des neuen Verwaltungsrates die Kurhaussatzung mit den Verfassungsgegebenheiten der Brüdergemeine in Einklang bringen.

Praktische Schritte

Noch 1972 und Anfang 1973 konnten Manfred Philipp und ich die Vorbereitungen für eine Integration von Verwaltung und medizinischem Dienst einschließlich der Kurmittelabteilung treffen. Alles mußte in ein gemeinsames Arbeitssystem kommen. Das Gästebüro wurde zur echten und zentralen Anlaufstelle für alle Kuren. Das Kurhaus hörte auf, ein beliebig zu buchender Beherbergungsort zu sein. Eine Aufnahme konnte nur noch aus medizinischen Gründen erfolgen, auch wenn Gäste nur zur »Erholung« ins Kurhaus kommen wollten. Wie intensiv oder ob überhaupt Behandlungsmaßnahmen ergriffen wurden, entschied sich nach der ärztlichen Beratung hier. Natürlich brachte das erst einige Unruhe und Verwirrung für Gäste, die schon oft in Boll gewesen waren. Aber die Neuerung wurde sehr schnell als positiv begriffen, weil man spürte, daß damit auch neuartige medizinische und ärztliche Versorgung, besserer Umgang mit Krankheiten, Behinderungen und anderen Problemen verbunden war. Und ein Verlust an bekannten geistig-geistlichen Angeboten sollte nicht erfolgen!

Die ärztliche Abteilung erhielt zuerst Konsultationsräume zwischen Hauptportal und »Bahnhöfle« im alten Eingangsbereich, während Dr. Gerstein noch weiter neben der neuen Post für seine Kurhauspatienten amtierte. Schnell dehnte sich die Klinikarbeit weiter aus. Daher wurde die ärztliche Abteilung bald auf die Innenseite des Ostflügels verlegt und dort erweitert. Dr. Gerstein praktizierte zunächst noch bis zu seinem Ausscheiden 1976 im Mitteltrakt, während er seine Allgemeinpraxis im Ort Boll weiterführte. Anfang 1977 trat Dr. Paula Weidner in die ärztliche Abteilung des Kurhauses ein. Das erforderte erneut eine räumliche Erweiterung.

Unterhalb des Speisesaales wurde in einem Bereich, der ursprünglich für das Personal und ein hausinternes Bewegungsbad vorgesehen war, ein Diagnostikzentrum eingerichtet. Im Jahr 1974 wurden hier ein Labor und die Röntgenabteilung eingeweiht. Für die ersten Jahre ergab sich dadurch ein erschwerender Pendelverkehr für Mitarbeiter und Patienten, der erst beendet werden konnte, als die Konsultationsräume vom Ostflügel 1978 auch in das Untergeschoß gelegt und mit dem Diagnostikzentrum vereint wurden. Zwölf Jahre sollte dann dort der Schwerpunkt der medizinischen Arbeit liegen bis zu dem glücklichen Neubau der ärztlichen Abteilung.

Pfingsten 1973 beendeten wir das »Badechaos« in der Badeabteilung. Das bis dahin täglich wechselnde System von Bädern oder Fangopackungen ließ die Hälfte der Kapazitäten ständig ungenutzt. Nun führten wir ein neues Planungssystem ein, das täglich Bäder und Fangopackungen sowie Massagen vorsah. Später kamen dazu weitere Therapiemaßnahmen wie Gymnastik, Krankengymnastik und Wassergymnastik, Elektrotherapie usw., alles Behandlungen, die wegführen mußten von dem Image, das man damals in der Kurmedizin als »Opas Kur« bezeichnete. Dieser herabsetzend gemeinte Begriff war zwar auch damals nicht zutreffend, sollte aber andeuten, daß man sich wegbewegen wollte von passiven hin zu mehr aktiven Behandlungsmaßnahmen.

Die neue Kurplanung – ein eigener Planungsraum war natürlich erforderlich – wurde zu einem »Aha-Erlebnis«. In Tag- und Nachtarbeit hatten wir über die Pfingstfeiertage sämtliche Behandlungen für die 180 Patienten des Kurhauses und auch ambulante Patienten durchgeplant und in neu angefertigte Kurkarten eingetragen. Am Dienstag nach Pfingsten erschienen dann alle Patienten zu festgelegten Zeiten. Es gab kein Warten und keine Staus mehr. Der Betrieb erschien von nun an wie ein »sanftes Säuseln«, so daß bald einige Patienten der Meinung waren, man könne sich mit einem »Bakshish« andere, evtl. vorteilhaftere Behandlungszeiten verschaffen. Generell aber war klar, daß durch den fortan geplanten Betrieb die allgemeine Zufriedenheit unter den Patienten entscheidend wuchs.

Verwaltungsrat

Nach etwa einjährigen Vorbereitungen, Sitzungen und Verhandlungen konnte Pfarrer Bernhard namens der Unitätsdirektion im Spätherbst 1973 den ersten Verwaltungsrat für das Kurhaus einberufen, ein Gremium, das in den Folgejahren viel zur Entwicklung und zum Ausbau der Klinik beitragen sollte. Es bestand aus bis zu zwanzig Mitgliedern einschließlich des Kurhausvorstandes, aus Persönlichkeiten der Brüdergemeine, der Kirchen und des öffentlichen Lebens, die viel Kompetenz und Erfahrung aus den verschiedensten Fachbereichen für das Kurhaus einbrachten.

Der Verwaltungsrat tagte von da an mindestens zweimal im Jahr. Er bildete Ausschüsse, von denen zwei ständig, nämlich der Finanzausschuß und der Kulturausschuß, in Aktion blieben.

In der ersten Sitzung 1973 referierte Pfarrer Heinz Schmidt über »Geschichte und Auftrag« des Kurhauses und führte alle Mitglieder in anschaulicher Weise in die vielen interessanten Stationen der Entwicklung ein. In einem Grundsatzreferat faßte ich die zukünftigen Konzeptionen und Ziele für die Kurhausentwicklung zusammen, die sich aus den balneologischen und geistlichen Traditionen herleiteten. Alles zielte auf die konsequente Gestaltung einer Kurklinik mit Diagnostik und Therapie, Prävention und Rehabilitation.

In zwei Verwaltungsratssitzungen konnte die endgültige Satzung verabschiedet werden. Die Unitätsdirektion räumte dem Gremium weitgehende Befugnisse ein. Dennoch war, rechtlich gesehen, der Verwaltungsrat immer nur ein Beratungsgremium, das seine Beschlüsse für die Unitätsdirektion empfehlend faßte.

In der Frühjahrssitzung 1974 wurde der gerade in den Ruhestand getretene Verwaltungsdirektor der Evangelischen Akademie, Hans Joachim Koch, zum Vorsitzenden des Kurhaus-Verwaltungsrates gewählt. Diese Wahl wurde ein Segen, da H. J. Koch nicht nur den Sitzungen präsidierte, sondern in der Folge auch ständig und unermüdlich den Verantwortlichen des Kurhauses mit Rat und Tat zur Seite stand. Dazu half er bei dem weiteren Ausbau der Klinikverwaltung und bei der Ablösung von der Finanzdirektion der Unität. Freilich bedurfte es dazu ab 1976 auch eines Betriebswirtes. Günter Wolz wurde als kaufmännischer Leiter eingestellt und avancierte später auch in das Leitungsteam des Kurhausvorstandes. In dessen Sitzungen wurden dem Verwaltungsrat umfangreiche Rechenschaftsberichte durch den Kurhausvorstand gegeben. Grundsatzfragen wirtschaftlicher und baulicher Natur wurden diskutiert, die Sitzungsergebnisse der Ausschüsse zur Kenntnis genommen oder weiter beraten. Entsprechend der Satzung wurden dann Empfehlungen an die Unitätsdirektion formuliert. Der Verwaltungsrat unterstützte den Kurhausvorstand beim Aufbau der Klinik- und Verwaltungsstrukturen, wobei der Vorsitzende, H. J. Koch, nicht nur eine integrierende Funktion für die Vorstandsmitglieder hatte, sondern auch Vorstand, Verwaltungsrat und Unitätsdirektion miteinander verband. So wurden im Laufe der Jahre wesentliche Entscheidungen vorbereitet. Wichtige Beratungspunkte waren u.a. der Thermalbadbau und die volle Tarifeinführung für die Mitarbeiter, d.h. die AVR (Arbeitsvertragsrichtlinien des Diakonischen Werkes)

kamen voll zur Anwendung. Über die Einführung der zusätzlichen Altersversorgung wurde ebenfalls entschieden. Immer wieder kam es zu Diskussionen über Zukunftsentwicklungen der Klinik und ihre Belegung. In den 1980er Jahren wurden Beratungen über die Umgebung und die angrenzenden Kurhausflächen geführt. In diesem Zusammenhang gab es noch im letzten Verwaltungsrat Gespräche über die so eingreifenden Veränderungen durch die geplanten Großbauten im Westen des Kurhauses, die in ihren Ausmaßen nicht befürwortet wurden.

Der wichtigste Ausschuß war der Finanzausschuß. Dieser befaßte sich unter anderem auch mit den Bauangelegenheiten. Finanzielle Vorlagen, Haushaltsentwürfe und Bilanzen wurden durch den Finanzausschuß geprüft und überwacht, so daß die Finanzdirektion der Unität dadurch eine deutliche Entlastung erfuhr.

Der Kulturausschuß des Verwaltungsrates diente nicht nur der eigenen Kulturarbeit im Kurhaus, sondern wurde gleichzeitig auch eine Art Verbindungsausschuß zur Kultur- und Öffentlichkeitsarbeit der Gemeinde Boll, die hier – wie auch im Verwaltungsrat – zunächst durch Gemeinderat J. Deutsch, dann durch den Verkehrsamtsdirektor K. H. Fischer und schließlich durch Bürgermeister Klaus Pavel vertreten war.

Die Unitätsdirektion berief alle vier Jahre einen neuen Verwaltungsrat. Mehrere Mitglieder blieben im Verwaltungsrat über vier Sitzungsperioden, also über sechzehn Jahre. H. J. Koch wurde als Vorsitzender stets wiedergewählt, konnte aber die letzte Amtsperiode aus Gesundheitsgründen nicht mehr beenden; er starb 1992 in Bad Soden.

Kurhausvorstand

Der Vorstand setzte sich anfangs aus dem Verwaltungsdirektor, der Oberin (später Leitende Hausdame) und dem Leitenden Arzt zusammen. Der Kurhauspfarrer hatte das Recht, an den Sitzungen teilzunehmen und war Bindeglied zur örtlichen Brüdergemeine. Der Vorstand leitete die Institution und war für die Führung der Tagesgeschäfte verantwortlich. Seit dem Frühjahr 1973 fanden regelmäßige wöchentliche oder zweiwöchentliche Sitzungen unter meinem Vorsitz statt. In allen wichtigen Angelegenheiten sollte gegenseitige Konsultation oder Information erfolgen. Für mich stellte der Vorstand ein Leitungsteam mit verteilten Aufgaben dar, als dessen Vorsitzender ich mich immer als »primus inter pares« ansah. Die Kompetenzen wurden durch Satzung und Geschäftsordnung geregelt. Alle wesentlichen Beratungspunkte wurden im Protokoll festgehalten.

Das Kurhaus war ein ziemlich schwerfälliger Apparat. Manchmal kostete es viel Überzeugungskraft und Geduld, auch mit nur ganz einfachen und oft »nebensächlichen« Dingen weiterzukommen, wie z.B. der Beschaffung von Pflegematerial oder der Veränderung der Frühstücksangebote. Was für eine »Sensation« war es darum auch, als auf einmal beim Frühstück Quark auftauchte, nachdem es »nach alter Väter Sitte« immer nur Brötchen, Butter, Marmelade und Ei gegeben hatte! Über Tage hin war »Quark« das Tagesgespräch. Moderne ernährungsphysiologische Gesichtspunkte konnten nur sehr langsam umgesetzt werden. Als im Diätbereich knappe Reduktionskost für viele Patienten eingeführt wurde, bedurfte auch dies eines Lernprozesses für Patienten und Mitarbeiter.

Große Entwicklungen im Kurhaus konnten manchmal einfacher vorangetrieben werden, besonders wenn der Schwung des Neuen half, wie beim Ausbau des Diagnostikzentrums oder bei den Überlegungen zum Thermalbadbau. Manfred Philipp kannte die Entwicklung in vielen Kurorten nur zu gut. Von dieser durften wir in Bad Boll nicht abgehängt werden. Auch von der medizinischen Seite her war ich überzeugt, daß der Bau eines Thermalbewegungsbades zum Ausbau unserer Klinik erforderlich war, um attraktive Konzepte von Bewegungstherapie zu entwickeln. Es war ein Segen, daß die Unitätsdirektion unter Pfarrer Bernhard schon 1973 dem Antrag des Vorstandes folgte, die Thermalbadplanung aufzunehmen. Vielleicht wäre schon ein Jahr später mit der heraufziehenden Rezession eine positive Entscheidung nicht mehr möglich gewesen.

Lange wogte zwischen Kurhausvorstand und Direktion die Diskussion hin und her, wie weit das Kurhaus wirklich und ganz Klinik sein müsse. Eigentlich wollte die Direktion eine größere Zahl an »Dauergästen« im Kurhaus behalten. Über die Frage, wie weit diese den christlichen Geist des Hauses weiter prägen und die Brüdergemeine weiter repräsentieren würden, gab es unterschiedliche Meinungen. Die Direktion verschloß sich schließlich nicht der Sicht, daß mit den Dauerbewohnern für das Kurhaus eine Existenzsicherung für die Zukunft nicht möglich war. Die Direktion bestand jedoch auf wenigstens fünf Dauergästen. Aber auch diese Zahl konnte nur noch kurze Zeit durchgehalten werden.

In der ersten Zeit mußte sich der Vorstand mit manchen gegensätzlichen und kritischen Strömungen und Meinungen auseinandersetzen. Manche fanden, der Geist Blumhardts müsse im Haus mehr belebt werden. Andere wollten gar nichts geändert wissen und meinten, alles müsse so bleiben, wie es war. Das gipfelte sogar in Auseinandersetzungen über das morgendliche Frühgeläut um sechs Uhr, das für kranke und ältere Menschen oftmals sehr belastend war und nach Beschluß des Vorstandes abgeschafft werden mußte.

Ein ständiges Beratungsthema war in den ersten Jahren immer wieder die Zukunft der Haushaltsschule, die mit ihren »Blaumeisen« nicht nur Arbeitskräfte für das Kurhaus stellte, sondern auch ein belebendes Element war. Die Leitung lag bei Erdmuth Philipp. In den Obergeschossen des Badhauses gab es ein Internat für die Mädchen, außerdem Schulräume mit Lehrküchen, Nähstuben und Maschinennähräume für den Unterricht. Da manche Mädchen über die Jugendämter aufgenommen wurden, erfüllte die Schule eine wichtige soziale Aufgabe. Es gab zwar manche Schwierigkeiten und Skandälchen mit dem »Rüstjahr«, an denen die männliche Jugend der Umgebung mit Fassadenklettern und »Fensterln« nicht unbeteiligt war, doch war das Bedauern groß, als sich 1974 der Vorstand gezwungen sah, die Haushaltsschule aufzugeben. Wegen neuer staatlicher Regelungen wurde das Rüstjahr nicht mehr als Berufsschuljahr anerkannt. Aber noch konnten wir Praktikantinnen aufnehmen, die Vorpraktika für verschiedene Berufe absolvierten. Dafür wurden die Obergeschosse des Badhauses umgebaut und auch Appartementwohnungen für Mitarbeiter geschaffen. Später gab es aber auch keine Praktikantinnen mehr, nachdem sich die staatlichen Vorschriften erneut änderten.

In den siebziger Jahren war der Badfriedhof ein Dauer-Diskussionsthema. Hatte sich früher die Kurhausverwaltung um diesen gekümmert, so war ich nicht der Meinung, daß sich der Vorstand einer Klinik ständig um die Erhaltung von Gräbern, um Grabrechte, Beerdigungen, Friedhofserhaltung usw. zu kümmern habe. Schließlich konnten Pflegegelder der Patienten nicht dafür verwendet werden. Die Unität hatte sich bei der Übernahme des Kurhauses 1920 zwar zur Unterhaltung des Badfriedhofes verpflichtet, sah sich aber zunächst nicht in der Lage, diese Aufgabe zu übernehmen. Erst sehr viel später kam es durch Kompromisse zu einer sehr guten Lösung, nämlich dadurch, daß sich Herbert Temme persönlich – nicht als Verwaltungsdirektor der Klinik – von der Direktion beauftragen ließ, die Unterhaltung und Renovierung des Blumhardt-Friedhofes vorzunehmen, wobei die finanzielle Verantwortung bei der Unitätsdirektion lag und liegt. Mit großem Einsatz und unter Mithilfe von Fachleuten und Fachfirmen hat Herbert Temme nun in den letzten Jahren für den denkmalgeschützten Friedhof grundlegende Verbesserungen erzielen können.

Die strukturellen und personellen Veränderungen im Kurhaus waren naturgemäß in den ersten Jahren besonders groß. Dafür war die intensive Unterstützung der ganzen Mitarbeiterschaft erforderlich. Wenn hier auch mancher Lernprozeß zu leisten war, so trafen sich doch Hausvorstand und Mitarbeitervertretung regelmäßig, wobei über viele Jahre hin – bis zu seinem Ruhestand 1987 – Joachim Riehle ein würdiger und erfahrener Vorsitzender der Mitarbeitervertretung war, der so manches gewichtige Wort bei den Verhandlungen um Tarife (AVR), Verträge oder Altersversorgung zu sagen hatte. Er hat aber auch, genauso wie der heutige Vorsitzende, Dr. Rudolf Kübler, immer wieder besonders auf diakonische Grundvorstellungen des Werkes abgehoben.

Belegungsstruktur und weitere Entwicklung

Neben den Dauergästen als Kurhausbewohnern gab es Anfang der siebziger Jahre weitgehend die schon erwähnte Monostruktur in der Belegung mit Kriegsbeschädigten. Einige brachten ihre Ehefrauen mit. Das wirkte sich auflockernd auf die Männergesellschaft aus, herrschten doch oft nur alte Soldaten- und Kriegsgeschichten, Gespräche über Verwundungen, Gefangenschaft und Behinderungen vor. Es war manchmal schwer, gegenwartsbezogene und zukunftsorientierte Fragen anzuschneiden und eine andere Atmosphäre zu gestalten. Interessant war, daß in jenen Jahren auch noch Kriegsbeschädigte aus dem Ersten Weltkrieg im Hause waren. Manche hatten zwei Kriege durchleben und -leiden müssen. Unter den Kriegsbeschädigten waren Menschen aus allen Gesellschaftsschichten, die einen sehr kameradschaftlichen Umgang pflegten und auch bereit waren, sich untereinander zu helfen. Glorifizierung von Krieg, Heldentum oder Drittem Reich habe ich selten gefunden. Viele haben tapfer nach dem Krieg trotz Amputationen, Verstümmelungen und Behinderungen ihren Weg gemacht, neue Existenzen aufgebaut oder auch manche Entbehrung ertragen müssen. Es waren auch viele interessante Persönlichkeiten darunter, mit denen man über das ärztliche Gespräch hinaus in persönlichen Kontakt kam und von denen viel Wissenswertes zu erfahren war. So erinnere ich mich an den früheren Admiral Brinkmann, der als Kommandant des schweren Kreuzers »Prinz Eugen« maßgeblich an der Schlacht um die Seeherrschaft im Atlantik teilgenommen hatte. Anders als das Schlachtschiff »Bismarck« war er mit seinem Kreuzer damals dem Untergang entkommen.

Oft waren es die Frauen von Kriegsbeschädigten, die ihren Männern geholfen hatten, nach dem Krieg mit ihrem Schicksal fertig zu werden. Manche Ehepaare hatten auch erst nach dem Krieg geheiratet. Was hier von Frauen an aufopferndem Dienst, an ständiger Betreuung und Pflege für ihre Männer geleistet wurde, hat mir immer die größte Bewunderung abgenötigt. Einige Frauen von Schwerstkriegsbeschädigten kamen als offizielle Begleitpersonen mit zur Kur und erhielten gleichzeitig Kuranwendungen. Aber auch die Frauen von anderen

Kriegsbeschädigten kamen gerne mit. Das Kurhaus machte daraus ein Werbeprogramm. Ehefrauen mußten nur einen ermäßigten Pensionspreis zahlen. Für die Klinik hatte das einen Sinn, da so auch die vielen Doppelzimmer des Hauses, die damals noch existierten, leichter belegt werden konnten. Bedauerlicherweise wurde uns nach einiger Zeit im Referat für Kriegsopferversorgung des zuständigen Bonner Ministeriums untersagt, die Einwerbung von Ehefrauen fortzusetzen. Das hatte wahrscheinlich etwas damit zu tun, daß der verantwortliche Ministerialrat so von sportmedizinischen Theorien eingenommen war, daß er meinte, Kuren für Kriegsbeschädigte ganz auf aktivierende und sportmedizinische Methoden abstellen zu müssen und, daß die Ehefrauen dabei nichts zu suchen hätten. Dies war natürlich im Hinblick auf unsere alternde Klientel ein wenig sinnvolles Vorgehen. Fast grotesk wurde es allerdings etwa zwei Jahre später, als von dem gleichen Herrn propagiert wurde, daß es humaner Kurgestaltung diene, wenn die Ehefrauen der Kriegsbeschädigten mit zur Kur kämen. Nun wurde praktisch unser Modell als Programm des Ministeriums ausgegeben. Inzwischen hatte sich aber unser System ohnehin als Selbstläufer erwiesen, und häufig kamen Ehefrauen von allein mit zur Kur. Viele empfanden dankbar, daß sie auch selber einmal mit ihren Beschwerden, Krankheiten und Problemen zu Worte kamen und volle Beachtung fanden, daß auch sie »einmal das Recht hatten«, alle ihre Kümmernisse vorzubringen.

25 bis 30 Jahre nach dem Zweiten Weltkrieg war vorauszusehen, daß ein Rückgang der Versorgungskuren zu erwarten war, sofern überhaupt in Zukunft noch Zuweisungen durch das Versorgungswesen erfolgen würden. Doch es ging weiter, wenn auch im Laufe der Jahre mit abnehmender Zahl. Bis heute herrscht eine durch die Jahrzehnte gewachsene, intensive und vertrauensvolle Zusammenarbeit mit dem Landesversorgungsamt in Stuttgart.

In den Folgejahren gelang es immer mehr, über Krankenkassen und Krankenhäuser neue Patientengruppen zu gewinnen. Wir blieben aber konsequent bei unseren Kur- und Behandlungsindikationen, die neu gefaßt wurden und sich auf rheumatische Erkrankungen, Krankheiten des Bewegungsapparates, der Knochen und Gelenke, Nachbehandlung nach Unfällen und Operationen von künstlichem Gelenkersatz oder Bandscheiben-Operationen erstreckten. Funktionelle Herz-Kreislauf-Erkrankungen, körperliche und psychische Erschöpfungszustände galten weiter als Indikation, in den letzten Jahren dann zusätzlich Hautkrankheiten. Die »Diversifikation« unserer Patientengruppen half auch über die verschiedenen Rezessionen in Wirtschaft und Kurwesen hinweg. Schwere Zeiten konnten mit ausreichender Belegung überstanden werden. Zwar ging das nicht ganz ohne Personalkürzung und zeitweise Kurzarbeit ab, doch wurde der weitere Ausbau der Klinik nicht grundsätzlich bedroht. Wichtig war vor allem, die medizinische Betreuung so umfassend und ganzheitlich anzulegen, daß sich die Patienten gut aufgehoben fühlten. Auch wurde großer Wert auf die Kommunikation mit überweisenden Hausärzten, Kliniken und Versicherungsträgern gelegt. Zunehmend erhielten wir deswegen auch Problempatienten, was die Anforderungen an alle Mitarbeiter natürlich erhöhte.

In der ärztlichen Betreuung galt es immer wieder, den verborgenen Schwierigkeiten der Patienten nachzuspüren, die oft unter ganz anderen Diagnosen oder wegen anderer Beschwerden zu uns gekommen waren. Psychosomatische Zusammenhänge wurden ernstgenommen. Oft genug waren Patienten erstaunt, wieviel Zeit sich die Ärzte für sie nahmen. Mich hat es manchmal beschämt, wenn zum Ausdruck gebracht wurde, daß sich Patienten nicht getrauten, die Zeit des Arztes in Anspruch zu nehmen. Doch war das ärztliche Gespräch schon manchmal »die halbe Kur«.

In der Mitte der siebziger Jahre kam der Bau unseres Thermalbades zum richtigen Zeitpunkt, konnte doch von da an auch die Entwicklung zu einer Nachbehandlungsklinik einsetzen. Langsam stieg die Zahl der Zuweisungen hüft- oder knieoperierter Patienten. Mit den Fortschritten in der Medizin und der immer weiteren Streuung operativer Abteilungen im Land, die Gelenkersatz-Operationen durchführten, machte die Zuweisung von Krankenhauspatienten bald einen substantiellen Teil unserer Belegung aus. Für die operierten Patienten war die umfassende internistische Versorgung im Rahmen ihrer Rehabilitation ein wichtiger Faktor, ganz besonders bei den vielen älteren Operierten.

Trotz der steigenden Zahl an Nachbehandlungen mußte die abnehmende Zahl an Kriegsbeschädigten noch weiter kompensiert werden. Im Jahr 1980 konnte Manfred Philipp einen neuen Belegungsvertrag mit der LVA (Landesversicherungsanstalt) in Stuttgart abschließen. Zwar kam es schon während der Kurrezession 1982/83 und im Zusammenhang mit dem ersten Gesundheitsreformgesetz zu erheblichen Belegungseinbrüchen, doch ist in den Folgejahren eine Stabilisierung eingetreten, bis schließlich 1991 der Belegungsvertrag sogar auf 60 Betten ausgedehnt wurde. Diese Heilverfahren sind für Rentenversicherte, die noch im Arbeitsprozeß stehen. Das brachte in der Altersverteilung einen guten Ausgleich angesichts der zahlreichen älteren Operierten, Kurpatienten und Kriegsbeschädigten.

Zum Thema »Diversifikation« gehörte in den letzten Jahren die Wiederaufnahme einer alten Bad Boller Kurindikation, bzw. die Behandlung von Hauterkrankungen. Schwefelbäder wurden auch früher schon dafür hilfreich eingesetzt. Heute kombinieren wir diese mit Spezial-Bestrahlungen durch ultraviolettes Licht (UVA) und können dabei sehr gute Erfolge bei bestimmten Hautkrankheiten erreichen, u.a. bei Schuppenflechte. Dieser Behandlung ist in Zukunft weitere Aufmerksamkeit sicher.

Thermalbad

Nachdem im Jahre 1972 die erfolgreiche Thermalquellenbohrung neben der Allee zum Kurhaus erfolgt war, gab es intensive Überlegungen und Planungen bei allen Beteiligten über die Nutzung der Thermalquelle. Die Kommune Boll unter ihrem Bürgermeister Böttle war in großartige und weitreichende Planungen eingestiegen, die ganz von der schon zu Ende gehenden Wirtschaftswunderphase und von ungehemmten Wachstumsvorstellungen geprägt waren. Aber »die Grenzen des Wachstums« des »Club of Rome« waren schon geschrieben! Bürgermeister Böttle jedoch wollte seine hochfliegenden Pläne auf alle Fälle verwirklichen. Bedauerlich war, daß es zu keiner kooperativen Zusammenarbeit mit den anderen, an der Quellbohrung Beteiligten kam. Fachliche Abstimmungen waren nicht möglich. Elementare medizinische und balneologische Fragen wurden ignoriert. Unser Verwaltungsrats-Vorsitzender Koch prophezeite von Anfang an, daß das von der Kommune geplante große Thermalbad wegen des mangelnden Realismus niemals gebaut werden würde. Er sollte nur zu recht behalten.

Für den Architekten des Kurhauses, Professor Weinbrenner, war es nicht leicht, seine Thermalbadpläne umzusetzen, da von offizieller Seite ständig neue Schwierigkeiten auftauchten. Es war nur zu deutlich, daß das Kurhaus von Bürgermeister Böttle und Teilen des Gemeinderates als Konkurrent für einen eigenen »Kursektor«, den es natürlich nicht gab, angesehen wurde. Dennoch gelang es mit Geduld, zu einer Interessenabgrenzung zu gelangen, wobei wir unsere Planungen strikt auf die Klinikgröße abstellten. Wir waren auch aus finanziellen Gründen nur in der Lage, ein Thermal-Außenbecken zu bauen und kein Hallenbad. Immerhin sahen wir uns aber doch genötigt, die Wasserfläche für das Außenbecken zu verkleinern und auf 180 m² zurückzunehmen, damit überhaupt ein friedlicher Kompromiß zustande kam und sich der Baubeginn nicht weiter verzögerte. Später ist in der Öffentlichkeit von vielen Seiten immer wieder bedauert worden, daß wir nicht größer gebaut haben.

Vor dem Baubeginn mußte noch ein nach dem Krieg für Direktion und Herrnhuter Mission erbautes Haus abgerissen werden, das neben dem Badhaus stand. Nur so konnte eine direkte Anbindung des neuen Thermalbades an das Kurhaus erfolgen. 1974/75 war an der Westseite des Kurhauses eine Großbaustelle, aus der ein Wunderwerk an Thermalbadarchitektur und Technik erwuchs. Für das Außenbecken hatte der Architekt eine achteckige Form gewählt, ähnlich wie in Bad Zurzach, Schweiz. Gleichzeitig mußte vom Thermalbrunnen jenseits der Badstraße eine nahtlose Kunststoffwasserleitung entlang der Allee bis zum neuen Thermalbad verlegt werden. Ende 1975 konnte der Probebetrieb beginnen. Noch im Dezember 1975 gab es das erste begeisternde Bad für einige Mitarbeiter und Gäste zum Probieren. Vergessen waren alle Querelen und Schwierigkeiten der Vorjahre! Märchenhaft erschien damals allen das abendliche

Probebaden bei 34° Wassertemperatur, mit Schneegestöber und Unterwasserbeleuchtung. Ein denkwürdiger Tag!

Mit dem Beginn des Jahres 1976 konnte das Bad für die Bewegungstherapie genutzt werden. Am 4. März 1976 erfolgte die große und feierliche Eröffnung durch den damaligen Wirtschaftsminister Eberle. Boll war nun nicht mehr nur Schwefelbad, sondern auch Thermalbad! Eine neue Epoche hatte begonnen.

Wir hatten nun ein weiteres Kurmittel neben der historischen Schwefelquelle und neben dem Boller Jura-Fango zur Verfügung. Alle diese ortsgebundenen Kurmittel dienten und dienen der Behandlung von rheumatischen Erkrankungen. Die Freude war groß, da durch das Thermalbad eine entscheidende Attraktion für die Zukunft hinzugewonnen war und nun durch Bewegungstherapie wesentliche Konzepte in der Rheumabehandlung vervollständigt werden konnten. Aber auch eine moderne Gymnastikhalle stand uns nun zur Verfügung, nachdem wir schon im Laufe des Jahres 1975 mit Gymnastik in dem damals noch nicht ausgebauten »Clubraum« begonnen hatten.

Bad Boll sollte trotz aller medizinischen und baulichen Errungenschaften immer eine Behandlungsstätte für »Leib und Seele« sein. Das spielte auch bei meiner Einweihungsrede für das Thermalbad eine Rolle, da ich mit der Thermalquelle nicht nur drei, sondern vier originale Kurmittel benannte, denn auch *das Losungsbüchlein der Herrnhuter Brüdergemeine wird ja mit in Bad Boll herausgegeben und ist ein entscheidendes Heilmittel für viele Menschen.*

Geistliche Entwicklung

Besonders in den ersten Jahren gab es immer wieder Vorwürfe, daß der gestraffte Klinikbetrieb für geistliche Werte und Aktivitäten keinen Raum mehr ließe. Mehr oder minder hatte dies aber auch zu tun mit nicht angepaßten Organisationsformen. Es war schwer, »alte Zöpfe« abzuschneiden. Frontale Ansprache und Monologe bei Andachten und Bibelstunden fanden damals unter Patienten nicht mehr viele Freunde. Wen wunderte

es also, daß die Bibelstunden im Kurhaus nicht mehr gut besucht waren? Erst als diese zu einem »Bibelgespräch« mit Vorbereitung der Sonntagspredigt umgeändert wurden, fanden sich wieder mehr Teilnehmer zusammen. Die bis dahin praktizierten Morgenandachten hatten immer weniger Interessenten gefunden. Zahl und Intensität der Behandlungen am Vormittag ließ den Patienten aber auch keine Wahl. Endlich gelang es, die täglichen Andachten auf den Abend nach dem Abendbrot zu verlegen. Es war erstaunlich, mit welcher Freude und wie großem Interesse auf einmal viele Patienten an diesen Andachten teilnahmen.

Schwerpunkte wurden auch gesetzt durch die Einrichtung sogenannter »Herrnhuter Abende«, die zunächst von einem festen Kreis der örtlichen Brüdergemeine getragen wurden und Gesprächsrunden, Vorträge, Diavorträge und gesellige Abende anboten. Auch sonst war der Herrnhuter Kreis immer wieder bereit, Hilfe und Unterstützung bei den verschiedensten Aktivitäten im Kurhaus zu geben. Später ging die Verantwortung auf den Ältestenrat der Brüdergemeine direkt über, der die Aufgaben an einzelne Referenten delegierte.

Eine weitere Bereicherung wurden in den Folgejahren die vierzehntägigen Gesprächs- oder Vortragsabende, die zahlreiche Referenten der benachbarten Evangelischen Akademie hielten und bei denen aktuelle Themen aufgegriffen wurden.

Weiterer Ausbau und Renovierungen

Nachdem das Kurhaus durch sein Thermalbad einen erheblichen Attraktivitätsschub erfahren hatte, war es um so wichtiger, die zum Teil noch immer desolate bauliche Situation des Kurhauses zu verbessern. Dies galt nicht nur für die Außenfassaden, sondern auch für den Innenausbau und für einzelne Säle, die verbesserter Nutzung zugeführt werden mußten. Dringend mußten aber besonders die Patientenzimmer zeitgemäß und behindertengerecht renoviert werden. Dies war nicht nur eine funktionale Frage, sondern auch eine solche der Konkurrenzfähigkeit überhaupt. Der Einbau von Duschen und Toiletten in den Patientenzimmern wurde immer dringlicher. Eigentlich hätte damals die Generalsanierung des gesamten Kurhauses mit entsprechend hohen Investitionen erfolgen müssen. Dazu sah sich jedoch die Direktion der Brüderunität wegen der fehlenden Finanzen nicht in der Lage. So wurden sich alle Beteiligten – Direktion, Verwaltungsrat und Kurhausvorstand – einig, die Sanierung schrittweise vorzunehmen. Wie gut, daß anfänglich noch immer vom Land Baden-Württemberg bzw. vom Wirtschaftsministerium finanzielle Unterstützung kam. Auch hatte das Kurhaus in der evangelischen Landeskirche viel Sympathie und in dem damaligen Direktor des Oberkirchenrates, Kurt Ströbel, einen treuen Fürsprecher, durch den immer wieder namhafte Zuschüsse für die verschiedenen Renovierungsstufen kamen.

Ein bescheidener Anfang wurde 1976 mit der Sanierung eines Teiles des »Morgenlandes« gemacht, indem erstmals in die Patientenzimmer Naßzellen mit Dusche und WC eingebaut wurden. 1977 folgte der Ausbau des Clubraumes neben dem Speisesaal, der über viele Jahre im Rohbau geblieben war. 1978/79 kam der größte und millionenschwere Renovierungsabschnitt des Kurhauses mit einer völligen Sanierung des »Altbaues«. Der historische Schickhardt-Bau mußte weitgehend »ausgehöhlt« werden, wobei sich für Architekten, Ingenieure und Handwerker manchmal kaum überwindliche Schwierigkeiten ergaben. Das bezog sich nicht nur auf die alten, schiefen oder abgesunkenen, z. T. morschen Balken oder das Mauerwerk, das ersetzt werden mußte. Neue statische Elemente mußten eingebracht werden. Neue Ebenen und Ausgleichsflächen waren erforderlich. Unwahrscheinlich war der Dreck, der auch dadurch entstand, daß unter den Fußböden zum Teil noch jahrhundertealte Häckselauffüllungen lagen. Betonierte Böden wurden eingebracht. Die Auflagen des Denkmalschutzes waren groß, u. a. mußten zehnteilige Sprossenfenster eingebaut werden, die völlig neu zu konstruieren waren unter der Annahme, daß ursprünglich einmal solche vor 400 Jahren vorhanden waren. Eine »stilgerechte« Instandsetzung des Schickhardt-Baues sollte eben so weit als möglich erfolgen. Da aber auch alle modernen Sicherheitsauflagen erfüllt werden mußten, ergab sich eine Sanierung von »Barock bis Brandschutz«.

Im Winter 1979/80 konnte die Innensanierung der zwei-ten »Morgenland«-Hälfte gemeistert werden. Zwar war ein Teil der Zimmer relativ klein, doch konnten sie nun in geschmackvoller Weise hergerichtet und dem damals üblichen Sanatoriumsstandard angepaßt werden. Es wurden mehr Einzel- als Doppelzimmer geschaffen. Die Betten wurden fest eingebaut, Teppichböden wurden gelegt. Immer wurde darauf geachtet, daß einzelne Zimmer auch mit vergrößerten Naßzellen für Behinderte eingerichtet wurden.

Nicht nur der lange Belegungsausfall, sondern vor allem auch unvorhergesehene Kosten, die sich bei der Sanierung des historischen Gebäudes ergaben, brachten zunächst einmal alle weiteren Sanierungsmaßnahmen zum Stillstand. Das Kurhaus war in die gesamtkirchlichen Strukturen der Brüdergemeine eingebunden, zu gering waren die Möglichkeiten schneller, wirtschaftlicher und unternehmensfreudiger Entfaltung. Erst galt es, die angesammelten Belastungen zu einem gewissen Maß durch das Kurhaus wieder abzubauen. So konnten die baulichen Grundsanierungen und Renovierungen an den anderen Gebäudeteilen erst später wieder weitergeführt werden. Schnell zeigte sich aber, daß einfach das Angebot an modernisierten Zimmern nicht reichte. Immer war die Nachfrage größer als unser Angebot von Zimmern mit Naßzelle. Einerseits war der allgemeine Lebensstandard in der Bevölkerung gestiegen und waren die Ansprüche gewachsen, andererseits wandelte sich aber auch zunehmend die Patientenstruktur. Der Anteil der Krankenhauspatienten und der multimorbiden (mehrfach-erkrankten), oft stärker behinderten Kranken, die verbesserter Grundversorgung bedurften, wurde immer größer. Bald gehörten aber auch für die Kostenträger Zimmer mit Naßzelle zum Normalstandard und waren Gegenstand von Pflegesatzvereinbarungen.

Glücklicherweise konnte der Renovierungsstopp zum Teil schon früher wieder aufgehoben werden als gedacht, so daß schon im Winter 1982/83 die Sanierung wenigstens des »Gnadenbaus« durchgeführt werden konnte. Im Jahr 1985 wurde der »Neubau«-Ostflügel und 1990/91 der »Neubau«-Mitteltrakt erneuert.

Inzwischen hatte sich der Klinikbetrieb vor allem mit den stationären Weiterbehandlungen nach Operationen so fortentwickelt, daß bei den letzten Bauabschnitten die Patientenzimmer mit beweglichen Krankenbetten versehen wurden, um eine funktionsgerechte und zweckdienliche Unterbringung der Kranken zu gewährleisten. Der Trend führte weg von der Sanatoriumseinrichtung zu einer »gemäßigten« Krankenhausausstattung.

Finanzierten sich die renovierten Krankenzimmer durch bessere Belegung und höhere Pflegesätze im wesentlichen selber, so gab es natürlich auch Bereiche, die durch Sanierung keine Erträge einbrachten, wie z. B. der Fest- und Kirchensaal, die Außenfassaden oder der Speisesaal. Zusätzlich mußten auch die anderen großen Gemeinschaftsräume unterhalten werden und ständig innere Erneuerungen oder Umbauten erfolgen.

Nachdem die Kommune und die Gemeinden des Verwaltungsverbandes sämtliche Pläne zum Bau eines großen Thermalbades fallengelassen hatten, und nachdem unter den Bürgermeistern Pfeiffer und Pavel sich kommunal eine grundsätzlich neue und positive Atmosphäre ergeben hatte, die eine gute Zusammenarbeit von Rathaus und Kurhaus gewährleistete, kam es auch zu weiteren Fortentwicklungen im Umfeld des Kurhauses. So konnte endlich 1979 nach den Arbeiten am Altbau mit vorübergehender Straßensperrung vor dem Kurhaus eine endgültige Durchfahrtssperre für alle Kraftfahrzeuge erreicht werden. Dies bedeutete eine ungeheure Erleichterung für viele Patienten, kehrte doch nun Ruhe und Stille von allem Verkehrslärm vor dem Kurhaus ein. Und eine Oase der Stille hatten wir ja propagiert!

Im Jahr 1981 wurde eine völlige Anbindung des Kurparks an das Kurhaus vorgenommen. Der gesamte Vorplatz wurde neu gestaltet und auf Parkniveau erhöht. Gleichzeitig baute die Kommune Boll die alte Lindenallee aus, pflanzte neue Linden und schuf eine wunderschöne Verbindung zwischen Kurhaus, Schulzentrum und Ortskern. Alles rückte dadurch mehr zusammen.

Zur gleichen Zeit waren schon neue Aktivitäten, und zwar zur Erhaltung der Wandelhalle an der Nordseite des Kurparks, in Gang. Das Kurhaus selbst konnte wegen der überaus großen Belastungen beim Ausbau des Hauptgebäudes und der Klinikstrukturen wenig für die Erhaltung alter Außengebäude wie Wandelhalle und Tempele tun. Nur nominelle Beträge konnten bestenfalls zurückge-

stellt werden. Der Verfall der historischen Nebengebäude war damit nicht aufzuhalten. An diesem Punkt tat sich unter Führung von Wolfgang Elsässer und Erdmut Hettasch ein »Aktionskreis zur Rettung der Wandelhalle« zusammen, der sich zum Ziel setzte, das schöne Bauwerk nicht dem Untergang preiszugeben. Mit ungeheurem Engagement und verschiedenen Aktivitäten, Spendensammlungen, Basaren, Festen usw. konnten namhafte Geldbeträge zusammengebracht werden. Auch über den Hilfsfonds des Kurhauses spendeten Patienten und Freunde über mehrere Jahre hin, bis 1983/84 die Renovierung mit den gesammelten Geldern und den Zuschüssen des Landesdenkmalamtes beendet werden konnte. Ein besseres Beispiel einer erfolgreichen und positiv agierenden Bürgerinitiative kann man sich kaum denken! Auch zur Erhaltung des Tempele (Belvedere) spendeten Freunde des Kurhauses namhafte Beträge. 1986/87 konnte dieses Kleinod mit Unterstützung durch die Gemeinde Boll grunderneuert und erhalten werden. Alte Stiche und Vorlagen sorgten dafür, daß das Belvedere sein ursprüngliches Aussehen erhielt und wieder zu einem Anziehungspunkt in der Boller Landschaft wurde. 1987 wurde der Kirchen- und Festsaal des Kurhauses mit Mitteln der örtlichen Brüdergemeine renoviert. Zuvor war schon im Bereich des ehemaligen Blumhardtschen Amtszimmers vor dem Kirchensaal ein Seelsorgezentrum entstanden mit einem Zimmer für den Pfarrer und einem »Blumhardt-Zimmer«, das einige Erinnerungs- und Ausstellungsstücke, Bilder, Stiche und Bücher beherbergt.

1991/92 war es endlich möglich, den großen Speisesaal stilgerecht zu renovieren. Immer wieder war es schon vorgekommen, daß kleinere und größere Stuckteile von der Decke und den Simsen fielen. Bei der Instandsetzung gab es wegen der Weite des Saales erhebliche statische und technische Probleme zu lösen. Aber es brauchten keine grundlegenden Veränderungen vorgenommen zu werden. Um so vornehmer und freundlicher wirkt heute der neoklassizistische Saal aus der Blumhardt-Zeit vor etwa hundert Jahren. Wie ein königlicher Saal! Aber da das Kurhaus ja schon 1852 vom Königshaus an J. Chr. Blumhardt übergegangen war, kann man wohl mit Sicherheit sagen, daß ein württembergischer König dort nicht diniert hat. Später aber sind Fürsten und Adlige zuhauf ein- und ausgegangen, und auch heute noch wird manch »königliches Mahl« in dem schönen Speisesaal serviert – ohne abgebröckelten Stuck in der Suppe!

Zu einem schönen Speisesaal gehört eine wohlfunktionierende Küche. Die Umstände zwangen schon 1987 zur Modernisierung und zum Umbau der Großküche. Verbunden mit der Küchenerneuerung war gleichzeitig eine völlige Neugestaltung des gesamten Servicesystems mit Bandverteilung der Speisen und Einzelportionierung, wodurch den Patienten ein großes Maß am Wahlfreiheit und Selbstbestimmung ihrer Mahlzeiten bis hin zu den Diätessen ermöglicht wurde.

Mitarbeiter und Mitarbeiterinnen

Wenn man sich einmal vergegenwärtigt, daß bei meinem Eintritt in das Kurhaus – abgesehen von einigen älteren Aushilfsschwestern und wenigen Masseuren – kein medizinisches Fachpersonal vorhanden war, so kann man daran am besten ermessen, welcher Wandel in den letzten zwanzig Jahren erfolgt ist. Nur nach und nach gelang es, die entsprechenden medizinischen Mitarbeiter und Mitarbeiterinnen zu gewinnen und damit die strukturellen Veränderungen und Verbesserungen weiterzutreiben. Bei einem allgemeinen Mangel an Fachkräften, später auch an Assistenzärzten, bedurfte es großer Anstrengungen und Ausdauer, um den Standortnachteil einer ländlichen Gegend zu kompensieren. Junge Leute gingen viel lieber in die großen Städte und an Orte, wo nach ihrer Meinung »mehr los« war. Nur dadurch, daß es auch einige Fachkräfte in der näheren Umgebung gab, die froh waren, ohne langen täglichen Anfahrtsweg einen Dauerarbeitsplatz im Kurhaus zu finden, waren wir nach und nach erfolgreich. So gelang es zuerst, für den ärztlichen Dienst selber Fachkräfte zu finden, engagierte Schwestern, erstklassige Sekretärinnen und Arzthelferinnen, dann die medizinisch-technischen Assistentinnen für Labor und Röntgen. Die Schwestern konnten im weiteren Verlauf ganz in den neu zu organisierenden Pflegedienst einbezogen werden. Allerdings konnten gar nicht so viele Krankenschwestern gefunden werden wie nach und nach

nötig wurden. Doch gelang es durch den aufopfernden Dienst mehrerer verheirateter Schwestern aus dem Umfeld des Kurhauses und aus der Brüdergemeine sowie über Teilzeitdienste, die Lücken zu schließen. Erst viel später entspannte sich die Pflegesituation etwas bzw. wurde der Schwesternmangel geringer. Inzwischen war aber auch die Einführung eines ständigen Nachtdienstes nicht nur im ärztlichen Bereich, sondern auch im Pflegedienst erforderlich geworden. Heute sind im erweiterten Pflegedienst auch eine ganze Reihe Zivildienstleistender tätig.

Große Besetzungsschwierigkeiten gab es auch in der Badeabteilung. Das bezog sich weniger auf das zum Teil angelernte Badepersonal, das den Hochleistungsbetrieb unter oft schweren Arbeitsbedingungen durch Wärme und Schwefelgerüche aufrecht hielt, vielmehr reichten meist die Massagekräfte nicht aus, auch wenn es in der Folgezeit gelang, die offizielle Genehmigung zur Ausbildung von Massage- und Bademeister-Praktikanten zu erhalten. Die Fluktuation unter diesen Mitarbeitern und Mitarbeiterinnen war relativ groß. So mußte im Vorstand oft über Masseure beraten werden. Eingeschränkte Leistungsbereitschaft bei dem einen oder anderen, maximale persönliche Vorstellungen und Forderungen, aber auch tariflich zurückgehende Arbeitszeiten konnten nur nach und nach in Einklang gebracht werden, da es erst in den Achtzigerjahren mehr Fachkräfte auf dem Arbeitsmarkt gab. Danach gelang es, weitere hochmotivierte und qualifizierte Mitarbeiter und Mitarbeiterinnen zu bekommen, die langfristig im Kurhaus blieben und zum Teil durch Fortbildung und Qualifizierung mit Spezialkursen einen hohen Standard erreichten. So haben wir schon sehr frühzeitig in unserer Klinik mit Lymph- und Ödemtherapie beginnen können – und das, als diese Methode an manchen anderen Kliniken noch belächelt wurde. Heute ist sie in der Medizin aus dem therapeutischen Spektrum nicht mehr wegzudenken.

War die Gewinnung von Masseuren schon schwierig, so war der personelle Aufbau in der Bewegungstherapie noch problematischer. Zwar waren zunächst gut ausgebildete Masseure in der Lage, einfache Bewegungsübungen durchzuführen, doch konnte das auf die Dauer natürlich nicht genügen. Immerhin gelang es schon 1975,

Gruppengymnastik und Sporttherapie für verschiedene Funktions- und Krankheitsgruppen mit Gymnastiklehrerinnen zu beginnen. Im Jahr 1976 nahm die erste Krankengymnastin, Margarete Hahn, ihren Dienst auf und prägte mit ihrer erfolgreichen Arbeit über Jahre hin die sich ständig erweiterende Krankengymnastik-Abteilung, die sie später auch leitete. Nur mühsam konnte mit dem ständig steigenden Bedarf an qualifizierter Krankengymnastik Schritt gehalten werden. Fachkräfte waren die »größte Mangelware am Markt«. Hinzu kam noch ein ständiger Mangel an Behandlungsräumen, als sich die Zahl der Therapeuten und der Methoden vermehrte. Dennoch ging es schrittweise vorwärts. Zunächst wurden einzelne Räume in der Kurmittelabteilung für die Krankengymnastik umfunktioniert. Schließlich ließ sogar Herbert Temme von 1988 bis 1990 eine Containerstation mit mehreren Therapieräumen im Garten aufstellen, was sich als durchaus brauchbare Zwischenlösung für Krankengymnastik und Massage erwies. Krankengymnasten und Krankengymnastinnen sind oft ausgeprägte Individualisten, wenn nicht gar »Stars«, was es für die Verantwortlichen nicht immer einfach machte, die Abteilung weiter aufzubauen. Andererseits brachten unsere Therapeuten selber so viel zur Verbesserung der Infrastruktur und zur Qualifizierung mit ein, daß nach zwanzig Jahren und nach der räumlichen Erweiterung und Verbesserung heute im Kurhaus eine Krankengymnastik-Abteilung mit hohem Leistungsniveau besteht.

Was macht eine Klinik ohne Ärzte? Bis Ende 1976 betreute außer mir noch Dr. Gerstein einen Teil der Badepatienten und Kriegsbeschädigten, die zur Kur hier weilten. Nach seinem Ausscheiden konnte 1977 Dr. Paula Weidner und endlich 1980 ein dritter Arzt, Dr. Rudolf Kübler, eingestellt werden, die unter meiner Leitung arbeiteten. Eigentlich hätten wir seit Jahren die doppelte Anzahl an Ärzten gebraucht, aber dies ließ sich aus wirtschaftlichen, strukturellen und räumlichen Gründen nicht bewerkstelligen. Jahrelang konnte meine Bitte bei Verwaltungsrat und Unitätsdirektion um mehr Ärzte nicht umgesetzt werden. So blieben tägliche Arbeitszeiten von 14–16 Stunden, meist auch an den Wochenenden, die Regel. Die Arbeit erschöpfte sich nicht im

Umgang mit den Patienten, im Untersuchen und Behandeln, sondern es mußten ständig außerhalb der Dienstzeiten Befunde, Berichte und Gutachten erledigt werden – eine ausgedehnte Arbeit an mehreren Schreibtischen, ganz abgesehen von den vielen anderen administrativen Aufgaben. In der Rückschau bin ich noch heute allen Mitarbeitern und Mitarbeiterinnen überaus dankbar, die diese schwierigen Jahren mit durchgestanden haben.

Auch wenn der Verwaltungsrat grundsätzlich positiv zu einer Aufstockung der Arztzahlen stand, so gelang es doch nicht ohne weiteres, geeignete ärztliche Mitarbeiter zu bekommen. Junge Ärzte standen zwar mehr und mehr zur Verfügung, waren aber an einer Anstellung so lange nicht interessiert, als keine Qualifizierungsmaßnahmen damit verbunden waren. Inzwischen war der Klinikausbau so weit fortgeschritten, daß ich nach entsprechenden Vorarbeiten und Anträgen von der Ärztekammer die Ermächtigung zur Ausbildung von Assistenten in Innerer Medizin für jeweils ein Jahr – zuletzt für eineinhalb Jahre – erlangen konnte. So wurde es 1984 erstmals möglich, eine Arztstelle mit einer jüngeren Ausbildungsassistentin zu besetzen, was sich dann in der Folgezeit auch mit einer fünften Arztstelle fortsetzen ließ. Eine erste große Entlastung erfuhr ich 1988 durch die Einstellung einer Internistin, Dr. Erika Blaich, als Oberärztin, die in dieser Stelle bis 1994 blieb. Die zunehmenden Krankenhaus-Nachbehandlungen mit Patienten von operativen Abteilungen bewogen uns 1991, auch einen chirurgischen Oberarzt, Dr. Klaus Weber, einzustellen. So waren erstmals sechs Ärzte im Kurhaus tätig. Bis es überhaupt zu der Ausweitung des ärztlichen Mitarbeiterstabes kommen konnte, mußten erhebliche Provisorien in Kauf genommen werden, reichte doch die räumliche Kapazität in der alten Arztabteilung schon längst nicht mehr aus. Mehr als drei Ärzte konnten nicht im Untergeschoß arbeiten. Alles war in den Funktionsräumen zusammengepfercht. Zeitweise mußten sogar wieder zwei Arztzimmer provisorisch im Hauptgebäude eingerichtet werden. Anders konnten die wachsenden Anforderungen des Klinikbetriebes nicht mehr bewältigt werden.

132   *Kurhaus: Der Speisesaal in einer Panoramaaufnahme. 1995*

133   *Kurhaus Bad Boll: Gymnastikhalle mit Pezzi-Ballvorführung der Therapeuten*

134
Thermal-Bewegungsbad
Bad Boll: Vorfrühling

135   *Kirchsaal: Abendmahlsgottesdienst der Herrnhuter Brüdergemeine*

Verwaltung

Auch für die Verwaltung waren durch den Klinikausbau ständig neue Anforderungen entstanden. So mußte über die Jahre hin vieles ausgeweitet und neu strukturiert werden. Gleichzeitig mußte man in der Verwaltung den modernen Anforderungen von Rationalisierung und Datenverarbeitung nachkommen. Dazu kamen ständig neue Auflagen im Kur- und Gesundheitswesen. Ohne die Mitarbeit des Verwaltungsrates und dessen Vorsitzenden, H. J. Koch, wäre die Fortentwicklung nicht möglich gewesen, half er doch bei Strukturplänen, Geschäftsordnungsfragen usw. Schließlich bedurfte es aber auch der Einstellung modern und betriebswirtschaftlich ausgebildeter kaufmännischer Leiter, wobei Günter Wolz von 1976 bis 1981 die ersten »Ausflüge« in die Datenverarbeitung machte, was dann später von seinem Nachfolger Herbert Temme zur Vollendung geführt wurde. Ohne die Organisatoren wäre eine neue Klinikstruktur nicht zu realisieren gewesen. Manfred Philipp blieb bis zu seiner Pensionierung 1987, nach über dreißigjährigem Dienst, weiter für die Außenverbindungen und für alle technischen und baulichen Bereiche des Kurhauses zuständig. Diese erforderten angesichts der weiterlaufenden Generalsanierung seine ganzen Kräfte und ein übergroßes persönliches Engagement. Nur ein kleiner Rest der Generalsanierung, seiner Lebensaufgabe, blieb noch für die Jahre bis zum Kurhausjubiläum übrig. Herbert Temme übernahm nun die Gesamtverantwortung für alle technischen, wirtschaftlichen und Verwaltungsbereiche als Verwaltungsdirektor.

Frauen in der Kurhausleitung

Gab es früher im Kurhaus Wirtschaftsleiterinnen, Hausmütter und Oberschwestern, so waren diese Benennungen ohne Zweifel ein Stück Zeitverständnis, aber auch Funktionsbeschreibung oder Selbstverständnis der jeweiligen Stelleninhaberin. Bei meinem Anfang im Kurhaus amtierte für Patienten und Hauswirtschaft noch Schwester Ruth Stoltenberg als »Oberin«, dies bis 1974. Ihr folgte Schwester Marianne Creutz als »Oberschwester«,

der aber im wesentlichen nicht der Aufbau des Pflegedienstes oblag, sondern die weitere Entwicklung von Patientenbetreuung und Hauswirtschaft. Schon im Jahr 1976 schied sie wieder aus.

Ein Jahr später übernahm Dorothea von Medem ihre Aufgabe als »Leitende Hausdame« mit der Verantwortung für Patientenbetreuung, kulturelle Entwicklung, Hauswirtschaft und Küche. Von Frau von Medem gingen zahlreiche neue Impulse aus für die Konsolidierung einer positiven Kur- und Klinikatmosphäre, u.a. auch mit neuen patientengerechten Veranstaltungen. Unvergessene Höhepunkte waren z.B. die Aufführungen des berühmten Puppenspielers Professor Roser mit seinen selbstgefertigten Figuren; mit Vergnügen erinnere ich an die »Schwäbische Großmutter«. Einen besonderen Schwerpunkt setzte Dorothea von Medem durch die Einführung der Weihnachtstagungen, Tage der Einkehr und Besinnung, die bleibenden Widerhall fanden.

Margret Schamp folgte 1982 als »Leitende Hausdame«. Wie ihrer Vorgängerin war ihr die Atmosphäre im Kurhaus wichtig, die Kommunikation mit den Patienten und dieser untereinander. Zum therapeutischen Angebot in der Freizeit fügte sie manche Aktivitäten hinzu, die auch die kreativen Kräfte der Menschen stärken sollten. Sowohl Frau von Medem als auch Frau Schamp unterstützten Joachim Riehle, der zunächst angestellt, später als Ruhestandsmitarbeiter eine »Konzertagentur Kurhaus« aufgebaut hatte. Die Kurhaus-Konzerte sind weit über Bad Boll hinaus bekannt.

Margret Schamp konnte in den Folgejahren neben Modernisierung und Strukturverbesserungen in allen Wirtschaftsbereichen besonders die Neuplanung und den Umbau der Großküche vorantreiben und damit auch den Ausbau eines völlig neuen Servicesystems verbinden. Mit Fachkräften aus Küche, Diätküche und anderen Abteilungen des Hauses wurde ein Menü- und Komponenten-Wahlsystem erarbeitet, das 1987 in der Form wohl einmalig in Kliniken unserer Größe war. Es ist das Verdienst von Margret Schamp, daß sich neben wirtschaftlicher Rationalisierung durch das neue System nicht nur eine große Elastizität in der Essens- und Diätgestaltung ergeben hat, sondern daß bei den Patienten eine viel breitere Zufriedenheit erzielt werden konnte als vorher. Konsequent führte die Entwicklung unter großem Einsatz der Diätassistentinnen bis 1994 zur besonderen Qualitätsanerkennung des Kurhauses für gesunde Ernährung und Diätetik mit der Verleihung des RAL-Gütesiegels.

Pfarrer im Kurhaus

Anfang der siebziger Jahre amtierte im Kurhaus Pfarrer Heinz Schmidt, der 1968 Pfarrer Erich Marx nachgefolgt war. Pfarrer Schmidt war von der Direktion der Brüderunität als Seelsorger zunächst nur für das Kurhaus eingesetzt worden, mußte dann aber auch noch die örtliche Brüdergemeine mit übernehmen. Heinz Schmidt war ein ausgezeichneter Theologe mit großem Allgemeinwissen und historischem Interesse. Er war ein profunder Blumhardt-Kenner. Ich habe viel von ihm über das Kurhaus und über die Blumhardts gelernt. Leider mußte Heinz Schmidt krankheitshalber 1977 vorzeitig in den Ruhestand treten. Die seelsorgerliche Betreuung im Kurhaus, eine der traditionellen Aufgaben der Brüdergemeine und eine tragende Säule für die Arbeit, war dadurch sehr schwierig geworden. Aber es gelang durch Vertretungen und durch andere Pfarrer der Brüdergemeine sowie Pensionäre von außerhalb für jeweils vier Wochen, den Dienst aufrecht zu erhalten. Aus den verschiedensten Landeskirchen konnten wir Pfarrer und Pfarrer-Ehepaare, u. a. auch zwei pensionierte Präsides aus Westfalen gewinnen. Auf die Dauer ließ sich die Kurseelsorge jedoch so nicht durchtragen, bedurfte es doch ständiger und vorausschauender Neuorganisation. Die Brüdergemeine selbst war damals nicht in der Lage, einen eigenen Pfarrer zu stellen. Um so erfreulicher war es dann, daß die Evangelische Landeskirche Pfarrer Christian Troebst im April 1980 für einen Dienst im Kurhaus abstellte, den er neben dem Gemeindedienst für die örtliche Brüdergemeine bis zu seiner Pensionierung im Herbst 1987 versah. Mit Pfarrer Troebst gewann das Kurhaus einen vollmächtigen Prediger, dessen Andachten und Predigten immer ansprechend und aktuell waren und für den das Wort selbst Seelsorge bedeutete. In seinen Dienstjahren im Kurhaus wurde Christian Troebst immer mehr nicht nur Blumhardt-Liebhaber, sondern -Forscher und -Experte.

Davon haben die Gemeinde und das Kurhaus in reichem Maße profitiert. Leider wurde der gleichzeitige Dienst in Kurhaus und Brüdergemeine eine immer schwerer zu lösende Aufgabe, obwohl die gedachte Symbiose der beiden eigentlich als natürlich zu betrachten gewesen wäre. Ähnliche Erkenntnisse wurden danach auch in seiner Nachfolge von Pfarrer Ernst Class gewonnen, der ebenfalls von der Landeskirche abgestellt war und große Erfahrungen als Klinikseelsorger einbrachte. Er blieb bis zum Sommer 1990, um dann in den Dienst der Landeskirche zurückzukehren. In die Vakanz sprang Pfarrer Gerhard Vollprecht als Pensionär ein. Er hatte schon in den siebziger Jahren Seelsorgedienste für das Kurhaus geleistet und war als früherer Labrador-Missionar mit Leib und Seele für das Kurhaus und seine Patienten tätig. Ein volles Jahr dauerte sein Dienst.

Inzwischen hatte sich für die Direktion der Brüdergemeine eine neue Konstellation ergeben. Kurhaus- und Gemeindepfarramt wurden wieder getrennt. In der Person von Pfarrer Albert Belz konnte nun die Brüdergemeine wieder einen Kurhausseelsorger aus ihren eigenen Reihen – ausgezeichnet mit weltweiten Erfahrungen und großer Offenheit – stellen. Seit August 1991 tut dieser nun äußerst engagiert seinen Dienst als Seelsorger im Kurhaus und scheut sich nicht, mit allen Mitarbeitern und Patienten in persönlichen Kontakt zu treten. Hieraus hat sich wieder eine kontinuierliche und intensive Zusammenarbeit zwischen Ärzten, Schwestern und Seelsorger ergeben. So kann am ehesten etwas umgesetzt werden von dem, was als Dienst für Leib und Seele geschehen soll. Hier wird deutlich, daß Fragen und Probleme des heutigen Menschen, daß Existenzfragen und Nöte, wie sie in einer Klinik zutage treten, mit den ureigensten Aufgaben von Theologen und Seelsorgern zu tun haben.

Beim Bericht über die Pfarrer des Kurhauses kann man nicht umhin, auch an andere Pfarrer zu erinnern, die in intensivem Kontakt zum Kurhaus standen. Von Anfang an war Pfarrer Ernst Ruopp, der Gemeindepfarrer von Boll, Mitglied des neuen Verwaltungsrates und des Kulturausschusses. Nicht nur in dieser Eigenschaft war er häufig im Kurhaus. Es gab wohl keinen anderen, der sich so intensiv dafür einsetzte, daß Bad und Ort Boll zusammenfanden, der Brücken baute und unerklärliche Ressentiments auflöste. Das ist auch später in seinem Ruhestand so geblieben. Auf Pfarrer Ruopp folgte Pfarrer Peter Goes, der die Stelle im Verwaltungsrat einnahm und der u.a. auch mit seinen Dichterlesungen im Kurhaus wirkte.

Zwischen den Kurhauspfarrern und den Ortspfarrern bestand immer ein ökumenisches Miteinander, das sich auch auf den katholischen Ortsgeistlichen erstreckte. Von Anfang an trat Pfarrer Otmar Möhler mit in den Dienst des Verwaltungsrates und nahm auch seelsorgerliche Aufgaben bei Patienten des Kurhauses wahr. Beeindruckt waren wir von seinem ökumenischen Engagement. Dieses wurde noch übertroffen von seinem Nachfolger Pfarrer Paul Gindele, der nicht nur ständig für das Kurhaus ansprechbar war und den seelsorgerlichen Dienst für katholische Patienten in der Klinik verstärkte, sondern sich auch mit Veranstaltungen und ökumenischen Gesprächen einsetzte. So war sein Weggang von Boll auch ein Verlust für das Kurhaus.

Unitätsdirektion

Rechtlich war die Unitätsdirektion immer Träger des Kurhauses gewesen. Alle entscheidenden Schritte dort konnten nur mit Einverständnis derselben oder durch die Direktion selber vorgenommen werden. Die Direktion haftete für die wirtschaftliche Situation und mußte jährlich den Etat und die Bilanzen des Kurhauses »absegnen«. Andererseits war die Direktion auch wieder verantwortlich gegenüber ihren eigenen Gremien, besonders dem Finanzausschuß der Synode. Dies macht deutlich, wie schwierig und langwierig manchmal die Umsetzung von Empfehlungen und Beschlüssen der Kurhausgremien war.

Die Unitätsdirektion hatte jeweils einen für das Kurhaus zuständigen Dezernenten. Bis zum Jahr 1977, während der Legislaturperiode des ersten Verwaltungsrates, war dies Pfarrer Eberhard Bernhard. In seiner persönlichen Verbundenheit zum Kurhaus, für das er auch einen außerordentlichen Stellenwert innerhalb der Gesamtunität sah, stellte er entscheidende Weichen für die Zukunft.

Sein Nachfolger im Amt des Dezernenten, Pfarrer Dr. Walter Günther, hatte es nicht einfach. Inzwischen hatte sich die Rezession der siebziger Jahre belastend ausgewirkt. Dr. Günther war besonders um die Öffentlichkeitsarbeit des Kurhauses bemüht. Auch war ihm ein fruchtbares Zusammenwirken von örtlicher Brüdergemeine und Kurhaus besonders angelegen, für das er neue Grundlagen und Grundsatzpapiere erarbeitete. Darin wurden Festlegungen über Zuständigkeiten, finanzielle Abgrenzungen und Belastungen, Terminplanungen und Veranstaltungen getroffen, die viel zu einem gedeihlichen Miteinander und Wachstum beitrugen und deutlich machten, daß das Kurhaus sich in allen Bereichen zu einer Klinik gewandelt hatte und andere Prioritäten als früher setzen mußte.

Im Jahr 1981 wurde Pfarrer Dr. Helmut Bintz bis zu seiner Pensionierung 1992 zuständiger Dezernent. Personelle Kontinuität für Kurhaus und Verwaltungsrat war in dieser Zeit zunächst auch über die Finanzdirektion der Unität mit Hans-Ferdinand Wunderling gegeben. Dr. Bintz stellte sich persönlich den großen Belastungen des Kurhauses. Ihm war für die weitere Entwicklung der Klinik an intensiver Kommunikation zwischen Kurhaus und Direktion gelegen, die über die offiziellen Sitzungen von Verwaltungsrat und Ausschüssen hinausgingen. So kam es zu zwei- bis dreimonatigen Begegnungen, an denen auch der Vorsitzende des Verwaltungsrates teilnahm. Dies stabilisierte den konkreten Informationsstand und garantierte einen genügenden Informationsfluß, der in unserer heutigen schnellebigen Zeit nur zu wichtig ist. Nach Auflösung des Verwaltungsrates im Herbst 1989 blieben diese Begegnungen weiterhin eine wichtige Schiene der Beratungen für notwendige strukturelle Neuordnungen.

Alle baulichen Veränderungen in den achtziger und beginnenden neunziger Jahren wurden von Dr. Bintz mitgetragen und beeinflußt. Der Neubau der ärztlichen Abteilung fiel in seine Amtszeit. Zuletzt wurde der neue künstlerische Schwerpunkt, die Brunnengestaltung vor dem Kurhaus, von ihm wesentlich mit geprägt. Es war schon in seinem Ruhestand, als im April 1993 nach langen Planungen, Spendensammlungen, Ideenwettstreiten und Auswahlsitzungen der Künstler Hans Neuwirth aus Gingen seinen Naturstein-Brunnen aufstellte. Der Brunnen ist ein Symbol für Geben und Nehmen, Verströmen und Empfangen. Er ist zu einem neuen Anziehungspunkt des Kurhauses geworden!

Katastrophen

Katastrophen sind heute sicher anders als in früheren Zeiten. Häufig werden sie auch nur anders empfunden in unserer zivilisierten und technisierten Welt, in der Naturereignisse viel größere materielle Schäden anrichten. Katastrophen haben auch das Kurhaus in den letzten zwanzig Jahren erheblich in Mitleidenschaft gezogen. Bei einem schrecklichen Unwetter am 27. Juni 1975 öffneten sich die Schleusen des Himmels so ausgiebig, daß nicht nur der kleine Bach hinter dem Kurhaus zu einem reißenden Strom wurde, sondern sich auch Straßen und Wege in Bäche und Flüsse verwandelten. Große Wassermassen ergossen sich schnell in das Untergeschoß des Kurhauses und überschwemmten knietief Küche, Flure und Fahrstuhlschächte wie auch das erst ein Jahr alte Diagnostikzentrum. Die Kabelschächte der neuen Röntgenanlage standen unter Wasser. Ähnliches war mir selbst in meinen Indienjahren bei den schwersten Monsun-Regenfällen nicht passiert! Aber zum Glück hatte die Überschwemmung des Röntgenraumes eine kritische Marke nicht überschritten, und die Kabelschächte konnten trockengelegt werden. Die Hochwasserschäden wurden relativ schnell beseitigt. Noch in der Überflutungsnacht wurde alles ausgepumpt, und es ging an das Großreinemachen mit dem Beseitigen der Schlamm-Massen. Schon am nächsten Morgen mußte der Betrieb ja weiterlaufen. Zwar dauerte es einige Zeit, bis alle technischen Anlagen wieder voll funktionierten, aber man hatte den Eindruck, »noch einmal davongekommen zu sein« bei dem »Jahrhunderthochwasser«, das so schnell nicht wieder kommen würde.

Dennoch waren es keine elf Jahre später, als am 29. April 1986 eine weitere große Überschwemmung auftrat. An diesem Nachmittag ergossen sich wieder unvorstellbare Regenmengen über das ohnehin schon regengesättigte Land. Erneut kam eine »Jahrhundertflut« von der Rück-

seite des Kurhauses über die Parkplätze und die Küchenzufahrt und ergoß sich in Flure, Großküche und Ärztliche Abteilung sowie auch in die gesamte Thermalbad-Technik. Den ständig steigenden Wasserpegeln war nichts entgegenzusetzen. Es half kein Pumpen und Schöpfen gegen die braune Wasserbrühe, die überall eindrang und sich neue Wege suchte. Das angestaute Hochwasser schoß durch die Gänge und Flure, durch die Thermalbadtechnik und den Gymnastiksaal. Alle Anlagen waren hoffnungslos ruiniert. Der Teufelsklingenbach hatte Parkplätze und die Umgebung überschwemmt. Mehrere Autos waren im Hochwasser »abgesoffen«. Da das Unwetter nur drei Tage nach der Atomreaktor-Katastrophe von Tschernobyl eingetreten war, bestanden zunächst Befürchtungen, daß auch radioaktive Regenfälle im Spiel sein könnten. Gott sei Dank stellte sich keine Radioaktivität heraus. Aber schockiert waren wir alle!

Der Kurbetrieb mußte weitergehen, auch wenn das Thermalbad völlig außer Funktion war. Unsere Patienten wurden in den Folgewochen mit dem Bus zum Thermalbaden und zur Wassergymnastik nach Bad Ditzenbach gefahren, wo man echte Nachbarschaftshilfe leistete. Im Kurhaus selbst mußte für längere Zeit vieles improvisiert werden.

Von dem Hochwasser war selbstverständlich nicht nur das Kurhaus betroffen. Es entstanden auch große Schäden in der ganzen Umgebung und im Ort Boll. Um so intensiver wurde nun nach Ursachen geforscht, und es wurden Pläne zur Abwendung ähnlicher Katastrophen erdacht und ausgefertigt. Aber alles ging zu langsam voran. Behördlicherseits tröstete man sich vielleicht ein wenig damit, daß nach einem zweiten »Jahrhundert-Hochwasser« nun ganz bestimmt kein drittes mehr kommen konnte, war doch das »Wahrscheinlichkeitssoll« schon übererfüllt. Die Entwicklung ging darüber hinweg, denn schon im Folgejahr, am 1. Juli 1987, kam es bei einem fürchterlichen Unwetter zu einer noch größeren Überschwemmung des Kurhauses als im Vorjahr. Diesmal war die Wirkung noch verheerender, weil die Fluten schneller kamen – so schnell, daß in der tiefgelegenen Ärztlichen Abteilung manche wichtigen Unterlagen und Geräte kaum noch gerettet werden konnten. Der Druck des

Hochwassers von außen war so gewaltig, daß die großen Glasfenster mit explosionsartigem Krach einbrachen und die ganzen Räume schlagartig überfluteten. Auch Labor und Röntgen wurden wieder so gründlich überschwemmt, daß später alle technischen Anlagen nicht mehr repariert werden konnten. Die Folgeschäden waren so groß, daß der geplante Küchenumbau neu konzipiert werden mußte und praktisch zu einem Neubau wurde. Die Kosten stiegen so, daß sie fast existenzbedrohend für das Kurhaus wurden.

Nur die, die einmal eine Überschwemmung erlebt haben, können ermessen, was an Schlamm und Dreck in ein Haus eindringt und was Nässe, Feuchtigkeit und Modergeruch an Belastungen mit sich bringen. Am kuriosesten sah es aber am ersten Tag aus, als im Labor und in anderen Räumen Wäscheleinen gezogen waren, auf denen die Mitarbeiter viele nasse Krankenblätter und Schriftstücke zum Trocknen aufgehängt hatten! Die Thermalbadtechnik war wieder ganz überflutet worden. Infolge geänderter Installationstechnik und moderner technischer Vorsorge im Vorjahr konnten diesmal aber die Anlagen sämtlich schneller wieder in volle Funktion gesetzt werden. So dauerte der Pendelverkehr mit den Patienten nach Bad Ditzenbach zum Glück nicht wieder so lange.

Nach drei großen Überschwemmungen in zwölf Jahren konnte nun niemand mehr guten Gewissens von »Jahrhundert-Überschwemmung« reden. Dennoch empfanden wir es ein wenig makaber, als offiziell auf einmal die Wassermengen nur noch für »Jahrzehnt-Überschwemmungen« gehalten wurden. Dies bedeutete für das Kurhaus um so mehr, in eigener Regie Hochwasservorsorge zu betreiben. Dies konnte durch intensive, aber auch kostenträchtige Geländeveränderungen, Dämme, Bachufererhöhungen und Abriegelung von möglichen Schwachstellen erreicht werden. In den letzten Jahren ist es zwar noch zu Überschwemmungen im Bereich des Teufelsklingenbaches und der unteren Parkplätze gekommen, aber das Kurhaus selber wurde nicht mehr betroffen, auch als im Ort Boll und in Eckwälden schwere Überschwemmungen, vermutlich durch die Verlegung der Autobahn, eintraten.

Neubau der Ärztlichen Abteilung

Noch der letzte Verwaltungsrat unterstützte den Neubau einer ärztlichen Abteilung. Jahrelang hatten wir darauf hingearbeitet, um endlich aus den beengten Verhältnissen der bestehenden Abteilung herauszukommen und bessere Arbeitsbedingungen zu gewinnen. Zahlreiche Standorte für einen Neubau waren durch den Architekten untersucht worden, wobei keine Himmelsrichtung ausgelassen worden war. Doch standen immer wieder finanzielle, architektonische oder denkmalschützerische Hindernisse im Wege. Schließlich konnte dann doch Professor Weinbrenner 1988/89 ein wunderschönes neues Gebäude für die ärztliche Abteilung bauen, und zwar zwischen »Morgenland« und »Badsee«. Dieses Haus ist ein wahres Schmuckstück geworden und paßt sich als begrünter Flachbau wunderbar an das darüber thronende und kontrastierende alte Gebäude des »Morgenlandes« an. Anfang 1990 erfolgte der Umzug in die neue Abteilung, während die alten Räume als Therapiezentrum II für die Krankengymnastik umgebaut wurden. In der neuen Abteilung waren nun sämtliche Arzt- und Funktionsräume, die diagnostischen Einrichtungen und ein neues großes Archiv untergebracht. Inzwischen hat auch die Datenverarbeitung ihren Einzug gehalten.

Umbruch und Verselbständigung

Das Kurhaus war im Laufe der Jahre durch die Renovierungen, die damit verbundenen Belegungsausfälle, aber auch durch die mangelnde Belegung der nicht sanierten Zimmer an die Grenze wirtschaftlicher Belastungsfähigkeit gekommen. Hohe Schulden waren angehäuft. Dies erhöhte die Notwendigkeit für die Unitätsdirektion und die Finanzdirektion, der – in der Nachfolge von Hans-Ferdinand Wunderling – inzwischen Manfred Neubauer vorstand, neue tragfähige Strukturen zu suchen, da ja die Gesamt-Unität nicht durch eine einzelne Institution beeinträchtigt werden sollte. Die Suche nach Mitträgern war schon einmal etwa zehn Jahre vorher ergebnislos verlaufen. Nun beschloß die Synode der Brüderunität, daß alle diakonischen Einrichtungen der Brüdergemeine wirtschaftlich und rechtlich verselbständigt werden sollten. Dies fiel in die Zeit des zu Ende gehenden 4. Verwaltungsrates. Die Unitätsdirektion wollte daher keinen 5. Verwaltungsrat mehr beginnen und Mitglieder berufen, die dann nach kurzer Zeit bei geänderter Rechtsform wieder hätten ausscheiden müssen. Allerdings dauerte es doch länger, als ursprünglich erwartet, bis andere Lösungen gefunden werden konnten.

Zunächst verhandelten Kurhausverwaltung und Finanzdirektion der Unität 1990 mit einer großen privaten Klinikgesellschaft. Es ergaben sich intensive Kontakte, die bis zu Vertragsvorlagen für die Übernahme des Kurhauses durch die Klinikgesellschaft führten. Intern kam es zu erheblichen Diskussionen und Meinungsverschiedenheiten. Nicht nur mir wollte es nicht in den Sinn, daß die Zukunft einer bisher bewußt diakonischen Institution in diese Richtung gehen sollte und das Werk, in das ich meinen Dienst und meine Lebenskraft gesteckt hatte, in privatwirtschaftliche Hände überführt würde. Es war für mich deprimierend, daß alle meine Bedenken und Einwände wenig Widerhall fanden und Entscheidungen ständig unter Zeitdruck standen. Mein Hauptwiderstand richtete sich dagegen, daß andere, zunächst noch unbekannte Möglichkeiten der Verselbständigung nicht in Ruhe untersucht werden konnten. Mir erschien die angestrebte Übergabe unserer voll funktionierenden Kur- und Reha-Klinik an die große Klinikgesellschaft gleich einem Ausverkauf, zumal diese das Kurhaus dann wiederum nur als Sprungbrett für eigene Pläne und wirtschaftliche Expansionen benutzt hätte. Das konnte m. E. nicht im Sinne der siebzig Jahre alten Schenkungsurkunde bzw. der Übertragung des Kurhauses von den Blumhardt-Erben auf die Brüderunität sein. Heute ist man sich im Nachhinein weitgehend einig, daß dies tatsächlich nicht der Weg des Kurhauses sein sollte.
Mit Beginn des Jahres 1991 traten Umstände ein, die die Vertragsverhandlungen der Direktion ins Stocken brachten. Ein Teil der vorher geäußerten Bedenken stellte sich dazu schon jetzt als stichhaltig heraus. So ist es fast ein Wunder, daß sich ganz zuletzt noch die Übergabe des Kurhauses an die Klinikgesellschaft zerschlug.

Nun war erst einmal Zeit und Möglichkeit, unter günstigeren Konstellationen durch hohe Bettenauslastung und zusätzliche Belegungsverträge weitere Strukturuntersuchungen und Analysen über eine rechtliche Verselbständigung vorzunehmen. Dazu wurde eine Beratungsfirma hinzugezogen. Verschiedene Alternativen wurden erarbeitet, das Modell einer GmbH aber favorisiert. Im Jahr 1992 entschied die Unitätsdirektion, das Kurhaus in eine gemeinnützige GmbH umzuwandeln, die weiter dem Diakonischen Werk angehören und deren einzige Gesellschafterin, zumindest für den Anfang, die Brüderunität sein sollte. In Detailfragen gab es noch manche Diskussionen. Dennoch gelang es, zum 1. April 1993 rechtsgültig die GmbH zu eröffnen. Grund und Boden sowie die Gebäude sind weiterhin im Besitz der Brüderunität. Die Klinik zahlt jetzt als Betreiber-GmbH Pacht an die Direktion, womit diese die hohen Kredite für die Klinik nach und nach abtragen kann. Andererseits kann nun auch die GmbH die Brüderkirche als solche nicht mehr wirtschaftlich gefährden.
Zum Geschäftsführer der neuen GmbH wurde der bisherige Verwaltungsdirektor des Kurhauses, Herbert Temme, ernannt. Er hat dynamisch und schwungvoll die Herausforderungen seines neuen Amtes angenommen und bemüht sich, mit neuen Plänen, Ideen und Kontakten wirtschaftlich die junge GmbH in erfolgreiche Bahnen zu lenken. Durch hohe Belegungsauslastung in den letzten Jahren sind alle Voraussetzungen dafür gegeben.

Die Kur- und Reha-Klinik steht nun unter einer Klinikleitung, bestehend aus dem Geschäftsführer und dem Chefarzt bzw. Ärztlichen Direktor. Mit beratender Stimme gehören die Leitende Hausdame und der Kurhauspfarrer zur Klinikleitung. Inzwischen wurde von der Gesellschafter-Versammlung ein Beirat für die GmbH mit fünf Mitgliedern berufen, der die Klinikleitung beraten und unterstützen soll und der in allen entscheidenden Fragen des Kurhauses der Gesellschafterversammlung Vorschläge unterbreitet. Die erste große Entscheidung unter Mitwirkung des Beirates war die Wahl meines Nachfolgers als Chefarzt, die auf den bisherigen Oberarzt Dr. Klaus Weber fiel.

Ausblick

Vierhundert Jahre hat das alte, ehrwürdige Kurhaus nun »auf dem Buckel«. Was ist es in dieser Zeit alles gewesen: Herzogliches Bad, Königliches Bad, Württembergisch' Wunderbad, Blumhardt-Wirkungsort, Seelsorgestätte, Brüdergemeinehaus, Lazarett, Zufluchtsort, Kurkrankenanstalt, Kur- und Rehabilitationsklinik. Und was wird noch folgen?

75 Jahre ist das Kurhaus schon in den Händen der Herrnhuter Brüdergemeine. Wir können nicht in die Zukunft sehen. Aber das Kurhaus wird weiter leben, wenn es nicht nur verwaltet, sondern auch gestaltet wird, wenn sich die Verantwortlichen – und das mag unmodern klingen! – mit ihrer ganzen Person in Dienst nehmen lassen, wenn sie ihr Wirken im Kleinen und im Großen als Dienst verstehen. Das Kurhaus wird weiter leben, wenn es seinem Auftrag weiter nachgehen kann: *Bad Boll soll ein Haus sein, wo der Heiland regiert. Es soll eine Stätte sein, von der Segen ausströmt in weite Kreise des Volkes, wo Arme und Reiche sich in einem Geiste zusammenfinden, wo Mühseligen und Beladenen eine Stätte geboten wird, von der aus sie neu gestärkt wieder hinaustreten können in den Kampf des Lebens und wo Liebe und Barmherzigkeit wohnen* (Schenkungsurkunde vom 14. August 1920).

Vielleicht mehr als je zuvor ist das Kurhaus heute gefüllt mit diesen mühseligen und beladenen, schwachen, kranken und behinderten Menschen. Vieles muß und kann für sie und mit ihnen getan werden. Viele Veränderungen wird es noch für die Klinik geben. Manches wird heute auch von außen aufgezwungen.

Ein Stück Restsanierung im Mitteltrakt muß baulich noch bewältigt werden. Die Kurmittelabteilung bedarf der Renovierung. Das gesamte Badhaus muß im Obergeschoß für die Aufnahme der Therapie II umgebaut werden, so daß weitere Behandlungsangebote gemacht werden können, besonders in der Krankengymnastik und in der Ergotherapie. Nicht zuletzt wird es auch an eine Thermalbad-Erweiterung gehen. Es fehlt nicht an Gedanken, Wünschen und Plänen, von denen sicher manche noch anders kommen werden, als heute gedacht. Entscheidend aber ist das Wissen, daß nicht Menschen allein regieren, sondern: »Es wird regiert!«

Quellen

Jahresberichte bzw. Jahresgrüße aus Bad Boll (Dr. D. Steuernagel). Interne Unterlagen von Kurhaus, Verwaltungsrat und Ausschüssen sowie anderen Gremien (BA Boll).

136   Gemeinderat Boll 1995,
von links nach rechts: Jörg Stiehle, Dorothea Bausch, Adolf Metz,
Otto Zofer, Frieder Traub, Bürgermeister Klaus Pavel, Manfred
Mezger, Dorothee Kraus-Prause, Fritz Traub, Rosemarie Rössle,
Hans-Norbert Baab, Eckard Christof, Wolfgang Langermann,
Bernhard Wittlinger, Dr. Eckhardt Schweitzer

Bad Boll – Gesundheit und Kultur

Klaus Pavel

Bad Boll ist im Reigen der Kurorte in Baden-Württemberg und Deutschland eine kleine Gemeinde, die sich aber durch eine lange Tradition und die Besonderheit abhebt, über mehrere ortsgebundene Heilmittel zu verfügen: Bad Boll – ein Ort der Heilung und Genesung, der Ruhe, Entspannung und Erholung. Gesundheit und Kultur zu verbinden, dies ist der Wertbegriff der Bad Boller Angebote an Gäste und an die Einwohnerinnen und Einwohner selbst. Damit soll an Bewährtes angeknüpft und Aktuelles zeitgerecht präsentiert werden. Gesundheit und Kultur sollen sich ergänzen und die übliche Angebotspalette einer ländlich orientierten Gemeinde mit knapp über 5000 Einwohnern anreichern.

Das überdurchschnittliche Leistungsangebot, die sprichwörtliche geistige Vielfalt und vermutlich die herrliche, Boll umgebende Landschaft, sind Gründe für einen starken Bevölkerungsdruck. Das erhebliche Wachstum und die nicht nachlassende Nachfrage nach Wohnungen in Boll belegen eine für die Boller Bürgerschaft angenehme Attraktivität. Die inhaltliche Boller Vielfalt wurde aufgenommen durch ein lobenswertes bürgerschaftliches Engagement, denn das Gebilde Kommune soll der Rahmen für eine lebendige Gemeinschaft sein. Eine Fülle von Veranstaltungen im wiederkehrenden Jahreslauf belegt die Ortsidentifikation: man lebt gerne in Boll.

Die Mittelpunktsfunktion der Gemeinde Boll im Raum Bad Boll konnte sich festigen. Boll ist Sitz des Gemeindeverwaltungsverbandes Raum Bad Boll und bietet mit seinen Nachbargemeinden für etwa 15 000 Menschen eine gute öffentliche und private Infrastruktur.

Die Entwicklung der letzten Jahre

Die letzten zehn Jahre haben das Gesicht von Boll verändert. Eine umfassende Buchveröffentlichung der Gemeinde Boll zur Heimatgeschichte im Jahre 1988 veranschaulicht die kommunale Entwicklung über Jahrhunderte. Der Lauf der schnellebigen Zeit hat wiederum Veränderungen gebracht:

Das Rathaus hat durch eine grundlegende Modernisierung und Sanierung innen und außen neue An- und Einsichten eröffnet. Viele Gebäude und Plätze sind durch eine umfangreiche städtebauliche Erneuerungsmaßnahme aufgewertet worden.

Seit Ende 1988 hat das Alte Schulhaus wichtige kulturelle Aufgaben übernommen. Dieses in der Ortsmitte dominierende Gebäude, nach dem Auszug der Boller Schule seit 1966 Verwaltungsgebäude, beherbergt die neu aufgebaute »Bücherei im Alten Schulhaus« und bietet für etwa 1200 regelmäßige Besucher ca. 10 000 Medieneinheiten und erreicht dabei über 32 000 Ausleihungen pro Jahr. Die Bücherei ist kultureller Treffpunkt für jung und alt, auch bei Vorträgen, Autorenlesungen, Literaturkreisen und natürlich auch bei Kreativangeboten der jährlichen Ferienprogramme, der Kinder- und Jugendkulturarbeit oder bei den Angeboten der Volkshochschule. Das Boller Erlebniskino, ein Künstleratelier von Prof. Klaus Heider und der Übungsraum des Boller Gesangvereins beleben das für 1,5 Mio. DM sanierte Gebäude am Kirchplatz. Mittelpunkt dieses Hauses ist der Bürgersaal, in dem auch der Gemeinderat tagt und andere kommunalpolitische Veranstaltungen stattfinden.

In der Folge dieser öffentlichen Sanierungsmaßnahme und der ersten privaten Erneuerungsmaßnahme, dem Gebäude Höfle 2, sind nahezu alle Gebäude im Ortskern renoviert worden. Mit den in diesem Zusammenhang entstandenen neuen Platzgestaltungen empfiehlt sich die Boller Ortsmitte längst für Bürgerfeste, Aktionstage, Flohmärkte, Weihnachtsmärkte und andere Höhepunkte bis hin zu Start und Ziel des alle zwei Jahre stattfindenden »Gemeindelaufs«.

Nicht nur zusätzliche Dienstleistungen sind in der Boller Ortsmitte neu entstanden, sondern auch weitere Wohnungen. Über ein Sonderprogramm des Landes Baden-Württemberg wurde der zusätzliche innerörtliche Wohnungsbau positiv beeinflußt. Insgesamt flossen in die kommunale Aufgabenstellung »Ortskernsanierung« vom Land über 4,2 Mio. DM und ein kommunaler Anteil von über 2,5 Mio. DM. Damit wurde ein Vielfaches an privaten Investitionen ermöglicht. Ein beachtlicher Impuls belebte so die heimische Wirtschaft. Mit der Neugestaltung der Straße »An der Wette« im Jahre 1996 wird dieses Projekt zu einem vorläufigen Abschluß gebracht. Der attraktive und erlebbare Ortskern wird sich weiterentwickeln, und er hat künftige Funktionen und Erwartungen aufzunehmen, so daß die innerörtliche Erneuerung zu einem dynamischen Prozeß in der kommunalen Verantwortung wird.

Der Bevölkerungsdruck hat neue bauliche Entwicklungen veranlaßt. Die kleinen Neubaugebiete »Halde-West« und »Sehningen/Herrschaftsstraße« boten Baugelände. Verdichtetes Bauen zur Vermeidung zu großer Flächeninanspruchnahme in der Landschaft war gefragtes Ziel: Die Schließung von zwei größeren Baulücken am Freibadweg, eine Wohnanlage an der unteren Hauptstraße, Mehrfamilienhäuser in der Dobelstraße und zuletzt eine mehrgliedrige Wohnanlage mit Dienstleistungen am Heckenweg zwischen Blumhardtweg und Badstraße sollen mithelfen, der Wohnungsnachfrage gerecht zu werden.

Weil Wohnen und Arbeiten am gleichen Ort erstrebenswert ist, mußten Sondergebiets- und Mischflächen für Betriebe ausgewiesen werden. Die Staufenakademie, ein privates Schulungszentrum für Datenverarbeitung und Unternehmensentwicklung, bezog ein Dienstleistungszentrum an der Badstraße. Die WALA, größter gewerblicher Arbeitgeber in Boll, bezog im September 1994 einen beeindruckenden Neubau zwischen Bad Boll und

Eckwälden. Etwa 250 Arbeitsplätze sind damit gesichert oder neu geschaffen. Im Verbund mit den gesundheitsorientierten Bad Boller Einrichtungen sowie der WALA und der BIOFA sprechen Wirtschaftsfachleute inzwischen von einem »Kompetenzzentrum Gesundheit in Bad Boll«.

Die öffentliche Infrastruktur muß laufend angepaßt und auf Grund steigender Ansprüche ständig erweitert werden. Es entstanden daher zwei neue Kindergärten mit heute insgesamt 240 Plätzen. Flexible Öffnungszeiten, Klein- und Halbtagsgruppen sind zu normalen Standards geworden. Die Blumhardt-Förderschule konnte 1992 endlich für über 1,5 Mio. DM ein eigenes Schulgebäude erhalten, und auch die Grundschule erhielt für 1,8 Mio. DM ein neues Klassengebäude. Leider hatten wir zuvor im alten Schulgebäude der Grundschule Schadstoffbelastungen feststellen müssen. Selbstverständlich und rasch entschied sich die Gemeinde für eine grundlegende Sanie-

137/138 Partnerschaft der Gemeinden Boll, Landkreis Göppingen, Baden-Württemberg, und Herrnhut, Landkreis Löbau, Sachsen: Gemeinsame Erklärung zur Vorbereitung der Gemeindepartnerschaft und deren Unterzeichnung durch die Bürgermeister Rainer Fischer, Herrnhut, und Klaus Pavel, Boll, am 7. Juli 1990

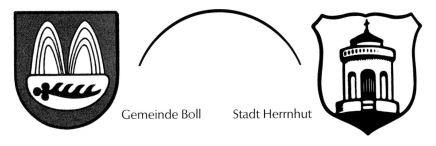

Gemeinde Boll   Stadt Herrnhut

Gemeinsame Erklärung zur Vorbereitung einer Gemeindepartnerschaft

1. Die Mitglieder des Gemeinderates der Gemeinde Boll, Landkreis Göppingen, und die Mitglieder des Rates der Stadt Herrnhut, Landkreis Löbau, erklären ihre gemeinsame Absicht, eine Partnerschaft zwischen den Orten

Boll und Herrnhut

   zu begründen und für die Realisierung dieser Partnerschaft alle notwendigen Schritte unverzüglich einzuleiten.

2. Dies geschieht in dem gemeinsam zum Ausdruck gebrachten Willen, die bisherigen Kontakte im Sinne und im Geiste der deutsch-deutschen Beziehungen, in Sonderheit der Beziehungen zwischen den Orten Boll und Herrnhut durch vertragliche Regelungen zu festigen und nachhaltig zu fördern.

3. Beide Seiten sind sich darüber klar, daß vorzugsweise die Gemeinden einen Beitrag zur Verbesserung der Beziehungen der Menschen untereinander leisten können.

4. Die Beziehungen der Bürgerinnen und Bürger sind Mittelpunkt des angestrebten Vertragswerkes einer Partnerschaft. Sie sind das tragende Element in allen Ebenen und Bereichen des gesellschaftlichen Lebens.

5. Beide Gemeinden verpflichten sich, das angestrebte Ziel der Zusammenarbeit und des Austausches von Gruppen und Einzelpersonen nach Kräften zu fördern und durch praktische Hilfen zu erleichtern.

6. Um partnerschaftliche Zusammenarbeit zu erreichen, bedarf es ferner des freien Austausches von Kontakten zwischen den bürgerlichen Gemeinden, den Vereinen und Gruppen, den Kirchengemeinden, den örtlichen Institutionen, den Handels- und Gewerbetreibenden sowie in den Bereichen Umweltschutz, Schule, Ausbildung, Kultur, Sport, Gesundheit und Gemeindeentwicklungsplanung.

   Dies betrifft darüber hinaus alle Bereiche und alle Gebiete, die der Partnerschaftspflege, ihrem Bestand und ihrem Ausbau, förderlich sind.

7. Zur Weiterentwicklung des gemeinsamen Vorhabens können Arbeitsgruppen gebildet werden, die sich mit den verschiedenen Aspekten befassen und ihre Tätigkeit selbständig organisieren und in Eigenverantwortung übernehmen.

   Die örtlichen Verwaltungen stellen im Rahmen ihrer Möglichkeiten dafür ihre Dienste zur Verfügung.

Boll/Herrnhut, den 7. Juli 1990

Klaus Pavel
Bürgermeister der Gemeinde Boll

Rainer Fischer
Bürgermeister der Stadt Herrnhut

rung und eine erhebliche Klassenerweiterung durch eine eingeschossige Aufstockung. Mit der Neugestaltung der Blumhardt-Förderschule und dem Neubau für die Grundschule ist allerdings die bauliche Erneuerung der beiden Schulen im Boller Schulzentrum noch nicht abgeschlossen. Nicht zuletzt auch im Hinblick auf die Einführung des 10. Schuljahres 1995/96 müssen die Räumlichkeiten und die schulische Ausstattung für den naturwissenschaftlichen Bereich sowie den Technik-Unterricht völlig neu hergerichtet werden. Nach dieser umfassenden Verbesserung wird die Hauptschule komplett saniert und die Aula als Multifunktionshalle für die gesamte Gemeinde verbessert werden. Dafür sind bereits in der mittelfristigen Finanz- und Investitionsplanung über 3 Mio. DM reserviert. Ab 1998 wird dann nach der kommunalpolitischen Zielvorstellung eine weitere Turnhalle erstellt, um neben dem schulischen Angebot auch das Vereinsangebot zu unterstützen.

Erst vor wenigen Jahren entstand in Boll eine Altenhilfekonzeption. Voraus ging eine gründliche Untersuchung, um den künftigen Bedarf an zeitgerechter Seniorenarbeit einschätzen zu können. Aus dieser Arbeit resultierte die Idee, neben dem seit 26 Jahren in der Gemeinde erfolgreich arbeitenden Alten- und Pflegeheim Michael-Hörauf-Stift in der Trägerschaft der Evangelischen Heimstiftung e. V. und den schon vielfältig in der Gemeinde vorhandenen ambulanten Altenhilfeangeboten, eine Seniorenwohnanlage mit zusätzlichen Gemeinschaftseinrichtungen zu erstellen. Gradmesser für den Boller Bedarf waren allgemeine Erkenntnisse der zeitgerechten Altenhilfe, viele persönliche Gespräche mit älteren Bürgerinnen und Bürgern und Antworten der in der Altenhilfe tätigen Personen.

So entstand in den Jahren von 1991 bis 1993 eine inzwischen beispielhafte Einrichtung für ältere Menschen, die »Wohnanlage am Blumhardtweg«. In einer idealen Partnerschaft zwischen der Gemeinde Boll, dem Altenhilfeträger Wilhelmshilfe Göppingen e. V. und der Bauträgerfirma KellerBau GmbH entstand eine Senioreneinrichtung mit 43 altengerechten Wohnungen, zwei Betreuerwohnungen, einer Praxis für Krankengymnastik, einem Betreuerstützpunkt mit Pflegebad, vier Mehrzweckräumen, zwei Gäste-Appartements und Räumlichkeiten für die Diakoniestation für den gesamten Raum Bad Boll. Das Café Bürgertreff ist dabei Nahtstelle zwischen innen und außen. Mit dieser für Boll als Jahrhundert-Aufgabe bezeichneten Maßnahme konnte nach der Inbetriebnahme im Oktober 1993 auch eine neue inhaltliche Qualität der kommunalen Seniorenarbeit initiiert werden. Eine jährliche Ortsseniorenversammlung, die Bad Boller Seniorentage, ein direkt gewählter Seniorenbeirat oder auch der kommunale Senioren-Handwerkerdienst sollen nur einige Beispiele für neu erwachsene Impulse sein. Die Boller Seniorenwohnanlage wird nicht zuletzt deshalb häufig als positives Beispiel hervorgehoben, weil mit privatem Kapital eine öffentliche Einrichtung entstanden ist. Die pflegerische Absicherung der Bewohnerinnen und Bewohner erfolgt durch die Einrichtungen des Betreuungsträgers, der Wilhelmshilfe e. V. in Göppingen.

Viele bekannte und auch überörtlich arbeitende Einrichtungen beeinflussen den Boller Ortsteil Eckwälden. Aber auch die Bürgerschaft von Eckwälden setzt immer wieder bemerkenswerte Akzente zur Erhaltung der eigenen Ortsgemeinschaft. So begann mit großer bürgerschaftlicher Unterstützung eine Dorfentwicklungsinitiative mit dem sehr maßstäblichen und dorfgerechten Ausbau der Eckwäldener Dorfstraße und der Renovierung privater Gebäude und öffentlicher Flächen. Der typische Dorfcharakter von Eckwälden konnte bewahrt und erhalten werden.

Am 26. September 1992 wurde ein vorläufiger Abschluß dieser Dorfentwicklungsmaßnahme gefeiert. Das aus dem Jahre 1852 stammende ehemalige Schulhaus von Eckwälden erhielt nach 140 Jahren eine neue Nutzung, die zum Gelingen einer hoffentlich dauerhaften lebendigen Dorfgemeinschaft beiträgt: Das »Dorfhaus« wurde eingeweiht! Viele Feste und Veranstaltungen wurden in all den Jahren durchgeführt, um die Erlöse in die Finanzierung eines eigenen Dorfhauses einzubringen. Das Dorfhaus war nach gründlichsten Sanierungsmaßnahmen fertig. Im Erdgeschoß war ein ansprechender Mehrzweckraum entstanden, in dem auch wieder Gottesdienste stattfinden können. Einer Eigeninitiative der Dorfgemeinschaft Eckwälden ist der Ausbau des Dachgeschosses zu

verdanken. Die Nutzung des Dorfhauses wird ergänzt durch eine Betreuerwohnung im Obergeschoß. Parallel zu der bereits beschriebenen Dorfentwicklungsinitiative entstanden neue Ver- und Entsorgungsleitungen von Eckwälden nach Bad Boll sowie neue Fuß- und Radwegeverbindungen zum Hauptort Boll. Auch die Wiedereröffnung des Eckwäldener Dorfladens durch kommunale Initiativen und Hilfestellungen soll dazu beitragen, die Eigenständigkeit von Eckwälden zu erhalten.

Doch Eckwälden wird von einem neuen Problem bedroht. In der Nacht vom 6./7. Juni 1993 wurde die Ortslage von Eckwälden von einem fürchterlichen Hochwasser getroffen. Ein Schaden in Millionenhöhe entstand an Grundstücken, Gebäuden und Wohnungseinrichtungen. Als ursächlich für diese Hochwassergefahren wird die neue Autobahn A 8 angesehen; und so wird eine Zukunftsaufgabe für Eckwälden darin bestehen, diese Gefahren zu bannen, indem im Zuge eines umfassenden Hochwasserschutzkonzeptes der Teufelsklingenbach einen sogenannten naturnahen Rück- und Ausbau erhält, damit er bei künftigen Schadensereignissen die Wassermassen aufnehmen kann.

Hydrogeologische Probleme im Untergrund und auch eine deutlich erhöhte Einwohnerzahl waren Gründe für die Neuanlage des Boller Friedhofes. Für über 700 Grabstellen und den Zeitraum mindestens einer Generation wurde auf dem einzig zur Verfügung stehenden Gelände südöstlich des bestehenden Friedhofes eine ansprechende, eigenständige Friedhoferweiterung vorgenommen. Glücklicherweise war es möglich, durch ein städtebaulich gelungenes Verbindungsteil den Übergang zwischen altem und neuem Friedhofsbereich so zu gestalten, daß für den neuen Friedhof die vorhandene Aussegnungshalle und vorhandene Parkplätze mitbenützt werden können. Die Boller Friedhöfe wurden Anfang des Jahres 1980 im Rahmen eines Wettbewerbs auf Landkreisebene zu den schönsten im Landkreis Göppingen zählenden bezeichnet. Die sehr umfangreiche Friedhoferweiterung für den Boller Ortsteil nimmt diese Verpflichtung zur besonderen Gestaltung gut auf, so daß die nun größere Anlage auch zu einem wichtigen parkähnlichen Ort der Erholung und Besinnung geworden ist.

139   *Begegnungsabend zur Eröffnung des Jubiläumsjahres 1995 im Kurhaus am 8. Januar 1995*

Eine kommunale Entwicklung wird häufig an kommunalen Baumaßnahmen beschrieben. Sie wird aber tatsächlich nicht nur vom Bauen oder vom äußeren Verändern bestimmt. Viele kommunale und bürgerschaftliche Initiativen haben das Erscheinungsbild von Boll neu formuliert. Hier soll die 1990 besiegelte Partnerschaft mit der Stadt Herrnhut im Freistaat Sachsen hervorgehoben sein. Schon vor der »Wende« gab es offizielle und inoffizielle Kontakte miteinander. Die Herrnhuter Brüdergemeine hatte 1920 von der Familie Blumhardt das Kurhaus Bad Boll übertragen bekommen. Seit dieser Zeit ist sie Träger dieser Kureinrichtung. In der Folge war die Herrnhuter Siedlung aufgebaut worden, und Bad Boll wurde auch Sitz für den westlichen Teil der »Europäisch-Festländischen Brüder-Unität«. Dadurch gab es nicht nur institutionelle kirchliche Kontakte, sondern auch viele persönliche Begegnungen zwischen Herrnhut und Boll. Daraus erwuchs im Jahre 1990 eine offizielle Gemeindepartnerschaft. Höhepunkt war eine gemeinsame Gemeinderatssitzung am 7. Juli 1990 in Boll. Beide Gemeinderatsgremien waren vollzählig, und unter dem Beifall vieler Gäste dieser gemeinsamen Gemeinderatssitzung wurden die offiziellen Erklärungen von Bürgermeister Rainer Fischer aus Herrnhut und Bürgermeister Klaus Pavel aus Boll unterzeichnet. Zahlreiche partnerschaftliche Begegnungen sind daraus entstanden, abwechselnd in Herrnhut und in Boll.

Auf Grund der Partnerschaft zwischen diesen beiden Gemeinden entwickelte sich auch auf der Ebene der Landkreise Göppingen und Löbau eine partnerschaftliche Verbindung. Ein auf Landkreisebene organisiertes großes Partnerschaftstreffen am 3. Oktober 1992 in Boll bot Gelegenheit, zu feiern und neue Freundschaften zu schließen. Diese partnerschaftliche Beziehung zwischen zwei deutschen Kommunen mit unterschiedlicher Geschichte soll helfen, einen notwendigen Beitrag zur Verbesserung der Beziehungen der Menschen untereinander zu leisten. Diese Beziehungen sollen das tragende Element in allen Ebenen und Bereichen des gesellschaftlichen Lebens sein. Gingen am Anfang dieser Partnerschaft viele Kontakte auf die Initiativen der beiden Gemeinden zurück, so hat sich für manche Gruppierungen in Herrnhut und in Boll diese Partnerschaft schon zu

einem regelmäßigen Besuchsprogramm entwickelt. Im Jahre 1995 werden zum ersten Mal für mehrere Tage auch Schülerinnen und Schüler einer Schule aus dem Landkreis Löbau Gast der Blumhardt-Förderschule in Boll sein. Damit kann das Ziel erreicht werden, daß jung und alt die neu erwachsene Freiheit in Ost und West partnerschaftlich gestalten.

Kommunale Herausforderungen dieser Tage

Während die vergangenen zwanzig Jahre der Gemeinde Boll, ähnlich wie in allen anderen Kommunen auch, eine enorme bauliche und damit sichtbare Entwicklung gebracht haben, werden sich die Ansprüche in den kommunalen Gemeinschaften in den kommenden Jahren mehr auf die »innere« Qualität ausrichten. Ein wesentlicher Grund für diese neue Entwicklung wird der Umstand sein, daß die Finanzmittel, die in den letzten Jahrzehnten gut flossen, auf Grund konjunktureller und struktureller Schwierigkeiten ausbleiben werden.

Boll wird sich besinnen müssen, um den hohen Standard an öffentlicher Infrastruktur zu erhalten. Vier Kindergärten, drei Schulen, schöne Sportanlagen, eine Bücherei, die Feuerwehr mit zeitgerechter Ausstattung und ein Feuerwehrhaus, die Seniorenwohnanlage mit Diakoniestation, ein Freibad, zwei kommunale Friedhöfe, Spiel- und Bolzplätze, die Ver- und Entsorgung mit zwei Kläranlagen und ein Museum: sie alle bedürfen der sachgerechten Verwaltung. Der kommunale Haushalt hat die hohe Summe von 14 Mio. DM erreicht und wird in den nächsten Jahren noch mehr anwachsen.

Neben der wünschenswerten Ergänzung der öffentlichen Einrichtungen muß auch in Boll erkannt werden, daß die Bestandserhaltung gleichgewichtig als Erfolg der Kommunalpolitik angesehen werden kann. Die Stärken der Gemeinschaft werden erkannt. Das Motto der »Partnerschaft der Generationen« soll zum einen durch einen Jugendgemeinderat, der sich seit 1990 jährlich einmal und ab 1995 jährlich mehrmals trifft, und zum anderen durch den Ortsseniorenbeirat, kommunale Wertvorstellungen initiieren. Durch einen Boller Seniorendienst erhalten ältere Mitbürgerinnen und Mitbürger Möglich-

140   Historischer Umzug beim Kinderfest am 10. Juli 1995

141   *Das Tempele zur Zeit der Baumblüte*
142–145 *Historischer Umzug beim Kinderfest am 10. Juli 1995*

keiten zur Gestaltung einer aktiven dritten Lebensphase.

Zu der Vielzahl schon vorhandener Vereine kamen neue Vereinsinitiativen, wie z.B. der Kinderzirkus Maroni, der Verein DORFmobil, der sich für umweltgerechtes Verkehrsverhalten einsetzt, oder die Arbeits- und Lebensgemeinschaft Bad Boll, die für die der Seelenpflege bedürftigen Erwachsenen eine Einrichtung zum Wohnen und Arbeiten schaffen möchte. Die Boller Vereine schaffen es gemeinsam mit der Kommune, den Kirchen und den Boller Institutionen, auch in der ländlichen Gemeinde »Kultur um die Ecke« zu bieten. Die Palette des jährlichen Veranstaltungsangebotes ist groß. Sie reicht vom klassischen Konzert über Vereins- und Dorffeste, von der Maibaum-Aufstellung bis zu Märkten, vom Gemeinde- und Kinderfest bis zum Oldtimer-Treffen der Schwungradfreunde, von der Felderbegehung der Boller Landwirte bis zum Obstblütenfest des Naturschutzbundes, von der Wanderung bis zur Sonnwendfeier und vom Kindergartenfest bis zur Schuldisco.

Gute Ansätze für das Miteinander in der Gemeinde sind schon seit Jahren vorhanden. Jährlich gibt es bürgerschaftliche Aktionstage, und so sollen beispielhaft angeführt sein der Bau eines Spielplatzes für den Kindergarten in der Schule, die ideelle und materielle Unterstützung der Altenwohnanlage durch einen Förderverein, die Mithilfe der Eltern beim Bau des Kindergartens am Riedbächle, viele Pflanzaktionen zur Ergänzung der Boller Biotopplanung oder auch ein erstmals 1994 durchgeführter Bahnaktionstag mit dem Ziel, die Eisenbahnnebenstrecke Göppingen–Boll wieder zu aktivieren und für ein integriertes Verkehrskonzept zu werben.

Die wenigen investiven Maßnahmen der nächsten Jahre werden die restlichen Finanzmittel binden und manche kommunalen Probleme lösen. Die Abwasserbeseitigung muß durch den Bau von Hauptsammlern verbessert werden, die Hauptschule bedarf nach 27 Jahren Schulbetrieb dringend einer grundlegenden Renovierung, das Raumangebot für den Schulsport und den Vereinssport bedarf dringend einer Ergänzung. Der Hochwasserschutz für den Teufelsklingenbach in der Eckwäldener Ortslage und für Bad Boll wird versuchen, menschliche Eingriffe in die Umwelt südlich von Eckwälden wieder rückgängig

zu machen bzw. zu verbessern, die innerörtliche Erneuerung mit der Umgestaltung der Hauptstraße bis zum Ortsteil Sehningen soll mehr städtebauliche Qualität erbringen, und die zunehmenden Probleme des Verkehrs sollen auf der Grundlage einer Gesamtverkehrsplanung bewältigt werden. Dazu gehören auch weitere Initiativen, die Eisenbahnnebenstrecke Göppingen–Boll zu reaktivieren. Leider wurden der Personenverkehr auf dieser Strecke 1989 und der Güterverkehr 1994 eingestellt. Im Rahmen eines integrierten Verkehrskonzeptes und in der Trägerschaft eines »Arbeitskreises der Anliegergemeinden an der Boller Bahn« könnte die Eisenbahnnebenstrecke Göppingen–Boll, eingerichtet mit modernen und schnellen Triebwagen, die Verkehrsmengen zwischen den Räumen Göppingen und Boll bewältigen.

Lebensqualität wird nur möglich sein, wenn gleichzeitig die gewerbliche Infrastruktur gestärkt ist. Nach der Volkszählung 1987 kommen regelmäßig etwa 850 Einpendler nach Boll, und 1300 Auspendler fahren zu ihren Arbeitsplätzen außerhalb ihrer Wohngemeinde. Etwa 1300 Arbeitsplätze sind in Boll vorhanden. Von den Boller Erwerbstätigen arbeiten 42,1 % im Bereich des produzierenden Gewerbes, 40,5 % im Dienstleistungssektor, 14,2 % in Handel und Verkehr und 3,2 % in der Land- und Forstwirtschaft. Die Ertragslage für die kommunalen Finanzen soll durch eine gezielte Gewerbeförderung verbessert werden. Durch ein »Gewerbegebiet Hintersehningen« am nördlichen Ortsrand von Boll sollen für Eigenentwicklungen des Boller Gewerbes neue Möglichkeiten eröffnet werden. Bereits seit Jahren initiiert die Gemeinde in dreijährigem Abstand die Durchführung eines Bad Boller Gewerbemarktes zur Werbung für die hervorragende Angebotspalette in Boll, und die Gemeinde unterstützt die Vermarktung heimischer Erzeugnisse, nicht nur des produzierenden Gewerbes, sondern sehr massiv auch aus dem Bereich der Land- und Forstwirtschaft. Die groß angelegte IBA-Initiative zur Erhaltung der »Lebensgemeinschaft Streuobstwiese im Albvorland« mit 16 Nachbargemeinden und zwei Landkreisen ist ein Beispiel dafür, wie durch massive Unterstützung heimische Streuobsterzeugnisse in unterschiedlichster Form preisgerecht für Erzeuger und Verbraucher am Markt plaziert werden können.

146   *Gymnastik-Matinée im Kurpark anläßlich des Gauturnfestes am 9. Juli 1995*

Aktiv für Körper und Geist

Der Fremdenverkehr hat sich eigentlich erst im Jahre 1954 auf den Gesamtort Boll ausgedehnt. In den über 300 Jahren zuvor beschränkte sich dieses Boller Angebot lediglich auf das heutige Kurhaus. In der Folge der Erfahrungen im Kurhaus Bad Boll und der Evangelischen Akademie Bad Boll erkannten damals Gemeinderat und Verwaltung die neuen Chancen für die Gemeinde Boll, die aus dem Fremdenverkehr erwachsen könnten. Der spätere Verkehrsdirektor Karl-Heinz Fischer entwickelte in Boll ein reges Kur- und Feriengeschäft, und rasch wurde zur Unterstützung der örtlichen Fremdenverkehrsarbeit 1955 der »Verkehrs- und Verschönerungsverein Bad Boll« ins Leben gerufen. Erste bauliche Maßnahmen mit der Anlegung des Boller Höhenweges und der Erschließung des Badwäldles zu einem kleinen Naturpark folgten. Es ist beeindruckend, in alten Unterlagen nachzulesen, mit welcher Begeisterung Bürgerschaft und Gemeinde die Infrastruktur für eine kleine Feriengemeinde aufbauten.

Die Vereine begannen, eigens für Feriengäste vorbereitete Veranstaltungen anzubieten, so daß sich Erfolge beim Fremdenverkehrsgeschäft schnell einstellten. Im ersten Sommer wurden bereits 355 Gäste bei 4414 Übernachtungen verbucht. In den folgenden Jahren konnten die Gäste- und Übernachtungszahlen durch eine wesentliche Verbesserung des Bettenangebotes erheblich gesteigert werden. Das bis heute höchste Jahresergebnis bei den Übernachtungen gab es im Jahr 1974. Damals wurden 132 418 Übernachtungen registriert. Diese hohe Übernachtungszahl wurde seither nicht mehr erreicht. Die Übernachtungszahlen gingen nach 1974 zurück und steigen nun allerdings in den letzten Jahren wieder an. Auch die Zahl der Gäste nahm in den Folgejahren deutlich zu, allerdings bei etwas kürzerer Verweilzeit. So kommen inzwischen jährlich 27 000 Gäste nach Bad Boll. Diese Zahlen konnten stabilisiert werden, und auch die Übernachtungszahlen haben sich bei 120 000 eingependelt. Damit ist Bad Boll ein wichtiger Kur- und Ferienort in der Region Stuttgart. Er verfügt heute über ein vortreffliches Angebot mit über 700 Gästebetten.

Zwischenzeitlich stehen mit der Schwefelquelle, der Thermalmineralquelle und dem Boller Jurafango drei ortsgebundene Heilmittel zur Verfügung. Das Kurhaus Bad Boll konnte am 5. März 1976 ein eigenes Thermal-Bewegungsbad einweihen, nachdem Pläne für ein großes Thermal-Freizeitbad der Gemeinde und des Gemeindeverwaltungsverbandes Raum Bad Boll in den 70er Jahren nicht umgesetzt werden konnten. Gleichzeitig erfolgte ein schrittweiser Ausbau des Boller Kurhauses zu einer modernen Kurklinik. Damit hat unser Kurhaus heute ausgedehnte diagnostische Möglichkeiten und ein breites therapeutisches Angebot für seine Gäste, aber auch für ambulante Badegäste zur Verfügung.

Trotz der rasanten Entwicklung in den letzten Jahren ist Bad Boll ein Ort der Ruhe und der Genesung geblieben. Bewußt wurden alle Planungen danach ausgerichtet, sich als qualifizierter Kur- und Ferienort Bad Boll abzuheben von vielen anderen Angeboten. Abseits von Lärm und Durchgangsverkehr liegt das Bad Boller Kurgebiet eingebunden in eine schöne und abwechslungsreiche Landschaft und einen herrlichen Naturpark.

Die Gästestruktur von Bad Boll hat sich natürlich im Laufe der Jahrzehnte gewandelt. Während es früher viele Gäste waren, die im Rahmen der »Ferienverschickung« nach Bad Boll kamen, müssen die Gäste heute durch moderne Marketingarbeit aus den vielfältigen gesellschaftlichen Gruppierungen für Bad Boll geworben werden. Für diese gemeinsame Präsentation ist der Verbund mit Partnern notwendig. So ist die Gemeinde Boll im touristischen Bereich Mitglied in verschiedenen Verbänden:

Die Bädergemeinschaft im Stauferkreis Göppingen mit Bad Boll, Bad Ditzenbach und Bad Überkingen versucht gezielt, den Kurgast zu gewinnen.

In der Fremdenverkehrsgemeinschaft Stauferland soll die große und bedeutende staufische Geschichte entlang der touristischen »Straße der Staufer« präsentiert werden.

In der großen »Touristik-Gemeinschaft Schwäbische Alb« werben wir neben Kurgästen auch für Urlaubs- und Feriengäste, zusammen mit 178 anderen Städten, Gemeinden und Landkreisen. Bürgermeister Klaus Pavel ist seit 1994 Vorsitzender dieser Touristik-Gemeinschaft.

147   *Übergabe des neuen Friedhofes im Jahre 1994*

Darüber hinaus ist Boll eingebunden in den »Touristikverband Neckarland-Schwaben« und für den Wirtschaftsraum der Region Stuttgart in die »Regio-Marketing-Stuttgart GmbH«.

Mit diesen Interessengemeinschaften hoffen wir, Kur-, Ferien- und Urlaubs-, Tagungs- und Geschäftsgäste zu gewinnen. Längst ist der Fremdenverkehr in Bad Boll zu einem wichtigen Wirtschaftsfaktor geworden. So kann der Nettoumsatz aus dem Fremdenverkehrsgeschäft in Boll auf fast 20 Mio. DM beziffert werden. Für das zeitgerechte Fremdenverkehrsgeschäft sind hochqualifizierte Anbieter als Partner der Gemeinde sehr wichtig. Neben dem Kurhaus und der Evangelischen Akademie haben wir mit dem Landhaussanatorium Sonnenhalde, dem Semiramis-Hotel, dem Badhotel Stauferland, dem Hotel-Restaurant Löwen, mit einem seit Januar 1995 fertiggestellten eigenen Gästehaus, dem Gästehaus Rosa Zeiten im alten Bahnhof, dem Gasthof Rosenau, dem Landgasthof Albblick, dem Gasthof Krone, dem Gästehaus Unrath und etlichen weiteren privaten Anbietern qualifizierte Partner. Mit diesen Beherbungsbetrieben konnten in den vergangenen Jahren attraktive Pauschalangebote entwickelt werden. Mit Angeboten wie »Kurzurlaub vom Alltag«, »Gesundheit fit und aktiv«, »Schönheitswochen«, »Wandern in der Heimat der Staufer« oder Hausangeboten zum Saftfasten, zum Entschlacken und Regenerieren, der Mayr-Kur, dem Semiramis-Erlebniswochenende oder »Kuchs Versucherle« konnten neue Gästepotentiale erschlossen werden. Die Boller Vereine helfen mit, diese Angebote zu gestalten.

Die bekannten Boller Einrichtungen wie Evangelische Akademie, Rudolf-Steiner-Seminar, Institut für Seelenpflege bedürftiger Kinder, Homöopathiewoche Bad Boll, Bad Boller Medizinische Seminare, Dobelhaus, Dr. Margarethe-Hauschka-Schule, Seminar für freiheitliche Ordnung, Volkshochschule und Haus der Familie sowie Staufenakademie prägen das Erscheinungsbild von Bad Boll und sind tragende Elemente unseres Grundkonzeptes von Gesundheit und Kultur. Sie werben weit über den Ort hinaus durch ihre Arbeit.

Mittlerweile wurde das Kultur- und Verkehrsamt aus dem eigentlichen Rathausbetrieb der Gemeinde ausgegliedert; es präsentiert sich im Gebäude Hauptstraße 81 als moderner Dienstleistungsbetrieb nicht nur der Bürgerschaft, sondern in erster Linie den Gästen. Die Bad Boller Gäste sollen sich abseits vom Massentourismus in schöner Landschaft erholen und zur Ruhe kommen, damit sie wieder gestärkt in den Alltag zurückkehren: nach einem Kuraufenthalt, nach Wanderferien oder nach dem Besuch einer Weiterbildungsveranstaltung.

Sicherung der ortsgebundenen Heilmittel

Bad Boll ist einer der wenigen Kurorte, die über mehrere Heilmittel verfügen können. Gerade bei der Erschließung und Sicherung der ortsgebundenen Heilmittel wird die enge Partnerschaft zwischen der Kurhaus Bad Boll GmbH, der Brüder-Unität Bad Boll und der Gemeinde sichtbar. Bei allen Bestrebungen der Sicherung dieses Angebotes tragen alle Partner nicht nur die finanzielle, sondern auch die rechtliche Verantwortung.

Erst zum 1. Juli 1994 haben Kurhaus Bad Boll GmbH und die Gemeinde Boll die Firma Bad-Boller-Jurafango GmbH gegründet, um das Boller Jurafango-Werk von Lore Sing zu übernehmen. Der Boller Jurafango wird in einem kleinen Steinbruch nördlich von Boll aus Posidonienschiefer hergestellt. Mit der Betriebsgründung und Produktionsübernahme soll dieses für Boll wichtige ortsgebundene Heilmittel dauerhaft und für die Zukunft gesichert sein. Der Boller Jurafango wurde wiederholt vom Institut für Wasserchemie und chemische Balneologie an der Technischen Universität in München begutachtet. Seine Herstellung aus den Posidonienschiefern begann in der ersten Hälfte der 1930er Jahre. Bei einer Neuanalysierung der seit dem Mittelalter bekannten und benutzten Schwefelquelle durch das Chemische Untersuchungsamt der Stadt Stuttgart 1928/29 wurde beobachtet, daß sich am Grunde der Quelle eine Schlammschicht abgesetzt hat, die jedoch wegen ihrer geringen Mächtigkeit von wenigen Zentimetern nicht für balneo-therapeutische Zwecke genutzt werden konnte. So schlug schon 1933 Hans Friedrich Lavater vor, aus dem bei Bad Boll vorkommenden bitumen- und schwefelreichen Posidonienschiefer ein Fangopräparat herzustellen, das zunächst in Bad Boll

148   *Blick auf das Boller Wohngebiet Erlengarten 1994*

149 *Herrnhuter Siedlung mit Kurhaus und Evangelischer Akademie*

150 *Kurhausportal im Jubiläumsjahr 1995 mit dem neuen Brunnen von Hans Neuwirth*

an rheuma- und ischiaskranke Kurgäste mit Erfolg in Form von Packungen abgegeben wurde.

Der Boller Jurafango wurde in der Schiefermühle der Familie Gölz bald in größeren Mengen hergestellt und an Krankenhäuser und Badeanstalten geliefert. Schon in den 1960er Jahren wurde vom Regierungspräsidium Nordwürttemberg in Stuttgart die Erlaubnis zur Herstellung von Schieferpulver erteilt. Das Rohmaterial wird im Steinbruch im offenen Tagebau gewonnen. Im Jahr 1969 wurde im Rahmen einer eingehenden Peloid-Analyse der Boller Jurafango untersucht. Eine weitere Untersuchung wurde 1990 durchgeführt, und nach beiden Ergebnissen ist der Boller Jurafango gut für die Zubereitung von Fangopackungen im Rahmen einer Peloid-Therapie geeignet.

Der Boller Schiefersteinbruch hat eine Flächenausdehnung von ca. 20 auf 25 Metern. Die Abbauwand besteht aus zwei Terrassen. Die Gesamthöhe der Abbauwand beträgt ca. zwölf Meter bis zum Grundwasserspiegel. Das im Steinbruch herausgesprengte oder herausgebaggerte Rohmaterial wird zum Trocknen in eine Lagerhalle gebracht. Die Trocknungszeit ist infolge des unterschiedlichen Feuchtigkeitsgehaltes auch verschieden lang. Nach der Trocknung wird das Rohmaterial in einem Backenbrecher zu Feinschotter und nachfolgend durch eine Hammermühle auf Streichholzkopfgröße zerkleinert. Anschließend erfolgt in einem Mahlwerk mit Mahlsteinen die Feinmahlung des Juraschiefers zu einem staubfeinen, pulverförmigen Material. Der Boller Jurafango wird von der neu gegründeten Bad Boller-Jurafango GmbH gefördert und kommt vor allen Dingen im Kurhaus Bad Boll zur Anwendung. Verwaltungsdirektor Herbert Temme vom Kurhaus Bad Boll hat 1994 in Personalunion die Geschäftsführung der neuen Gesellschaft übernommen, und es soll versucht werden, das bemerkenswerte Bad Boller Fango-Heilmittel auch anderen Kureinrichtungen im Lande anzubieten. Allerdings möchten weder das Kurhaus Bad Boll noch die Gemeinde Raubbau an diesem wichtigen Heilmittel betreiben und damit die Sicherung des Vorkommens für viele Generationen garantieren.

Ein weiteres ortsgebundenes Bad Boller Heilmittel ist das Thermalmineralwasser. Im Jahre 1971 faßte der Gemeinderat auf Initiative von Bürgermeister Herbert Böttle den Entschluß, das Kurmittelangebot durch die Erschließung von mineralisiertem Thermalwasser zu vervollständigen. Das Geologische Landesamt Baden-Württemberg hatte Gutachten zur Vorbereitung angefertigt, so daß die Aufbauarbeiten an der Bohrstelle am 3. Februar 1972 beginnen konnten, der Bohrbeginn war am 14. Februar 1972.

Die Bohrung ging zügig voran, ohne jede Unterbrechung durch technische Schwierigkeiten. Die erste Verrohrung wurde gesetzt, als bei 146,5 Metern Jura- und Knollenmergel durchbohrt waren. Nachdem der Stubensandstein am 23. März 1972 durchbohrt war, wurde planmäßig ein Pumpversuch durchgeführt, der, wie vorhergesagt, ein thermales Mineralwasser mit 41,2 Grad Celsius erbrachte. Dieser Wasserleiter wurde verschlossen, nachdem am 27. April 1972 der hauptsächliche Wasserleiter des oberen Muschelkalks erreicht wurde. Ein neuerlicher Pumpversuch ergab nur eine geringe Ergiebigkeit, so daß am 25. Mai 1972 eine Drucksäuerung zur Öffnung weiterer wasserführender Gesteinsklüfte durchgeführt wurde; diese brachte den großen Erfolg. Der Leitungspumpversuch vom 29. Mai bis 8. Juni und vom 13. bis 28. Juni 1972 wies die hohe Ergiebigkeit des Tiefbrunnens und ein Wasser mit der unerwartet hohen Temperatur von 49 Grad Celsius nach. Hierbei wurde Boll als Ort mit der geringsten geothermischen Tiefenstufe von Mittelwürttemberg erkannt, die Intensität der Erdwärme ist somit höher als an anderen Stellen. Schon am 7. September 1972 begann der Ausbau der Bohrung.

Nur wenig entfernt von der Thermalbohrung wurde vom 14. bis 25. Juli 1972 eine 115 Meter tiefe Bohrung veranlaßt, um einen Säuerling zur Benutzung durch die Bevölkerung zu erhalten. Der Erfolg blieb in diesem Falle versagt, doch wurde die Bohrung von vornherein vorsorglich so dimensioniert, daß sie bis in den Stubensandstein vertieft und zur Bewirtschaftung dieses aussichtsreichen Wasserleiters benutzt werden kann.

Mit der Erschließung der Thermalmineralquelle und der hohen quantitativen und qualitativen Wertigkeit des Wassers erwuchsen zum einen in der Gemeinde und zum anderen im Gemeindeverwaltungsverband Pläne, ein Thermalhallenbad und andere Kureinrichtungen zu erstellen. All

151   *Südansicht des Kurhauses (Speisesaal) im Jahre 1994*

diese Initiativen scheiterten jedoch an der Finanzierung. So ergriff das Kurhaus Bad Boll erfreulicherweise selbst die Initiative, und am 5. März 1976 konnte ein eigenes Thermal-Bewegungsbad eingeweiht werden.

Mit Bescheid vom 17. August 1987 wurde das Bad Boller Mineral- und Thermalwasservorkommen als Heilquelle vom Regierungspräsidium Stuttgart staatlich anerkannt. Die Thermalmineralquelle ist heute im Eigentum der Thermalquelle Bad Boll GmbH, an der die Gemeinde Boll mit 52 % Hauptgesellschafter ist. Weitere Gesellschafter sind die Europäisch-Festländische Brüder-Unität, die Evangelische Landeskirche Württemberg sowie die Gemeinden Dürnau und Gammelshausen. Die Geschäftsführung wird in Personalunion von Bürgermeister Klaus Pavel wahrgenommen.

Im Jahre 1989 erfolgte mit hohem Aufwand eine komplette Neuverrohrung bis auf 455 Meter Tiefe, und auch diese Maßnahme kann zur Sicherung dieses zweiten Boller Heilmittels angesehen werden.

Das dritte Bad Boller Heilmittel ist das Schwefelwasser, das schon 1595 entdeckt wurde. Die altehrwürdige Bad Boller Schwefelquelle befindet sich im Areal des Kurhauses Bad Boll und ist damit auch im Eigentum des Kurhauses. In jüngster Zeit haben das Kurhaus Bad Boll mit finanzieller Unterstützung der Gemeinde Boll sowie fachlicher Begleitung durch das Geologische Landesamt Baden-Württemberg große Anstrengungen zu ihrer Sicherung unternommen. So fanden 1994 und 1995 mehrere neue Bohrungen zur Schwefelwassererkundung statt, um dauerhaft verunreinigungsfreies Schwefelwasser zu erschließen. Obwohl das Schwefelwasser das älteste ortsgebundene Bad Boller Heilmittel ist, steht die staatliche Anerkennung noch aus. Ziel soll jedoch sein, diese staatliche Anerkennung im Jahre 1995 zu erreichen, um vom »Ort mit Heilquellen-Kurbetrieb« zum »Heilbad« aufzusteigen. Diese Prädikatisierung ist für die Gemeinde Boll und das Kurhaus Bad Boll sehr wichtig, um die Qualitätssicherung der Kureinrichtungen zu gewährleisten.

Um dem Ziel der staatlichen Anerkennung als Heilbad näherzukommen, wird vom Deutschen Wetteramt in Stuttgart seit Januar 1993 ein Klimagutachten angefer-

tigt. Die Gemeinde hat eigens dafür eine Klimastation an der Unteren Breite aufgebaut, und an drei Stellen in Boll werden Luftqualitätsmessungen durchgeführt. Die Gemeinde Boll ist zuversichtlich, daß die dabei zu ermittelnden Werte positiv sind. Frühere Voruntersuchungen für ein Klimagutachten haben ergeben, daß der Bereich der Gemeinde Bad Boll zu den sonnenreichsten in Baden-Württemberg zählt und daher auch die klimatischen Voraussetzungen für ein Heilbad gegeben zu sein scheinen.

Bad Boll verfügt über drei offiziell anerkannte ortsgebundene Heilmittel. Schon bei vielen anderen Anlässen wurden für Boll begleitende »Heilmittel« genannt. So die berühmten »Herrnhuter Losungen«, die den Bad Boller Kuralltag begleiten, oder auch die herrliche Naturlandschaft, die sich südlich direkt anschließend an das Kurgebiet zum Albvorland erschließt. Diese von einem hervorragenden Streuobstbestand geprägte Landschaft gilt als international bedeutsames Vogelbrutgebiet, und mit maßgeblicher, auch finanzieller Unterstützung der Stiftung Naturschutzfonds beim Umweltministerium Baden-Württemberg werden Maßnahmen ergriffen, um diese typische und einzigartige Kulturlandschaft als weiteres »Heilmittel« für Körper und Geist zu erhalten. Ein naheliegendes Naturschutzgebiet »Teufelsloch« und zwei direkt angrenzende Landschaftsschutzgebiete belegen und unterstreichen die kommunalen Bemühungen, die Erholungslandschaft in und um Boll zu schützen und damit Menschen und anderen Lebewesen zugleich zu dienen.

Bad Boll hat viele Gesichter

Bad Boll ist ein Kurort mit Tradition und Geschichte. Als Heilbad von Herzögen, Fürsten und Königen hat der Ort in den letzten vier Jahrhunderten glanzvolle Zeiten gesehen. An vielen Plätzen und historischen Stätten von Bad Boll und seiner Umgebung sind Altes und Überliefertes noch heute sichtbar und lebendig. Aber in Bad Boll sind Geschichte und Gegenwart, Rückbesinnung und Fortschritt, sind das Gestern und Heute nirgends Gegen-

152   *Großes Musikfest in Boll 1994 aus Anlaß des einhundertjährigen Bestehens des Musikvereins Boll*

153   *Altenwohnanlage am Blumhardtweg, eingeweiht im Oktober 1993*

154   *Dorfplatz in Eckwälden: Maibaumaufstellung jährlich am 30. April*

155 *Alter Bahnhof Boll von 1925: heute attraktives Gästehaus*

CHRISTOPH BLUMHARDT
PFARRER in BAD BOLL
1. Juni 1842 – 2. Aug. 1919

DASS JESUS SIEGT
BLEIBT EWIG AUSGEMACHT
SEIN WIRD DIE GANZE WELT

156
Grabmal von Pfarrer
Christoph Blumhardt
(1842–1919) auf dem
Boller Badfriedhof

sätze. Altes und Neues stehen hier versöhnlich nebeneinander und prägen die Atmosphäre des Ortes.

Alt – dies bedeutet in Bad Boll nichts Überholtes und Antiquiertes, sondern erlebbare und nachvollziehbare Geschichte. Neu – das ist in Bad Boll keine kalte, bezugslose Moderne. In Bad Boll fügen sich Geschichte und Tradition harmonisch in die lebendige Gegenwart ein, so daß sich eine Gegend mit vielen Gesichtern auftut.

Dies soll auch Verpflichtung für die Zukunft sein. Die kommunale Entwicklung wird weitergehen. Der Ort wird sein Gesicht verändern. Neue An- und Einsichten werden sich darstellen, und die verpflichtende Tradition soll Maßstab für die Zukunft sein. Bad Boll bietet nicht nur den Gästen, sondern auch der Bürgerschaft Beschaulichkeit und Muße ebenso wie bleibende Erlebnisse, Abwechslung und Anregung. Bad Boll hat eben viele Gesichter!

157 »Bad Boll 1995. 50 Jahre Evang. Akademie / 400 Jahre Kurhaus Bad Boll«. Jubiläumslogo, gestaltet von AS-Team Andrea Dietrich, Bad Boll

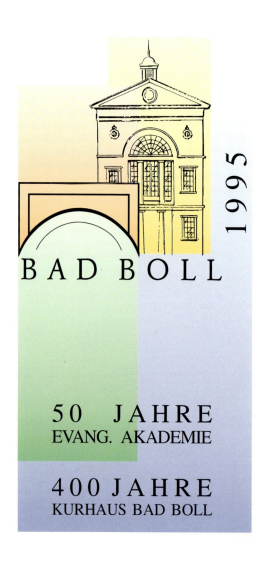

Die Evangelische Akademie – eine Entdeckung

Manfred Fischer

Aufbruch in den Dialog

Zu Beginn ein Zitat von Professor Hermann Deuser: »Neben dem Kirchentag war die Arbeit der Evangelischen Akademien der wichtigste Beitrag des Protestantismus zum Aufbau einer freiheitlichen Gesellschaft für Deutschland.«[1]
Die sogenannte Gründung der Evangelischen Akademie Bad Boll war zunächst nichts anderes als »nur« eine Tagung, zu der der württembergische Landesbischof Dr. Theophil Wurm eingeladen hatte. Diese Einladung galt den Männern des Rechts und der Wirtschaft. Auch einige Frauen waren mit von der Partie. Diese erste Tagung mit vielen theologischen, systematischen und fachlichen Beiträgen dauerte vom 29. September bis zum 12. Oktober 1945, also vierzehn Tage! Man traf sich im altehrwürdigen Kurhaus aus der Blumhardt-Zeit im großen Saal. Die Herrnhuter Brüdergemeine als Eigentümerin hatte für diese Veranstaltung ihre Türen geöffnet.
Die Aufgabe der Tagung war, eine neue Grundlage für die Ordnung des gesellschaftlichen Lebens zu erarbeiten. Dabei sollte gerade der christliche Glaube mit seinen zentralen Aussagen die Orientierung ermöglichen, die die Menschen für den Neuaufbau des rechtlichen und wirtschaftlichen Lebens brauchten.
Die Einladung hatte großen Erfolg. Viele Persönlichkeiten aus dem Rechtsbereich und aus der Wirtschaft waren nach Bad Boll gekommen. Die Teilnehmerliste war beeindruckend. Anerkannte Fachleute und Entscheidungsträger suchten das Gespräch, das so lange aus der Öffentlichkeit ausgeschlossen war. Jetzt hatte das freie und offene Gespräch seine Bedeutung und seine Chancen.
Der Landesbischof eröffnete die Tagung mit folgenden Worten: »Was wir heute in Angriff nehmen, ist eine neue Arbeitsmethode der Kirche. Tagungen, Freizeiten, Schulungen sind gewiß nichts Neues auf dem Boden der evangelischen Kirche, neu aber ist, daß wir mit Angehörigen bestimmter Lebensgebiete und Berufsarten die besonderen Fragen durchsprechen wollen, die ihnen als Christen durch die Aufgaben ihres Berufes gestellt sind.«[2]
Landesbischof Theophil Wurm wies auch auf die besondere Bedeutung des Ortes hin: »Der Genius loci unseres Tagungsortes wird bestimmt durch zwei bedeutsame Namen: Blumhardt und Brüdergemeine. In beiden Namen kommt die Sehnsucht nach Erneuerung der Christenheit zum Ausdruck und zugleich die Erkenntnis, daß die Voraussetzung für jede Erneuerungsbewegung das Zurückgehen zu den urchristlichen Quellen und die Bildung wahrer Gemeinschaft unter den Gläubigen ist.«[2]
Bei der Veranstaltung waren mehr Juristen anwesend als Wirtschaftsleute, dem Programm entsprechend. Nach der Rechtsverachtung und der Rechtsbeugung durch das Nazi-Regime stand die Frage nach Recht und Gerechtigkeit im Mittelpunkt. Das Volk und die Gesellschaft bedurften eines neuen, an der Humanität Christi orientierten Rechtswesens mit einer Fundierung und Begründung jenseits des Positivismus und jenseits eines fundamentalistischen Naturrechts. Die meisten Juristen plädierten dafür, daß das künftige Recht unseres Staates sich an christlichen Grundsätzen und an der von Christus zum Ausdruck gebrachten Humanität orientieren solle. In dieser Richtung sollten die in den Verfassungen verankerten Grund- und Freiheitsrechte neu definiert, aufgebaut und gestärkt werden.
Auch die Wirtschaftsfragen hatten ihren Raum. Der Anschub der Wirtschaft wurde als die Hauptaufgabe der Zukunft angesehen. Freilich, Ansätze dazu waren weit und breit nicht wahrzunehmen. Überall gab es Hindernisse und Blockierungen. Jeder Unternehmer war auf

sich selbst zurückgeworfen, ganz zu schweigen davon, daß es keine Rezepte oder Konzeptionen gab. Die Wirtschaft war gefesselt. So war es denn während der Tagung auch verständlich, daß Theorie- und Systemfragen keine Rolle spielten. Interessant war im Augenblick nur der pragmatische Weg. Aber selbst dieser war noch nicht in Sicht.

Das Besondere dieser ersten Tagung war das Erlebnis des freien und öffentlichen Gesprächs, die Breite und die Tiefe der Darstellungen und natürlich auch das kompakte Fachwissen der Referenten.

Im letzten Teil der Tagung kam dann noch eine brisante Thematik auf, die leidenschaftlich erörtert wurde. Es ging um das Mitwirken von Christen in der aktiven Politik, und zwar speziell in einer neugegründeten »christlichen« Partei. Die Mitgliedschaft und die Mitarbeit in einer solchen christlichen Partei waren heftig umstritten. Die unterschiedlichen Positionen hatten jedoch eines gemeinsam: Der christliche Glaube beinhaltet nicht nur Gottesdienst, Bibelstudium, Glaubensgespräche und missionarische Verkündigung, sondern auch die Verantwortung für die Welt, für den Alltag mit all seinen Aufgaben – bis in die Politik hinein. Diese erste Tagung war auf einmal ein Signal für viele geworden, die sich für den Neuaufbau einer freiheitlichen Gesellschaft, sei es beruflich oder außerberuflich, einsetzen wollten.

Vorgeschichte und Vorläufer der Evangelischen Akademie

Wie kam es eigentlich zur Planung und zum Programm der Veranstaltung, die als »Evangelische Akademie« firmiert wurde? Was haben die Initiatoren eigentlich gewollt? Eines ist klar: Hinter der sogenannten Gründung der Evangelischen Akademie steht nicht einfach die geniale Idee eines einzelnen Gründers. Es läßt sich auch keine lineare, konsequente, durchgehende Diskussion zur Gründung einer Akademie feststellen. Es gab unterschiedliche, profilierte Initiativen, die mit dem Begriff »Akademie« belegt wurden. Man hatte in den Jahren von 1933 bis 1942 an verschiedenen Orten und zu ver-

schiedenen Zeiten über eine »Akademie« nachgedacht. Zu einem Durchbruch kam es vorerst nicht.

Bei all diesen Überlegungen im Blick auf eine mögliche Akademie ging es im wesentlichen um die Auseinandersetzung mit der Nazi-Ideologie, ihrer Herrschaft und ihren Verbrechen. Es ging um die Frage einer Gemeinschaft der Christen in ihrer beruflichen und damit auch politischen Verantwortung. Es ging um die Gestaltung einer gerechten, friedensfähigen, humanen Gesellschaft im Aufbau einer freiheitlichen Demokratie. Es waren immer einzelne Persönlichkeiten, die sich mit Plänen hervorgewagt haben. Es waren Christen, die versuchten, einen Raum zu schaffen, um Menschen zu ermutigen, zu stärken und darüber nachzudenken, wie denn die Bedingungen einer neuen Gesellschaft in Deutschland beschrieben und herausgestellt werden müßten. Man kann sagen, daß sich die »Evangelische Akademie« aus einer Fülle von Diskussionen, Anregungen, Denkschriften und Vorschlägen herauskristallisiert hat, die nur im Kontext der Ereignisse von 1930 bis 1945 zu begreifen sind. Und am 29. September 1945 war es dann so weit. Die Evangelische Akademie hatte in Bad Boll die Pforten geöffnet, und zwar im traditionsreichen Kurhaus. Welch eine Vorgabe!

Auch wenn es keine direkte Linie zur Gründung der Evangelischen Akademie gibt, so liegen doch die Arbeit von Christoph Blumhardt und seine Theologie nahe bei den Wurzeln und Elementen der Akademiearbeit. Mit seiner weitgespannten Reich-Gottes-Theologie verließ Blumhardt den Elfenbeinturm seiner kirchlichen Arbeit und trat den Menschen zur Seite, die am stärksten durch die Umbrüche der Zeit betroffen waren: die Arbeitnehmerschaft. Christoph Blumhardt sah in den politischen und wirtschaftlichen Mißständen der damaligen Zeit, in der sozialen, körperlichen und seelischen Not der Menschen eine Herausforderung für die Gegenwart Gottes. Blumhardt kam es darauf an, sich in dem großen Zusammenhang des Wirkens Gottes zu erkennen und die Bewegung seines Willens mitzuvollziehen. Christoph Blumhardt war Vorreiter einer Theologie, die sich an den gesellschaftlichen Entwicklungen und Problemen orientiert.

158   *Evangelische Akademie Bad Boll. Die Villa Vopelius, ab 1951 Tagungsstätte, seit 1967 Jugendzentrum der Akademie*

Von besonderer Bedeutung für die Gründung der Evangelischen Akademie Bad Boll sind die Evangelischen Wochen, die in dem Zeitraum von 1935 bis 1937 in verschiedenen Großstädten in Deutschland durchgeführt worden sind. Bei diesen Evangelischen Wochen ging es um die Auslegung der Bibel, um die zentralen Inhalte des christlichen Glaubens. In den Evangelischen Wochen erwies sich das Evangelium von Jesus Christus als eine analytische, orientierende und die Menschen aufrichtende Kraft. Bibelauslegung und biblisches Gespräch wurden vielen Menschen zum entscheidenden Halt. In dieser Weise waren die Evangelischen Wochen ein wesentlicher Vorläufer der Evangelischen Akademie Bad Boll.

Nicht überraschend erfolgte 1937 ein Verbot dieser Arbeit. Sie wurde freilich unter einem anderen Namen weitergeführt: »Tage der Stille und der Besinnung«. Auch hier ging es um die Vertiefung in die Heilige Schrift als einem Wegweiser in eine neue Zukunft.

Die christliche Akademie – subversiv: Der Vorschlag von Theodor Bäuerle aus dem Jahr 1938

Mit Scharfblick und analytischem Verstand beobachtete Theodor Bäuerle aus der Perspektive eines Pädagogen und eines Christen, wie die gesellschaftlichen Bereiche immer mehr unter den Einfluß einer menschenverachtenden Ideologie gerieten. Theodor Bäuerle sah auch die Auflösung der Lebensordnungen und Lebensformen und wie eine inhumane Pseudo-Religion als die dem Christentum überlegene Religion angepriesen wurde.

Dieser Entwicklung wollte Theodor Bäuerle nicht länger tatenlos zusehen. Er startete eine Initiative und wandte sich dabei an die Christen. Gegen die wachsende Resignation und die immer stärker werdende Rückzugsmentalität forderte Theodor Bäuerle von Christen Taten, einen aktiven Einsatz für die Verbreitung der Segenskräfte des Evangeliums.

In diesem Zusammenhang entwarf er einen Plan. Er schrieb: »Die Christen müssen sich zu einer Arbeitsgemeinschaft zusammenschließen. Ich möchte diese

als christliche Akademie bezeichnen. Aufgaben dieser Akademie wären:

1. Zusammenschluß und gegenseitige Förderung der auf christlichem Boden stehenden Persönlichkeiten aus Wissenschaft, Wirtschaft, Literatur, Kunst usw.
2. Durchdringung der genannten Gebiete mit dem Geist christlicher Erkenntnis.
3. Stärkung und Unterrichtung der christlichen Gemeinde.
4. Verwirklichung der gewonnenen Erkenntnisse und Ergebnisse im Sinne der Eingliederung aller Lebensgebiete in den christlichen Lebensbereich.

Die christliche Akademie ist eine überkonfessionelle Einrichtung.«[3]

Die »Akademie« konnte natürlich nicht öffentlich in Erscheinung treten. Sie mußte subversiv vorgehen, aufgebaut von Person zu Person. Ziel war es, Arbeitskreise zu bilden da und dort, regelmäßig zusammenzukommen und sich mit den entscheidenden Fragen zu befassen. Diese Zusammenkünfte kamen über persönliche Einladungen zustande.

Diesem Vorschlag fügte Theodor Bäuerle noch einen weiteren hinzu: Ein kirchliches Laienbildungswesen müßte aufgebaut werden. Die Christen sollten im Blick auf ihre beruflichen, weltlichen Aufgaben gestärkt und orientiert werden. Als Ziel bliebe, daß die Christen in die Welt hineinwirken und die gesellschaftlichen Lebensgebiete mit den Inhalten des christlichen Glaubens verbinden.

Helmut Thielicke

Entscheidende Anstöße und Vorstellungen zu der Aufgabe einer Evangelischen Akademie hat Helmut Thielicke gegeben. Er war ein entschiedener Vertreter der Bekennenden Kirche. Er wußte um das verbrecherische Regime, seine Anhänger und Mitläufer. Er wußte auch um das Versagen der Kirchen. Das trieb ihn um. Ihm ging es um ein glaubwürdiges Christsein in einer Zeit der Unterdrückung und Verfolgung für die Kirche und um die Orientierungslosen in der Gesellschaft.

Thielicke hatte viele Gesprächskontakte und Verbindungen, vor allem auch zum Freiburger Widerstandskreis. Tief beeindruckt war er von den weit vorausschauenden Plänen einer neuen, friedensfähigen, gerechten und demokratischen Gesellschaft. Sie waren in einer Denkschrift formuliert.[4]

Mehrfach war Helmut Thielicke in den Jahren 1941 und 1942 in Freiburg, um an den Beratungen des Arbeitsausschusses teilzunehmen. Besonders interessierte Thielicke in Freiburg das dortige Zusammenwirken von Fachleuten verschiedener Fakultäten. Schon erste Entwürfe einer neuen Gesellschaftsordnung für ein neues Deutschland bewiesen, wie zukunftsweisend die theologische Erörterung von Fachwissen ist. Es war eine neue Entdeckung. Man war sich darin einig, die Durchdringung der Lebensgebiete mit der Erkenntnis des christlichen Glaubens müsse eine vorrangige Aufgabe der Kirche werden, um einer die Gesellschaft bevormundenden Ideologie zu widerstehen und um sie zu überwinden. Im Oktober des Jahres 1942 legte Thielicke der Kirchenleitung in Stuttgart Thesen für eine kirchliche Bildungsarbeit vor. Es war eine Art komprimierter Denkschrift zur Planung einer Evangelischen Akademie. Speziell dachte Thielicke an eine Ausbildungsstätte für engagierte Laien in der Kirche. Ihnen sollte eine theologische Ausrüstung vermittelt werden.

Für Thielicke war die Vorstellung einer Evangelischen Akademie mit einem Haus und mit einer entsprechenden Umgebung verbunden, welche der Gemeinschaftsbildung und der Entwicklung eines entsprechenden Lebensstils dienen konnten. Drei Dinge waren ihm wichtig:

1. Im Zentrum der Arbeit müßte Bibelarbeit oder dogmatische und ethische Themen stehen, die erkennen ließen, daß das Evangelium nicht nur der Innerlichkeit und dem Individuum gelte. Es habe vielmehr eine sachliche, fachliche Bedeutung für alle Lebensfragen, auch für die Sinnbegründung der Berufe.

2. Die Ausbildungsstätte solle den Gemeinschaftsgedanken fördern. Das Miteinander der Fachrichtungen, geistliche Gemeinschaft und das Gespräch, die Verbindung von Lehre und Leben erwiesen sich allemal als eine formende Kraft, als Aufbau und Stärkung der Menschen für ihre Aufgaben. Deshalb sei auch die

Schaffung von geistlichen Querverbindungen in den einzelnen Berufen wünschenswert.

3. Gottesdienst, Meditation, Besinnung und Stille seien die eine Tagung bestimmenden Elemente. Ziel der Studienarbeit in dieser Ausbildungsstätte sei eine universale Lebenshilfe vom Evangelium her. Sie müsse Menschen aus dem kirchlichen Getto herausführen in die Aufgaben der Welt. Christen müßten sich an der Lösung von Fragen beteiligen – nicht nur mit ihrem Fachwissen, sondern auch mit Hilfe christlicher Erkenntnis. Gespräche mit Andersdenkenden hätten dabei einen besonderen Stellenwert.[5]

Der Korntaler Kreis

Entscheidend für die Gründung der Evangelischen Akademie Bad Boll war der Korntaler Kreis um den Landesbischof Theophil Wurm, der in außerordentlicher Weise die Konstituierung der Evangelischen Akademie gefördert und begleitet hat. Zu dieser Gruppe gehörten u.a. auch Theodor Bäuerle, Edmund Schlink und Helmut Thielicke.

Vor allem wurde in dieser Runde erörtert, was denn die vorrangigen Aufgaben der Kirche nach dem Zusammenbruch des Dritten Reiches sein müßten. Die Kirche dürfe sich nicht wieder in ein gläubiges Getto zurückziehen. Sie müsse in weltanschaulichen Fragen wie in gesellschaftspolitischen Entwicklungen mit dem Reichtum christlicher Erkenntnis und des Existenzwissens der biblischen Botschaft präsent sein. Die Stimme des Evangeliums wahrzunehmen und in die jeweiligen Fragestellungen weiterzugeben, bleibe eine fundamentale Aufgabe der Kirche.

In diesem Zusammenhang spielte die Einrichtung einer Evangelischen Akademie eine hervorragende Rolle. Professor Schlink berichtete, daß in einem kleinen Kreis, den Landesbischof Wurm während der letzten Kriegsjahre in Korntal zu versammeln pflegte, eines Tages der Gedanke der Evangelischen Akademie geboren wurde.

Zuerst dachten die Mitglieder des Korntaler Kreises an eine Akademie der Wissenschaften. Im Unterschied zu den gleichnamigen Institutionen ging es ihnen jedoch darum, daß der evangelische Glaube die gemeinsame Voraussetzung der Mitgliedschaft sein sollte – freilich nicht im Sinne einer konfessionellen Abgrenzung. Vielmehr sollte das Evangelium von Jesus Christus die grundlegende Orientierung der Arbeit sein.

Entscheidend schließlich war das Zusammentreffen von Eberhard Müller, der im April 1945 von der Ostfront kam, mit dem Theologieprofessor Dr. Helmut Thielicke in Tübingen. Thielicke erinnerte an seine Denkschrift von 1942 über die Bildung einer Evangelischen Akademie. Dr. Eberhard Müller waren aus seiner Erfahrung heraus zwei Dinge besonders wichtig: die Pflege des Gesprächs mit der Kirche Fernstehenden und der Gedankenaustausch über berufliche und sozialethische Probleme.

Helmut Thielicke verstand die Evangelische Akademie eher akademisch, elitär, als eine Ausbildungsstätte für engagierte Laien, besonders für die führenden Vertreter der Berufe. Er wollte vornehmlich auch mit Verantwortungsträgern arbeiten und sie theologisch ausrüsten.

Eberhard Müller sah die Evangelische Akademie eher populär, d. h. offen für alle, für ganz unterschiedliche Berufs- und Zielgruppen – auch für solche, die gesellschaftliche Verantwortung trugen. Für ihn standen der Gedankenaustausch und das klärende Gespräche im Mittelpunkt der Akademiearbeit. Das Suchen nach Antworten auf der Basis einer Orientierung am Existenzwissen der Bibel spielte dabei eine besondere Rolle.

Im Verlauf der Diskussion um eine Evangelische Akademie wurde allen deutlich, wie wichtig das Gespräch der Kirche mit den Berufsgruppen war. In diesem Punkt waren die Entwürfe von Bäuerle und Thielicke einander nah – vornehmlich dann, wenn es um die Auseinandersetzung mit weltanschaulichen und ideologischen »Gewalten« ging.

Zur gleichen Zeit verfolgte Eberhard Müller den Plan, die Evangelischen Wochen angesichts neuer Verhältnisse und Herausforderungen wiederzubeleben. Er war von der analytischen, orientierenden und missionarischen Kraft der biblischen Botschaft überzeugt. Auch die seelsorgerliche Dimension war ihm wichtig, nicht nur im Blick auf persönliches, sondern auch auf berufliches Handeln, nicht nur im Blick auf Familie und Freundschaft, sondern auch auf Gesellschaft und Staat.

Damit trat die Gründung der Evangelischen Akademie in das Entscheidungsstadium. Ohnehin sah der Korntaler Kreis den Dienst an den Berufsgruppen und an den Verantwortungsträgern als eine neue, wichtige Aufgabe der Kirche. Hier trafen sich die verschiedenen Pläne, Entwürfe, Denkschriften und Ideen: Die Kirche dürfe die Menschen mit ihren Aufgaben und mit ihrer Verantwortung nicht alleinelassen. Sie benötige eine berufliche und universale Lebenshilfe in der Orientierung am Evangelium. So kam es schließlich zu einer Art Verschmelzung wesentlicher inhaltlicher Anstöße von Theodor Bäuerle mit Helmut Thielickes Denkschrift und mit den Erfahrungen der Evangelischen Wochen durch Eberhard Müller.

Auf diesem Diskussionsstand wurde das Programm der ersten Tagung formuliert. Die starke Anlehnung an die Programme der Evangelischen Wochen ist deutlich, bis hin zur Bezeichnung »Tage der Stille und der Besinnung für…« Charakteristisch ist auch die Dreiteilung: Bibelstudium, systematischer Lehrvortrag und Fachbeitrag – je nach Fach und Disziplin. Damit wird der Unterschied zu den Evangelischen Wochen klar. Diese richteten sich damals an Kirchenleute und Interessierte. Bei der Akademietagung aber ist der Teilnehmerkreis durch die Berufsgruppen bestimmt. Ihnen kam die neue Aufmerksamkeit und das Bemühen der Kirche zu. So stand am Ende aller Gespräche in Korntal und in Tübingen ein besonderer Versuch.

Diese Tagung mit Männern des Rechts und der Wirtschaft wurde zu einem weitreichenden Signal. Die Evangelische Kirche lud zu einem öffentlichen Dialog ein. Brennende gesellschaftliche Fragen wurden erörtert und einer Klärung entgegengebracht. Der Gründer der Akademie, Dr. Eberhard Müller, sprach von einem Dienst an der Gesellschaft, d. h. die Kirche übernahm bewußt eine Mitverantwortung des öffentlichen Lebens in den verschiedenen Bereichen. Vornehmlich sollte das in Veranstaltungen und Tagungen zu aktuellen Problemen und Konflikten geschehen mit dem Ziel einer Verständigung. Mit der ersten Tagung war bereits viel Boden gewonnen. Es war Eberhard Müller, der »Macher und Realisierungs-

159   *Evangelische Akademie Bad Boll. Dritte Soldatentagung vom 9. bis 12. Oktober 1952 im Kurhaus Bad Boll*

künstler«, eine Unternehmerpersönlichkeit, der den ersten entscheidenden Schritt in die Akademiearbeit wagte. Wie kaum ein anderer verband er theologisches, konzeptionelles Denken mit einer außerordentlichen Fähigkeit der praktischen Umsetzung. Er verfügte über Ideenreichtum, organisatorische Fähigkeit und Durchsetzungskraft. Seine anpackende Art machte den Anfang der Akademiearbeit möglich.

Nicht lange nach der ersten Tagung haben Bischof Theophil Wurm und Dr. Eberhard Müller zu weiteren Tagungen eingeladen. Sie knüpften jeweils an die Erfahrungen der ersten Tagung an und übernahmen weitgehend die Grundkonzeption: »Tage der Stille und der Besinnung für…« Es blieb beim bewährten Tagungsschema. Viele Tagungen konnten auf dieser Basis mit unterschiedlichen Berufs- und Zielgruppen durchgeführt werden. Nach dem positiven Echo warteten viele Menschen auf eine Einladung nach Bad Boll.

Bereits im November 1945 fand die zweite Tagung statt. Die Kirchenbeamten waren eingeladen. Sie bedachten den Neuaufbau der Württembergischen Evangelischen Landeskirche und ihrer Verwaltungen. Neue Strukturen waren gefragt, die auch gleichzeitig einen Beitrag zur Erneuerung und Festigung der Kirche garantieren sollen. Auch eine dritte Tagung konnte Ende des Jahres 1945 durchgeführt werden. Wohlüberlegt wurden Arbeiter und Handwerker zu diesem Zeitpunkt in die Akademie nach Bad Boll eingeladen, denn im Blick auf eine neue Wirtschaftordnung waren auch die Arbeiter und Handwerker gefragt. Zunächst ging es in der Tagung den Arbeitern um die Sorgen des Alltags. Sie fragten sich, wie sie in ihrer Arbeit Mensch sein und bleiben können. Das trieb sie um, wie auch die Frage, wie es um das Recht des Arbeiters auf Lohn steht. Für die Arbeiter war diese Tagung ein erster, wichtiger Schritt. Freilich, viele Fragen, die gestellt wurden, mußten unbeantwortet bleiben. Das blieb nachfolgenden Tagungen in den Jahren 1946 bis 1947 vorbehalten.

Arbeiter und Unternehmer an einen Tisch

Auch die leitenden Männer der Wirtschaft trafen sich bald wieder in der Akademie (6. bis 11. Dezember 1946). Zunächst bestand ein Bedürfnis nach Klärung von Glaubensfragen. Die beruflichen Sachprobleme kamen vorerst ins Hintertreffen. Im Verlauf der Tagung jedoch kam die Frage der Bewährung des Gewissens angesichts von Zwangssituationen wirtschaftlicher Verhältnisse in den Vordergrund. Vielen Teilnehmern lag besonders daran, weitere Fortschritte in der sozialen Frage in unserer Gesellschaft zu erreichen. Das Wiedererwachen des Klassenkampfes sollte künftig keinen Nährboden mehr finden. Deshalb verabredete man auch gemeinsame Tagungen für Unternehmer und Vertreter der Arbeit. Auch Gewerkschaftler und Handwerker waren dabei.

In den folgenden Tagungen für die Arbeiterschaft und die Unternehmer kam man rasch auf die Frage, warum die Kirche in der Arbeiterfrage versagt habe. Was waren die Blockierungen und Hemmnisse? Weshalb tat man sich so schwer? Tatsache war, daß für viele Arbeiter die Schwelle zum Tor in die Kirche viel zu hoch war. Lag es daran, daß sich die Arbeiter eher dem sozialistischen Materialismus zugewandt hatten? Oder lag es daran, daß die Arbeiterschaft vom Nazi-Regime vereinnahmt und vor den Karren der Nazi-Politik gespannt wurde und dadurch nach dem Krieg besonders verunsichert war? Vieles kam zusammen.

Man darf nicht vergessen: Die große Distanz und die Fremdheit zwischen Arbeiterschaft und Kirche hat eine lange Geschichte aus den Versäumnissen der Kirche. Immer wieder hat es Entwicklungen gegeben, in denen man sich zu wenig Gedanken gemacht hat über die Würde und Bestimmung des Menschen, über seine Freiheit und Verantwortung, aber auch über seine Zwiespältigkeit und über seine Fähigkeit zum Glauben.

Die Teilnehmer begrüßten deshalb die Suche nach einem neuen Menschenbild jenseits eines mechanistischen, materialistischen Denkens. Und daraus folgte, daß man sich umfassend mit der Humanisierungsfrage befassen wollte.

Tagungen für alle Bevölkerungskreise

Eine Veranstaltung mit Lehrern und Lehrerinnen war die vierte Tagung der Evangelischen Akademie. Sie fand vom 5. bis 13. Januar 1946 statt. Lehrerinnen und Lehrer waren eine ganz besondere Kundschaft der Evangelischen Akademie. Schon die Anmeldungen zur ersten Lehrertagung sprengten jeden Rahmen. Achthundert Absagen mußten geschrieben werden, so außerordentlich groß war der Gesprächsbedarf der Pädagogen. So folgten bis Ende des Jahres 1946 noch sieben Tagungen für Lehrer und Lehrerinnen. Bei diesen Tagungen ist ein ganzes Spektrum von Themen diskutiert worden. Es war die Frage nach den Grundlagen der Erziehung und ihrer Ziele. Es folgten Auseinandersetzungen um die geistige Überwindung der Nazi-Ideologie, die zum Teil noch latent war.

Auch die nationalsozialistische Kirchenkritik wurde aufgegriffen und theologisch diskutiert. Immer wieder bewegte das Preußentum die Gemüter. Fast alle waren sich in einer kritischen Beurteilung einig. Ein wichtiges Thema war die Begegnung zwischen Naturwissenschaft und christlichem Glauben. Viele Lehrer und Lehrerinnen wollten sich gründlich mit dem Thema »Sinn und Abersinn der Weltgeschichte« befassen. Und schließlich spielte die Frage nach der Wirklichkeit und nach der Mythologie in der Christus-Darstellung eine große Rolle. Das letzte Thema war die Frage nach der Bedeutung der Person Jesu Christi für die Pädagogik und die Erziehung.

In einer besonderen Weise hat Professor Dr. Theodor Heuss als Kultusminister die Arbeit mit den Lehrern und Lehrerinnen unterstützt und gefördert. Für ihn war die Evangelische Akademie ein Forum, in dem die Grundfragen der Bildung und der Schulpädagogik konstruktiv und kritisch erörtert wurden. Die Orientierung an der christlichen Erkenntnis, an den zentralen Aussagen der biblischen Botschaft war ihm wichtig. Denn sie halfen ja zu einer Sicht des Menschen, die seine unantastbare Würde als Ebenbild Gottes betonte und gleichzeitig seine Ambivalenz festhielt. Auf dieser Basis galt es, Pädagogik und Bildung nach der Nazi-Zeit neu zu begründen. Und auch darin waren sich die Pädagogen einig: Es geht um eine Erziehung zur Freiheit und zur Verantwortung. Professor Dr. Heuss war diese Zielsetzung besonders wichtig.

Die fünfte Tagung fand vom 19. bis 27. Januar 1946 statt. Frauen und Männer aus dem Bauernstand waren eingeladen. Vom 11. bis 18. Februar 1946 folgte eine weitere Tagung für Bauern. Die Bauern befanden sich in einer besonders schwierigen Situation. Auf ihnen lastete die Versorgung der Menschen mit den notwendigen Mitteln zum Leben. Die Ernteerträge mußten gemeldet und abgeliefert werden. Dazu kam: Die Menschen lebten in einer Mangelwirtschaft und suchten dann oft bei den Bauern ein Zubrot.

Viele Bauern waren fromme Leute, durch den Pietismus geprägt. Die biblischen Gebote waren ihnen sehr wichtig. Sie hatten zum Beispiel gelernt, daß man sich der Witwen und Waisen in ihrer Trübsal annehmen soll und daß man sich von der Welt unbefleckt halten sollte (Jakobus 1, 27). Was bedeutete diese Bibelstelle für sie, angesichts der Flüchtlinge, die zu Hunderttausenden in das Land kamen? Da waren die Lebensmittel knapp, und die Wohnungsnot war groß. Wie sollte man sich da verhalten, zum Beispiel mit der Anmeldung der Ernteerträge, wenn dann fast nichts mehr zum Eintausch übrig blieb, um Ackergerät zu erwerben, das dringend nötig war, um das Land zu bestellen. So blühte bei den Bauern der Tauschhandel, um sich über Wasser zu halten. Ein schlechtes Gewissen war der Preis dafür. So kamen viele Frauen und Männer aus dem Bauernstand nach Bad Boll. Sie suchten die Klärung ihrer Gewissensfragen. Sie wollten als glaubende Christen nicht moralisch den Boden unter den Füßen verlieren.

Fast alle Schichten der Bauernschaft, vom Landarbeiter bis zum Großgrundbesitzer, kamen in die Evangelische Akademie Bad Boll. Alle waren erheblichen Veränderungen ausgesetzt. Sie waren auf der Suche nach einem verantwortlichen Weg. Sie wollten den Menschen helfen, die um Lebensmittel baten. Und sie wollten sich selbst treu bleiben.

Zu Beginn des Jahres 1946 kamen auch die ersten Heimkehrer aus der Gefangenschaft in ihre Familien zurück, darunter auch viele ehemalige Pfarrer. Sobald als möglich wurden sie in die Evangelische Akademie Bad Boll zu einer »Tagung der Stille und der Besinnung« eingeladen. Sie brauchten dringend Hilfe, um sich in den Nachkriegsverhältnissen neu zu orientieren.

Die meisten Heimkehrer hatten erschütternde Erlebnisse zu verarbeiten. Krieg und Gefangenschaft ließen sie nicht los. Niemand wird die grauenhaften Materialschlachten im Osten vergessen. Viele Bilder wird man nicht los.

Jetzt endlich konnten sie auch die inneren Konflikte besprechen, die ihr Gewissen während der Einsätze im Krieg so belastet hatten. Die Ereignisse ließen sich nicht so schnell verarbeiten.

Fast zu rasch wurden die heimkehrenden Pfarrer wieder in den Dienst berufen. Das war, nach allem, was gewesen war, kein leichter Schritt. Lange schon lag ihre Amtszeit zurück. Inzwischen war das alles völlig überdeckt durch die grauenhaften Erlebnisse des Krieges und der Gefangenschaft. Vielen Pfarrern war klar, daß sie nicht wieder einfach an das Alte anknüpfen konnten. Viel zu viel lag dazwischen. In dieser Situation wollte die Evangelische Akademie helfen zu einer Neubesinnung, zu einer neuen Zurüstung zum Dienst an den Menschen mit ihren besonderen Schicksalen.

Vom 4. bis 12. Mai 1946 fand eine Tagung für Ärzte und Ärztinnen statt. Sie setzten sich im Rückblick auf die Nazi-Zeit mit der positivistischen, materialistischen Medizin auseinander, wie diese in Hitlers biologischem Materialismus zum Ausdruck kam. Viele suchten für ihren Beruf neue geistige Grundlagen. Damit grenzten sich die Ärzte eindeutig von der Wissenschaftsgläubigkeit ab und betonten, daß die Menschlichkeit, zum Beispiel die Humanität Jesu, angesichts des technischen, naturwissenschaftlichen Fortschritts nicht vergessen werden dürfe. Einen besonderen Diskussionsstoff bot schließlich die Frage nach psychogenen Ursachen von Krankheiten. Man kam aber aufgrund von Informationsdefiziten nicht zu den gewünschten Ergebnissen. Die Frage wurde vertagt.

Auch die Juristen wurden wieder eingeladen. Ihre Tagung fand vom 2. bis 9. Oktober 1946 statt. Die Juri-

sten waren an weiterführenden Diskussionen grundsätzlicher Rechtsfragen interessiert. Vornehmlich ging es ihnen darum, welche Bedeutung biblische Gesetzestexte und Verordnungen für die Rechtsordnung eines Staates haben könnten angesichts der Tatsache, daß die Heilige Schrift keine allgemeingültigen gesetzlichen Normen aufstelle. Die Tagungsteilnehmer waren sich einig: Diese biblischen Texte seien »Weisungen«, auf deren Basis eine Gewissensentscheidung ermöglicht werde. Diese Weisungen könnten helfen, herauszufinden, was Gerechtigkeit über staatliche Rechtssetzung hinaus darstelle.

In Tagungen für Buchhändler und Verleger wie für Schriftsteller und Künstler wurden kulturelle Themen aufgegriffen. Im Blick auf den Wiederaufbau, auf die Gestaltung einer freiheitlichen Demokratie und auf die gesellschaftspolitische Verantwortung der Bürger interessierte sich Dr. Eberhard Müller besonders für das Thema »Kultur und ihre Bedeutung und Aufgaben für die Gesellschaft«. Es war nicht nur Schöngeist, es war nicht nur ein Faible, sondern es ging um die Erkenntnis, daß es eine enge Relation zwischen Kultur und Humanität gibt. Die Kultur bedarf der Humanität und des Nachdenkens über Menschlichkeit und Menschwerdung.

Diese Aspekte wollte Dr. Eberhard Müller in Tagungen und Veranstaltungen fördern. Er schreibt dazu folgendes: *Die Kirche will kein christliches Traktat vom Dichter. Unter dem Zwang einer Tendenz verkümmert echtes Künstlertum. Dichtung vollzieht sich in Unmittelbarkeit zum Leben. Sie verkümmert unter Theorie und Lehre. Aber auch der Dichter steht auf dem Kampffeld zwischen Gott und Widergott; und die Zuschauerhaltung, die im Bösen nur die andere Seite Gottes sieht, macht das Leben zum reinen Spiel und weicht seiner Härte und Ambivalenz aus. Eine Kunst lebt davon, daß der Künstler in seiner ganzen Existenz sich als ein Verantwortlicher in das Ringen zwischen Licht und Finsternis hineingestellt sieht in dem Bewußtsein, in der Verantwortung für sein Werk und für sich selbst vor Gott.*[6]

160   *Evangelische Akademie Bad Boll. Ferienlager für Lehrlinge am Blindsee in Tirol, Juli/August 1954*

Konturen einer evangelischen Akademie

Im Rückblick auf die ersten Tagungen und die ersten Jahre der Evangelischen Akademie erkannte Eberhard Müller, wie notwendig es war, Lehren und Konsequenzen aus der unheilvollen Vergangenheit für unsere Gesellschaft zu ziehen. Die Evangelische Akademie wollte mit ihrer Arbeit dazu einen Beitrag geben. Schon der Niedergang der Weimarer Republik hatte gezeigt, wohin die Verabsolutierung politischer und weltanschaulicher Meinungen führt, nämlich geradewegs in ein totalitäres System und in eine menschenverachtende Ideologie. Damit war deutlich, wie wichtig Verständigung und Dialog, Kompromißbereitschaft und die Fähigkeit zum Konsens sind.

Auch die Berufsgruppen haben angesichts der totalitären Staatsentwicklung im Blick auf ihre Verantwortung versagt, waren Mitläufer und haben sich einspannen lassen. Freilich muß auch vermerkt werden, daß die Kirche die Berufsgruppen alleingelassen hat. Für eine Auseinandersetzung mit einer rassistischen Ideologie waren sie nicht vorbereitet. Deshalb arbeitete die Evangelische Akademie nun in den ersten Jahren mit den Berufsgruppen an einem neuen Berufsverständnis und einem entsprechenden Berufsethos. Das beinhaltete eine weitergehende Verantwortung – nicht nur für spezielle Aufgaben, sondern für das Ganze, für Staat und Gesellschaft.

Auch die Kirchen hatten damals versagt und das Evangelium von Jesus Christus verschwiegen. Zur Unrechtsentwicklung und zum Massen- und Völkermord, vornehmlich an den Juden, hatten die Kirchen bis auf wenige Persönlichkeiten der Bekennenden Kirche keinen Protest in der Öffentlichkeit geäußert, sondern geschwiegen. Diese öffentliche politische Enthaltsamkeit, oft auch noch theologisch begründet, erwies sich als eine Verleugnung des Evangeliums von Jesus Christus. Im Stuttgarter Schuldbekenntnis hat die evangelische Kirche das zum Ausdruck gebracht.

Freilich, die Kirche hat kein politisches Mandat. Sie kann aber mit der christlichen Erkenntnis einen Beitrag zu einer gerechten, friedvollen und zukunftsfähigen Gesellschaft geben. Sie muß die gesellschaftspolitischen Entwicklungen kritisch und konstruktiv begleiten, auch durch die Teilnahme am öffentlichen Dialog. In diesem Zusammenhang spricht die Evangelische Akademie von einer Diakonie an der Gesellschaft. Dabei setzt sie auf den Dialog. Er ist mehr als nur die Darstellung von Positionen und Überzeugungen. Im Dialog kommt es darauf an, die eigenen Positionen zu öffnen, um zu einem gemeinsamen Nachdenken zu kommen. Gerade dadurch ist die Evangelische Akademie zu einem wichtigen Faktor in der Gesellschaft geworden und aus der kirchlichen Landschaft nicht mehr wegzudenken.

Evangelische Akademie für Rundfunk und Fernsehen – Christliche Presse-Akademie

Aus der Arbeit der Evangelischen Akademien sind wichtige Institutionen entstanden. So wurde z.B. um die Jahreswende 1954/55 die Evangelische Akademie für Rundfunk und Fernsehen gegründet. Sie war ein gemeinsames Unternehmen des Leiterkreises der Evangelischen Akademien in Deutschland und der Konferenz der Beauftragten der evangelischen Landeskirchen bei den Sendern in der Bundesrepublik. Landesbischof Lilje wurde als Vorsitzender der Kammer für Publizistik in der EKD berufen, und mit der Studienleitung wurde Pfarrer Adolf Sommerauer, Evangelische Akademie Tutzing, beauftragt.

Folgende Aufgaben wurden wahrgenommen: zum einen die Erforschung von Themen und Problemkreisen, die für Rundfunk und Fernsehen von Bedeutung sind, und zum andern die Heranbildung eines geeigneten Nachwuchses für die evangelische Rundfunk- und Fernseharbeit. Die notwendigen Tagungen und Konsultationen wurden in den verschiedenen Evangelischen Akademien durchgeführt.

Auch die Christliche Presse-Akademie ist eine Institution der Evangelischen Akademien in Deutschland. Sie hatte ihren Sitz in Bad Boll. Sie entstand aus einer intensiven Zusammenarbeit zwischen dem Journalisten Dr. Christoph Freiherr von Imhoff, dem Jugendpfarrer Eberhard Stammler und dem Akademiedirektor Dr. Eberhard Müller. Die Zielsetzung dieser Institution war die fachliche und berufsethische Förderung des journalistischen

Nachwuchses. Das geschah in mehrwöchigen Lehrgängen unter der Anleitung von erfahrenen, hochqualifizierten Journalisten. Unter der Leitung von Theologen wurden Gespräche über berufsethische Fragen geführt. Auch eine persönliche Beratung war vorgesehen.

Während der Lehrgänge fanden auch Tagungen statt, so für Verleger und Redakteure der kirchlichen und weltlichen Presse. Einige Themen können die Arbeit verdeutlichen: »Pressegesetzgebung«, »Presse im Spannungsfeld zwischen Publikumsgeschmack, Staat und Kapital« oder »Die ungenutzte Chance der kirchlichen Presse an der Arbeiterschaft«. Zu erwähnen sind auch die Fortbildungslehrgänge für junge, im Beruf stehende Journalisten. Auch über die Tagungen und Lehrgänge hinaus wurden die Lehrgangsteilnehmer durch Rundbriefe weiter informiert.

Die Weiterentwicklung der Akademiearbeit

In den ersten Jahren prägten die Berufs- und Zielgruppentagungen die Akademiearbeit. Sie fanden einen großen Zulauf. Für viele Frauen und Männer war es ein besonderes Erlebnis, mit anderen zusammen berufliche Fragen, betriebliche Konflikte und Fragen des Fortschritts zu erörtern. Oft ging es sehr heftig zu, und doch konnte manches Ergebnis erreicht werden.

Mit der Gründung der Bundesrepublik Deutschland im Jahre 1949 traten grundlegende Veränderungen auf. Viele umfangreiche Aufgaben mußten unverzüglich angepackt werden. Es ging um einen umfassenden Aufbau in allen Bereichen der Gesellschaft; und gleichzeitig auch darum, die freiheitliche parlamentarische Demokratie mit einer überzeugenden Praxis des Parlaments und der Regierung zu stärken und zu stabilisieren.

Diese neuen, weitreichenden gesellschaftspolitischen Aufgaben und Probleme waren auch eine wichtige Herausforderung an die Evangelische Akademie. Jetzt galt es, ihre Möglichkeiten und Fähigkeiten zu bewähren. So hatte die Akademie es sich zur Aufgabe gemacht, die gesellschaftspolitischen Entwicklungen kritisch und konstruktiv zu begleiten und in Grundsatztagungen und Konsultationen zu diskutieren, welche Richtung die

Bundesrepublik einschlagen müsse, um zu einer gerechten und befriedeten Gesellschaft zu kommen.

Die Evangelische Akademie Bad Boll wurde in zunehmendem Maße in viele unterschiedliche Themen hineingezogen. Zwei grundsätzliche Fragen aber bewegten über längere Zeit einen großen Teil der Bevölkerung: Das erste Thema war die Frage nach einer Wiederbewaffnung der Bundesrepublik Deutschland. Das war in jeder Sicht ein heikles, ambivalentes Thema nach all den Greueln des Zweiten Weltkriegs und der damit verbundenen Schuld unseres Volkes. Das zweite Thema lautete »Eigentum in der sozialen Marktwirtschaft – eine Frage der sozialen Gerechtigkeit«.

Wiederbewaffnung der Bundesrepublik Deutschland – eine leidenschaftliche Kontroverse

Es ging um eine weitreichende, grundsätzliche Entscheidung der jungen Bundesrepublik am 4. Dezember 1949. Da hatte Konrad Adenauer die Bereitschaft signalisiert, die Bundesrepublik in den westlichen Staatenbund zu integrieren. Das bedeutete gleichzeitig einen Verteidigungsbeitrag im Rahmen einer Europa-Armee zu leisten. Diese Absicht stieß auf eine fundamentale Opposition. In erster Linie waren es kirchliche Gruppen und Organisationen, die ein klares Nein propagierten. Ihre führenden Sprecher waren der hessische Kirchenpräsident, Dr. Martin Niemöller, und Gustav Heinemann, Präses der EKD-Synode. Es war der Reichsbruderrat der Bekennenden Kirche mit dem pazifistischen Flügel, der die West-Integration konsequent ablehnte. Und es ging ja nicht nur allein darum. Viele konnten einer Wiederbewaffnung nicht zustimmen, weil sie eine Remilitarisierung grundsätzlich ablehnten. »Die Gefahr des Militarismus sei noch lange nicht gebannt. Er ist eine Quelle des Krieges. Und wo viele Waffen sind, da entsteht Krieg. Ist das nicht eine denkwürdige Erfahrung?«[7]

Die Wiederbewaffnungsgegner favorisierten die Neutralität. Sie waren der Überzeugung, daß die Neutralität auch angesichts einer expansiven Sowjetunion einen friedenstiftenden Beitrag gebe. Niemöller vertrat die Meinung, daß die deutsche Bevölkerung um der Wiedervereinigung willen sogar bereit sei, kommunistische Verhältnisse auf sich zu nehmen.

Nicht lange danach kam auch noch die Frage einer atomaren Aufrüstung auf den Tisch. Es ging um die Sicherung Deutschlands gegen den Ostriesen UdSSR. Dieses Vorhaben mobilisierte noch einmal – und jetzt noch intensiver und stringenter – eine heftige Opposition gegen die Adenauer-Politik, vor allem aus dem Kreise der Kirche und der SPD. Zum selben Zeitpunkt forcierte Adenauer die Bemühungen um einen deutschen Verteidigungsbeitrag angesichts der Eskalation des Kalten Krieges und des Korea-Krieges, Juni 1950.

Diese Verschärfung wiederum traf die politische und kirchliche Opposition. Die pazifistische Gruppierung des Reichsbruderrates verfaßte eine Flugschrift mit dem Titel »An die Gewehre? – Nein!« Sie startete dann einen massiven Angriff auf die sicherheitspolitische Konzeption Adenauers und propagierte gleichzeitig die Kriegsdienstverweigerung als einzig mögliche christliche Haltung: »Gott hat unserem Volk die Waffen aus der Hand geschlagen.« Dieses Argument war oft zu hören: »Wir wollen uns nicht noch einmal mit Waffen versündigen.« So wurde die Kirche immer tiefer und aggressiver in den politischen Konflikt hineingezogen. Die Auseinandersetzungen eskalierten; so bei einer Arbeitstagung des Reichsbruderrates und der Schriftleiter kirchlicher Blätter am 17. Oktober 1950.

Hier hat sich zum ersten Mal Dr. Eberhard Müller in den Konflikt eingeschaltet. Müller übte scharfe Kritik an Niemöllers Vorgehen und an seiner pazifistischen Position. Niemöllers Verhalten sei nichts anderes als politische Leidenschaft. Das war sein Vorwurf. Darauf folgte ein polemischer Schriftwechsel mit dem Ergebnis, daß das Verhältnis zwischen den beiden über Jahre hinaus vergiftet war.

Wer führt das gesellschaftspolitische Gespräch mit den Soldaten?

Diese Auseinandersetzung geschah bis dahin über die Köpfe der Betroffenen hinweg. Ehemalige Berufsoffiziere und Soldaten fühlten sich übergangen. Vor allem aus der Betonung der Kriegsdienstverweigerung schlossen viele Soldaten auf eine grundsätzliche Ablehnung ihres Berufsstandes durch die Kirche. Warum spricht sie nicht mit den Soldaten? Werden sie ausgegrenzt? Anscheinend interessierte sich die Kirche nur für Kriegsdienstverweigerer. Andere sprachen von einer willkürlichen Vernachlässigung eines Missionsfeldes und ebenso von einer Vernachlässigung der Seelsorge an den Soldaten. Immer meldeten sich die Gegner der Wiederbewaffnung besonders laut zu Wort.

Eberhard Müller war nicht abgeneigt, sich der Arbeit mit den Soldaten zu nähern. Seine Kriegserlebnisse hatten ihm ja einen entscheidenden Impuls gegeben, die Akademiearbeit aufzunehmen und aufzubauen. Für ihn war die seelsorgerliche Betreuung der Soldaten eine selbstverständliche Aufgabe. Dennoch hielt sich Eberhard Müller vorerst zurück – aus der Sorge heraus, die Akademie könnte der militärischen Restauration verdächtigt werden, wenn er jetzt ehemalige Berufssoldaten oder Berufsoffiziere zu einer Tagung in die Akademie Bad Boll einlade. So nahm er schließlich eine abwartende Haltung ein. Aber das brachte das Thema und die Klärung nicht weiter.

Die eine Seite wollte abwarten, und die andere Seite übte lautstarken Protest. Eine Entscheidung war nötig. So fanden die Akademien ein wichtiges Betätigungsfeld. Sie wollten helfen, den Bruch zwischen der Kirche und der Bevölkerungsgruppe der Soldaten/Offiziere zu vermeiden. Eine solche gesellschaftliche Ausgrenzung dürfe es in der Kirche nicht geben. Als Vergleich wurde die Vernachlässigung der Arbeiterschaft durch die Kirche im 19. Jahrhundert herangezogen. Etwas Ähnliches sollte nicht wiederholt werden.

Die ersten Soldatentagungen wurden organisiert. Andere Akademien kamen Bad Boll zuvor, als sie Ende August die Arbeit mit den Berufssoldaten aufnahmen. In dieser Situation konnte der ehemalige Wehrmachtsgeneral Eberbach die Bedenken Müllers überwinden. Aufgrund seiner organisatorischen Fähigkeiten hatte die Evangelische Akademie Heinrich Eberbach zu ihrem Geschäftsführer berufen. Das war zunächst seine Hauptaufgabe. Jedoch durch seine religiöse Prägung und seine soldati-

161 Evangelische Akademie Bad Boll. Tagung »Kirche und Wiederbewaffnung«, 9. bis 13. Januar 1955.
Das Ringen um das richtige Wort, von links: Wolf Graf Baudissin, D. Dr. Gustav Heinemann und Pfarrer Dr. Eberhard Müller

schen Erfahrungen war er für die Ideen Baudissins aufge-schlossen. Das führte in eine Zusammenarbeit der Evangelischen Akademie Bad Boll mit der Dienststelle Blank. Von Anfang an wurde Eberbach in die Vorbereitung der Soldatentagungen eingeschaltet. Nach der ersten Tagung wurde die Organisation dieser Arbeit vollends in seine Kompetenz gelegt.

Schließlich fand eine erste Soldatentagung der Evangelischen Akademie Bad Boll statt. Landesbischof Wurm lud zu dieser Tagung ein. Er ermutigte zu einer kritischen und nüchternen Prüfung der jüngsten Vergangenheit, vornehmlich auch der Kriegsereignisse. In dieser Tagung spielten – so zeigte es sich in den Referaten und Diskussionen – häufig die Rechtfertigung und die Selbstbestätigung die tonangebende Rolle. Selbstkritik und Nachdenklichkeit gerieten in den Hintergrund. Generalmajor a. D. Reinhardt versuchte, die preußische Militärtradition zu rechtfertigen. Reinhardt nahm die Offiziere gegen Schuldzuweisungen im Blick auf eine Mitverantwortung für den Niedergang Deutschlands in Schutz. Er sprach die Verpflichtung auf Hitler an und auch den Widerstand aus dem Offizierskorps gegen Hitler.

Landesbischof Wurm jedoch sprach Klartext. Er beschrieb die Ursache rassistischer Ideologie und bezeichnete die Vergötzung der eigenen Nation als den Höhepunkt der Entchristlichung der Welt. So habe sich schließlich in Deutschland die Unduldsamkeit gegenüber allem Fremden durchgesetzt. Auch Fehlverhalten in der Menschenführung wurde angeklagt. Auch das heftig umstrittene Thema »Der 20. Juli, der Eid und die Verantwortung« wurde in einem kritischen Rückblick nicht ausgeklammert.

Weitere Soldatentagungen wurden in Bad Boll durchgeführt. Dr. Eberhard Müller suchte das Gespräch mit den Soldaten und den Offizieren. Nicht wenige waren aus einer langen, harten Gefangenschaft zurückgekehrt. Sie hatten viel zu verarbeiten und zu verkraften.

General Foertsch erkannte die einmaligen Chancen der öffentlichkeitswirksamen Akademiearbeit für die Soldaten und Offiziere. Er plädierte für eine Fortsetzung der Akademietagungen unter dem Thema »Soldat und öffentliche Meinung«. Doch vorerst begnügte sich die

Akademie Bad Boll mit einem einjährigen Turnus. Die nächste Soldatentagung fand im Dezember 1951 statt.

Auseinandersetzungen um die Remilitarisierung

Konrad Adenauer führte seine westorientierte Politik konsequent fort. Schon im Dezember 1950 erhielt er eine Zusage der Westalliierten: Deutsche Truppen werden miteinbezogen in eine westeuropäische Armee. Die Spannungen in der EKD blieben weiter bestehen.

Die Streitfrage war, wie das politische Mandat zu beschreiben sei. Diese Frage sollte im April 1951 in der EKD-Synode erörtert werden. Zum ersten Mal trat Eberhard Müller in diesem Gremium als Kontrahent Niemöllers auf. Er attackierte ihn scharf und hielt ihm vor, er habe sich erdreistet, in ein fremdes Mandat und Amt einzugreifen.

Auf der anderen Seite bemühte sich der Bruderrat der Bekennenden Kirche um eine offizielle Stellungnahme der EKD gegen die Remilitarisierung. Andererseits initiierte der Leiterkreis der Evangelischen Akademien auf seiner Herbstsitzung in Assenheim ein Gespräch zwischen den Akademieleitern und Politikern über die Frage der Wiederbewaffnung. Dieses Gespräch fand am 1. Oktober 1951 in Königswinter statt. Der Leiterkreis war der Meinung, daß man in der Sicherungsfrage nicht das Feld allein der Gruppe um Martin Niemöller überlassen dürfe. In erster Linie diente dieses Treffen der Vorbereitung von Akademietagungen zur Friedens- und Sicherungsfrage. Von diesen Tagungen versprach man sich eine Klärung der verschiedenen Positionen im Protestantismus in der Frage der Wiederbewaffnung. In allen diesen Aktionen kam dann Eberhard Müllers Parteinahme für die Adenauer-Politik deutlich zum Vorschein. In dem wesentlich sachlich geführten Gespräch zeigte sich, daß die Meinungsverschiedenheiten in einer gegensätzlichen Einschätzung der Politik der Siegermächte wurzelten. Bei diesem Gespräch waren Adolf Arndt und Gustav Heinemann als namhafte Wiederbewaffnungsgegner vertreten.

In der darauf folgenden Begegnung führender Repräsentanten der evangelischen Kirche mit Konrad Adenauer am 5. November 1951 in Königswinter wurden die namhaften Wiederbewaffnungsgegner Heinemann, Niemöller und Wilm ausgeschlossen. Das Treffen, zu dem Eberhard Müller namens der Akademien eingeladen hatte, sollte nicht – so Eberhard Müller – in einem Streit oder Bruch zwischen Kirchenvertretern und dem Bundeskanzler enden. So blieb es dann ziemlich brav. Adenauer erläuterte seine Politik. Dibelius äußerte Bedenken im Blick auf die Wiedervereinigung. Kontroverses und Spektakuläres war nicht mehr zu erwarten. Doch dann passierte noch etwas: Der Veranstalter, Eberhard Müller, hatte entgegen der vorherigen Vereinbarung vertrauliche Informationen an die Presse weitergegeben, ohne jede Abstimmung. Und so entstand der Eindruck einer offiziellen Absprache zwischen Kirche und Staat, die ein weitreichendes Einvernehmen zur Wiederbewaffnung erarbeitet habe. Eberhard Müller begründete den nicht autorisierten Schritt an die Öffentlichkeit mit seiner »leidenschaftlichen Sorge für die Reinerhaltung unserer Kirche von einseitigen politischen Stellungnahmen«.[7] Im Kreise der Niemöller-Anhänger löste dieses Vorgehen einen Sturm der Entrüstung aus. Johanna Vogel äußerte in diesem Zusammenhang, daß letztendlich die »kirchliche Rechte« jetzt zum ersten Mal auch als ein politischer Faktor aufgetreten war.

Die politische Aktion Eberhard Müllers hatte noch ein »Nachspiel«. Auf der Leiterkreisversammlung in Assenheim wurde eine Kundgebung abgesprochen: Führende evangelische Theologen und Laien sollten sich zum Thema »Wehrbeitrag und christliches Gewissen« äußern. Diese Kundgebung wurde am 18. Februar 1952 veröffentlicht. Unverzüglich flammte der Streit mit dem pazifistischen Flügel des Bruderrates wieder auf.
Nicht zu vergessen ist, daß Bischof Lilje die Anregung

für diese Kundgebung initiiert hatte – nicht der Leiterkreis. Eberhard Müller ging einen anderen Weg: In diesem Fall fand er in dem Kronberger Kreis ein anderes, weitreichendes Gremium zur Umsetzung seiner politischen Optionen und Zielsetzungen.
Die als dürftig eingestufte Stellungnahme bestritt der Kirche das Recht, eine Entscheidung über eine politische Frage zu fällen, »ob unter den heute gegebenen Umständen ein deutscher Beitrag zu einer europäischen Verteidigungsgemeinschaft ratsam sei oder nicht«.[8]
Ein Wächteramt der Kirche ließen die Verfasser nur dann gelten, wenn es um eine Warnung vor den Gefahren des Militarismus und das Eintreten für den Schutz der Persönlichkeitsrechte des Soldaten ging. Bestätigt wurde auch: Die Sicherung von Recht und Frieden hat ihre Wurzel in einem göttlichen Auftrag, der auch eine Verteidigungsmacht bestätige (ähnlich der Polizei), und die Christen müßten dafür einstehen, daß die Macht nicht mißbraucht werde. Große Auseinandersetzungen über diesen Text gab es nicht. Nur Niemöller kritisierte, daß diese Stellungnahme als gemeinsame Äußerung der EKD mißverstanden werden könne.
Die Fehde zwischen Dr. Martin Niemöller und Dr. Eberhard Müller nahm ein Ende. Am Rande der Synode vom 6. bis zum 10. Oktober 1952 in Elbingerode fand eine persönliche Aussprache zwischen Martin Niemöller und Eberhard Müller statt. Sie lösten ihre Meinungsverschiedenheiten durch den Verzicht auf ein konkretes Wort zur Wiederbewaffnungsfrage. Eberhard Müller konnte als Ergebnis seiner »Kampagne« feststellen, daß jetzt in der Öffentlichkeit nicht mehr der Eindruck herrsche, daß sich die evangelische Kirche grundsätzlich auf eine Ablehnung des deutschen Wehrbeitrags berufe.

1 Äußerung in einem Rundgespräch am 7. 2. 1992 in der Evang. Akademie Bad Boll.
2 Einführungsrede von Landesbischof Dr. Wurm am 29. 9. 1945. Archiv Evang. Akademie Ball Boll.
3 Papier von Theodor Bäuerle. Archiv Evang. Akademie Bad Boll.
4 Denkschrift des Freiburger Kreises. In: Freiburger Universitätsblätter Heft 102, 1988.
5 Helmut Thielicke, Thesen für eine kirchliche Bildungsarbeit, 1942 der Kirchenleitung vorgelegt. Archiv OKR Stuttgart.

6 Tagungsberichte von Dr. Eberhard Müller. Archiv Evang. Akademie Bad Boll.
7 Diesem frei konzipierten Beitrag liegt die Forschungsarbeit von Christoph Nösser zugrunde. Ein Manuskript hatte er der Evang. Akademie übergeben (Archiv Evang. Akademie Bad Boll). Jetzt veröffentlicht in: Das evangelische Württemberg zwischen Weltkrieg und Wiederaufbau, S. 171–194.
8 Kirchliches Jahrbuch 1952, S. 14–21.

Eigentum in der sozialen Marktwirtschaft

Die Frage der sozialen Gerechtigkeit als Thema der Evangelischen Akademie

Martinus Kuhlo

»Im Jahr 1957 begann die Evangelische Akademie Bad Boll mit Expertentagungen zu Fragen des Eigentums an Produktionsmitteln«,[1] erinnert sich Eberhard Müller, ihr erster Direktor. Letzten Anstoß für die Arbeit hatte die Tagung »Wem soll das Kapital gehören?« im November 1957 gegeben, auf der Bruno Gleitze, Direktor des Wirtschaftswissenschaftlichen Institutes der Gewerkschaften, über die »Möglichkeiten des institutionellen Sparens« referierte. Dabei stellte er seinen später als »Gleitze-Plan« bezeichneten Vorschlag vor, der vorsah, einen Teil der zukünftigen Unternehmensgewinne in einen Sozialfonds einzubringen, mit dem die Vermögensbildung in Arbeitnehmerhand gefördert werden sollte.

Der Versuch, die anstehenden Fragen im Hinblick auf eine kirchliche Position zur Eigentumsproblematik in einer durch die EKD berufenen »Eigentumskommission« zu beraten, war bereits nach der ersten Sitzung des Gremiums gescheitert. Die Regierungserklärung Adenauers vom Oktober 1957 versprach Fortschritte in der Vermögenspolitik. Die abwartende Haltung gegenüber den angekündigten Gesetzesinitiativen lähmte die Handlungsfähigkeit der EKD. Demgegenüber verfolgten Müller und die Experten aus der Akademie Bad Boll und ihrem Umfeld eine andere Linie. Ihr Bestreben war es, in enger Zusammenarbeit mit Vertretern aus Politik, Unternehmerschaft und Gewerkschaften eine Position zu entwickeln, die alle Facetten des Problems berücksichtigte. Ende der 50er Jahre war das Thema Eigentumsordnung und Eigentumsverteilung sehr aktuell. Die wirtschaftliche Entwicklung im Nachkriegsdeutschland war geprägt von hohen Konsumbedürfnissen an den lebensnotwendigsten Dingen, während die Industrieproduktion gerade noch 30 % des Vorkriegsstandes betrug. Die Wirtschaftspolitik mußte in dieser Situation alles daran setzen, die Produktionskapazitäten auszubauen, das heißt

alle verfügbaren Mittel in Investitionen zu lenken, auch wenn mit dieser Politik die ungleiche Vermögensverteilung verfestigt wurde. Doch mit den Jahren wurde deutlich: Die vermögenspolitischen Konsequenzen der wirtschaftlichen Entwicklung bedurften einer Korrektur, die Eigentumsverhältnisse rückten immer mehr ins Zentrum der wirtschafts- und sozialpolitischen Debatte.

Schon 1950 taucht das Thema »Eigentumsprobleme in der Wirtschaft« bei einer Tagung der Evangelischen Akademie Bad Boll für »Männer der Wirtschaft in Süddeutschland« auf. Auch im folgenden Jahr beschäftigte sich die Tagung für »Männer der Wirtschaft«, ein Vorläufer der heute noch stattfindenden Unternehmertagungen, mit der Eigentumsproblematik. Zu dieser Zeit bewegte sich die Debatte um die Frage der »wirtschaftlichen Funktion des Eigentums«, der »gerechten Ordnung des Eigentums« und der »Bedeutung des Eigentums für die Freiheit des Menschen«.

»Es ist besonders wichtig, der Massierung und der Konzentration von Produktionskapital einen Prozeß der Dekonzentration des Eigentums an diesen Produktionsmitteln entgegenzusetzen«, stellte Ludwig Erhard auf einer Tagung zur Eigentumspolitik in Bad Boll fest.[2] Am 1. März 1958, dem zehnten »Geburtstag der sozialen Marktwirtschaft« (auf den Tag genau zehn Jahre zuvor war Erhard in das Amt des Direktors der Verwaltung für Wirtschaft eingesetzt worden), zieht er diese bittere Bilanz. Er gesteht rundweg ein: »Unsere Gesellschaftsordnung würde gestört und gesprengt werden, wenn es uns nicht gelingt, das Eigentum an dem massenhaften Produktivkapital auch massenhaft zu streuen«.

Ein wichtiger Schritt auf dem Weg zu einer öffentlichen kirchlichen Stellungnahme zur Eigentumsproblematik war das Expertengespräch in der Evangelischen Akademie am 1. und 2. Juli 1960. Eine volkswirtschaftliche

162   Zehnjahresfeier der Evangelischen Akademie am 29. September 1955.
Von links nach rechts: D. Martin Haug, Landesbischof von Württemberg, Bundespräsident
Dr. Theodor Heuss, D. Julius Bender, Landesbischof von Baden, D. Dr. Eberhard Müller,
kurz nach Verleihung der Ehrendoktorwürde der Theologischen Fakultät Tübingen an ihn

Arbeitsgruppe verständigte sich auf elf Kernaussagen zur Eigentumspolitik und zur Vermögensbildung in Arbeitnehmerhand. Diese Einigung zwischen Vertretern von Arbeitgebern, Arbeitnehmern, Wissenschaft, Politik und Kirche war die Grundlage für die spätere EKD-Denkschrift.

Im Frühjahr 1961 ist es dann eine außerkirchliche Entwicklung, die schließlich den Weg zu einer Veröffentlichung ebnet. Die Walter-Raymond-Stiftung der Arbeitgeberverbände hatte eine Verlautbarung zur Eigentumsfrage herausgegeben und bat um eine offizielle Stellungnahme durch die EKD. Müller nahm die Initiative auf und lud vom 23. bis zum 25. Juni 1961 zu einem Expertengespräch an den Bodensee ein. Aufgrund der Vorarbeiten der Bad Boller Expertenrunden kam der kleine Kreis schnell zum Erfolg. Mit dem Datum 25. Juni 1961 und der Ortsangabe Bad Boll findet sich der »streng vertrauliche« Text »Evangelische Besinnung über die Eigentumsbildung in der Bundesrepublik Deutschland«. Der Umfang, die Gliederung in fünf Kapitel und – bis auf wenige Ausnahmen – auch der Wortlaut entsprechen bereits der später veröffentlichten EKD-Denkschrift. In einem Schreiben von Eberhard Müller an die Sozialkammer der EKD vom 7. November 1961 heißt es: »Wir bitten die Sozialkammer, diesen Entwurf zu überprüfen und zustimmendenfalls dem Rat der EKD mit einer Bitte um Veröffentlichung zu überreichen. (...) Wir sind damit einverstanden, wenn die Denkschrift ohne Erwähnung des die Denkschrift ausarbeitenden Kreises im Namen der Sozialkammer oder auch direkt im Namen der EKD veröffentlicht wird.«

Bereits einen Monat nach der Übermittlung beschäftigte sich die Sozialkammer der EKD mit dem Text. Obwohl die wenigsten Kammermitglieder vorher in die Überlegungen zur Eigentumsfrage einbezogen waren, kam die Kammer in nur einer Sitzung zu dem Ergebnis: »Die Kammer für soziale Ordnung (...) empfiehlt dem Rat, diesen Beitrag der evangelischen Christenheit Westdeutschlands als Handreichung für ihre eigene Besinnung und als Anregung für ihr verantwortliches Handeln in Politik und Wirtschaft zu übermitteln.«[3] Dieser schnelle Durchbruch ist sicher ein persönlicher Verdienst von Eberhard Müller. Durch zahlreiche Reisen und Kontakte hatte er bereits seit Jahren für die Notwendigkeit einer öffentlichen kirchlichen Stellungnahme zu den Fragen der Eigentumsproblematik geworben. Die in Personalunion ausgeübten Ämter des Direktors der Evangelischen Akademie Bad Boll und des Vorsitzenden des Leiterkreises der Evangelischen Akademien in Deutschland kamen ihm dabei zugute. Daß die Denkschrift ohne wesentliche Änderungen bereits fünf Monate nach der Zusendung des Entwurfs am 6. April 1962 im Auftrag der Kirchenkanzlei der EKD veröffentlicht werden konnte, unterstreicht die Qualität und die Bedeutung der Bad Boller Vorarbeiten.

Konkrete Vorschläge für die Vermögenspolitik gibt die Denkschrift nicht. Sie beschränkt sich darauf, den schmalen Weg der Eigentumsförderung zwischen wirtschaftlicher Freiheit und sozialer Verpflichtung zu beschreiben sowie die Notwendigkeit und Möglichkeit zum Handeln bei allen Beteiligten einzufordern. Dies ist auch nicht überraschend, da die Denkschrift als Konsens zwischen allen Handlungsträgern in der Eigentumspolitik entstanden ist. Dennoch ist sie kein wirtschaftspolitisches Neutrum. Die enge Verknüpfung wirtschaftspolitischer und sozialpolitischer Zielsetzungen sowie die Betonung der Rechtsordnung für eine gerechte Eigentums- und Vermögensverteilung weisen sie als Produkt strenger, ordoliberaler Vorstellungen aus. Damit steht sie in einem gewissen Gegensatz zum politisch wirksam gewordenen Konzept der sozialen Marktwirtschaft, aber auch gegenüber einer stärker theologisch-ethisch motivierten Position, die sich eine deutlich kritischere Beurteilung der vermögenspolitischen Entwicklung der Nachkriegsjahre und konkreter ausformulierte Korrekturmaßnahmen bei der Verteilung des Produktivvermögens gewünscht hätte.

Es ist kein Zufall, daß die erste EKD-Denkschrift im engen Zusammenhang mit der Akademiearbeit entstanden ist. Die Aufgabe der Akademien, fachkundige Gesprächspartner aus allen Bereichen der Gesellschaft zusammenzuführen und im Dialog mit ihnen an der Gestaltung gesellschaftlicher Strukturen mitzuwirken, und die Aufgabe von Denkschriften sind sehr ähnlich. Weder die Gestalt gesellschaftlicher Strukturen noch die eng damit verknüpften persönlichen Lebensorientierungen lassen sich in einer pluralistischen Gesellschaft per einfacher kirchlicher Positionsbestimmung mitgestalten. Das ist die Erkenntnis, die den Denkschriften und der Akademiearbeit gemeinsam ist. In der Arbeit der Evangelischen Akademie Bad Boll gehört dazu von Anbeginn an auch die Suche nach angemessenen Formen der theologischen Orientierung im Rahmen der zu führenden Sachdebatten. Eine an wirtschaftlichen und gesellschaftlichen Problemen orientierte Verkündigung und die an der Akademie und ihrem Umfeld versammelte Sachkompetenz waren und sind die Voraussetzung dafür, daß kirchliche Orientierungen gesellschaftliche Bedeutung erlangen.

Die »Eigentumsdenkschrift« – Ein Entwurf für Kollegen und Mitarbeiter von Dr. Eberhard Müller vom 2. Mai 1962

Die Denkschrift »Eigentumsbildung in sozialer Verantwortung« wurde vom Rat der EKD am Mittwoch nach Ostern 1962 veröffentlicht.
An der Eigentumsdenkschrift haben eine Reihe namhafter evangelischer Fachleute neben den Mitgliedern der »Kammer für Soziale Ordnung bei der EKD« mitgewirkt. Durch die breite Streuung der Beteiligten sollte eine einseitige Stellungnahme zugunsten bestimmter Interessengruppen vermieden werden. In gemeinsamer evangelischer Verantwortung sollte gesagt werden, was in der Eigentumsfrage gut und richtig ist, um damit ein konstruktives Handeln in Politik und Wirtschaft der Bundesrepublik zu ermöglichen.
Den Abschnitten »Eigentum in der industriellen Gesellschaft« und »Eigentumsentwicklung in der Bundesrepublik Deutschland« geht die wichtige Einleitung »Das Eigentum und der Eigentümer vor Gott« voraus. Um Mißverständnisse auszuschließen und Mißbräuchen vorzubeugen, muß ausdrücklich darauf hingewiesen werden, daß Sinn und Absicht der gesamten Eigentumsdenkschrift nur dann richtig verstanden werden können, wenn die im Einleitungsabschnitt enthaltenen Grundgedanken berücksichtigt werden.
Die Denkschrift zur Eigentumsfrage verzichtet darauf, Wirtschafts- und Gesellschaftssysteme pauschal gut

oder schlecht zu nennen. Sie stellt vielmehr eine Reihe von Mindesterfordernissen heraus, die in der modernen industriellen Gesellschaft erfüllt sein sollten, um möglichst jeden daran zu interessieren und dazu zu befähigen, »die Ordnung des gemeinsamen Lebens … mitzutragen«[4]: jeden Leistungsbeitrag zum Sozialprodukt möglichst gerecht würdigen; Gefahren begegnen, wo politische Macht und wirtschaftliche Güter eines Volkes in denselben Händen liegen; freiheitliche Ordnungen so weit wie irgend möglich auf die Gerechtigkeit abstimmen.
Es ist begrüßenswert, daß auf recht nüchterne Weise der Prozeß der Eigentumsbildung in der Bundesrepublik seit 1945 unter die Lupe genommen wird. In unserer modernen Wirtschaft mit erheblicher Einflußnahme der öffentlichen Hand kommt großes »Eigentum« ja nicht mehr »naturnotwendig« zustande, sondern erst durch bestimmte Steuerungsmaßnahmen des Staates auf dem Gebiete der Finanzen und Steuern, des Kredits, des Zolls, des internationalen Handels. Wer heute bei uns über große Eigentumswerte verfügt, die er letzten Endes von Gott empfangen hat, sollte sich darüber klar sein, daß er durch viele öffentliche Förderungsmaßnahmen in den letzten Jahren begünstigt worden ist.
In dem Abschnitt »Die Aufgabe der breiteren Eigentumsverteilung« wird deutlich gemacht, daß alle, die Gerechtigkeit der Eigentumsverteilung für sich verlangen, auch die Bereitschaft an den Tag legen müßten, das Erworbene zu bewahren. Man kann nicht immer nur eine Erhöhung des Realeinkommens fordern, dabei aber die Frage der notwendigen volkswirtschaftlichen Kapitalbildung außer acht lassen!
Die Denkschrift strebt eine gerechtere Eigentumsverteilung auf anderem Wege als dem der Enteignung bereits gebildeten Eigentums an. Wenn innerhalb unserer Rechtsordnung (mit beachtlichem volkswirtschaftlichen Effekt!) in den letzten zehn bis fünfzehn Jahren eine einseitige Vermögensbildung möglich gewesen sei, so sei nicht einzusehen, warum nicht durch neue gesetzliche Regelungen die Eigentumsverhältnisse so gestaltet werden könnten, daß größere Gerechtigkeit und gesündere Sozialstrukturen zustande kämen. Der Schlußabschnitt »Eigentum in einem mündigen Volk« läßt erkennen, daß es den Verfassern, die schon in der Entstehungszeit der Denkschrift

sowohl Gewerkschaftler, Unternehmer als auch verantwortliche Regierungsstellen immer wieder ins Gespräch gezogen hatten, um mehr als eine öffentliche Verlautbarung ging. Sie wollten das Verantwortungsbewußtsein der Gruppen stärken und das an der Sache orientierte Gespräch fördern.

Auch wenn alle Beteiligten einverstanden seien, daß es sich an der Frage der »Eigentumsbildung in sozialer Verantwortung« entscheiden werde, ob unser Volk in Zukunft demokratisch und politisch »mündig« sei, würden die zu lösenden Aufgaben nicht leicht sein: alle Kreise der Arbeitnehmerschaft angemessen zu beteiligen; die Rechte der Kleinaktionäre durch geeignete Einrichtungen zu schützen; dem Überhandnehmen von Machtgruppen in Staat und Wirtschaft zu wehren.

Allen, die guten Willens seien, werde der Zuspruch des Schlußsatzes eine Ermunterung sein: »Das Eintreten für eine Verbesserung der gesellschaftlichen Ordnung gehört zu den Diensten, über deren rechte Erfüllung wir Gott Rechenschaft schulden.«

Anhang

Notiz von E. Wolf an D. Dr. Müller vom 25. Juni 1962

Betr.: Eigentumskonferenz Ende Juli 1962

a) Ich frage mich, ob es vielleicht sinnvoll wäre, einige Fachleute und Professoren vorweg zu bitten, sich mit kurzen Beiträgen auf bestimmte Problempunkte vorzubereiten. Zum Beispiel einen Tarifvertragsexperten zur Frage, wie man durch tarifliche Vereinbarungen einen Sparzwang herbeiführen kann, ohne daß damit das Grundgesetz verletzt würde. – Einen »Familienfachmann« zur Frage, wie man durch geeignete Rahmenregelungen erreichen kann, daß junge Leute, die bereits selbst verdienen, mehr als bisher für ihren späteren Hausstand zurücklegen. – Einen Währungsfachmann zur Frage der Stabilerhaltung des Geldwerts – u. a. Eine große Übersicht aller evtl. in Frage kommenden Fragen werde ich Ihnen demnächst einmal zusammenstellen.

b) Die Reaktion von Herrn Stopp auf unsere Eigentumsdenkschrift läuft darauf hinaus, daß die bestehende Wirtschaftsordnung nicht genügend kritisiert worden ist. (Während die extrem liberale Seite ja gerade die Denkschrift als einen Angriff auf unsere Wirtschaftsordnung betrachtet.)

Bei der Kritik der »Vermögensstreuung« (das Verfügungsrecht bleibt formal) scheint Herr Stopp Pkt. 26 der Denkschrift übersehen zu haben. Bei seinen Ausführungen am Schluß, das Grundproblem sei eigentlich die Verteilung des Unternehmensertrages, sehe ich die Gefahr darin, daß allzu schnell eine falsche Optik entsteht; daß man sich nämlich einbildet, man könnte den »gesellschaftlichen Gewinn« (Stopp) tatsächlich quantifizieren. Dies ist m. E. genauso unmöglich wie eine absolut mathematische Zurechnung des Volkseinkommens auf die Produktionsfaktoren. Da eine solche Quantifizierung unmöglich ist, ist die einzige Möglichkeit weiterzukommen die, daß die volkswirtschaftlichen Partner sich bei größtmöglicher Sachlichkeit immer wieder verständigen.

[1] E. Müller: Entstehung und Zielsetzung der kirchlichen Denkschriften zu Fragen der sozialen Ordnung. In: Die Denkschriften der Evang. Kirche in Deutschland, Band 2, Gütersloh 1978, S. 9.

[2] Unveröffentlichter Tonbandmitschnitt aus dem Archiv der Ev. Akademie Bad Boll.

[3] Protokoll der Sitzung der Kammer für soziale Ordnung der EKD vom 6.–8. 12. 1961 in Berlin, S. 4.

[4] Eigentumsbildung in sozialer Verantwortung – eine Denkschrift zur Eigentumsfrage in der Bundesrepublik Deutschland, hg. v. der Kirchenkanzlei der Evang. Kirche in Deutschland 1962. In: Die Denkschriften der Evang. Kirche in Deutschland, Band 2, Gütersloh 1978, S. 23, Ziffer 8.

163 *Evangelische Akademie Bad Boll. Tagung »Das Recht der verheirateten und der geschiedenen Frau«, 8. bis 10. März 1971*

Die Industrie- und Sozialarbeit der Akademie in den sechziger Jahren

Christoph Bausch

In den allermeisten Landeskirchen wurden in den Jahren nach 1945 Industrie- und Sozialpfarrämter eingerichtet. Dort suchten Industrie- und Sozialpfarrer und zahlreiche Sozialsekretäre den Kontakt mit Menschen aus der Arbeitswelt, mit Betrieben, Gewerkschaften oder Arbeitgeberverbänden usw.

In Württemberg ging man einen anderen Weg: Hier wurde die Industrie- und Sozialarbeit der Landeskirche von Anfang an in die Akademie in Bad Boll eingebunden. Von daher erklärt sich auch die Größe der Akademie Bad Boll im Vergleich zu den Akademien anderer Landeskirchen.

Ausgesprochener Nachholbedarf bestand kirchlicherseits vor allem im Blick auf die Kontakte zu den Gewerkschaften. Man mußte in den Nachkriegsjahren kirchlicherseits erst lernen, daß Gewerkschaften als Interessenvertretung einen wichtigen Bestandteil unserer gesellschaftlichen Ordnung darstellen, weil freiheitliche Demokratie durch die Pluralität verschiedenster konkurrierender Meinungen und Interessen begründet wird.

In den ersten Jahrzehnten der gemeinsamen Geschichte von Kirche und Gewerkschaftsbewegung gab es Barrieren auf beiden Seiten. Diese Hindernisse galt es zunächst abzubauen. Man muß wissen, daß die Gewerkschaften in der Weimarer Zeit, also vor 1933, in Richtungsgewerkschaften aufgespalten und zersplittert waren. Es gab damals auch christliche Gewerkschaften, in denen sich vor allem katholische Arbeitnehmer organisiert hatten, die ihre parlamentarische Interessenvertretung vor allem im Zentrum und in der damaligen Bayerischen Volkspartei sahen.

Nach dem Kriege hatten sich Gewerkschaftsführer unter dem Druck der Verfolgung zusammengefunden, um eine neue Form für die gewerkschaftliche Arbeit zu finden. Damals wurde eine Organisationsform erarbeitet, um die uns viele Nationen der westlichen Welt beneiden, weil sie ein vorbildliches System darstellt: Die 16 Industriegewerkschaften sind im Deutschen Gewerkschaftsbund (DGB) als Dachorganisation zusammengeschlossen.

Eine Zerreißprobe für die neue Gewerkschaftsbewegung kam im Jahr 1955, als Vertreter der früheren christlichen Gewerkschaften – weil sie den Eindruck hatten, daß christliche Arbeitnehmer innerhalb des DGB nicht genügend zum Zug kämen – versuchten, die christlichen Gewerkschaften neu ins Leben zu rufen. Der Vorwurf, daß die »Spalter der gewerkschaftlichen Einheit« aus den Reihen der Christen kämen, belastete das Verhältnis zwischen Kirche und Gewerkschaft aufs äußerste.

In Bad Boll hat man diese Vorwürfe damals sehr ernstgenommen. Zahlreiche Initiativen und Aktivitäten gingen von der Akademie aus, um zu versuchen, im Rahmen der evangelischen Kirche zu einer einheitlichen Meinungs- und Willensbildung zu kommen. Wie ein Signal wirkte eine Großkundgebung, die im Oktober 1955 in Stuttgart durchgeführt wurde, bei der Vertreter der Kirche klar zum Ausdruck brachten, daß von evangelischer Seite solche Spaltungsabsichten in Gestalt der Neugründung christlicher Gewerkschaften abgelehnt würden. Gleichzeitig verlangte man, daß im Rahmen des DGB Vertreter der verschiedenen glaubensmäßigen, weltanschaulichen und parteipolitischen Ausrichtungen zum Zuge kommen müßten.

Christlich orientierte Menschen im Rahmen der evangelischen Kirche wurden aufgefordert, aktiv in der Gewerkschaft mitzuarbeiten und sich zur Verfügung zu stellen. Eine Erklärung von 21 Bischöfen und führenden Persönlichkeiten der Evangelischen Kirche in Deutschland für die Beibehaltung der Einheitsgewerkschaft hat auf gewerkschaftlicher Seite viele Türen geöffnet und die positive Kooperation ermöglicht.

Regelmäßige Gespräche zwischen den Mitarbeitern der kirchlichen Industrie- und Sozialarbeit einerseits und Vertretern der Gewerkschaften andererseits gehörten in den folgenden Jahren zum festen Programm. Wichtige sozialpolitische und sozialethische Fragestellungen wurden diskutiert. In zahlreichen Tagungen, in denen große sozialpolitische Streitfragen thematisiert wurden, kam es auf den Podien der Evangelischen Akademie zur kontinuierlichen Mitarbeit gewerkschaftlicher Fachleute.

In den 1960er Jahren waren mehr als 50% der Tagungsteilnehmer Menschen aus der Industrie. Die Industrie- und Sozialarbeit der Akademie war ausgebaut worden. In den Prälaturstädten Heilbronn, Reutlingen, Stuttgart und Ulm wurden jeweils eigene Industriepfarrämter mit einem ganzen Stab von Mitarbeiterinnen und Mitarbeitern eingerichtet. Sie suchten kontinuierlich den Kontakt zu den großen Industriefirmen ihrer Region und organisierten Tagungen mit Beschäftigten dieser Firmen. So gab es zunächst zahlreiche Wochenendtagungen für bestimmte Berufsgruppen, wie etwa Meister, Kalkulatoren, Einsteller oder Betriebsräte aus verschiedenen Firmen. Eine weitere Arbeitsform waren die Arbeitergesprächswochen, eine Art Bildungsurlaubsmodell für ungelernte und angelernte Arbeitnehmerinnen und Arbeitnehmer. Auch zahlreiche Ausländerinnen und Ausländer waren immer bei diesen Kursen dabei.

In diesen Jahren bildete sich ein neuer Tagungstyp heraus, die Querschnittstagung. Sechzig, achtzig oder hundert Personen eines Betriebes wurden für ein Wochenende in die Akademie eingeladen. Von der Spitze des Betriebes bis zum Hilfsarbeiter war ein repräsentativer Querschnitt des Unternehmens oder eines Betriebsteils für ein Wochenende beieinander.

»Tagung nach Maß«. In dieser Devise steckt, wenn man so will, das Geheimnis des Erfolgs bei diesen Tagungen. Keine Standardprogramme wurden angeboten. Für jeden Betrieb, für jede spezielle Gruppe wurde ein individuell zugeschnittenes Programm erarbeitet – nicht am grünen Tisch, sondern in vielen Vorbesprechungen im Betrieb, mit den einzelnen Funktionsträgern und Gruppen. Natürlich hatten dabei die Geschäftsleitung und der Betriebsrat eine ganz besondere Rolle. Das heißt, bei einer solchen Tagung brachten die Gäste ihre Tagesordnung mit. Neben Themen von allgemeinem Interesse im Sinne politischer Bildung spielte die Diskussion über innerbetriebliche Probleme und Aufgaben die wichtigste Rolle. Dabei diskutierten die Mitarbeiter in kleinen Arbeitsgruppen ihre Fragen, die sie mitgebracht hatten, etwa unter dem Thema »Wo uns der Schuh drückt«.

In der Plenumsaussprache wurden die Gruppenergebnisse vorgetragen, und die Sprecher betonten regelmäßig, daß das, was sie zu sagen hätten, nicht ihre persönliche Meinung, sondern die Meinung der Gruppe darstelle. Auf diese Weise konnten auch sehr kritische und heikle Themen offen angesprochen und diskutiert werden. Die Vorgesetzten mußten es oft lernen, zunächst einmal zuzuhören. Im allgemeinen konnten die Mitarbeiter sehr wohl zwischen sachlichen Problemstellungen und persönlichen Querelen unterscheiden. Die einen wurden im kleinen Kreis bereinigt, die anderen im Plenum diskutiert. Für die Tagungsleiter eine Aufgabe, die sehr viel Einfühlungsvermögen und Fingerspitzengefühl erforderte.

Oftmals waren auch sehr persönliche Gespräche mit Einzelpersonen notwendig – Gespräche, die oft bis tief in die Nacht dauerten. Immer wieder wurden angesprochene Fragen von Betriebsrat und Geschäftsleitung weiterbehandelt und auf betrieblicher Ebene gelöst.

In einer »Stunde der Besinnung«, einem biblisch-theologischen Beitrag, wurden in der Regel am anderen Morgen, meist am Sonntag, die in der Diskussion angesprochenen Fragen noch einmal aufgenommen und versucht, in die angesprochenen Sachfragen hinein die biblische Botschaft zu buchstabieren, um die Relevanz des Evangeliums auch für Alltagsfragen aufzuzeigen.

Insgesamt wurden solche Tagungen nicht als kirchliche Bevormundung empfunden, sondern eher als eine Art Supervision, diesen Begriff kannte man damals allerdings noch kaum, als ein Stück gesellschaftliche Diakonie.

In den 1960er Jahren, in den Jahren des großen wirtschaftlichen Aufschwungs, hatte auch die Wirtschaft die Bildungswelle erfaßt. »Fort- und Weiterbildung« waren die Zauberworte. Die wenigsten Unternehmen hatten eigene »Schulungszentren« für die Weiterbildung der Mitarbeiter. Die Akademie mit ihrem Angebot wurde gerne angenommen und war voll ausgebucht.

Zusammenarbeit der Akademien

Es gab ja nicht nur die Evangelische Akademie in Bad Boll für den Bereich der württembergischen Landeskirche. Schon 1953 war in Stuttgart-Hohenheim die Akademie des Bistums Rottenburg gegründet worden. Es ist immerhin interessant, daß bei diesem Festakt der oldenburgische Oberkirchenrat und damalige Bundestagspräsident Dr. Hermann Ehlers als Festredner eingeladen war. Der bedeutendste Exponent des »politischen Protestantismus« jener Zeit sprach in einer katholischen Einrichtung von der Notwendigkeit des Miteinanders der Christen im öffentlichen Raum.

Man kann sagen, daß die beiden kirchlichen Akademien in unserem Lande Vorreiter der ökumenischen Zusammenarbeit der Konfessionen waren. Der Zwang zur Kooperation beider Akademien kam natürlich auch von außen. Es ging nicht an, daß Vertreter beider Akademien einander die Türklinken zu den Betrieben in die Hand gaben mit dem Ansinnen, nun auch Tagungen anbieten zu wollen, nachdem »die anderen schon drin waren«. Kooperation war unausweichlich.

So entstand eine kontinuierliche, von beiden Akademien getragene und veranstaltete Tagungsarbeit mit vielen Industriebetrieben und Institutionen des öffentlichen Dienstes in unserem Land. Der damalige Akademiedirektor und spätere Bischof Dr. Georg Moser war von der Katholischen Akademie her ein großer Befürworter ökumenischer Zusammenarbeit.

Diese Querschnittstagungen standen natürlich auch immer im Kreuzfeuer der Kritik. Die einen beanstandeten, daß in diesem Tagungsmodell zu wenig klassenkämpferische Töne laut wurden: »Ihr spielt ja nur das Sozialharmonium.« Auf der anderen Seite gab es Firmen, die die Zusammenarbeit mit der Akademie abbrachen, weil sie der Meinung waren, daß hier zu kritische Themen diskutiert und daß die Mitarbeiter nur »aufmüpfig« gemacht würden.

Jugendbildungsarbeit

In den 60er Jahren nahm die Arbeit mit Jugendlichen einen breiten Raum in der Akademie ein. Die alte Villa Vopelius wurde als Jugendzentrum eingerichtet und ausschließlich von Jugendlichen belegt. Die relativ großen Zimmer konnten nur als Mehrbetträume benützt werden und waren daher für erwachsene Tagungsteilnehmer weniger geeignet. Unzählige Lehrlinge – später sagte man Auszubildende – aus dem ganzen Land haben das Boller Jugendzentrum kennen- und schätzengelernt. Viele Firmen im Lande schickten ihre Auszubildenden im jeweils letzten Lehrjahr geschlossen zu sozialpädagogischen Kursen nach Bad Boll. Ein Team von acht Jugendbildungsreferenten – alles erfahrene Sozialarbeiter – und ein Theologe waren für die Jugendbildungsarbeit zuständig.

Der damalige Akademiedirektor, Dr. Eberhard Müller, der bekanntlich eine unternehmerische Persönlichkeit war, hatte dafür gesorgt, daß im Bundesjugendplan nicht nur Mittel für die organisierte Jugend, also Jugendliche, die in Vereinen und Verbänden beheimatet waren, zur Verfügung standen, sondern daß auch ein Titel für die nichtorganisierte Jugend eingeführt wurde. Diese erreichte die Akademie über die Industriebetriebe.

Themen der politischen Bildung im weitesten Sinn wurden mit modernen pädagogischen Methoden und Mitteln erarbeitet. Fragestellungen, die für die Jugendlichen sehr existentiell waren – wie etwa Familie, Generationenkonflikt, Freundschaft, Liebe, Ehe, Kirche, Religion, Glauben – wurden behandelt. Ein wichtiger Tag war der »Betriebstag«. Die Lehrlinge hatten ihre Fragen im Blick auf ihre Erfahrungen in der Lehrwerkstatt, ihre Ausbildung oder die betriebliche Situation vorher formuliert und konnten sie an diesem Tag dem hinzukommenden Ausbildungsleiter, dem Betriebsrat und der Geschäftsleitung vortragen. Mancher Ausbildungsleiter mußte es lernen, zuzuhören und sich auch kritische Töne anzuhören, und Lehrlinge bekamen Informationen über die betriebliche Situation und über die Zwänge, unter denen das Wirtschaftsleben sich abspielt.

Dieses Programm der Lehrlingskurse wurde durch zahlreiche Angebote von Wochenendtagungen zu bestimm-

164 *Evangelische Akademie Bad Boll. Aktuelle Gespräche 1973–1984: Bildungsurlaubswoche – Gesprächsrunde mit Arbeiterinnen und Arbeitern*

ten Themen ergänzt. Dazu kamen Tagungen für Ausbildungsleiter und Lehrmeister aus dem ganzen Land, in denen vor allem über pädagogische Fragestellungen gearbeitet wurde. Ein weiteres wichtiges Angebot für die Lehrlinge waren Urlaubskurse, die im Sommer und im Winter durchgeführt wurden. Viele Boller, heute gestandene Männer und Frauen, waren als Jugendliche mit auf solchen Urlaubskursen, z. B. in La Punt im Oberengadin in der Schweiz, am Pressegger See in Kärnten, in Holland. Hier wurde unter erlebnispädagogischen Gesichtspunkten gearbeitet, daneben fand die Auseinandersetzung mit bestimmten Themenstellungen statt. In der Schweiz wurde z. B. erkundet, wie die Schweizer Demokratie funktioniert. Jugendliche wurden zu Gemeinderäten und Bürgermeister geschickt, um dort Informationen einzuholen, die sie dann anschließend der ganzen Gruppe mitzuteilen hatten. Jeder Tag begann mit einem »Wort zum Tag«, einer kurzen biblischen Orientierung.

Aus diesen Kursen mit Jugendlichen heraus ergab sich die Notwendigkeit, neue Formen für die Jugendgottesdienste zu entwickeln. Das Bestreben dabei war, »die Schwelle zur Kirche und zum Gottesdienst niedriger zu machen«. Das größte Unbehagen bei Jugendlichen entstand immer bei den altehrwürdigen Kirchenliedern: »Warum müssen wir uns erst in die Denk- und Sprechweise der Renaissance oder des Barock einarbeiten, bevor wir Gott loben können?«

So entstanden Jugendgottesdienste in neuer Gestalt, mit neuen Stilelementen, z. B. mit Jazzmusik, was Stürme der Entrüstung bei allen Kirchenoberen hervorrief. Der erste dieser Gottesdienste wurde nicht in einer Kirche abgehalten, sondern in einem Kino in Bad Cannstatt. Die monatelange Vorbereitung dazu geschah in Kooperation mit dem Jugendpfarramt in Bad Cannstatt. Der Zulauf zu diesem spektakulären Ereignis war so groß, daß die Polizei den Verkehr regeln mußte, weil Tausende von Jugendlichen die Straße vor dem Kino in der Hoffnung belagert hatten, noch einen Platz zu bekommen.

Sozialethische und sozialpolitische Fragestellungen

Die Arbeit der Akademie auf dem Felde der Industriearbeit ist mit dem bisher Gesagten nur unvollständig beschrieben. Gerade bei den bereits beschriebenen Querschnittagungen stieß man immer wieder auf ganz grundsätzliche Fragestellungen: etwa auf die Frage der Mitwirkung bzw. Mitbestimmung der Arbeitnehmerschaft am betrieblichen Geschehen. Solche Fragen können aber nicht im Betrieb gelöst werden, sondern tangieren die gesamte Betriebsverfassung und sind daher nur auf der politischen Ebene zu bearbeiten. Wie kann man aber auf diese Ebene Einfluß nehmen?

Dies ist sicher durch Meinungsbildung und Orientierung im vorparlamentarischen Raum im Blick auf anstehende Problemfelder möglich. Dazu wurden zu den einzelnen Themen Tagungen eingerichtet, wo Gelegenheit war, mit Repräsentanten der einzelnen gesellschaftlichen Gruppierungen, mit Fachleuten und Wissenschaftlern das Gespräch zu pflegen. In vielen Tagungen für Unternehmer und leitende Persönlichkeiten der Wirtschaft sprachen Gewerkschaftsführer und Wissenschaftler. Gemeinsamkeiten wurden gesucht und unterschiedliche Positionen gekennzeichnet.

Um kirchlicherseits mit einer Stimme reden zu können und um Positionen auch der Öffentlichkeit und der politischen Ebene gegenüber vertreten zu können, wurde auf Anregungen von Eberhard Müller die »Kammer für Soziale Ordnung der Evangelischen Kirche in Deutschland« gegründet. Eberhard Müller war selbst viele Jahre lang Vorsitzender dieser Einrichtung, in der prominente Vertreter aller relevanten gesellschaftlichen Gruppen sowie Vertreter der Wissenschaft Denkschriften zu sozialpolitischen Fragestellungen erarbeiteten: 1962 etwa zur Frage der Vermögensbildung in Arbeitnehmerhand unter dem Titel »Eigentumsbildung in sozialer Verantwortung« oder 1968 »Sozialethische Erwägungen zur Mitbestimmung in der Wirtschaft« und 1973 »Die soziale Sicherung im Industriezeitalter«.

Diese Denkschriften wurden, nachdem sie vom Rat der EKD verabschiedet wurden, in Akademietagungen der Öffentlichkeit vorgestellt und außerordentlich heftig

165 *Fest der Freunde der Evangelischen Akademie Bad Boll am 5. Oktober 1978. In der ersten Reihe von rechts nach links:*
Paul Gerhard Seiz, Prof. Dr. Roman Herzog, Prälat Dr. Albrecht Hege, Prälat Theophil Askani

diskutiert. Manches wurde von der politischen Diskussion auch im Bundestag aufgenommen und manches ging auch in die Gesetzgebung ein.

Gleichzeitig ist natürlich auch die Schwierigkeit kirchlicher Stellungnahmen zu sozialpolitischen Fragen deutlich geworden. Allzu ausgewogene Positionen, die allen Anliegen der am Problem beteiligten Gruppen gerecht werden wollten, verloren an Profil und waren deshalb oft bedeutungslos. Allzu profilierte Aussagen zogen sich oft den Vorwurf der Einseitigkeit, der Rechts- oder Linkslastigkeit zu und wurden des öfteren vom Rat der EKD nicht gutgeheißen. Deswegen wurde oftmals die Frage gestellt: »Wo steht Boll eigentlich?« »Wie rechts oder wie links ist die Akademie?«

Als kirchliche Einrichtung ist die Akademie in erster Linie dem Evangelium verpflichtet. Das Evangelium ist aber keineswegs neutral, sondern immer wertorientiert, und die Sicht Jesu ist tatsächlich »die Sicht von unten«. Jesus sieht die Mühseligen und Beladenen, »und es jammerte ihn des Volkes«. So gesehen realisiert sich Parteinahme vom Evangelium her, daß Themen, die in der Luft liegen oder wenigstens in der Luft liegen sollten, aufgegriffen werden.

Von diesen Themen sollten diejenigen Priorität erhalten, die der Lebensförderung im weitesten Sinne dienlich sind – Parteinahme insofern, als solchen Themen durch die Herstellung von Öffentlichkeit Schubkraft verliehen werden kann. Ferner muß kirchliche Arbeit ihrem Anwaltscharakter nachkommen, indem sie etwa Minderheiten zum Zug bringt, Sprachlosen zur Sprache verhilft. In all dem muß Fairneß das Gütezeichen von Akademiearbeit sein.

Dies bedeutet natürlich auch, daß in kirchlichen Verlautbarungen und Tagungen je nach Sachlage bald die eine, bald die andere Seite sich bestätigt, ermutigt oder kritisiert sieht. Es gehört in der Konsequenz dessen mit zum Geschäft eines Akademiemitarbeiters, bald von der einen, bald von der anderen Seite her Prügel zu beziehen und gescholten zu werden, sich am Untergang des Vaterlandes mitschuldig zu machen.

Wo steht die Akademie also wirklich? Der Auftrag lautet: Den Menschen in der Wirtschaft zu helfen, unter Bedingungen zu arbeiten, die es ihnen ermöglichen, ihre Aufgabe so zu erfüllen, daß sie dabei nicht verkümmern, nicht resignieren und keinen Schaden nehmen an ihrer Seele.

Die Heimat der Evangelischen Akademie Bad Boll – eine Baugeschichte

Manfred Fischer

Die ersten Tagungen der Evangelischen Akademie Bad Boll fanden im Kurhaus der Herrnhuter Brüdergemeine statt; und auch in den folgenden Jahren blieb das Kurhaus die Tagungsstätte. Das Entgegenkommen der Herrnhuter Brüdergemeine und die damit verbundene ökumenische Gemeinschaft waren eine unersetzliche Voraussetzung für den weiteren Aufbau der Akademiearbeit. Mehr als fünf Jahre war die Evangelische Akademie im Kurhaus beheimatet. Es war freilich keine Lösung auf Dauer. Man wollte ein eigenes Haus.

Im Juli 1950 kaufte die Evangelische Landeskirche für ihre Akademie die Villa Vopelius, ein großes Haus mit vielen Möglichkeiten, das von Eleonore Vopelius, der Schwiegermutter von Christoph Blumhardts Tochter Elisabeth, gebaut worden war. Der größte Raum des Hauses im zweiten Stock wurde Vortragssaal, in dem die meisten Tagungen mit den Berufsgruppen durchgeführt wurden. Hier hatten etwa 60 Teilnehmer Platz. In diesem Raum fanden die berühmten Lehrertagungen mit Professor Heuss und die Journalistentagungen der Christlichen Presseakademie statt.

Es wird gebaut!

Aber schon nach wenigen Jahren zeigte sich, daß ein größerer Vortragssaal und mehr Gästezimmer erforderlich waren. Die Landeskirche ließ sich überzeugen, und so entstand unter der Leitung von Professor Lempp ein ganz neuer Gebäudekomplex mit einem Hauptbau und verschiedenen Anbauten (Süd-, West- und Parkflügel). Im Hauptbau wurde ein großer Vortragssaal eingerichtet, in dem etwa 100 Tagungsteilnehmer Platz finden konnten. Gleichzeitig wurde im ersten Stock das Café Heuss eingerichtet. Es war ein attraktiver Ort für geselliges Beisammensein und für kleinere Gesprächsrunden am Abend. Dieser Kommunikationsraum hatte seine eigene, besondere Atmosphäre. So war z.B. auch Bundespräsident Heuss gerne Gast – nicht nur bei Tagungen, sondern auch bei den abendlichen gemütlichen geselligen Runden. Deshalb trug dieser Kommunikationsraum sehr bald den Namen Café Heuss. Er selbst hatte den Neubau 1955 eingeweiht.

Aufgrund der besseren Raumbedingungen konnte die Tagungsarbeit erweitert und intensiviert werden. Es gab einen erstaunlich großen Tagungsbedarf. Es waren die Zeiten, in denen leidenschaftlich um gesellschaftspolitische Fragen gestritten wurde, so z.B. auch um die Frage der Vermögensbildung in Arbeitnehmerhand.

Das alles war mit einer Ausweitung der Arbeit verbunden. Die Zahl der Studienleiterinnen und Studienleiter wurde aufgestockt. Schließlich reichte der Bau von 1955 nicht mehr aus, um die Arbeit zu bewältigen, so z.B. im Bereich der Verwaltung und Tagungsvorbereitung. Man kam nicht daran vorbei: 1965 war ein neues Bürogebäude fällig. Man brauchte auch dringend einen großen Vortragssaal für Großtagungen, für Symposien, für Feste und Empfänge. So wurde schließlich 1965/66 das Bürogebäude gebaut, und 1968 konnte der große Festsaal eingeweiht werden. Die Architekten Professor Eberhard Weinbrenner und Helmut Kuby haben beide Gebäudeteile in das Gesamtareal eingefügt. Der Festsaal, gleichzeitig Andachtsraum, eignete sich sehr gut für die Grundsatztagungen, die Anteil am öffentlichen Dialog hatten und auch in die Öffentlichkeit konzipiert waren. Das Besondere am Festsaal war, daß er sehr vielfältig genutzt werden konnte, auch für Feste und Feiern, für Spiel und Musik.

357

Gewandelter Raumbedarf

Ab 1968 gab es eine längere Baupause, denn der Raumbedarf war zunächst gedeckt. Die Tagungsarbeit hatte ungeschmälerte Priorität. Inzwischen bestritten etwa 60 Studien- und Tagungsleiter und -leiterinnen mit ihren Berufs- und Zielgruppen viele Themen. Dann änderte sich – vornehmlich bei Grundsatz- und Großtagungen – die Tagungsmethodik. Die Gruppenarbeit stand eindeutig im Zentrum der Tagung. Es trafen sich immer mehr kompetente und sachverständige Teilnehmer. Ständig steigerte sich bei den Tagungsvorbesprechungen der Anspruch auf Gruppenräume. Darauf aber war die Akademie nicht eingestellt. Es wurde wieder eng und knapp. Dazu kam: Es gab immer mehr Tagungen mit einer begrenzten Teilnehmerzahl von 20 bis 25 Personen. Es waren Begegnungstagungen, in denen die Teilnehmer und Teilnehmerinnen das Gespräch in beruflichen und persönlichen Fragen suchten. Man wollte sich aussprechen, andere hören, sich austauschen, um die eigene Situation besser zu erkennen und zu beurteilen.

Angesichts dieser Entwicklung gab es stets Schwierigkeiten, den unterschiedlichen Anfragen gerecht zu werden. So wuchs in den Jahren 1986 bis 1988 immer mehr die Kritik der Gäste und Referenten am baulichen Zustand und am Einrichtungsstandard unseres Hauses. Viele Gäste mußten in Doppelzimmern ohne WC und Dusche untergebracht werden. Es fehlte an Einzelzimmern. Am Empfang gab es in zunehmendem Maße Schwierigkeiten und Ärger bei der Zimmerverteilung. Manche Tagungsteilnehmer reisten vorzeitig ab.

Unumgängliche Sanierung

Besonders gravierend war, daß in zwanzig Jahren vieles abgenutzt, verbraucht und verschlissen worden war, wie etwa das Mobiliar im Festsaal. Die Sessel waren schäbig, unbequem und verursachten Rückenschmerzen. Das Podium im Festsaal bestand aus zerkratzten Tischen und wackeligen Verbindungsteilen. Das Rednerpult war dürftig. Auch die Aufnahmegeräte für die Tagungen entsprachen nicht mehr den Anforderungen.

Schließlich das berühmte Café Heuss. Es war bei voller Belegung des Hauses ständig zu klein und viel zu eng. Es wirkte wie ein vollgepreßter Schlauch. Der Lärmpegel war gelegentlich unerträglich. Dazu kam noch, daß an den Wochenenden viele Tagungsteilnehmer bis zu fünfundzwanzig Minuten anstehen mußten, um schließlich an der nicht mehr funktionsgerechten Theke bedient zu werden; und die, die im Café Heuss keinen Platz mehr fanden, suchten im Haus vergeblich nach einer gemütlichen Ecke. Einige verzogen sich auf ihre Zimmer, andere gingen zur nächsten Gastwirtschaft im Ort. Ärger war vorprogrammiert.

Es wuchs die Einsicht, daß diese Verhältnisse nicht mehr zu verantworten waren – auch im Blick auf die Konkurrenz, die zahlreich zunahm. In einem Brief an Landesbischof Theo Sorg hatte die Akademiedirektion diesen Zustand der Akademie und ihrer Einrichtungen geschildert. Er hat sehr rasch reagiert und sich dann bei einem Rundgang von der dringenden Notwendigkeit einer umfassenden Sanierung des Hauses überzeugen lassen. Der erwähnte Brandbrief erhielt Zustimmung. Zustimmung kam auch vom Oberkirchenrat durch Direktor Dietrich. Dazuhin gab es ein positives Signal aus der Synode durch die Kuratoriumsvorsitzende, Frau Jetter, und den Vorsitzenden des Finanzausschusses, Herrn Hekmann.

Bürogebäude und Westflügel

Es war im Jahr 1989. In verschiedenen Bauabschnitten sollte die Sanierung durchgeführt werden. Erste Maßnahme war die Aufstockung des Dachgeschosses und die Neueinrichtung des Bürogebäudes – ein wesentlicher Schritt, denn nach Abschluß aller Arbeit hatten wir genügend gut ausgestattete, angenehme Büroräume mit guten Arbeitsbedingungen. Manche Tagungsleiterinnen und Sekretärinnen haben einen phantastischen Ausblick. Was entscheidend war: Alle Tagungsleiter und -leiterinnen samt ihren Sekretärinnen konnten im Mai 1991 im Bürohaus untergebracht werden.

Die zweite Maßnahme war der Ausbau des Westflügels, der nächste große Schritt der Gesamtsanierung. Die Zimmer wurden neu mit WC und Dusche ausgestattet.

Auch einige Zimmer für Behinderte wurden entsprechend eingerichtet. Im Mittelpunkt der Erneuerung des Westflügels stand die Gestaltung eines größeren Tagungssaals für ca. 50 Personen unter dem neukonstruierten Dach. Damit hatte die Evangelische Akademie Bad Boll nun endlich einen großzügigen Raum für Tagungen mittlerer Größe. Am 9. April 1992 fand die Einweihung im Beisein des Kuratoriums und der Vorsitzenden, Frau Jetter, in dem neugestalteten Tagungsraum statt.

Der Hauptbau

So blieb als letzter großer Abschnitt der Sanierung der Hauptbau: die Neuausstattung der Zimmer, die nun vornehmlich Einzelzimmer wurden, die Erneuerung und Erweiterung des Café Heuss und der Bau einer neuen Kapelle. Das Großbauvorhaben wurde so bald als möglich präzise geplant. Die erforderlichen bautechnischen Voruntersuchungen wurden durchgeführt. Ein Nutzungskonzept und ein Planungsauftrag wurden erarbeitet. Die Landeskirche und die Evangelische Akademie Bad Boll hatten sich für einen Architektenwettbewerb entschieden. Vier Büros wurden gebeten, ein Sanierungs- und Umgestaltungsmodell zu entwerfen. Professor Weinbrenner hat als Vorsitzender den Bewertungsausschuß im Gutachterverfahren geleitet. Zwei Sitzungen waren nötig, um anhand der Modelle und Skizzen in einer gründlichen Diskussion zur Entscheidung zu kommen. Am 21. Mai 1992 war es dann so weit: Professor Fiedler erhielt den Preis und wurde mit der Aufgabe betraut.

Im Zentrum der Vorschläge und Veränderungen standen fünf Punkte:

1. Professor Fiedler sprach sich für eine freundliche und funktionsgerechte Gestaltung des Eingangsbereiches mit einem verbesserten Zugang zum Festsaal aus.
2. Dringend war für die Akademie eine Erweiterung des Café Heuss nach innen und nach außen, eine damit verbundene neue Möblierung und eine Neuausstattung der Wirtschaftsräume.
3. Die Akademie brauchte im Hauptbau mehr Einzel-

zimmer mit Dusche und WC und außerdem mehr Gruppenräume für die Tagungsarbeit.
4. Zusammengefaßt: Die Evangelische Akademie braucht ein gastliches Haus mit einer besonderen Atmosphäre. Dazu gehören auch neue Möblierungen, z.B. bandscheibenfreundliche Stühle und Sessel, auf denen man auch länger und aufmerksam als Teilnehmer bei einer Tagung mitdenken und mitarbeiten kann. Wir brauchen im Festsaal ein repräsentatives Podium und ein funktionsgerechtes Vortragspult.
5. Die Akademie benötigt einen »Raum der Stille«, d. h. eine neue Kapelle für die Morgenandachten und Tagungsgottesdienste.

Eine neue Kapelle

Dieser letzte Punkt bedarf einer ausführlichen Begründung. Bisher wurden die Morgenandachten im Festsaal oder auch in anderen Tagungsräumen gehalten. Dahinter stand ein theologisches Konzept: In der Arbeit der Evangelischen Akademie sollte das Fachliche, Sachliche und Persönliche mit dem Theologischen und Geistlichen verbunden werden. Das Profane wird vom Sakralen durchdrungen. Es darf nicht getrennt werden; es muß zusammen gesehen werden. Das war die theologische Erkenntnis aus der Kirchenreformbewegung. Sie fand ihren Niederschlag im Bau von Kirchen und Gemeindehäusern. Diese theologische Erkenntnis aus der Kirchenreformbewegung hat nach wie vor ihre Gültigkeit. Sie ist nah an der Akademiearbeit. Die Aufgabe besteht darin, das jeweilige Tagungsthema nicht nur aus dem Fachwissen heraus zu bearbeiten. Es ist auch entscheidend, die wirtschaftlichen, gesellschaftlichen, politischen Fragen in das Licht des Evangeliums zu rücken. Konkret heißt das, einen theologischen Tagungsbeitrag zum Thema zu geben.
Festzuhalten ist, daß sich der Festsaal aus atmosphärischen Gründen wenig als Andachtssaal eignet. Der Raum ist viel zu groß. Es entsteht schon rein äußerlich kaum eine erkennbare Gemeinschaft. In der Regel präsentiert sich der Festsaal am Morgen als ein großer Arbeitsraum mit einer Fülle von Geräten und Arbeits-

materialien. Plakate, Papiere, Programme, Ergebnisse aus der Gruppenarbeit hängen und liegen umher. Das ist ja auch selbstverständlich; aber andere Tagungsgruppen fühlen sich in dieser Atmosphäre eher fremd oder gar gestört. Eine Gemeinsamkeit kann da kaum entstehen. Distanzierendes und Fremdes bleiben bestehen.

Man war sich weitgehend einig, daß die Andacht – in welcher Form auch immer – einer eigenen und besonderen Atmosphäre bedarf, die nicht durch andere Elemente verdrängt oder überdeckt werden sollte. Ein dritter Ort ist notwendig. So ist auch die Einsicht aus langjähriger Akademiearbeit.

Die Finanzkrise in der Landeskirche zeichnet sich ab

Für all die besonderen Vorschläge und Wünsche hatte Professor Fiedler ein überzeugendes Konzept vorgelegt. Sein Entwurf enthielt Veränderungen und Erweiterungen, die den Grundcharakter des Lemppschen Baues aus den 50er Jahren bewahrt und zur Wirkung bringt. Die Erweiterungen und Anbauten sind Ausdruck eines gewandelten Verständnisses von Kommunikation und Geselligkeit. Die Kapelle ist in den Gesamtbau so eingefügt, daß sie auch ein Raum der Stille sein kann.

Die Evangelische Akademie ist nie ein Gebäude wie aus einem Guß gewesen, im Gegenteil. Der Gesamtkomplex spiegelt die wichtigen Stationen und Weiterentwicklungen der Akademiearbeit in ihrer Bedeutung für Gesellschaft und Kirche wider. Auch jetzt sind Veränderungen und Neues angesagt. Fast ungeduldig wurde der Baubeginn erwartet.

Dann kam es noch einmal knüppeldick. Am Ende des Jahres 1992 zeichnete sich in unserer Kirche eine Finanzkrise größeren Ausmaßes ab. Es sah düster aus. Sparen und Streichen standen an.

In dieser zugespitzten Lage Ende 1992 und Anfang 1993 mußte eine Entscheidung gefällt werden. Kirchenleitung und Synode haben schließlich grünes Licht für den letzten großen Bauabschnitt gegeben. Vertreter des Kollegiums und der Synode haben sich für einen raschen Baubeginn eingesetzt. Zur Finanzierung des letzten Bauabschnitts wurden der Evangelischen Akademie Bad Boll DM 12 Millionen zur Verfügung gestellt.

Ende Januar 1993 wurde das Baugesuch eingereicht. Ein neuer Kostenanschlag mußte erarbeitet werden; das erforderte viele neue Recherchen. Er wurde von der Kirchenleitung geprüft und mit einem Betrag von DM 11,31 Millionen genehmigt. Dem Baubeginn stand nichts mehr im Wege. Am 21. Juni 1993 konnte der geschäftsführende Direktor, Pfarrer Manfred Fischer, den ersten »Baggerbiß« ausführen.

166   Bundespräsident Richard von Weizsäcker als Gast der Vierzigjahrfeier der Evangelischen Akademie Bad Boll am 29. September 1985:
»Unsere Akademien sind heute so notwendig wie in ihrem ersten Gründungsstadium. Was ich mir unter der Arbeit einer Akademie auch heute, wie damals, vorstelle, ist nicht, daß man sich dort mit Lehrautorität verkündete Lösungen anhört, sondern daß diese Akademien offen bleiben vor allem für die Menschen, die dafür dankbar sind, daß sie irgendwo auch einmal aus ihrem Erfahrungsbereich und von ihren Nöten sprechen dürfen, ohne daß sie auf einen Gegner oder auf eine Struktur treffen, die sie gleich wieder zurückstoßen.
Ich glaube, es gibt nach wie vor viele Menschen, die für einen solchen Ort dankbar sind. Je weniger belehrt wird, je weniger herrschende Meinungen vermittelt werden, je mehr Geduld untereinander aufgebracht wird, desto mehr erfüllt eine Evangelische Akademie einen wesentlichen Teil dessen, was sie uns in bezug auf unsere Verantwortung als Christen in der Welt vermitteln kann und soll. Ich bin davon überzeugt, daß diese Aufgabe heute noch so jugendfrisch ist wie vor 40 Jahren. Deswegen wünsche ich Ihnen und uns allen für die Zukunft die Kraft zur Erkenntnis und diese Jugendfrische.«
Im Bild: Bundespräsident Richard von Weizsäcker im Gespräch mit Ruth Leuze, der Datenschutzbeauftragten der Landesregierung von Baden-Württemberg, im Hintergrund Landrat Franz Weber, Göppingen

Die erneuerte Akademie

Manfred Fischer

Die Bauzeit ging zu Ende. Am 29. September 1994 wurde die erweiterte Akademie eröffnet. Sie zeigte ihre erneuerte Kontur und ihr weiß strahlendes Outfit. Nach 15monatiger Bauzeit war das Haupthaus der Tagungsstätte abgerüstet. Die renovierten Gästezimmer waren bald belegt. Es kam wieder mehr Leben in das neue Haus. Der Eingangsbereich und der Empfang wie auch der Weg zum Festsaal sind neu gestaltet. Vor allem ist jetzt mehr Platz. Das gilt auch für die Tagungs- und Gruppenräume.

Gespannt waren viele auf die Erweiterungsbauten, das neue Café Heuss und die neue Kapelle. Beide sind vom Spazierweg aus gut zu sehen. Auffällig sind der nach außen gezogene Pavillon mit den großen Glasfenstern und der davorliegenden Terrasse, die mit einer entsprechenden Anlage gestaltet werden muß.

Die neue Kapelle liegt einen Stock tiefer und ist in den Hof vor dem Festsaal eingefügt. Es ist ein eigenwilliger Bau mit einer Lichtkuppel, die das Sonnenlicht in die Kapelle lenkt. Die Verglasung ist schon abgeschlossen, die Innengestaltung steht jedoch immer noch aus. Es wird noch etwa ein Jahr dauern, bis alles nach unseren Vorstellungen so weit ist.

Über ein Jahr wurde an der Erneuerung der Akademiebauten gearbeitet. Ein großes Pensum mußte geleistet werden, Schritt für Schritt in der Abfolge der Maßnahmen. Zuerst die Mauer- und Betonarbeiten. Die verschiedenen Leitungssysteme mußten in ein altes, ausgebeintes Haus installiert werden. Ein Blockheizkraftwerk wurde eingerichtet und entsprechend zugänglich gemacht. Das Dach mußte neu gedeckt werden. Die Innenarbeiten und Ausstattungen forderten handwerkliches Können und einen entsprechenden Einsatz.

Alles in allem: Der Umbau und die Erweiterung standen im wesentlichen unter einem guten Stern. Es hat keinen Unfall gegeben, kein entscheidendes Hindernis. Der Bauablauf war, bis auf eine Verzögerung, sehr zufriedenstellend. Professor Fiedler und Frau Fiedler haben nicht nur ein überzeugendes, eindrucksvolles Konzept entworfen – sie waren auch in allen Bauphasen vor Ort präsent, um die Umsetzung und Durchführung des Modells optimal zu gewährleisten. Sie haben sich selbst in die Aufgabe investiert, um Qualität zu leisten und zu beweisen. Das war nur möglich, weil sie sich beide auch in die inhaltliche Aufgabe der Akademie vertieft haben. Ihre »Handschrift« ist in allen Teilen, an allen Ecken und Enden durch ihren besonderen Stil spürbar.

Nun steht der ursprüngliche Entwurf in voller Größe mit einem besonderen Profil da. Jetzt zeigt sich die Akademie im neuen Gewand. Jetzt hat sie viele Möglichkeiten und hervorragende Rahmenbedingungen, die Tagungsarbeit wieder anzukurbeln und zu intensivieren.

Neuorientierung – Neuqualifikation der Akademiearbeit

Nach den einschneidenden Mindereinnahmen aus der Kirchensteuer war die Neugestaltung der Akademie keine Selbstverständlichkeit. Wenn es trotzdem zum Baubeschluß kam, dann um der besonderen Aufgabe der Evangelischen Akademie in unserer Kirche und Gesellschaft willen. Unsere Landeskirche hat bewußt in die zukünftige Arbeit unseres Hauses investiert. Wir verstehen das auch als einen Vertrauensvorschuß.

Viele sind der Akademie im Blick auf die dringende Sanierung zur Seite gestanden. In erster Linie ist an unseren damaligen Landesbischof Dr. Theo Sorg zu denken. Er hat sich klar für die Renovierung ausgesprochen und uns den Weg geöffnet. Er hat der Akademiearbeit stets viel Aufmerksamkeit gewidmet. Wir sind ihm zu einem besonderen Dank verpflichtet.

167   Verabschiedung des geschäftsführenden Akademiedirektors Pfarrer Christoph Bausch
und Einführung von Akademiedirektor Pfarrer Manfred Fischer in das Amt des geschäftsführenden Akademiedirektors am 21. April 1988. Von rechts nach links: Christoph Bausch
mit Frau, Landesbischof D. Theo Sorg, Manfred Fischer mit Frau; zweite Reihe, erster von links:
Bürgermeister Klaus Pavel, Boll

Nach der Sanierung, Erweiterung und Neugestaltung der Akademie hat nun die Mitarbeiterschaft gute Voraussetzungen und hervorragende Rahmenbedingungen für eine Neuorientierung und Qualifizierung der Arbeit, d.h. für eine offensive Akademiearbeit, die nahe an den Sorgen und Fragen der Menschen ist, eine Arbeit, die sich den vielfältigen Veränderungen stellt – nicht anklagend, sondern suchend im Blick auf zukunftsfähige Gestaltungsmöglichkeiten einer befriedeten Gesellschaft. Das bedeutet allemal, sich auf Unbekanntes einzulassen. Eine Neubestimmung ist nötig. Aber wir brauchen die Akademie nicht zu erfinden. Vielmehr gilt es, Bewährtes weiterzuentwickeln – in anderen Zusammenhängen und Zielsetzungen:

1. Nach wie vor ist die Arbeit mit den Berufsgruppen die Basis unserer Tätigkeit und damit bleibende Aufgabe. Berufliche Probleme, Konflikte und Perspektiven sind zu erörtern, auch in neuen Zusammenhängen, etwa den weltweiten wirtschaftlichen Strukturveränderungen. Dieser Aufgabe wird die Akademie auch in Zukunft eine besondere Aufmerksamkeit schenken. Dazu eine kritische Bemerkung: Es sollten nicht immer dieselben Gruppen und dieselben Leute sein. Es lohnt sich zu prüfen, welche Gruppen für unsere Arbeit wichtig sind und besondere Aufmerksamkeit verlangen oder bisher kaum beachtet worden sind. Darüber hinaus ist für Begegnungstagungen verschiedener Berufsgruppen in unterschiedlichen Kommunikationsmodellen zu plädieren. Auf diese Weise könnte das interdisziplinäre Gespräch in der Evangelischen Akademie Bad Boll gefördert werden. Es ist für eine Akademie unerläßlich. Angesichts der Bemühungen, Neues aufzugreifen, darf freilich die Kontinuität nicht auf der Strecke bleiben. Nach wie vor ist es sinnvoll, erprobte Tagungskonzepte beizubehalten. Die gewonnenen Erfahrungen können in eine Erweiterung der Arbeit investiert werden.
2. Das Gespräch der Kirche mit der Gesellschaft muß neu aufgenommen und belebt werden. Das geschieht in erster Linie in Tagungen und Konsultationen, bei denen die gesellschaftlichen und wirtschaftlichen Entwicklungen kritisch und konstruktiv begleitet werden. Die Evangelische Akademie will auf der Basis christlicher Erkenntnis und Erfahrung einen qualitativen Beitrag zum öffentlichen Diskurs leisten. Wichtig ist dabei die Zusammensetzung der Gesprächspartner und Fachleute im Blick auf das Tagungsthema. Auch eine weltanschauliche und theologische Durchdringung der Fragestellungen ist erforderlich. Die Akademie spricht in diesem Zusammenhang von Grundsatztagungen.

Um das Gespräch mit der Gesellschaft zu führen, gibt es in der Akademie auch andere Veranstaltungsformen mit kleineren Gruppierungen. Wir brauchen Flexibilität in der Wahl der Arbeitsformen, um den Dialog »Kirche und Gesellschaft« führen zu können. Es gibt einige erfinderische Leute, wenn es gilt, Begegnungen und Gespräche zu organisieren. In neuerer Zeit haben wir gute Erfahrungen mit Tagesveranstaltungen einer thematischen Reihe gemacht. Einige Tagungsleiter und -leiterinnen arbeiten gerade an dem Versuch eines Schwerpunktthemas.

3. Die Evangelische Akademie muß die Auseinandersetzung mit den Strömungen der Zeit führen, mit der Individualisierung, mit dem Pluralismus der Weltanschauungen, mit den religiösen Bewegungen, mit den Ich-Ideologien und den großen Religionen. Die Menschen suchen nach Sinn und Orientierung in einer Informationsgesellschaft, die eine unfaßbare Fülle von Information anbietet und vermittelt – eine Fülle, die eher verunsichert und desorientiert. In der Akademiearbeit haben wir erfahren: Die klaren Konturen des christlichen Glaubens sind gefragt. Er muß sich in den Schwierigkeiten und Problemen des Alltags bewähren.
4. Die Evangelische Akademie ist auch für unsere Landeskirche da. Sie greift die Themen auf, denen sich die Kirche angesichts der gesellschaftlichen Veränderungen und der Kirchenaustritte, besonders der jungen Generation, stellen muß. Es geht um die Sozialgestalt der Kirche, um eine Verkündigung, die das Lebensgefühl und das Lebensbewußtsein der Menschen trifft. Hier muß die Kirche neue Wege gehen; eine Kirchenreform und eine Theologiereform sind gefragt.

168 *Evangelische Akademie Bad Boll. Gesamtansicht von oben, 1992:*
Um die Villa Vopelius gruppieren sich die Bauten der 1950er bis 1990er Jahre.
Architekten: Rudolf Lempp, Eberhard Weinbrenner, Peter-Michael Dauner sowie
Wolfgang Fiedler/Nike Fiedler

Anhang

Die Schultheißen und Bürgermeister von Boll (1456 bis heute)

Die Jahreszahlen bedeuten nicht die Amtsdauer, sondern die Erwähnung in den Unterlagen.

um 1456	Kyfelin, Hans	Schultheiß (SH)
1504	Wyssinger, Hans	SH
1510, 1511	Weissinger, Peter	SH
1513	Huttenloch, Hanns	SH
1514	Weissinger, Peter	SH
1524	Gölz, Wilhelm	SH
1536, 1538	Seitz, Hanss	Amtsknecht, SH u. Einspänniger aus Ballenberg
1537/38	Reyhing, Ludwig	Amtmann
1553-1570	E(h)ehalt, Anstet	SH
1571-1574	Schwan, Jacob	SH (»konnte schreiben und lesen«)
(1571)-1599	Gans, Michel	SH – später Badmeister im Wunderbad u. wieder abgesetzt
1600-1602	Gans, Ulrich	SH
(1600)-1608	Thumm(ann), Christoph	Amtmann, SH, auch Badmeister
(1608)-1615	Mayer, Marx	SH
1616-1623	Göltz, Hans	SH
1628-1630	Schelkopf, Hans	SH
1631-(1633)	Kücherer, Jeremias	SH
(1634)-1636	Bessler, Jerg	SH (gest. 12. 8. 1636)
(1634?)	Göltz, Jörg	SH
1637-1662	Schwan, Hans	SH (gest. 2. 12. 1665)
1663-1675	Plöbst, Hanns Wolff	SH, auch Badmeister
1676-1686	Schölkopf, Jacob	SH
1689	Schwan, Hans	Anwalt und Amtsverweser
1690-1710	Schwan, Hans Jerg	SH
1711-1730	Mahle, Johannes Melchior	SH (geb. 22. 12. 1655, gest. 20. 5. 1731)
1730	Heim, Johannes	SH, später Schulmeister
1731-1749	Mahle, Johannes	SH (deputierter SH)
1733/34	Schwan, Hanns Jakob	SH
1750-1754	Trabold (Drab.), Caspar	SH, auch AmtsSH
1755-(1780)	Göltz, Johann Georg 1	SH
(1780)-1799	Gölzt, Johann Georg 2	SH
1800	Straub, Michael	SH
1816	Wittlinger, Thomas	SH
1830	Rommel, Karl Friedrich	SH
1834	Aichele, Jacob Ehrenreich	SH
1867	Schurr, Johann Georg	SH
1885	Pflüger, Ludwig	SH
1919-1954	Wittlinger, Jacob	BM
1954-1974	Böttle, Herbert	BM
1974-1983	Pfeifer, Hans	BM
seit 1984	Pavel, Klaus	BM

Quellenangaben:
Neues Württ. Dienerbuch – Hauptstaatsarchiv Stuttgart – Gemeindearchiv Boll – Ev. Gemeindearchiv

Die evangelischen Pfarrer seit 1535

1535	Cristoffer Diemer
1542	Hainrich Held
1546-1549	Johann Käferlin
1549-1556	Peter Scha(u)ber
1556-1563	Johann Wendelin Jäger (Wendler, gen. Jäger)
1563-1566	Johann Dulpaum, Tilianus (Lindner)
1566-1571	M(agister) Lothus Ruoff
1571-1574	M. Simon Neckher
1574-1590	M. Esajas Edelmann
1590-1593	M. Johann Beerlin
1593-1596	M. Erhard Frischmann
1596-1608	M. Johann Herrenberger
1608-1624	M. Johann Balthasar Vinarius (Weinlin)
1624-1629	M. Johann Theodor Stehelin
1629-1635	M. Caspar Sartor (Schneider)
1635-1658	M. Johann Zeitter
1658-1667	M. Balthasar Daur
1667-1672	M. Johann Joachim Angelin
1672-1689	M. Johann Dettinger
1689-1710	M. Johann Friedrich Schmid(t)

1710-1713	M. Johann Bernhard Gütler
1713-1716	M. Johann Jakob Glocker
1716-1718	M. Georg Reinhold Fronmüller
1718-1731	M. Andreas Bardili
1731-1736	Johann Adam Schmid
1736-1757	Christoph Erasmus Majer/Mejer (Meyer)
1757-1777	M. Georg Nathanael Glo(t)zeis
1777-1793	M. Mauritius David Harprecht
1793-1809	M. Ferdinand Heinrich Lempp
1809-1818	M. Johann Christian Eberhard Schmoller
1818-1829	M. Karl Maximilian Weikersreuter
1829-1837	M. Christianus Christopherus Eipper
1837-1853	Philipp Ludwig Kauffmann
1853-1873	Johann Friedrich Wetzel
1873-1880	Wilhelm August Schmid
1880-1900	Theophil Blumhardt
1901-1910	Johann Friedrich Wall
1910-1921	Hermann Dürr
1921-1931	Walther Kuthe
1931-1934	Richard Ludwig
1934-1952	Helmut Braun
1952-1979	Ernst Ruopp
1979-1990	Peter Goes
seit 1990	Annette Roser-Koepff und Hellger Koepff

Die katholischen Pfarrer

1946-1955	*Kuratie*
1946-1951	Julius Hoppe
1951-1952	Prof. Dr. Karl Rochel
1952-1955	Gottlieb Weinriefer
1955	Otmar Möhler
seit 1955	*Pfarrei*
1955-1978	Otmar Möhler
1978-1990	Paul Gindele
seit 1990	Wilhelm Wanner

Pfarrer der Brüdergemeine im Kurhaus und in der Brüdergemeine Bad Boll

1920-1939	Gerhard Heyde
1939-1940	Harald Gammert (gestorben 1943) (Kriegsdienst ab Januar 1940)
1942	Theodor Marx
1942-1945	Theodor Günther
1949-1952	Paul Colditz
1952-1954	Ernst Graeber
1954-1968	Erich Marx

1968-1972	Hartwig Rudolph
1968-1977	Heinz Schmidt
1980-1987	Christian Troebst
1987-1990	Ernst Class
seit 1989	Karin Beckmann
seit 1991	Albert Belz

Gemeinderäte in Boll ab 1947

Gemeinderatswahlen 1947

Aichele, Friedrich
Aichele, Max
Allmendinger, Heinrich
Gmehlin, Wilhelm
Gölz, Emil
Heide, Emil
Liebler, Adolf
Liebler, Georg, Eckwälden
Liebler, Karl
Schweizer, Fritz
Stängle, August
Straub, Georg

Gemeinderatswahlen 1951

Aichele, Friedrich	wiedergewählt
Gmehlin, Wilhelm	wiedergewählt
Gölz, Emil	wiedergewählt
Heide, Emil	wiedergewählt
Ingerle, Ignatz	neu
Hildenbrand, Fritz	neu
Mayer, Ernst	neu
Mühl, Erwin	neu
Liebler, Georg, Eckwälden	wiedergewählt
Schweizer, Fritz	wiedergewählt
Stängle, August	wiedergewählt
Straub, Georg	wiedergewählt

Gemeinderatswahlen 1953

Aichele, Friedrich	wiedergewählt
Gölz, Emil	wiedergewählt
Heide, Emil	
Hildenbrand, Karl	neu
Hildenbrand, Fritz	
Ergenzinger, Karl	neu
Ingerle, Ignatz	
Liebler, Georg, Eckwälden	wiedergewählt

Mayer, Ernst
Moll, Hans   neu
Mühl, Erwin
Schweizer, Fritz

Gemeinderatswahlen 1956

Aichele, Friedrich
Ergenzinger, Karl
Fischer, Paul   neu
Gölz, Emil
Hildenbrand, Fritz   wiedergewählt
Hildenbrand, Karl
Liebler, Georg, Eckwälden
Moll, Hans
Mühl, Erwin   wiedergewählt
Müller, Otto   neu
Schweizer, Fritz   wiedergewählt
Seitz, Karl   neu

Gemeinderatswahlen 1959

Fischer, Paul
Gölz, Emil   wiedergewählt
Hildenbrand, Fritz
Hildenbrand, Karl   wiedergewählt
Moll, Hans   wiedergewählt
Mühl, Erwin
Müller, Hans   neu
Müller, Otto
Reutter, Wilhelm   neu
Schweizer, Fritz
Seitz, Karl
Staib, Erich, Eckwälden   neu

Gemeinderatswahlen 1962

Fischer, Paul   wiedergewählt
Gmehlin, Erich   neu
Gölz, Emil
Hildenbrand, Karl (gest. 1965)
Höpfner, Horst   neu
Maier, Karl (ab 1965)
Moll, Hans
Müller, Hans
Müller, Otto   wiedergewählt
Reutter, Wilhelm
Schweizer, Fritz   wiedergewählt
Staib, Erich, Eckwälden
Ziegler, Theodor   neu

Gemeinderatswahlen 1965

Baur, Walter   neu
Fischer, Paul
Gmehlin, Erich
Höpfner, Horst
Dr. Lang, Gerhardus   neu
Maier, Karl   wiedergewählt
Müller, Otto
Reutter, Wilhelm   wiedergewählt
Schweizer, Fritz
Stiehle, Erwin   neu
Utz, Luise, Eckwälden   neu
Ziegler, Theodor

Gemeinderatswahlen 1968

Baur, Walter
Fischer, Walter   neu
Hassold, Herbert (ausges. 1970)   neu
Dr. Lang, Gerhardus
Maier, Karl
Mezger, Werner   neu
Moll, Hans   neu
Müller, Hans   neu
Müller, Otto   wiedergewählt
Reutter, Wilhelm
Stiehle, Erwin
Utz, Luise, Eckwälden
Weber, Heinrich (ab 1970)

Gemeinderatswahlen 1971

Fischer, Walter
Deutsch, Johannes   neu
Gölz, Gerhard   neu
Gölz, Hermann, Eckwälden   wiedergewählt
Hekler, Inge (ausges. 1974)   neu
Dr. Lang, Gerhardus   wiedergewählt
Mezger, Werner
Moll, Hans
Müller, Otto
Müller, Hans
Reutter, Wilhelm   wiedergewählt
Rieken, Peter Becker (ab 1974)
Weber, Heinrich

Gemeinderatswahlen 1975

Baronner, Hans	neu
Deutsch, Johannes	wiedergewählt
Gaissert, Konrad	neu
Gölz, Hermann, Eckwälden	wiedergewählt
Hilsenbeck, Peter	neu
Langermann, Wolfgang	neu
Mezger, Werner	wiedergewählt
Moll, Hans	wiedergewählt
Müller, Otto	wiedergewählt
Rieken, Peter Becker	wiedergewählt
Schäfer, Erika	neu
Strümper, Georg	neu
Weber, Heinrich	wiedergewählt
Wittlinger, Bernhard	neu

Gemeinderatswahlen 1980

Aichele, Fritz	neu
Baronner, Johannes	wiedergewählt
Deutsch, Johannes	wiedergewählt
Gaissert, Konrad	wiedergewählt
Gölz, Hermann, Eckwälden	wiedergewählt
Halder, Julius	neu
Hilsenbeck, Peter	wiedergewählt
Litke, Reinhard (ab 1982)	
Mezger, Werner	wiedergewählt
Rademacher, Erich	neu
Reutter, Fritz	neu
Rieken, Peter Becker (ausges. 1982)	wiedergewählt
Schäfer, Erika	wiedergewählt
Vester, Wilhelm	neu
von Schwerin, Gerda	neu
Zofer, Otto	neu

Gemeinderatswahlen 1984

Aichele, Fritz	wiedergewählt
Baab, Norbert	neu
Bausch, Christoph	neu
Deutsch, Johannes	wiedergewählt
Gaissert, Konrad (gest. 1985)	wiedergewählt
Gölz, Hermann, Eckwälden	wiedergewählt
Gölz, Max	neu
Hilsenbeck, Peter	wiedergewählt
Kißling, Walter	neu
Langermann, Wolfgang	neu
Mezger, Werner (gest. 1988)	wiedergewählt
Müller, Wolfgang (ab 1985)	

Schäfer, Erika	wiedergewählt
Traub, Frieder (ab 1988)	
Wittlinger, Bernhard	neu
Zofer, Otto	wiedergewählt

Gemeinderatswahlen 1989

Bausch, Christoph	wiedergewählt
Christof, Eckhard	neu
Deutsch, Johannes	wiedergewählt
Gölz, Hermann	wiedergewählt
Gölz, Max	wiedergewählt
Hilsenbeck, Peter	wiedergewählt
Kißling, Walter	wiedergewählt
Kraus-Prause, Dorothee	neu
Langermann, Wolfgang	wiedergewählt
Metz, Adolf	neu
Mezger, Manfred	neu
Schäfer, Erika	wiedergewählt
Traub, Frieder	wiedergewählt
Wittlinger, Bernhard	wiedergewählt
Zofer, Otto	wiedergewählt

Gemeinderatswahlen 1994

Baab, Hans-Norbert	neu
Bausch, Dorothea	neu
Christof, Eckhard	wiedergewählt
Kraus-Prause, Dorothee	wiedergewählt
Langermann, Wolfgang	wiedergewählt
Metz, Adolf	wiedergewählt
Mezger, Manfred	wiedergewählt
Rössle, Rosemarie	neu
Stiehle, Jörg	neu
Dr. Schweitzer, Eckhardt	neu
Traub, Frieder	wiedergewählt
Traub, Fritz	neu
Wittlinger, Bernhard	wiedergewählt
Zofer, Otto	wiedergewählt

Ausgewählte Daten zur Gemeinde Boll

Markungsfläche	10,95 qkm
davon	48,9 % Landwirtschaft
	33,1 % Wald
	10,8 % Siedlungsfläche
	5,5 % Verkehrsfläche
	1,0 % Erholungsfläche

Bevölkerungsentwicklung

1871	1615 Einwohner
1910	1528 Einwohner
1939	1529 Einwohner
1950	2426 Einwohner
1961	3176 Einwohner
1970	3692 Einwohner
1987	4161 Einwohner
1990	4803 Einwohner
1992	5019 Einwohner
1994	5042 Einwohner
1995	5058 Einwohner

Bevölkerungsdichte	458,8 Einwohner pro qkm
	Frauenanteil 51,7 %

Wohnungsbestand am 31. 12. 1992

1970 Wohnungen in 1070 Gebäuden

Kraftfahrzeugbestand 1992

2525 PKW; dies entspricht 565 PKWs pro 1000 Einwohner;
damit liegt dieser Anteil deutlich unter Kreis- und Regionsdurch-
schnitt.

Große Heilwasseranalysen

Schwefelquelle

1595 gefaßt in 25 m Tiefe mit 16° »Schwefelhaltige Natrium-Calcium-Magnesium-Hydrogencarbonat-Quelle«

In 1 kg Wasser sind enthalten:

Kationen:		mg/kg	millival %
Lithium	Li^+	0,28	0,2918
Natrium	Na^+	167,4	52,5896
Kalium	K^+	7,03	1,2986
Ammonium	NH_4^+	0,0	–
Magnesium	Mg^{2+}	34,0	20,2010
Calcium	Ca^{2+}	70,14	25,2782
Strontium	Sr^{2+}	2,02	0,3329
Mangan	Mn^{2+}	0,0	–
Eisen	$Fe^{2+/3+}$	0,03	0,0079
Summe der Kationen:		280,90	100,0000

Anionen:			
Fluorid	F^-	0,83	0,3156
Chlorid	Cl^-	41,4	8,4317
Bromid	Br^-	0,02	0,0022
Jodid	J^-	0,0	–
Nitrit	NO_2^-	0,01	0,0014
Nitrat	NO_3^-	0,17	0,0195
Sulfat	SO_4^-	177,0	26,6091
Hydrogencarbonat	HCO_3^-	530,8	62,8146
Hydrogenphosphat	HPO_4^{2-}	0,03	0,0043
Hydrogensulfid	$HS-$	8,25	1,8016
Summe der Anionen:		758,51	100,0000

Ionensumme: 1039,41

Undissoziierte Stoffe:			
Kieselsäure	(meta)	H_2SiO_3	18,59
Borsäure	(meta)	HBO_2	3,77
Summe der gelösten Mineralstoffe:			1061,77

Gelöste gasförmige Stoffe:		
gel. Kohlendioxid	CO_2	94,2
Sauerstoff	O_2	0,6
Schwefelwasserstoff	H_2S	6,62
Gesamtsulfidschwefel	S	14,26

Thermalmineralquelle

1972 gebohrt in 467 m Tiefe mit 43° »Natrium-Calcium-Chlorid-Sulfat-Therme«

In 1 kg Wasser sind enthalten:

Kationen:		mg/kg	millival %
Lithium	Li^+	7,10	0,9295
Natrium	Na^+	1460,00	57,6867
Kalium	K^+	153,00	3,5542
Ammonium	NH_4^+	1,25	0,0630
Magnesium	Mg^{2+}	121,60	9,0866
Calcium	Ca^{2+}	629,30	28,5245
Strontium	Sr^{2+}	3,86	0,0800
Eisen	$Fe^{2+/3+}$	2,32	0,0755
Summe der Kationen:		2378,43	100,0000

Anionen:			
Fluorid	F^-	2,60	0,1244
Chlorid	Cl^-	1782,00	45,6694
Bromid	Br^-	0,63	0,0072
Nitrat	NO_{3-}	0,05	0,0007
Sulfat	SO_4^{2-}	1995,00	37,7392
Hydrogencarbonat	HCO_3^-	1105,00	16,4544
Hydrogenphosphat	HPO_4^{2-}	0,25	0,0047
Summe der Anionen:		4885,53	100,0000

Ionensumme: 7263,96

Undissoziierte Stoffe:			
Kieselsäure	(meta)	H_2SiO_3	30,10
Borsäure	(meta)	HBO_2	4,57
Summe der gelösten Mineralstoffe:			7298,63

Gelöste gasförmige Stoffe:		
Freies gelöstes		
Kohlendioxid	CO_2	1390,00
Sauerstoff	O_2	0,40

Die Analysen wurden am 28. 6. 1988/20. 7. 1987 ausgeführt vom: Institut für angewandte Chemie, Prof. Ing. Chem. H. Gockel und G. Weischedel, Stuttgart.

Literaturverzeichnis

A   HISTORISCHE SCHRIFTEN ZU BAD BOLL

Bauhin, Johann: Ein New Badbuch / Und Historische Beschreibung / Von der wunderbaren Krafft und würckung / des WunderBrunnen und Heilsamen Bads zu Boll / nicht weit vom Sawrbrunnen zu Göppingen / im Herzogthumb Würtemberg. Band I–IV, deutsch von M. David Förter. Stuttgart 1602

Bauhinus, Ioannes: Historia Novi et Admirabilis Fontis Balneique Bollensis in Ducatu Vvirtembergico ad acidulas Goepingenses. Montisbeligardi 1598

Dangelmaier, D. J.: Ueber die Gesundbrunnen und Heilbäder Wirtembergs; sowie über die Entstehung, den Nutzen und Gebrauch solcher Anstalten überhaupt. Ein Taschenbuch für Brunnen= und Badreisende. Dritter Teil. Kanstadt 1820–1823

Gesner, Johann Albrecht: Historisch=Physicalische Beschreibung des bey dem Würtembergischen Flecken Boll, Göppinger Amts, befindlichen Bades, insgemein das Boller Bad genannt, darinnen von desselben Erbauung, Beschaffenheit, mineralischem Gehalt, Nutzen und Gebrauch kürtzlich gehandelt wird. Stuttgart 1754

Gmelin, Georg Friedrich: Kurtze, aber gründliche Beschreibung, aller in Würtemberg Berühmten Sauerbronnen und Bäder. Nach Ihrem Ursprung, Gegend, Gelegenheit, bey sichführenden Mineralien, besonderer Würckung, Gebrauch, Diät, auch übelem Mißbrauch, etc. Stuttgart 1736

Heyfelder, A.: Die Heilquellen und Molkenkuranstalten des Königreichs Württemberg und der Hohenzollernschen Fürstenthümer. Stuttgart 1840

Jung, Jacob Friedrich: Würtembergischer Wasser-Schatz / Das ist: Eine Beschreibung der vornehmsten Würtembergischen Bäder / Worinnen deren Krafft und Würckung bestehe, auch wie solche bey einem und anderm Zustand menschlicher Gebrechen zu gebrauchen seyn / Von unterschiedlichen Medicis dieses Landes beschrieben / Dabei absonderlich verfasset das Wunder-Bad zu Boll mit seiner Krafft, Würckung, Erbauung, Situation, wunderbarer Begebenheit, Bad-Ordnung, und wie man sich vor- und nach der Bad-Chur Christlich verhalten soll / Allen denen, welche die Bäder und Saur-Brunnen bedörffen zur Nachricht zusammen getragen. Stuttgart 1714

Jung, Jacob Friedrich: Würtembergischer Wasser=Schatz / Oder: Das mit Gesund=Brunnen und heilsamen Bädern Geseegnete Würtemberg / Denen Sämbtl. Stande und Würden nach höchst und Hochgeschätzten Bad=Gästen / Zur heilsamen Unterricht und GottheiligstenZeit=Vertreib / An das Liecht gestellt von … Andere Auflage Mit vielen Anmerckungen und einigen Liedern vermehrt. Reutlingen 1721

Maskosky, Martin: Das Göppingische Bethesda! Das ist kunstmässige Beschreibung des uralten heilsamen Sauerbrunnen Bey der Hochfürstlichen Würtenbergischen Statt Göppingen. Nördlingen 1688

Nördlinger Sim. Jul. von: Nachrichten von den Arbeiten, welche in den Jahren 1830 bis 1848 zum Zweck der Vermehrung und Verbesserung der Quellen und Brunnen in Stuttgart und Berg, Bad Boll, Wildbad und Teinach ausgeführt wurden. In: Württembergisches Jahrbuch 1853, 2. Abt., S. 168–195

Osiander, C. D.: Nachricht von der Entstehung und dem gegenwärtigen Zustand des Boller Bades. In: Schwäbische Chronik Nr. 30–34, Stuttgart 1786, S. 117–118, 122–124, 127–128, 131, 134–136

Pistorius, von: Taschenbuch auf Reisen durch Württemberg, mit einem Anhang über die besuchteren Bäder Württembergs, einem Ortsregister und zwei lithographischen Abbildungen, auch auf Verlangen mit einer Charte. Stuttgart und Tübingen 1827

Rampold, Friedrich: Ueber die Bäder und Kurorte des Königreichs Württemberg. Separatdruck aus: Jahrbücher für Deutschlands Heilquellen und Seebäder, von v. Graefe und Kalisch, 3/1838

Rebstock, Johann Martin: Ausführliche Beschreibung des Bades zu Boll. Worinnen dieses Bades Situation und anfängliche Erbauung / mit sich führende Metallen / auch zu welchen Gebrechen und Kranckheiten es sonderlich dienlich; Ferners wie die Badgäste Zeit währender Cur sich verhalten sollen / und dann ein und ander merckwürdige Begebenheit dieser Gegend beschrieben wird. Allen Bad=Gästen zum Besten und Nachricht; Theils aus des D. Walchen Beschreibung dieses Bades / theils aus eigener Erfahrung und Nachfrag beschrieben. Deme dann auch beygesetzt Herrn D. Riedlins Bad=Lied / welches er Anno 1710 in diesem Bad gemacht / und mit verhandenen Gästen täglich gesungen. Deme Ferners die Fürstliche Bad=Ordnung auch Gebett / so vor= in= und nach glücklich vollbrachter Bad-Cur zu gebrauchen / angehänget worden, Anno MDCCXIV (= 1714)

Rebstock, Johann Martin: Beschreibung Deß Wunder=Bades zu Boll/Darinnen vorgestellet Die Erfindung dieses Bades/samt Hn. D. Walchen Beschreibung/was es für Krafft und Würckung/und wie es nutzlich zu gebrauchen/samt einem Bedencken/woher dieses Wunder=Bad seine Krafft und Würckung haben mag/Neben einem Anhang von den wunderbaren curiosen figurirten Steinen/welche in unterschiedlichen Orten dieses Bades und nechst=gelegenen Zeller=Stab gefunden worden; woraus Gottes Allmacht/Weißheit und Güte erkennet werden kan. Ulm 1723

Rebstock, Johann Martin: Göttliche Erkanntnuß/Welche auß wunderbaren figurirten Steinen/So in der Gegend deß Boller Bades und Zeller=Stabs in der Erden/in dem Wasser/auch in dem Schifer und in andern Steinen gefunden werden/welche theils wie Gold/Silber und Metall gläntzen/andere/auf welchen allerhand Figuren zu sehen seyn/als Sonnen/Stern/Blumen/Mutschel/Schnecken/auch Baum=Gestreuch und andere Figuren zu sehen seyen … Ulm 1710

Rentz, Georgius: Kurze und einfältige Beschreibung/Von Krafft und Wirckung des Fürstlichen und Heilsamen Wunderbads bei Boll/Göppinger Vogtey/im Lande Wirtemberg. Tübingen 1601

Ren(t)z, Johann Dr.: Kurtzer und warhafftiger Bericht: Was schwärer und mühseliger allerhand Kranckheiten, vom jahr 1596 biß ins 1599. wol unnd glücklich seyen geheilet worden, durch die Gnad Gottes, und wunderbarliche würckung des Wunderbads zu Boll im Hertzogthumb Württemberg gelegen, so da newlich erfunden, … und durch … Joannem Bauhinium F. Württemb. Archiatrum, newlich eigentlich und weitleufftig beschrieben … sampt vielen denckwürdigen Historien … jetzund aber dise Exempel trewlich verzeichnet worden, durch den hochgelehrten H. Joan. Rentzium F. W. Medicum im ermelten Wunderbad. Mümpelgardt 1599

Riecke, Victor Adolf: Die Heilquellen und Bäder Würtembergs, ihre Geschichte und ihr gegenwärtiger Zustand. In: Württembergisches Jahrbuch 1839, S. 151–253

Die Schwefelquelle zu Boll im Königreich Württemberg. Eine Darstellung der Eigenschaften des Mineralwassers, der zu seiner Benutzung vorhandenen Einrichtungen und des Merkwürdigen der Umgegend. Stuttgart und Tübingen 1824

Sigwart, Georg Karl Ludwig: Die Mineralwasser im Königreiche Württemberg und in den angrenzenden Gegenden mit Bemerkungen über das Verhältniss ihrer Mischung und Temperatur zu den Gebirgsarten. Tübingen 1831

Walch, Hieronymus: Beschreibung deß Wunder=Brunnens/von dessen Gehalt/Mineralien/Eigenschafften/Krafft und Würckung/auch in was Gebrechen menschlichen Leibes/und auf was Weise und Ordnung solches nützlich zu gebrauchen/und was übrigens in acht zu nehmen. Stuttgart O. J. [1640]. Eingebunden in Jung: Württembergischer Wasser=Schatz

Wetzler, Johann Evangelist: Über Gesundbrunnen und Heilbäder. 3 Bände. Mainz, 2 1822–25

B Allgemeines Literaturverzeichnis

Bauer, Theodor, E.: Bad Boll im Oberamt Göppingen. In: Blätter des Schwäbischen Albvereins 22. Jg., Nr. 4/April 1910, S. 97–105

Beck, Hansotto: Menschen und Tiere in der Boller Landtafel von 1602. In: Hohenstaufen. Veröffentlichungen des Geschichts- und Altertumsvereins Göppingen e. V. Göppingen 1975, S. 96–105

Berthold, Margot: Joseph Furttenbach von Leutkirch, Architekt und Ratsherr in Ulm (1591–1667). In: Ulm und Oberschwaben. Zeitschrift für Geschichte und Kunst. Band 33. Ulm 1953, S. 119–179

Beschreibung des Oberamts Göppingen. Herausgegeben vom Königlich statistisch-topographischen Bureau, verfaßt von Finanzrath Moser. Stuttgart und Tübingen 1844

Bitz, Matthias: Badewesen in Südwestdeutschland 1550–1840. Zum Wandel von Gesellschaft und Architektur. Idstein 1989

Bitz, Matthias: Die Bäder und Sauerbrunnen im 17. und 18. Jahrhundert. In: Badisches Landesmuseum Karlsruhe (Hg.): Barock in Baden-Württemberg. Vom Ende des Dreißigjährigen Krieges bis zur Französischen Revolution. Band 2. Karlsruhe 1981, S. 183–191

Blumhardt, Christoph: Erinnerung an unsere selig vollendete Mutter Doris Blumhardt. Bad Boll 1886

Blumhardt, Christoph: Ansprachen, Predigten, Reden, Briefe 1865–1917. Hg. von Johannes Harder. Band I–III. Neukirchen 1978 (Kurztitel: Harder)

Blumhardt, Johann Christoph: Gesammelte Werke. Reihe I, Band 1 und 2: Der Kampf in Möttlingen; Reihe II, Band 1–5: Blätter aus Bad Boll; Reihe III, Band 1–7: Briefe. Göttingen 1968 ff

Blumhardt, Theophil (Hg): Zum Gedächtniß an Pfarrer (Johann) Christoph Blumhardt. Bad Boll 1880

Boelcke, Willi A.: Handbuch Baden-Württemberg. Politik, Wirtschaft, Kultur von der Urgeschichte bis zur Gegenwart. Stuttgart, Berlin, Köln, Mainz 1982

Braun, Gottfried: Krankheit und Heilung. Brandenburg, 2 1874. (Zitiert nach Zündel: Lebensbild, S. 453–456)

Braun, Lucien: Paracelsus, Alchimist – Chemiker – Erneuerer der Heilkunde. Eine Bildbiographie. Zürich 1988

Cardilucio, Johannes Hiskia: Artzneyische Wasser= und Signatur= Kunst oder Beschreibung der fürnehmsten teutschen Sauer= und Gesund=Brunnen/warmer Schwefelbäder und Saltz= Quellen/woher sie kommen/was sie bey sich führen/wie und worzu sie inn= und äußerlich zu brauchen… Nürnberg 1730

Carlé, Walter: Geologie und Hydrogeologie der Mineral- und Thermalwässer in Boll, Landkreis Göppingen, Baden-Württemberg. In: Jahreshefte des geologischen Landesamtes Baden-Württemberg. Freiburg 1974, S. 97–158

Carlé Walter: Die Salinenversuche im Herzogtum Württemberg. In: Zeitschrift für Württembergische Landesgeschichte XXIII. Stuttgart 1964, S. 157–188

Carlé, Walter: Salinenversuche an den Mineralquellen von Cannstatt. In: Zeitschrift für Württembergische Landesgeschichte XX. Stuttgart 1962, S. 198–221

Christof, Eckhard: Heimatbuch Eckwälden. Ein Streifzug durch die Jahrhunderte. 1933–1983. 50 Jahre Eckwälden bei Boll. Hg. durch die Gemeinde Boll. Göppingen 1983

Dehlinger, Alfred: Württembergs Staatswesen in seiner geschichtlichen Entwicklung bis heute. Band 1. Stuttgart 1951

Dinzelbacher, Peter (Hg.): Europäische Mentalitätsgeschichte. Hauptthemen in Einzeldarstellungen. Stuttgart 1993

Dülmen, Richard van: Kultur und Alltag in der Frühen Neuzeit. Dorf und Stadt 16.–18. Jahrhundert. Band 2. München 1992

Evangelische Brüder-Unität: Die Brüdergemeine und Bad Boll. Hamburg 1980

Fleischhauer, Werner: Renaissance im Herzogtum Württemberg. Stuttgart o. J. [1973]

Gemeinde Boll (Hg.): Boll. Dorf und Bad an der Schwäbischen Alb. Weißenhorn 1988

Gemeinde Boll (Hg.): Umweltbericht der Gemeinde Boll – eine ökologische Bestandsaufnahme. Boll 1993

Günther, Walther; Jäckh, Werner; Lubkoll, Klaus (Hg.): Bad Boll. Geschichte und Gegenwart. Stuttgart 1980

Hagel, Jürgen: Mensch und Wasser in der Geschichte. Dokumente zu Umwelt, Technik und Alltag vom 16. bis zum 19. Jahrhundert. Stuttgart 1989

Hahn, Gernot von; Schönfels, Hans-Kaspar von: Wunderbares Wasser. Von der heilsamen Kraft der Brunnen und Bäder. Arau, Stuttgart 1980

Harder … vgl. Blumhardt, Christoph: Ansprachen …

Heyd, Wilhelm: Handschriften und Handzeichnungen des herzoglich württembergischen Baumeisters Heinrich Schickhardt. Stuttgart 1902

Heyde, Gerhard: Das Württembergisch Wunderbad zu Boll. Ein geschichtlicher Rückblick nach alten und neuen Quellen. Stuttgart 1937

Hirsch, August: Biographisches Lexikon der hervorragenden Ärzte aller Zeiten und Völker. Band 1. Berlin und Wien 1929

Historisches Museum der Stadt Wien (Hg.): Das Bad. Körperkultur und Hygiene im 19. und 20. Jahrhundert. Ausstellungskatalog. Wien 1992

Hoyler, Brigitte: Das württembergische Wunderbad zu Boll. Zulassungsarbeit Zell u. A. 1967

Ising, Dieter (Hg.): Johann Christoph Blumhardt. Ein Brevier. Göttingen 1991

Iwer, Elfriede: Führer durch das Kurhaus und über den Gottesacker von Bad Boll. Bad Boll 1962

Jäckh, Eugen: Christoph Blumhardt. In: Christoph Blumhardt: Von der Führung Gottes. Stuttgart 1955

Kluckert, Heinrich: Heinrich Schickhardt – Architekt und Ingenieur. Eine Monographie. Herrenberg 1992

König, Gudrun M.: Der Spaziergang. Studien zu einer Praktik bürgerlicher Kultur zwischen 1780 und 1850. Diss. (masch. Manuskript) Universität Tübingen. Tübingen 1994

Koepf, Hans: Schwäbische Kunstgeschichte. (Band 4: Renaissance, Barock und Klassizismus). Konstanz 1965

Krizek, Vladimir: Kulturgeschichte des Heilbades. Leipzig, Stuttgart, Berlin, Köln 1990

Lavater, Hans Friedrich: Bad Boll durch 350 Jahre. Gießen, Basel 1951

Martin, Alfred: Deutsches Badewesen in vergangenen Tagen. Nebst einem Beitrage zur Geschichte der deutschen Wasserheilkunde. Jena 1906

Maurer, Hans-Martin: Geschichte Württembergs in Bildern. 1083 bis 1918. Stuttgart 1992

Mehring, Gebhard: Badenfahrt. Württembergische Mineralbäder und Sauerbrunnen vom Mittelalter bis zum Beginn des 19. Jahrhunderts. Darstellungen aus der württembergischen Geschichte. Stuttgart 1914.

Merian, Matthäus: Topographia Sueviae. Schwaben 1643. Nachdruck Kassel und Basel 1960

Pfaff, Karl: Württembergs geliebte Herren. Stuttgart 1921. Neudruck 1965

Pfeilsticker, Walther: Neues Württembergisches Dienerbuch. Band 1. Stuttgart 1957

Phries, Laurentius: Ein hochnutzlicher tractat, eygenschaft und würckung, der wunderbaren natur aller wildbeder, so in Teütschlanden gelegen, sampt getrewer underweysung, wie sich menigklich zur badenfahrt erstlichen rüsten, und wie mann, alle züfell unnd gebrästen des leybs, zü vor eines theils aufledigen und abwenden sol. Straßburg 1538

Pictorius, Georg: Badenfahrtbüchlein. Wie und wo man richtig badet. Ein kommentierter, übersetzter und mit zeitgenössischen Bildern versehener Nachdruck aus dem Jahre 1560. Freiburg, Basel, Wien 1980

Raff, Gerhard: Hie gut Wirtemberg allewege. 2 Bände. Stuttgart 1988 und 1993

Regelmann, Christian: Philipp Gretters »Landtafel der schönen Gelegenheit und Landschaft umb Boll anno 1602«. Tübingen 1902

Die Religion in Geschichte und Gegenwart (= RGG). 6 Bände und 1 Registerband. Tübingen, [3]1957–1965

Reyscher, August Ludwig: Sammlung württembergischer Gesetze, Regierungsgesetze. Tübingen 1841 (Band 12), 1842 (Band 13), 1843 (Band 14)

Riecke, Victor Adolf: Das Medizinalwesen des Königreichs Württemberg unter systematischer Zusammenstellung der dasselbe betreffenden Gesetze, Verordnungen, Verfügungen, Normalerlasse etc. Stuttgart 1856

Rösler, Markus: Erhaltung und Förderung von Streuobstwiesen. Analyse und Konzept. Modellstudie, dargestellt am Beispiel der Gemeinde Boll. Herausgegeben von der Gemeinde Boll. Boll 1992

Rommel, H.: Heinrich Schickhardt, der Erbauer Freudenstadts. Freudenstadt 1935

Runschke, Werner: Der Kalkbrennofen in Boll. Auf den Spuren der Kalk-, Gips- und Zement-Produktion im Landkreis Göppingen. In: Hohenstaufen/Helfenstein. Band 2. Historisches Jahrbuch für den Kreis Göppingen. Göppingen 1992, S. 153–187

Schahl, Adolf: Heinrich Schickhardt – Architekt und Ingenieur. In: Zeitschrift für Württembergische Landesgeschichte XVIII. Stuttgart 1959, S. 15–85

Schefold, Max: Alte Ansichten der Schwäbischen Alb. Stuttgart 1954

Schefold, Max: Alte Ansichten aus Württemberg. Stuttgart 1956

Schickhardt: Richtigstellung des Todestages des fürstlichen Baumeisters Heinrich Schickhardt. In: Württembergische Vierteljahreshefte 1910. Stuttgart 1910

Sieber, Franz Wilhelm: Die schwäbischen Mineralquellen und Bäder. Stuttgart 1935

Specker, Louis (Hg.): Politik aus der Nachfolge. Der Briefwechsel zwischen Howard Eugster-Züst und Christoph Blumhardt 1886–1919. Zürich 1984

Sprewitz, Anna von: Auf ewigem Wege. Eigenhändiger Lebenslauf der Schwester Anna von Sprewitz. Gnadau 1923

Talmon-Gros, Erich: Die Naturlandschaft um Boll – Geologie. In: Gemeinde Boll (Hg.): Boll. Dorf und Bad an der Schwäbischen Alb. Weißenhorn 1988, S. 1–26

Troebst, Christian; Ising, Dieter: Christoph Blumhardt 1842–1919, Mahner zwischen den Fronten. Weißenhorn 1992

Uhland, Robert: 900 Jahre Haus Württemberg. Stuttgart 1984

Urlichs, Max; Wild, Rupert; Ziegler, Bernhard: Der Posidonien-Schiefer des unteren Juras und seine Fossilien. Stuttgarter Beiträge zur Naturkunde. Ser. C, Heft 36. Stuttgart 1994

Weller, Karl; Weller, Arnold: Württembergische Geschichte im südwestdeutschen Raum. Stuttgart, [9]1975.

Württembergisches Landesmuseum Stuttgart (Hg.): Baden und Württemberg im Zeitalter Napoleons. Ausstellungskatalog Band 1.2 und Band 2. Stuttgart 1987

Ziegler, Bernhard: Der schwäbische Lindwurm. Funde aus der Urzeit. Stuttgart 1986

Ziegler, Uwe: Die württembergischen Badeorte im 19. Jahrhundert. In: Zeitschrift für württembergische Landesgeschichte 41. Stuttgart 1982, S. 203–214

Zündel, Friedrich: Pfarrer Johann Christoph Blumhardt. Ein Lebensbild. Zürich, Heilbronn 1880 ff. (Zitiert wird nach der letzten ungekürzten Auflage [5]1887)

Personen- und Ortsregister

Bearbeitet von Eckhard Christof

Im Register nicht aufgenommen wurden die auf den Seiten 366–369 genannten Personen.
(FN = Familienname, GR = Gemeinderat/Gemeinderätin)

Bildnachweis

Albershausen
Oeschlingshof
Sparwiesen
Jebenhausen
Schlierbach
Wellingen
Nozingen
Riedenhof
Reuenstall
Bezgenried
Hattenhofen
Zebedai
KIRCHHEIM an der Tek
Ohmden
Pliensbach
Trubebach
Dürrnau
Siningen
Zell
Jesingen
Holzmaden
Bad
BOLL
Lindach Fl.
Aichelberg
Ziegelhütte
Ekwälden
Medelberg
Lauter Fl.
Güsmanbach
Rischbach
Bauer M.
DETTINGEN
Nabern
Schanz
Schanze
WEILHEIM
Limburg B.
Bissingen
Hepsisau
Hinterburg Stutterei
Tek
Pfundhardhof
GRUIBINGEN
Breitenstein
Lichteneck
Erkenberg
Häringerhof
NEIDLINGEN
Ochsenwang
im Sattelbogen
Brücken
Neidlingen
Unterlenningen
Randeck
Ziegelhütte
Rauberschloss
OBERLENNINGEN
Riesenstein
Säge M.
Ziegelhütte